［改訂第2版］

職業リハビリテーション学

キャリア発達と社会参加に向けた就労支援体系

松為信雄・菊池恵美子

編集

協同医書出版社

改訂第2版の刊行にあたって

　2001年に初版「職業リハビリテーション入門」を刊行してから5年が経過した．編集当時は，まさに世紀の変わり目，制度改革の節目でもあり，変革したわが国の施策を取り入れ21世紀に通用するものにすることができたことを，初版の刊行が遅れた言い訳にしたのを覚えている．

　初版では，副題をキャリア発達と社会参加への包括的支援体系と名付け，キャリア発達の視点から職業リハビリテーション（以下，職リハ）の分野を体系化させた．わが国の主な研究者と実践家計29名に執筆を依頼し，職リハ分野における初めての教科書にしたいとの思いを込めて編集した．しかし，その後，職リハ入門書にしては難し過ぎるのではないか，大学の学部ではなく研究科レベルでの理解を要するのではないか，との声が少なからず聞こえてきたことも事実である．

　折しも国は，昨年7月に障害者雇用促進法を改正し，2006年4月には障害者自立支援法を制定した（本格施行2006年10月）．さらにまた，文部科学省は2006年6月に学校教育法を一部改正し，特殊教育から特別支援教育への改革を具体化する等，労働施策と福祉施策及び教育の有機的連携の確立を図る大変革の時代を迎え，初版の内容をさらに見直す必要に迫られた．

　そこで今回，新たに改訂第2版「職業リハビリテーション学」を刊行し，世に問うこととした．執筆者は初版を遙かに超える53名である．病気や障害の有無にかかわらず，人の誕生から生涯にわたる生活を人として当たり前に送るために必要な支援は，身辺処理活動，学習活動，生産活動，遊びや余暇活動，そして良質な睡眠……と，多くの専門家が関わる必然によるものである．同時にまた，多数の執筆者が関わることによる文脈の整合性の欠如や思想の違いは否めない．スタンスの違いがあれば，そこはむしろ読者諸氏が自由に解釈して貰って構わない．畏れ多くも「職リハ学」と名付けてはいるが，1日も早くこの分野が学問的にもさらに確立されることを望んでのことであり，不備な点はもとより覚悟の上である．

　職リハの理論基盤と実践をまとめた初版・職リハ入門を発展させ，最新の知識と技術をまとめた本書が，保健，医療，福祉および教育，さらには雇用労働行政や企業関係者各位に広く読まれご批判を頂くことで，次なる改訂に繋げたい．

（菊池恵美子）

＊＊＊＊＊＊＊＊＊＊＊＊

　本書の旧版にあたる「職業リハビリテーション入門」が刊行された2001年は，厚生労働省の発足とともに，職業リハビリテーションの活動が新しい時代を迎えた兆しが見え始めた頃である．その兆候はここ数年にいたって大きく花を開きつつあり，現在，障害のある人をめぐる医療・福祉・教育・雇用の全ての分野において，未曾有の大きな時代の変革期を迎えている．特に，就労支援に関する制

度や政策は，障害者自立支援の施行，障害者雇用促進法の改正，そして特別支援教育の展開などのもとで，最も著しい変化を遂げつつある．

そうした時代のなかにあって，就労支援の専門家ばかりでなく，医療・福祉・教育・雇用などの多くの分野の人たちから，職業リハビリテーションに関する知識や技術について知りたいという要望が高まってきている．だが，それにもかかわらず，職業リハビリテーションに関わる広範な領域を包括して体系的にまとめた図書は，旧版を刊行した後も出版されることは無かったようである．それゆえ，このたび，「職業リハビリテーション入門」を全面的に改訂して，新たに「職業リハビリテーション学」と題して世に問うこととした．

旧版の「職業リハビリテーション入門」では，職業リハビリテーションの基本的な概念をキャリア発達の視点を踏まえて提示した第1〜2章，実際的なサービスや支援に向けた知識をまとめた第3章〜第5章，そして，障害種類に応じた職業リハビリテーション活動での課題を事例とともに示した第6章，の3つの領域からなる合計30節で構成した．

これに対して，本書は旧版の3つの領域を踏まえつつ，就労支援に関する知識を体系化した第1〜4章，就労支援に関する技術を体系化した第5章〜9章，そして，就労支援の実際を事例を交えてまとめた第10〜11章，の3つの領域で構成した．また，その内容は，全面的な書き換えや新たな内容を大幅に付け加えたことで，合計53節の構成となった．

第Ⅰ部の「就労支援の知識」は，職業リハビリテーションの基礎的な知識の体系化を目指した構成であり，職業リハビリテーションの視点（第1章），キャリア発達の理論（第2章），就労支援の現状（第3章），就労支援の歴史と展開（第4章）からなる．第Ⅱ部の「就労支援の技術」は，職業リハビリテーションの実際の具体的な技術の体系化を目指した構成であり，就労支援の過程と手法（第5章），職場の環境整備と調整（第6章），ジョブコーチ（第7章），ケースマネジメント（第8章），支援ネットワーク（第9章）からなる．そして，第Ⅲ部の「就労支援の実際」では，就労支援実務における留意点（第10章）をまとめ，また，障害特性と職業的課題への対処：事例（第11章）」では，豊富な事例を取り込みながら，さまざまな障害の特徴と職業的な課題およびそれへの対処についてまとめた．

このように，本書は旧版の改訂とはいうものの，その内容と構成について大幅な改訂をしたことから，ほとんど新刊に近いものとなった．だが，その基軸となるキャリア発達と社会参加に向けた包括的な就労支援の体系化への構築を目指すことについては，いささかのブレもない．むしろ改訂第2版の章節の増加は，そのことに対する更なる探求をした結果である．それゆえ，表題についても，旧版の「入門」を継承するには内容が豊富で広範にわたることから，あえて，「職業リハビリテーション学」とした．これには，次のことがある．

旧版の「職業リハビリテーション入門」の序文で，筆者は，「職業リハビリテーションに関する論議と実践的な活動は……国内外のリハビリテーションの理念や施策の動きを踏まえながら新しい時代を切り拓いてこられた，数多くの先人たちの努力の賜物である．そうした流れをさらに大きくして，職業リハビリテーションの知識と技術を体系化させたいとの壮大な夢を抱き，その実現をめざした里

程標として生まれたのが本書である．それだけに，編者をふくむすべての執筆者は，本書を，職業リハビリテーション分野における基本図書としての地位を確保させたいとの共通の願いがある」と記述した．

　このたびの改訂第2版は，まさにその壮大な夢を追い求め続ける中での，今現在の行き着いた地点である．知識と技術の体系化の行き着く先には，きっと「学」と称するに値する内容となるだろうとの夢を抱き，本書をあえて「職業リハビリテーション学」と名づけたのである．

　このように，本書は，職業リハビリテーション分野の知識と技術を体系化したいという，旧版にも増して数多くの参加を頂いた著者一同の共通した願いの表れでもある．それだけに，本書が日本職業リハビリテーション学会の推薦図書とされたことは望外の喜びである．

　最後に，最初の計画段階から紆余曲折を経てようやく刊行にこぎつけただけに，早々にご執筆いただいた執筆者の方々には，多大なご迷惑をおかけしてしまった．また，協同医書出版社の中村三夫氏や関川宏氏の粘り強い支援もあった．菊池先生とともに，重ねてお詫び申し上げるとともに，心から感謝する次第である．

（松為信雄）

2006年　秋

編　集

松為　信雄	神奈川県立保健福祉大学名誉教授
菊池恵美子	帝京平成大学 健康メディカル学部 作業療法学科

執筆者 (五十音順)

相澤　欽一	独立行政法人高齢・障害・求職者雇用支援機構 障害者職業総合センター
青栁　智夫	特定非営利活動法人まひろ
朝日　雅也	埼玉県立大学 保健医療福祉学部 社会福祉子ども学科
阿部　順子	元・岐阜医療科学大学 保健科学部 看護学科
安西　信雄	帝京平成大学大学院 臨床心理学研究科
石渡　和実	東洋英和女学院大学 人間科学部 保育子ども学科
稲葉健太郎	名古屋市総合リハビリテーションセンター 自立支援部 就労支援課
上野　容子	社会福祉法人豊芯会
梅永　雄二	早稲田大学 教育学部 教育・総合科学学術院
大曽根　寛	放送大学 教養学部
小川　浩	大妻女子大学 人間関係学部 人間福祉学科
尾崎　祐三	元・植草学園大学 発達教育学部 発達支援教育学科
上滝彦三郎	東京都手をつなぐ育成会
河合　俊宏	埼玉県総合リハビリテーションセンター 相談部 福祉工学担当
菊池恵美子	帝京平成大学 健康メディカル学部 作業療法学科
工藤　正	東海学園大学名誉教授
功刀　武	東京都心身障害者福祉センター
倉知　延章	九州産業大学 人間科学部 臨床心理学科
香田真希子	目白大学 保健医療学部 作業療法学科
小林　茂夫	社会福祉法人ちいさがた福祉会
近藤　康昭	株式会社リクルートオフィスサポート
崎濱　秀政	障害者就業・生活支援センター ティーダ＆チムチム
佐藤　章	元・埼玉県立大学 保健医療福祉学部 作業療法学科
佐藤　宏	元・職業能力開発総合大学校 福祉工学科
志賀　利一	元・独立行政法人国立重度知的障害者総合施設 のぞみの園
篠島　永一	元・中途視覚障害者の復職を考える会（タートルの会）
柴田　珠里	社会福祉法人横浜やまびこの里 就労移行支援事業所ワークアシスト
白井　俊子	元・東京都手をつなぐ育成会 権利擁護支援センター

田中　敦士（たなか　あつし）	琉球大学 教育学部 特別支援教育講座
種村　留美（たねむら　るみ）	神戸大学 大学院 保健学研究科
中村　淳子（なかむら　じゅんこ）	障害者就業・生活支援センター ティーダ＆チムチム
二宮　正人（にのみや　まさひと）	相模原協同病院 精神科
野澤　克哉（のざわ　かつや）	元・日本聴覚障害ソーシャルワーカー協会
野中　猛（のなか　たけし）	元・日本福祉大学
野中　由彦（のなか　よしひこ）	独立行政法人高齢・障害・求職者雇用支援機構 障害者職業総合センター
秦　政（はた　まこと）	特定非営利活動法人障がい者就業・雇用支援センター
波多野裕子（はたの　ゆうこ）	東京都立志村学園 自立活動部
春名由一郎（はるな　ゆいちろう）	独立行政法人高齢・障害・求職者雇用支援機構 障害者職業総合センター
東川　悦子（ひがしかわ　えつこ）	特定非営利活動法人日本脳外傷友の会
深川　明世（ふかがわ　ひろよ）	株式会社ヒューマン・トータルケア 訪問看護ステーション夢
舳松　克代（へのまつ　かつよ）	東海大学 健康学部 健康マネジメント学科
堀江　美里（ほりえ　みさと）	障害者就業・生活支援センターWEL'S TOKYO（元・中野区障害者福祉事業団）
増田　一世（ますだ　かずよ）	公益社団法人やどかりの里 やどかり情報館
松為　信雄（まつい　のぶお）	神奈川県立保健福祉大学名誉教授
松井　亮輔（まつい　りょうすけ）	法政大学名誉教授
丸山　一郎（まるやま　いちろう）	元・埼玉県立大学 保健医療福祉学部 社会福祉学科
箕輪　優子（みのわ　ゆうこ）	横河電機株式会社 人財・総務本部室 ダイバーシティ推進課
八重田　淳（やえだ　じゅん）	筑波大学 人間総合科学研究科
八藤後　猛（やとうご　たけし）	日本大学 理工学部 まちづくり工学科
山岡　修（やまおか　しゅう）	日本発達障害ネットワーク，全国LD親の会
山口　律子（やまぐち　りつこ）	特定非営利活動法人 MDA-Japan（うつ・気分障害協会）
山田　純子（やまだ　じゅんこ）	植草学園短期大学名誉教授
吉光　清（よしみつ　きよし）	九州看護福祉大学 看護福祉学部 社会福祉学科

目　次

第Ⅰ部　就労支援の知識 ……………………………………………………… 1

第1章　職業リハビリテーションの視点 …………………………………… 3

第1節　リハビリテーションの概念
　　　　　　（松為信雄）……………… 4
1. リハビリテーションの定義とニーズ　4
2. 障害の概念　5
3. 国際生活機能分類（ICF）　7

第2節　職業リハビリテーションの概念
　　　　　　　　　……………………10
1. 働くことの意味（菊池恵美子）　10
2. QOLとの関係（菊池恵美子）　12
3. 役割行動とその遂行（菊池恵美子）　13
4. 職業リハビリテーション活動の焦点
　　　　　　（松為信雄）　14
5. 概念モデル（松為信雄）　15

第3節　リハビリテーションカウンセリングとキャリア発達（松為信雄）……18
1. リハビリテーションカウンセリングの特性　18
2. リハビリテーションカウンセリングの内容　20
3. キャリア発達と職業リハビリテーション　22

第4節　多様な働き方（工藤　正）………23
1. 就業形態の多様化　23
2. 雇用分野でのいろいろな働き方　24
3. 雇用分野以外でのいろいろな働き方　25
4. 欧米先進諸国の働き方の類型　27

第2章　キャリア発達の理論 …………………………………………………29

第1節　キャリア発達の捉え方
　　　　　　（松為信雄）………………30
1. キャリア発達の概念　30
2. キャリア形成に関わる諸理論　31
3. スーパー（Super DE）の発達論　32
4. 個人―環境適合論　34
5. ホランド（Holland JL）の理論　34
6. さまざまな理論の適用可能性　35

第2節　キャリア発達の課題 ……………36
1. 職業的発達段階と発達課題
　　　　　　（菊池恵美子）　36
2. キャリア教育の課題（松為信雄）　40
3. ライフサイクルの危機と障害者支援
　　　　　　（松為信雄）　43

第3節　障害者のキャリア発達と職業適応
　　　　　　（松為信雄）………………48
1. キャリア発達論の適用　48
2. キャリア発達への障害の影響　48
3. 職業適応の過程　50
4. 生態学的モデル　52

第4節　働く場面からの引退（松為信雄）
　　　　　　　　　……………………55
1. 基本的な視点　55
2. 予防的な対応　55
3. 雇用継続に向けた対応　56
4. 福祉的就労への移行　58
5. おわりに　59

第3章　就労支援の現状 ……………………………………………………61

第1節　障害者の雇用・就業状態
（工藤　正）……………………62
1. 就業と雇用　62
2. 障害者雇用率制度　66

第2節　障害者福祉の現状
（朝日雅也）……………………69
1. 授産施設の現状　69
2. 授産施設の機能（就労移行支援に焦点をあてて）　70
3. 工賃の問題　71
4. 小規模作業所の現状　72
5. 障害者自立支援法と就労支援　72

第3節　能力開発（佐藤　宏）………74
1. 職業リハビリテーションにおける「職業訓練」の意義　74
2. わが国の障害者職業訓練の歴史　74
3. 障害者の職業能力開発の課題　78
4. おわりに　79

第4節　特別支援教育（尾崎祐三）………81
1. 特別支援教育とは　81
2. 盲・ろう・養護学校高等部の進路実態と課題　81
3. 特別支援教育における就労支援　83

第5節　就労支援の制度と事業
（野中由彦）……………………86
1. 障害者雇用促進法と障害者雇用率制度　86
2. 障害者雇用納付金制度　88
3. 支援機関の種類と活動　88
4. 就業支援・能力開発の事業　90

第4章　就労支援の歴史と展開 …………………………………………………93

第1節　職業リハビリテーションを支える制度—これまでの歴史と展望—
（松井亮輔）……………………94
1. 最近の動向と展望　94
2. 今後の展望　99

第2節　障害者政策と就労支援
（丸山一郎）……………………100
1. 障害者基本法による障害者政策　100
2. 基本法による政策　102
3. 障害者政策と就労支援　104

第3節　企業のコンプライアンスと社会的責任（工藤　正）……………………105
1. 企業の社会的責任（CSR）重視の経営　105
2. 雇用労働分野のCSR　106

第4節　職業リハビリテーション関連法制
（大曽根寛）……………………110
1. 職業リハビリテーションと人権　110
2. 職業リハビリテーションと企業社会　114

第5節　雇用・就労支援の国際的動向
（松井亮輔）……………………116
1. 国連の取り組み　116
2. ILOの取り組み　118
3. EUの取り組み　119
4. 各国における取り組み　120
5. 今後の展望　121

第6節　職業リハビリテーションを支える専門職・従事者（八重田淳）………123
1. 職業リハビリテーションの専門職・従事者の役割　123
2. 職業リハビリテーション専門職・従事者の機能　124
3. 職業リハビリテーションを支える専門職・従事者の人材育成　126
4. まとめ　130

第7節　職業リハビリテーションにおける研究の役割（松為信雄）……………133
1. 職業リハビリテーション研究の特徴と課題　133
2. 研究の方法　134

第Ⅱ部　就労支援の技術 ……………………………………………………………137

第5章　就労支援の過程と手法 ………………………………………………139

第1節　就労支援の過程（倉知延章）……140
1. 支援の基本的考え方　140
2. 就労相談（面接と自己決定の支援）　141
3. 就労準備（職業準備性の育成）　142
4. 職場開拓　142
5. フォローアップ　143

第2節　面接と自己決定の支援
（相澤欽一）………………144
1. 自己決定の支援に関する基本的考え方　144
2. 支援する際の工夫や留意点　144
3. 計画作成時における意思決定の支援　146
4. 自己決定支援の実践的な進め方　147
5. おわりに　147

第3節　職業リハビリテーション計画の作成
（松為信雄）………………148
1. 計画作成の目的と意義　148
2. 必要な情報の範囲　148
3. 計画の構成要素　150
4. 支援担当者会議と支援の責任者　153
5. 計画作成の留意点　153

第4節　職業評価の方法（吉光　清）……155
1. 心理検査と行動観察　155
2. 能力，性格・興味の把握　155
3. 職業評価における心理検査の課題　158
4. 行動観察による評価　158
5. 職業評価における資料解釈，総合の問題　160
6. 職業評価に関連する総合的システム　160

第5節　職業準備性の育成 ………………163
1. 職業準備性の内容と構成
（白井俊子）　163
2. 特別支援教育における進路学習・進路指導（田中敦士）　164
3. 福祉施設における職業準備性プログラムの実際（白井俊子）　167
4. 就労支援機関における職業準備性プログラムの実際（中村淳子）　169

第6節　職場開拓の方法（志賀利一）……172
1. ハローワークの職業紹介　172
2. 独自の職場開拓　173

第7節　職場定着の支援と再就職
（志賀利一）………………176
1. 職場定着と定着支援　176
2. 定着支援の課題　180

第6章　職場の環境整備と調整 ………………………………………………181

第1節　障害者の受け入れ（秦　政）……182
1. 障害者雇用の現状　182
2. 障害者雇用推進を阻む壁　182
3. 雇用する側・される側が持ちたい視点　183
4. 障害者雇用を成功させる組織作り　184
5. 障害者の募集と採用の進め方　184

第2節　障害者の職場定着（秦　政）……186
1. 職場受け入れに向けての環境整備　186
2. 障害者の職場導入と定着の留意点　187
3. 障害者を戦力にする教育上のポイント　189
4. 日常の業務マネジメントと評価　191
5. 職場における健康管理　193
6. 雇用継続とハッピーリタイア　194

第3節 職場の再構成 …………………196
1. 職業の理解（菊池恵美子）196
2. 職務分析（菊池恵美子）199
3. 産業工学的方法（八藤後猛）200

第4節 ワークステーションの調整
（河合俊宏）…………………208
1. 就業・就労 208
2. 継続 209
3. 健康管理 210
4. まとめ 212

第5節 リハビリテーション工学の貢献
（八藤後猛）…………………213
1. 1980年以前 213
2. 1980年代 コンピュータが就労支援へ 214
3. 1990年代 質的な充実へ 215
4. コンピュータ以外の就労支援機器の開発動向と今後 217
5. おわりに 219

第6節 職場のメンタルヘルスと復職支援
（舳松克代）…………………220
1. 職場のメンタルヘルス 220
2. 復職支援 221
3. 事例 221
4. 事例から考える復職支援 223
5. まとめ 225

第7章 ジョブコーチ …………………………………………227

第1節 援助付き雇用（小川 浩）………228
1. 米国における援助付き雇用 228
2. わが国における援助付き雇用 232

第2節 ジョブコーチの方法と技術
（小川 浩）…………………234
1. ジョブコーチの役割範囲 234
2. ジョブコーチの概念の変化 234
3. ジョブコーチの支援プロセス 235

第3節 障害とジョブコーチ ……………240
1. 発達障害者へのジョブコーチ
（梅永雄二）240
2. 精神障害者へのジョブコーチ
（倉知延章）241

第8章 ケースマネジメント ……………………………………245

第1節 ケースマネジメントの方法
（野中 猛）…………………246
1. はじめに 246
2. ケースマネジメントの概略 246
3. インテーク Intake（受理）：出会い 248
4. アセスメント Assessment（査定）：見立て 250
5. プランニング Planning（計画策定）：手だて 251
6. インターベンション Intervention（介入）：働きかけ 252
7. モニタリング Monitoring（追跡）：見直し 253
8. エバリュエーション Evaluation（評価）：振り返り 253
9. クローズド Closed（終結）：別れ 254
10. おわりに 255

第2節 チームアプローチ
（柴田珠里）…………………256
1. はじめに 256
2. チームアプローチとは 256
3. チームの構成と種類 257
4. チームワークにおける留意点 258
5. おわりに～効果的なチームワークに向けて～ 259

第3節 就労支援におけるケースマネジメントの実際（松為信雄）……………260
1. 就労支援とケースマネジメント 260

2. ケースマネジメントの過程　260
3. 就労支援ケースマネジメントの特徴　263

第4節　ACTとIPS（香田真希子）……264
1. はじめに　264
2. ACTとは　264
3. IPSとは　264
4. ACTとIPS　266
5. IPSの実際　267
6. おわりに　269

第9章　支援ネットワーク …… 271

第1節　支援ネットワークの機能と構造
（崎濱秀政）……272
1. 支援ネットワークの必要性　272
2. 支援ネットワークの重層性　273

第2節　支援ネットワークの形成と維持 …… 274
1. 個別支援ネットワーク
（堀江美里）　274
2. 企業支援ネットワーク
（堀江美里）　278
3. 関係機関との連携（小林茂夫）　284

第3節　移行と社会的支え（松為信雄） …… 287
1. 移行の過程と区分　287
2. 社会的支え　288

第Ⅲ部　就労支援の実際 …… 291

第10章　就労支援実務における留意点 …… 293

第1節　障害者自立支援法と就労支援〜地域生活支援と「就労自立」をめざす新しいサービス体系〜
（石渡和実）……294
1. 支援費制度とグランドデザイン案　294
2. 障害者自立支援法と「就労自立」　294
3. 障害者自立支援法と就労支援　298

第2節　職業リハビリテーションと支援者の倫理（菊池恵美子）……299
1. 倫理とエトス　299
2. 職業リハビリテーションと倫理，特に成果の評価　299
3. 職業リハビリテーションの実践における倫理とジレンマ　301

第3節　企業の求める支援者のあり方
（近藤康昭）……303
1. はじめに　303
2. 支援者の基本スタンス　303
3. おわりに　306

第4節　採用の決め手と評価法
（箕輪優子）……307
1. 採用の目的　307
2. 社員区分　307
3. 採用基準　307
4. 選考の流れ　308
5. 採用試験　308

第5節　当事者や家族の求める支援のあり方 …… 312
1. 高次脳機能障害の場合
（東川悦子）　312
2. 軽度発達障害の場合（山岡　修）　312
3. 統合失調症の場合（増田一世）　313
4. うつの場合（松為信雄）　313

第11章　障害特性と職業的課題への対処：事例 ……315

第1節　感覚障害 …………………316
1. 視覚障害（篠島永一）316
◆事例（篠島永一）320
2. 聴覚障害（野澤克哉）321
◆事例（功刀　武）323

第2節　肢体不自由 ………………326
1. 脳性麻痺（菊池恵美子）326
◆事例（波多野裕子）327
2. 脳血管障害（脳卒中）
　（菊池恵美子）328
◆事例（深川明世）329
3. 高次脳機能障害（阿部順子）331
◆事例（1）（稲葉健太郎）333
◆事例（2）（種村留美）334
4. 脊髄損傷（菊池恵美子）335
◆事例（佐藤　章）337

第3節　発達障害 …………………339
1. 知的障害（山田純子）339
◆事例（上滝彦三郎）341
2. 自閉症（志賀利一）342
◆事例（志賀利一）345
3. 学習障害（梅永雄二）346
◆事例（梅永雄二）348
4. 注意欠陥/多動性障害
　（梅永雄二）349

◆事例（梅永雄二）351
5. アスペルガー症候群（梅永雄二）352
◆事例（梅永雄二）353

第4節　精神障害 …………………355
1. 統合失調症（安西信雄）355
◆事例（1）〈若年発症の事例〉
　（上野容子）359
◆事例（2）〈中間施設の事例〉
　（二宮正人）360
◆事例（3）〈共同作業所の事例〉
　（上野容子）361
2. うつ（山口律子）362
◆事例（山口律子）366
3. てんかん（青柳智夫）367
◆事例（青柳智夫）371

第5節　内部障害 …………………372
1. 心臓機能障害（菊池恵美子）372
2. 呼吸器機能障害（菊池恵美子）375
3. 腎臓機能障害（菊池恵美子）379
4. ぼうこう又は直腸機能障害，小腸機能障害（菊池恵美子）381
5. HIV（ヒト免疫不全ウイルス）による免疫機能障害（春名由一郎）384
6. 難病（春名由一郎）387

索　引 ……………………………390

第Ⅰ部

就労支援の知識

第1章

職業リハビリテーションの視点

第1節　リハビリテーションの概念

1. リハビリテーションの定義とニーズ

1）リハビリテーションの定義

リハビリテーションの語源は、ラテン語で「再び」を意味する接頭語のREと、「身につける」「能力を獲得する」を意味する動詞のHABILITUSの合成語である。それゆえ、「再び能力を回復する」「再び機能を身につける」あるいは「あるべき状態に達する」という意味になり、人間としての能力や尊厳などが回復することを内包している。これを専門用語として用いるときには、次に示すいくつかの定義がある[1]。

「医学的・社会的・教育的・職業的手段を組み合わせ、かつ相互に調整して訓練あるいは再訓練し、それにより障害をもつ者の機能的な能力を可能な最高レベルに達せしめること」（世界保健機関WHO，1969）.

「身体的・精神的・社会的に最も適した機能水準の達成を可能にすることで、各個人が自らの人生を変革して行く手段の提供を目指し、かつ時間を限定したプロセスを意味する」（障害者インターナショナル，1981）.

この定義の変化は、障害のある人の職業的あるいは経済的な自立を目標として、その可能性を追求する視点から、重度の障害がある人々の自立生活をも包含した、権利の回復や獲得を基調とする理念を基盤とする定義に代わったことを意味する。その背景には、サービスの効果が期待できない重度障害者はリハビリテーションの対象から除外されているという批判、障害者自身の主導による自立生活運動の高まり、それらと並行した障害者福祉に関する基本的理念の進展などの影響を受けている。現在では、リハビリテーションの語が本来的に内包している「権利の回復」を尊重し、残存機能を回復させて自立性を促進するとともに、社会により良く適応するためのすべての活動を総称する語として用いられている。

さらに近年では、「障害のある人をエンパワーメントすることによって、個人的には達成感をもたらし、社会的に意義があり、機能的にも有効となるような、外界との交互作用を個別に成し遂げるための、医学的・身体的・心理社会的・職業的な介入に関する全体的に統合されたプログラム」と定義されている[2]。ここでは、障害のある人をリハビリテーションサービスの消費者とみなし、当事者としての主体的な自己決定性や、みずからの意志で問題解決をするエンパワーメントの育成を支援することが強調されている。また、「説明と同意」または「十分に説明を受けた後の本人の承諾」を意味するインフォームドコンセントの概念も内包されている。

こうした、権利の回復や獲得を基調とする新しい理念のもとに、リハビリテーションの活動は、人間諸科学のさまざまな分野を動員する総合的な努力が払われている。小島[3]はそうした傾向を、「目的・政策・方法・技術を網羅的に組織立てた科学技術体系」であると指摘する。第12回世界リハビリテーション会議（1972年）で示された「リハビリテーションの将来指針」によるとその体系は、①医学的リハビリテーション、②教育的リハビリテーション、③職業的リハビリテーション、④社会的リハビリテーション、⑤心理的リハビリテーション、⑥リハビリテーション工学、の各分野を統合したものであるとする。こうした統合的な視点は、「総合リハビリテーション」という用語で示される。

1990年代以降に入って知的障害や精神障害の人の職業リハビリテーションへの関心が高まるにつれて，特に，職業生活と地域生活の一体的かつ継続的な支援が重要になってきている．それは言い換えると，「地域リハビリテーション」が総合リハビリテーションに不可欠な分野となっていることを意味する．

こうしたことを踏まえると，職業リハビリテーションの体系もまた，理念的には，障害者福祉の理念を踏まえていることは言うまでもない．そうした理念としては，①人権の対等性の原則，②障害の個別化の原則，③発達保障の原則，④ニーズの共通性の原則，⑤機会の均等化とノーマライゼーションの原則，⑥参加と平等の原則，の6つが指摘されている[3]．

2) リハビリテーションニーズの拡大

こうした理念のもとで展開されてきた「総合リハビリテーション」は，リハビリテーションサービスの対象者の範囲を広げるとともに，そうした人たちのリハビリテーションニーズの増大をももたらしてきている．すなわち，単に機能を回復したり軽減したり，あるいは仕事に就きたいというばかりでなく，障害がありながらも，その状態に応じて，より良く社会に適応して他の市民と同じ普通の生活を営みたいと願い，それを叶えるものとしてのリハビリテーションへのニーズは，ますます増大するとともに多様化する傾向にある．

現在では，リハビリテーションの対象となる人は，あらゆる種類の障害のある人びとである．また，年齢もすべての階層の人たちを対象とするようになってきている．特に最近の状況は，高齢化に伴う老化を主因とする障害者が増大する傾向に加えて，生活習慣病・交通事故・労働災害などによる障害者の増大，障害の重度化や重複化の進行，障害者に関わる各種の法律の対象外とされた障害内容の多様化，さらには，障害者福祉の基本的な理念の浸透とともに向上した障害者自身の主体的な社会参加の意識などにより，リハビリテーションへのニーズがますます増大している．

その内容は，障害の有無を越えてすべてのヒトに共通する部分がある．小島[3]は，それを，「生存条件確保」「安定性と安全性」「格差なき生活」「快適性と便利性」「生きがい」の5段階に区分して，基本次元から高次元のニーズまでを階層的に示している．

だが，他方で，ニーズは同時にすぐれて個別的であり，ある人にとって何がニーズであるかは価値的な基準によって異なる．このことは，リハビリテーションの援助は対象者の個別性を尊重し，その「生活の質（Quality of Life；QOL）」に即した活動となることが重要であることを意味する．生活の質（QOL）はさまざまに定義されているが，個人が自分の人生を価値あるものとして主体的に生きることが焦点となる．職業リハビリテーションのサービスも，その意味では，例外ではないだろう[4]．

2. 障害の概念

1) 国際障害分類（ICIDH）

日常的に用いる「障害」の語は，何かを行うときの妨げを意味する．だが，リハビリテーション分野では，より特殊な概念を反映している．その意味は，大別すると狭義と広義の2種類があるといえよう．狭義には医学的レベルの概念であり，身体や精神の機能の低下・異常・喪失などを意味する．身体障害や知的障害といった障害名や，障害の種類と程度などという場合には，この狭義の概念を意味する．

これに対して，広義には，狭義の意味を含みつつ，そのことが原因となって派生する生活上の困難・不自由・不利益をも包括した概念を意味する．それは，世界保健機関（WHO）が1980年の国際連合総会決議となった「国際障害者年行動計画」を受けて，「国際障害分類（ICIDH：International Classification of Impairments, Disabilities and Handicaps）」として提

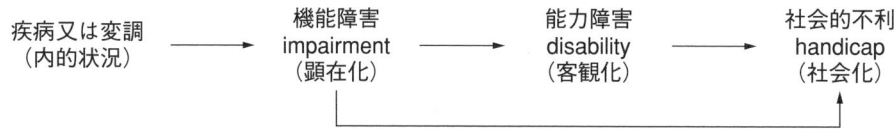

図1.1　国際障害分類(ICIDH)(1980)の障害概念

案した内容に顕著に表れている[5]．

この分類では，疾患が原因となって生じた障害を，①疾患（外傷を含む）から直接生じた器官や臓器の医学的な変調が原因となって，②生物学的なレベルでとらえた障害である「機能障害（Impairment）」，③そのために生じる機能面の総体的なレベルでの障害である「能力低下（Disability）」，および，④その能力低下の社会的な結果をもたらした人間的なレベルでの障害である「社会的不利（Handicap）」，の3つの水準に区分する．それらの関係を示した概念モデルが図1.1である．

ここでは，障害を，病気（疾患）が治ゆした後の固定的あるいは永続的な後遺症として捉えるのではなく，「生活への影響」に焦点をあてることで，病気のもたらすさまざまな問題の全ての領域を把握しようとしている．そのため，次のような実践的な意義をもたらした．

第1に，障害を3水準に分類することで，能力低下は機能障害を契機として発生し，また，社会的不利は機能障害と能力低下を契機として発生する，という因果関係があることを明らかにしている．だが，より重要なことは，第2に，それぞれの障害は，他の水準から独立した側面のあることを強調していることである．それゆえ，社会的不利を克服するための方策は，疾病の治ゆを前提とする必要はなく，疾病や能力障害が残存したり漸進していたとしても，それと共存しながら進めることは可能であることを意味する．このことは，第3に，それぞれの障害水準に応じて適切に対応できる，異なるアプローチがあることを示している．すなわち，機能・形態障害には「治療的な手法」，能力障害には「対処行動の開発」，社会的不利には

「環境の改善」によって，それぞれの障害の側面を軽減したり除去できることを示した．第4に，異なる視点をもつ職種や専門職あるいは立場の違いを超えて，障害の多面性についての共通した言語や理解をもたらした．

2) 上田モデルとカナダモデル

「国際障害分類」の提起した実践的な意義はリハビリテーションの思想に大きな影響をあたえ，その障害構造モデルとともに数多くの議論が行われ，幾つかの新しい概念モデルも提唱されてきた．主なものとしては以下のものがある．

上田[6]は，疾患によって起こった生活上の困難・不自由・不利益として障害を定義したうえで，最初に発表されたものに何度か訂正を加えた結果，図1.2のモデルを示す．この特徴は，WHOの3つの障害水準を認めたうえで，それに主観的な側面を強調した「体験としての障害」を新たに障害概念として加えるとともに，それらに影響を与えるものとしての「環境要因」や「疾患」を明確にしている．

また，「国際障害分類に関するケベック委員会（QCICIDH）」は，図1.3のモデルを提唱する[7]．この特徴は，「環境因子」をモデルに組み込むことで，社会的不利の状況は，機能障害や能力障害などの個人的条件と，環境要因に起因する障壁との相互作用によって発生することを明確にしている．また，「危険因子」「身体機能」「能力」「環境因子」「生活・社会活動」などの枠内に障害の分類を組み込むことで，一般的な正常な状態の中での特殊な状況として障害のあることを明記した．

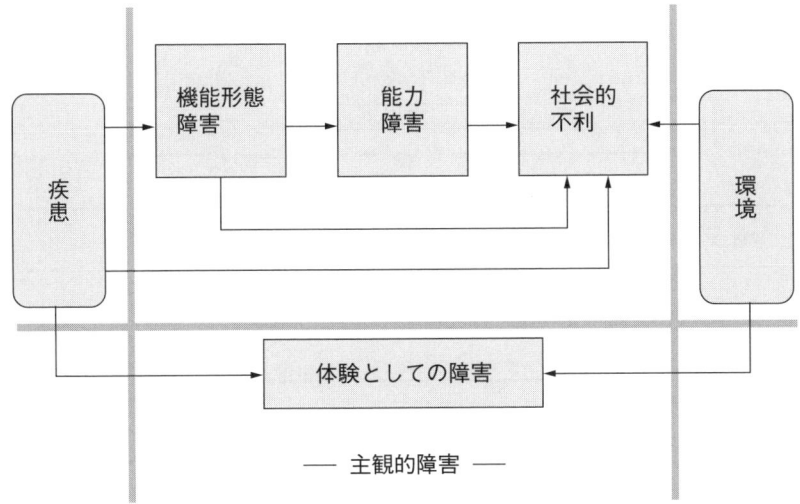

図1.2 上田モデル(1990)の障害概念

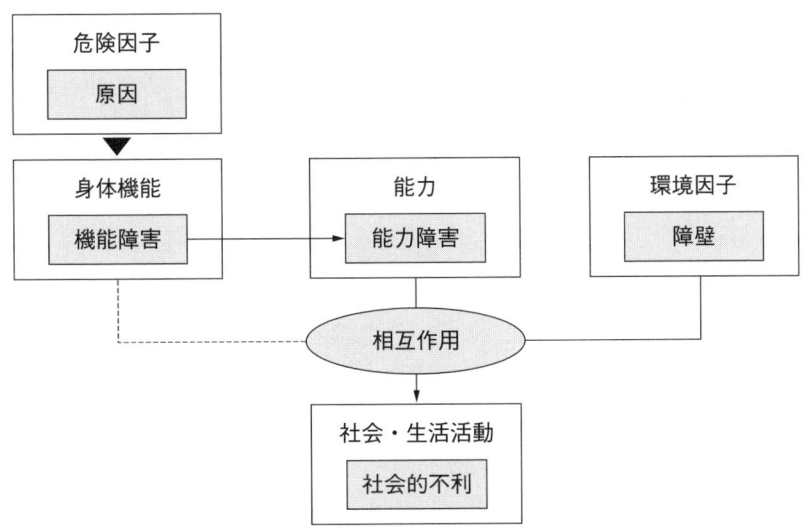

図1.3 カナダモデル(1993)の障害概念

3. 国際生活機能分類 (ICF)

1) ICFモデル

こうした国際的な反響と論議を重ねて，WHOは2001年に「国際生活機能分類 (ICF: International Classification of Functioning, Disability, and Health)」を正規に採択した．これは，どの範囲を障害とみなすかの認定は国や地域の政策や規範などに依存して著しく異なるために，人間の生活全体の機能（「生活機能」）を包括的に把握して，その多かれ少なかれ否定的な側面を「障害」と見なすものである．ICIDHを提示してから20年後に新たに提唱されたモデルは図1.4に示すものである[8]．

このモデルでは，「健康状態」は「心身機能・構造 (function/structure)」，個人レベルでの「活動 (activity)」，社会レベルでの「参

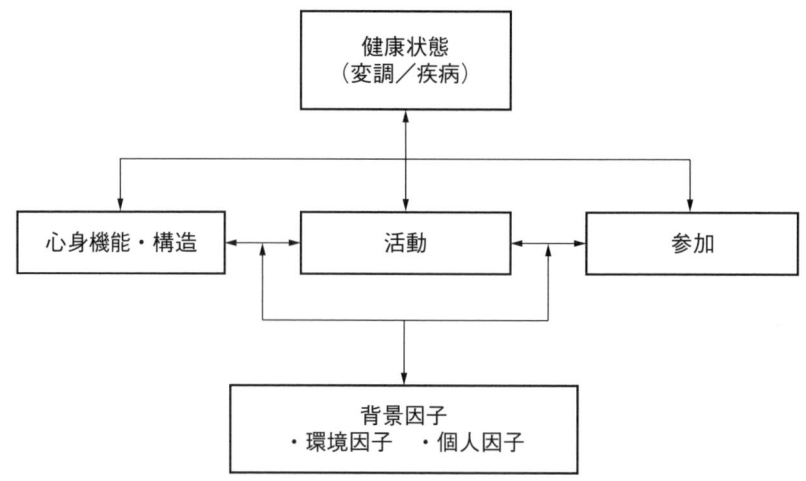

図1.4 生活機能・障害・健康の国際分類(ICF)(2001)の障害概念

加(participation)」のそれぞれで異なり，しかもその違いは，「個人因子」や「環境因子」などの背景因子の影響下にあることを強調する．障害は「機能・構造の変調」「活動の制約」「参加の制限」として現われ，「個人因子」や「環境因子」などの条件によって異なるとする．

ここでは，「心身機能・構造」は身体器官系の生理・心理的機能や解剖学的部分であり，その障害は心身機能や身体構造上の問題をいう．「活動」は個人的な課題や行動の遂行であり，その制限は活動する場面においての個人的な困難条件をいう．「参加」は生活への関わり方であり，その制約は生活のしづらさにおいて個人が経験する問題をいう．なお，活動と参加のいずれの場合も，能力と実際状況との違いを明らかにすることを提唱している．また，「環境因子」は物理的・社会的・態度的な世界の特質であり，「個人因子」は年齢・人種・性別・教育歴・経験などの人生や生活の個人的背景を意味する．

このモデルで特徴的なことは，ICIDHで使われてきた「能力障害」や「社会的不利」の代わりに「活動」と「参加」の語を用いることで，障害のある個人が主体的に立ち向かう側面を強調していることがある．また，「個人因子」と「環境因子」などの背景因子が「活動」や「参加」を制限することを明確に表示したことだろう．さらに，①心身機能・構造，②活動と参加，③環境因子，④個人因子，の4つの側面を32の大分類から構成される1424項目の体系的なコード化をしている．それによって，国家や文化や言語の違いを越え，また，当事者グループ，臨床家，政策立案者，情報システム専門家，研究者などの幅広い分野の人たちが障害の状態像についてのイメージと概念を共有できるようにした．

2) ICFの意義と職業リハビリテーション

こうした個人と環境との相互作用の在り方に焦点を当てた障害構造の視点は，職業リハビリテーションのアプローチに，基本的な変化をもたらしている．それは，①個別の課題解決を図ることから生態学的な解決に焦点を当て，②施設を中心とした支援から地域参加型への転換であり，③慈善的な施しから権利としての支援であり，④地域と分離した訓練から地域内での援助付き雇用や自立生活モデルへの転換であり，⑤発達的な人生段階に焦点を当てる健康モデルへ，と進みつつある[9]．

ICFは，障害者統計の国際比較の基準とし

て，今後は世界各国で活用される可能性がある．我が国でも，実践活動に活用する試みは福祉・介護・教育分野などのさまざまな分野で行われており，国立特殊教育研究所・世界保健機関[10]は，そうした活用事例を紹介している．

職業リハビリテーション分野に応用する場合，第1に，教育や医療などの支援による個人能力の向上と，物理的・人的・サービスや制度面などの障壁の除去や環境整備を組み合わせた職業評価をすることが望ましいこと，第2に，活動や参加を定義する分類コードを活用して，個人の機能的な側面を多面的に評価することが望ましいこと，第3に，こうした多面的な分類コードから個別性を重視した障害特性を明らかにすること，などが可能となる[11]．障害者職業総合センターでは，ICFのフレームワークを用いて「障害・疾患による機能的特徴」「職務遂行上の要件」「機能特性と職務要件のギャップを埋めるための支援内容」「そうした支援を提供できる社会資源」の各種の情報を統合化した，障害者の雇用支援のための総合データベース（「ユニバーサル・ワーク・データベース」[12]）の試験版が公表されている．

文 献

1) 高山忠雄，黒澤貞夫・編著：リハビリテーション論．川島書店，1992．
2) Banja, JD：Rehabilitation and Empowerment. Archives of Physicalt Medicine and Rehabilitation, 71, 614-615. 1990.
3) 小島蓉子：障害者福祉の考え方（福祉士養成講座編集委員会・編：障害者福祉論．改訂介護福祉士養成講座3）．pp6-47，中央法規出版，1992．
4) 松為信雄：リハビリテーションプログラム評価としてのQOL指標の課題．障害者職業総合センター研究紀要1, 1-18, 1992.
5) WHO：ICHDH-2, International Classification of functioning and Disability. Beta-2 draft. 1999.
6) 上田 敏：障害の概念と構造─身体障害者のリハビリテーションの経験から─（日本精神障害者リハビリテーション学会・編：第3回精神障害者リハビリテーション研究会報告書）．pp114-124, 1996.
7) Fougeyrollas P：Documenting environmental factors for preventing the handicap creation process─anthropological studies in Quebec Rehabilitation Programs─, The first north american regional conference of rehabilitation international, Conference proceedings, 550-559, 1993.
8) WHO：ICF国際生活機能分類，2001．
9) 春名由一郎，松為信雄，松井良輔，F.R. McFarlane：ICFの職業リハビリテーションへの応用可能性．職業リハビリテーション 15, 38-44, 2002.
10) 国立特殊教育総合研究所，世界保健機関・編：ICF（国際生活機能分類）活用の試み─障害のある子どもの支援を中心に─．ジアーズ教育新社，2005．
11) 春名由一郎：ICFの職業リハビリテーションネットワークへの意義，職リハネットワーク 52, 38-43, 2003.
12) http://uwdb.jeed.or.jp/uwdb2/faces/home.jsp

第2節　職業リハビリテーションの概念

いわゆるフリーター（フリーとアルバイターの造語で1987年にリクルート社が初めて使用した）の存在が注目されるようになってから約20年が経過し，現在ではさらにニート（Not in Employment, Education or Training）が国際的にも社会問題化している．

当初，フリーターの出現は，国が経済的に豊かになったことによる若者の就業意識やライフスタイルの変化によるとされていたが，その後，バブルの崩壊による企業の雇用調整や雇用形態の多様化で，正社員として働きたくとも働けない若者が増加してきた．一方，ニートは，高校や大学を卒業しても，仕事も進学も職業訓練もしない若者を示す概念として英国の労働政策（1999年）の中で生まれた言葉である．現在，我が国ではアルバイトや無職のフリーターは400万人を越え，ニートは約130万人（内閣府，2006年）と推測されている．

このような雇用状況や雇用形態の変化は，生徒を「学習への動機付けという学校教育の基本的な部分まで揺るがしかねない」[1]状況を生み出し，一方，IT産業に代表される産業構造の変化の中で，若者にとって，たとえ心身に障害が無くとも，生まれてから成長する環境の中で「仕事」自体が見えにくく，働くことのイメージが沸きにくい社会となっているのも事実である．ましてや心身に何らかの障害があれば，保護的な環境の中で日常生活での経験を通して職業のイメージを膨らませたり自らの適性を判断するための機会が制約されている．

そのような若者を対象に就労支援を展開するためにも，人が「働くこと」の意味について改めてその意味や価値を整理しておきたい．

1. 働くことの意味

1）職業の語義と職業に関連する用語

職業という言葉の意味について，広辞苑（第5版）を見ると「日常従事する業務．生計を立てるための仕事．生業．なりわい」と書かれている．もともと職業という言葉は，職と業との二語からなる合成語であり，語義の上からも二重構造を持つものであった（武内，1977）[2]．

職とは第1に，官職の職，職務の職であり，権力機構の一環に位置づけられた官僚として，庶民を治め指導する公務であった．第2には職分の職として，つまりそれは集団的存在としての個人の果たすべき社会的役割でもあった．そして第3に職は，神によって予定された仕事つまり天職であると見られていた．

一方，業とは第1に生業の業であり，第2に民業の業そして家業の業で，生活の手段を獲得する庶民の生業・活動を意味していた．

また，働くとは「動くこと，仕事をすること，活動すること」（広辞苑，第5版）であるが，「働」という字は明治以後にわが国で作られた和字である（清水，1982）[3]．それ以前には，ひらがなで「はたらく」あるいは労働の字が用いられていた．つまり「働」には，動くだけではなく人がはたらくのだという，人間の行動の能動性をこの字に持たせたいとの気持ちがあったとされている．さらに働くという言葉には現在の「労働する」という意味の他に，元来，「活動する」という広い意味も含まれているのである[4]．

このようなわが国の職業に該当する欧米の用語は多岐にわたる．例えば，英語ではoccupation, vocation, work, calling, profession, labor, job, task, business, career, mission, tradeが，独

語では werken, arbeiten, beschaftigung, beruf（ウエブスターインターナショナル辞典，第3版）である．

それらを語源的にみれば，やはり職（例えば vocation, profession, calling, beruf）と業（例えば occupation, business, trade, beschaftigung）のいずれかの範疇に大別されることが分かる．これらの用語は，日常的には必ずしも厳密に使い分けられているわけではないが，以下に主な用語について，その意味を整理する．

Occupation とは，それが何であれ人の1日の大半を占める活動のことである．邦訳は「職業」であるが，occupy の語源は占めること，占有であり，occupation は広く人の年齢や発達課題に対応した主たる活動，つまり子供であれば遊び，学齢期であれば勉学，そして成人になれば仕事やレジャーをも含めた作業活動ととらえるのが妥当であろう．作業療法が対象者の年齢や性，発達課題や生活環境等に応じて，人の occupational rehabilitation の獲得（再獲得）を目標にするのは，人の誕生から死に至るまでの過程の中で，occupation の遂行を通して人はより良く成長発達を遂げ，社会に上手く適応するための術を学習することが出来る（Anne Roe, 1969[5]，Kielhofner, 1994[6]）と考えるからである．

Work は肉体や頭脳を働かせて仕事を行うこと，即ち作業である．work は仕事の代価としての収入を伴うか否かを問題とはしない．例えば料理や菓子づくりが好きで頻繁に行う時に，それは趣味と呼ばれる．コックになったり菓子職人となればそれは生業となる．職業と趣味の違いについては，夏目漱石（1913）が「職業と道楽」と題した講演の中で，各々の社会的側面と個人的側面とを分けてその違いについて言及している．

Vocation は，work や occupation の中で，それが天職としての生きがいや価値性を見いだしたときに仕事となり，いわゆる一般的な職業に該当しよう．その他，labor は使役の概念が含まれた労働の意であり，job は賃仕事や職務，task には義務として負わされた仕事や課題の意味がある．さらに business には用事や営利を追求する仕事，mission とはある義務にもとづく仕事，そして career とは職業経歴のことで生涯にわたって occupation を vocation に変えるダイナミックな働き（松為，1994[7]）として概念化されている．

ドイツ語の beruf は，ルッター（Luther）の聖書翻訳に始まるとされているが，一方では「召命」berufung の意味を，他方では「労働」arbeit の意味を含んだ神から与えられた使命に他ならない．いずれにせよ職業は，本来，職的性格と業的性格の二重構造を有していたことが明らかである．

2）働くこととリハビリテーション

今日ほど「働くこと」の意義が揺らいでいる時代はなかったのではないかと思われるほど，「働くこと」について様々な議論が喧しい．就業年齢にある多くの人にとって，日常生活の大半を占める「働く」という当然の営みが少し変化してきている[8]．

職業が本来二重構造の意味を有する事は前述したが，1980年代から1990年代にかけてわが国が経済大国から生活大国へと変化する中で，いわゆるフリーターやニートが半ば市民権を得る一方，雇用制度の見直しや右肩下がりの不況や低成長が続く中で，今日，働くことの意味はますます多義・多様化，個人化してきている．

特に1973年以来2度のオイルショックを契機に，わが国の経済基盤は変貌し，産業構造も転換した．そして勤勉実直を旨とし終身雇用制度のもと会社への帰属意識の強かったわが国の伝統的な職業観が急激に変化したのは1980年代に入ってからである．俗に，汚い，きつい，暗いという3K職場が新卒者に嫌われ，職業選択に際してイメージが先行してきたのもこの頃からであった．さらに1970年代のコンピューター時代から1980年代のロボット元年を経て，

1990年代以降はIT化のさらなる発展により，働くことの意味にも大きな影響が生じているが，まさにITは人々の作業のあり方を変えたと言えよう．

その様な時代の潮流の中で，尾高[9]による職業の3要素，つまり「個性の発揮，連帯の実現及び生計の維持を目指す人間の継続的な行為」を考えてみると，「より高い賃金と豊かな生活」という収入志向はもとより，「自分の個性や適性にあった仕事」をし，その評価による社会的地位の向上や満足感を得ること，働きがいよりも生きがい，他者志向ではなく自己志向，自分の楽しみ，娯楽のような仕事を優先して求めるようになった（田中，1993）と言えよう．つまり年金などの社会保障制度の充実によって収入（食べていくこと）が保障されれば，人は働くことを通して社会への参加やある集団への所属欲求を満たし，自己実現の場や自己成長の場としての要素をより強く職業に求めると言えよう．言い換えればそれは，職業の労働的側面よりも「人間の活動」としての側面が重視されるということであり，働くことを通じての自己の存在意義（生きている意味）を確認するという価値実現（神内，1989）ということになる．

このような働くことの意味は，障害のある者（ここでは働く意志と意欲のある高齢者も含む）にとってはなおのこと重要であり，働くことを通して自分が社会に役立っているという実感は，まさに自己の存在証明であり，自分の価値や自尊心，自己効力感につながると言える．自己効力感が主観的なQOLを高めることは周知の事実である．また，人としてごく当たり前の生活をより良く実現するために必要な「社会化」を身につける一番適切な手段が「働く」ことを通して得られることも確かである．

障害者が働く意味について，かなり以前に書かれたものではあるが，本質を捉えていると思われる障害当事者I氏の話を以下に引用した．

「仕事を一生懸命やることが喜びだというのは，ウソッぽくてあまり信用できないが，私の後輩で，一年間車で通勤していて，お金を全くもらっていなかった友達がいるけれども，彼はその仕事をやめてしばらくぶらぶらしていたが，そのうち退屈がだんだん苦痛になり，やがて酒を飲んだりパチンコをしたりしている中に，生活がすさんできた．仕事というものは社会的関係を確かめていくものではないかと…気がする．全く社会に関係のないところで行われる訓練や作業も苦痛以外の何ものでもない」[10]．

2. QOLとの関係

リハビリテーションの世界では，人の生活を良くするという実践的な働きをするという立場でQOL（Quality of Life）という言葉を用いる．しかし本来QOLは，図1.5に示すような構造を有している（上田，1999）[11]．

そもそもQOLという言葉は，「生命の質」という生物レベルで使われた用語であり，例えば植物状態にある患者の人工呼吸装置をいつまで装着させておくのか，ガン患者の苦痛を軽減させるために命の短縮につながるモルヒネの使用をどの程度まで認めるのか等に対して，患者の病前の意志や考え方，家族関係者らの意向等を尊重して判断を下すことの意義を医療関係者が認めだしたことによっている．

さらにその後は，「生活の質」という個人レベルにおいて，日常生活活動の状態を良くすることの意味でも用いられるようになり，ひいては社会的レベル即ち「人生の質」にまで拡大して使われるようになった．そしてこの社会的レベルのQOLの向上こそがリハビリテーションの目標であり，それはまた職業的リハビリテーションの成功によってかなりの部分が達成出来ると言えよう．

ところでQOLには，このようないわば客観的QOLと，一方では主観的なQOLとがある．上田[12]はそれを実存レベルのQOL，言い換

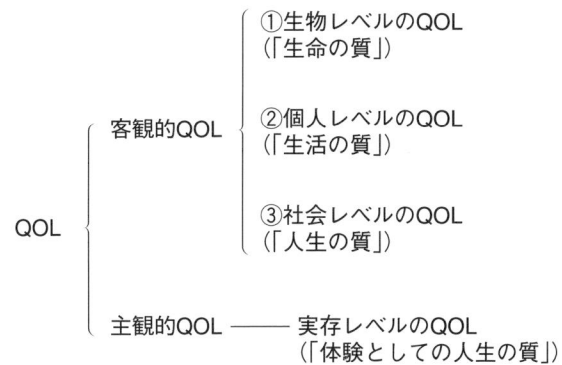

図1.5　QOLの構造(上田，1998)

れば個人の体験としての人生の型と表現しており，QOLがそもそも「質」を表す言葉である以上，この主観的QOLこそが問題となるのであろう．客観的なQOLに不足はないようにみえても，健康を損なわれた身体や精神の状況を耐え難く感じて自らの命を絶つ人さえいるのも事実である．リハビリテーション関係者は，可能な限りこの客観的QOLの向上を目標にサービスを提供し，その成果である結果によって，個人の主観的QOLが向上するとも言えよう．

職業リハビリテーションの成果とは，障害を有する個人が何らかの働く場を得ることにより収入を得，仕事という役割の遂行を通して社会的な承認を獲得し，さらには職場の仲間や友人が増え，結果として個人の生活が豊かになる事に繋がることなのである．しかし皮肉なことに，そのような社会的な人間関係が拡がり複雑になることによって，ストレスが増大したり，仕事を一生懸命遂行することによる身体的な負荷が掛かり二次的な機能障害が起きるということもまた事実である．が，それでもなお，集団の中でこそ人は人として生きることが出来ると言えよう．

3. 役割行動とその遂行

社会的な存在としての人は，どのようにして適切な社会的行動を身につけるのであろうか．人は，個人が属する社会や時代によって影響を受けながら，成長の過程を通して，家庭や学校，職場などいろいろの人との交わりの場に参加し，その集団にとって必要とされる様々な役割の遂行を通してその社会の構成員になっていく．

キールホフナー（Kielhofner G）[13]は，人の作業側面からみた役割とその定義を表1.1に示している．人が個人的に内面化する社会的役割のタイプは，伝統的には個人的―性役割，家族的―社会的役割，そして作業役割に分類されてきた（Heard, 1977；Katz & Kahn, 1966）．しかし今日では，これらの役割はすべて作業役割としての側面を有することが明らかにされており（Oakley, Kielhofnerら，1986），さらに役割は図1.6に示すごとく，作業的行動を3つのやり方で組織化する．役割は第1に，他者との交流の内容だけではなく，作法や様式に影響を及ぼし，第2には，役割に関連したルーチンの一部となる一連の課題あるいは遂行に影響を及ぼす．第3には，人が一定数の役割を担う場合に，役割はその日やその週にまたがる自分の変化する地位や義務の時間的構成を作り上げることで，1日や1週というサイクルに時間的区切りをつけるのである．

ネビル（Nevill）やスーパー（Super DE）ら

表1.1 作業的側面の役割

役割	役割内の作業行動
学生	フルタイムあるいはパートタイムで学校に通う．
勤労者	パートタイムやフルタイムで，賃金が支払われる仕事に就く．
ボランティア	病院，学校，地域，近隣，政治活動キャンペーンや義援金活動などにサービスを無償提供する．
養育者	子ども，配偶者，親戚あるいは友人など，他人の養育に責任をもつ．
家庭生活維持者	家の掃除や庭仕事など，家をきれいに保つことに責任をもつ．
友人	友人を訪ねたり，一緒に何かをする．
家族の一員	配偶者，子ども，親など，家族と一緒に時間を過ごしたり何かをする．
宗教信仰者	宗教組織が提供する活動に参加する．
趣味人，愛好家	編み物，楽器演奏，工作，スポーツ，演劇，あるいはクラブやチームへの参加など，趣味やアマチュアとしての活動に加わる．
組織への参加者	在郷軍人会，主婦連，片親の会，○○協会などの組織に加わる．

（文献6, p72）

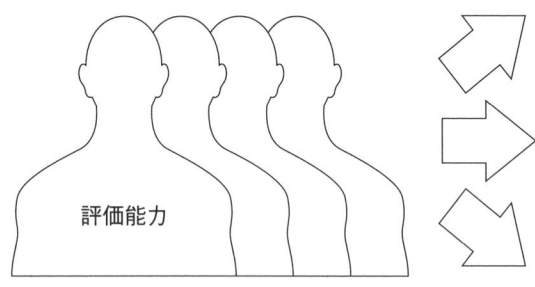

図1.6 作業行動に対する役割の影響（文献7, p73）

(1984)[14]による，人の生涯にわたる多様な役割とその相互関係を表したライフキャリアの虹もまた良く知られているが，個人の多様な役割は，家庭・学校・職場・地域社会などの場面で成立している社会集団から要請される「集団のニーズ」であるとともに，「個人のニーズ」を具体化するものである．そのような二重性があるが故に，個人が役割を遂行することは，自己の価値観や意志に基づく目標達成行動であるとともに，社会からの要請に基づいた規制された行動[15]と言えるのである．

いわば「働くことは社会化のための最も有効な手段」[16]であり，様々な役割の中でも特に職業人としての役割の遂行が出来るように援助することこそが，職業リハビリテーション活動，すなわち就労支援の焦点となる．

4. 職業リハビリテーション活動の焦点

ICFは，障害のない状態を基にその特異的な個性の一部として障害を捉えるとともに，特に，障害者の社会参加は個人を取り巻く環境条件との相互作用によって生じ，環境整備の在り方が「活動」や「参加」の在り方を規定することを強調する．

この視点は重要であるが，他方で，職業リハビリテーションの活動では，個人側のニーズに限定することは適切とは言えない．なぜなら，社会生活を基盤としている社会的な存在としての個人は，家族や職場や学校などの社会集団を維持することが求められることから，「個人の

ニーズ」のみならず，これらの社会集団そのものを維持するための「集団のニーズ」もあることを認めなければならない．「集団のニーズ」は，そこに所属する個人が集団内で与えられ要請される「役割」を果たすことによって充足される．

　言いかえると，人は「役割」の遂行をとおして，環境から要請されるニーズを充足するとともに，個人のニーズをも満足させる．そうした「役割」の遂行を妨害し阻止する要因を除去したり軽減することに焦点を当てることは，個人と環境との相互作用そのものを変化させる生態学的な視点でもある．

　それゆえ，職業リハビリテーションの活動は，単に，障害者個人に活動の焦点を当てるばかりでなく，受け入れ側である企業等のさまざまな物理的・心理社会的な環境に対しても，活動を展開しなければならない．障害者個人とそれを取り巻くさまざまな環境条件の双方に対して均等に焦点を当てる，という視点が不可欠である．

　このことは，医学的リハビリテーションや教育的リハビリテーション（特別支援教育）と異なる特徴でもある．例えば，医学的リハビリテーションでは，疾病や機能障害の影響を阻止したり制限することをめざす．そのために，病理現象の治療やその機能面への抑制などの個人的側面に活動の焦点を向け，環境要因はそれを促進したり抑制する条件に限って扱うことだろう．特殊教育もまた，障害のある児童や生徒の個人的側面に焦点を当てた活動を展開し，環境要因に向けた活動は相対的に少ない．

5．概念モデル

　こうしたことを踏まえて，職業リハビリテーションの全体的な概念を図式に描くと，図1.7のようになろう．それぞれの意味は次のとおりである[17]．

1）ニーズ

　ニーズは，個人の側で生じるものと，集団や環境の側で生じるものがある．個人の側のニーズを捉えるキーワードとして，Maslowが提唱した，「生理的欲求」「安全欲求」「所属欲求」「自尊欲求」「自己実現欲求」の5段階の欲求構

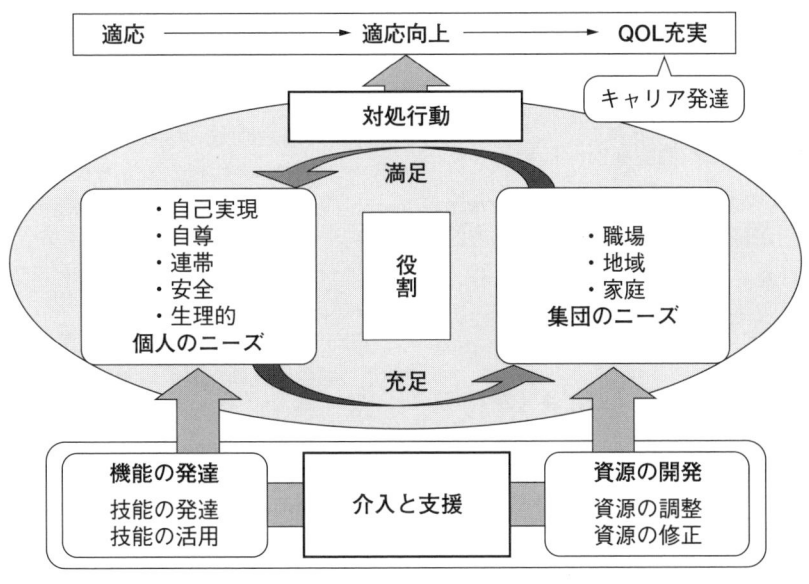

図1.7　職業リハビリテーション活動の概念モデル

造を示した[18]．これに対して，集団や環境の側から生じるニーズは，環境をどのような側面から分類するかによって異なる．ここでは，職場や地域や家庭などのように構成される集団の違いとして示したが，職場の環境，地域生活の環境，職業生活の環境などに分類することもできよう．

2）役割

個人と集団のニーズは，いずれも「役割」を達成することによって獲得される．この「役割」を媒介として2つのニーズが達成される過程の違いを，「充足」と「満足」という用語で示した．「充足」は集団や環境のニーズに個人が応えることを，また，「満足」は個人のニーズに集団や環境が応えることを意味する．

3）適応とその向上

双方のニーズをどのように達成していくかが，「対処行動」の課題となる．これは，環境や集団のニーズを反映した個別的で具体的な課題に対して，個人が積極的に反応してできるだけそれに応える活動である．対処の仕方はすべての人が同じである必要はなく，どんな方法であれ，課題の要求に結果として応えることができれば良い．対処行動をとおして，「満足」と「充足」の双方を高めていく過程が「適応」である．それは，一般的には，生活体がある特定の生活環境のもとでその機能を円滑に維持し続けている状態である．良い適応状態であるには，個人の行動が環境や集団のニーズに一方的に応えるのではなくて，それを通して，自分のニーズをも満足させていく過程でなければならない．

こうした適応の過程は，短期間に終わるものではない．適応の向上は生涯にわたって続くものであり，そうした過程がキャリア発達である．「人生の質（QOL）」の向上も，こうしたキャリア発達の過程をとおして得られる．

4）サービスや支援の戦略

適応性を向上させてQOLの充実に向かうには，「介入と支援」は個人と環境や集団の双方に対して提供されねばならない．そのことによって，個人ニーズの「満足」と，環境や集団ニーズの「充足」が，らせん階段を上昇するように向上する．

個人の側に向けられたサービスや支援は「機能の発達」を促す．これはさらに，未習得の機能を教育や訓練をとおして新たに学習して発達させる「技能の発達」と，既存の機能を直面する実際の環境場面で活用できるようにする「技能の活用」，の2つの戦略に分類できる．他方で，環境や集団の側に向けられたサービスや支援は「資源の開発」を促す．これもまた，サービスや支援も，既存の社会資源の選択や調整をしながら活用する「資源の調整」と，個人の価値感や必要性に応じて既存の資源そのものを改善する「資源の修正」，の2つの戦略に分類できる．

文　献

1) 小杉礼子：自由の代償／フリーター，日本労働研究機構，p24，2002
2) 武内義彰，崎野隆，伊藤一雄：職業と人間形成，p3，法律文化社，1977
3) 清水正徳：働くことの意味，岩波新書，1982
4) 前掲2
5) Roe A：民主主義体制下における労働の意味（永井昌夫，大村　実・監訳：職業リハビリテーション―身体障害者とカウンセリング―）．医歯薬出版，1969．
6) Kielhofner G（山田　孝・監訳）：人間作業モデル―理論と応用―，改訂第2版．協同医書出版社，1999．
7) 松為信雄：職業リハビリテーションの理論と職業評価，p14，1994
8) 栩澤直美：遊ぶ・働く．精リハ誌9，21，2005．
9) 尾高邦夫：新稿職業社会学．有斐閣，1953
10) 飯川　勉：障害者が働く意味．障害者の福祉No.9．p15，1985．
11) 上田　敏，大川弥生：リハビリテーションとQOL．リハ研究98，1999．

12) 前掲11
13) 前掲6
14) Super, DE：Career and life development. In Brown D, Brooks L & Associates. Career choice and development-appling contemporary theories to pracrtice. Jossey-Bass, 1984.
15) 前掲7
16) 奥野英子：社会的リハビリテーションとは（福祉士養成講座編集委員会・編：リハビリテーション論，改訂介護福祉士養成講座4）．pp98-100，中央法規出版，1991.
17) 松為信雄：職業リハビリテーション活動の焦点（松為信雄，菊池恵美子・編：職業リハビリテーション入門）．pp11-13，協同医書出版社，2001.
18) マスロー（小口忠彦・監訳）：改訂新版・人間性の心理学．産業能率大学出版部，1987.

参考文献

1) 岩内亮一・編：社会問題の社会学，第3章，p55，1993.
2) 上田　敏：WHO障害分類試案2に関する国際フォーラム講演資料．1998.
3) 職業研究所・編：職業読本，東洋経済読本シリーズ43. 1979.
4) 吉田辰雄，田村鐘次郎，他：キャリアカウンセリング．日本進路指導学会・編．実務教育出版，1996.

第3節 リハビリテーションカウンセリングとキャリア発達

1. リハビリテーションカウンセリングの特性

1) 定義

アメリカ等の職業リハビリテーション専門職は、リハビリテーションカウンセラーと呼ばれている。従って、リハビリテーションカウンセリングの分野は、職業リハビリテーション活動の基礎となる知識と技術の体系である。

リハビリテーションカウンセリングの定義からも、そのことは明らかである。例えば、「障害のある人の社会的な参加、中でも職業的な場面への参加を進めるために、環境条件に個人を適応させたり、個人と仕事の双方のニーズを調整するような支援をする専門的活動」とされている[1]。また、「リハビリテーションカウンセラー認定委員会（Commission on Rehabilitation Counselor Certification；CRCC）」は、「実践的な視点からすると、身体的・精神的・発達的・認知的・情緒的な障害のある人たちが、その個別的なキャリアや自立生活の目標を達成するように、統合的に支援するための体系的なカウンセリングの過程」と定義する[2]。これらはいずれも、社会参加を支援するための職業的な自立やキャリア形成への支援が、リハビリテーションカウンセリング活動の中核であるとみなしている。

2) 固有の領域

ライト（Wright, GN）[3] やハーシェンソン（Hershenson, DB）[4] は、リハビリテーションカウンセリングは、医学やその関連分野、あるいは、心理学や社会福祉学や作業療法学などとは異なる固有の知識と技術の体系があるとしたうえで、そうした独自性を、第1次から3次までの予防措置の差異と対比させて論じる。

それによれば、第1次の予防措置は、疾病や機能障害が発生することを予防し低減することをめざす、公衆衛生や労働衛生などの分野である。この分野では、環境的要因に焦点が強く当てられ、個人的要因は、その環境条件に影響を受ける部分についてのみ焦点が当てられる。第2次の予防措置は、疾病や機能障害の影響を阻止したり制限することをめざした介入であり、医学やそれに類似した治療的な分野である。従って、病理現象の治療やその制御などの個人的要因に関心の焦点が向けられ、環境的要因は治療の促進や抑制に限って焦点が当てられる。特殊教育もまた、障害のある児童や生徒の個人的側面に焦点をあてた活動を展開し、環境的要因に対する活動は相対的に少ない。

これに対して、第3次の予防措置は、これらの第1次や2次の予防措置の終了後に残った障害の影響を最小限に留めて、それが職業的な自立を含む社会的不利にまで転移することを阻止する活動である。リハビリテーションの活動はこの分野に該当し、職業リハビリテーションもまたこの視点に沿ったものとなる。この場合、障害は個人内の制限と同じ強さを持って環境からの障壁によっても生じることから、関心の焦点は、個人的要因と環境的要因の双方に対して同等の重み付けを行う。

これらの特徴的な差異をまとめると、表1.2のようになる[4]。ここでは、第1次から3次の予防措置と対応させた、公衆衛生、医学、リハビリテーションカウンセリングの各分野は、サービス対象・基礎科学・その焦点とする内容・介入の戦略・介入の目的・成果の特定化・サービス対象の役割、などの側面で異なることに注目すべきだろう。

特に、リハビリテーションカウンセリングに

表1.2 (職業)リハビリテーション活動の特徴

専門分野	医学(伝統的分野)	リハーカウンセリング	公衆衛生
サービス対象	患者	本人とその環境	地域
基礎科学	病理学	人間発達学	流行病学
介入の焦点	個人の内的状態	個人と環境	環境
介入の戦略	個人の病理的状況の回復	個人と環境との流通性の強化	環境危機の捨象や制御
介入の目的	治療の供与	対処の促進	発生の予防
成果の特定	その時点での病気の特定	機能性の他分野への一般化	その時点での危機の特定
対象者の役割	一般的に受動的	能動的	介入の仕方によって変動
焦点	個人 ←		→ 環境

含まれる職業リハビリテーションの活動は，その一連の活動の基礎科学を「人間発達学」に置いている．つまり，心理学を中心とした生涯に及ぶ発達的な視点こそが，リハビリテーションカウンセリングの知識と技術を支える基礎となることを明確にしている．また，サービスの対象は対象者自身とそれを取り巻く種々の環境の双方に向けられ，サービスの介入も双方の流通性を強化する．そのことを通して，個人と環境との対処（coping）を促進することが目的となる．その成果は，獲得した機能性がどこまで汎化するかによって特定され，こうした介入とその成果を高めるには，サービスの対象者は能動的に関与することが求められている．

このように，リハビリテーションカウンセリング，あるいは，職業リハビリテーションの専門性を確立している特徴は，個人と環境に対して均等に焦点を当てた活動ということになろう．表1.2の下段はこのことを示しており，伝統的な医学では個人に，また，公衆衛生では環境に，それぞれ焦点の比重が偏っているのに対して，リハビリテーションカウンセリングの分野は，個人と環境に均等に焦点を当てることを強調している．

3） 支援介入の方法

支援や介入の在り方からリハビリテーションカウンセリングのモデルを示したハーシェンソン（Hershenson, DB）は，表1.3のようにそれを分類する[4]．

これは，職業リハビリテーション活動を行う専門職の支援は，障害のある人とそれを取り巻く環境的要因や種々の社会資源，の双方に焦点を当てることを明らかにした上で，具体的には次のような方法があることを指摘する．

第1に，障害によって生じた個人の能力的な「特性と技能」の低下には，①組織的な教育や訓練をとおして「復旧」したり，②保有している機能を実際の環境の中で駆使するように訓練する「置換」を行う．第2に，受障による「自己イメージ」の否定的な側面に対して，それを肯定的になるように「再統合化」を行う．第3に，受障で実現が困難となった「目標」に対して，それを達成可能な目標として「再組織化」する．第4に，障壁を除去して目標到達を促進するために，①環境そのものや各種の社会資源

表1.3 リハビリテーションカウンセリングの過程

障害で影響を受ける要素	リハビリテーション対処	カウンセラーの機能
特技と技能	復旧や置換	調整（Coordinate）
自己イメージ	再統合化	カウンセリング（Counseling）
目標	再組織化	
環境	再構造化	相談（Consulting）

表1.4 リハビリテーションカウンセリングの過程（改訂版）

支援・介入の対象	支援・介入の性質	カウンセラーの主要な機能
対象者		
パーソナリティ	再統合化	カウンセリング（Counsel）
目標	再組織化	カウンセリング（Counsel）
能力	復旧や置換	調整（Coordinate）
環境		
家族	再構造化	相談（Consult）
学習環境	再構造化	相談（Consult）
同僚集団	再構造化	相談（Consult）
自立生活環境	再構造化	相談（Consult）
仕事環境	再構造化	相談（Consult）
障害とリハビリテーションの視点	再構造化	相談（Consult）
文化-政治-経済歴文脈	再構造化	相談（Consult）
提供者		
リハビリテーションサービス提供機能	達成	ケースマネジメント（Case manage）
リハビリテーションカウンセラー	改訂	批評（Critique）

を，障害のある人の価値意識や必要性に応じて改変する「再構造化」を行ったり，②適切な資源の選択とその利用法を調整する「資源調整」をする．これらの介入は，①機能面の調整（coordinating），②カウンセリング（counseling），③環境に対処する方法の相談（consulting）の3つのCに集約される．

この基本モデルは，その後，生態学的な視点から個人を取り巻く環境要件を体系化したうえで，表1.4のように大幅に修正されている[5]．そこでは，介入の対象を環境要因や提供者自体にまで拡充したうえで，カウンセラーの機能もケースマネジメント（case management）と批評（critique）を加えた，5つのCにまとめてある．

2. リハビリテーションカウンセリングの内容

こうした独自性のあるリハビリテーションカウンセリングの活動範囲について，以前には必ずしも明確ではなかった．そのため，現役のリハビリテーションカウンセラーやその教育担当者に対する大規模な調査をもとに，職務機能領域（Job Function Areas）がまとめられたこともある[6]．その後，「リハビリテーション教育協議会（Council on Rehabilitation Education；CORE）」や「リハビリテーションカウンセ

表1.5 リハビリテーションカウンセラーの知識領域

(1) 職業カウンセリングと雇用主相談のサービス
　①職業リハビリテーションサービスの計画策定　②多様な障害特性に応じた職業(働くこと)の意味
　③個別の身体的・機能的な能力　④雇用・労働市場に関する情報
　⑤職業斡旋のための戦略　⑥対象者自身の「仕事探し」能力の開発
　⑦職場復帰に際しての雇用主の考え方や行動　⑧職務分析
　⑨対象者の職場定着能力の開発　⑩職場改善と職務再設計の技術
　⑪職場の開拓と対象者の掘り起こし　⑫キャリア発達と職業適応の理論
　⑬指導と雇用後のサービス　⑭環境調整とリハビリテーション工学
　⑮援助付き雇用のサービスとその方法　⑯雇用者の障害の予防と管理
　⑰コンピュータの活用と技能　⑱雇用主団体へのサービス

(2) 障害の医学的・心理社会的側面
　①医学的な特徴と理解　②医学用語
　③障害の心理的および文化的影響　④医学的な介入のための資源

(3) 個別およびグループカウンセリング
　①個別カウンセリングの実施と支援　②個別カウンセリングの理論
　③行動理論とパーソナリティ理論　④人間発達論と発達の可能性
　⑤家族カウンセリングの理論　⑥グループカウンセリングの実施と支援
　⑦グループカウンセリングの理論

(4) プログラムの評価と調査研究
　①サービス効果を評価する方法　②リハビリテーション研究の方法
　③基本的な研究手法　④研究プロジェクトやニーズアセスメントの設計

(5) ケースマネジメントとサービスの調整
　①ケースマネジメントの過程　②地域資源とサービス内容
　③種々の対象に応じたサービスの種類　④リハビリテーションサービスの財源
　⑤様々な場におけるリハビリテーションサービス　⑥自立生活サービスの計画
　⑦公的リハビリテーションプログラムの組織機構　⑧非営利のリハビリテーションサービス供給システムの組織機構

(6) 家族,性,多文化問題
　①社会的な問題,傾向,発展　②家族への心理社会的および文化的影響
　③多文化問題のカウンセリング　④性別の問題
　⑤家族カウンセリングの実施

(7) リハビリテーションの基礎
　①リハビリテーションカウンセラーの倫理基準　②障害者の関連法律
　③リハビリテーション関係の用語と概念　④リハビリテーションの哲学的基盤
　⑤リハビリテーションの歴史

(8) 労働災害
　①労働災害の法律と実践　②専門家の証言
　③営利的なリハサービスシステムの組織構造

(9) 環境と意識の障壁
　①障害のある人に対する態度面の障壁　②障害のある人に対する物理的な障壁

(10) 評価
　①評価結果の解釈　②評価のための諸検査の方法と実施

ラー認定委員会(CRCC)」の発足と活動の中で次第に整理が行われ,1991年次の認定カリキュラムでは,①リハビリテーションカウンセリングの基礎,②カウンセリングサービス,③ケースマネジメント,④職業・キャリア発達,⑤評価,⑥職務開発と紹介,⑦研究の7領域から構成されていた[7].

だが,リハビリテーションサービスの歴史的な発展は,①自立生活,援助付き雇用,学校から仕事への移行などの新しいサービスが展開さ

れ，②発達障害，学習障害，頭部外傷，慢性精神病，感覚障害，終末期患者などを対象に加え，③民族・文化的な多様性への対応，④家族の巻き込み，⑤支援機器や補助機器などの技術発展やコンピュータ技術とそのネットワークの活用の増大，⑥倫理的な問題と意志決定の重要性，⑦多様なニーズに応えるための学際的な協力の重要性，などの状況を反映しながら，認定カリキュラムや認定試験の課題の改正が繰り返して行われてきている．

最近の認定リハビリテーションカウンセラーの試験は，表1.5の10領域となっている[8]．これらの中で，理論的な部分の中核をなすのが「キャリア発達と職業適応の理論」であり，また，それを踏まえた各種のカウンセリング理論である．

3. キャリア発達と職業リハビリテーション

このように，職業リハビリテーションの知識や技能の体系としてのリハビリテーションカウンセリングでは，理論的な中核としてキャリア発達論が位置づけられている．

だが，我が国のこの分野の概念や理論は，リハビリテーションを包括的に論じる社会福祉論や政策論の領域で扱われてきた傾向にある．これらは，障害のある個人よりはむしろ，社会福祉面での制度や種々の施設や機関などの整備などに焦点をあて，社会的な制度や施設・機関の役割と支援の在り方を検討し，個人の生涯を支える上でそれらがどのように機能することが望ましいかという社会的な視点から展開されて来た．

しかしながら，サービスの対象となる障害のある個人に焦点を当てると，①人生全体を見越した個人の将来計画，②自己決定性，③自己満足性，④インフォームドコンセント，⑤職務変化，⑥質の高い技術へのアクセスなどの視点を踏まえた，「個別キャリア（Personal career）」の育成への支援が職業リハビリテーション活動の主要な課題となろう[9]．それは言いかえると，今後のサービスの在り方は，就職時の職業的な選択に限定されるのではなくて，生涯におよぶキャリア発達の育成が不可欠であることを意味し[10]，職業選択に至るまでの準備期間，選択行動そのもの，そして選択した職業的役割の継続といった，人生段階のすべてに職業リハビリテーションサービスが関わることになる．

文　献

1) Szymanski, EM：Rehabilitation Counseling：A professiuon with a vision, an identity, and a future. Rehabilitation Counseling Bulletin 29：2-5, 1985.
2) Commission on Rehabilitation Counseler Certification (CRCC)：CRCC certification guide. 1994.
3) Wright, GN：Total rehabilitation. Little, Brown & Company, 1980.
4) Hershenson, DB：A theoretical model for rehabilitation counseling. Rehabilitation Counseling Bulletin 33：268-278, 1990.
5) Hershenson, DB：Systemic, ecological model for rehabilitation counseling. Rehabilitation Counseling Bulletin 42：40-50, 1998.
6) Roessler, RT & Rubin, SE：Case management and rehabilitation counseling —Procedure and technique—. University Park Press, 1982.
7) CORE：Accreditation manual for rehabilitation counselor education programs, Council on Rehabilitation Education, Inc, 1991.
8) CRC：http://www.crccertification.com
9) Rumrill, PD Jr. & Roessler, RT：New Directions in Vocational Rehabilitation：A "Career development" perspective on "closure". Journal of Rehabilitation 65：26-30, 1999.
10) Szymanski, E & Hershenson, D：Career development of people with disabilities：An ecological model. In R Parker & E Szymanski (Eds.)：Rehabilitation counseling：basics and beyond (3rd ed.) pp327-378, Austin, TX, PRO-ED, 1998.

第4節　多様な働き方

1. 就業形態の多様化

　障害の状態を活動制限や参加制約とみると障害者にとって多様な働き方，つまり就業形態の多様化の実現は，就業機会拡大のための条件整備の重要なものの1つと考えることができるだろう．しかし，障害者の雇用状況の遅れが，結果としていろいろな「福祉的就労」という多様な働き方や就業形態の多様化を生み出している事実も看過しえないだろう．また，多様な働き方や就業形態の多様化が選択の幅を拡大するメリットもあるが，他方で十分な条件整備がない場合，不安定な職業生活を生み出すことにも十分留意しておく必要がある．

　就業の形態のタイプについては，通常，図1.8のように「雇用者（employee）」，「自営業主」，「家族従業者」の3つのカテゴリー区分がある．大きく分けると会社や官公庁などに雇用されて賃金や給料をもらう雇用者と個人事業を営んでいる者（含む家族従業者）の2つに分けることができる．つまり，働き方としては，会社勤務等で雇用者として働くのか，それ以外の形態で働くのか，まず大きく区分して理解する

ことが重要であろう．

　というのも，前者は労働関係法規が適用され，その意味では社会的ルールのもとでの保護された働き方といえる．これに対して後者は，経済取引などで規制はあるものの，働き方についてのルールは特にないという特徴があり，その意味では多様な働き方が可能となるが，それに対する保護は余り期待できないという大きな違いがあるからである．現在の「福祉的就労」では，雇用契約を結んでおらず，「非雇用者」としての就業で，図1.8のなかの「個人の自営業主」に該当，多様で柔軟な働き方が可能というメリットもあるが，低い工賃等の労働条件で不安定な就業状態にあることも事実である．

　働き方として量的に最も多いのが「一般雇用者」であるので，その内容についてさらに詳しくみておこう．近年，この雇用形態の多様化が急速に進んできているのが特徴で，その把握の仕方も複雑なものとなっている．政府統計でもいろいろな区分が試みられているが，いずれも一長一短がある．それらを整理してみたのが図1.8である．

　一般雇用者については，雇用されている実態を重視した見方から，「常用雇用者」と「非常

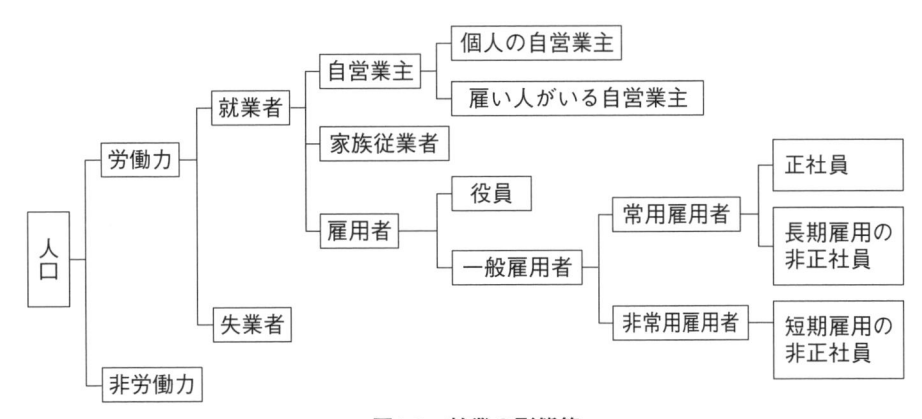

図1.8　就業の形態等

用雇用者」の2つに分けることができる．前者は，雇用契約期間の定めがとくにない「正社員」と一定の期間（例えば，1カ月，6カ月等）を定め雇用されている「非正社員」のうち，その雇用契約が反復更新され，事実上期間の定めがない実態にあると認められる雇用者をあわせたカテゴリーである．例えば，パートタイマーは雇用契約期間の定めがある「非正社員」であるが，それが反復更新されて実際上では長期間の雇用となっている場合，この「常用雇用者」に含まれることになる．「正社員」と「非正社員」の区分は，雇用契約期間の定めがあるかどうかという契約方法を重視した見方といえる．そして，障害者雇用率制度の対象となり，カウントされる雇用者はこの「常用雇用者」で，「正社員」以外にも「非正社員」が含まれている．ただし，そのカウントに際しては，週20時間以上の「常用雇用者」と下限が設定しており，それ未満の労働時間の雇用者はそのカウントの対象外となっている．

障害者の多様な働き方について，以下では労働関係法規が適用される「雇用分野」＝「一般雇用」と，そうでない「非雇用分野」＝「福祉的就労」や新しいタイプの個人請負業者など，2つの分野に分けてみていく．

2．雇用分野でのいろいろな働き方

雇用分野でのいろいろな働き方，雇用形態の多様化については，「雇用契約」「労働時間」「勤務場所」などの側面から把握できる．雇用形態の多様化は，「正社員」以外の形で，パートタイマーや嘱託などの「非正社員」としての働き方の拡大としてみることができる．しかし，現在，障害者雇用に関する政府統計では前述した「常用雇用者」の概念を使用しているので，非正社員がどのくらい占めるのかわからない．全国規模の調査結果（障害者職業総合センター，2004[1]）からみると，雇用契約期間の定めがない「正社員」は66%，期間の定めがある「非正社員」29%であった．また，「障害年金・手当」を受給しながら働いている人は，その調査対象者全体（障害をもって入社した従業員）の54%と半数以上を占めていた．

障害者雇用のきっかけづくりを目指した「障害者試行雇用事業（トライアル雇用事業）」のプログラムで3カ月の有期雇用契約で働く雇用者も，多様な働き方の1つの形態とみることができる．2004年度の実績では年間4,200人がそのプログラムの対象者で，そのうち83%が，プログラム終了後に常用雇用者へ移行，雇用継続をしていた．05年度には，プログラム対象者を6,000人へと拡大する予定である．

労働時間に注目すると「短時間労働者」の形態がある．現在の障害者雇用率制度では，週の所定労働時間が20時間以上30時間未満を「短時間労働者」とし，障害者雇用実績のカウントの下限を週20時間としている．厚生労働省障害者雇用対策課（2004）[2]の03年の調査によると，身体障害のある「短時間労働者」は身体障害のある雇用者全体の8%，知的障害のある「短時間労働者」は知的障害のある雇用者全体の2%と，両者ともその比率はきわめて低い現状にあることがわかる．

新しい雇用形態として「職場適応援助者（ジョブコーチ）による支援事業」のプログラムに参加している障害のある雇用者の働き方がある．この原型は87年からアメリカで開始された「援助付き雇用／支援者付き雇用：SE（Supported Employment）」で，企業外部の人的サービス支援者（ジョブコーチ）が雇用されている職場で支援するという点に特徴があり，最低賃金をクリアした新しい雇用機会の創出として注目されている．日本でも2002年度から地域障害者職業センターで，知的障害者や精神障害者等の職場適応を容易にするため，職場にジョブコーチを派遣し，きめ細かな人的支援を行う「職場適応援助者（ジョブコーチ）による支援事業」として開始された．2004年度の実績では約3,000人がプログラムの対象者となっ

ており，そのうち80%以上が職場定着に成功している．05年9月現在，地域障害者職業センター及び協力機関（社会福祉法人，NPO法人等）に配置されたジョブコーチは全国で601人である．

障害者を雇用する企業の組織形態に注目すると，「特例子会社」（雇用率カウントの際に親会社と合算できる子会社）や民間企業と地方政府が共同出資で設立した「第3セクター企業」，「福祉工場」などでの雇用も多様な働き方の1つのタイプとみてよいだろう．これらの企業での雇用形態は「一般雇用」すなわち最低賃金をクリアする「雇用者」（「福祉工場」の雇用者のなかには，近年，最低賃金をクリアできない雇用者が増加してきていると言われている）であるが，障害状態を十分配慮した働きやすい環境を整備しているという点では，一般の企業・職場と異なる．また，前述した個別に支援環境を調整している「職場適応援助者（ジョブコーチ）による支援事業」の雇用形態とも異なる．現在，「特例子会社」は，174社，約5,000人の障害者を雇用している．

最低賃金制度は，良好な雇用機会を維持するために労働市場に法的に介入・規制しているものであるが，逆にそれが障害者の会社での雇用の多様化を制限しているという面もあわせもっている．障害をもつ「雇用者」の場合，ケースによっては「最低賃金法」による最低賃金の適用を除外した働き方も可能である．除外の適用を受ける場合，事業主は「精神又は身体の障害者の最低賃金適用除外申請書」を地方労働局に提出・許可を受けなければならない．こうした働き方も多様な働き方の1つとみることもできる．しかし，障害者の所得保障との関係調整・条件整備が不可欠となる．「最低賃金以下で働く人」，前述した「障害年金・手当を受給しながら雇用者として働く人」，「雇用率にカウントされない週20時間未満で働く者」など，「一般雇用」の枠内でも多様な働き方が出現してきているが，これらの働き方と所得保障との関係を整理していくことが，これから益々求められるのだろう．

勤務場所に注目すると，在宅勤務（テレワーク）がある．このタイプには雇用者の場合と非雇用者で自営業（個人請負も含む）として働く2つの形態がある．最近のコンピュータ・ネットワークの普及によって在宅勤務者の技術的可能性が多くの場面で強調され，その増加が期待されているが，現在のところ日本企業の仕事の進め方や職務分担区分の仕方とも関係して，障害者を含め全体としてみた場合，普及の速度が遅いようである．これからは条件整備等により障害者が自ら選択できる新しい就業機会の拡大となることが望まれる．

3. 雇用分野以外でのいろいろな働き方

雇用分野以外でのいろいろな働き方，就業の多様化は，「一般雇用」での環境整備の遅れから，結果として低労働条件の「福祉的就労」という形が生み出されてきているという現実がある．これからは自らが選択できる新しいタイプのいろいろな働き方，就業形態の多様化の実現が望まれる．以下でいくつかのタイプについてみよう．

1つは，授産施設や小規模作業所などの福祉施設で工賃を得て働く，従来の「福祉的就労」のタイプである．この「福祉的就労」はあいまいな就業状況を示す日本の用語であるが，職員（指導員など）が配置されている福祉関連施設である授産施設や小規模作業所で収入（工賃など）を伴う活動をしていることを指し，「支援者付き就業」という性格をもつ．低い工賃等の低労働条件で，年金・手当の給付を前提とした部分就労・不完全就業とみることもできる．もっとも授産施設における収入（＝工賃）については，京極（2000）[3]では「一般企業の工賃とは全く異なり，事業の結果，生まれた果実を利用者で配分する金」，つまりその「工賃の性

格は配分金」と考えるべきだという見方も示している．これらの施設のなかには，積極的な設備投資を行い生産性の維持をはかりながら，フルタイマーに近い勤務形態で，かなりの工賃を支払っているところから，逆に，訓練や作業療法，余暇活動を中心としたところまで多種・多様な目的・機能をもった施設が並存しているのが現状である．小倉（2003）[4]は，現在のこうした「福祉的就労」からの「脱出」をはかる「福祉革命」こそが現代の重要課題で，福祉の世界ではなく「障害者が市場経済の中できちんと働ける仕組みつくり」を提唱している．現在，福祉施設の再編を含めて「福祉的就労から一般雇用への移行の促進」が実現すべき大きな政策的課題として位置づけられている．

2つは，社会福祉法人や協同組合，NGO，NPOなど会社とは異なる目的で設立されている民間非営利組織での雇用である．会社での雇用でない点が新しい．①市と障害をもつ当事者，住民が資金を提供設立した公益法人が知的障害者を雇用しているケースである．そこでは，採用基準についても工夫をこらして，最低賃金をクリアする長期間の雇用機会を創出している．この組織は，緑化，リサイクル，施設管理などの市から受託事業を中心に，喫茶店運営や物品販売の収益事業もしている．さらに，雇用機会の直接的創出だけでなく，授産施設や作業所からの実習生受け入れ，仕事開発などのパイロット事業も進め，地域での就業支援サービスのセンター的役割も担っている．②地域の社会福祉法人が障害者を雇用しているケースである．地方自治体関連の公的施設の日常清掃作業を受託，その作業を1年間の有期雇用契約で採用した知的障害者に，専門スタッフ（支援者）付きで担当させている．最低賃金をクリア，年間30人規模の雇用機会で，厚生労働省関係の助成金も活用している．こうした民間の非営利組織が，地方自治体から清掃や売店などの事業を受託，積極的に雇用機会を創出するというケースは，従来の福祉施設等における管理のための職員雇用ではなく，事業展開の従業員として障害者を雇用している点に注目したい．

3つは，「雇用者」としてではなく，「個人請負者」などの政府統計の分類では「自営業主」のカテゴリーに含まれる分野で就業機会を創出しているケースである．①雇用ではなく「請負労働」（自営業主）であるが，通常の職場で働く就業機会を創出しているケースである．地域の18の作業所が新たに協会組織を設立，その構成メンバー組織に在籍する障害者を，福祉協会（NPO）がコーディネートし，協会の職員（支援者）とともに市の資源化センターのなかにあるビン選別職場で働くというスタイルを実現させている．障害者にとっては柔軟な働き方が，通常の職場で働くことが可能になる．発注側の市にとっては，人員の確保が安定的にできるというメリットがある．②障害のある当事者の全国的活動組織である「自立生活センター」は，行政と連携しながら障害者の介助支援サービスを提供する活動を展開，そこで障害者の就業機会を創出している．

個人事業者としての「自営業主」は，「雇用者」よりも社会的規制が弱いので，それだけ職業生活の不安定さはあるが，多様な就業機会を工夫し，柔軟な働き方を拡大させる可能性をもっている．「自営業主」は伝統的あるいは衰退分野の就業機会というイメージをもつことも多いが，最近，インターネット関連ビジネスなどの新産業で，インデペンデント・コントラクターや在宅勤務者として個人請負で就業する人が増えてきているといわれている．移動やコミュニケーションに障害をもつ人にとっては，これらの「自営業主」はこれからの有望な就業機会といえよう．また，障害のある人がグループを結成，業務の受託・請負をして交替しながら就業する「グループ就労」などもこのカテゴリーに入るだろう．しかし，これらの新しい就業形態を選択し，柔軟な働き方として実現・普及するには，現在の労働関係法規に類似した保護・権利擁護規定などの条件整備も不可欠と

なってくるだろう．

4. 欧米先進諸国の働き方の類型

欧米先進諸国でもいろいろな働き方のタイプを「一般雇用」と「保護雇用」で大きく区分している．多様な働き方や就業形態の類型について，ソーントン（Thornton）とラント（Lunt）(2000)[5]では，①「シェルタード・ワークショップ」，②「援助付き雇用/支援者付き雇用」，③「自営業」，④「新しい就業形態」の4に区分している．そして，「新しい就業形態」のなかでは，ドイツの「社会企業」とイタリアの「労働統合協同組合」をとりあげている．また，問題関心が異なるのかためか，「雇用者」のなかでの「正社員」と「非正社員」あるいは「パートタイマー」といった雇用形態の多様化に関する議論・記述はほとんどみられない．また，オリエリー（O'Reilly）とアーサー（Arthur）(2003)[6]では，障害者の就業タイプを，①自営業を含む一般/競争的雇用（Open/Competitive Employment, including Self-Employment），②保護雇用（Sheltered Employment），③援助付き雇用（Supported Employment），④社会的企業（Social Enterprises）の4つに分けている．

日本では「福祉的就労」を「保護雇用」とする見方も多い．日本語の「保護雇用」という用語に含まれる「保護雇用（Sheltered Employment）」や「シェルタード・ワークショップ（Sheltered Workshop）」については，サモイ（Samoy）とワタプラス（Wterplas）(1993)[7]の調査にもとづく議論が整理のためには有効であろう．そこでは，西ヨーロッパ12カ国の「保護雇用」を対象とした調査結果から，その概念がいろいろあり同じでないことを発見している．「保護雇用」は，すべて一般雇用と同様の競争的な条件では働くことができないという事実を共有しながら，今日まで，隔離されたワークショップ（作業所・工場）での集団的就労，つまり，「シェルタード・ワークショップ（Sheltered Workshop）」がその最も一般的形態となっていると整理している．そして，「保護雇用」のなかでもそこに限定して調査を実施した結果，そこで就労する人々の法的身分や賃金は，ある国では，完全に1人立ちしているものとみなされ，労働関係法のほとんどすべての適用を受けていたが，別の国では，雇用契約はなく，就労に対してわずかな手当が支払われているに過ぎず，労働者というよりも施設利用者に近い立場におかれていたことを明らかにしている．

ILO（国際労働機関）は，通常の一般/競争的雇用に耐えられない障害者にも保護的環境のもとでの雇用，つまり「保護雇用（Sheltered Employment）」を用意しておくこと，そして，そこの障害者にも労働関係法規が適用されるべき（第99号勧告，1955年）としたが，上記の西ヨーロッパの現実は「シェルタード・ワークショップ（Sheltered Workshop）」がその典型・一般形態であり，その具体的内容は，多様であることを調査の結果から明らかにした意義は大きいだろう．

そして，ソーントン（Thornton）らは，「保護雇用」の典型として，従来，多くみられた「シェルタード・ワークショップ」＝「隔離されたワークショップでの集団的就労」の形態から，現在はさらに進化して，福祉関連施設・組織以外の地域での「援助付き雇用/支援者付き雇用」のサービス提供モデルへと大きくシフトしてきていること，その源流はアメリカであるがそれ以外の国でもいろいろな形態で普及しはじめている事実を紹介している．さらに，それ以外にも「在宅勤務」や労働コスト等を補償する「助成金付き雇用（subsidised employment）」，新しい就労組織としての「社会的企業（social enterprises）」や「協同組合」などの新しい就労形態が注目されてきている．しかし，これらの就労は，「保護雇用」の進化形態とみることも可能であるが，それとは別の新し

い就労形態とみる見方が良いだろう．

文　献

1) 障害者職業総合センター：障害者の雇用管理とキャリア形成に関する研究～障害者のキャリア形成～（NIVR調査研究報告書 No.62）．2004．
2) 厚生労働省：平成15年度障害者雇用実態調査結果報告書．2004．
3) 京極高宣：再び＜工賃＞の概念について．ノーマライゼーション 20：，2000．
4) 小倉昌男：福祉を変える経営～障害者の月給1万円からの脱出．日経BP社，2003．
5) Thornton & Lunt：Employment Policies for Disabled people in Eighteen Countries ―A Review, ILO/European Commission/University of York (SPRU：Social Policy Research Unit)―，1997．なお，Thornton & Lunt（松井亮輔・監訳）『18カ国における障害者雇用政策』（2000）で，全訳を http://www.dinf.ne.jp/doc/thes/index.html で公開している．
6) O'Reilly, Arthur：The Right to Decent Work of Persons with Disabilities (Skills Working Paper No.14)，2003．ILO（松井亮輔・監訳，工藤　正，香山千加子・訳）：デーセントワークへの障害者の権利（上）（中）（下）（リハビリテーション研究 No.119-121号，日本リハビリテーション協会）．労働政策研究・研修機構，2005，『CSR経営と雇用～障害者雇用を例として～』に再掲．
7) Samoy & Wterplas：Sheltered Employment in the European Community，1993（久保耕造，他・訳：EC諸国における障害者の保護的就労．ゼンコロ，1993）．
8) 工藤　正：障害者の多様な就業組織と就業形態．職リハネットワーク No.46，1999．

第2章

キャリア発達の理論

第1節 キャリア発達の捉え方

1. キャリア発達の概念

1) キャリアの意味

「キャリア」は，人の経歴や履歴あるいは専門的職業や仕事などを意味する用語としてさまざまに用いられているが，いずれの場合も，あるコースに沿って前進や発達するという意味が込められている．1989年に心理学や社会学で扱われてきたキャリアの概念をまとめたオーサー（Arthur MB）らによれば，この用語は，①職業そのもの，②自己実現の手段，③個人の生活構造の構成要素，④役割期待に対する個人の反応，⑤社会的役割の展開，⑥社会的移動，などの多様な意味で用いられているという[1]．また，同年にキャリア発達や職業行動に関する広範な課題を統計学的に分類したフィッツジェラルドとラウンド（Fitzgerald LF & Rounds JB）は，これらの課題は「カウンセリング心理学―産業・組織心理学」と「入職前―入職後」の二次元軸上に配置されることを指摘した[2]．このうちの前者の方法論の違いを表した軸は，その後のキャリア発達研究の一般的な分類として受け入れられており，キャリア発達は基本的に，①個人の発達的な側面を重視する「カウンセリング心理学」と，②社会―組織的な文脈と組織内での個人の発達を重視する組織における「産業・組織心理学」の2つの視点があるとされる[3]．

前者のカウンセリングの視点では，キャリアを，職業的な発達に限らないで個人のより広範な人間発達の側面を重視し，それを生涯に及ぶさまざまな役割の連続的な過程として捉える．1960年代に入ってから職業発達の語に代えて使われ始めたが，その背景には，仕事に関わる役割は，家庭や地域などのさまざまな生活領域における種々の役割とそこでの環境や出来事と不可分の関係にあり，個人の生涯はそれらの相互作用の過程として捉えることの重要性が理解され始めたことによる．そのためキャリア発達の定義も，たとえば，「生涯にわたる役割や環境および出来事との相互作用」[4]，あるいは，「個人が成人生活を通じて発達するにつれて，仕事に関する活動は個人の発達を反映する」[5]ものとされている．

これに対して，後者の組織におけるキャリア発達の概念には，①職業や組織や職務などの選択をする時の個人の活動に焦点を当てた「キャリア・プランニング」の過程と，②採用・選別・人的資源の配置・評価や評定・訓練と開発などの組織側の活動をとおして，従業員の興味や能力が組織に適合することを支援する「キャリア・マネジメント」の過程，の相互作用の結果と見なされ，キャリアの達成に向けた組織活動のあり方が主要な課題とされている．この場合，キャリアは「組織内において，ある一定期間の中で個人が経験する職務内容・役割・地位・身分などの変化の系列」[6]と見なされている．個人と組織との相互作用をキャリア・ダイナミクスとして概念化したシャイン（Schein EH）のモデルも同様の視点であり，組織の効率と個人の満足のいずれも最大限にするために，組織と個人の要求をどのように調和させるかが重要となる[7]．

2) キャリア発達と社会化

キャリア発達の概念は，こうした2つの領域にまたがっている．この枠組みは，個人の発達的な面を重視するか，それとも組織行動やマネジメントの面をより重視するかの違いでもある．個人を重視するキャリア研究では，キャリア発達を生涯にわたる個人と環境との適合関係

として捉える．だが，組織行動やマネジメントを重視する分野も，個人と組織との相互作用を重視していることに変わりはない．こうした視点を踏まえて，「キャリア発達とは，自由で開かれた選択を可能にする要因，労働に関する個人の同一性の展開，労働の世界への移行・参入・適応，などを理解することに焦点を当てた，社会化の一側面」と定義されることもある[8]．

ここでの社会化とは，個人が他の人々との間の相互影響を通じて，社会的に重要な行動や経験についての個人に固有の型を発達させていく過程をいう．いわば，個人が社会組織に内包する一定の文化的な規範を自己の中に取り込むことで，結果的に，その個人がその社会の枠にはめ込まれていくのである．それゆえ，その過程は，社会と個人の双方の視点から捉えることになる．社会の側から見ると，人間社会を構成する種々の役割や地位から成る分業システムの中に個人を位置付けることであり，個人はそれにふさわしい行動様式を取ることが要請される．他方で，個人の側から見ると，個性や独自性を基礎として，自己のパーソナリティ・動機・価値・行動規範・生き方などを形成していく過程である．社会化は，こうした社会的なさまざまな環境と個人との相互関係の中で進行していくのである．

2．キャリア形成に関わる諸理論

1）さまざまな理論

キャリアの形成と個人のカウンセリングに係る理論は数多く提唱されており，それらを分類する仕方もさまざまな観点がある．ハートとクレーマー（Herr EL & Cramer SH）の場合には，それらを，①特性—因子論（マッチング論），②意思決定理論，③状況的・社会的文脈アプローチ，④心理学的アプローチ，⑤発達的アプローチの5つに分類する[8]．

第1の「特性—因子論」は，個人と職務とのマッチングは可能であり，双方の関連性について合理的な推論をすることで，適切な職業選択がなされるとする．この始まりは，今世紀初頭にパーソンズ（Persons F）が主唱した「人と職業とのマッチング」理論や，個人差の測定法の開発に由来する．個人の適性・興味・ニード・価値観・期待・リスクなどのさまざまな要因が職業選択の過程に影響を及ぼすことが明らかにされてきた．

第2の「意思決定理論」は，職業選択を，情報を基にした選択可能な行動を意思決定する連鎖的な過程として捉える．この中には，①意思決定の要因を重視するヴルーム（Vroom VH）の「期待理論」や，意思決定のパラダイムを重視するジラッド（Gelatt HB）の「連続的意思決定モデル」，②自己効力感の水準と強さが意思決定に関与するとしたバンデュラ（Bandura A）の「自己効力感理論」，③意思決定における社会的学習を重視するクルンボルツ（Krumboltz JD）らの「社会的学習理論」などがある．

第3の「状況的・社会的文脈アプローチ」は，社会的な構造や背景を強調してキャリア発達における個人と環境との相互作用を重視する．その中には，①特性—因子論をさらに発展させて，個人と環境との力動的な相互作用の過程を重視する「個人—環境適合理論」（ブロンフェンブレナー（Bronfenbrenner U）など），②家族の影響（ホッチキスとボロー（Hotchkiss L & Borow H）など），③予期しない機会との出会いが選択を規定する「機会理論」，がある．

第4の「心理学的アプローチ」は，フロイト（Freud J）の精神分析学の理論を応用することから始まり，職業選択は，自己の内発的な欲求を満足させて人格の特性に適合する方向に向かうとする．この中には，①精神分析論の視点を直接的に適応したり，②親の養育態度で形成されたパーソナリティ特性をもとに職業選択やキャリア発達を説明するロー（Roe A），③個人

の人格類型と環境の類型との相互作用を重視するホランド（Holland JL）の理論がある．

2）発達的アプローチの諸理論

最後の分類は，職業選択や適応を長期の生涯にわたる連続的な過程として理解する「発達的アプローチ」である．この視点の焦点は，青年期の職業選択における自我の強さや自己概念を強調する．その最も代表的でかつ総合的なものが，後述するスーパー（Super DE）の理論であるが，その他にも，次のような理論がある．

ギンズバーグ（Ginzberg E）らの視点は発達的アプローチの嚆矢とされ，職業選択は長期の職業と関連するさまざまな選択や決定を踏まえた発達過程のもとに行われるとした[9]．すなわち，職業選択は，①青年期の全期間にわたって行われる一つの発達過程であり，②非可逆的な過程として時間の経過とともに変更が困難になり，また，以前の経験や費用や精力や時間等によって制限され，③個人の欲求と現実との間の妥協や，理想的状況への譲歩の過程であり，④選択の型や時期の個人差が職業的な発達段階の差異をもたらす，といった特徴があるとする．特に青年期の職業選択では，①現実的な検討，②長期的な見通し，③即時的な満足の引き延ばし，④空想と現実との妥協，などの自我機能が重要になることを指摘した．

また，ティードマンとオハラ（Tiedemam DV & O'Hara RP）は，職業発達は職業的な自我の同一性が分化する過程であり，幼児期の体験，発達段階ごとに遭遇する心理的危機，社会と個人の意味体系の一致度などによってその進化が規定されるとする．また，基本的には，①予期の時期と，②実現と適応の時期，の2つに発達の段階を区分する[10]．

予期の段階は意思決定の行われる時期に相当し，①種々の目標選択のための試行錯誤をする「探索段階」，②目標の順序とパターンを明らかにしようとする「結晶化段階」，③ひとつの目標に関与して行為に向かわせる「選択段階」，④選択と行為との間の乖離を知覚して自己像を完成させようとする「明確化段階」の4段階から構成される．また，実現と適応の時期も，①選択した状況の中に入って周囲の承認を求める「導入段階」，②周囲の承認が得られて最も自己主張する「改革段階」，③周囲と個人との間に調和的な関係が保たれて満足する「統合段階」，の3段階から構成されるとする．

3）障害のある人に適用可能なキャリア発達論

こうした個人のキャリア形成に関する数多くの理論やさまざまな視点の中から，スジマンスキー（Szymanski EM）らは，障害のある人を理解するために有効と見なされる理論や視点を選び，その適用の可能性の大きさから，次の3群に分類している[11]．第1群の最も示唆に富むとされる理論として，①スーパー（Super DE）の発達理論，②個人―環境適合理論，③ホランド（Holland JL）の理論の3つを指摘する．これに次いで重要な第2群として，①クルンボルツ（Krumboltz JD）の社会的学習理論，②ハーシェンソン（Hershenson DB）の職業適応理論，③ハケットとベッツ（Hackett G & Betz NE）の自己効力感に焦点を当てた社会認知的アプローチ，④ボンドラセック（Vondracek FW）らの状況的（文脈的）アプローチをあげ，さらに，その他の第3群として，社会経済的視点と組織におけるキャリア理論を選んでいる．

これらの第1群に分類された理論を中心に解説する．

3. スーパー（Super DE）の発達論

過去数十年間にわたって洗練され拡張されてきたスーパー（Super DE）の生涯キャリア発達のモデルの基本となるのは，職業発達の前提となる要素を広範に検討した結果を踏まえて提示された，職業発達に関する基本的な命題であ

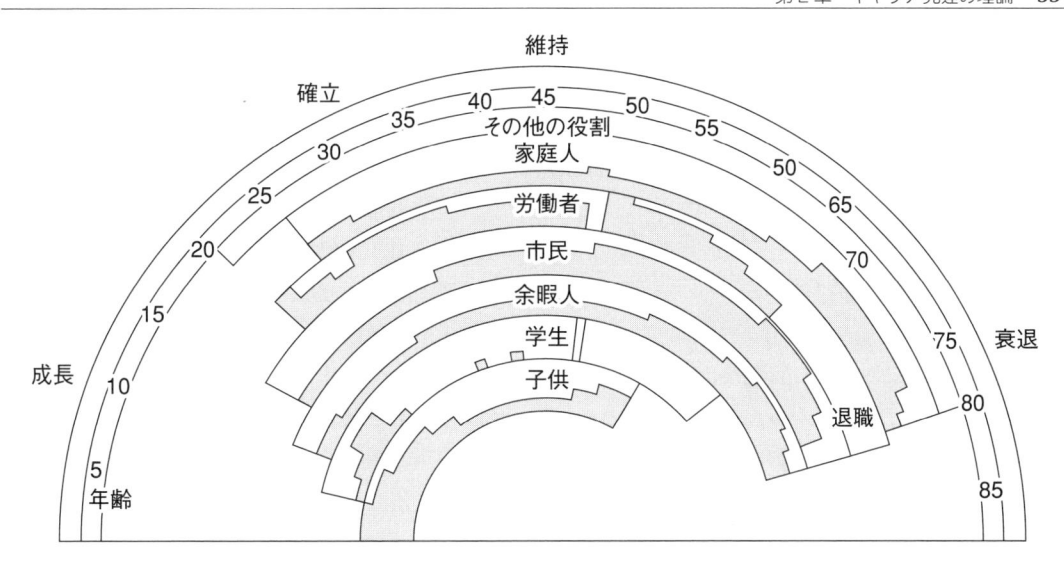

図2.1 ライフキャリアの虹(Super DE, 1984)

る[12].

これらは研究の成果とともにその数を増して最終的には14個の命題が提示されたが，初期に提示された中で最も重要な指摘は，職業発達を生涯にわたる自己概念の実現の過程としたことである．この自己概念とは，人が自分自身の特徴について抱く観念であり，自分の現在の姿に関する認識と，将来的に希望する自己への期待と願望とを結びつけたものである．自己概念は役割に応じて複数あり，自分の役割に社会が何を期待してどのような基準を持つかを認知するにつれて修正されていく．また，職業選択は，自己概念を将来の職業的な進路に翻訳する過程であり，職業適応は，職業上の役割が自己概念に適合するかを現実に照らして吟味する過程であるとする．

これらの理論をさらに洗練化して発展させたのが，life-span, life-space approachである[12]．そこではキャリアを，個人が果たす職業人や家庭人や学生などのさまざまな役割の結合と連鎖であるとする．そのうえで，生涯におよぶ職業的発達を「成長」「探索」「確立」「維持」「衰退」の5段階に区分してきた従来の視点に加えて，それらの複数の役割が同時的に結合することで

ライフ・スタイルが，また，時間的に継時する結合の在り方によってライフ・サイクルが構成され，その双方の全体的な構造がキャリア・パタンを形成しているとする．そうしたキャリアの全体的な特徴を表したのが，図2.1の「ライフ・キャリアの虹」である．

これは，生涯にわたるキャリア発達の過程で人はさまざまな生活上の役割があることを表すとともに，それぞれの発達段階においてこれらの役割の果す時間と費やされるエネルギーの大きさを示したものである．この図から，個人のライフ・スタイルは，生活上の役割の同時的な組み合わせから生じ，役割はそれぞれの生活段階での重要度と年齢にふさわしい発達課題に応じて増減することが示唆される．また，成長期や探索期などの発達段階では新たな役割を学習によって獲得するとともに，生涯をとおして継続していく中で，他者からの期待や自己の役割に対する見方も修正して行くことが予測されよう．

こうしたそれぞれの役割の重要性は，①どれだけ思い入れをしているかという態度的あるいは情意的な側面としての「関与」，②実際にどれだけエネルギーを投入したかという行動的な

側面としての「参加」，③その役割についての正確な情報である認知的な側面としての「知識」，の3つの次元によって決定され，個人の役割特徴はこの3次元に即してどれだけ重視しているかによって表されるとする．

4. 個人―環境適合論

職業選択理論における「特性―因子論」の基本的な主張を受け継ぎながら，個人と環境との相互作用をより重視する力動的な視点を強調したのが，「個人―環境適合論」である．ここでは，①個人は，自分の行動的な特性を許容するような種々の環境を探索したり形成する傾向にあり，②個人と環境との適合性の程度は，その双方に実際的な効果をもたらす種々の成果によって表され，③双方の適合過程は，個人が環境的な文脈を形成すると同時に環境側の文脈も個人を規定するような相互作用がある，ことを基本的な仮説としている．

ロフクエストとデービス（Lofquest LH & Davis RV）の適応過程に関するミネソタ理論は，その典型と見なされている[11]．これは，職業的な適応は，①仕事に対しての欲求内容と②作業遂行能力を反映する個人特性と，③個人の欲求を強化する因子と④職務の要請する基本的要件から構成される環境側の特性，の双方の対応関係によって決まるとされる[13]．また，その強さや適応の程度は，①の仕事に対する欲求内容が③の欲求の強化因子によって，どれだけ満たされるかを指標とする「満足度（satisfaction）」と，②の作業遂行能力が④の職務の要請する基本的要件を満たす度合である「充足度（satisfactoriness）」の2つの指標で表され，この双方の得点が高いほど良い適応となるとともに，双方が互いに相手の決定にも寄与するという相互依存的な関係にあるとする．

5. ホランド（Holland JL）の理論

こうした「個人―環境適合理論」の流れの中で，大きな影響を持ってきたのがホランド（Holland JL）の理論といわれる[3]．これは，人は職業の選択や経験をとおして自分自身や自分の興味，価値観などを表現しており，そうした自己のパーソナリティを表現できるような仕事環境や職業を捜し求めるという考え方に基づいている[14]．職業に対する興味を基に個人のパーソナリティを分類すると，「現実的」「研究的」「芸術的」「社会的」「企業的」「慣習的」の6類型に，また，職業生活の環境もその類似性から分類すると同じ6類型に分類できるとしたうえで，職業選択に関しては次の仮説を提起する．

第1に，個人のパーソナリティはこの6類型のいずれかに該当し，その形成過程は，環境条件との交互作用の中で次第に特定の行動への志向性を強め，それが興味や能力として固定化してゆく．形成された思考や行動の型は，職業の世界に対してもそれに適合するものを求める．

第2に，職業的な環境も上述と同じ6類型に分類でき，それぞれの類型は，それと類似した人格類型の人たちが多くを占める．

第3に，人は，自分の技能や能力を発揮し，態度や価値を表明でき，承認された役割行動の取れる職業環境を求めるし，また，職業環境のほうもその類型と近似した人を求める．

第4に，個人の行動は，その人格類型と環境の特性との相互作用から決定される．

これらの六角形で表されたパーソナリティと職業環境との関係は，彼の開発した職業興味検査（VPI）を用いると，個人のパーソナリティの3類型とそれと対応した職業分類コードが得られて，個人の類型に応じた職業選択の支援に利用できる．

6. さまざまな理論の適用可能性

このように，キャリアの形成と個人のカウンセリングに関して理論や視点は数多くある．そのために，リハビリテーションカウンセリングの実際の活動にどれが有用であるかについても，前述のスジマンスキー（Szymanski EM）のほかにも，さまざまな視点がある．

トーマスとパーカー（Thomas KR & Parker RM）は，それを選択するときの基準として，①理論の背景をなす視点がカウンセラーの信念と調和しているか，②人間行動についての課題に広範囲に適用できるだけの汎用性があるか，③どのような範囲や類型の人に適用が可能か，④理論から導かれた実際の方法が，カウンセラーの経験や能力や価値観などのどの側面を必要としているか，⑤その方法が，カウンセラーの所属している機関や施設の目的と適合しているか，⑥カウンセリングの目標達成のためにどのような手法を用いているか，⑦実際の行動変容を測定する手法を備えているか，など重要であることを指摘する[15]．

文 献

1) 木村 周：キャリア・カウンセリング．雇用問題研究会，1997．
2) Fitzgerald LF & Rounds JB：Vocational behavior, 1988 —A critical analysis, Journal of Vocational behavior 35：105-163, 1989.
3) 川崎友嗣：米国におけるキャリア発達の動向．日本労働研究機構雑誌 409：52-61, 1994．
4) McDaniels C & Gysbers NC：Counseling for career development-theories, resource, and practice. Jossey-Bass, San Francisco, CA, 1992.
5) Vondracek FW & Kawasaki T：Toward a comprehensive framework for adult career development theory and intervensio. In Walsh WB & Osipow SH（Eds.）, The handbook of vocational psychology, 2nd ed. Lawrence Erlbaum Association, Hillsdale, NJ, 1994.
6) 若林 満，松原敏浩：組織心理学．福村出版，1988．
7) Schein EH：Career dynamics—Maiching individual and organizational needs. Addison-Wesley, Reading, MA, 1978.
8) Herr EL & Cramer SH：Career guidance and counseling through the lifespan-systematic approaches, 4th ed. Harper Collins, 1991
9) Ginzberg E：Towards a theory of occupational choice. Personal and guidance journal 30：491-494, 1952.
10) Tiedemam DV & O'Hara RP：Career development-Choice and adjustment. College Entrance Examination Board, New York, 1963.
11) Szymanski ED, et al：Career development theories, constructs, and research—Implications for people with disabilities. In Szymanski ED & Parker RM（Eds.）, Work and disability—Issies and strategies in career development and job placement. Pro-Ed, Austin, TX, 1996.
12) Super DE：A life-span, life-space approach to career development. In Brown D, Brook L & associates, Career choice and development-applying contemporary theories to practice, 2nd ed, Jossey-Bass, San Francisco, 1990.
13) Lofquist LH & Davis RV：Essentials of person environment correspondence counseling. University of Minnesota Press, Minneapolis, 1991.
14) Holland JL：Making vocational choice —a theory of vocational personalities and work environments, 2nd ed. Prentice-Hall, Englewood Cliffs, NJ, 1985.
15) Thomas KR & Parker RM：Application of the theory to rehabilitation counseling practice. In Robertson SE & Brown RI（Eds.）, Rehabilitation counseling-approaches in the field of disability 3：34-78, Chapman Hall, 1992.

第2節 キャリア発達の課題

1. 職業的発達段階と発達課題

人のキャリア発達とその理論は，前節で述べられているように，1950年代以降，主にギンツバーグ（Ginzberg SW）やスーパー（Super DE）らによって発展され，その後シャイン（Schein EH）やブリッジズ（Bridges W），その他多くの研究者によって継続して研究されてきた．

もともと発達的考え方を提唱したエリクソン（Erikson EH）は，表2.1[1]に示すごとく，フロイトの考えた性格形成の過程の理論を人生全体に拡張し，対人関係的で心理社会的な活動の基礎になる心理特性という観点から，乳児期～老年期までを8段階に分類し，各段階において解決すべき課題と，それが達成出来なかったときに生じる問題を明らかにした．

今日，キャリアとは，個人が生涯を通して持つ一連の職業（職業経歴）だけではなく，仕事と余暇，学習，家族との活動などを含んだ個人の生涯にわたるライフスタイル（生き方）のプロセス[2]として認識されているが，そもそも職業的発達という概念は，人生において最も重要ともいえる職業選択と職業適応を統合する観点からまとめられたものであり，自分に適した職業を選び，実現していくという，いわば職業的自己実現と言えよう．

職業生活のキーワードはCGK（Choosing, Getting, Keeping）で表されるように，職業選択と職業の獲得，およびその継続であるが，これは心身機能の障害の有無にかかわらず，全ての人に共通する自己概念の形成と確立の過程でもある．

表2.1　エリクソンによる各時期の発達課題

I	乳幼児期 （1～4歳）	母親的人物との交渉により，世界への基本的信頼感を形成することが課題であり，失敗すると自我の強さや，基盤としての生きる希望に影響する．
II	幼児前期 （3～5歳）	トイレットトレーニングなどにより，自立することを学び，秩序に対応できるようになる．失敗すると恥の感覚や疑惑を持つ傾向が生まれる．
III	幼児後期	歩行による移動能力から世界を探索することを通じて，積極性・自発性を学ぶ．失敗すると無意識的罪悪感を抱くようになる．
IV	学童期	学校での教育などから文化を吸収する時期であり，勤勉性を身につける時期．将来においての生産能力の基盤となる．この時期の失敗は劣等感を招く．
V	青年期	人生においての自我の永続的な連続性・独自性＝自我同一性（アイデンティティ）を確立することで，自分が何者になるかを選択する時期．失敗すると自我同一性混乱すなわち，「自分がない」「何になりたいかわからない」ようになる．
VI	成人前期	異性，他者とのつきあいにおいて，親密さを経験することが重要になる．他者との適切な関係を柔軟にとることができないと，孤独感を生む．
VII	成人期	子どもを生み育てるために次世代の確立・指導への興味・関心＝生殖性が重要になる．この関心が持てないと，停滞の感覚が生じ自己陶酔に陥るようになる．
VIII	老年期	心身の諸機能が徐々に低下していき，究極的には死へと向かうということを受容し，人生の統合をする知恵をもつことが重要となる時期．後継世代に文化継承の責任を譲り，未来への希望を託すことが出来なければ，絶望に陥ることがある．

（出典：文献1を改変）

表2.2 職業的人生段階と職業的発達課題

発達段階	時期	職業的発達段階	説 明
A. 成長段階	児童期 青年前期	自分がどういう人間であるかについてのイメージを形作っていく．仕事の世界に対する方向づけを発展させ，働くことの意味を理解する．	役割実演（しばしば尊敬する大人や友人と自分を同一視する結果としての）と学校，余暇，その他の活動への参加を通じて，児童は彼が何をうまくやれるか，何を好むか，彼がどんな点で他の人と違うかということを学び，このような知識を彼自身についての自己像へ具体化する．
B. 探索段階 1. 暫定的な時期	青年前期 青年中期	職業についての希望を結晶化していく．	たぶん自分に適当だと思う仕事の分野と水準が見分けられる（部分的特定化）．
2. 移行的な時期	青年後期 成人前期	職業についての希望を特定化していく．	学校から仕事へ，あるいは学校から上級の教育や訓練への移行がなされる．一般化された選択が特定化された選択へと転換していく．
3. 試行的（実践はほんの少し）時期	成人前期	職業についての希望を実現していく．	たぶん自分に適すると思われる職業がつきとめられ，それに対して準備をし，入門職務が発見され，ライフワークとできるかどうかが試みられる．その職業に対する実践はまだ準備的なもので，職務上または訓練の中で遭遇する経験によって強まったり，弱まったりする．もし弱まったならば，彼はその目標を変更し，職業上の選好を結晶化し，特定化し，実現していくプロセスを繰り返さなければならない．
C. 確立段階 1. 試行的（実践と安定）時期	成人前期から30歳くらいまで	仕事に腰を落ちつけ，選んだ職業において永続的な地位を確保する．	必要な技能，訓練，仕事の経験を得たので個人は自身をその職業に託し，そのなかで彼自身の場所を確立しようとする．その後起こる変化は，同じ職業のなかでの地位，職務，雇用主の変化となる．先任者となり，顧客を拡げ，すぐれた業績を示し，資質を高める等々によって，その職業内部における彼の地位を固め，昇進する．より若い人や昇進段階にいる冒険的な同僚からの競争にもかかわらず，現在の地位を維持することに力がそそがれ，新しいものの獲得には，あまり関わらなくなる．個人は現実のまたは差し迫った引退の問題に直面し，退職によって失われるものに代わる他の満足（パートタイムの職務，ボランティア活動，余暇時間など）を見出すことを計画する．
2. 昇進の時期	30歳から40歳代の中頃まで	強化と昇進	
D. 維持段階	40歳代の中頃から退職まで	達成した地位や利益を保持する	
E. 下降段階	65歳以上	減速，離脱，引退	

注）Jordan：Life Stage as Organizing Models of Career Development, 1974より）

このような自己概念の形成といえる人の職業的発達は，運動発達や心理社会的発達等と同様に，人の誕生から死に到るまで成熟の過程をたどり，各段階にそれぞれ達成すべき発達課題といわれるものがある．各段階における課題とは，その遂行を通して後の職業生活や職業適応に必要となる社会的スキルの獲得を可能にするものである．

職業的発達に関する研究は，主に職業心理学や発達心理学，人間心理学の分野で行われてきたが，ジョーダン（Jordaan N, 1974）[3]は，ギンツバーグ（Ginzberg SW）やスーパー（Super DE, 1957）らの研究を基に，成長段階から下降段階に至る職業的発達段階と職業的発達課題を表2.2のごとく示している．

ところで，スーパーは，いくつかの研究を集約・発展させて，幼児から老年までのキャリア発達の過程を図2.2[4]の5つの発達段階（キャ

図中テキスト:

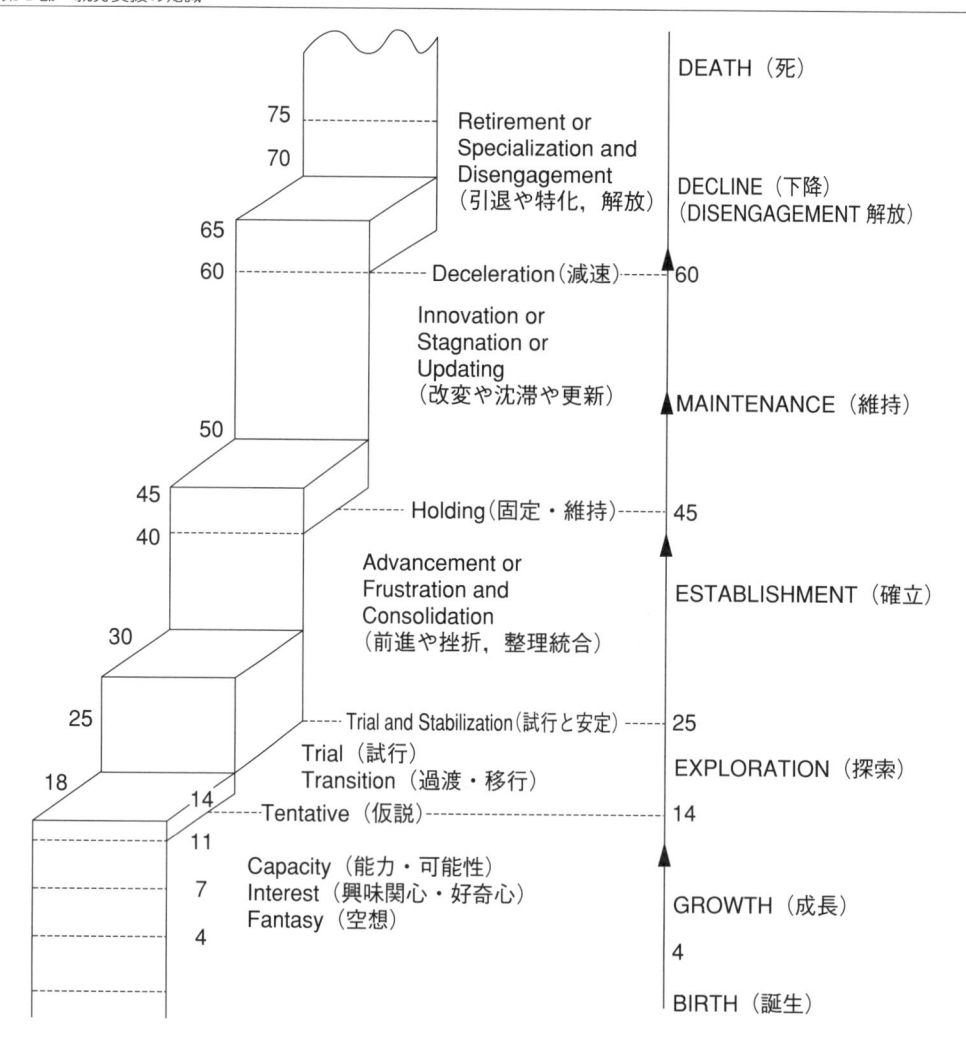

- DEATH（死）
- 75, 70 Retirement or Specialization and Disengagement（引退や特化, 解放）
- DECLINE（下降）(DISENGAGEMENT 解放)
- 65
- 60 Deceleration（減速） 60
- Innovation or Stagnation or Updating（改変や沈滞や更新）
- MAINTENANCE（維持）
- 50
- 45 Holding（固定・維持） 45
- 40
- Advancement or Frustration and Consolidation（前進や挫折, 整理統合）
- ESTABLISHMENT（確立）
- 30
- 25 Trial and Stabilization（試行と安定） 25
- Trial（試行）
- Transition（過渡・移行）
- EXPLORATION（探索）
- 18
- 14 Tentative（仮説） 14
- 11
- Capacity（能力・可能性）
- 7 Interest（興味関心・好奇心）
- Fantasy（空想）
- GROWTH（成長）
- 4
- 4
- BIRTH（誕生）

Life Stages and Substages : Super's 1957, 1963, 1981 Formulation
出典：Donald E.Super, New Dimensions in Adult Vocational and Career Counseling, Columbus, Ohio：Center on Education and Traininig for Fapleyment.

図2.2　スーパーによるライフステージとサブステージ

リアステージ）にまとめた．ただし，ここでの年齢分類はおおよそのものであり，個人差があることを理解しておきたい．さらにその後スーパーは，1990年代の初めに，ライフ・スパンを通して個人が経験する人生における役割（Life Roles：ライフロール）の変化の多様性を描くために，図2.3[5]のようなアーチ・モデル（Archway Model）を作成している．アーチの一方の礎石は，パーソナリティ的要素（例えば欲求，価値観，知能，興味）を表し，他方の礎石は，社会的要素（例えば，経済的状況，コミュニティ，学校，家族）を表す．つまり，人が社会の中で活動し，また，人間として成長する中で，社会的要素と人格的要素が相互作用することが表されている．

スーパーはこのモデルを完成することなく1994年に亡くなったが，彼は「開発的キャリア・カウンセリングはカウンセリングとそのキャリアの発達を育成するもので，その結果，彼等がキャリアの中で自己実現（Self-Fulfill-

図2.3 スーパーによるアーチ・モデル

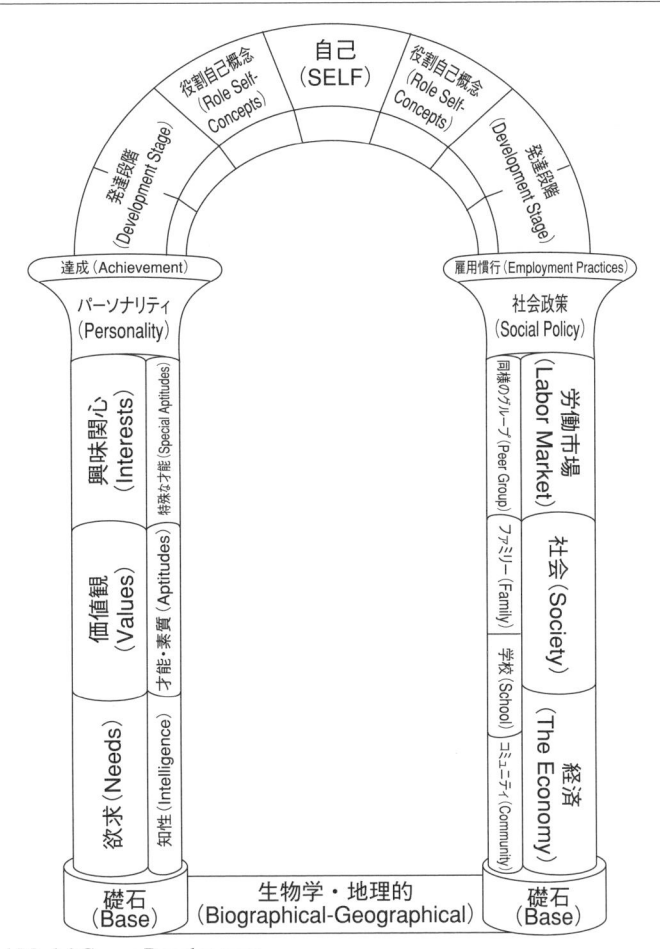

アーチの左側支柱（パーソナリティ Personality）：興味関心（Interests）、価値観（Values）、欲求（Needs）、特殊な才能（Special Aptitudes）、才能・素質（Aptitudes）、知性（Intelligence）、礎石（Base）、達成（Achievement）

アーチの右側支柱（社会政策 Social Policy）：労働市場（Labor Market）、社会（Society）、経済（The Economy）、同輩のグループ（Peer Group）、ファミリー（Family）、学校（School）、コミュニティ（Community）、礎石（Base）、雇用慣行（Employment Practices）

アーチ頂部：自己（SELF）、役割自己概念（Role Self-Concepts）、発達段階（Development Stage）

底部：生物学・地理的（Biographical-Geographical）

A Segmental Model Career Development
出典 "Life-Span, Life-Space Approach to Career Development" by D.E.Super in Career Choice and Deveropment: Applying Contemporary Theories to Practice, Second Edition by Duane Brown, Linda Brooks, and Associates, pp.206-208.©1990 by jossey-Bass, Inc., Publishers.

ment）できるようにするものである．ここで，キャリアという用語は限定されることなく，ライフ・キャリアを構成するいくつかの主要な役割を意味しなければならない．というのは，自己実現（Self-Realization）は仕事における役割（Work Role）だけでは決して達成されないからである」[6] と述べている．

さらにまた職業選択のスキルも，成長段階から探索段階（暫定期〜移行期〜試行期）にかけて発達していくのであり，空想的選択から興味による選択，次第に能力を加味した選択からさらには自分の中の価値基準による最終的な選択がなされることは，前節のとおりである．この興味—能力—価値という職業選択の過程は，定年退職後に新たな職業を選択する場合，リストラや他の事情で転職が必要となる場合，また病気や障害の発症により離転職を余儀なくされる場合には，何度でも繰り返されるプロセスであり，もはや終身雇用制度が崩壊したわが国において，今後はさらに個人にとってこのサイクルが繰り返される機会が増加しよう．

2. キャリア教育の課題

1) キャリア教育の意義

　キャリア教育は，個々人のキャリア発達や自立を促すものであり，発達段階や発達課題が段階的に形成されることを踏まえて，成長・発達を支援する取り組みである．米国では，すでに1970年代の初頭から，キャリア教育の重要性が指摘されていた．特に，障害をもつ児童や生徒に対しては，生産的な人生を実現するための教育モデルとして，キャリア発達の課題を具体的な到達目標として系統的に配列したカリキュラムが提唱された（Kokaska & Brolin[7]；CLARK & Kolstoe[8]）．

　わが国では，文部科学省の「キャリア教育の推進に関する総合的調査研究協力者会議」の報告書[9]で，キャリア教育を，①児童生徒一人一人の勤労観や職業観を育てる教育，②望ましい職業観・勤労観及び職業に関する知識や技能を身に付けさせるとともに，自己の個性を理解し，主体的に進路を選択する能力や態度を育てる教育，③児童生徒一人一人のキャリア発達を支援し，それぞれにふさわしいキャリアを形成していくために必要な意欲・態度や能力を育てる教育，などと定義している．また，①発達段階や発達課題を踏まえて，個人差に留意しながら，適時性や系統性に配慮した個々人のキャリア発達への支援を展開すること，②職業や進路などキャリアに関する学習と教科や科目の学習が相互に補完しながら，「働くこと」への関心や意欲を高揚させて学習意欲を向上させること，③職業教育の基礎や基本の習得や社会や企業で必要となる情報活用能力の習得など，職業人としての資質や能力を高める指導を充実させること，④働くことの意義を理解し，小学校段階から自己と他者や社会との適切な関係を構築する力を育て，将来の精神的・経済的な自立に向けた意識と豊かな人間性を育成すること，などをキャリア教育の基本方向としている．

2) キャリア形成に必要な能力

　同報告書[9]では，発達課題の達成に向けた系統的な学習プログラムの参考例として，文部省の「職業教育及び進路指導に関する基礎的研究（最終報告）」にある進路指導活用プログラム[10]を紹介している．このプログラムではキャリア形成に必要な能力として，①キャリア設計能力，②キャリア情報探索・活用能力，③意思決定能力，④人間関係能力の4つの領域を示している．これらは小学校から高等学校に至る学校教育の過程を通して，併行して段階的に育成することが望ましいとされる（表2.3）．

　第1の「キャリア設計能力」は，キャリア設計の必要性に気づき，それを実際の選択行動において実現するための諸能力である．これには，①キャリア設計は毎日の生活の延長にあることから，そこでの役割を把握してその関連を理解する「生活上の役割把握能力」，②仕事場面では種々の役割があり，それらがどのように関連して変化しているかを認識する「仕事における役割認識能力」，③計画的に人生を歩んで夢をかなえるためのキャリア設計の必要性を実際の選択行動の中で認識していく「キャリア設計の必要性と過程を理解する能力」が含まれる．

　第2の「キャリア情報探索・活用能力」とは，キャリアに関係する幅広い情報源を知り，種々の情報を活用して自分の仕事や社会との関連づけを通して，自己と社会への理解を深めるための諸能力である．これには，①実際の体験を通して現実のキャリアの世界を見つめてそれに取り組む「啓発的経験への取り組み能力」，②キャリアに関する情報を知って発達段階に応じた活用を行いながら，自分の仕事と社会とを関連づけて社会への理解を深める「キャリア情報活用能力」，③学校で学ぶことと社会生活や職業生活との関連や機能を知って学校教育を理解する「学業と職業とを関連付ける能力」，④キャリアに関する情報を社会生活における必要性や機能面から理解してキャリア設計につなげ

表2.3　4つの能力領域を発達させる進路指導活動モデル

領域と能力		小学校	中学校	高等学校
キャリア設計能力	生活上の役割把握能力	①日常の生活や学習と将来の生き方との関係に気づく，②家の手伝いや分担された仕事ができる	①日常生活や学習と将来の生き方との関係を理解する，②将来の夢を実現するため，向上心をもつ	①日常の生活や学習と将来の生き方とが関連づけられる，②生活や仕事を，将来の進路を意識して変えられる
	仕事における役割認識能力	①お互いの役割を理解し，なかよく協力できる，②仕事における様々な役割の違いに気づく，③仕事における役割の関連性や変化に気づく	①自己の役割と社会との関係が理解できる，②仕事に関する役割を認識する，③社会における様々な仕事の関連や変化について理解する	①労働環境や雇用スタイルなどが理解でき，②働くスタイルやライフスタイルを自分の生き方として考えられる，③雇用の変化や役割の変化を追うことができる
	キャリア設計の必要性及び過程理解能力	①作業の準備や片づけ，学習計画が立てられる，②自分の夢や進路について考えることができる，③計画作りの必要性に気づいて手順を知る，④将来のことを考えて立てる大切さを知る	①進路計画の必要性や見直し・修正等の過程が理解できる，②希望の進路に対して計画を立てイメージが描ける，③自己を生かせる生活設計を将来に予想して立てられる，④自己の使命を考える	①仮定した職業について，自分の行動プランや仕事内容などが描ける，②ライフスタイルを考えて，人生設計を立てられる，③社会に役立つ自己の使命を考える
キャリア情報探索・活用能力	啓発的経験への取り組み能力	①当番や係や委員会の仕事を通して，仕事内容や段取りがわかり，積極的に関わる，②失敗や成功の体験をもち，辛さと喜びがわかる，③身近で働く人の様子がわかり，興味をもつ	①係や委員会活動などを通して仕事の取組み方が理解できる，②職場体験等を通して職業に就いている人たちの生活や考え方，必要な技能がわかる	①委員会やサークル活動に積極的に参加することを通して，それぞれの仕事に対応することができる，②職場訪問を通して，職業についている人たちの技能や生き方にふれ，いろいろな仕事に対応できる技能を身につける
	キャリア情報活用能力	①本や図鑑等で調べることができる（調べ学習），②社会科見学や体験学習などを通して，働く人の苦労や工夫や努力がわかる，③気づいたことやわかったことを発表できる	①情報源を見いだして調査活動ができる，②職場体験や上級学校体験入学等の調査活動を通して，必要情報を評価して整理できる，③得られた情報を必要に応じ創意工夫したり提示や発表ができる	①将来の仕事に関して幅広く情報を得ようとする，②自分の進路を，企業訪問や上級学校調査等を通して検討できたり，調査活動ができる，③調べたこと等を自分の考えを交えて発表ができる
	学業と職業とを関連づける能力	①学んだことや体験したことが，生活や職業と関連があることに気づく	①学んだことや体験したことが，将来何らかの形で役に立つことが理解できる	①将来の進路に関連したことを積極的に学んでいける，②生涯学習の必要性が理解できる
	キャリアの社会的機能理解能力	①農・工・商業や地場産業などの産業が理解できる，②歴史の中で産業が変化していくことがわかる	①産業構造や社会の変化の様子がとらえられる，②変化に対応していく職業や仕事を理解する	①産業や雇用の変化をとらえ，自己の職業生活と結びつけて考える，②社会の動向に即して，職業のあるべき姿や将来性に興味をもつ
意思決定能力	意思決定能力	①自分の力で解決しようと努力することができる，②自分の仕事に対して責任を感じる，③やってはいけないことがわかり自制できる，④自分の気持ちや言いたいことをはっきり言える，⑤自分の悩みや葛藤を話せる	①いくつかを比較検討して，最適なものを論理的に判断し決定していく過程が理解できる，②葛藤を経験することにより，判断と決定には責任がともなうことが自覚できる，③自分の悩みを整理して，最善の決定に向けてお互いに相談できる	①葛藤場面に対して，選択肢をあげて問題点を明確化しつつ最適化を図る，意思決定の一連の過程が理解できる，②決定したことに対して責任をもち，評価を加えて次の意思決定の過程に生かせる，③自分の悩みを整理して，最善の決定に向けてお互いに相談しあえる
	生き方選択能力	①いろいろな職業を知り，それに就いている人の苦労や喜びがわかる，②将来の夢や希望をもち，現実の職業との関係を考え，そのために今何をすべきかがわかる	さまざまな職業を理解し，それに就いている人の生き方が理解できる，②自分の興味や適性等の関係から生き方を比較しながら，実現性を検討できる	①将来の進路にそって選択教科や学ぶコースを選べる，②進路の希望と現実とを関連させて調整できる，③個性を生かす生き方が検討できる
	課題解決・自己実現能力	①課題をみつけて解決への努力ができる，②任されたこと，自分のやりたいこと，よいと思ったことなどに進んで取り組める	①課題を見いだして解決していくことができる，②自分の役割を考えて，自分のやるべきことや人のためになることを実行していく	①トラブルを予想したり自己の役割や将来の生き方を考えていくことで，自己を生かしていくことができる
人間関係能力	自己理解・人間尊重能力	①自分のこと（名前や好きなこと等）がはっきりいえ，自慢できることや自分のよいところに気づいて伸ばそうとする，②相手の立場に立って考えたり発言できる	①自分の良さや成長が理解できる，②自分の非を認めたり受け入れたりできる，③自分のことを他人に表現できる，④自分の言動が他人におよぼす影響を理解できる	①自分の良さや成長を評価できる，②自分自身の良い面と悪い面の双方を受け入れられる，③自己アピールができるとともにそれを評価できる，④自己実現や人間関係の尊重が将来に有効であることがわかる
	人間関係形成能力	①「ありがとう」「ごめんね」「大丈夫？」等が言える，②同年齢や異年齢の友達と仲良くできたり協力できる，③自分の気持ち次第で相手の気持ちが変わることや，自分の気持ちの変化と成長などに気づく，④自分の考えを言ったり他人の考えを尊重する中で，協力して作業や仕事をする喜びが味わえる，⑤リーダーシップが発揮できる，⑥新しい環境や人間関係の中に入っていける	①他人の良さや感情が理解できる，②同年齢や異年齢に関わらず，他者を受け入れられ協調することが尊敬することができる，③コミュニケーションが図れる，④お互いに支えあっていくことの必要性が理解できる，⑤リーダーとフォロアーの立場が理解でき，相手と協力してチームで仕事ができる，⑥新しい環境や人間関係に適応できる	①他人の良さを吸収していくことができる，②異年齢集団の中でもチームが組めて自分の力が効果的に発揮できる，③コミュニケーションをとりあえる，④お互いに支えあっていくために自分の役割を果たせる，⑤リーダーとフォロアーの立場が理解でき，相手の能力を引き出してチームで仕事ができる，⑥新しい環境や人間関係を生かしていける

注）文部省委託調査研究：「職業教育及び進路指導に関する基礎的研究（最終報告）」1998を改変

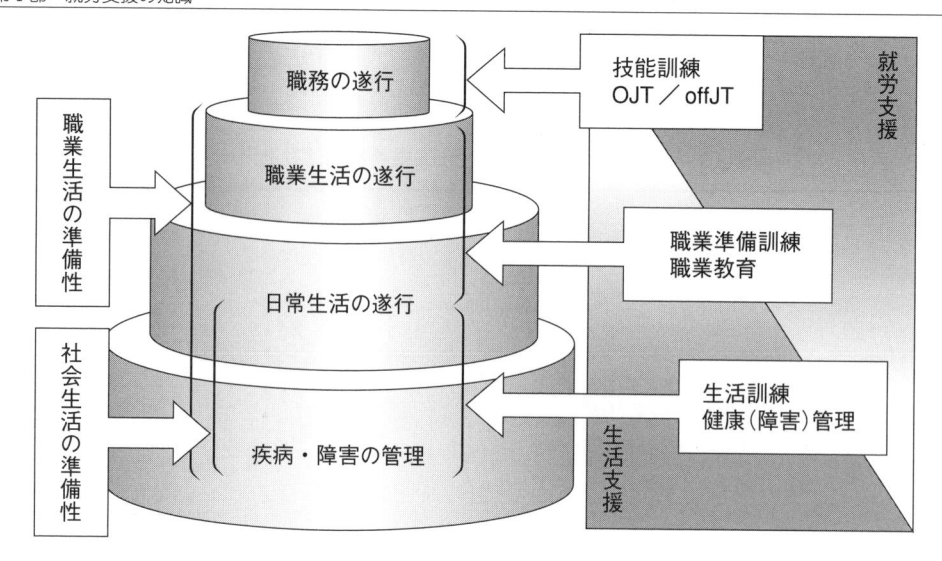

図2.4 個人特性の階層構造と支援

る「キャリアの社会的機能を理解する能力」，が含まれる．

第3の「意思決定能力」とは，進路選択で遭遇する種々の葛藤に直面して，複数の選択肢を考えて，選択時に納得できる最善の決定をし，その結果に対処できる諸能力である．これには，①複数の選択肢から最善の決定を行う一連の過程を理解したうえで，意思決定にともなう責任を受け入れる「意思決定能力」，②憧れから現実にむけて自己の生き方にそった職業やその他の諸活動を選択していく「生き方選択の能力」，③自己理解を深めて自己実現を進める過程で直面する課題を知り，それに真摯に取り組み解決しようとする「課題解決・自己実現能力」，などが含まれる．

第4の「人間関係能力」とは，自己と他者の双方の存在に関心をもって，種々な人たちとの関係を築きながら，自己を生かしていくための諸能力である．これには，①自己理解を進めながら，他者との関係から成り立っている自分の行動をキャリアとの関連で理解するとともに，その過程をとおして他者を尊敬する心を養う「自己理解・人間尊重の能力」，②他者から受ける自己への種々の影響を理解して人間関係を形成しながら自己の成長を遂げていく「人間関係形成の能力」などが含まれる．

3) 個人特性の階層構造と移行支援

日米のキャリア教育モデルで提示された発達課題を踏まえて，松為[11]は，障害のある人の就労支援を考える場合，その個人特性の全体像を図2.4に示す階層構造として捉えることを提唱する．そのうえで，障害のある人の就業に向けた系統的な教育や支援の在り方を示した．

ここでは，個人の能力特性を「疾病・障害の管理」「日常生活の遂行」「職業生活の遂行」「職務の遂行」の4層からなる階層構造として捉えている．最も基底をなす「疾病・障害の管理」や「日常生活の遂行」にかかわる能力は，地域の中で日常的な生活を営むための要件であり，「社会生活の準備性」を構成するものであろう．また，「職業生活の遂行」は職業人としての役割を遂行するのに必要な能力である．これらは就労するための基本的な要件であることから，「職業生活の準備性」を構成するものと見なしている．最も上層の「職務の遂行」の能力は，特定の仕事分野で生産活動に従事するための必須の能力である．

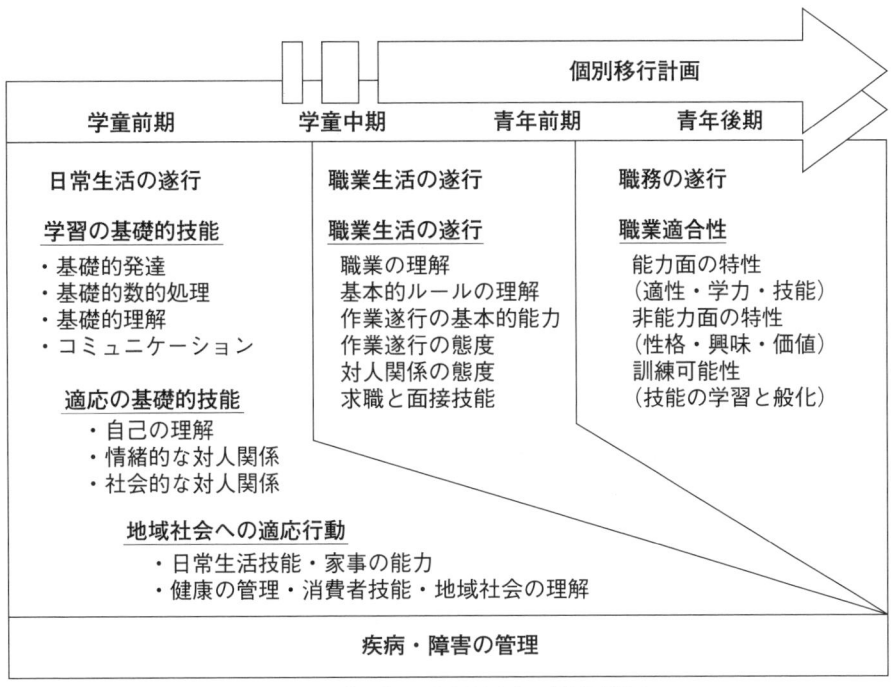

図2.5 指導目標の階層性と個別移行計画

学童前期	学童中期	青年前期	青年後期

個別移行計画

日常生活の遂行
学習の基礎的技能
・基礎的発達
・基礎的数的処理
・基礎的理解
・コミュニケーション

適応の基礎的技能
・自己の理解
・情緒的な対人関係
・社会的な対人関係

職業生活の遂行
職業生活の遂行
職業の理解
基本的ルールの理解
作業遂行の基本的能力
作業遂行の態度
対人関係の態度
求職と面接技能

職務の遂行
職業適合性
能力面の特性
（適性・学力・技能）
非能力面の特性
（性格・興味・価値）
訓練可能性
（技能の学習と般化）

地域社会への適応行動
・日常生活技能・家事の能力
・健康の管理・消費者技能・地域社会の理解

疾病・障害の管理

これらのうちで，最上層の「職務の遂行」の育成は生産性に直結することから，事業所の教育・育成訓練の焦点となる．それゆえ，障害のある人の就労への移行支援に向けた系統的な準備学習では，特に，「疾病・障害の管理」「日常生活の遂行」「職業生活の遂行」などの中・下層の諸能力に焦点を当てることが重要である．障害のある人が企業就労に参入する以前の学校教育や施設訓練では，こうした諸能力の育成を系統的に行うことが望ましいだろう．図2.5は，それぞれの階層に含まれる個々の条件を，発達的過程に応じて並び替えたものである．発達の過程に対応しながら，こうした段階的な短期目標を明示した系統的なカリキュラムに従ったキャリア教育と訓練が必要なのである．

3．ライフサイクルの危機と障害者支援

1）ライフサイクルと危機

心理学辞典[12]によれば，ライフ・サイクル (life cycle) とは，「生物個体にみられる，生まれ，成長・成熟し，老いて死ぬという時間の進行に伴った規則的な変化もしくはその期間のことであり，生活周期もしくは生活環ともいわれる」とされる．こうした生涯にわたる変化の規則性に注目することは，キャリア発達を捉えるうえで欠かせない．人は障害の有無にかかわらず，出生から老齢に至るまでに，新生児期，乳児期，幼児期，児童期，思春期，青年期，成人期，老年期などの発達的な段階の過程を辿る．それゆえ，基本的には，障害のある人もない人と同様のライフサイクルに従っているのであり，このそれぞれの各段階で，人は自分の存在を示すために，社会から期待される役割に応えることと自分の生物・心理社会的な要求との組み合わせを調整しながら，生きていく．

だが，加齢は生物・心理社会的な要求と社会的な期待の双方を変えてゆくため，ある発達段階で役立った組み合わせの調整は，次の発達段階になるとその意味をなくしてしまう．そのため，あらたな発達段階を乗り切るには，その組

第Ⅰ部 就労支援の知識

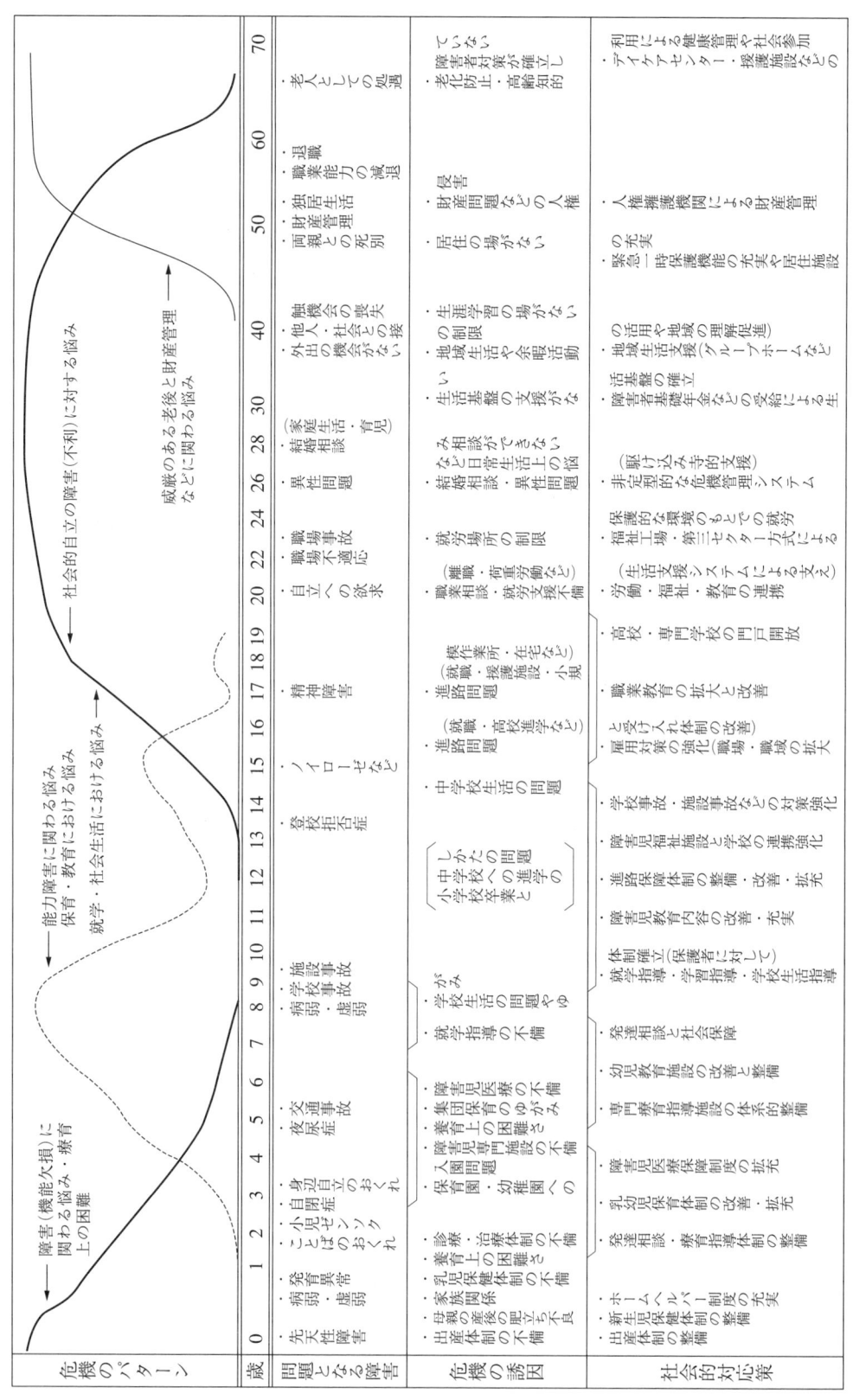

危機のパターン		
— 障害（機能欠損）に関わる悩み		
— 能力障害に関わる悩み 保育・療育上の困難 保育・就学・教育における悩み		
— 社会的自立の障害（不利）に対する悩み 威厳のある老後と財産管理などに関わる悩み		

歳	0	1	2	3	4	5	6	7	8	9	10	11	12	13	14	15	16	17	18	19	20	22	24	26	28	30	40	50	60	70
問題となる障害	・先天性障害 ・発育異常 ・病弱・虚弱		・小児自閉症 ことばのおくれ 自身辺自立のおくれ		・夜尿症 ・交通事故			・病弱虚弱	・施設・学校事故					・登校拒否症		・ノイローゼなど		・精神障害			・自立への欲求 ・職場不適応 ・職場事故			・異性問題 ・結婚相談（家庭生活・育児）			・外出・他人との接触機会の社会的喪失	・独居生活 ・両親との死別 ・財産管理	・職業能力の減退 ・退職	・老人としての処遇
危機の誘因	・出産後の肥立ち不良 ・乳幼児保育体制の不備 ・母親家族関係の不備		・診療・治療上の困難さと不備 ・養育上の困難さと不備 ・家族関係体制の不備		・集団保育上の困難さと不備 ・障害児教育施設・専門施設への入園・入学困難 ・保育園・幼稚園への入園問題			・学校生活の問題 ・就学指導の不備			・小中学校から中学校への進学と小中学校卒業後の問題			・中学校生活の問題		・進路問題（就職・高校進学など） ・就職先・作業所・援護施設・小規模共同作業所・生活寮など					・職業相談・就労支援の不備 ・職場所の制限（労働条件など）			・結婚相談・日常生活での悩み ・異性問題			・生活基盤の支援がない ・地域生活学習や余暇活動の場がない	・居住の場がない ・財産問題などの人権侵害	・老化防止対策が確立していない高齢知的障害者対策	・デイケアセンターや援護施設の利用などの社会参加の健康管理
社会的対応策	・出産体制の整備と保健体制の充実 ・新生児保育制度の整備・改善・拡充		・発達相談・療育指導体制の整備		・専門療育指導施設の体系的整備		・幼児教育相談施設の改善と整備	・発達相談と社会保障	・就学指導・学習指導体制の確立（保護者に対して）学校生活指導			・進路障害児福祉施設と学校の連携強化・拡充 ・障害児教育内容の改善・充実			・学校事故・施設事故などの対策強化	・職業教育の拡大と改善 ・雇用対策の受け入れ体制の強化（職域の拡大）			・高校・専門学校の門戸開放		・労働・福祉・教育・医療の連携（生活支援システムによる支え）			・（生活支援システムによる非駆け込みの第三セクター方式による保護的な雇用環境のもとで働く場の確保）		・福祉工場・生活支援・就労の促進	・障害基礎年金などの受給による生活基盤確立・障害生活や地域での理解支援（グループホームなどの）	・人権擁護機関の充実 ・緊急一時保護機能や居住施設の充実	・人権擁護機関による財産管理	

図2.6 障害者のライフサイクルからみた危機パターン（大泉・原案に関が加筆）

関（1999）より引用

表2.4 ライフサイクル上の危機と就業生活支援

機能別ファクター	歳	危機の誘因	就業生活支援の要素
就学・社会生活における危機	13	進学	教育現場・行政との一体支援
	14	中学生活	
	15	中学からの進路(就業/進学/施設/在宅)	雇用対策(職域確保)
	16		職業教育の拡大
	17	自立への要求(芽生え)	
社会的自立に対する危機	18	職場不適応/事故/離職	教育組織と地域支援機関の連携
	19	異性/結婚	地域生活支援との連携
	20		
	21	過重労働/就業場所制限	非定型的な危機管理(駆込場所)
	22		
	23	生活上の相談(収入)	保護(福祉)施策の利用
	24		
	28		
	30	外出(地域生活/余暇活動)	地域生活支援との連携
	35		
威厳のある老後と財産管理等の人権擁護に関する危機	40	生涯学習	
	45	居住/生活支援(年金等)	緊急一時保護機関の利用
	50	両親との死別	人権擁護機関の利用
	55	人権擁護(財産管理等)	
	60	職業脳力の衰退(退職)	デイケアセンター・援護施設の利用
	70	高齢(地域生活/健康/参加)	

全国就業支援ネットワーク(2002)を修正

み合わせを調整しなおしたり新たな組み合わせを作らねばならない．ライフサイクルにおいて直面する危機とは，以前の社会的な期待と生物・心理社会的な要求の組み合わせが役立たなくなった事態に直面することによって生じる[13]．

ここでいう人生の危機には，感情的・思考的・社会的・道徳的なさまざまな側面があるが，加齢とともに社会的に求められる役割の変化が深く関わっていることから，広い意味で予言が可能とされる[13]．それゆえ，たとえば，図2.6の障害のある人のライフサイクルから見た危機のパターン[14]を知ることは，彼(彼女)がその人生で直面することが予想される危機を事前に予測して対処するうえで重要である．

2) 就業支援における危機と生活支援

こうしたライフサイクル上の危機を，特に，就業生活支援との関係に焦点を当ててまとめたのが表2.4である．これは，全国就業支援ネットワークの研究班が，事例研究をとおして得られたものである[15]．図2.6と同様に，ライフサイクル上の危機は，年齢に応じて様々な様相を示すが，それがいつの頃に起こるかの予測はほぼ可能なことを示す．

このことは，障害のある人の就業生活を支援する人は，あらかじめ予測できる危機を回避したり事前に対処しながら支援を進めていくようなケースマネジメントが重要であることを意味する．地域にある社会資源や就労支援機能をつなぎ合わせることを超えた，予測されるライフサイクルの危機を回避する視点にたったケースマネジメントが必要なのである．

また，就業支援を実際に行う人が共通して認識しておかねばならないことは，働きたいというニーズの多くは，その人のライフスタイルや生活の指向性と密接に結びついているということである．就業が可能になれば生活のあり方も

表2.5　就業生活支援領域の生活支援領域

生活領域	相談内容
住まいと暮らし	住居の斡旋,入居契約の同伴・代行,引越(トラック確保・搬入・搬出),家具調度品の購入・配置
	電気・ガス・水道・電話等の手続き,防災配慮,近隣への挨拶・自治会等への加入
	職場・家庭人の連絡,住居設備(トイレ,風呂,キッチン)等の使用方法と維持・清掃・管理,同居人の調整,持ち物の整理と収納,快適な住まいへの創意工夫
食生活	(自炊)調理技能上達の援助,調理設備・器具等の購入・用途の理解と配置,食物の衛生と保存,食器の購入と用途,栄養管理,楽しむ食事への工夫
	(給食)食事手段の確保(食堂の契約・世話人ヘルパー確保等)
経済生活	日常の金銭出納・事務及び保管,給与・年金等の預貯金管理
	預貯金の有利な運用,各種保険の説明と加入手続きと支払い
	確定申告や年末調整事務
	障害基礎年金の申請,遺産相続,不動産の保全,家賃・光熱費等の支払い代行,生活用品の購入・相談と同伴,動産・不動産管理(事務代行パート,財産管理センター)
健康な暮らし	通院の同伴と受薬代行,入院の対応,傷病の説明と管理助言,傷病の記録・保存,職場・家庭への連絡,各種健康診断の受診
	健康保険の手続き
身だしなみ	清深な体の維持(理美容と整髪・洗髪・洗顔・爪・ひげ・口臭・着替え・体臭の解消・生理の処理)
	好み・年齢・場にあった服装の保持と管理,衣類の洗濯,寝具の保全と交換,清瀬な住いの維持
余暇・教養	催し物の案内と情報提供,チケットの確保や申し込み,各種余暇活動の同伴
	趣味の相談や助言,休暇調整や依頼,サークル活動の育成・相談・助言,行事の開催(サロン形式の場提供,各種行事・サークル)
交流・交際・人間関係	職場の上司や同僚・近隣住民・同居人・家族・親戚・友人・支援者と本人との良好な関係と交流のための調整(相談・助言・連絡・代行・同伴等)
性と結婚	性に関する悩みの相談・助言,交際の相談・助言,結婚に向けての家族との協議と準備
	愛おしむ心の育成(共感・共有),夫婦という人間関係の醸成,性生活の相談・助言(共感・衛生・避妊・妊娠)
	妊娠と出産,育児支援
働く暮らし	職場開拓と紹介,面接・実習の調整,雇用条件の協議,労働条件の改善交渉,職場訪問(状況把握,依頼等)
	各種助成金の調整と申請事務援助,労働保険受給の説明・申請,通勤援助,定期券の購入,職場規範習得の援助,職務指導援助(職安・職業センター・雇用支援センター,職親会,各種支援機関との連携)
モラルマナー	交通規則(歩行・バイク・自転車・自動車),喫煙,挨拶等
申請事務補助	あらゆる領域の事務援助
その他の暮らし	信仰の相談・助言,慶弔の相談・助言,その他

全国就業支援ネットワーク(2002)を修正

自ずから違うようになり,生活能力も向上することだろう.その意味で,就業と生活は双方向で影響し合っており,生活領域への支援は,同時に,就業の支援にもつながっている.表2.5は,就業と生活の一体的な支援を進めるさいの生活領域の課題をまとめたものであり,就労支援のケースマネジメントを考えるうえでも重要だろう[15].

文　献

1) Global Career Development Facilitator Japan キャリア・カウンセラートレーニング・プログラム資料.リクルート.p48, 2002,
2) 前掲1, p7.
3) Jordaan：Life Stages as Organizing Models of Career Development. 1974.
4) 前掲1, p52.
5) 前掲1, p55.
6) キャリア・カウンセリングの計画と実践：日本進路指導協会.p30, 2000.
7) Kokaska CJ & Blolin DE：Career education for handicapped individuals, Second edition. Charles E. Merrill Pub., 1985.
8) Clark GM & Kolstoe OP：Career development and transition education for adolescents with diasbilities. Allyn and Bacon, 1990.
9) キャリア教育の推進に関する総合的調査研究協力者会議：キャリア教育の推進に関する総合的調査研究協力者会議報告書〜児童生徒一人一人の勤労観,職業観を育てるために〜.文部科学省, 2004.
10) 文部省：職業教育及び進路指導に関する基礎的研究（最終報告）. 1998.
11) 松為信雄：障害者雇用から見た個別移行支援計画.IEP JAPAN Vol.12, 2004.
12) 中島義明,他・編集：心理学辞典.有斐閣, 1999.
13) 理辺良保行：序論「ライフサイクルと意識」の座標（ハイメカスタニエダ,長島　正・編：ライフサイクルと人間の意識）.金子書房, pp1-14, 1989.
14) 関　宏之：障害者問題の認識とアプローチ.中央法規, 1996.
15) 全国就業支援ネットワーク：障害者就業支援にかかるケアマネジメントと支援ネットワークの形成,平成13年度日本障害者雇用促進協会障害者職域拡大等調査研究報告書.大阪市職業リハビリテーションセンター. 2002.

参考文献

1) 武内義彰,崎野　隆,伊藤一雄：職業と人間形成,法律文化社, p3, 1977.
2) 療育の窓 No.107　特集・職業的自立へチャレンジ, p10. 全国心身障害児福祉財団, 1998.

第3節　障害者のキャリア発達と職業適応

1. キャリア発達論の適用

これまでのキャリア発達のさまざま理論的なアプローチでは，障害のある人の特性や知見を組み込むことは少なかった[1]．その背景には，障害のある人は，①就職時に障害の影響が最も大きいために，キャリア発達の視点を必要としない，②キャリア行動は能力や価値観やパーソナリティではなくて，障害そのものの特性で決定される，③キャリアの選択肢は極めて限られている，④キャリア発達は遅れているか停滞している，⑤偶発的な機会の影響を受け易い，といった仮説がステレオタイプに信じられてきたといわれる[2]．

だが，実際には，障害のある人たちの職業リハビリテーションは，キャリア指導の諸理論が適用可能な領域であり，障害のない人たちと比較しても，異質な側面よりも類似することの方が大きい．そのため，1990年代の後半になると，障害のある人のキャリア発達と職業適応に関する関心が急速に高まるとともに，21世紀の職業リハビリテーションの新たな概念とまで見なされている[3]．

とはいうものの，キャリア発達論をそのまま障害のある人に援用するには，①意思決定の能力は発達初期の段階から学習されるということが適用できず，②自己概念の発達に対する人生の先行経験の影響に焦点を当てる必要があり，③個人的な特性よりも社会的あるいは環境的な要因との相互影響のあり方そのものを明らかにする必要がある，などの課題が指摘されている[4]．これらは，障害の発生が発達の過程でさまざまな二次的障害を派生させ，そのことが，キャリア発達に影響を及ぼすことを示唆している．こうした，諸要因に関する研究について概観する[5]．

2. キャリア発達への障害の影響

1) 初期経験の制約

誕生直後や幼児期に受障すると，①移動可能性の減少や制限，②感覚や記憶の機能障害，③長期間の医学的な処遇，などが原因となって，その後の発達過程において，障害のない人よりもさまざまな経験が制限される[6]．

聴覚障害の人の場合には，発達の「成長」「探索」「確立」などの段階で，同世代の人よりも遅れる傾向にある．その原因は，①幼児期における種々の情報収集を困難にさせる言語的・コミュニケーション上の障害，②差別に対する教育や居住や余暇などのサービス対策の遅れ，③学習機会の制限，などである[7]．その他にも，①職業的な成熟が遅れて，②低い社会経済的な地位の職業に甘んじ，③職業興味に一貫した傾向が少なくて，④職業情報の範囲が狭いなどの傾向もあるとされる[8]．また，乳幼児や児童期の発達課題に対する経験が制約される場合には，①パーソナリティ類型と一致しない職業選択の方向に向かったり，②職業人としての自己を確立できなかったり，③不適切な仕事に向けてキャリア形成が行われること，などのキャリアの探索段階での不適応を引き起こす[9]．

このように，初期的な経験が制約されると，①意思決定に参加する機会，②働く人としての自己を理解する機会，③自分の能力を検証する機会，などが不足し，そのことが，将来のキャリア発達を規制する．それゆえ，障害のある人には，発達の早い時期からさまざまな役割の遂行や職業的な発達課題に遭遇させるような体験が必要となる[4]．

2) 意思決定能力

キャリア発達を,「職業的な発達課題に対する成功や失敗の経験を取り込んでいく一連の学習過程」と定義したロカシオ（LoCascio R）は，発達の遅れは，意思決定能力の遅れであるとする[10]．人生の初期に受障するとその後のさまざまな生活経験が制約され，そのことが，発達段階で要請される課題の遂行を失敗させる．その失敗経験の積み重ねが，キャリア形成に関わる意思決定を回避する行動を生みだし，また，失敗を回避する行動が，新しく出合う発達課題を気付かせなくしたり，気付いてもそれに対処する意思や能力の欠如をもたらす．この繰り返しが，キャリア発達の遅れを増幅していくとする．

意思決定の能力は，人生の過程で得られる知識や技能の量的な増大や，価値観や態度の質的な変化のもとに発達的に変化する．それゆえ，障害のある人の意思決定能力の遅れや停滞の原因は，障害のために経験が制約されたり意思決定そのものの成功経験が不足していること[11]，あるいは，親の過剰防衛や本人の依存的な行動などの社会的な未成熟さ[12]などにある．また，①情報収集の不十分さや不適切さ，②意思決定の許されない状況，③適切なキャリア選択のできないこと，④意思決定の能力がないこと，⑤優柔不断なこと，なども指摘されている[13]．

3) 自己概念と障害

障害に対する周囲の態度やステレオタイプな反応の結果も，キャリア発達の遅れや停滞をもたらす[14]．特に，①高いキャリアを期待しない家族・学校・職場などの社会的環境，②障害そのものに対する社会の排他的な注目，③両親・教師・雇用主からのステレオタイプな断定，などが関与する[1]．

こうした，他者の偏見的な態度や社会的な地位の低さが原因となって，障害のある人たちはさまざまな経験が制約され，結果的に，自己を貧弱に定義してしまったり，非現実的な職業指向や意思決定が行われたりする．たとえば，他の障害のある人が，社会的に低い地位にあったり評価の低い役割に従事している状況を見ると，自己の職業選択や訓練，処遇の可能性の幅を狭ばめていく．

4) 障害の全体的な影響

ゴールドバーグ（Goldberg RT）は，障害のある人のキャリア発達の全体的な特徴を，次のようにまとめている[15]．

第1に，受障した人は，受障以前に形成された職業的目標や興味や価値観に基づいて職業を選択する．中途障害（例えば，脊髄損傷，心臓疾患，がん，腎臓疾患など）の人は，全く異質の職業群や成人後に獲得した目標と著しく異なる職業的な目標を選択することはほとんどない．職業計画の変更や軌道修正をして障害との調整をしなければならない事態に至った時でも，同一の職業群を維持する傾向がある．受障以前の自己同一性を肯定する傾向にあり，障害の程度は受障前の人格的要因や職業計画ほど重要ではない．

第2に，先天性の障害や知的障害のある人の職業選択は，両親の希望と社会的階級によって規定される．先天性の障害があると，発達過程の全体を通して障害に適応するために，職業選択に際しての障害の影響は後天的な障害よりも少ない．ただし，外見上わかる障害があると社会的な差別による影響を受けやすく，また，知的障害があると思考障害から職業選択を現実的に考えることができない．さらに，先天性の障害があると若年時から社会的な偏見にさらされて，障害像を自己イメージの中に取り込まなければならなくなる．

第3に，職業を選択した後の自己概念は，多くの要因に規定される．その中には，①仕事への動機づけ，②障害に対する現実的な対処，③過去の職業経歴，④通常の職業経歴を阻止する病院・施設への入院（所）や治療回数，などが含まれる．また，職務を維持する能力は，障害

の重さや程度よりも，対人関係の技能などの作業遂行と直接関連しない技能のほうが大きく影響する．さらに，ある特定の障害に対する雇用主の差別と偏見は，職業選択よりも適応への影響のほうが大きい．障害のある人は，こうした差別と偏見によって職業選択が実際に制約されたと理解した時点で，その雇用主を選択の対象外に置いてしまう．

第4に，障害のある人自身の肯定的なリハビリテーションの見通しが，職業復帰の成功を導く可能性がある．そうした見通しは，①仕事への復帰に向けた動機づけ，②能力や身体的な制約に対する現実的な評価，③将来の回復と治療後のリハビリテーションなどに対する楽観的な視点，などから構成される．否定的な見通しをする人の場合には，感情的にも否定的になってしまう．

3. 職業適応の過程

1）職業適応の理論

職業適応は，一般的にはキャリア発達とは異なる理論として論じられることが多い．だが，障害があると職場適応のための継続的な支援が必要となることも多い．それゆえ，障害のある人のキャリア発達は，職業適応の過程と密接に関係する．たとえば，マクダニエル（McDaniel JW）は，就職後に受障した人の職業的発達の特徴として，①受障以前とは異なる行動に適切に切り替わり，②キャリア発達の探索段階にまで退行することはほとんどなく，③退行に続いて再び発達を開始し，④その過程は幾つかの発達段階を飛び越えることがあり，⑤蓄積して来た種々の経験を基に青年期よりも意思決定が促進され，⑥最終的には受障前とは異なる自己概念や目標を持つようになることを指摘する[18]．

障害のある人の職業適応に焦点を当てたミネソタ理論[16]では，個人側の特性を①仕事に対する欲求の内容と②作業の遂行能力に，また，職務側の特性を①個人の欲求を強化する条件と②職務の要請する基本的条件にそれぞれ区分したうえで，双方の対応関係の強さがキャリア選択とその後の適応の程度を規定するとした．障害を受けると，欲求内容とその強化条件の適合性としての「満足度」と，作業遂行能力と職務の要請条件の適合性として「充足度」がともに低下するという[17]．

また，ハーシェンソン（Hershenson DB）は，受障から適応への過程を個人側の要因に焦点を当てながら解説する[19]．それによれば，個人特性を，①パーソナリティ・対人関係・課題遂行などの「特性と技能」，②身体イメージ・自己の価値性・知覚している自己有用性などの「自己イメージ」，③個人的・社会的な種々の「目標」の3つの側面で捉えた上で，受障による影響は，最初に「特性と技能」の低下をもたらし，そのことが，「自己イメージ」と「目標」の変更を余儀なくさせるとする．また，「特性と技能」の低下と「自己イメージ」の減退が社会的不利（handicap）の程度を決め，「自己イメージ」が発達しているほど「特性と技能」の損失に耐えて社会的不利に陥ることが少なくなるという．リハビリテーション活動は，こうした個人的な機能に環境要因を加えた4領域からの介入が有用であるとする．

この視点は，その後，個人と作業環境のそれぞれの構成要素の交互作用によって職業適応のあり方が決まるとするに至った[20]．個人を特徴づける「職業的個性」「作業遂行能力」「目標」の各側面と，作業環境を構成する「期待される行動」「要求される技能」「報酬とその機会」の各側面のそれぞれの組みあわせが，職業適応の「役割行動」「課題遂行」「労働者としての満足」の3つの側面を規定するとする．すなわち，①作業場面での適切な活動をする「役割行動」は「職業的個性」と「期待される行動」との関係で，②特定の職務から要請される成果の質的及び量的な生産能力としての「課題遂行」は「作業遂行能力」と「要求される技能」との関係

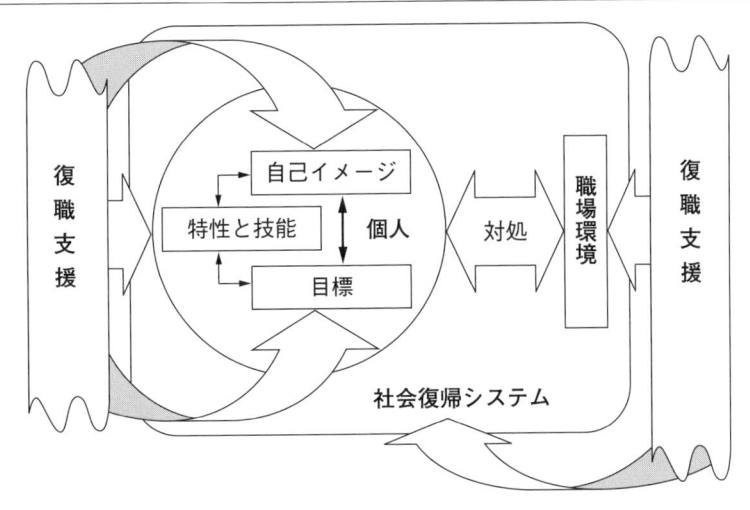

図2.7 就職後障害者の復職支援

で，③職務から得られる満足としての「労働者としての満足」は「目標」と「報酬とその機会」との関係によって，それぞれ獲得されるとする．

2）就職後障害者の復職支援の過程

ハーシェンソン（Hershenson DB）の職場適応モデルを踏まえて，松為[21]は，就職後に受障した人の復職過程モデル（図2.7）を提唱している．この図では，職場復帰に向けた支援の全体は，「個人の特性」「職場の環境」「社会復帰のシステム」の3つの側面からとらえる．また，「個人特性」は①特性や技能，②自己イメージ，③目標の3つの領域が相互に密接に絡みあいながら発達し変化をとげ，「職場の環境」は仕事を行う場面での機器や設備，技術や知識，上司や同僚との人間関係などをいい，「社会復帰システム」は復職を円滑に進めるための個人と職場をつなぐさまざまな社会的な支援をいう．

復職支援における課題は，図2.7から，次のことが指摘される．第1に，発症の影響は個人特性の中でも，「特性と技能」の低下にもっとも顕著に現れる．だがそれだけに留まらず，「自己イメージ」の低下をもたらすとともに，将来の生活設計や人生に関するさまざまな「目標」の変更を強いることになる．第2に，復帰の受け皿となる職場環境のあり方が重要となる．職場の人事労務や上司・同僚が障害を適切に理解していない，本人や家族と業所とが情報交換を密にしていない，事業所が適切な復職プログラムを提供しないなどが問題となる．第3に，社会復帰のための地域支援システムが重要となる．通院や入院治療の段階から職場に復帰するまでの一連の過程で，本人・家族・医療機関・事業所の範囲だけで相談が行われ，就労支援の専門家を含むさまざまな社会資源の活用がほとんどない．

こうした状況を踏まえて，職場復帰に向けた支援を検討すると，以下のことが図2.7から指摘できよう．第1に，「個人の特性」に焦点を当てた支援を行う．その場合，①低下した「特性と技能」を回復したり他の技能や方法でそれを代行するための機能の回復訓練に加えて，②低下した「自己イメージ」を再編成して自分への価値観や有用感の取り戻し，③実現が困難となった「目標」に代わる新たな人生の目標の再構成をすることが必要になる．第2に，これらに併行して，④仕事や職場のさまざまな条件を修正したり調整して，本人の現在の能力特性に応じた適応が可能なように「職場の環境」を変えて行くこと，さらに，⑤本人，家族，事業所

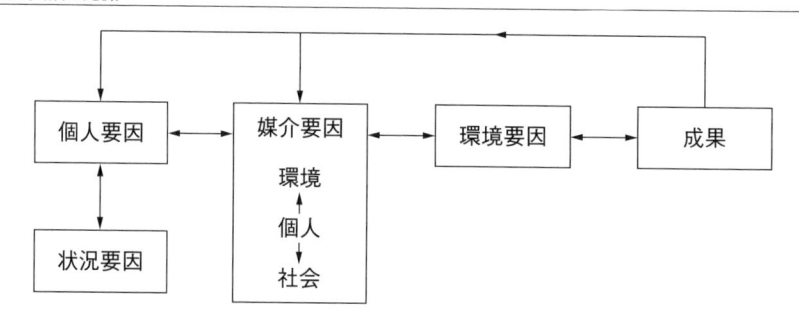

```
         ┌──────────────┬──────────────────────┐
         ↓              ↓                      │
    ┌────────┐    ┌──────────┐    ┌────────┐  │
    │ 個人要因 │←→│ 媒介要因  │←→│ 環境要因 │←→┤ 成果 │
    └────────┘    │  環境    │    └────────┘  └─────┘
         ↕        │   ↕      │
    ┌────────┐    │  個人    │
    │ 状況要因 │    │   ↕      │
    └────────┘    │  社会    │
                  └──────────┘
```

図2.8 キャリア発達の生態学的モデル

関係者だけの閉鎖的なグループで復職を考えるのではなく，保健医療の従事者や就労支援の専門家なども巻き込んだ，さまざまな社会資源を取り込んだ「社会復帰システム」を活用すること，などが有効であることが示唆される．

4. 生態学的モデル

このように，キャリア発達に及ぼす障害のさまざまな影響は，個人の特性と生活過程での種々の環境や状況との関係から規定されるのであり，そのことが職業適応のあり方をも規定する．それゆえ，障害そのものは，キャリア発達の決定因子ではなくて潜在的なリスク因子として見るべきであり，環境や状況の在り方に応じて異なる適応の過程があり，キャリア形成への影響も異なってくることになろう．

1）キャリア発達の生態学モデル

こうした，個人と環境との相互作用方に焦点を当てながら障害のある人のキャリア発達の在り方を示したのが，図2.8のスジマンスキー(Szymanski EM) の生態学的モデルである[3)22)23)]．これは，キャリア発達の①成果は，②個人要因，③状況要因，④媒介要因，⑤環境などのさまざまな要因の力動的な相互作用によって生じることを示す．

この図では，「個人要因」は，心身機能の特性と能力・興味・ニーズ・価値観などの影響を意味し，これを規定する「状況要因」は，社会経済的状況・家族・教育・法制度・財政状況などの外的状況を意味する．また，「環境要因」は，職務遂行上の課題，動機付け強化システム，組織風土，職務調整などの作業環境に関わる諸条件をいう．こうした個人と環境との相互関係の在り方は，「媒介要因」によって規定される．この中には，①自己概念，自己効力感，課題遂行技能，キャリア成熟度，障害への適応などの「個人的媒介要因」，②文化，宗教的信念，社会の偏見やステレオタイプ，制限条項などの「社会的媒介要因」，③個人─環境の相互関係に効果的な作用を及ぼすその他の「環境的媒介要因」，の3つの側面が関わるとする．キャリア発達の「成果」はこれらの要因の相互作用で得られ，個人的な満足や職務上の充足，あるいは生産性などの形で現れるとする．

2）職業行動の生態学モデル

図2.8は，その後，職業行動に関する諸理論の構成要件と過程をまとめた生態学モデルにまで発展した[24)]．その概念モデルは図2.9に示すように，職業行動は，①文脈，②個体，③調整，④環境，⑤成果の5つの構成要件のダイナミックな交互作用によって決定されること，また，それらの構成要件を規定するのは，①意思決定，②発達，③配置，④社会化，⑤適合，⑥機会，⑦労働市場などの過程であることを明らかにした．

5つの構成要件の内容は図で説明したとおりだが，これらのそれぞれの構成要件に影響を与える過程として，次のことが指摘されている．すなわち，「意思決定」はキャリアと関連づけ

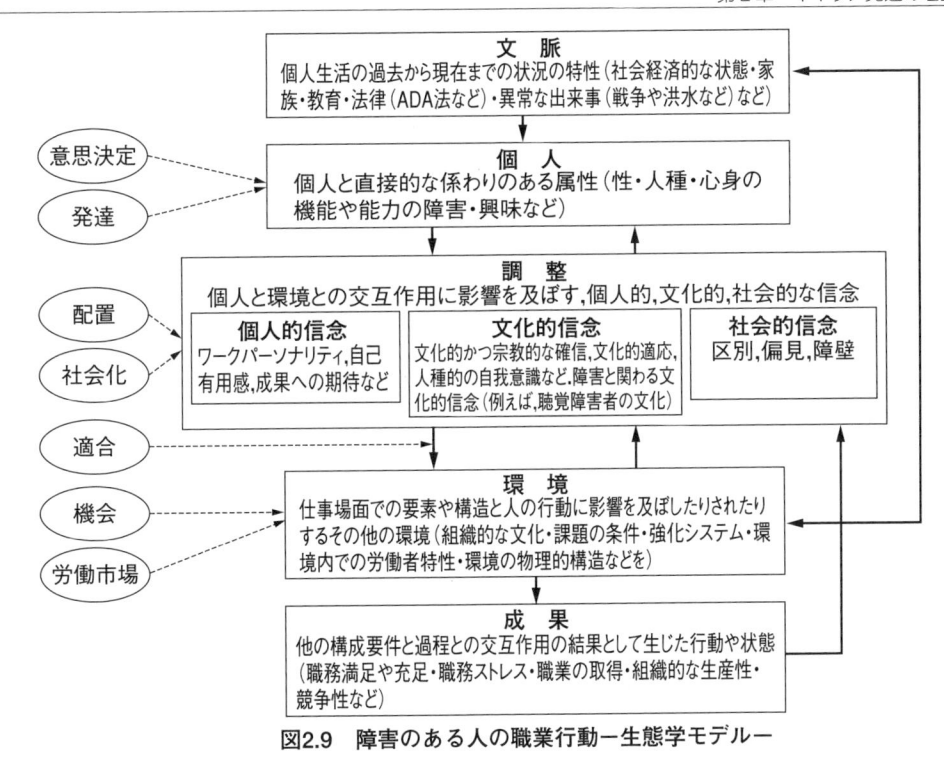

図2.9 障害のある人の職業行動－生態学モデル－

文脈
個人生活の過去から現在までの状況の特性（社会経済的な状態・家族・教育・法律（ADA法など）・異常な出来事（戦争や洪水など）など）

個人
個人と直接的な係わりのある属性（性・人種・心身の機能や能力の障害・興味など）
― 意思決定
― 発達

調整
個人と環境との交互作用に影響を及ぼす，個人的，文化的，社会的な信念

- **個人的信念**：ワークパーソナリティ，自己有用感，成果への期待など
- **文化的信念**：文化的かつ宗教的な確信，文化的適応，人種的の自我意識など，障害と関わる文化的信念（例えば，聴覚障害者の文化）
- **社会的信念**：区別，偏見，障壁

― 配置
― 社会化

環境
仕事場面での要素や構造と人の行動に影響を及ぼしたりされたりするその他の環境（組織的な文化・課題の条件・強化システム・環境内での労働者特性・環境の物理的構造などを）
― 適合
― 機会
― 労働市場

成果
他の構成要件と過程との交互作用の結果として生じた行動や状態（職務満足や充足・職務ストレス・職業の取得・組織的な生産性・競争性など）

（Parker, RM, Szymanski, E.M & Patterson, JB(2005) FIG8.1を改変）

ながら個人の生き方を明確にする過程，「発達」は時間経過とともに個人の諸特性が環境条件と相互に影響し合う系統的な変化の過程，「配置」は親・教師・カウンセラー・上司などが個人をある特定の方向に導くための基準を決めてしまう過程，「社会化」は仕事や生活での役割を学習して社会的存在へと変化を遂げる過程，「適合」は個人と環境との適合・不適合の過程，「機会」は予見できなかった事故や出来事の発生，「労働市場」は，個体や組織体に影響する経済の力，をそれぞれ意味する．

スジマンスキー（Szymanski EM）は，このモデルにある職業行動の構成要件とそれを規定する過程のそれぞれについて，アセスメントの質問項目とそれに応える支援や介入の方法を一覧表として提示する[24]．それによって，図2.9の生態学的モデルは，職業行動を規定する全体状況を広範に的確に捉えて，キャリア支援を総合的に実践する視点を提示しているという．

文 献

1) Roessler R & Greenwood R：Vocational Evaluation. In Bolton B (Ed.), Handbook of Measurement and Evaluation in Rehabilitation — Second edition. Paul. H. Brookes Pub., 1987.
2) Osipow SH：Vocational Development Problems of the Handicapped. In Rusalen H & Malikin D (Eds.), Contemporary Vocational Rehabilitation, New York University Press, pp49-61, 1976.
3) Szymanski E & Hershenson D：Career development of people with disabilities：An ecological model. In Parker R & Szymanski E (Eds.), Rehabilitation counseling：basics and beyond (3rd ed.). PRO-ED, Austin, TX, pp327-378, 1998.
4) Conte LE：Vocational Development Theories and the Disabled person — Oversight or Deliberate Omission? Rehabilitation Counseling Bulletin 26：316-328, 1983.
5) 松為信雄，望月葉子：障害者のキャリア発達に関する諸問題．障害者職業総合センター研究紀要 3, 133-144, 1994.

6) Bolton B (Ed.): Handbook of Measurement and Evaluation in Rehabilitation. University Park Press, 1976.
7) McHugh DF: A view of deaf people in terms of Super's theory of vocational development. Journal of Rehabilitation of the Deaf 9: 1-10, 1975. In Curnow TC, Vocational Development of Persons with Disability. The Career Development Quarterly 37: 269-278, 1989.
8) Lerman AM & Guilfoyle GR: The Development of Prevocational Behavior in Deaf Adolescents. Teachers College Press, New York, 1970. In Conte LE, Vocational Development Theories and the Disabled person — Oversight or Deliberate Omission? Rehabilitation Counseling Bulletin 26: 316-328, 1983.
9) Holland JL: Making Vocational Choices—A Theory of Vocational Personalities and Work Environments (2nd Ed.). Prentice-Hall, Engwood Cliffs, NJ, 1985. In Curnow TC, Vocational Development of Persons with Disability. The Career Development Quarterly 37: 269-278, 1989.
10) LoCascio R: Delayed and impaired development —A Neglected Aspect of Vocational Development Theory, Personnel and Guidance Journal, 1964. In Conte LE, Vocational Development Theories and the Disabled person—Oversight or Deliberate Omission? Rehabilitation Counseling Bulletin 26: 316-328, 1983.
11) Strohmer DC, Czerlinsky T, Menz FE & Enfelkes JR: Vocational Indecision and Rehabilitation Clients. Rehabilitation Counseling Bulletin 28: 109-116, 1984.
12) Chubon RA: Career-Related Needs of School Children with Severe Physical Disabilities. Journal of Counseling and Development 64: 47-51, 1985.
13) Campbell, R.E. & Cellini, J.V.: A Diagnostic Taxonomy of Adult Career Problems, Journal of Vocational Behavior, 1981.In Curnow, T.C. Vocational Development of Persons with Disability. The Career Development Quarterly, 37, 269-278, 1989.
14) Curnow TC: Vocational Development of Persons with Disability. The Career Development Quarterly 37: 269-278, 1989.
15) Goldberg RT: Toward a Model of Vocational Development of People with Disabilities, Rehabilitation Counseling Bulletin 35: 161-173, 1992.
16) Davis RV & Lofquist LH: A psychological theory of work adjustment. University of Minnesota Press, Minneapolis, 1989.
17) McMahon BT: A Model of Vocational Redevelopment for the Midcareer Physically Disabled, Rehabilitation Counseling Bulletin 23: 35-47, 1979.
18) McDaniel JW: Disability and Vocational Redevelopment. Journal of Rehabilitation 29: 16-18, 1963.
19) Hershenson DB: A Theoretical Model for Rehabilitation Counseling. Rehabilitation Counseling Bulletin 33: 268-278, 1990.
20) Hershenson DB: Work adjustment: A negrected area in career counseling. Journal of Counseling & Development 74: 442-446, 1996.
21) 松為信雄：うつを乗りこなす―キャリアリハバリーへの道筋―（うつ・気分障害協会・編："うつ"からの社会復帰ガイド）．岩波アクティブ新書，pp53-78, 2004.
22) Szymanski EM: Career development of people with developmental disabilities: an ecological model. Journal of rehabilitation 62: 48-55, 1996.
23) Szymanski EM, Hershenson D, Enright M & Ettingger J: Career development theories, construct, and research: implocations for people with disabilities. In Szymanski E & Parker R (Eds.), work and disability: issues and strategies in career development and job placement. PRO-ED, Austin, TX, pp79-126, 1996.
24) Szymanski EM & Hershenson DB: An ecological approach to vocational behavior and career development of people with disabled. Parker RM, Szymanski EM & Patterson JB (Eds.), Rehabilitation counseling—basic and beyond—, fourth edition. Pro-ed, pp225-280, 2005.

第4節　働く場面からの引退

1．基本的な視点

　障害のある人が働くことは，個々人のニーズを尊重した生涯設計を実現して「生活の質（QOL）」の向上にむかう重要な活動である．それゆえ，職業リハビリテーションの活動は，職業生活の長期的な展望を踏まえた展開をしなければならない．加齢に伴うさまざまな雇用・職業上の対策に取組むことはその意味で重要な課題なのだが，高齢化に係る諸課題の多くは，福祉対策の在り方に焦点を当てるだけである（たとえば，身体障害者[1]や知的障害者[2,3,4]）．

　だが実際には，採用した障害のある人の加齢に伴う課題は，企業関係者にとって見過ごすことのできないものとなりつつある．特に，知的障害の人の中には，加齢とともに障害のない同年代の人よりも早期に職務成績が低下してしまう事例もあるため，企業はそれに対応する行政施策を求めている[5,6,7]．

　ところで，職務遂行能力の低下への対応は，一般的には，在職中の早い時期からの雇用管理面からの対応に加えて，フルタイムからパートタイムや不定期就業を経て企業からの退職に至るといった，柔軟な対応が望ましい．これは，障害のある人の場合でも同じだが，全てに一律の雇用管理や制度を適用するのではなく，個々人の働き方に対する多様な考え方に応じた，主体的に選択できる「キャリアコース」を準備することが重要である．特に，知的障害の人の場合，働く場を企業に限定することなく，雇用から福祉的就労への円滑な移行を保証する仕組みを構築することが必要だろう．

　そうした視点を踏まえて，特に知的障害の人の加齢に伴う雇用・職業上の課題とその対処の基本的な視点は，図2.10のようにまとめられる[8]．

　これは，第1に，雇用場面での職務行動や職務成績は，個人要件と環境要件の相互作用によって決定されること，第2に，職業生活を踏まえた人生は，学校教育の過程を経て，雇用あるいは福祉的就労の場に参入して継続的に仕事に従事した後，引退後の生活の場に入ること，第3に，障害のある人の働く場は，雇用と福祉的就労という二重の場面が準備されていることを示している．従って，働く場面からの引退過程の検討に際しては，雇用の場におけるさまざまな対処方法に加えて，雇用と福祉的就労の場における双方向性のある移行の在り方や，それを円滑にするための中間的な働く場の開発，などに言及することが必要となろう．

　また，知的障害の人の働く場面からの引退過程に伴う諸課題への対処には，図2.10の下段に示すように，①成人前期からの早期老化の予防，雇用後の職業生活を継続させるための②雇用管理面からの対応と③生活支援面からの対応，働くことからの柔軟な引退過程を導くための④福祉的就労への移行の在り方，そして，⑤引退後の福祉的対応，の4つの側面から行うことが適切であることを示している[9]．それぞれの対処の詳細は，以下のとおりである．

2．予防的な対応

　知的障害の人の場合，障害に伴う生得的な要因が体力低下と健康問題に作用し，それが，職務成績の低下をもたらす．それゆえ，成人期以前から体力や健康を維持し，生涯を見越した人生設計を踏まえた支援や，初職の在り方などを検討することが必要となる[8]．

　第1に，体力・健康への配慮がある．知的障害の人は，障害に起因する身体生理的な要因の

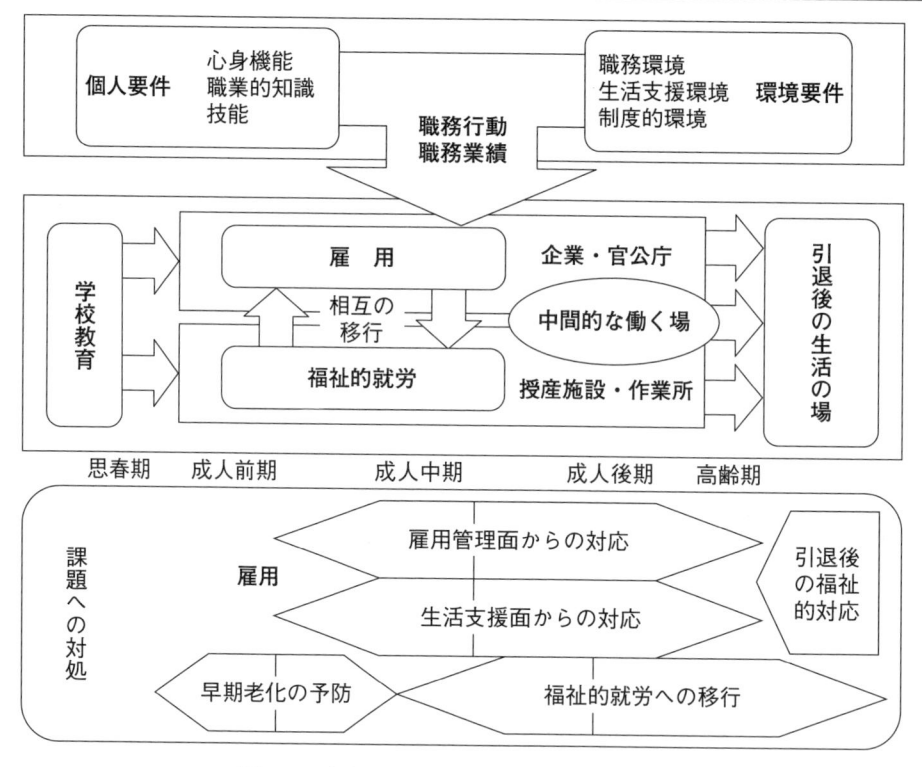

図2.10 加齢に伴う職務能力の低下への対応

ほかにも，痛みの部位や状態を特定した明確な訴えが稚拙なために発見が遅れたりして，進行が早い傾向にある[10]．そのため，家族や支援者は，日常的な観察をとおした健康面の変化の徴候を読み取って，疾病の発見や健康管理に気を配ることが必要だろう．

第2に，人生設計に対する支援である．例えば，就職や結婚や育児などのように，同年代の人に一般的な生活目標を踏まえながらも，障害のある個々人の状況に応じた生涯設計を立てることを支援し，その達成に向けた継続的なフォローアップをすることが必要である．生活に張りを持たせる具体的で到達可能な目標があると，本人の働く意欲を喚起したり，事業主や家族に対して将来展望に即したアドバイスが可能になる．

第3に，初職での適切な職務配置である．働き続けることで獲得された特定の技能は，加齢に伴う職務遂行能力の低下を遅延させる機能を果たす．それゆえ，初職の選択では，さまざまな職務を体験させながら，技能習得の可能性を見越した配属が必要である．

第4に，新たな職域の開発と個別的な雇用管理に対処できる体制である．特に，サービス産業や伝統産業あるいは第一次産業などの分野に，知的障害の人の新たな職域を開発することが望まれる．また，特例子会社や重度障害者雇用企業などのように，障害のある人の特性を踏まえた個別的な配慮をきめ細かく実施できる体制を構成しやすい企業の育成が必要となろう．

3. 雇用継続に向けた対応

1）雇用管理面からの対応

雇用の継続には，職業能力が企業の要求水準に達していることが求められる．だが，他方で，職務成績は，職場における種々の条件整備の在り方によっても規定される．それゆえ，企

業における雇用管理の在り方が重要となろう[8]．

第1に，能力開発である．熟達した職業能力は職業生活の全体をとおして維持され易く，加齢に伴う身体諸機能の低下があっても職務業績に及ぼす影響を少なくする．それゆえ，教育訓練は入職直後から若年時にかけて十分に行い，それ以降も，職務を遂行する中で練磨することが必要である．この場合，訓練は担当者を決めて単一工程の作業から始め，学習への動機付けを常に行う．また，能力開発センターや授産施設などの外部機関やジョブコーチなどを活用して，企業の負担を軽減することも必要である．

第2に，働く意欲の醸成である．そのためには，①興味や関心のある作業への従事，②新しい仕事や難しい仕事への挑戦，③職場での責任ある役割の付与，④昇給，などで喚起される．そのため，関心を示した作業や難度の高い作業に配置替えをしたり，職場の上司や同僚，家族やその他の支援者による励ましや肯定などの心理的な支えが重要である．

第3に，配置転換や工程改善がある．就職した当初では能力評価を兼ねた配置替えが望ましいが，長期的には，①難易度の低い簡単な作業から高い作業，②単一工程から複数工程，③判断不要な作業から判断を要する作業，の手順で配置替えをする．また，作業速度や精度が低下した場合には，①負担やノルマが少なくて前後工程に支障のない作業への配置替え，②小集団での複数工程の担当，③相性のよいキーパーソンの配置，④機器改善や新規設備の導入による工程の自動化や単純化，などが望ましい．

第4に，健康管理である．知的障害の人は，疾患上の痛みを適切に訴えたり，先を見越して体力や持久力等を自己統制したり，健康面の変化に対する自覚と自己管理が苦手である．そのため，定期的な健康診断や，家族・世話人・企業担当者などが協同して健康管理にあたるとともに，そのための支援体制の確立が重要である．

2) 生活支援面からの対応

地域での日常生活を支える支援体制の衰退は，知的障害の人の職務成績に直接的な影響を及ぼすことが指摘されている．それゆえ，雇用継続のためには，生活支援の在り方について検討することが重要となる[8]．

第1に，生活自立に向けた訓練である．生活自立に向けた習慣を獲得するための教育や指導を，幼児期や学齢期に家庭や学校教育の場で行うことが必要である．生活自立が習慣付けられていると，家庭から生活支援の施設へ，あるいは，企業を退職して福祉的就労へといった移行が容易になる．

第2に，継続的な生活支援である．日常生活の自立が不十分であってもそれに対する継続的な支援体制があれば，企業はその面での負担が軽減されて，教育訓練の焦点を職務遂行能力の向上と習熟にあてることができる．その結果は，作業習熟に至る期間を短縮してより高度の職務遂行能力を獲得する機会の増大をもたらす．

第3に，体力増進・健康管理・余暇活動を充実することである．自分で将来を見越した健康管理が難しい場合には，食生活を含んだ生活全般についての支援が必要となる．特に，加齢に伴う変化や衰退の徴候や，働く場面からの引退時期の見通しなどの手掛かりは，継続的な観察から得られることが多い．また，体力増進と働くことの動機付けの向上，さらには，働く場を離れて引退生活に入るための準備として，余暇活動の多様なプログラムへの参加や，趣味の世界を広げる経験をさせることが望ましい．

第4に，家族による生活支援の限界が問題となる．親の高齢化や兄弟姉妹が独立して本人への生活支援が衰退したり中断すると，その影響は，作業中の居眠りや能率低下やミスの発生を引き起こし，職務業績の低下を来たす．それゆえ，家族のライフサイクルを踏まえながら，専門機関や施設に本人の生活支援をゆだねる時期を検討することが望ましい．

第5に，専門機関や施設を活用する．この利点は，本人にとっては，自分のニーズに応じた生活形態を選択決定するための支援を受けられ，職務内容の変更や退職などの著しい環境変化に直面しても対処して乗り越えることが容易になる．親にとっては，自身の高齢化とともに過重になる負担が軽減され，兄弟姉妹も自らの人生設計に向けた生活スタイルを確立しやすくなる．企業にとっては，障害者の雇用に際しての負担感が軽減し，入社後の早い時期から職務遂行面に焦点を当てた教育訓練が可能になる．また，福祉関係分野のネットワークを活用して，企業退職後の新たな行き場を確保しやすい．

4. 福祉的就労への移行

1) 引退過程への自覚と見極め

　企業からの退職は，働くことからの漸進的な引退の始まりだが，同時に，新たな社会参加の始まりでもある．その過程は，個人の自発的な決定に委ねられた漸進的な過程であることが望ましい．また，退職後の福祉的就労への移行は，人生の新たなステップアップであるという視点が必要である[8]．

　第1に，退職準備のカウンセリングが重要である．この場合，体力面の低下があっても仕事に適応して自己の存在感や自負心を持っているうちは，その意思を尊重して雇用の継続を図ることが望ましい．他方で，職務遂行にかかる厳しい評価があればそれを本人に伝えて，現実的な理解を促すことも必要である．他企業への再就職や福祉的就労への移行を示唆する場合，職務遂行能力の低下や仕事がないことを理由にするのではなくて，仕事をとおして社会参加を果たしてきた到達点からの方向転換であり，それまで継続してきた職業生活に自信と自尊心を持って新たな社会参加を始める，といった理解を促すようにする．

　第2に，引退時期の見極めが重要である．特に，暦年齢ではなくて，本人の状態像を基に判断することが不可欠である．そのため，家族や支援者は，加齢による身体機能への影響について注意深く観察するとともに，自分への否定的評価や他者の拒絶的な行動などで職務遂行能力が影響されやすいことに注意する．

　第3に，企業や家族の準備が重要である．企業は，本人の職務遂行能力に限界がみられ始めた段階で，その事実を支援担当者に率直に話すことが必要である．それがあると，家族や支援者は，退職後の対処の方策を早い時機から準備することができる．特に，雇用の継続に固執して，本人のストレス過剰やノイローゼ症状を呈しながら退職に至ることのないように配慮することが重要である．

2) 福祉的就労への移行

　働く場面からの引退を柔軟な過程にするには，企業退職の後で福祉的就労に移行して，職務遂行能力に応じた働きをしながら漸進的に引退するという選択がある．また，福祉的就労に従事した後に雇用場面に再度の挑戦をすることも考えられる．柔軟な引退過程には，こうした個人の働きかたに対応した多様で自主的に選択できるキャリアコースが準備されていなければならない[8]．

　第1に，雇用から福祉的就労に円滑に移行できる体制が望ましい．これは，本人や保護者が，離職を余儀なくされた時の新たな行き場がないという将来的な見通しへの不安の解消につながり，雇用の場に参入しようとする動機付けを喚起する．また，障害の特性や職務遂行能力の状況に応じた固有の人生設計を立てるうえでも重要である．

　第2に，福祉的就労での有用な人材となる可能性を求める．企業で精神的ストレスが過剰になる以前に福祉的就労に移行することで，企業に在職した実績と経験が強い自負心となって，自己を過小評価したり否定的になることが軽減される．特に，獲得された職業能力が福祉的就

労で要求される水準を超えていると，福祉的就労の場面では十分に有能な人材となり得る．

第3に，円滑な相互移行のための中間的な働く場の開発が望ましい．「中間的な働く場」とは，賃金・労働時間・仕事の責任などの面で，既存の雇用や福祉的就労との中間的な報酬が得られ，それに伴って，労働時間や仕事の責任の重さなども異なるような働く場である．企業内に設けた授産施設や作業所の分場で働く形態もそのひとつであり，本人には，①既存の授産施設や作業所よりも高い工賃が得られ，②慣れ親しんだ職場での人間関係が維持でき，③企業退職までに練磨した技能が活用できる．また，企業には，④採用前の能力評価や就労への動機付けに有効であり，⑤職務遂行能力に見合う工賃を支払うことで経済的負担が軽減され，⑥企業の企業敷地内に設けることで新規の施設設置の必要がなくなる，という利点がある．

第4に，生活と就労の一体的な支援体制が必要である．その内容は多様であり，本人や家族に対しては，就労への不安に対する相談や助言に加えて，職業準備・職場実習・就職後の職場定着などに向けた支援や，日常生活の確立と余暇を楽しむ豊かな社会生活を築いたり，将来設計や本人の自己決定などの支援がある．また，事業所に対しては，障害者の雇用と適応のノウハウの提供，社員の障害者に対する対処方法の研修，本人や家族との調整，事業所の努力範囲を超えた状況への対応，職場外の生活維持や余暇への対処，雇用継続が困難になった場合の相談，退職した後の移行先の確保といった，さまざまな不安や負担に対する支援を行う．

そのため，企業からの退職に際しても，この両面から支援する専門家の役割は極めて大きい．特に，退職に際して，本人の特性や状況に応じて，どのような時期にどのような支援の下に退職させるか，を見極めるうえで重要な役割を果たす．また，本人が企業からの退職に納得しない，家族が事業所の退職への示唆に不信感を抱く，事業所が本人や家族に雇用継続の困難であることを説得できないといった場合には，中立的な立場から本人の人生設計に対するアドバイスをする機能をもつ．

第5に，支援の専門的機関の設置と専門職の配置が重要となる．就業面と日常生活面を一体的に継続して支援する体制を整えることは，多様な働きかたの開発や柔軟な引退過程を誘導するうえでも，極めて重要である．現在，そうした機能を果している機関には，各地の「生活支援センター」「雇用支援センター」「就業・生活支援センター」，さらには，「障害者職業センター」などがある．だが，その設置数は，障害のある人が自分の生活地域で身近にかつ継続的に利用できるだけの数量になっていない．それゆえ，今後も，これらの支援機関の拡充が望まれる．

5. おわりに

企業や福祉的就労などの働く場面から引退した後は，福祉的分野から対応すべきことは明らかである．生活支援に関する福祉施策の在り方についてまとめた報告書[4]では，知的障害の人の高齢化に伴う問題を，①在宅，②生活寮，③入所・更生施設などの居住環境，などの課題ごとに明らかにしている．また，それらの課題に対しては，①日中活動の確保と生活活動，②経済的基盤の確保，③居住の場のあり方，④疾病の増加と健康の維持管理，⑤財産管理と権利擁護，⑥高齢者施策や介護保険との連携，⑦住環境等の施設・設備，からの対応が必要であるとされる．

知的障害者の加齢に伴う職務成績の低下は，心理生理的な個人的条件だけで決まるのではない．これらの事実に加えて，特に，雇用環境や地域での生活支援体制などを含む複合的な要因が関与する．それゆえ，職務成績の低下への対処は，多面的かつ総合的な検討が不可欠である．それは，働く場面への参入から始まり，そこからの引退過程に至るまでの人生全体を見通

した生涯設計の視点に立つことであり，多様なキャリアコースを準備することでもある．

文　献

1) 東京都立労働科学研究所：高年齢障害者の就労と生活に関する調査，1990.
2) 日本精神薄弱者愛護協会：精神薄弱者加齢の軌跡．1987.
3) 東京都：精神薄弱者の高齢化に関する調査研究．1990.
4) 東京都：知的発達障害者の高齢化に関する研究会報告書．1998.
5) 障害者職業総合センター：障害者の加齢に伴う職業能力の変化に関する実態調査報告書．調査研究報告書 No.31, 1998.
6) 労働省・日本障害者雇用促進協会：重度障害者多数雇用事業所における障害者の雇用状況と雇用管理に関する調査Ⅰ．研究調査報告書 No.4, 1995.
7) 労働省・日本障害者雇用促進協会：重度障害者多数雇用事業所における障害者の雇用状況と雇用管理に関する調査Ⅱ．研究調査報告書 No.6, 1996.
8) 障害者職業総合センター：知的障害者の加齢に伴う雇用・職業上の課題と対策—障害者の加齢に伴う職業能力の変化と対策に関する総合研究委員会報告—．調査研究報告書 No.38, 2001.
9) 松為信雄：知的障害者の加齢に伴う「職務成績」の低下への対応．発達障害研究 22：76-85, 2001.
10) 飯田雅子：知的障害者の加齢に伴う現象．障害者の加齢に伴う職業能力の変化と対策に関する総合研究委員会報告資料（未発表）．1999.

第3章

就労支援の現状

第1節 障害者の雇用・就業状態

1. 就業と雇用

1) 就業率

労働市場は「働く意思と能力」がある「労働力」が単位となっており，その参加率を示す「労働力率」や「労働力」を分母とした「失業率」がマクロの指標として重要視されている．そして，この考えは国際的にも共通している．しかし，障害者の場合，雇用・就業環境の改善状況などにも大きく影響されて，「働く意思と能力」の有無の境界線，つまり「労働力」と「非労働力」との区別があいまいとなりやすいという大きな特徴をもつ．そのため，これまでのマクロ労働市場の状態をみる基本指標である「労働力率」や「失業率」から把握することには限界があるといえるだろう．

障害者の場合，65歳以上の老人を多く含むので成人の人口一般ではなく労働年齢期間（学校卒業後，老齢年金の支給開始年齢の間の期間で，15歳あるいは18歳～64歳を指すことが多い）にある障害者の人数を分母として，そのうち就業している障害者の人数を分子とした「障害者就業率」の指標の方が有効である．近年，EU諸国をはじめとして国際機関などでも，障害者に限定されないが，従来の「労働力率」よりも「就業率」指標が有効だとする指摘も多くみられるようになった．

表3.1は，3つの障害種類（身体，知的，精神）を含み労働年齢期間に限定したデータで，障害者の雇用・就業状態の全体についてみるには非常に良いデータである．

表3.1によると日本の障害者の総数（全年齢）は656万人，人口総数1億2693万人に対する比率は約5％である．つまり，日本の障害者の出現率は5％で，国際的には人口の10％が障害者であるということがよく言われているがその半分であり，それだけ日本では障害者の範囲を狭くとらえていることがわかる．

障害者全体の就業率は42％，障害種類別では知的障害者が50％で最も高く，身体障害者42％，精神障害者41％の順である．しかし，知的障害者の場合，就業者の半分以上が「授産施設・作業所等」の「福祉的就労」となっている

表3.1 障害者総数と労働年齢期間（15～64歳）の障害者の就業率

（万人，％）

	身体障害者 (a)	知的障害者 (b)	(c) =(a)+(b)	精神障害者 (d)	(e) =(a)+(b)+(d)
障害者の総数	352	46	398	258	656
15～64歳の在宅障害者数 (m)*	125	26	151	149	300
うち，就業者計 (n)	52	13	65	61	126
うち，授産施設・作業所等	3	7	10	14	24
就業率（=n／m×100）	41.6	50.0	43.0	40.9	42.0

注）下記の資料から一部を取り出して筆者が作成．＊精神障害者は20～64歳である．
資料出所：第8回社会保障審議会障害者部会（平成16年4月14日）の配布資料「障害者の就業状況について」：身体・知的障害者就業実態調査（平成13年），精神障害者社会復帰サービスニーズ等調査（平成15年）から推計．

表3.2　障害者の就業状態（18〜64歳）
〜東京都2003年調査〜

障害の種類	就業率(%)	就業者(%)				
		合計(%, 人)	雇用者	自営業主・家族従業者（除く「福祉的就労」）	福祉的就労	不明・無回答
計	46.5	100.0(988)	47.9	12.0	40.3	1.6
身体障害者	43.7	100.0(461)	61.0	20.6	16.7	2.6
知的障害者	64.4	100.0(395)	37.2	2.5	61.8	0.3
精神障害者	28.9	100.0(132)	34.1	10.6	58.3	2.2

注）下記の資料から筆者が作成．調査対象となった18〜64歳の労働年齢期間のサンプル・障害者数は2,125人（身体障害者1,056人，知的障害者613人，精神障害者456人）で，その人数に対する就業者の比率が就業率である．
資料出所：東京都福祉局『障害者の生活実態〜平成15年度東京都社会福祉基礎調査報告書（統計編）』

のが大きな特徴である．

表3.2は，東京都のデータであるが，これも3つの障害種類（身体，知的，精神）を含み労働年齢期間に限定して就業状態がわかる貴重なデータである．知的障害者の就業率が64%と最も高いが，就業者のうち62%が「福祉的就労」によって占められている．この点は精神障害者も同様で，就業率は29%と低いが，就業者のうち58%が「福祉的就労」である．身体障害者の場合，「福祉的就労」を除く自営業主・家族従業者」が就業者のうち21%を占めているのが特徴であることがわかる．

知的障害者や精神障害者で多くみられる「福祉的就労」は，職員（指導員など）が配置されている福祉施設である授産施設や小規模作業所で収入（工賃など）を伴う活動をしていることを指す．これは雇用関係にはないので，政府統計では「自営業主」（雇い人が1人もいない「1人親方」，「個人請負」）のカテゴリーに含まれる．支援スタッフである職員（指導員など）が常時配置された場所・条件で働く「支援者付き就業」であって，これは現在の通常の働き方（「一般雇用」）とは異なり「福祉的」とつけたのであろう．

以上みてきた通り，日本の労働年齢期の障害者の就業率は40%台を維持しているが，就業者の中で「自営業主・家族従業者」や「福祉的就労」を除いた「雇用者」の割合が非常に少ないことが障害者の就業の特徴であることもわかる．

表3.3は，OECDによる障害者の就業率の国際比較である（OECD, 2003[1]）．ここには残念ながら日本のデータは含まれていない．調査対象となった20カ国の労働年齢期間における障害者出現率は，1990年代後半期で14%であった．また，OECD19カ国の就業率は44%である．国によって障害者政策アプローチの違いがあるにもかかわらず，障害者の就業率は国による差異は少ないこと，そして重度の障害者の就業率は，非障害者の約1/3であることなどがわかる．

障害の定義・範囲の違いもあって国際比較には非常に困難がともなう．その意味からいっても，このOECDの比較データは貴重である．先進諸国のなかでも障害者の就業統計の整備が最も進んでいるのはアメリカで，全国規模の政府統計が5つもある．アメリカは，障害者差別禁止法であるADAをもち，障害者雇用機会拡大のアプローチが日本と異なる．表3.3でOECDが使用したアメリカのデータは，障害の定義がADAのそれに近くその範囲が広いといわれている「所得・プログラム参加調査：Survey of Income and Program Participation (SIPP)」を利用しており，障害者の就業率は

表3.3 障害度が高くなるにつれて就業率が低くなっている
20-64歳人口での障害度別による雇用率(パーセント．1990年代後期)

	全体	障害をもつ人			障害をもっていない人
		障害をもつ人全体	重度	軽度	
オーストラリア	72.1	41.9	31.4	46.9	76.6
オーストリア	68.1	43.4	23.9	50.2	71.8
ベルギー	58.7	33.5	21.1	40.0	61.7
カナダ	74.9	56.3	—	—	78.4
デンマーク	73.6	48.2	23.3	55.1	79.4
フランス	63.6	47.9	36.4	55.5	66.6
ドイツ	64.8	46.1	27.0	52.9	69.0
イタリア	52.2	32.1	19.4	37.9	53.8
韓国	61.2	45.9	13.4	51.5	61.7
メキシコ	60.1	47.2	—	—	61.1
オランダ	61.9	39.9	26.5	46.4	67.0
ノルウェー	81.4	61.7	—	—	85.8
ポーランド	63.9	20.8	—	—	71.2
ポルトガル	68.2	43.9	27.6	55.3	74.0
スペイン	50.5	22.1	15.1	26.5	54.2
スウェーデン	73.7	52.6	33.8	69.0	75.8
スイス	76.6	62.2	—	—	79.1
イギリス	68.6	38.9	19.3	46.8	73.9
アメリカ合衆国	80.2	48.6	26.4	58.8	83.9
OECD (19カ国)	67.1	43.9	—	—	70.8
OECD (14カ国)(a)	65.5	41.3	24.5	48.8	68.1
欧州連合 (11カ国)	64.0	40.8	24.9	48.7	67.9
非欧州連合 (3カ国)(a)	71.2	45.5	23.7	52.4	74.1

注：—データ不明．
(a)カナダ，メキシコ，ノルウェー，ポーランド，スイスは，障害度に関するデータが利用できない．
資料出所：OECD編著/岡部史信 訳 2004年 『図表でみる世界の障害者政策』

表3.4 アメリカにおける障害者と非障害者の労働力状態 (16~64歳)
~CPS 2004年調査~

障害の有無	人数(千人)	人数に対する比率(%)			非労働力	失業率(%)
		労働力	就業者			
			計	フルタイマー		
障害者	19,016	26.1	22.2	13.3	73.9	15.2
うち，重度障害者	13,590	10.1	8.1	3.3	89.5	19.8
非障害者	168,834	80.5	75.8	62.1	19.5	5.8

注) 下記の資料から筆者が作成．
資料出所：U.S. Census Bureau, Current Population Survey 2004

49%と高くなっている．アメリカではそれ以外にもいくつかの調査があり，障害の定義・範囲はそれぞれ異なっているが，いずれの調査も障害者とそれ以外（＝非障害者）とを簡単に比較できるように調査設計がされているのが大きな特徴である．労働市場における障害者の就業状態を最も的確に把握できるのは「労働力調査：Current Population Survey（以下CPSと略）」である．

表3.4から，アメリカでは労働年齢期間（16

表3.5　日本における身体障害者と知的障害者の雇用状況（2003年）

（千人）

調査の種類	障害をもつ常用雇用者の人数	うち，重度障害者
A．5人以上の民間事業所調査	483	171
身体障害者	369	134
知的障害者	114	37
B．56人以上の民間企業調査	181	66
C．公共部門の調査	38	11
合計（＝上記のA＋C）	521	182

注）下記の資料から筆者が作成．この表には「精神障害者」は含まれていない．
　　「公共部門」には，国，地方公共団体，特殊法人，都道府県教育委員会等を含む．
　資料出所：Aは労働省障害者雇用対策課『平成15年度雇用実態調査結果報告書』，
　　　　　　BとCは厚生労働省・障害者雇用対策課『障害者雇用状況報告』（2003年6月現在）

～64歳）の総人口1億9千万人のうち約10%（1900万人）が障害者であることがわかる．この出現比率は日本のほぼ倍にあたる．前述した通り，日本では人口の約5%が障害者と推計しており，障害者の出現率の違いが国によってあまり差がないとすれば，アメリカは日本の倍で，それだけ障害の範囲を広くとらえていることを示している．その点からみるとアメリカの「重度の障害者」のデータが日本の障害者の比較対象として妥当とも考えられる．

　アメリカの障害者の就業率は22%と前述した日本の40%台と比べかなり低い．重度の障害者についてみると8%であり，その差はさらに大きくなる．そして，この就業率はここでは表示していないが，近年，さらに低下傾向を示している．このデータから，アメリカは世界のモデルともいえる障害者差別禁止法であるADAをもっているが，残念ながら障害者の就業機会の創出という点ではあまり成功していないことがわかる．これに対して，日本は就業率40%台で維持しており，アメリカよりもかなり多くの就業機会をつくりだしているとみてよい．しかし，「福祉的就労」を含む「自営業主・家族従業者」を除き，「雇用者」だけに限定してみるとアメリカとのその差は小さくなる．

2）雇用

　日本の障害のある就業者のなかでも雇用者の割合が低く，その拡大が今後の大きな課題としてあることは前述した通りである．以下では障害のある雇用者に注目してみよう．障害のある雇用者の政府統計は，厚生労働省障害者雇用対策課から公表されている2種類のデータがある．1つは5年ごとに従業員規模5人以上の民間の事業所を対象とした「障害者雇用実態調査」（最新の調査時点は2003年），もう1つは障害者雇用率対象の企業が毎年報告する「障害者雇用状況報告」にもとづく統計である．この2つの最新データをつなぎあわせ，障害（身体障害と知的障害）をもつ常用雇用者の全体状況をみたのが表3.5である．ただし，ここには精神障害者は含んでいないので留意されたい．

　表3.5によると，障害のある常用雇用者の総数は民間と公共部門をあわせて52万1千人である．そのうち，重度障害者は35%を占めている．現在，障害者雇用率制度が適用されている56人以上の民間企業と公共部門等での雇用者数はあわせると21万9千人，うち重度障害者が占める比率は35%である．現在の障害者雇用

率制度の適用状況を，常用雇用者ベースでみると42%（＝21万9千人/52万1千人×100）と半数に満たないことがわかる．民間企業だけに限定すると雇用率制度の適用者数は37%（＝18万1千人/48万3千人×100）とさらにその比率は低くなる．つまり，雇用率制度が適用されない56人未満の民間の小企業で雇用されている障害者が63%も占めていることになる．

ここでは表示していないが，表3.5の民間事業所の5人以上の障害のある常用雇用者48万3千人のうち，身体障害者は76%（36万9千人）と多くを占め，残り24%（11万4千人）が知的障害者である．身体障害者のなかでは，「肢体不自由者」が最も多く（18万1千人），ついで「内部障害者」（7万4千人），「聴覚・言語障害者」（5万9千人），「不明」（1万9千人），「重複障害者」（1万8千人），「視覚障害者」（1万7千人）の順である（厚生労働省・障害者雇用対策課，2004)[2]．なお，表3.5には含まれていないが，同じ調査から精神障害のある常用雇用者が1万3千人であることも明らかにされている．03（平成15）年の民間企業における障害のある常用雇用者の総数は，身体障害者が36万9千人，知的障害者が11万4千人，精神障害者が1万3千人，合計49万6千人となる（厚生労働省・障害者雇用対策課，2004)[2]．

「障害者基本計画」（2002年12月24日閣議決定）に沿って，前期5カ年において重点的に実施することを定めた重点施策実施5カ年計画では，「（雇用・就業の確保）トライアル雇用，職場適応援助者（ジョブコーチ），各種助成金等の活用，職業訓練の実施などにより2007（平成19）年度までに公共職業安定所（ハローワーク）の年間障害者就職件数を3万人に，2008（平成20）年度の障害者雇用実態調査において雇用障害者数を60万人にすることを目指す」と数値目標を前述した「障害者雇用実態調査」をベースに掲げている（障害者施策推進本部，2002)[3]．2003（平成15）年のその調査結果では，前述した通り障害のある常用雇用者数は49万6千人なので，目標数値に対して約10万人が不足していることになる．なお，ハローワークの就職件数は，2003年度は約3万3千件であったのでその年間目標はクリアしており（障害者施策推進本部，2004)[3]，それをこれからも維持していくことが課題となる．これらの数値目標からみても，今後とも障害者の雇用拡大に向けた一層の努力が必要なことは明らかである．

2. 障害者雇用率制度

1）過去10年の実績

前述した通り，障害のある雇用者全体のうち，法定雇用率対象企業で雇用されている障害者は半数にも満たない．表3.6は，民間企業に限定して，1993〜2003年の10年間の雇用率制度の実績について整理したものである．現在，2004（平成16）年と05（平成17）年のデータも公表されているが，雇用率をカウントする際の「除外率制度」の変更の影響があり単純な比較が困難となるので，ここでは03年を最新データとした．この10年間の途中では，民間企業における法定雇用率が1.6%から1.8%へ上げられ，また，法の適用対象企業が従業員規模63人以上から56人以上へと拡大，知的障害者が雇用義務の対象として加わったなどの変化があった．「実雇用率」（実際・実績の平均雇用率）に注目すると，この間，1.41から1.48へと0.07ポイント増加したが，雇用率未達成企業が49%から58%へと拡大していることが注目される．

さらに詳細に表3.6をみると以下のことがわかる．①いろいろな条件が複雑にからみながらも「実雇用率」は一貫して上昇してきたが，02年でははじめて下降した．②法定雇用率未達成企業の割合は，99年以降半数を超え，その後もその比率は上昇し続けている．③93年と03年の2時点で，法定雇用率の対象企業の常用労働者総数は2%減少であったのに対して，障害者総数は3%減少とそれよりも大きい．④障害

表3.6 民間企業における障害者雇用率制度の実績
－1993年～2003年－

調査年 (各年6月)	実雇用率 (％)	雇用率未達成企業の割合(％)	重度障害者の人数(人) A	重度以外の障害者の人数(人) B	障害者の総数(＝A＋B)(人)	対象企業の常用労働者の総数(人)
1993(平成5)	1.41	48.6	54,267	132,451	186,718	17,072,450
94(平成6)	1.44	49.6	57,211	130,926	188,137	17,076,807
95(平成7)	1.45	49.4	59,120	128,837	187,957	16,982,514
96(平成8)	1.47	49.5	60,722	126,538	187,260	16,925,077
97(平成9)	1.47	49.8	62,362	125,306	187,668	16,999,645
98(平成10)	1.48	49.9	63,858	123,727	187,585	17,008,306
99(平成11)	1.49	55.3	65,366	123,830	189,196	17,108,973
2000(平成12)	1.49	55.7	65,536	121,764	187,300	16,914,715
01(平成13)	1.49	56.3	66,293	120,284	186,577	16,936,056
02(平成14)	1.47	57.5	65,179	115,926	181,105	16,749,384
03(平成15)	1.48	57.5	65,652	115,789	181,441	16,748,964

注：93～98年の法定雇用率は1.6％で企業規模63人以上，99年以降の法定雇用率は1.8％で企業規模56人以上の企業が対象である．B欄の「重度以外の障害者」には重度障害者である短時間労働者(週20時間以上30時間未満)が含まれる．「実雇用率」の欄は「重度障害者」をダブルカウントしているが，「重度障害者の人数」「障害者の総数」の欄では「重度障害者」をダブルカウントしていないので要注意．下記の資料をもとに筆者が作成．
資料出所：厚生労働省・障害者雇用対策課「障害者雇用状況報告」(各年6月現在)

者の(重度障害者をダブルカウントしない)総数は99年の18万9千人がピークで，その後は減少している．この10年間，ダブルカウントしない総数は18万人台とほとんど変化していない．⑤障害者のなかでも非重度障害者が，93年と03年の2時点で，12％の減少であるのに対して，重度障害者は20％の増加しており，両者で全く逆の傾向を示している．⑥この10年間，重度障害者は一貫して増加傾向を示しており，障害者全体に占める比率も93年の29％から，03年には36％へと増加してきている．

以上のことから，この10年間，障害者雇用率制度の適用となっている企業に雇用されている障害者数は増加していないが，重度障害者に限定するとその増加が大きく，この制度は重度障害者の雇用にプラスに影響しているとみることができる．また，「実雇用率」や「未達成企業の割合」からみた成果はそれほどよくないことがわかる．

2) 現状

障害者雇用率制度の実績に関しては全国平均のデータが毎年公表されている．最新の2005(平成17)年公表データから，重要と思われる数値を部分的に取り出して1つの表にまとめ作成したのが表3.7である．

民間企業における障害者の実雇用率は1.49％と法定雇用率の1.8％と比べ，まだその差が大きい．また，法定雇用率の達成企業割合は42％と半数にも満たない．しかし，シングルカウン

表3.7 民間企業における規模別障害者雇用の状況
~2005(平成17)年6月1日現在~

区分	①企業数	②法定雇用障害者数の基礎となる常用労働者数	③障害者の数 A.重度障害者	③障害者の数 B.A以外の障害者	④障害種類別 C.身体障害者	④障害種類別 D.知的障害者	⑤障害者の人数(シングルカウント)	⑥実雇用率 A×2+B÷②×100	⑦法定雇用率達成企業の割合
企業規模計	65,449	18,091,871	71,678	125,710	165,213	32,175	197,388	1.49	42.1
56~99	24,361	1,795,317	6,201	13,769	13,688	6,282	19,970	1.46	44.5
100~299	29,323	4,426,269	13,006	29,000	33,762	8,244	42,006	1.24	42.4
300~499	5,449	1,888,166	7,169	13,180	17,036	3,313	20,349	1.46	39.2
500~999	3,705	2,339,966	9,261	16,047	22,085	3,223	25,308	1.48	34.8
1000人以上	2,611	7,642,153	36,041	53,714	78,642	11,113	89,755	1.65	33.3

注:1 ①の常用労働者数とは,常用労働者総数から除外率相当数(身体障害者及び知的障害者が就業することが困難であると認められる職種が相当の割合を占める業種について定められた率を乗じて得た数)を除いた法定雇用障害者数の算定の基礎となる労働者数である.
2 ③のA欄の「重度障害者(1週間の所定労働時間が30時間以上)」には短時間労働者の数は含まれていない.B欄の「A以外の障害者」には重度障害者である短時間労働者の数が含まれている.
3 障害者の人数は,ここでは③のA+B,あるいはC+Dの合計で,シングルカウントである.
4 ⑥の実雇用率は,③のA欄の重度障害者(重度身体障害者及び重度知的障害者)については法律上,1人を2人に相当するものとしており,ダブルカウントを行った数値である.下記の公表資料をもとに,この表は筆者が作成した.

資料出所:厚生労働省・障害者雇用対策課『障害者雇用状況報告』(各年6月現在)

トでみた障害のある雇用者数が約20万人と,前述した93~03年の10年間の推移と比べ増加が著しいこと,また,重度障害者も7万2千人とこれも大きく増加していることが注目される.

雇用率制度は企業を単位とし,その企業の本社の所在地域別にみた都道府県データもあるが,そのデータでは障害のある雇用者が実際に勤務する地域とずれが生じてくることに留意する必要がある.

以上みてきた通り,障害者雇用率制度が適用される企業での障害者雇用が,少しづつであるが進展してきている現実が毎年公表されているデータから確認できる.

文 献

1) OECD:Transforming Disability into Ability −Policies to Promote Work and Income Security for Disabled People −, 2003(岡部史信・訳:図表でみる世界の障害者政策.明石書店,2004).
2) 厚生労働省・障害者雇用対策課:平成15年度障害者雇用実態調査,2004.
3) 障害者施策推進本部:障害者基本計画に基づく<重点施策実施5か年計画の進捗状況>~平成15年度~.2004.
4) 工藤 正:主要先進国における障害者の就業状態.リハビリテーション研究 No.106.日本障害者リハビリテーション協会,2001,pp 37-44.
5) 工藤 正:先進国の障害者雇用の現状と日本の課題.世界の労働第54巻第11号.日本ILO協会,2004.

第2節　障害者福祉の現状

働く意思がありながら一般の労働市場での雇用や自営が困難な障害者の多くは福祉施設で就労している．就労に関連した福祉施設には，2006年8月現在，身体障害者福祉法，知的障害者福祉法，精神保健及び精神障害者の福祉に関する法律（精神保健福祉法）等に基づく授産施設（法内施設）と小規模作業所（法外施設，名称は共同作業所，福祉作業所，地域作業所など多様）がある．この他，知的障害者更生施設などでも実際に企業等から下請けして作業活動が行われているが，ここでは，授産施設と小規模作業所を中心とした福祉施設における就労（企業等の一般就労に対して，福祉的就労と総称されることがある）を中心に障害者福祉の現状を概観する．

なお，2006年4月に施行された障害者自立支援法は，障害者が「もっと働ける社会」をめざして障害者福祉サービス体系を大幅に変更し，特に就労支援に向けた新しい事業を創設するなど障害者の就労を福祉の側から支援する仕組みの構築を図っている．同年10月から概ね5年間をかけて新体系に移行することになるが，福祉施設における就労は今後，大きな変化を求められている．

1. 授産施設の現状

2006年8月現在，わが国には5つの福祉関連法に基づき15種類にわたる授産施設がある．その中には生活保護授産施設（生活保護法），社会事業授産施設（社会福祉法）が含まれるが，実態的には障害者の利用者が大半を占めている．障害福祉関連法による授産施設は3,306カ所，利用定員は109,655人（授産施設，小規模通所授産施設，福祉工場）（2004年社会福祉施設等調査）．授産施設という名称は法律で規定されているが，「授産」は恩恵的な印象を与えるとの考え方から，全国の授産施設のうち，約1,500施設が加入する全国社会就労センター協議会では「社会就労センター」という名称を用いている．

利用者の障害状況は，知的障害者授産施設などでは，比較的年齢の若い利用者が多いが，全体として年々，重度化・重複化している．また，利用が長期化するにつれ，利用者の年齢も高齢化の一途をたどっており，身体障害者授産施設ではその傾向が顕著である．

福祉工場は福祉施設ではあるが，利用者には労働基準法などの労働法規が適用され工場との間に雇用関係がある．小規模通所授産施設は，無認可の小規模作業所に対する法内化施策として2001年度から制度化された．社会福祉法人としての資産要件や利用者数（10人以上20人未満で可）等が緩和され法外施設から法内施設への道が開かれたものである（表3.8）．

障害者福祉サービスは，国の障害者計画（2003年度から10年間）やその重点施策実施5カ年計画（障害者プラン）で「入所施設から地域生活への移行」が打ち出されているが，授産施設でも「入所施設から通所施設への切り替え」すなわち，職住分離が求められている．通所授産施設は，10年前に比べて約2.5倍に増加している．ちなみに，1996年度からの障害者プランでは，授産施設は「福祉的配慮のされた，働く場ないし活動の場」として位置づけられ，授産施設・福祉工場については，プラン制定時の4万人分をプラン終了時に6万8千人分とする数値目標が設定され，実際には約6万5千人分まで整備された．しかしながら，地域偏在，根拠法や障害の種類による複雑な体系と制度間格差等の問題は解消されず，現行の障害者基本計画・障害者プランに持ち込まれ，特に，

表3.8　現員者のうち就職を理由に退所する割合（更生施設を含む）

施設名	現員数(A)	就職を理由とする退所者数(B)	割合(A／B)
身体障害者授産施設（入所）	9,946	21	0.2%
身体障害者授産施設（通所）	7,983	68	0.9%
身体障害者福祉工場	1,366	4	0.3%
身体障害者更生施設（入所）	6,000	356	5.9%
知的障害者授産施設（入所）	12,318	283	2.3%
知的障害者授産施設（通所）	35,213	417	1.2%
知的障害者福祉工場	1,124	15	1.3%
知的障害者更生施設（入所）	82,935	388	0.5%
精神障害者授産施設（入所）	465	10	2.2%
精神障害者授産施設（通所）	3,992	188	4.7%
精神障害者福祉工場	211	3	1.4%
合計	161,553	1,753	1.1%

資料出所：社会保障審議会障害者部会第9回資料（2004年4月28日．同資料は「社会福祉施設等調査（平成12年）」を元に作成．入所施設の通所部は，相当する通所施設に含めて計算されている．）

精神障害者の授産施設を7,200人分増加させることが明記されている．

ところで，福祉工場，小規模通所授産施設，精神障害者授産施設を除くすべての授産施設は2003年度から，障害者支援費制度によって運営されている．具体的には，支援の必要度に応じて定められた障害の程度区分（AからCまでの3段階）と施設種類によって支援費が決定されていた．障害者自立支援法の施行により，2006年4月からは，障害者福祉サービス利用について「原則1割の定率負担と所得に応じた」自己負担が設定された．低所得者への配慮が経過的に設定されるものの負担の仕組みが大きく変わることになった．さらに，後述のように，身体障害，知的障害，精神障害の3障害を一元化した事業として，従来の区分とは異なる報酬体系となる．また，利用する日数によって決まる日払い方式は，既に同年4月から導入されている．

2. 授産施設の機能（就労移行支援に焦点をあてて）

授産施設の機能については，根拠法に基づく理解と実態との間に乖離があるとされ，それを巡っての議論が続いてきた．障害者自立支援法による制度体系の見直しも，授産施設に関しては，その機能の明確化を図ることに他ならない．根拠法の趣旨に基づくと「訓練をする通過施設」となるが，実態としては，長期にわたって就労を継続する機能や，当該地域に適切な障害者福祉施設がないことから，比較的機能障害の重い人たちに日中の諸活動を提供する機能が多くを占めている．厚生省（当時）が1992年に発表した「授産施設制度のあり方に関する提言」では，授産施設の機能の実態を①就労を重視し，高い賃金をめざす福祉工場，②訓練と福祉的就労（作業）の機能をあわせもつ授産施設，③社会参加，生きがいを重視し，創作・軽作業を行うデイサービス機能を持つ施設として

表3.9 月額平均工賃の推移

(単位:円)

施設種類	1992年度	1996年度	2000年度
生活保護	62,328	49,451	38,296
社会事業	30,191	36,028	47,546
身障授産	24,847	29,538	25,890
身障(通所)	18,188	25,843	21,853
重度身障	16,773	24,682	19,229
知的福工	144,662	145,363	190,051
知的(入所)	12,815	12,975	12,887
知的(通所)	10,758	11,990	12,062
知的福工	75,652	89,604	96,035
精神(通所)	7,896	15,538	12,529
精神(入所)	－	16,247	11,174
精神福工	－	109,308	81,108
平　均	21,864	22,703	23,785

資料出所:全国社会福祉協議会・全国社会就労センター協議会「平成12年度社会就労センター実体調査」,2001年(身障:身体障害,知的:知的障害,精神:精神障害,福工:福祉工場の略)

分類,整理している.これに対し,同年,全国授産施設協議会(当時.現在の全国社会就労センター協議会)は「授産施設は一般就労が困難な障害者に就労の機会を提供すること併せて訓練機能をもつ」こととし,継続的な就労機会の提供こそが基本機能であるとし,さらに1998年には「一般の事業所に雇用されることが困難な職業的不利をもつ人々が社会的サポートのもとに継続的に就労する施設」と提言している.授産施設から一般雇用の場への移行は,年間1%程度と言われてきた.授産施設は,少なくとも実態としては,継続的に就労の機会を提供する施設であり,訓練を提供する通過施設としての機能は限定的であったといえる.

3. 工賃の問題

授産施設では,事業収入から原材料費,光熱費,運搬等など必要最小限の事業費を控除した金額は工賃として利用者に支払われる.データ的には少々古いが,「2000年度社会就労センター実態調査」によれば,工賃の支給支払い方法については「固定給」が調査に回答した施設のほぼ半数を占め,「出来高払い」,「固定給」と「出来高払い」の併給と続いている.

工賃に関する最大の問題は,その金額である.同調査における月額工賃額とその推移は表3.9に示すとおりである.ひと月あたりの平均工賃は,最低賃金の適用を受ける福祉工場を含めても23,785円と低額で,福祉工場を除くと17,635円となり,施設種類による差がある.また,8年前にあたる1992年(平成4)年の平均と比較してもほぼ横ばいである.授産施設が訓練して一般就労に結びつける通過施設であるならば,その過程で作業活動の果実の一部が工賃という形で還元されると考えるならその金額の多寡は大きな問題にはならない.しかしながら,継続的な就労機会を提供する実態からすると平均工賃額の低さは看過できない.

全国社会就労センター協議会は,授産施設でも現行の最低賃金水準の1/3に相当する工賃を確保できれば,障害基礎年金と併せて,グループホーム等による地域生活が可能となる場合が多いとしている.ヨーロッパのような保護雇用制度がないわが国では,せめて最低賃金の1/3以上の工賃支給を目指す取り組みが本格化すれ

ば，施設から地域生活への移行の条件整備が進むものと考えられる．

4. 小規模作業所の現状

授産施設に代表される法内施設の不備を補完するような形で設置されてきたのが小規模作業所である．小規模作業所が，組織的な形で設置されるようになったのは，1960年代後半から1970年代前半といわれ，1970年代半ば以降，全国的な設置運動として展開を見るにいたった．とりわけ，1979（昭和54）年に，養護学校の義務化が実現し，それまで就学猶予によって養護学校に入学していなかった重度の障害児が養護学校への全員就学が始まると，養護学校を卒業後の日中活動，地域での活動の場の整備が緊急の課題になり，障害児の親や養護学校の教員，地域の協力者によって各地で小規模作業所が誕生した．また，精神障害者の場合にも，病院を退院した後の，適切な活動の場がないことから，同様に小規模作業所の設置が進んだ．小規模作業所は，ほぼ直線的に急増し，法内施設の不足や不備を埋めるように，「雨後のたけのこ」のような展開を見せてきた．小規模作業所の全国的な組織である小規模作業所は全国で6,004カ所，利用者も8万4千人と推計されている（2002年厚生労働省調べ）．これに，補助金の交付を受けていない小規模作業所を加えると，さらにその数は増加すると考えられる．その運営基盤は法内施設に比べると極めて脆弱であり，それを反映して職員体制等も十分でないといった問題点がある．その一方，小規模作業所ゆえの独創性，柔軟性も特徴のひとつであり，障害者のニーズに応じて草の根的に形成されてきたともいえる．

運営費の財源確保は，小規模作業所が抱える最大の課題といえる．全国の平均が概ね1,200万円から1,300万円規模と言われている．その運営費の基礎財源は，都道府県などの地方自治体の補助金によって賄われている．しかも自治体による補助金の水準には，都道府県による違いが激しく，年間2,000万円を超える水準のところから，100万円台のところまで千差万別である．

この水準では職員の確保から作業活動に必要な機器，環境の整備まで相当の制約を余儀なくされてしまうことになる．法内施設が不足し，また，地域偏在など必ずしも障害者のニーズに応え切れていない中で，公的支援の拡大は継続的かつ緊急の課題とされてきた．

5. 障害者自立支援法と就労支援

このような福祉施設での就労状況に対して「働く意欲と能力のある障害者が企業等で働けるよう，福祉側から支援する」という方向性を障害者自立支援法は打ち出している．これまで，授産施設や福祉工場などで提供されてきたサービスは，「就労移行支援」，「就労継続支援（A型・B型）」という事業に変更される．授産施設の機能の明確化を図りながら新しい障害者福祉サービスの体系に転換しようとするものである．特に，就労移行支援は，文字どおり一般就労への移行をめざす新しい事業であり，期限を限って一般就労をめざした訓練を提供するものである．そして，小規模作業所でも法人格があれば，新しい事業体系への移行が可能となっている．厚生労働省は，現在の施設体系における身体障害者施設，知的障害者施設の利用者のそれぞれ約2割，精神障害者施設の利用者の約5割が就労移行支援事業の対象になることと推計し，その結果，2003年度に2,000人だった一般就労移行者が2012年度には8,000人になるとしている．また，就労移行支援，就労継続支援といった個別の訓練等給付とは別に，市町村が地域の特性を生かして，柔軟に実施することを目的とした地域生活支援事業という事業が設定され，創作的活動などを中心とした地域活動センターもそのうちのひとつである．きょうされんが2005年に行った小規模作業所を対象とし

た調査では，新しい事業体系に照らした今後の事業形態として，回答した小規模作業所のうちの約3割が地域活動支援センターへの移行を考えているとしている．

もっとも「福祉の側からの支援」の強化だけでは，一般就労への移行は進展せず，就労移行支援様々な支援によって障害者の力を伸ばすだけでなく，受け止める環境，すなわち企業や職場も変えていくことが重要になってくる．移行を中心にした就労支援が今後，本格的に進展するかどうかは，これまで福祉と労働の分野に分かれてきた施策の統合にかかっているのである．

文　献

1) 内閣府：障害者白書平成18年版．国立印刷局．2006．
2) 全国社会福祉協議会・全国社会就労センター協議会：平成12年度社会就労センター実態調査報告書．全国社会福祉協議会・全国社会就労センター協議会．2003年．
3) きょうされん：グランドデザイン政策に伴う小規模作業所実態調査結果．2005．きょうされんホームページ．http：//www.kyosaren.or.jp/

参考文献・資料

1) 全社協・全国社会就労センター協議会：社会就労センターハンドブック．エンパワメント研究所．2001．
2) 全社協・全国社会就労センター協議会：社会就労センターのあり方に関する検討委員会最終報告．2003．
3) 社会保障審議会障害者部会第9回資料．2004年4月28日開催．

第3節　能力開発

1. 職業リハビリテーションにおける「職業訓練」の意義

1）リハビリテーションの各分野と職業能力開発

障害者の職業訓練あるいは職業能力開発が職業リハビリテーションの重要な一環を占めることに異論はないであろう．

ここで，障害者の職業生活に必要となる教育や訓練を広い意味での職業能力開発ととらえるなら広義の「職業能力開発」は，職業リハビリテーション分野だけでなく，教育，医療，社会福祉などさまざまな分野における教育・訓練が含まれる（図3.1）．

これら教育，医療，福祉，職業といった各分野における障害者の職業能力開発システムは，それぞれ，その役割を「分担」，「補完」，ときには「競合」しながら実施されている．障害者の職業能力開発を論ずるには，本来はこうしたさまざまなシステムを総合的，統一的に検討すべきであるが，本稿では，主として職業リハビリテーションの分野における狭義の「職業訓練」を中心に述べる（注1）．

2）職業リハビリテーションの流れと障害者職業能力開発

職業リハビリテーションには各種の活動が含まれる．ILO の「障害者の職業的リハビリテーションの基本原則」では，職業リハビリテーションの内容として職業評価，職業指導，職業訓練，職業紹介，就職後のフォローアップ，保護雇用などを挙げている（注2）．わが国の職業リハビリテーションの流れを職業訓練・職業能力開発を中心にみると，おおむね図3.2に示すとおりである．

すなわち，職業リハビリテーション分野における障害者の職業能力開発の中核は，障害者職業能力開発校が実施する「職業訓練」（職業能力開発促進法に基づく公共職業訓練）であるが，一般の職業能力開発校も一部障害者に対する訓練を実施している．また障害者雇用促進法に基づく障害者能力開発施設も公共職業能力開発施設からの委託を受けて訓練を実施しているほか，後述するように，民間における多様な社会資源（社会福祉法人，NPO法人，企業など）を活用した委託訓練が近年拡大されつつある．

これに加えて，職業準備訓練，職業講習，職場実習などの「職業前訓練」を実施している施設として独立行政法人高齢・障害者雇用支援機構の「地域・広域職業センター」や市町村レベルに設置された「障害者雇用支援センター」（なお，障害者就業・生活支援センターは，訓練機関への斡旋を行っている）がある．

また，職場レベルで行われる訓練事業として「職場適応訓練」や「職親制度」がある．これらは現行制度上では「雇用前」に行われるという意味で「職業前訓練」に含まれる．また，2002（平成14）年度から「就職の前後」を通じて定着指導援助を行うものとして「職場適応援助者（ジョブコーチ）」制度が全国の地域職業センターで実施されている．

2. わが国の障害者職業訓練の歴史

1）第2次世界大戦前の障害者職業訓練

わが国初期の障害者職業訓練は，明治初年に始まる救貧授産対策や盲ろうあ教育における職業教育に始まるが，やや本格的なものとしては，当時発展途上にあった鉄道事業の労働災害被災者を対象とする「鉄道保養院」（1904（明治37）年）や鉄道青年会による「負傷者学校」

図3.1　広義の職業能力開発と各リハビリテーション分野との関連

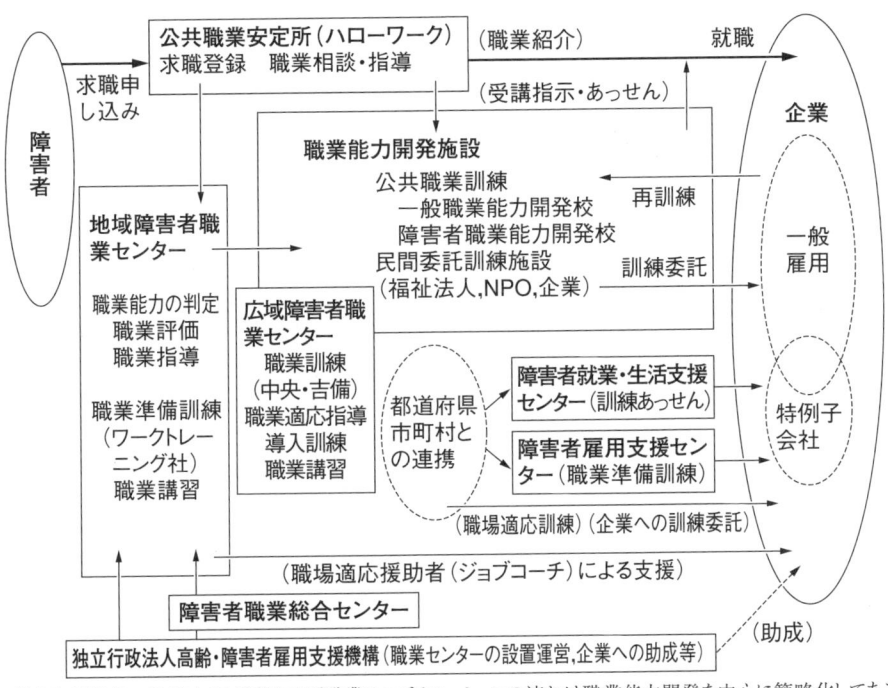

（注）各施設等の業務内容，機能および職業リハビリテーションの流れは職業能力開発を中心に簡略化してある．

図3.2　職業リハビリテーションの流れと障害者職業訓練（能力開発）の位置づけ

(1920（大正9）年）がある．一般の身体障害者を対象としたものでは，1923（大正12）年の関東大震災による被災者救済をめざした財団法人同潤会啓成社による事業がよく知られている（注3）．

しかし，わが国が日華事変に突入し，戦争が長期化の様相を示すと次第に軍事色が強まり，障害者職業訓練ももっぱら傷痍軍人対策を中心とするものに移行した．その結果，1938（昭和13）年に傷兵保護院（1939年に軍人保護院に改組）が設立され，その下に傷痍軍人職業補導所が大阪，福岡を皮切りに各地で設置されている（注4）．

このように第2次世界大戦前までの障害者職業訓練対策は傷痍軍人対策が中心であり，一般の国民を含む障害者対策は，第2次世界大戦の終結を待ってようやく始まる．

2) 身体障害者を中心とする第2次世界大戦後の障害者訓練

第2次世界大戦後，わが国の国家行政制度は大きく転換し，障害者に対するさまざまな対策も国民全体に拡大されることとなった．一方では，大戦によっておびただしい数の傷痍軍人が発生し，戦後の過酷な経済・雇用情勢の下で傷痍軍人を含む障害者の雇用対策は緊急の課題とされた．そうした情勢を背景に，1947（昭和22）年に職業安定法が制定され，1949（昭和24）年の身体障害者福祉法と相まって，戦後における「身体障害者」対策が始まる．

職業安定法は，障害者に限らず国の職業安定対策の基本法として制定されたものであり，「職業指導」，「職業紹介」などを行うための国の機関として全国に公共職業安定所が設置された．身体障害者に対する職業相談，職業紹介業務も当然そこで行われることとなった．また，職業訓練に関しては，同法に基づき「公共職業補導所」が設置されることとなり，「身体障害者」についても，原則としてこの公共職業補導所で行うこととなったが，「健常者とともに職業補導を行うことが困難な者」に対しては，「身体障害者職業補導所」でこれを行うこととされた（注5）．

これにより1948（昭和23）年4月の大阪，福岡，同年8月の東京を皮切りに身体障害者公共職業補導所が逐次開設された．これらの施設は，1958（昭和33）年の職業訓練法による「身体障害者職業訓練所」を経て，現行の職業能力開発促進法に基づく障害者職業能力開発校へとつながっている．

ところで，昭和20年代に始まる障害者職業訓練は，もっぱら「身体障害者」を中心とするものであった．その理由の一つに，戦後間もなく設置された身体障害者公共補導所は戦前の「傷痍軍人職業補導所」を引き継いでおり，このことが「わが国の障害者訓練が1970年代まで，身体障害者に限定されてきたことの一つの大きな要因」であるといわれている（注6）．

もっとも，知的障害者や精神障害者に対する対策のたち後れは，職業訓練のみならず，職業リハビリテーション対策全体に共通する問題であった．福祉の分野でも1949（昭和24）年の「身体障害者福祉法」の制定にあたり多くの論議があったにもかかわらず，結局，知的・精神的障害者を含めるに至らず，「精神薄弱者福祉法」の制定は1960（昭和35）年まで待たなければならなかった（注7）．

3) 職業訓練法下の障害者訓練と知的障害者への拡大

知的障害者に対する職業訓練の必要性が早くから認められていなかったわけではない．1948（昭和23）年に労働省が作成した「職業補導の手引き」では「身体障害者」を「身体障害者とは精神的あるいは肉体的に何らかの障害を有する者をいう」と定義している（田中，1986，p322）．また，1955（昭和30）年発行の労働省の解説書では，職業安定法上の「身体障害者」の範囲に身体障害者福祉法上の「身体障害者」だけでなく「精神能力の遅滞」や精神病，神経

症さらには各種の疾病を含めており，「身体障害者」の範囲を広くとらえている（注8）．

それにもかかわらず，知的障害者や精神障害者に対する職業訓練の具体化はその後停滞していた．1958（昭和33）年の職業訓練法制定時にも，関係者から知的障害者のための独自の施設への強い要望があったが，結局実現していない（注9）．

1969（昭和44）年の職業訓練法の改正で，「訓練基準の一部を訓練生の身体的事情等に配慮し」弾力的に運用することが可能となるとともに，都道府県立身体障害者職業訓練校が設立可能となった．これにより，知的障害者のみを対象とする公共職業訓練施設として1969（昭和44）年に愛知県春日台職業訓練所（1971年に愛知県春日台職業訓練校と改称）が設立されている（注10）．

また，各身体障害者職業訓練校でも，知的障害者の受け入れが試行的に行われていたが，これらは他の身体障害者との混合訓練で行われていたため，知的障害の特性に応じた訓練が実施されていたとはいえず，効果に限界があった．このため，1987（昭和62）年に職業能力開発促進法（1985（昭和60）年に職業訓練法から本法に改称）が障害者雇用促進法の成立を契機に改正され，1988（昭和63）年以降，各障害者職業訓練校（1992（平成4年）の法改正により障害者職業能力開発校と改称）の中に知的障害者を対象とする訓練科や特別訓練コースが逐次整備され始め，次第に訓練に占める知的障害者の比重が高まっている（工藤，1997，p311）（注11）．

このように，知的障害者の職業訓練については公的訓練施設での受け入れが逐次進んでいる．他方，精神障害者については，1992（平成4）年に一般校での受け入れの方針が示されたが，その受け入れ実績は大変少なく，また，障害者能力開発校では，2002（平成14）年度から中央障害者職業能力開発校で試行的な取り組みがようやくはじまった段階である．

4）障害者の職業能力機会の拡大

第2次世界大戦後の障害者職業訓練は，当初は身体障害者を中心に始まり，次第に知的障害者へと対象を広げてきたが，職業訓練の主な実施機関は障害者職業能力開発校であった．しかし，障害者職業能力開発校は，2005（平成17）年度時点で国立，県立含め，全国で19校，設置地域では17都道府県にすぎない．戦後60年を経過したにもかかわらず，障害者訓練のための専門公共訓練施設がない空白地域が全国の3分の2の地域（30県）に及んでいる．こうした現状に対処するため，2002（平成14）年12月に策定された国の「障害者基本計画」及び2003年3月の「障害者雇用対策基本方針」では，障害者の職業能力開発の充実に向け，「多様な職業能力開発資源を活用」することにより障害者の訓練機会を拡充するとの方針を定めた（注12）．これを受け，2003年に障害者職業能力開発研究会（座長：佐藤博樹東京大学教授）は，障害者が身近な地域で職業訓練を受講することができるよう，訓練機会を大幅に拡充し，それまで3,000人程度の規模に過ぎなかった障害者職業訓練の規模を1万人程度にまで拡大すべきであるとの提言を行った（注13）．

これにより，2004（平成16）年度から，次の2つの事業が開始された．その1は，これまで障害者校がなかった県を中心に，一般職業能力開発校のなかに，障害者のための専門コース（訓練科目）を設けることである．もとより，従来から一般校で受講可能な障害者は，そこで訓練を受けることができることになってはいたが，これは一般訓練生との混合訓練を前提とするものであり，軽度の障害者の一部が対象となっていたにすぎない．これに対し，2004年度から開始された事業は，知的障害者など特に配慮を要する障害者のための訓練科目として設置されるものである．

その2は，障害者の多様な職業訓練ニーズに対応できるよう，民間企業や社会福祉法人，NPO，民間訓練施設等を活用し，障害者のた

めの職業訓練を都道府県（具体的には各県が運営する職業能力開発校）を通じて国が委託するものである．この委託訓練は，2006年度で6,300人規模で展開されており，その事業の円滑化を図るため，委託先には訓練委託料の支給，各県に障害者職業訓練コーディネーターを配置するなどの対策が講じられることとなった．

また，IT化の進展に即して，2004年度からいわゆるe-ラーニングモデル事業（通所困難な重度障害者に対する遠隔訓練事業）が開始された．

3. 障害者の職業能力開発の課題

職業訓練の対象となる障害者の範囲は，身体障害者から知的障害者，精神障害者へ，さらには広汎性発達障害者や高次脳機能障害者など，これまでの障害者福祉対策では十分対応が行われてこなかった人々へと広がりつつある．他方，障害者を取り巻く雇用環境も，依然として厳しい状況が続いていることに加え，情報化の進展や産業構造，職業構造の変化が急遽に進んでいるなかで，障害者の能力開発についても検討すべき課題は少なくない．

1) 労働市場の変化やIT化に応じた訓練科目，方法の設定，充実

障害者を取り巻く労働市場の著しい変貌と障害者の重度化，高齢化，多様化といった変化を受けて労働の需要と障害者のニーズに応じた職業能力開発サービスを提供するために，各障害者能力開発施設では既存の訓練科目や訓練内容について大幅な見直しを迫られている．このためには，将来の産業構造，職業構造の変化に対する長期的な視点に立った検討が必要とされている．とくに，IT化の進展に関しては，e-ラーニングに示される新技術を用いた障害者用訓練技法の開発が急務である．

2) 障害の多様化，重度化に応じた訓練内容の充実と施設間の機能分担

知的障害者，精神障害者など職業的重度障害者の増加や多様化に伴い，訓練科目，訓練期間，訓練水準などを含めた多様で弾力化なカリキュラム編成を図る必要が高くなっている．他方では，障害者訓練に関わる資源は，公共職業訓練部門だけでなく，民間部門を含め多様化が進んでいるとともに，さらに広く，就労支援機関について，従来の福祉，労働，教育といった各分野を通じて連携の必要性が高まっている．これに伴いこれら関係機関との機能分担のあり方がこれまで以上に問われてこよう．

3) 知的障害者，精神障害者に対応した訓練カリキュラム・手法の開発

知的障害者，精神障害者などの中には作業環境の変化への適応が困難であったり，訓練生一人一人の特性に応じた個別的対応が求められるなど，技術習得面での困難度が大きいだけでなく，労働習慣や職業生活に必要な社会的技能の習得が必要な場合が少なくない．こうした障害者の職業訓練については，これまでに，知的障害者を中心にさまざまな努力が積み重ねられてきているが，なお，訓練カリキュラムや訓練手法について十分な体系化がされているとはいい難い．

とくに，精神障害者については，2005年6月成立の改正障害者雇用促進法で，障害者雇用率算定の対象となったことにより，精神障害者への就労対策がこれまで以上に重要となっており，これにともなって，精神障害者への訓練ニーズも高まっている．しかし，精神障害者のための職業訓練手法については，まだ，その開発や蓄積が十分とは言えない．このため，様々な分野で取り組まれている精神障害者の能力開発や就労支援に関する経験や知識を集大成し，総合化する必要がある．

4）発達障害者，高次脳機能障害者等に対する職業訓練の拡充

2004（平成 16）年度から開始された民間への委託訓練の内容を見ると，受講者の 1 割強が精神障害者で占められており（厚生労働省職業能力開局資料による），精神障害者を対象とする職業訓練について，ようやくその緒につきはじめた段階にあるといえる．しかし，これまでの障害者福祉対策の体系では十分な対応が困難であった発達障害者や高次脳機能障害者の職業訓練ついては，ごく一部の試みを除き，ほとんど手つかずの状況にある．他方，2003 年 12 月の発達障害者支援法の成立にも示されるように，今後は，これまでの障害者対策の枠の外にあった人々への就労支援対策の充実が求められており，職業訓練の分野でも，こうした人々に対する訓練手法の開発が求められている．

5）地域における訓練機会の拡充と人材の確保

障害者の職業訓練機会の拡大と多様化を図るためには，必要に応じ，地域レベルで自由に，かつ多様な訓練が受けられるような体制が望まれる．しかし，これまでの職業訓練システムは，概ね都道府県止まりの，いわば点の段階にとどまっている．このため，今後は，市町村レベルの地域に密着した訓練機会の拡充が望まれる．

また，このような職業訓練機会の多様化と拡大を実現するためには，こうした訓練に従事する職業訓練指導員等の人材の育成と確保が不可欠であるが，我が国では，こうした障害者職業訓練に関わる人材育成のための施設やシステムは極めて乏しい現状にある．障害者の訓練に関わる人材の育成，確保が急務である．

4．おわりに

近年における労働市場の急激な変貌と少子化・高齢化といった人口構造の変化の中で，人々の生涯を通じた能力開発へのニーズが高まっている．とりわけ障害者にとって，自己の能力を就労に結びつけ，地域社会の中でその能力を最大限に生かしていく上での職業訓練の役割は大変大きい．他方，障害者の就労に当たって，職業リハビリテーションや福祉，医療，教育といった関係者の連携を図る動きはさらに強まろう．そうした中で，障害者の職業能力の開発を担う関係機関の役割はさらに重要となるとともに，その機能や相互の分担と連携についてこれまで以上に根本的な検討が求められている．

文 献

遠藤政夫：身体障害者雇用促進法の理論と解説. 日刊労働新聞社，1977
道脇正夫：障害者職業訓練の課題（現代職業訓練研究会・編：現代職業能力開発セミナー）. 雇用問題研究会，1991.
道脇正夫：障害者の職業能力開発．雇用問題研究会，1997.
若林之矩：障害者雇用対策の新展開―重度障害者の雇用対策の推進. 労務行政研究所，1993.
労働省職業能力開発局・編：職業能力開発促進法・改訂版. 労務行政研究所，1994.
斉藤 将：職業能力開発法体系. 酒井書店，1993.

注1：職業リハビリテーションにおける「職業訓練」を広く解すべきことは，たとえば，ILO168 号勧告で「障害者の職業生活及び社会への統合または再統合のための計画の立案に当たっては，あらゆる形式の訓練について考慮すべきである．これらの訓練には，必要かつ適当な場合には，職業準備，職業訓練，モジュール訓練，日常生活のための行動訓練及び読み書きの訓練その他の職業リハビリテーションに関連する分野の訓練を含むべきである」（第 12 条）と述べていることにも示される．

注2：ILO（小川 孟・監訳）「障害者の職業リハビリテーションの基本原則第 3 次改訂版」ゼンコロ，1987（Basic Principles of Vocational Rehabilitation of the Disabled, Third edition. ILO, 1985）による．

注3：石原由理子「障害者授産施設の歴史」，児島

美都子編『障害者雇用制度の確立をめざして』(法律文化社, 1982), pp20-24.

注4：田中満年「わが国の職業訓練カリキュラム―課題と方法―」燭台社, 1986, pp319-320.

注5：労働省職業能力開発局「改訂版職業能力開発促進法」, 労務行政研究所, 1994, p49. 遠藤政夫 (1977), p29.

注6：田中 (1986), p320.

注7：丸山一郎「障害者施策の発展：身体障害者福祉法の半世紀」, 中央法規, 1998, pp131-132). 身体障害者福祉法は，わが国の職業リハビリテーションの基本法である身体障害者雇用促進法にも影響している．すなわち，1960 (昭和 35) 年の同法制定時から 1987 (昭和 62) 年の障害者雇用促進法の成立 (法の名称から「身体」がはずされ，知的障害者，精神障害者も職業リハビリテーションの対象となることを明示) まで，法の適用は原則的に身体障害者福祉法と同じとされ，知的障害者や精神障害者は，(一部の準用規定を除き) 対象外となっていた (厳密にいえば，1960 年の同法制定時には，当時の身体障害者福祉法の「別表」の範囲と若干の相違があったが，1976 年改正で同一範囲となった)．

注8：労働省職業安定局雇用安定課・編著「身体障害者の職業問題」労務行政研究所, 1955.

注9：工藤正「知的障害者の職業能力開発」(日本精神薄弱者連盟『発達障害白書戦後 50 年史』, 日本文化科学社, 1997. p310).

注10：府県立障害者校の設立年次
　愛知県立春日台　1969 (昭和 44) 年 (1971 年名称変更)
　兵庫県立　1973 (昭和 48) 年
　青森県立　1975 (昭和 50) 年
　京都府立城陽　1979 (昭和 54) 年
　静岡県立あしたか　1980 (昭和 55) 年
　千葉県立　1982 (昭和 57) 年

注11：知的障害者を対象とする障害者職業能力開発校の推移

	障害者能力開発校	訓練科目数	定員
1988 年	5	9	150
1991 年	10	17	230
1992 年	12	19	275
1993 年	13	20	300
1994 年	15	22	320
1995 年	15	22	340
1999 年	15	25	360

(資料出所) 総務庁行政監察局「障害者雇用対策の現状と課題」(1996), 労働省職業能力開発局「障害者職業能力開発校便覧」(平成 11 年度版) による．なお，上記に加え，国立中央障害者職業能力開発校および同吉備高原障害者職業能力開発校に知的障害者職業訓練コースが開設され，愛知障害者職業能力開発校を除き (これは同一県内に知的障害者専門校である春日台校があるため)，現在ではすべての障害者能力開発校で知的障害者訓練が実施されている．

注12：2002 (平成 14) 年 12 月 24 日閣議決定「障害者基本計画」, 2003 (平成 15) 年 3 月 28 日厚生労働省告示第 136 号「障害者雇用対策基本方針」

注13：2003 (平成 15) 年 8 月「障害者職業能力開発研究会報告」(厚生労働省職業能力開発局)

第4節　特別支援教育

1. 特別支援教育とは

1) 特殊教育から特別支援教育へ

これまで，盲・ろう・養護学校や小学校・中学校特殊学級の教育については，学校教育法の規定に基づき，特殊教育という名称が使われてきた．しかし，「特別支援教育の在り方に関する調査研究協力者会議」が2003（平成15）年3月にとりまとめた「今後の特別支援教育の在り方について（最終報告）」（以下，協力者会議最終報告とする）において，障害の種類や程度に応じ特別の場で指導を行う「特殊教育」から，通常の学級に在籍するLD・ADHD・高機能自閉症等の児童・生徒も含め，障害のある児童・生徒に対してその一人一人の教育的ニーズを把握し適切な教育的支援を行う「特別支援教育」への転換を図ることが提言された．したがって，本章で論述する「特別支援教育」では，盲・ろう・養護学校や小学校・中学校特殊学級における教育だけではなく，小学校，中学校，高等学校など通常の学校に在籍する特別な支援を必要とする児童・生徒を対象にした教育も含む用語として使用することとした．

2) 特別支援教育の基本的な考え方

協力者会議最終報告では，「特別支援教育とは，従来の特殊教育の対象の障害だけでなく，LD・ADHD・高機能自閉症を含めて障害のある児童生徒の自立や社会参加に向けて，その一人一人の教育的ニーズを把握して，その持てる力を高め，生活や学習上の困難を改善又は克服するために，適切な教育や指導を通じて必要な支援を行なうものである．」と特別支援教育の概念を説明している．そして，特別支援教育を進める上での基本的な考え方として，①多様なニーズに適切に対応する仕組みとして「個別の教育支援計画」を作成すること，②教育的支援を行う人であり，機関を連絡調整するキーパーソンとして，学校に特別支援教育コーディネイターを置くこと③質の高い教育支援を支えるネットワークとして「広域特別支援連携協議会等」を置くことの3点を示している．そして，

この協力者会議最終報告を受けて，中央教育審議会は2005（平成17）年12月に「特別支援教育を推進するための制度の在り方について」（以下中教審答申とする）を答申した．その中で，現在の盲・聾・養護学校を，障害種別を超えた学校制度である特別支援学校（仮称）とすることが適当であるとしている．そして，特別支援学校は，小・中学校等の教員への支援機能や特別支援教育等に関する相談・情報提供機能，福祉，医療，労働などの関係機関等との連絡・調整機能などのセンター的機能を果たすことが期待されるとしている．この答申を受け，2006（平成18年）6月の学校教育法の改正では，「特別支援学校は，小・中学校等の要請に応じて教育上特別の支援を必要とする児童・生徒等の教育に関し，必要な助言又は援助を行うように努めること」が示され，2007（平成19）年度からの施行になる．

本節では，特別支援教育の基本的な考え方を受け，盲・ろう・養護学校や特殊学級での教育の立場だけではなく，上述した特別支援教育の観点で，進路指導の現状や課題について述べるものとする．

2. 盲・ろう・養護学校高等部の進路実態と課題

1) 盲・ろう・養護学校高等部の進路状況

文部科学省の学校統計を見ると，2003（平成

表3.10 盲・ろう・養護学校高等部卒業者の進路(2003年3月)

区分	卒業者		進学者		教育訓練機関等		就職者		施設・医療機関		その他	
	人	%	人	%	人	%	人	%	人	%	人	%
高等部計	12,269	100	584	4.8	453	3.7	2,379	19.4	6,935	56.5	1,936	15.8
盲学校	337	100	162	48.1	12	3.6	40	11.9	82	24.3	41	12.2
ろう学校	470	100	247	52.6	51	10.9	120	25.5	38	8.1	14	3.0
知的障害養護学校	9,210	100	95	1.0	256	2.8	2,067	22.4	5,388	58.5	1,404	15.2
肢体不自由養護学校	1,895	100	33	1.7	86	4.5	114	6.0	1,275	67.3	387	20.4
病弱養護学校	357	100	47	13.2	48	13.4	38	10.6	152	42.6	90	25.2

表3.11 盲・ろう・養護学校高等部卒業時の就職者の人数と就職率の変化

卒業年月	盲学校		ろう学校		知的障害養護学校		肢体不自由養護学校		病弱養護学校	
	人	%	人	%	人	%	人	%	人	%
1997年3月	60	14.4	196	37.4	2,446	32.0	198	11.2	46	15.3
99年3月	43	13.4	154	32.9	2,277	28.8	151	9.2	30	9.3
2001年3月	42	12.6	187	31.4	2,212	25.5	116	6.6	30	8.0
03年3月	40	11.9	120	25.5	2,067	22.4	114	6.0	38	10.6

15)年3月の高等部卒業生は，1万2269人であり，卒業時の進路状況は，表3.10のとおりである．

高等部卒業者の進路で最も多いのは，施設・医療機関で，57%である．2番目に多いのは，就職者で19%である．その他は16%で，在宅等が考えられる．

盲学校，ろう学校の進学者は，48%と53%となっている．多くは，高等部専攻科に進んでいることが推測される．また，知的障害養護学校の進学者は，公立学校に専攻科が設置されていないこともあり，1%と少ない．

1997（平成9）年3月から2003（平成15）年までの就職率の変化は，表3.11のとおりであり，病弱養護学校以外は減少傾向が見られる．盲学校，ろう学校，病弱養護学校については，就職率がおおよそ2/3に減少している．肢体不自由養護学校は半減している．知的障害養護学校の就職率は10%減少しているが，2003（平成15）年度の就職者数は，盲・ろう・養護学校全体の87%となっている．

2）高等部卒業後の進路にかかわる課題

高等部卒業者の57%は，施設・医療機関となっている．この中には，作業所等等の施設に進み，その後就職も希望する者もいることが少なからずいることが予想される．また，毎年多くの卒業生が作業所等へ入所し，働きながら社会参加をしているが，既設の作業所から就職などして退所しなければ，高等部から新たな卒業生を受け入れることはできない．作業所等で一般就労できるような力を身につけ，作業所から就職できるようにするために，作業所の設備の充実や職員の職業指導技能向上のための物的・人的な支援が望まれる．

知的障害と肢体不自由養護学校高等部卒業者のうち1,790名の進路が「その他」となっている．「その他」の中には，希望する施設が居住地の近くになく，やむを得ず在宅となってしまった卒業生もいることが予想できる．障害の比較的重い卒業生も，社会参加ができる場を作ることが必要である．

高等部卒業者の19%，2,379名が一般企業等へ就職している．就職者の87%，2,067名は知的障害養護学校の卒業生である．卒業後の一般就労を希望する者が入学できるように，職業学科等の設置を促進することが必要である．また，高等部普通科における作業学習の施設・設

備を充実するなど，知的障害養護学校における職業教育を充実することが重要である．

現在，産業構造の変化により，都市部には，製造業よりも販売，サービス関係の職場が増えてきていることが考えられる．就職者の86%を占める知的障害養護学校卒業生の就職先の職域として，販売や事務，サービス職業を開拓するとともに，新しい職域に対応した職業教育を充実する必要がある．

3. 特別支援教育における就労支援

1) 盲・ろう・養護学校高等部における移行支援の現状

盲・ろう・養護学校高等部卒業後の職業生活への移行を支援するためには，高等部在学中から，卒業後まで一貫した移行支援が必要であり，それを具体化するための支援計画を作成し，活用することが重要である．

文部科学省が移行支援について初めて言及したのは，2001（平成13）年1月に「21世紀の特殊教育の在り方（最終報告）」の中である．ここでは，「就学前から卒業後までの一貫した支援の必要性」を述べている．このことを受け，文部科学省は，2001（平成13）年度に全国特殊学校長会に「教育と労働関係機関等が連携した就業支援の在り方に関する調査研究」を委嘱した．全国特殊学校長会は，この調査研究を進めるに当たり，ワーキンググループとして東京都就業促進研究協議会に実践研究を依頼し，報告書の内容として「個別移行支援計画」が提案されている．ここでは，実践研究に基づき，高等部3年間の在学中に活用する「個別移行支援計画（1）」と高等部卒業後3年間をめどに活用する「個別移行支援計画（2）」の作成の仕方，活用方法について提案している．

さらに，文部科学省は，協力者会議最終報告で，「一人一人の児童生徒の教育的ニーズに応じた教育的対応は，卒業後の円滑な就労支援を目的とした『個別移行支援計画』の実践研究などで部分的に進められつつあるが，一貫した『個別の教育支援計画』の策定により，障害のある児童生徒の視点に立った各種の教育支援のより効果的・効率的な実施が期待できる」としている．「個別の教育支援計画」は，教育，医療，福祉，労働関係機関から中心となる機関を定めつつ，地域，都道府県，国の各レベルでの連携協力体制を構築することも求めている．したがって，東京都就業促進研究会議で開発した個別移行支援計画は，「個別の教育支援計画」の一部に位置づけられるものである．

中教審答申では，「新障害者プランの中の『個別の支援計画』と『個別の教育支援計画』との関係については，『個別の支援計画』を関係機関等が連携協力して策定するときに，学校や教育委員会などの教育機関等が中心になる場合に，『個別の教育支援計画』と呼称しているもので，概念としては同じものである」としている．

したがって，高等部在学中に策定・活用する「個別移行支援計画」は，高等部の「個別の教育支援計画」とし，高等部卒業時に作成され，卒業後も活用する「個別移行支援計画」は「個別の教育支援計画」と「個別の支援計画」をつなぐものとして位置づけることができる．

2) 高等部における「個別の教育支援計画」の概要

①進路指導との関係

在学中に作成し活用する個別の教育支援計画は，在学中の支援内容と進路相談など進路指導で行っていることを結びつけ，卒業後の進路希望が実現できるようにする役割を果たすことも意図している．すなわち，校内での進路相談や関係機関との相談を通して生徒本人や保護者の希望を聞き取り，現在必要としている支援内容や生徒自身が主体的に進路先を選択できるようにするために支援内容を明確にし，支援を計画的に実施することが目的である．

将来の生活・現在の生活についての希望				
本人の希望				
保護者の希望				
必要と思われる支援内容				
具体的な支援内容				
家庭生活	学校での生活	余暇・地域生活	医療・健康・療育	前機関の役割

図3.3　個別の教育支援計画の項目

②個別の教育支援計画の項目例（図3.3）

この書式は，高等部在学中の生徒を対象にし，卒業後の移行支援にも結びつけるために必要な項目を示したものである．個別の教育支援計画の作成は，高等部入学後の「本人の進路希望」と「保護者の進路希望」聞き取りから始まる．入学当初は，企業就労を目指すのかどうかなど，高等部卒業後の進路を保護者や生徒がどのように考えているかを把握する．進路担当者は具体的な職種のイメージがもてるように，卒業生の進路先の情報を提供するとともに，就労に向けて用意できる支援の内容についても説明する．

保護者には，各教科等における職業準備教育の内容を説明し，どのような教育を望んでいるのかを把握する．そして，在学中から職業センターや福祉事務所などの関係機関と連携して就労を支援していくことなども説明しながら，相談を継続的に行う．このように，生徒本人や保護者のニーズを把握してから，個別の教育支援計画の具体的内容を関係機関と相談し記入していくことになる．

3）個別移行支援計画の概要

①個別移行支援計画の必要性

高等部卒業後，生徒は学校生活中心の生活から，社会・経済生活が中心となる生活に移行する．社会人となった卒業生の地域生活を充実し，職業生活の安定を図るためには，本人の望む支援を受けられるようにする必要がある．したがって，高等部で活用してきた「個別の教育支援計画」に基づいて，卒業後三年間をめどに活用する「個別移行支援計画」を作成する必要がある．

個別移行支援計画は，進路相談や関係機関と連絡を取り合うなど，進路指導で行っていることをまとめ，生徒が学校卒業後必要とする支援内容として明確にすることを意図している．すなわち，進路先がほぼ決まった段階で，生徒本人や保護者から卒業後の支援内容について希望を聞き取るとともに，関係機関とも連絡を取り，支援が実現するように支援計画を作成することになる．

したがって，地域社会で受けることができる支援内容に関する情報を保護者や生徒本人に知らせることや，関係機関に働きかけ，生徒が必要とする支援の内容を伝えることも大切である．個別移行支援計画の作成を通して，地域社会における支援ネットワークをつくり，生徒の卒業後の社会生活を支えるようにすることも重要になってくる．

②個別移行支援計画の内容

この書式は，一般就労を希望する生徒を対象にし，移行支援に必要な項目を示したものである．地域社会の状況により，労働，福祉，事業主等の関係機関が集まり，学校が主催して相談会議を設け，実行可能な個別移行支援計画を作成することになる（図3.4）．

本人のプロフィール				記入者（　　　　　　　）			
氏名		フリガナ	性別	生年月日	昭和　年　月　日		
住所　〒				連絡先			
保護者				連絡先			
出身校		学校	担当者	連絡先			
将来の生活についての希望							
☆私が望む支援の優先順位							
必要と思われる支援							
具体的支援							
家庭生活		進路先の生活	余暇・地域生活		医療・健康		出身学校の役割
担当者： 連絡先： 内容：		担当者： 連絡先： 内容：	担当者： 連絡先： 内容：		担当者： 連絡先： 内容：		担当者： 連絡先： 内容：
備考							

以上の支援計画について了承しました．
　　　平成　　年　　月　　日　　　氏名（自筆）

図3.4　個別移行支援計画の項目

4）卒業後の移行支援にかかわる課題

　個別移行支援計画は，支援を受ける人がその内容を理解することで活用されることになる．自分に必要な支援内容を自分で選択できるようにすること，支援を受けるには責任も生じることなど，移行支援の内容について学習できるようにする必要がある．

　個別移行支援計画（2）にある個人情報は，その個人に属するものなので，周囲への情報提供の際には，個人の了解が必要である．したがって，作成時に「支援計画について了承しました」という本人の署名と情報の提供先について了承を得ることを配慮する必要がある．それと同時に個人情報を提供する関係機関に対しても，個人情報の扱いについて配慮できるような取り決めが必要である．

　卒業生が安定した就業生活をするためには，就業支援と生活支援の両方が必要である．

　現在，就労支援センターが設置され，地域にある公共職業安定所，保健福祉センター，通勤寮，福祉作業所等で組織する就労支援ネットワークを生かし，就業支援と生活支援を一体的に提供している所もある．学校は，生徒の在学中からこれらの支援機関と連携して個別移行支援計画を作成し，卒業後に支援計画を活用し，計画に基づいた支援を実施できるようにする必要がある．

　個別移行支援計画は，学校から見た学校生活から社会生活への移行をスムーズに行えるようにするためのものであり，卒業後3年をめどに活用するものである．したがって，支援の中心が学校から就労支援センター等に代わったら，その機関が使う名称で支援計画が作成されることになる．その場合は，学校は，支援計画の作成に協力することになる．

　就労支援センターがない地域においては，就業支援と生活支援が行われるように，学校が地域にある役所や福祉センター，公共職業安定所などの関係機関と連絡を取るようにする必要がある．同時に，関係機関が連絡を取りあって一体的な支援できるようにコーディネイトすることも学校の役割である．

第5節　就労支援の制度と事業

1. 障害者雇用促進法と障害者雇用率制度

日本の障害者雇用施策は，「障害者の雇用の促進等に関する法律」（以下「障害者雇用促進法」という）を核として体系化されている（図3.5）．また，次のものに，具体的な障害者の雇用対策の方針が示されている．

①障害者基本計画：2002（平成14）年12月に策定された今後10年間の障害者施策の基本的方向（2003（平成15）年度〜2012年度）

②重点施策実施5か年計画（新障害者プラン）：障害者基本計画期間の前期に政府が重点として取り組む具体施策（2003（平成15）年度〜2007年度）

③障害者雇用対策基本方針：2003（平成15）年3月に厚生労働大臣が策定した厚生労働省の

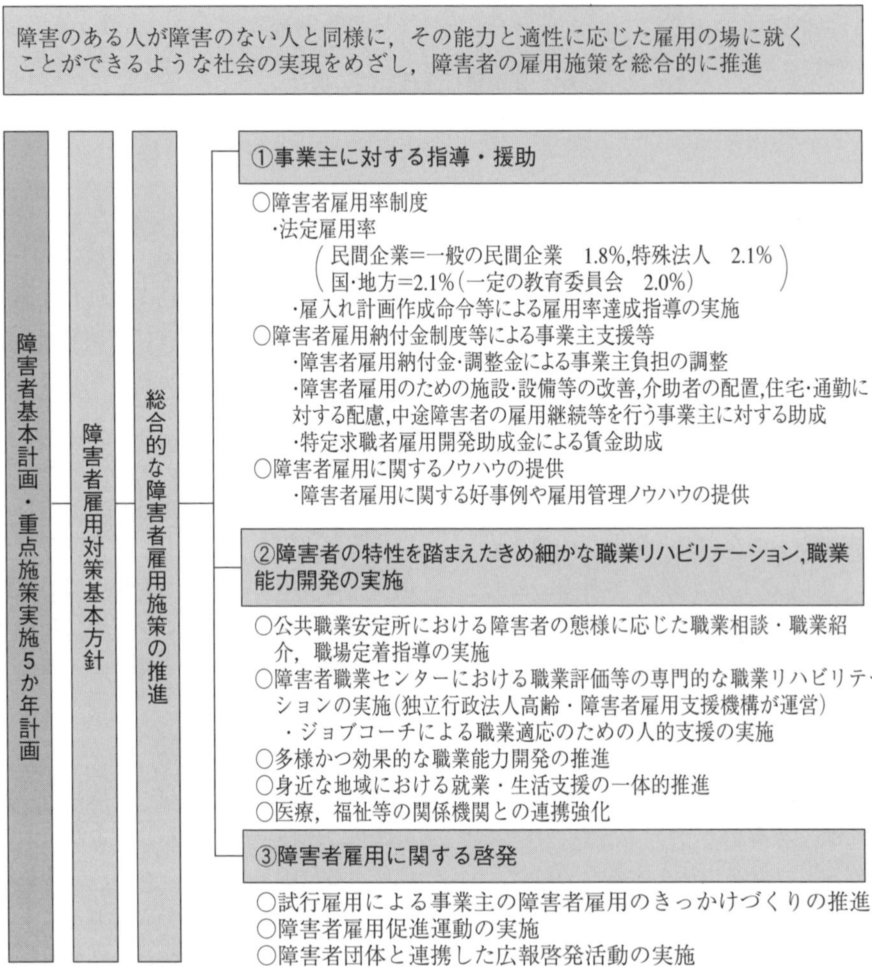

```
障害のある人が障害のない人と同様に，その能力と適性に応じた雇用の場に就く
ことができるような社会の実現をめざし，障害者の雇用施策を総合的に推進
```

障害者基本計画・重点施策実施5か年計画／障害者雇用対策基本方針／総合的な障害者雇用施策の推進

①事業主に対する指導・援助
　○障害者雇用率制度
　　・法定雇用率
　　　（民間企業＝一般の民間企業　1.8％, 特殊法人　2.1％）
　　　（国・地方＝2.1％（一定の教育委員会　2.0％））
　　・雇入れ計画作成命令等による雇用率達成指導の実施
　○障害者雇用納付金制度等による事業主支援等
　　・障害者雇用納付金・調整金による事業主負担の調整
　　・障害者雇用のための施設・設備等の改善，介助者の配置，住宅・通勤に対する配慮，中途障害者の雇用継続等を行う事業主に対する助成
　　・特定求職者雇用開発助成金による賃金助成
　○障害者雇用に関するノウハウの提供
　　・障害者雇用に関する好事例や雇用管理ノウハウの提供

②障害者の特性を踏まえたきめ細かな職業リハビリテーション，職業能力開発の実施
　○公共職業安定所における障害者の態様に応じた職業相談・職業紹介，職場定着指導の実施
　○障害者職業センターにおける職業評価等の専門的な職業リハビリテーションの実施（独立行政法人高齢・障害者雇用支援機構が運営）
　　・ジョブコーチによる職業適応のための人的支援の実施
　○多様かつ効果的な職業能力開発の推進
　○身近な地域における就業・生活支援の一体的推進
　○医療，福祉等の関係機関との連携強化

③障害者雇用に関する啓発
　○試行雇用による事業主の障害者雇用のきっかけづくりの推進
　○障害者雇用促進運動の実施
　○障害者団体と連携した広報啓発活動の実施

資料：厚生労働省

図3.5　障害者雇用施策の体系

表3.12　法定障害者雇用率

民間企業	一般の民間企業	1.8%
	特殊法人等	2.1%
国及び地方公共団体	国，地方公共団体	2.1%
	都道府県等の教育委員会	2.0%

障害者雇用対策の基本方針

　日本の障害者雇用施策は，障害者雇用率制度と障害者雇用納付金制度が柱である．これらは，事業主は「障害者である労働者が有為な職業人として自立しようとする努力に対して協力する責務を有する」という社会連帯の理念を根拠としている（障害者雇用促進法第5条「事業主の責務」）．

　障害者雇用促進法で，民間企業，国，地方公共団体は，一定の割合以上，身体障害者または知的障害者を雇用しなければならないこととされている．この障害者雇用率は，障害者に健常者と同じ水準の雇用を保障するとの観点から，次のような割合を基準として設定することとされている．

　障害者雇用率＝（身体障害者である常用労働者の数＋失業している身体障害者の数＋知的障害者である常用労働者の数＋失業している知的障害者の数）／（常用労働者数－除外率相当労働者数＋失業者数）

　障害者雇用率は，一般労働市場の状態に対応しつつ，障害者に雇用機会を保障しようとするものであるため，少なくとも5年ごとに見直すことと決められている．現行（2006年9月現在）の障害者雇用率は，表3.12のとおりである．

　障害者雇用率の算定に当たっては，雇用されている重度身体障害者または重度知的障害者は，その1人をもって身体障害者または知的障害者2人雇用したものとして取り扱うこととされている（ダブルカウント）．また，通勤面等の理由から，通常のフルタイム勤務が困難な重度の障害のある人の雇用の促進を図るため，労働時間が週20時間以上30時間未満である場合（短時間労働者）には，その1人をもって1人として雇用率にカウントすることとされている．

　なお，改正障害者雇用促進法が2006年4月から施行され，法定雇用率の算定対象に，精神障害者が加えられることとなった．短時間労働の精神障害者は，0.5人分として雇用率にカウントされる．ただし，雇用の義務化は見送られたため，精神障害者を雇用したときには，その数に相当する身体障害者または知的障害者を雇い入れたものとみなすものとされている．現行の障害種類別の対象となる雇用施策は表3.13のとおりである．

　障害者雇用率算定の基礎となる常用労働者数の計算に当たって，一定の業種に属する場合に，一定の割合で引き下げる除外率制度がある．ただし，この制度は，障害者雇用促進法改正により，廃止に向けて段階的に縮小することになっている．

　事業主が障害者雇用に特別の配慮をした子会社を設立し，一定の要件を満たして厚生労働大臣認定を受けた場合には，その子会社に雇用されている労働者を親会社に雇用されているものとみなして，実雇用率を算定できることとされている．これを特例子会社制度という．特例子会社は徐々に増えてきており，2006年2月末日現在，186社となっている．

表3.13 対象となる雇用施策（障害種類別）

事項	身体障害者	知的障害者	精神障害者	その他の障害者
職業紹介，職業能力開発等の職業リハ	○	○	○	○ （適応訓練等一部を除く）
雇用率制度	○	○	△	×
納付金徴収，調整金・報奨金の支給	○	○	△	×
助成金の支給	○	○	○	× （研究調査に係る助成金は支給）
研究，広報啓発	○	○	○	○

事業主は，毎年6月1日現在における障害者雇用状況を「障害者雇用状況報告書」で管轄の公共職業安定所に報告しなければならない．また，障害者雇用率未達成の事業主には，公共職業安定所が「障害者の雇入れに関する計画」を作成するよう命じることがある．さらに，障害者雇用について公共職業安定所の勧告に従わない場合には，その事業所名を公表することがある．

2. 障害者雇用納付金制度

障害者雇用納付金制度は，雇用率未達成の常用労働者301人以上の事業主から納付金を徴収するとともに，その納付金を財源として，雇用率を超えて障害者を雇用している事業主に，調整金や報奨金，各種助成金を支給することによって，障害者雇用に関する事業主の共同連帯責任の円滑な実現をめざすものである．中小企業の負担能力等にかんがみ，常時300人以下の常用雇用労働者を雇用する事業主については，当分の間納付金を徴収しないこととされている（図3.6）．

なお，納付金の額や調整金，報奨金の額の算定に当たっては，障害者雇用率の算定と同様に，常用雇用労働者である重度身体障害者または重度知的障害者はその1人をもって1人として，短時間労働者である重度身体障害者または重度知的障害者はその1人をもって2人の身体障害者または知的障害者とみなすこととされている．

3. 支援機関の種類と活動

1）公共職業安定所（ハローワーク）

公共職業安定所は，就職を希望する障害者に対して求職登録制をとっている．求職登録票には，障害の状況，技能，知識，職業適性，身体能力，希望職種等が記載される．この登録票を活用しながら，ケースワーク方式による綿密な職業指導が行い，安定した職場への就職あっせんに努めることとされている．この求職登録票は，一応の職業的自立がなされたあとも保存されて，就職後の指導まで一貫して利用される．

主要な公共職業安定所には，障害のある人の就職問題を専門に担当する就職促進指導官が配置されている．また，よりきめ細かな就職指導等を推進するため，2006（平成18）年度は，全国で，職業相談員〔障害者職業相談担当〕154名，職業相談員〔障害者求人開拓担当〕

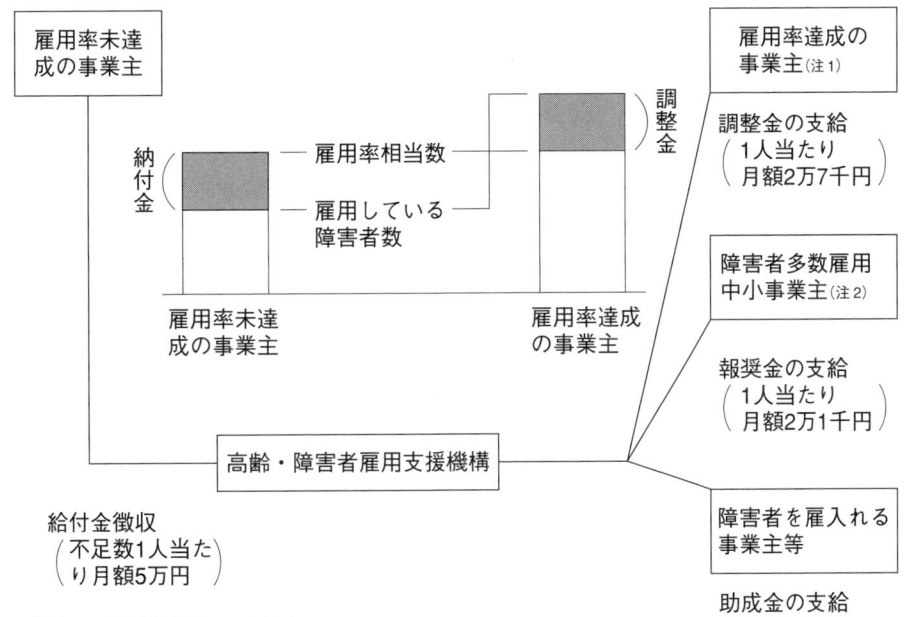

図3.6　障害者雇用納付金制度

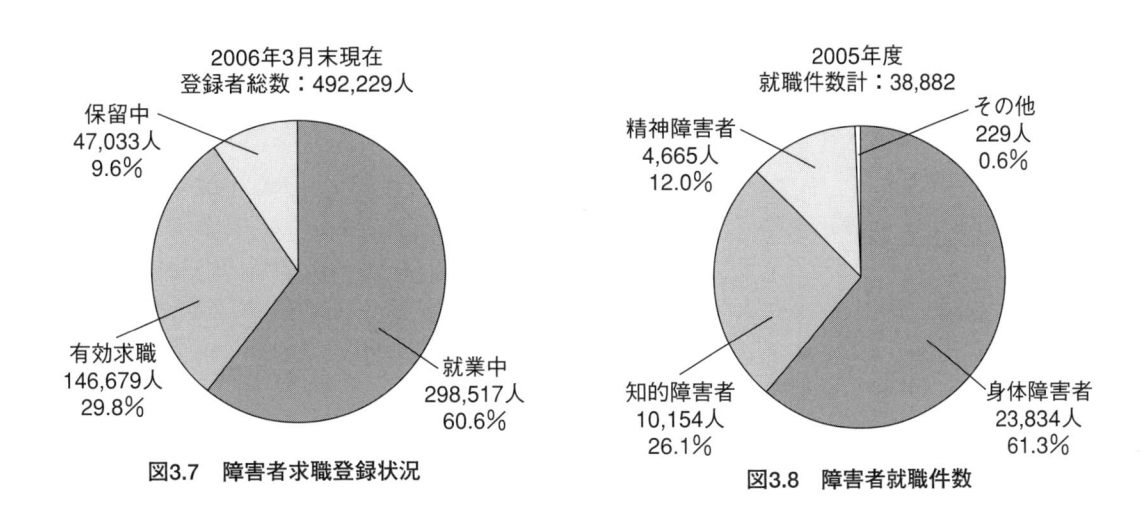

(注) 1　常用労働者301人以上
　　 2　常用労働者300人以下で障害者を4%または6人のいずれか多い数を超えて雇用する事業主

図3.7　障害者求職登録状況

図3.8　障害者就職件数

251名，精神障害者ジョブコンサルタント47名，障害者専門支援員217名が配置されている．

2006年3月末現在の障害者求職登録状況は，登録者総数は492,229人，うち就業中の障害者は298,517人で60.6%，有効求職者は146,679人で29.8%，保留中の者は47,033人で9.6%となっている（図3.7）．

2005年度における障害のある人の新規求職申込みは97,626件，就職件数は38,882件となった．なお，新障害者プランに示された数値目標（3万人）は，初年度である2004年度にクリアーされている（図3.8）．

2）障害者職業センター

障害のある人々の職業生活における自立を促

進することを目的に，独立行政法人高齢・障害者雇用支援機構によって，障害者職業総合センター，広域障害者職業センター，地域障害者職業センターの3種類の障害者職業センターが設置・運営されている．

障害者職業総合センターでは，障害の重度化，多様化等に対応した職業リハビリテーションサービスの推進を図ることを目的として，職業リハビリテーションに関する研究・開発，情報の収集・提供，専門職員の養成・研修，地域障害者職業センター等への指導・助言等が総合的に行われている．

広域障害者職業センターは，障害者職業能力開発校と併設され，医療施設と連携して職業リハビリテーションサービスを提供する施設として，国立職業リハビリテーションセンター（埼玉県所沢市）と国立吉備高原職業リハビリテーションセンター（岡山県吉備中央町）が設置されている．また，医療施設と連携してせき髄損傷者の職業リハビリテーションサービスを提供する施設として，せき髄損傷者職業センター（福岡県飯塚市）が設置されている．

地域障害者職業センターは，公共職業安定所等の関係機関と密接な連携のもとに，地域に密着した職業リハビリテーションサービスを実施する施設として，全国47都道府県の主要都市に設置されている（北海道・東京・愛知・大阪・福岡には支所併設）．地域障害者職業センターでは，障害者に対して，職業評価，職業指導，職業準備支援，職場適応援助者（ジョブコーチ）による支援事業，精神障害者総合支援事業，職場適応指導等を行っている．また，事業主に対して，障害者の雇用管理に関する技術的・専門的援助，雇入れ，配置，作業補助具，作業の設備または環境その他，障害者の雇用に関する技術的事項についての助言，その他の援助を行っている．これらの業務は，専門的な知識及び技術に基づいて職業リハビリテーション業務等を行う障害者職業カウンセラーが中心となって展開されている．

3）障害者就業・生活支援センター及び障害者雇用支援センター

障害者就業・生活支援センターは，身近な地域で，雇用，保健福祉，教育等の関係機関との連携の拠点として連絡調整等を積極的に行いながら，就業及びこれに伴う日常生活，社会生活上の相談・助言等の支援を一体的に行うことを目的としており，全国に110カ所（2006年度）設置・運営されている．また，障害者雇用支援センターにおいては，職業準備訓練を中心とする職業リハビリテーションを実施しており，全国に14カ所（2006年度）設置・運営されている．

4）障害者職業能力開発校

障害者職業能力開発校は，一般の公共職業能力開発施設において職業訓練を受けることが困難な重度障害者や知的障害者等に対して，その障害の態様に配慮した職業訓練を実施する施設で，職業に必要な技能・知識を習得させることにより，就職を容易にし，職業の自立を図ることを目的としている．

障害者職業能力開発校は，国が設立し，都道府県が運営しているものが11校，国が設立し，独立行政法人高齢・障害者雇用支援機構が運営しているものが2校，府県が設置・運営しているものが6校，計19校ある．

4．就業支援・能力開発の事業

1）職場適応訓練

公共職業安定所が窓口となっている事業に，職場適応訓練がある．これは都道府県知事が事業主に委託し，障害のある人の能力に適した作業について6カ月（重度障害者は1年以内）の実地訓練を行い，職場環境への適応を容易にし，訓練終了後の雇用をめざすものである．訓練機関中，委託先の事業主には委託費（訓練生1人につき月24,000円．重度障害者の場合は25,000円）が支給され，また，訓練生に対し

ては，月平均，約138,170円の訓練手当が支給される．なお，職場実習の期間を2週間以内（重度障害者の場合は原則として4週間以内）とする短期職場適応訓練制度もある．

2) 一般の職業能力開発校での障害者の受入れ

一般の公共職業能力開発施設への障害者の受入れ促進が進められている．一般の公共職業訓練施設に知的障害者を対象とした訓練コースを設置し，職種により3カ月～3年間の職業訓練機会が提供されている．さらに，都道府県に障害者職業訓練コーディネーターが配置され，障害者委託訓練実施拠点校が定められ，企業，社会福祉法人，NPO法人，民間教育機関等の地域の多様な委託先を開拓し，委託訓練（原則として3カ月以内）が実施されている．

3) ジョブコーチによる支援事業

地域障害者職業センターでは，障害者を雇用しようとする，または雇用している事業所にジョブコーチ（正式には「職場適応援助者」という）を派遣して，障害のある人の職場適応を図るジョブコーチによる支援事業を，2002年度から展開している．支援終了後6カ月時点での在職状況をみると，概ね80%程度となっており，就職や職場適応に課題を持つ障害のある人々の支援ツールとして優れたものであることが認められている．

4) 障害者試行雇用事業（トライアル雇用）

障害者に関する知識や雇用経験がないことから障害者雇用をためらっている事業所に，障害者を試行雇用の形で受け入れてもらい，本格的な雇用に結びつけるきっかけとする障害者試行雇用事業（トライアル雇用）がある．当初地域障害者職業センターの事業であったが，2003年度からは公共職業安定所に移された．この事業は，障害者，事業主双方に，お互いをよく理解する機会を与える効果もあり，結果として比較的高い雇用移行率を示している．

5) その他

障害者雇用に関する援助としては，他に，雇用管理サポート事業，就労支援機器の貸出事業，都道府県障害者雇用促進協会等による雇用相談，各種講習の開催，障害者職業生活相談員資格認定講習の開催，障害者雇用マニュアル等の配布などがある．

文　献

1) 厚生労働省・独立行政法人高齢・障害者雇用支援機構：障害者の雇用支援のために　事業主と障害者のための雇用ガイド　平成17年版．厚生労働省・独立行政法人高齢・障害者雇用支援機構，2005．
2) 内閣府：障害者白書平成18年度版．2006．
3) 独立行政法人高齢・障害者雇用支援機構編：平成17年度障害者職業生活相談員資格認定講習/障害者雇用推進者講習テキスト　障害者雇用ガイドブック．2005．

第4章

就労支援の歴史と展開

第1節　職業リハビリテーションを支える制度
―これまでの歴史と展望―

1. 最近の動向と展望

職業リハビリテーションを支える制度をめぐる最近の動向について，1）1987年から92年まで，2）1993年から2002年まで，および3）2003年以降，の3つの時期に整理して触れる．

1）1987年から92年まで

1987年5月には，前述の国際障害者年以降の国際的動向，特にILO総会での第159号条約の採択などを受け，①身体障害者雇用促進法の対象を身体障害者からすべての種類の障害者に拡大し，知的障害者については雇用の義務化は行わないものの，雇用率制度および納付金制度の対象とすること，②雇用の促進に加え，雇用の安定を図ること，③障害者雇用対策基本方針を策定すること，および④職業リハビリテーション対策の推進を図ること，などを内容とする改正が行われた．

この改正により同法は，その名称が障害者雇用促進法に変更された．

同改正法で職業リハビリテーションがわが国ではじめて法的に規定されるとともに，これまで雇用促進事業団と日本障害者雇用促進協会などに分かれて運営されてきた心身障害者職業センターおよび国立職業リハビリテーションセンターなどが，障害者職業センター（1992年開設の障害者職業総合センター，広域障害者職業センターならびに地域障害者職業センターから構成）として再編され，その運営は日本障害者雇用促進協会（現・独立行政法人高齢・障害者雇用支援機構）に一元化されることとなった．また，これらのセンター共通の専門職として障害者職業カウンセラーが制度化された．

さらに1992年5月には，前述のILO第159号条約の批准（同6月）に備え，同法は再度改正され，①重度障害者などの雇用の継続を支援するための助成金制度の拡充，②短時間（20～30時間）労働の重度障害者に対する雇用率制度および納付金制度の適用，ならびに③知的障害者および精神障害者に対する職業リハビリテーションおよび雇用対策の強化等が図られた．

一方，1987年9月に行われた改正で，精神衛生法が精神保健法と改称され，回復途上にある精神障害のある人々に対するリハビリテーション措置の拡充の一環として，精神障害者通所授産施設等の職業リハビリテーション施設の整備が促進されることとなった．さらに1992年度には精神障害者入所授産施設が，また1993年度には精神障害者福祉工場がそれぞれ制度化されている．

ちなみに，地域障害者職業センター利用者の推移をみると，最初のセンターが東京に設置された1972年度には，延べ利用者数は700人程度で，その74%は身体障害のある人々で占められていた．ところがその後同センターが全国的に整備され，かつそのサービス・メニューも職業準備訓練や職域開発援助事業（1992年度導入）[注1]などにまで拡大された結果，1998年度には延べ利用者数は，約19万8,000人に増える一方，その障害別構成は身体障害21%，知的障害56%，精神障害その他24%と大きく変貌している．

2）1993年から2002年まで

1993年から「アジア太平洋障害者の十年」が始まったことに合わせ，政府は「障害者対策に関する新長期計画」を策定（同3月）したが，そのなかで障害のある人々の雇用対策について「重度障害者に最大の重点を置き，障害者

が可能な限り一般雇用に就くことができるよう，障害の特性に応じたきめ細かな障害種類別対策を総合的に講ずることを基本方針として，その雇用・就業の場の確保に向けて，着実かつ計画的に施策を推進する」[1] としている．

そして，それを踏まえて1994年に行われた障害者雇用促進法改正では，福祉部門と雇用部門の連携を図りながら，市町村レベルでの継続的かつきめ細かな職業リハビリテーションサービスを提供し，就職・職場定着に至るまでの相談，援助を一貫して行うような人的支援システムを具体化する組織として，障害者雇用支援センターが制度化された（2005年度末現在，14カ所）．同センターは，公共職業安定所および地域障害者職業センターとの密接な協力の下に，主として授産施設などを利用している障害のある人々を対象に職業準備訓練等を実施することにより，これらの障害のある人々の一般雇用への移行を支援することを意図したものである．

前述の「障害者対策に関する新長期計画」の重点施策の実施計画として1995年12月に策定された「障害者プラン～ノーマライゼーション7カ年戦略～」でも，また1996年5月に行われた総務庁の行政監査結果に基づく勧告でも，知的障害者を含む雇用率の設定について検討すべきであるとの指摘があったことなど[2] から，知的障害者を含む雇用率設定をするために1997年4月障害者雇用促進法が改正された．その改正により，法定雇用率は国および地方公共団体等は2.1％，民間企業は1.8％にそれぞれ引き上げられた（1998年7月施行）．

また，同改正で，①精神障害者に対する雇用施策を充実すべく，助成金等の対象とする精神障害者の範囲に，1995年の精神保健法改正（精神保健及び精神障害者福祉に関する法律に名称変更）で制度化された精神障害者保健福祉手帳の交付を受けている者を加えるとともに，これらの障害者が短時間労働についた場合にもその対象とすること，ならびに②1998年度からこれまでの都道府県指定の公益法人に加え，社会福祉法人が障害者雇用支援センターを運営できるようにするとともに，自らは訓練室を持たず，地域の福祉施設等を訓練の場として活用するなど，さまざまな地域の社会資源をコーディネートしながら必要な職業的サービスを提供する，いわゆる「あっせん型」の雇用支援センターが認められた．

あっせん型の雇用支援センターでは，地域の福祉施設（知的障害者通勤寮）等に就業支援機能を付加するため，これらの施設が持つ生活支援機能と合わせ，就業支援と生活支援を一体的に提供する拠点を地域のなかにつくる観点から，「障害者就業・生活支援の拠点づくりの試行事業」が1999年度開始された．

そして，同試行事業が，2002年5月の障害者雇用促進法改正で，障害者就業・生活支援センターとして制度化されたことに伴い，あっせん型雇用支援センターはすべて障害者就業・生活支援センターとして一本化された（2006年4月現在，110カ所）．

また，同改正で従来の職域開発援助事業が，職場適応援助者（ジョブコーチ）事業として制度化された．同事業は，地域障害者職業センターに配置されたジョブコーチのほか，協力機関として登録された社会福祉法人等に所属するジョブコーチと連携して実施されている．

同改正では，それらに加え，①雇用義務の軽減措置である除外率制度および除外職員制度は，障害のある人が一定の職種にまったく就き得ないことを想起させるもので，ノーマライゼーションの理念からみて適切ではないとの観点から，段階的に縮小すること，②特例子会社[注2]の認定要件を緩和し，特定子会社を保有する企業が，企業グループで雇用率を算定することを可能にすること，等が行われた．

一方，1990年代はじめにバブル経済崩壊以降の長期的不況下で，企業等におけるリストラなどが進んだ結果，失業率が5％に迫る等，わが国の雇用状況が悪化した影響を受け，障害の

表4.1 職業リハビリテーション年表

社会情勢	文部省・厚生省/労働省
1945: 第二次世界大戦終戦 (1945.8)	1945: [総合] 憲法制定 (1946.11)・内閣法制定 (1947.1)・国家行政組織法制定 (1948.7) [文部] 教育基本法 (1947.3)・学校教育法 (1947.4) [厚生] 児童福祉法 (1947.12) [労働] 労働基準法 (1947.4)・労働者災害補償法 (1947.4)・職業安定法 (1947.11) [厚生] 日本肢体不自由児協会設立 (1948.9) [労働] 大阪身体障害者職業補導所設置 (現・大阪障害者職業能力開発校) (1948) [総合] 労働省設置法・厚生省設置法 (1949.5) [厚生] 国立身体障害者更生指導所設置 (現・国立身体障害者リハビリテーションセンター) (1949.10)・身体障害者福祉法 (1949.12)

社会情勢	文部省・厚生省	労働省
		1950: 身体障害者職業更生援護対策要綱 (1952) ILO「障害者の職業リハビリテーションに関する勧告」(ILO99号勧告) 採択 (1955.6) 職業訓練法 (1958)・その後「職業能力開発促進法」に改正 (1985)
1950: 朝鮮戦争 (1950-53)	1950: 精神衛生法 (1950)・その後「精神保健及び精神障害者福祉に関する法律」に改正 (1995.7) 公立養護学校整備特別措置法 (1956.4)	1960: 身体障害者雇用促進法 (1960.7)・その後「障害者の雇用の促進等に関する法律」に改正 (1987.5) ① 雇用率1.3%は努力義務 ② 職場適応訓練の制度化 職場適応訓練制度を知的障害者にも適用 (1967)
1960: 東京オリンピック (1964.10) 高度経済成長・人手不足	1960: 知的障害者福祉法 (1960.3) 東京パラリンピック (1964.11) 汎太平洋リハビリテーション会議 (1965.4) 広島・おけはの障害福祉センター設置 (1967) 東京都心身障害者センター設置 (1968.4)	1970: 身体障害者雇用審議会「心身障害者の雇用の促進のために講ずべき今後の対策について」(1973.12) ① 雇用率の達成指導、モデル工場融資制度、重度障害者多数雇用事業所設置助成) ② 心身障害者職業センター (現・地域障害者職業センター) 設置 (第1号は、1973.3の東京障害者職業センター) 身障者雇用促進法改正 (1976.5) ① 雇用率を努力目標から法的義務へ ② 適用を事業所単位から企業単位へ ③ 1.3%→1.5% (その後1998.7には1.8%) ④ 納付金制度および助成金制度の創設 ⑤ 重度障害者のダブルカウント ⑥ 身体障害者雇用促進協会 (現・独立行政法人高齢・障害者雇用支援機構 [高障機構]) の設立 (1977.3)
1970: 公害問題 経済成長優先の見直し 福祉優先・福祉元年 オイルショック (1973) 経済低成長 中途障害者の増加	1970: 心身障害者対策基本法 (1970.5)・その後「障害者基本法」に改正 (1993.12) 汎太平洋職業リハビリテーションセミナー (1971.11) 身体障害者福祉工場の制度化 (1972) 養護学校教育の義務化 (1979)	同年の対象は、原則身障者のみ。ただし、労働能力を有する知的障害者には、職業紹介、納付金の減額および助成金の支給、解雇の届出を適用。国立身体障害者リハビリテーションセンターに併設して国立職業リハビリテーションセンター設置 (1979.7)、運営は高障機構。

第 4 章 就労支援の歴史と展開

表4.1 つづき

1980： 障害の重度・重複・多様化 人口の高齢化・少子化 バブル経済期	1980： 国際障害者年「完全参加と平等」(1981) 国連「障害者に関する世界行動計画」(1982) 国際障害者年推進本部「障害者対策に関する長期計画」策定 (1982) 国連「障害者の十年 (1983～1992)」 障害基礎年金制度の創設 (1986.4) 精神保健法（精神衛生法の改正）(1987)	1980： ILO「職業リハビリテーションおよび雇用（障害者）に関する条約」(第159号条約) および同勧告 (168号勧告) 採択 (1983.6) 「すべての種類の障害者が適当な職に就き、それを継続し、かつ向上することができるようにすること、並びにそれにより障害者の社会への統合または再統合を促進することと」、雇用促進の対象また雇用率制度の対象とすること (1988) 職業訓練大学校（現・職業能力開発総合大学校）に福祉工学科を設置 (1983.4) 「第三セクター方式の重度障害者雇用企業」および「第三セクター方式による知的障害者雇用企業」に適用 (1986) 職業適応訓練制度を精神障害者にも適用 (1986) ① 同法の雇用促進法を「障害者の雇用の促進等に関する法律」に改正 (1987.5) ② 雇用促進法の対象を身体障害者からすべての種類の障害者に拡大。知的障害者については雇用の義務化は行わないものの、雇用率制度および納付金制度の対象とすること (1988) ② 雇用の促進に加え、雇用の安定を図ること ③ 障害リハビリテーションセンター等を障害者の雇用・能力開発機構（現・独立行政法人高齢・障害者雇用支援機構）と高齢者職業センターに分かれて運営されていたが心身障害者職業センター等の職業リハビリテーション機関を専門職としての配置を行うに位置づけ等。 国立吉備高原職業リハビリテーションセンター設置 (1987.4)，運営は日障協． 地域障害者職業センター知的障害者の職業準備訓練開始 (1987)
1990： バブル経済の崩壊 社会保障制度構造改革	1990： アジア太平洋障害者の十年 (1993～2002) 障害者対策推進本部「障害者対策に関する新長期計画」の策定 (1993.12) 国連「障害者の機会均等に関する標準規則」採択 (1993.12) 障害者基本法の公布 (1993.12) 精神保健および精神障害者福祉に関する法律（精神保健法の改正）(1995.7) 障害者対策推進本部「障害者プラン」の策定 (1995.12) 精神薄弱者を知的障害者に用語の改正 (1998.7) 中央障害者関係3審議会合同企画分科会「今後の障害保健福祉施策の在り方について」意見具申 (1999.1)	1990： 障害者職業センターの中核施設として障害者職業総合センター設置 (1991.10) 知的障害者対策等を対象とした地域開発援助事業の制度化 (1992) ILO159号条約の批准 (1992.6) 一般職業能力開発校（拠点校）での精神障害者の受入れ開始 (1992) 障害者雇用促進法改正 (1994) で障害者支援センターを制度化 知的障害者を含む雇用率策定、民間企業1.8％、国および地方公共団体等2.1％ (1998.7) ① 精神障害者保健福祉手帳所持者を助成金の対象とすること ② 精神障害者職業センターの運営が認められるとともに、15校知的障害者のための訓練科設置 (1999) 人型の障害者職業能力開発支援センター制度化 (1998) 社会福祉法人5障害者支援センター19校のうち、15校知的障害者のための訓練科設置 (1999) 「障害者就業・生活支援の拠点づくり試行事業」(1999)
2000： 省庁再編 経済のグローバル化の進展（と中国の台頭） 文部科学省・厚生労働省（福祉行政） 厚生労働省（労働行政）	文部科学省・厚生労働省（福祉行政） 2000： 社会福祉法改正 (2000.6) 障害者対策推進本部計画および「重点施策実施5か年計画」の策定 (2002.12) 支援費制度の実施 (2003.4) 特別支援教育の在り方に関する調査研究協力者会議「今後の特別支援教育の在り方について」（最終報告） (2004.3) 障害者基本法改正 (2004.5) 発達障害者支援法制定 (2004.12) 障害者自立支援法制定 (2005.10)	厚生労働省（労働行政） 2000： 障害者雇用促進法改正 (2002.5) ① 障害者就業・生活支援センターおよび職場適応援助者（ジョブコーチ）の制度化 ② 除外率制度の段階的廃止 ③ 特例子会社の認定要件の緩和 障害者雇用促進法改正 (2005.7) ① 精神障害者（精神障害者保健福祉手帳所持者）を雇用率算定対象とすること ② 自宅就業する障害者を支援するため、発注元企業に特例調整金等を支給

ある人々の実雇用率が低下する地方さえ出てきた（1999年8月）．

こうした障害のある人々の厳しい雇用状況に対応すべく，1999年1月から当時の労働省の委託を受け，日本経営団体連盟が中心となって「障害者緊急雇用安定プロジェクト」が実施された．これは，主として障害のある人々の雇用経験の乏しい事業主を対象に，短期間の試行雇用（トライアル雇用）を通じて障害者雇用のきっかけづくりの機会を提供するとともに，トライアル雇用期間（原則として，3カ月間）終了後，その対象となった障害のある人々の常用雇用への移行を進めることを目的としたものである．同事業は，現在は障害者試行雇用事業として，公共職業安定所により実施されている．

3）2003年以降

アジア太平洋障害者の十年（1993年～2002年）にあわせて策定された障害者基本計画（「障害者対策に関する新長期計画」）が2002年度末で終了すること，また，2002年5月のESCAP総会で，アジア太平洋障害者の十年を2012年までさらに10年間延長することが決議されたことから，それに対応すべく，2003年度から10年間の新「障害者基本計画」およびその前期（2003年度からの5年間）において，政府が重点的に取り組む具体施策を定める「重点施策実施5カ年計画」が2002年12月に策定された．新「障害者基本計画」では，雇用・就業分野の基本的方向として，「障害者の雇用の場の拡大」，「総合的な支援施策の推進」が掲げられている．また，「重点施策実施5カ年計画」では，2008年度の障害者雇用実態調査において雇用障害者数を60万人にすることが，具体的な数値目標として掲げられている[3]．ちなみに，2003年度の厚生労働省による障害者雇用実態調査結果によれば，常用雇用の身体障害者数（2003年11月現在）は，36万9,000人となっている．

1997年の障害者雇用促進法改正では，精神障害のある人々への雇用率制度などの適用は見送られたが，障害者プラン（1995年12月）で「精神障害者の雇用実態等を踏まえ，雇用率制度の適用のあり方を検討する」とされたこと，またそれを受けて当時の労働省により設置された「精神障害者の雇用の促進等に関する研究会」から2004年5月に出された最終報告書「精神障害者の雇用を促進するために」で，今後の精神障害者の雇用支援のあり方について，「将来的には，精神障害者を雇用義務制度の対象とすることが考えられるが，現段階では，本格的な実施の前に何らかのかたちで雇用を奨励し，精神障害者を雇用している企業の努力に報いるようなかたちをとることが適当」[4]と指摘されたことを踏まえ，2005年7月障害者雇用促進法が改正された．

同改正の主な内容は，①精神障害者（精神障害者保健福祉手帳所持者）を雇用率の算定対象とすること（ただし，一般の民間企業の法定雇用率は現行（1.8％）どおり），②自宅等で就業する障害者支援の一環として，企業が仕事を発注することを奨励するため，発注元企業に特例調整金等を支給すること，③障害者福祉施策との有機的な連携を図りながら就職支援等の支援を行うことにより，障害のある人々の一般雇用への移行を促進するための施策を講じること，等である．

障害者福祉施策との連携は，具体的には，①公共職業安定所が福祉施設等と連携して，就職を希望する個々の障害のある人に応じた支援計画に基づき，一貫して就職支援を行うモデル事業の実施，②福祉施設がノウハウを活かしてより効果的な職場適応援助を行うために，現行の制度を見直し，新たなジョブコーチ助成金制度の創設，③障害者就業・生活支援センター事業の拡充，④障害者の一般就労への移行支援に取り組んでいる社会福祉法人等に訓練を委託して，就職の促進を図ること，等を意味している．

近年，高次脳機能障害のある人，自閉症等，

発達障害のある人，重度知的障害のある人ならびに精神障害のある人など，日常生活上の課題を持つ人々が職業的サービス利用者のなかで増加してきているが，これらの人々の中には，家庭生活や地域での生活が安定しているならばその基盤の上に職業生活を築き上げることができるものが少なくない，といわれる．そうした意味からもこうした福祉施策との密接な連携の確保はきわめて重要である[5]．

2. 今後の展望

すでに触れたように，2002年12月に政府により策定された「重点施策実施5カ年計画」では，障害のある人々の雇用の場の拡大の具体的目標として，2008年度までに雇用障害者数を60万人にすることが掲げられている．2003年11月現在の雇用障害者数が49万6,000人であったことから，この目標を達成するには，2008年度までに10万4,000人の障害のある人々の雇用を新たに確保する必要がある．しかし，雇用率制度の対象となっている，常用労働者56人以上の一般の民間企業における障害者雇用実数は，過去10年間18～19万人台で推移していることから考え，これらの企業における障害のある人々の雇用の大幅な増加を期待することは現実的ではないと思われる．したがって，今後障害のある人々の雇用機会をさらに拡大するには，雇用率制度の対象とはなっていない常用労働者数56人未満規模の民間企業や，欧州などですでに取り組まれているように，NPOをはじめとする非営利組織や協同組合等も含め，多様な雇用の場を開拓することが求められる．

こうした雇用の場を拡大するためにも，ジョブコーチ事業，障害者就業・生活支援センターや「障害者の態様に応じた多様な委託訓練」などで試みられているように，企業をはじめ，地域にある様々な社会資源をネットワークあるいはコーディネートしながら，個々の障害のある人のニーズにあった，多様な働く場の開発と就労支援がさらに積極的に進められなければならない．

- **注1**：「職業準備訓練」は，地域障害者職業センター内の施設等を活用して，主に知的障害のある人々を対象として基本的な労働習慣を習得させることを，また，「職域開発援助事業」は，実際の事業所を活用して知的障害のある人々などに対し，生活指導から技能指導までを含む具体的・実践的な援助を提供することを，それぞれ意図したもの．
- **注2**：事業主が障害のある人の雇用に特別の配慮をした子会社（特例子会社）を設立した場合，一定の要件の下で特例子会社に雇用されている労働者を親会社に雇用されている者とみなして，実雇用率を計算できることとしており，これを特例子会社制度と呼んでいる．

文　献

1) 日本障害者雇用促進協会：日本障害者雇用促進協会二十年史．雇用問題研究会，1997，p275．
2) 総務庁監査局・編：障害者雇用対策の現状と課題―完全参加と平等を目指して―．大蔵省印刷局，1999，pp2-8．
3) 厚生労働省：障害者雇用対策基本方針．2003，p2．
4) 労働政策研究・研修機構：CBR経営と雇用―障害者雇用を例として．労働政策研究報告書No.32．2005，pp87-88．
5) 日本障害者雇用促進協会・障害者職業総合センター：地域ベースの障害者雇用支援システムに関する研究・調査報告書No.25．同センター，1998，pp20-21．

第2節　障害者政策と就労支援

わが国の障害者政策は「障害者基本法」によって示されている．同法は障害者に関する国連決議や欧米の先進的動向に影響を受けて1970年立法されて以来，2回の改正を経ている．

その基本理念（第3条）は，わが社会も行き着いた障害者政策の原理でもある．

「1．すべて障害者は，個人の尊厳が重んぜられ，その尊厳にふさわしい生活を保障される権利を有する．

2．すべて障害者は，社会を構成する一員として社会，経済，文化その他あらゆる分野の活動に参加する機会が与えられる．

3．何人も，障害者に対して，障害を理由として，差別することその他の権利利益を侵害する行為をしてはならない．」

この理念実現のために同法の目的（第1条）は，

「障害者の自立及び社会参加の支援等のための施策に関し，基本的理念を定め，及び国，地方公共団体等の責務を明らかにするとともに，障害者の自立及び社会参加の支援等のための施策の基本となる事項を定めること等により，障害者の自立及び社会参加の支援等のための施策を総合的かつ計画的に推進し，もつて障害者の福祉を増進すること．」

として，法の第二章では，障害者の福祉に関する基本的施策が14の条文で規定されている（後述）．

同法における就労支援に関しての直接的な条文は，以下の2条であるが，その他の条文による施策も就労支援に関連があるものといえる．

第15条（職業相談等）
国及び地方公共団体は，障害者の職業選択の自由を尊重しつつ，障害者がその能力に応じて適切な職業に従事することができるようにするため，その障害の状態に配慮した職業相談，職業指導，職業訓練及び職業紹介の実施その他必要な施策を講じなければならない．

2　国及び地方公共団体は，障害者に適した職種及び職域に関する調査及び研究を促進しなければならない．

3　国及び地方公共団体は，障害者の地域における作業活動の場及び障害者の職業訓練のための施設の拡充を図るため，これに必要な費用の助成その他必要な施策を講じなければならない．

第16条（雇用の促進等）
国及び地方公共団体は，障害者の雇用を促進するため，障害者に適した職種又は職域について障害者の優先雇用の施策を講じなければならない．

2　事業主は，社会連帯の理念に基づき，障害者の雇用に関し，その有する能力を正当に評価し，適切な雇用の場を与えるとともに適正な雇用管理を行うことによりその雇用の安定を図るよう努めなければならない．

3　国及び地方公共団体は，障害者を雇用する事業主に対して，障害者の雇用のための経済的負担を軽減し，もつてその雇用の促進及び継続を図るため，障害者が雇用されるのに伴い必要となる施設又は設備の整備等に要する費用の助成その他必要な施策を講じなければならない．

1. 障害者基本法による障害者政策

1）障害者施策の開始から基本法まで

永い間，一部の裕福階層や盲人や傷痍軍人を除き，心身に障害のある人々は，その基本的人権を省みられることなく，貧困対策のみの対象

として社会に埋もれていた．

ようやく障害を正面から対象とした社会政策が取り組まれたのは，終戦4年後の1949（昭和24）年の「身体障害者福祉法」といえる．同法はわが国初めてのリハビリテーション（「更生」あるいは「職業復帰」）を実施するものであった．第一次世界大戦後の欧米社会で取り組まれた障害者対策の動きが半世紀を経て漸くわが国にも及んだのである．

同法の成立時には，いずれ精神障害や知的障害を包含することを予定していたが，後に精神障害・知的障害を別の法律で対処することになり，福祉サービスを障害種類別に提供するというわが国のみの特異な施策体系となった．半世紀後の2005年の「障害者自立支援法」でも障害サービスが一元化されて市町村により実施されることとなった．福祉法では，手帳の交付（障害者の発見と登録），福祉司による相談支援，補装具の支給，更生援護施設による訓練，更生相談所（リハビリテーションセンター）の設置などサービスやその対象もかなり限定されたものから出発し，後に自立と社会参加を進めるための多くの地域生活支援サービスが提供されることとなった．

福祉法制定と実施のための行政体制整備は，障害のある人々に関しての施策全体に影響を及ぼし，所得・教育・職業を中心に施策の拡大が進められた．1960年代までに医療・教育・所得保障・雇用や権利擁護などの分野での障害関連の施策が次々と出された．

就労支援については，雇用対策，職業訓練ともに旧労働省管轄のものに一元化されず，教育・福祉分野でも実施されることとなった．特に，職業的に重い障害のある人々の職業リハビリテーションや雇用・就業は福祉分野で行われるという日本独特の区別が続いている．

【参考】「障害」について
かたわ，おし，つんぼ，めくら等様々な言葉でそれぞれの種類別に呼称したり，不具，廃失などと表現されていた人々を，総称する身体障害者」や「障害者」の用語は，「身体障害者福祉法」制定を機会に一般的に使われ出した（法検討の最初に使われたのは「傷痍者」）．「障害」は正しくはそれ以前から使われていた「障碍」であったが，"碍"が当用漢字の制限から使用できないため，同じ音読みの"害"を充てた．碍の本字は"礙"であり，大きな岩を前にして人が思案し悩んでいる様を示している．つまり自分の意思が通らない困った状態であり，同様に通らない，妨げられている「障」と重ねて，「障碍」は人が困難に直面している状況を示すものである．大正7年の救護法には「障碍」と使われている．「障碍」には，障害物のように，邪魔や害を及ぼすとの意味はない．"害"と誤用したことにより，害のある人間という意味に誤解されることになり，この誤用は障碍をもつ人々にもまた国民にも大きな影響を与えた．

2）基本法による障害者政策の確立

障害者対策は，障害に関する特別法のみならず，社会福祉法や児童福祉法などの福祉法のほか，医療・教育・職業訓練，雇用促進，所得保障，住宅，交通など関連する法律において進められた．しかし障害のある人々の生活の問題がこれらの法による施策の全てにかかわっているとの認識が施策実施の省庁に欠如して，障害者対策には総合性と一貫性が欠け，必要なサービスや配慮が欠落し効果的には行われなかった．

このような状況を打開し，障害のある人々の課題に関して行政機関相互の連絡調整をする政策の必要性が指摘され始めたのは，経済発展の著しい日本社会の公正性が問われ出した時であった．特に1964年オリンピック直後の東京パラリンピックに参加した欧米諸国の障害者の状況は，日本の障害者対策の歴然とした遅れを国民に知らしめた．経済発展とは対照的に，日本社会の閉鎖性と障害のある人々への無関心さ

が強く指摘されたのである．

障害者団体や関係者の根本的な対策を求める働きかけは活発化し，各政党は障害者対策についての基本要綱を発表して，わが国の障害者政策は初めて正面から論議され，1970（昭和45）年「心身障害者対策基本法」が全党共同提案により国会に提出され成立をみた．障害者対策の基本的な考え方や方向と，国・地方公共団体の一貫した体系と有機的連携を狙うわが国初めての（総合的）障害者政策が確立する．同法はその後1992年に「障害者基本法」と改称され，さらに2004年にも重要な改正がされた．

2. 基本法による政策

4章（総則，障害者の福祉に関する基本的施策，障害の発生予防に関する基本的施策，施策推進協議会）からなる本法の根本であり，重要な事項は以下のものである．

①法の目的（第3条）は次の3点である
・障害者対策について，国と都道府県，市町村の責任を明らかにしたこと，
・対策の総合的推進を計画的に図ること，
・障害の予防と福祉に関する施策の基本を定めたこと．

②法の対象である障害者の定義を明らかにし，前項で示したように，基本理念を明らかにしたこと

特に制定当初から＜すべて障害者は，その尊厳にふさわしい生活を保障される権利を有する＞と先駆的な条文があった．また，最初の改正により，＜社会を構成する一員として社会，経済，文化その他あらゆる分野の活動に参加する機会が与えられる＞として完全なる社会参加を追加した．

さらに直近の改正により，＜差別することその他の権利利益を侵害する行為をしてはならない＞と差別の禁止を追加したのである．

障害者の定義に関しても，改正により以下の包括的なものとなっている．

定義（第2条）この法律において「障害者」とは，身体障害，知的障害又は精神障害があるため，継続的に日常生活又は社会生活に相当な制限を受ける者をいう．

これは国連の「障害者権利宣言（1975年）」での定義とほぼ同様なものである（また，実定法では認定されていない難病等に起因する障害などもこの法にふくまれていることが明らかにされている）．

③国，地方公共団体，国民の責務として下記を明確にしたこと
○国及び地方公共団体の責務：障害者の権利の擁護及び障害者に対する差別の防止を図りつつ障害者の自立及び社会参加を支援すること等により，障害者の福祉を増進する責務を有する．
○国民の責務：
・社会連帯の理念に基づき，障害者の福祉の増進に協力するよう努めなければならない．
・障害者の人権が尊重され，障害者が差別されることなく，社会，経済，文化その他あらゆる分野の活動に参加することができる社会の実現に寄与するよう努めなければならない．

④基本施策として以下の14項目を総合的に示したこと

これら施策は障害者の年齢・種類・程度に応じてまた，有機的な連携のもとに総合的に策定され実施されなければならないともされた．
・医療・介護（第12条）
・年金など（第13条）
・教育（第14条）
・職業相談等（第15条）
・雇用の促進等（第16条）
・指導助言（第17条）
・公共的施設のバリアフリー化（第18条）
・情報の利用におけるバリアフリー化（第19条）
・相談等（第20条）

( )内は西暦の制定年(*は改称年)

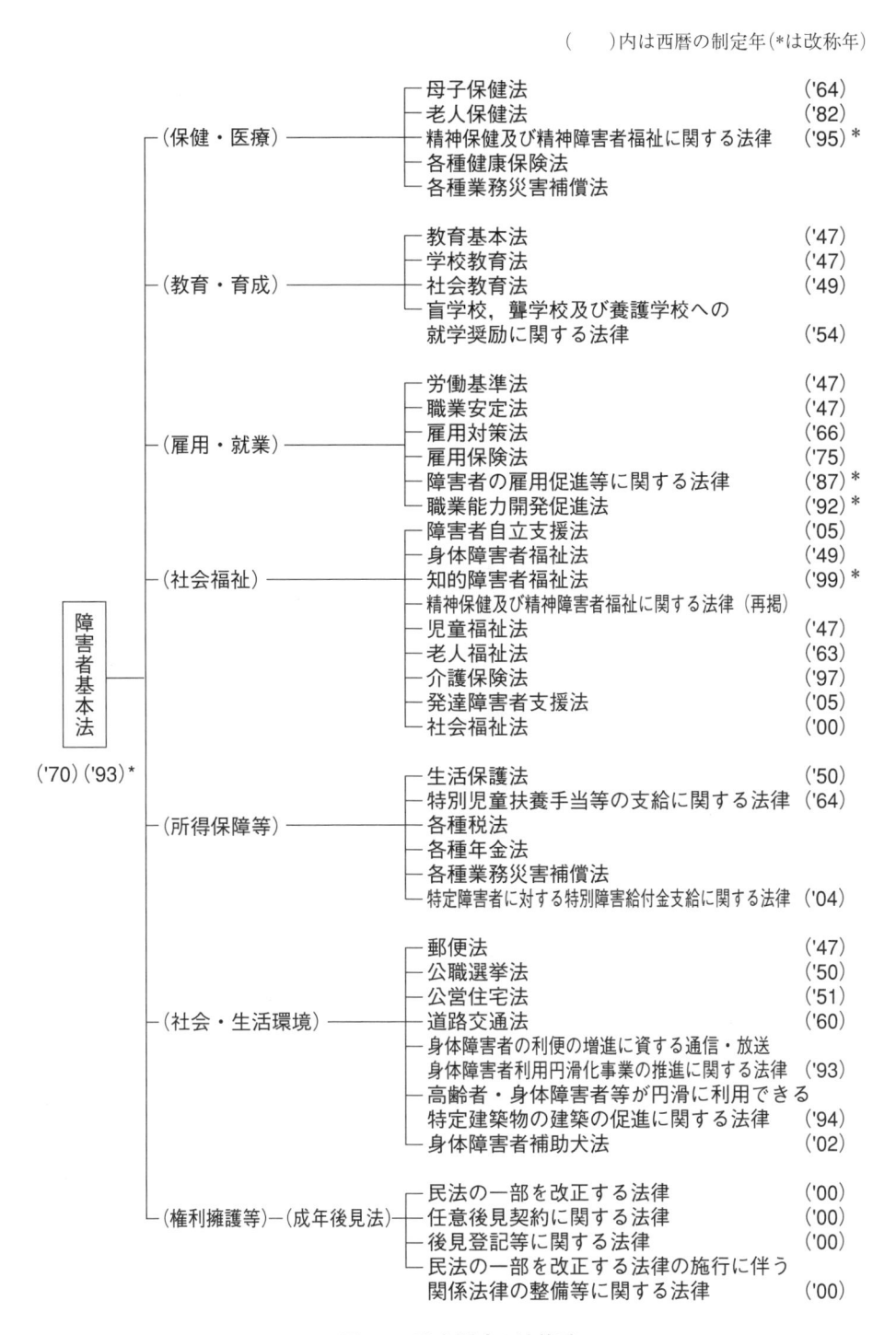

```
障害者基本法
('70)('93)*
├─(保健・医療)─┬─ 母子保健法                                    ('64)
│              ├─ 老人保健法                                    ('82)
│              ├─ 精神保健及び精神障害者福祉に関する法律          ('95)*
│              ├─ 各種健康保険法
│              └─ 各種業務災害補償法
│
├─(教育・育成)─┬─ 教育基本法                                    ('47)
│              ├─ 学校教育法                                    ('47)
│              ├─ 社会教育法                                    ('49)
│              └─ 盲学校，聾学校及び養護学校への
│                 就学奨励に関する法律                           ('54)
│
├─(雇用・就業)─┬─ 労働基準法                                    ('47)
│              ├─ 職業安定法                                    ('47)
│              ├─ 雇用対策法                                    ('66)
│              ├─ 雇用保険法                                    ('75)
│              ├─ 障害者の雇用促進等に関する法律                  ('87)*
│              └─ 職業能力開発促進法                              ('92)*
│
├─(社会福祉)───┬─ 障害者自立支援法                              ('05)
│              ├─ 身体障害者福祉法                                ('49)
│              ├─ 知的障害者福祉法                                ('99)*
│              ├─ 精神保健及び精神障害者福祉に関する法律（再掲）
│              ├─ 児童福祉法                                    ('47)
│              ├─ 老人福祉法                                    ('63)
│              ├─ 介護保険法                                    ('97)
│              ├─ 発達障害者支援法                                ('05)
│              └─ 社会福祉法                                    ('00)
│
├─(所得保障等)─┬─ 生活保護法                                    ('50)
│              ├─ 特別児童扶養手当等の支給に関する法律            ('64)
│              ├─ 各種税法
│              ├─ 各種年金法
│              ├─ 各種業務災害補償法
│              └─ 特定障害者に対する特別障害給付金支給に関する法律 ('04)
│
├─(社会・生活環境)─┬─ 郵便法                                    ('47)
│                  ├─ 公職選挙法                                ('50)
│                  ├─ 公営住宅法                                ('51)
│                  ├─ 道路交通法                                ('60)
│                  ├─ 身体障害者の利便の増進に資する通信・放送
│                  │  身体障害者利用円滑化事業の推進に関する法律  ('93)
│                  ├─ 高齢者・身体障害者等が円滑に利用できる
│                  │  特定建築物の建築の促進に関する法律          ('94)
│                  └─ 身体障害者補助犬法                          ('02)
│
└─(権利擁護等)─(成年後見法)─┬─ 民法の一部を改正する法律          ('00)
                              ├─ 任意後見契約に関する法律          ('00)
                              ├─ 後見登記等に関する法律            ('00)
                              └─ 民法の一部を改正する法律の施行に伴う
                                 関係法律の整備等に関する法律      ('00)
```

図4.1　障害関連の法体系

・経済的負担の軽減（第21条）
・住宅の確保（第22条）
・施策に対する配慮（第24条）
・文化的諸条件の整備（第22条）
・国民の理解（第26条）

⑤施策の計画的推進を国・地方公共団体に義務化したこと

・政府は，障害者の福祉に関する施策及び障害の予防に関する施策の総合的かつ計画的な推進を図るため，障害者のための施策に関する基本的な計画を策定しなければならない．計画は国会に報告し公表した上毎年その年に講じた施策を国会に報告しなくてはならない．これによって「障害者白書」が毎年公表されることとなった．

・都道府県は，障害者基本計画を基本とするとともに，当該都道府県における障害者の状況等を踏まえ，当該都道府県における障害者のための施策に関する基本的な計画を策定しなければならない．

・市町村は，障害者基本計画及び都道府県障害者計画を基本とするとともに，地方自治法基本構想に即し，かつ，当該市町村における障害者の状況等を踏まえ，当該市町村における障害者のための施策に関する基本的な計画を策定しなければならない．

⑥推進体制を整備したこと

内閣府に「中央障害者施策推進協議会」を，都道府県と指定都市には「地方心身障害対策協議会」を設置することにした．市町村はこの協議会を義務とはされず任意に設置することとされた．計画策定に当たっては障害者の参加を義務づけている．

3. 障害者政策と就労支援

基本法はもとより理念的立法であるので，実際の施策は其々の実定法（サービス法）によりなされる．法制定後の各種の実定法の創設および改正により障害者施策は拡充されてゆくのであり，基本法は，国民理解の推進と施策発展の原動力となったのである．

基本法に基づいて，実定法が制定されてり改正がなされてきているが，現在の障害者関連法の体系を示せば図4.1のとおりとなる．

基本法における就労に関する直接的な規定は前述した職業相談や雇用に関する2つの条文である．しかし，就労準備段階での教育・リハビリテーション施策はもとより，就労実現と継続に大きく関わるもの，例えば建物・交通・情報のバリアフリー，所得保障，住宅の確保，医療・介護，成年後見制度などの権利擁護，差別の禁止なども不可欠であり，雇用・就労に関する総合的な施策連携が重要であることの認識と実践が求められる．

第3節　企業のコンプライアンスと社会的責任

1. 企業の社会的責任（CSR）重視の経営

1）企業のコンプライアンス

　企業の不祥事の急増や商法改正，グローバル・スタンダードの要請などを背景として，近年，日本でも企業の「コンプライアンス」という概念が注目されはじめた．コンプライアンスという場合には「法令・規則を順守する行動」と狭い範囲のことを指すこともあるが，むしろ「企業倫理・経営理念等を順守する行動」との関係からも理解することが現在問われている．

　コンプライアンスの対象やその内容も大きく変化してきていることを小林（2004）[1]は指摘する．「わが国のコンプライアンスの対象も初期においては，主として，インサイダー取引の禁止，談合禁止，不正取引慣行の禁止といった財務やマーケティングの領域に関心が向けられており，人的資源管理の面では性差別禁止が強調された．しかし，最近ではコンプライアンスの領域が拡大され，企業の社会的責任とほぼ同一視される傾向にあり，従業員の言論の自由を保障するといった人権問題までも含むようになっている」という．そして，「今日，企業は，マルチ・ステークホルダー・モデルの論者が指摘するように，国際的NPOや物言わぬ＜自然＞といった利害関係者を含め，さまざまな利害関係者によって構成されている．そうしたステークホルダー間の衝突を解決するには法令遵守を超えて各ステークホルダーがもつイデオロギー・レベルの対話が必要であろう．かくして，今後のコンプライアンスへの取り組みも，たんなる関係法規の遵守問題に＜矮小化＞ないし＜マニュアル化＞するのではなく，＜正義＞を志向するといった一段高い人的資源管理を導入するなどの方向に進む必要がある」という．

　障害者の法定雇用率制度は，雇用義務を企業に課すという強い強制力をもったものであり，これをクリアすることは現代の企業にとってコンプライアンスの視点からみても重要な経営課題としてある．現在の制度では，法定雇用率の未達成企業にはその不足分に応じて「納付金」を納める仕組みをとっているが，その「納付金」は障害者雇用に伴う経済的負担を事業主間で調整する性格をもったもので罰金ではないので，その「納付金」でもって障害者の雇用義務が免ぜられるものではない（征矢，1998）[2]という．そして，「障害者の雇用の促進等に関する法律」では「（事業主の責務）すべての事業主は，障害者の雇用に関し，社会連帯の理念に基づき，障害者である労働者が有為な職業人として自立しようとする努力に対して協力する責務を有するものであって，その有する能力を正当に評価し，適当な雇用の場を与えるとともに適正な雇用管理を行うことによりその雇用の安定を図るように努めなければならない」（第5条）と規定している．つまり，障害者は能力に応じて働く権利があるという社会的合意を前提に，前述した小林のいう「正義」の実現や障害者雇用の拡大が，政府だけでなく企業にも強く求められてる時代となってきたといえるだろう．

　これらを考慮すると，企業のコンプライアンスを企業の社会的責任（CSR：Corporate Social Responsibility）という枠組みのなかでとらえることが妥当である．ISO（国際標準化機構）による「社会的責任に関する国際規格」決定への動きも活発してきており，グローバル化時代の企業の新しい行動基準が求められてきているといえる．企業にとって障害者雇用は，1つの試金石となる．

2）企業の社会的責任（CSR）

経済同友会は『21世紀への提言』（2000）のなかで「市場の進化」（「経済性」に加えて「社会性」「人間性」を重視する価値観を体現する市場へと進化させていくことによって企業と社会との調和がはかられる）という考え方を提唱している．それは企業と社会との新しい関係構築を目指したものとして注目できる．つまり，現代の企業には，環境や人権，労働などに配慮する社会的責任（CSR）を重視したコーポレート・ガバナンスが求められてきており，企業のコンプライアンス（法令・倫理等順守）はCSRの観点からみて最低限果たすべき義務であり，CSRを推進する上での前提条件と位置づけている．山川（2004）[3]も「コンプライアンスの確保は，法律の実施としての側面だけでなく，コーポレート・ガバナンスの強化という側面や，企業の社会的責任（CSR）の側面からも強調されている」という．

CSRの対象となる範囲で，「＜社会や環境に関する問題＞といっても，その対象範囲もまたさまざまである．社会問題では，＜法令遵守＞＜説明責任と情報開示＞＜消費者保護＞＜公正取引＞＜雇用＞＜人権＞＜地域貢献＞などを含めることが一般化しているが，これも厳格な定義はない．環境問題は，社会問題よりもその含意のコンセンサス形成が進んでいるといえるが，それでも＜生態系の保全＞や＜動物愛護＞などの観点では意見が分かれる場合がある」（足達，2004）[4]．

結局，CSRの定義は，谷本（2004）[5]によると「企業活動のプロセスに社会的公正性や環境への配慮などを組み込み，ステークホルダー（株主，従業員，環境，コミュニティなど）に対しアカウンタビリティを果たしていくこと．その結果，経済的・社会的・環境的パフォーマンスの向上を目指すこと」．そして，「CSRとは，不祥事や法令違反に対しその責任が問われる，というレベルにとどまるものではない．CSRの問いかけとは，日常の経営活動のあり方そのものを問うているのである．／企業は，株主・投資家，消費者・顧客から信頼され，有能な人材を引きつけ，コミュニティから支持されることで，そのトータルな価値を高めていくことができるのである」としている．

2. 雇用労働分野のCSR

1）CSRと雇用労働との関連

CSR経営の対象領域には「社会問題」や「環境問題」があるが，雇用・労働問題は，前者に含まれており，それは従業員の満足を高め，定着率や生産性の改善をもたらし，人材確保にとっても有効であるとの理解が一般的である．経済同友会（2003）[6]や安生（2004）[7]でも，優秀な人材を惹きつけるという観点からもCSR経営は重要となってきているとし，表4.2のような4つ基準あるいは方向性を示している．1つは，「優れた人材の登用と活用」で，性別・年齢・学歴・国籍・雇用形態などのかかわらず優れた人材を登用・活用することによって，企業のダイナミズムを生み出し，従業員の能力や実績を公正に評価することによって，その意欲や能力を一層高める．2つは，「従業員の能力（エンプロイアビリティ）の向上」で，従業員の能力（エンプロイアビリティ）や次代のトップ・マネジメントの資質を高めることによって，人的資源の持つ潜在的な可能性を十分に引き出す．3つは，「ファミリ・フレンドリーな職場環境の実現」で，育児・教育・介護など，従業員の家庭人としての責任を考慮し，ファミリー・フレンドリーな職場環境を実現する．4つは，「働きやすい職場環境の実現」で，多様で柔軟な勤務時間・形態，従業員の安全・衛生や人権への配慮によって，働きやすい職場環境を実現し，従業員満足度を高める．

厚生労働省は，2004年6月に「労働におけるCSRのあり方に関する研究会」（座長：谷本寛治・一橋大学大学院商学研究科教授）の中間報告書を発表した．そこでは，企業がCSRとし

表4.2 雇用・労働に関する評価基準

	仕組み	成　果
優れた人材の登用と活用	●機会均等の取り組み ●社内公募・FA制度等 ●能力・実績評価の取り組み	●女性役員比率 ●女性管理職比率 ●外国人管理職比率（国内） ●外国人役員比率（海外） ●障害者雇用率
従業員の能力の向上	●従業員教育・研修プログラム ●トップ・マネジメント層育成	●従業員教育・研修費用
ファミリー・フレンドリーな職場環境の実現	●家庭人としての責任配慮 ●法令を上回る育児・介護支援	●年次有給休暇取得率 ●月次残業時間数 ●育児休暇取得者数 ●介護休暇取得者数
働きやすい職場環境の実現	●従業員満足度の調査 ●多様な勤務時間・形態の制度 ●法令を上回る安全・衛生 ●人権配慮の取り組み	●従業員満足度の推移

資料出所：経済同友会『第15回企業白書』

て取り組む分野のなかで，「社会分野の中の1つの大きな要素である＜労働＞については，取組みが進展しているとはいえない」とし，とくに中小企業では遅れているとみている．そして，CSRの観点から，従業員の働き方等に十分な考慮を行い，かけがえのない個性や能力を活かせるようにしていくことは＜社会的公器＞としての企業にとって，本来的な責務であり，また，その状況に関する情報を外部の投資家，消費者や求職者等のステークホルダーに開示していくことは積極的な意義があるとしている．

労働におけるCSRの内容としては，「＜人＞の能力発揮の取り組み」等の他，「人権への配慮」もあげていることが注目される．「今日においても，社会的身分，門地，人種，民族，信条，性別，障害等による不当な差別その他の人権侵害はなお存在している．企業においても，差別の禁止やセクシャルハラスメントの防止等について，社内研修など従業員の人権に配慮するような取組みをしていくことが重要である」としている．

さらに，これから労働のCSRを推進していくための環境整備の方策として，以下の2つをあげている．

1つは労働に関する情報開示がある．すなわち，「労働に関する情報開示については企業において十分進んでいるとはいえず，開示している企業の間においてもその項目はまちまちであるため，現状では，例えば求職者が企業情報をみて，会社間の比較対照を行うことは困難である．企業の積極的な情報開示を促進し，求職者や投資家の会社判断に資するようにするため，社会報告書（サステナビリティ報告書）に盛り込むことが望ましいと考えられる項目について，国において民間機関と協力しながら検討を深め，その成果を広く提示・公開しながら普及していくことが望まれる」としている．また，企業による自主点検用チェック指標の作成，表彰や好事例の情報提供等も有益とし，その中間報告書では「社会報告書（サステナビリティ報告書）」に盛り込むことが望ましいと考えられる項目の一覧表（表4.3）を掲載している．

もう1つは，国や地方自治体の調達や投資活動におけるCSRの配慮についてである．前者については「国や地方自治体が調達する際に，労働などの事項についてCSRに配慮している企業を優先することも考えられる．例えば，東京都千代田区や大阪市においては，建設工事等

表4.3 社会報告書における情報開示項目一覧表

分野・領域	項　目
安全衛生	●講習会及び研修　●社内における安全衛生指針等の作成の有無　●第三者（外部）による安全衛生の監査の有無
健康	●メンタルヘルス研修会，相談所等の創設　●社内健康教育の取り組み（健康や生活習慣病の防止）
障害者・高齢者	●障害者雇用　●職場環境のバリアフリー体制　●高年齢者の雇用等の措置
人材育成	●研修制度の有無　●自己啓発支援
両立支援	●ボランティア休暇の有無　●介護・育児休暇の有無　●託児施設の設置
女性	●女性の管理職登用の整備体制
社会福祉活動	●ボランティア(社員の派遣・情報提供)　●ボランティア(資金の提供)●技術支援(専門家の派遣・研修生の受け入れ)　●地域との交流活動の有無

資料出所：厚生労働省・労働政策担当参事官室『労働におけるCSRのあり方に関する研究会〜中間報告書〜』平成16年6月

入札参加資格者の評価項目に，障害者雇用など独自の社会貢献度を加えており，こうしたCSR調達が，全国において広まっていくことが期待される」．後者については，「働く人が重視される社会を形成していくためには，投資市場においてSRI的な要素を強化していくことが効果的である．そのためには，公的年金等の積立金をSRI運用することも考えられる……／企業におけるSRIを進める手法として，ステークホルダーの関心に即した経営を行っている企業に対して排他的に投資する他，株主議決権を行使しつつ，それぞれの企業の望ましい方向に向けての経営を促し，企業の潜在的課題・問題点を未然に解決することも考えられる」．

2）CSRと障害者雇用

企業にとって労働のCSRを推進する上で，障害者雇用の問題を避けてとおることはできないことは，これまでみてきたCSRの項目に「障害者雇用」が必ず取り上げられていることでもわかる．人的資源管理からCSRの取組みをみると，法定の障害者雇用率の達成という明確な目標があることもあってか，「コンプライアンス対応」の枠組みで位置づけられていることが多い．しかし，障害者差別禁止を含め雇用条件・職場環境改善を通した障害者雇用の拡大の実現，つまり障害者を含め女性，高齢者，外国人など多様な人材を活用できる人的資源管理（「ダイバーシティ・マネジメント」）の構築も必要となってきているといえるだろう．

またCSRでは，企業をとりまくステークホルダー（利害関係者）に対して責任ある行動をとるとともに，説明責任をはたすことが強く求められている．企業は，社会報告書（サステナビリティ報告書）などを通して障害者雇用に対する対応方針や具体的な行動及び成果等に関する情報を開示することが求められてきているともいえる．しかし，それは現在の「障害者の雇

用の促進等に関する法律」による社会的制裁の意味をもつ，法定雇用率未達成事業者の企業名の公表制度とは明らかに異なり，あくまで企業の自主的判断によって行われることに大きな特徴がある．

日本経済団体連合会（2004）[9]も，「障害者の社会的自立をはかる上で，働くことは大きなウエートを占める．＜完全参加と平等＞というノーマライゼーション（障害をもつ人ができるかぎり健常者と同じような生活を営める環境をつくること）の理念の実現に，企業がその社会的責任を果たすことが求められている」と，各企業が障害者雇用に対して積極的に対応することの必要性を述べている．

2005年秋に刊行された『CSR企業総覧』[10]では，「女子待遇・雇用の多様化」という大項目のなかで，「高障害者・障害者・外国人」についてそれぞれの記載欄があり，これらの従業員に対する「明文化された指針制定の有無」，「雇用の促進・確保への具体的な取り組みの有無」，「該当人数」，「障害者雇用率（実雇用率）」を公表している．つまり，各社によって対応の違いがあるものの，こうした項目について企業からの積極的な情報開示の動きがもう既にでてきていることがわかる．

文　献

1) 小林俊治：コンプライアンスの意義と問題点．日本労働研究雑誌 No.530，2004．
2) 征矢紀臣：障害者雇用対策の理論と解説．労務行政研究所，1998．
3) 山川隆一：企業のコンプライアンスと労働者（「内部告発」と労働法）（角田邦重，他・編：労働法の争点，第3版）．有斐閣，2004．
4) 足達英一郎：企業の社会的責任と雇用・労働問題．日本労働研究雑誌 No.530，2004．
5) 谷本寛治：新しい時代のCSR（谷本寛治・編著：CSR経営―企業の社会的責任とステークホルダー―）．中央経済社，2004．
6) 経済同友会：「市場の進化」と社会的責任経営―企業の信頼構築と持続的な価値創造に向けて―（第15回企業白書）．2003．
7) 安生　徹：CSR経営と雇用・労働．日本労働研究雑誌 No.530，2004．
8) 厚生労働省：労働におけるCSRのあり方に関する研究会～中間報告書．2004．
9) 日本経済団体連合会：2005年版経営労働政策委員会報告．2004．
10) 東洋経済編集部：CSR企業総覧．東洋経済新報社，2005．

第4節　職業リハビリテーション関連法制

1. 職業リハビリテーションと人権

　近代市民社会は，この社会を構成するすべての人間に自由，平等，そして市民としての基本的人権を認め，そのことを前提として国家を形成し，国家に個人の人権を守りまた実現する役割を託した．

　このことは，障害のあるなしにかかわらないことであるはずであり，「障害者」という人間類型をあらかじめ設定し，人権があるとかないとかの議論をすること自体が論理的に矛盾しているわけである．

　しかし，近代社会が基本的に資本主義経済体制という経済・社会の構造を選択したとき，経済的合理性，効率性という経済の基本原理（したがって企業の論理）と近代の人権思想や理念が衝突せざるを得ない場面がでてくるのは必然であり，現代のわれわれの社会が構造的にかかえる矛盾であると言わざるをえない．

　ここでは，職業リハビリテーションと人権の関係について，代表的な人権の類型に応じて，若干のコメントを加えつつ，関連法制の説明をしていこう[注1]．

1）自由権

　一般に自由権と呼ばれるのは，「奴隷的拘束及び苦役からの自由」「思想及び良心の自由」「信教の自由」「表現の自由」「居住移転・職業選択の自由」「学問の自由」などが典型であり，経済的権利の代表として「財産権」もある．また「拷問・残虐な刑罰の禁止」など刑事手続きの保障に関する一連の人権規定もある．

　これらの位置づけや体系化に関してここで詳しく述べているゆとりはないが，自由権は古典的な人権であるにもかかわらず，従来，職業リハビリテーションでは，あまり強調されなかった人権で，障害のある人の自立に向けた運動が始まったときにようやく思い出された人権といってもよいだろう．

　これまで，一般的には，自由権の保障は国家と個人の関係において，国家が，個人の精神的，経済的，身体的自由に介入すべきではなく，個人の自由な活動を認めることが，社会を活性化し，豊かになる道であると考えられてきたように思う．これらの人権が他者によって侵害されるときのみ，警察などのかかわりによって個人を保護すべきであるとされてきた[1]．

　しかし，自由権のどの類型を取り上げてみても，これまで障害のある人に実質的な自由権が保障されてきたと考える者は少ないだろう．施設への「収容」という一点を見ただけでもそのことは明らかである．拘束や苦役からの自由，居住・移転の自由・財産を管理する自由などどれをとっても，福祉施設や精神科病院のなかでこれらが保障されていたと断言することは難しいだろう．

　このことは，実は自由権の性格を国家からの自由と捉えていた従来の法律学の思考の枠組みにも原因がある．家族による扶養の範囲内であるかぎり，それは国家の介入すべき事項ではないと考えられた．また，施設内の処遇として行われるのであれば専門家（医師，リハビリテーション専門職など）の裁量の範囲であり国家の介入すべき事項でもないと考えられた．

　しかし，このような通説は，社会福祉の実践を行ってきたものからするとはなはだ現実ばなれしている．家族など共同体からの自由，福祉施設からの自由ということが自由権という人権によって根拠づけられなければならない時代になっている．職業リハビリテーションは自由権の発現として，その理論的根拠を得ることはで

きるのだろうか[1]．

それと同時に，企業との関係でも，職業を選択する自由が保障されているのかということを再検討しなければならない．職業を選択する自由という言葉と企業活動の自由はきわめてシビアな緊張関係にあるのである（図4.2）．

ちなみに，2004年の障害者基本法改正にて，「職業選択の自由」という言葉が挿入されたことを想起されたい．

2）平等権

日本国憲法上，平等権は，次のように規定されている．

第14条1項　すべて国民は，法の下に平等であって，人種，信条，性別，社会的身分又は門地により，政治的，経済的，又は社会的関係において，差別されない．

さて，国際障害者年（1981年）のスローガンでしばしば語られた「完全参加と平等」という言葉のなかの平等に対する権利というのはどのような意味をもっているのであろうか．

憲法は「障害」による差別を禁止するとは言っていないが，現代的な解釈としては「社会的身分」を広くとらえ，差別の理由としての「障害」を憲法理念から導き出してくることは可能であろうがそれは通説とはなっていない．

また，憲法は「法の下の平等」をうたっているが，男女雇用機会均等法のような機会均等の根拠としては，十分活用できる条文であるが，法の内容そのものの平等性については触れていないように読める．しかし，障害年金制度・特別児童扶養手当制度などによって，実質的な所得配分の平等性を確保することは現行制度上すでに行われており，後述する社会権規定（労働権など）による根拠とだきあわせることによって，資源の再配分の実質的な平等の根拠を導きだすことは可能であろう（図4.3）．

さらに，障害のある人のための雇用率制度は，障害者を労働市場のなかで，いわば特別扱いするものであり，平等原則とは反対の方向を向いているとの評価もないではない．しかし，職業に就くことが困難な障害者について，社会全体が雇用への配慮をすることの合意が形成されている限り，これもまた実質的な雇用の平等を実現するための広い意味での合理的な配慮として許容されるものであろう．

今後，労働者としての画一的な職業生活パターンではなくて，様々な働き方を認めるという意味で，個別性が強調されると同時に，ともに働くという姿もまたイメージしながら，雇用と福祉の融合の延長線上に，職業リハビリテーションが考えられていくべきではないか．

図4.2　職業選択の自由の構造

（ピラミッド図）
- 職務選択の自由
- 企業共同体からの自由（家族経営からの自由）
- 国家からの自由（国家による規制の排除）

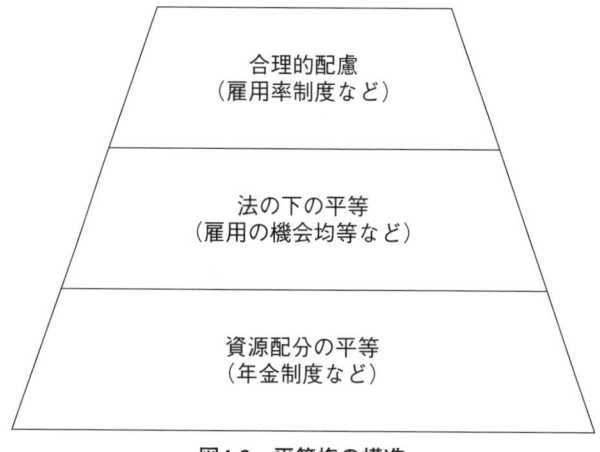

```
              合理的配慮
            (雇用率制度など)

            法の下の平等
          (雇用の機会均等など)

          資源配分の平等
          (年金制度など)
```

図4.3　平等権の構造

そのようにして個別性を認めるということは，差異を承認するということであり，個別性の尊重が差別につながらないかの困難な問いにわれわれは直面していることとなる．

企業が，雇用率制度を受忍しなければならない根拠を見出すのは簡単なことではないのである．企業の社会的責任もこのような平等権の文脈の中で考える必要もあるのである．

言い換えれば，職業リハビリテーションは，平等理念の実質的・保護的な作用の現れなのであろうか，それとも機会の均等を志向する作用，そのための基盤整備だけをすればいいのであろうか，真摯に考えていかなければならない[2]．

3) 社会権

社会権は，20世紀に入って登場してきた現代的な人権である．

日本国憲法上は，「生存権」「教育権」「労働権」「勤労者の団結権等」が規定されている．

ここでは，労働権（27条）に焦点をあてて説明をしておこう．1947年の日本国憲法制定直後から，27条は，労働者の生活を守る権利として重要な役割を果たしてきた．これを基礎に労働基準法など最低保障のためのシステムが制定されていることは一般に認められている．

さらに，労働組合，企業内福祉，産業衛生の向上・増進などが企業に課される責務とされており，これによって，労働法制が構築されていることも疑いない[3]．

しかし，職業リハビリテーションの現実は，労働権を基礎に構築された労働法制を充足するものとはなっていない．だからこそ，職業リハビリテーションの根拠に労働権をおくことの意義はあるのだと考える（図4.4）．

4) 人格権～職業に関する自己決定権を中心に～

最近の学説では，憲法13条（一般に幸福追求権と呼ばれる）を根拠に，プライバシーの権利などを含め人格権の存在を主張するものが増えており，判例・学説上も次第に定着しつつある（概念規定，権利保障の範囲については，新しい人権でもあるため，さまざまな見解がある）と言ってよい[4]．

とりわけ，自己決定に関する議論がこの二十数年間行われてきて，障害のある人の自己決定権も重要な人権としてさまざまな場面で語られるようになった．この自己決定に関する権利も，人格権によって基礎づけられることが多い．

ここでは，自己決定にもいくつかのレベルが

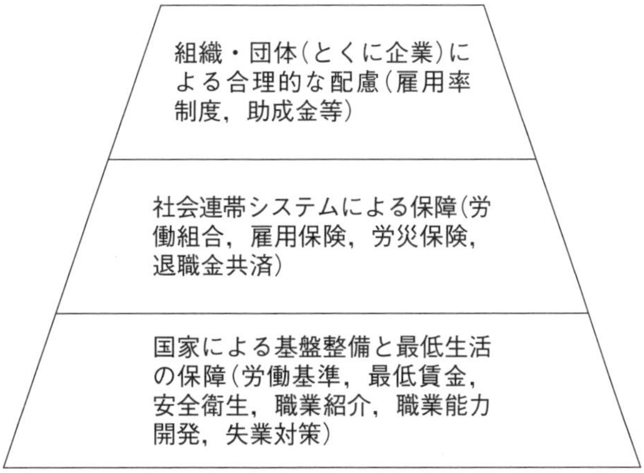

```
        ┌──────────────────┐
        │組織・団体（とくに企業）に │
        │よる合理的な配慮（雇用率 │
        │制度，助成金等）      │
      ┌─┴──────────────────┴─┐
      │社会連帯システムによる保障（労 │
      │働組合，雇用保険，労災保険， │
      │退職金共済）          │
    ┌─┴──────────────────────┴─┐
    │国家による基盤整備と最低生活  │
    │の保障（労働基準，最低賃金， │
    │安全衛生，職業紹介，職業能力 │
    │開発，失業対策）         │
    └──────────────────────────┘
```

図4.4　労働権の構造

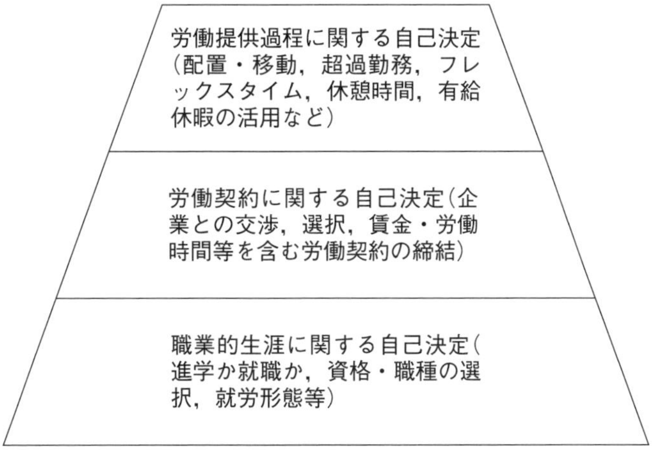

```
        ┌──────────────────┐
        │労働提供過程に関する自己決定 │
        │（配置・移動，超過勤務，フレ │
        │ックスタイム，休憩時間，有給 │
        │休暇の活用など）       │
      ┌─┴──────────────────┴─┐
      │労働契約に関する自己決定（企 │
      │業との交渉，選択，賃金・労働 │
      │時間等を含む労働契約の締結）│
    ┌─┴──────────────────────┴─┐
    │職業的生涯に関する自己決定（ │
    │進学か就職か，資格・職種の選 │
    │択，就労形態等）        │
    └──────────────────────────┘
```

図4.5　職業に関する自己決定権

あり，そのどの部分を論ずるかによって大きな違いが出てくることを指摘しておきたい（図4.5）．

第一に，基底部に位置する職業的生涯に関する自己決定と障害者雇用には厳しい緊張関係ある．たとえば，福祉施設に一生入所し続けるか，企業への道を目指すかの問題を自己決定しろと言われても実はとても難しい問題である．

第二段階の労働契約に関する自己決定についても，従来，家族および福祉事務所や福祉施設，企業は障害者の人生を実質的に支配する力をもっていたのであり，そのことへの反省から

も，ノーマライゼーションや自立生活運動が起こされ，制度上も『自立』概念が登場してくるようになったのである．

さらに，第三段階の労働提供過程における自己決定についても，同様のことが言える．個々の事業主との関係で，どのように，いつ労働を提供するかを本人自身が選択することが当然であるとの考え方は企業内秩序の中では，経営者の労働指揮権とのからみで，やはり単線的に解決できる問題ではない．

職業リハビリテーションは，これらの各レベルの問題に対応しきれるのだろうか．

5) 人権相互の関係

以上が，人権の図式化した整理であるが，いずれにしても，社会権思想や労働権思想のみによって，障害者雇用の現実を割り切ることはできないし，平等権の主張のみで，すべての問題が解決するわけではない．また，差別禁止や機会均等のみを，障害者雇用の原理と硬直的に考えることも適当ではない．

これからは，一般的に「人権」を語るのではなく，上記に掲げたような多様な人権目録の組み合わせのなかから，目的にふさわしい理論的根拠を探し，議論を練り上げ，バランスの取れた，社会全体の合意を得やすい思想と理念を構築することが必要なのでる．

また，労働市場の差別的構造とそこにおける障害者の雇用・就労の悲惨な現状は，アカス紙器事件が明るみに出て（1994年から96年にかけて生じたもの），われわれを驚愕させたのであり，サン・グループ事件は1990年代前半に起きていて，搾取という言葉をこの現代においても使わざるをえないことを改めて認識させた[5]．

つまり，時代は大きく変化し，ノーマライゼーションの理念，障害者の人権の尊重や自立と社会参加が叫ばれるようになっていたにもかかわらず，福祉施設内部での拘束や虐待事件は頻発しており，企業における労働の現場での悲惨な事例も発生していたのである．

むしろ，ノーマライゼーションの掛け声のもと，地域で普通の人々と同じ暮らしをという方向を追求すればするほど，無防備で自分自身を守るべき武器をもたない障害者は搾取の対象となっていったことを職業リハビリテーション関係者は記憶しておくべきである．

2. 職業リハビリテーションと企業社会

1) 一般原則

生活の多くの側面が，良かれ悪しかれ契約によって仕切られ，「自立」の名の下に自己責任が強調される時代になったのであって，障害者福祉・障害者雇用もその例外ではないのである．

福祉契約においてサービスを提供するのも，現在成長しつつある業界としての福祉産業・生活支援産業である可能性が極めて高くなってきた．この産業は，日常生活の支援だけでなく，福祉用具の提供，住宅の提供，職業能力開発事業，職業紹介の業務，ジョブコーチや社会保険の業務も含めてトータルなサービスを事業化，商品化することを目指しているのであろう．

2000年の社会福祉基礎構造改革によって，障害のある人への福祉サービス提供の法的形態が，措置制度から契約制度へと重点を移行し，その結果，契約の書面はどのようなものであるべきか，契約の当事者は誰か，契約の締結を強制できるか，契約の内容はいかなるものか，契約の履行を強制する手段はあるか，契約の代金は適切か，代金支払い方法はいかにあるべきか，契約の解消はどのような理由で正当化されるか，など多くの契約論上の問題点が噴出してくることとなった．

医療がすでに産業化していて，様々な問題が生じているが，社会福祉分野においてもこれから同様の問題が起きてくる可能性がある．経済と福祉が密接に絡んでいくというよりも，むしろ福祉が経済に吸収されていく状況においては，ノーマライゼーションは，つまり自らを労働力商品の「売手」として，あるいは企業が作る一般商品の「買手」として，すなわち「商品交換」の主体として取り込まれていくことを意味する．職業リハビリテーションは，このような「組み込み」に協力するという側面をもつ．

つまり，障害のある人が労働契約に入る場合にも，現代経済に組み込まれていくことを意味するのであって，契約の市民法における一般原則が適用されなければならないことを，まず確認しておこう．

先ほどから述べているような現代の環境で

は，場合によっては，労働契約にからんでも，詐欺，横領，背任，虐待，搾取などの権利侵害にも遭いかねないのである．このような刑事法に触れるような事業者の行為は，あってはならないことであるが，ベーシックなコンプライアンスとして押さえておく必要がある．障害があるがゆえに，このような市民としての権利も守られないという事態は近代社会の名にもとるものであり，近代的市民との関係では明らかな差別行為といわざるをえない．

さらに労働契約であれば，労働基準法その他の労働関係法規が遵守されなければならないが，労働市場の構造的な変動の中で，労働者派遣事業法，短時間労働法，社会保険法などとの関係についても注意が払われなければならない．一般の労働者には，これらの法律を守りながら，障害者については別異に扱うというのであれば，これもまた，「法の下の平等」に反するとのそしりを免れない．

2）機会均等と障害者雇用

問題は，採用における障害ゆえの差別は法律的にどう評価されるのか，障害があるということは解雇における正当事由として認められるか，健常者と比較して賃金に格差はないか，配置転換，昇進・昇格，教育訓練などにおいて障害を理由とした差別が行われていないかなど，男女雇用機会均等法において議論されているような論点と同様の問題点が多数ありうる．

しかし，男女雇用機会均等法は同一価値の労働に対する機会の均等化をめざしているのであって，労働能力が異なる場合の差別に関して基本的に触れてはいない．障害者においても，同一価値の労働力を有する者を理由なく差別せず，均等に扱うようにという論点を立てることは可能である．

だが，労働契約も契約である以上，取引であり，労働者の能力との関係で，契約を締結するかどうか，どのような職務へ配置するか，賃金をいくら支払うかという問題について，能力評価を前提にしたからといって，直ちに差別というわけにはいかないであろう．

しかしながら，このような近代経済の論理と事情にもかかわらず，産業社会に対し，職業リハビリテーションの必要を訴えていく論理と倫理が求められるのであって，そのためにこそ，障害者基本法をはじめとする関係立法があり，企業への社会連帯責任として，障害者雇用の積極化と不合理な差別を禁止することを要請していくこととなるのであろう[6]．

そのためには，福祉基礎構造改革関連立法（2000年6月）や障害者自立支援法（2005年11月）のなかで語られた，自立と社会参加を保障するという理念が，社会を構成する企業にも適用されており，障害のある者の日常生活，消費生活，職業生活，社会生活を確保し，「個人の尊厳」（2000年6月成立の社会福祉法に明記された）理念を実現していくための，企業社会の転換が求められていると表現することもできよう．

注1：今回は日本国憲法の規定を拠り所にしながら考察していくこととするが，条文の引用は最小限にとどめたい．

文　献

1) 池田真朗，他：法の世界へ．有斐閣，2005. 第4章参照
2) 平野仁彦，他：法哲学．有斐閣，2002. 第4章参照
3) 池田真朗，他：法の世界へ．有斐閣，2005. 第3章参照
4) 池田真朗，他：法の世界へ．有斐閣，2005. 第7章参照
5) 大曽根寛，小澤　温・編：障害者福祉論．放送大学教育振興会，2005. 第11章参照
6) 武川正吾・大曽根寛・編：福祉政策Ⅱ．放送大学教育振興会，2006. 第4章参照

第5節　雇用・就労支援の国際的動向

　障害者の雇用と就労をめぐる近年の国際的動向の特徴としてあげられるのは，機会均等と待遇の平等，それと表裏一体の関係にあるともいえる差別禁止である．また，とくに「完全参加と平等」をメインテーマとする国際障害者年（1981年）以降，政策決定過程への障害者の参加を重視する観点から，政策協議への障害当事者団体などの参加が一般化してきている．

　本節では，こうした動きについて国連，障害者の雇用・就労に直接関わる国連専門機関である，国際労働機関（ILO）およびヨーロッパ連合（EU）について取り上げるとともに，各国での取り組みについても，差別禁止法，雇用率制度および雇用衡平法の3つのアプローチに整理してふれることとする．

1. 国連の取り組み

　国連が障害者問題に正面から取り組むようになったのは，1971年の「知的障害者の権利宣言」およびそれに続く，1975年の「障害者の権利宣言」の総会での採択以降といえる．

　「障害者の権利宣言」では，「障害者は，その人間としての尊厳が尊重される，生まれながらの権利を有している．障害者は，その原因，特質及び程度にかかわらず，同年齢の市民と同等の基本的権利を有する．このことは，まず第一に，可能な限り通常のかつ十分満たされた相当の生活を送ることができる権利を意味する」（第3項）と規定されていることからも明らかなように，障害は医療や福祉の問題というよりも，むしろ権利の問題とされる．

　国連は，同宣言の各国での取り組みを推進すべく，障害者の「完全参加と平等」をメインテーマとする国際障害者年およびそれに続く「国連・障害者の十年」（1983年〜92年）を設定するとともに，同十年で取り組むべく「障害者に関する世界行動計画」（以下，世界行動計画という）を1982年の総会で採択した．そして，世界行動計画が目標とする障害者の「完全参加と平等」実現に同十年以降も引き続いて取り組むため，1993年の総会で「障害者に関する機会均等化に関する標準規則」（以下，標準規則という）を採択している．

1）標準規則

　標準規則は，啓発から国際協力にわたる22の規則からなり，雇用（employment）については，規則7で「政府は，障害者がその人権をとくに雇用分野で対等の立場で享受するためにエンパワーさえなければならないという原則を認識すべきである．農村部，都市部両方において，障害者は生産的で，収入が得られる雇用への均等な機会を労働市場で持たなければならない」と規定されている．

　そして，雇用をすすめるための具体的な施策として，「政府は，障害者の通常の雇用への統合を積極的に支援すべきである．この積極的な支援は，職業訓練，奨励型の雇用率制度，特定分野の優先雇用，小規模事業への貸付または助成，独占的契約もしくは優先的生産権，税控除，障害者を雇用している企業への契約協力，もしくは他の技術的，財政的支援という多様な方策で行われることが可能である．障害者を受け入れるために合理的調整（reasonable adjustments）を行うよう，政府は雇用主に奨励すべきである」，「目的は常に，障害者が通常の労働市場で就労することであるべきである．通常の雇用でそのニーズが満たされない障害者には，小規模のワークショップもしくは援助付き雇用が選択肢として可能であるべきである．これらの選択肢は，障害者に通常の労働市場での

雇用を獲得するための機会提供を適切かつ十分に行いえているかどうかという観点から，その質を評価されることが重要である」などがあげられている．

また，標準規則では，各国等における実施状況をモニターするため，特別報告者の任命および国連・社会開発委員会への報告が規定されている．

2）障害者権利条約草案

前述したように，国連では1980年代以降，世界行動計画や標準規則等を中心に障害者の「完全参加と平等」の実現をめざし取り組みがすすめられてきたが，世界行動計画や標準規則は，各国政府にその遵守を義務づけているわけではないため，これまでのところ必ずしも期待されたような効果があがっていない．

そうした取り組みをさらに強化するものとして，2001年の第56回国連総会でメキシコ政府のイニシアチブにより「障害者の権利及び尊厳の促進及び保護に関する包括的かつ総合的な国際条約（以下，障害者権利条約という）案検討のための特別委員会の設置」に関する決議案が提案され，採択された．この決議案に基づき設置された特別委員会は，第1回が2002年7〜8月，第2回が2003年6月にそれぞれ開催された．そして第2回特別委員会および同年の第57回国連総会での決議に基づき，特別委員会のもとに同条約草案を起草するための作業部会が設けられた．

同作業部会は，日本も含む，政府代表27名，障害NGO代表12名（国際障害同盟（IDA）を構成し，主に障害種別を代表する7国際障害NGO代表に加え，各地域を代表する5地域障害NGO代表）ならびに国内人権機関代表1名をあわせ，全体で40名から構成される．このように作業部会に12名の障害NGO，とくに障害当事者団体代表が正規のメンバーとして参加し，その意見が草案に反映されたこと，またそれに加え，特別委員会にも障害NGO関係者がオブザーバーとして参加し，発言を許されたのは，国連史上きわめて画期的なことといえる．

2004年1月にひらかれた作業部会でつくられた障害者権利条約草案は，前文と25の条文からなる．この草案は，あくまで特別委員会での条約交渉のたたき台と位置づけられているため，前文と全25条の草案条文には，様々な意見が脚注として示されている．

この草案の条文のうち，障害者の雇用に言及しているのは，第22条〔労働（work）の権利〕である．同条では「締約国は，障害者の労働の権利を認める．この権利は，障害者の平等の機会及び待遇を促進するため，障害者が自由に選択し，又は引き受けた労働を通じて生計を立てる機会を含む．締約国は，この権利を保護するための適当な措置を講じる」と規定し，その措置の内容として10項目があげられている．その主なものは，「(a) すべての障害者に開かれ，インクルーシブであり，かつ，利用可能な労働市場及び労働環境を促進すること．………
(c) 開かれた労働市場における障害者の雇用機会及び昇進を促進すること（自営の機会，自己の事業を起こす機会，並びに職を求め，それに就き及びそれを継続する際の支援を含む）．
(d) 雇用主が積極的差別是正措置（affirmative action），奨励制度及び雇用率制度等を通じて障害者を雇用することを奨励すること．
(e) 職場及び労働環境における障害者の合理的配慮（reasonable accommodations）を確保すること」等である．

雇用主の差別禁止措置としてもっとも注目されているのが，(e) で取り上げられている「合理的配慮」である．合理的配慮については，草案第7条〔平等及び非差別〕4で，「締約国は，平等についての障害者の権利を確保するため，障害者がすべての人権及び基本的自由を平等な立場で享有し及び行使することを保障するための必要かつ適当な変更及び調整と定義される合理的配慮を提供するためのすべての適当な措置（立法措置を含む）を講ずることを約束する．

ただし，このような措置が不釣合いな負担を課す場合には，この限りでない」と規定されている．

2004年5月～6月にひらかれた第3回特別委員会以降，この草案をベースに条約交渉がはじまったが，全体で114にものぼる脚注に象徴されるように，多様で，しばしば相反する意見を整理・調整し，条約の成案づくりをすすめることの困難さが理解できる．同条約草案は，数度にわたる修正を経て，2006年8月に開かれた第8回特別委員会の最終日に採決された．その結果，2006年末までに国連総会で同条約が制定されることが確実になった．

2. ILO の取り組み

ILOは国連専門機関のひとつであり，国際労働条約と勧告を通して国際労働基準を設定するとともに，条約については，条約を批准した各国政府に定期的な報告書の提出を義務づけることを通して，各国での実施状況をモニターしている．

ILOが障害者の雇用・就労問題に本格的に取り組むこととなったのは，1955年のILO総会での「職業リハビリテーション（障害者）に関する勧告」（99号勧告）採択以降といえる．

1) 159号条約および168号勧告

1955年にILO総会で採択された99号勧告は，わが国の身体障害者雇用促進法制定（1960年）の大きなきっかけとなるなど，採択以来1970年代まで障害者の職業リハビリテーションおよび雇用に関する国際基準になってきた．しかし，障害者の「完全参加と平等」実現をめざす世界行動計画等，国際障害者年以降の国連をはじめとする国際的動向にILOとして対応する必要性が認識されるようになった結果，99号勧告を強化，補完するものとして，1983年のILO総会で「職業リハビリテーション及び雇用（障害者）に関する条約」（159号条約）および同勧告（168号勧告）が採択された．

159号条約は，同条約を批准した各国（2005年6月末現在の批准国数は，78カ国）があらゆる種類の障害者の一般就職の促進を目的とした職業リハビリテーションと雇用政策を機会均等の原則に基づき策定し，実施するとともに，それを定期的にレビューすることを求めている．

159号条約にあわせて採択された168号勧告は，99号勧告を補完するもので，159号条約よりもさらに具体的な内容をもつものである．

ILOは，政府，労働者団体および使用者団体の三者構成となっていることから，加盟国政府は，159号条約に基づく障害者の職業リハビリテーションおよび雇用政策の策定および実施に関して，「代表的な使用者団体及び労働者団体と協議する」のは当然であるが，それに加え，「障害当事者の代表的団体及び障害者のための代表的団体とも協議する」（第5条）ことが要請されている．つまり，ソーシャルパートナーである労使に加え，障害当事者団体等の意見も障害者の職業リハビリテーションおよび雇用政策に反映しうるようにすることで，労働における障害者の「完全参加と平等」の実現が意図されているわけである．

2) 実践綱領

障害マネジメントとは，「個人のニーズ，労働環境，企業のニーズおよび法的責任に取り組む，連携のとれた努力を通じて，障害者の雇用を促進することを意図した市場でのプロセス」と定義される．

「職場において障害をマネジメントするための実践綱領」（2001．以下，実践綱領という）は，ILO理事会（2001年3月）の決定に基づき，2001年10月ジュネーブで開催された政府，労働者団体および使用者団体の三者構成専門家会議における検討を経て，全会一致で採択されたものである．

実践綱領には，159号条約および168号勧告が1983年に採択されて以降生じた，障害の概

念，合理的配慮，援助付き雇用といったサービス等の変化が反映されている．それは，大，中または小企業，民間部門または公共部門を問わず，障害関連問題について適切なマネジメントが行われれば，障害者は自分の技能と能力にあった職務を通じて職場で大きな貢献をすることができ，その結果，雇用主は障害者を雇用することから利益を得る，という信念に基づき，雇用主に積極的な障害マネジメント戦略を採用するよう奨励することを意図している．

実践綱領は，原則として雇用主向けのものであるが，障害者の雇用機会の促進を支援する法制や社会政策の枠組みをつくること，およびインセンチブの提供については，政府がきわめて重要な役割を果たすことから，職場内での雇用主および労働者代表の一般的責務に加え，行政当局の責任についても触れられている．さらに，この綱領の目的達成のためには，障害者の参加とイニシアチブの重要性が強調されている．つまり，障害マネジメントは，政府，労使団体および障害当事者団体等の積極的な協力のもとに実施されれば，もっとも効果的とされる．

3．EU の取り組み

EU の障害者雇用施策のベースとなっているのは，2000年に出された「雇用及び職業における均等待遇の一般的枠組を設定する理事会指令」（以下，均等待遇指令という）である．この均等待遇指令の前提となっているのは，1980年代以降のつぎのような一連の動きといえる．

1983年「障害者の社会統合のための第1次行動計画」（1983年〜87年）

1988年「障害者のための第2次行動計画『ヘリオス（Helios）Ⅰ』（1988年〜91年）

1993年「障害者のための第3次行動計画『ヘリオスⅡ』（1993年〜96年）

1996年「障害者の機会均等に関する文書―障害者に関わる共同体の新たな戦略」等

1）均等待遇指令

同指令は，雇用・職業上の差別と闘うことをねらいとしたもので，特定の宗教または信仰，特定の障害，特定の年齢，あるいは特定の性的指向を根拠とした直接，間接的差別の禁止を規定している．この規定は，選考基準，採用条件，職業指導，職業訓練，雇用および給与も含む，労働条件に適用される．

障害に関連して，同指令第5条で「合理的配慮」として，「事業主は必要な場合，障害者が就職したり，昇進すること，あるいは訓練を受けることへのアクセスを持つことができるよう，適切な措置をとらなければならない．ただし，こうした措置が，事業主に「不釣合いな負担」を課す場合には，この限りではない」，そして「合理的配慮の欠如は，差別を構成しうる」と規定している．EU 加盟国は，2003年までにこの指令を踏まえ，国内法に必要な改正を加えなければならないことになっているが，障害と年齢に関する規定については，2006年末までその適用を延期することができる，とされる．

2）障害者の機会均等：欧州行動計画

1993年に標準規則が国連総会で採択されたことを記念して，2002年に EU 議会は，その10周年にあたる2003年を欧州障害者年とすることを宣言した．それは，障害者の権利および様々な形での障害者差別について，一般市民の意識啓発を目的としたものである．欧州障害者年の前年にあたる2002年3月マドリッドでひらかれた欧州障害者会議で採択されたマドリッド宣言では，「差別禁止と差別是正措置をあわせて実施することで，障害者のソーシャルインクルージョンを達成しうる」とし，それを実現するために，2003年欧州委員会で策定され，EU 理事会および議会に対して声明として提出されたのが，「障害者の機会均等：欧州行動計画」である．この行動計画は，2010年までの多年度にわたるもので，その目標は障害問題を共同

体の関連政策にメインストリーム化し，障害者の統合を推進するため重要領域で具体的な行動を展開することである．

この行動計画と関連して，障害者も含む，労働市場で不利な立場にある人びとの統合の促進と差別と闘うためのEU加盟国の雇用戦略ガイドラインである，欧州雇用戦略が，2003年に改正されたが，同戦略でも2010年までに各加盟国が，労働市場で不利な立場にある人びととそれ以外の人びととの間に存在する失業ギャップを相当程度減らすことが目標として掲げられている．そして，同戦略では，障害者も含む，労働市場で不利な立場にある人びとのみを対象としたアプローチから，一般労働者を対象とした対策への統合を意図したメインストリーム・アプローチへの転換や，加盟国において大量失業と闘うための積極的政策として，障害者をはじめとする労働市場で不利な立場にあるグループを含め，個々人のニーズに合わせた個別化政策への移行の重要性が，指摘されている．

4. 各国における取り組み

各国における障害者の雇用機会を拡大するための法制度としては，公的機関や民間企業に従業員の一定割合について，法で定義された障害者の雇用を義務づける「雇用率制度」アプローチと，雇用上の差別を禁止する「障害者差別禁止法」アプローチの2つに大別されるが，Thornton（2004）[1]は，それに加え，第3のアプローチとしてカナダの「雇用衡平法」（Employment Equity Act）アプローチをあげている．

1）障害者差別禁止法アプローチ

障害者差別禁止法の嚆矢は，1973年に改正された米国のリハビリテーション法である．これは，連邦政府と契約を結ぶ特定の企業や，連邦政府から補助を受ける公・民の機関・団体等における障害者差別を禁止するもので，それを一定規模以上の民間企業にまで拡大したのが，1990年に制定された「障害を持つアメリカ人法」（ADA）である．

ADAの影響もあり，1990年代以降，障害者差別禁止法を新たに制定したり，既存の関連法に障害者差別禁止条項を盛り込む国がふえている．O'Reilly（2003）[2]によれば，国連加盟国（1999/2000）の4分の1以上が何らかの障害者差別禁止法を持ち，それらの法律の焦点は，雇用上の差別に当てられている，とされる．

障害者差別禁止法との関連で注目されているのは，前述した「合理的配慮」あるいは「合理的調整」である．合理的配慮の概念は，障害の社会モデルの考え方を反映し，「社会が障害者に配慮すべく変わらなければならないのであって，障害者本人が社会や労働環境に適応しなければならないのではない．また，バリアのない環境を整えることにより，障害者は非障害者と対等の立場で職業機会の確保をめざして競争することができる」ということを意味する．しかし，これはあたらしい概念であるため，障害者差別禁止法のなかでそれを規定している国は，これまでのところ米国および英国等，ごく一部の国に限られる．

Thornton（2004）[1]は，障害者差別禁止法アプローチの短所として，つぎのことを指摘している．

「ほとんどの差別禁止法では，障害を『何らかの著しい生活機能制限をもたらす身体的または精神的機能障害』という医学モデルをベースとした定義になっている．障害者の障害に焦点が当てられる医学モデルの視点と，社会の側のバリア除去責任を重視する社会モデルをベースとする合理的配慮の視点は，矛盾している．米国でも連邦政府最高裁判所の判決で障害問題に医学モデルが適用されることが，ADAを根拠に訴訟に持ち込む際の主要なバリアとなっている．」

2）雇用率制度アプローチ

雇用率制度を持つ国は，わが国をはじめ，ドイツ，フランスおよびオーストリア等の先進国に加え，中国，韓国，タイおよびインド等にも及ぶ．雇用率制度の長所としては，法定雇用率と対比しての実雇用率で，企業の障害者雇用上のパフォーマンスを評価しうることである．また，個々の障害者への差別を問題とする差別禁止法アプローチとは違い，雇用率制度アプローチは，障害者がグループとしての均等の機会を妨げられている構造的な不利を認めることで，特別の差別是正措置をとることを正当化している．

一方，雇用率制度は，量としての障害者雇用の拡大には寄与しえても，その質の改善，つまり障害労働者の地位の向上には必ずしも役立っていない．Thornton（2004）[1]は，「雇用率制度によって雇用された障害者が，低レベルの仕事に従事させられるとしたら，潜在的失業に寄与しかねない」と警告している．

また，Waddington（1996）[3]によれば，雇用率制度に関するより基本的な批判は，「ほとんどの障害者は，障害を持たない者と仕事上で対等に競い，実力で勝つことはできない．そのため何らかの法的介入がなければ，障害者は従業員の一定の割合を占めることすらできないという仮定に基づいていることである．こうした仮定に基づく雇用率制度は，雇用主がそのような労働者を雇用する義務を逃れようとするため，永続的かつ大きな成功を得られない」ということである．

3）カナダ「雇用衡平法」アプローチ

カナダの雇用衡平法（1986年制定）は，雇用主が，障害者およびその他の指定されたグループ（女性，原住民およびその他の少数民族）が直面する組織的なバリアを除去するための計画を策定し，実施することで，それらの人びとを労働力のなかに反映させるようにすることを意図したものである．同法は，連邦政府の規制を受ける大企業および連邦政府と契約関係にある企業に適用される．これらの企業は，障害者等のグループが労働力としてどの程度雇用されているのか，情報を集め，分析し，十分労働力に反映されていない場合には，その雇用のバリアとなっている雇用方針や慣行を特定することを求められる．対応が不十分な企業は，それを是正すべく，採用，訓練，昇進，雇用維持，職務上の配慮についての計画を策定することを求められる．雇用主は，その計画の有効性をモニターし，必要ならば修正し，その実施について従業員代表と協議しなければならない．連邦政府の規制を受ける雇用主は，職種グループおよび給与グループごとに毎年報告を求められる．報告を怠ったり，報告漏れがあった場合，1万カナダドル（約90万円）以下の罰金が科せられる．そして，雇用衡平法の実効性を担保するため，人権委員会が，計画の遵守状況について企業に立ち入り検査を行う権限をもつ．

カナダ雇用衡平法は，障害者等の雇用の量および質の両方の確保をめざすもので，障害者差別禁止法アプローチおよび雇用率制度アプローチの短所を克服する可能性を持つものと評価しうる．しかし，その課題は，現在のところ同法の対象となる企業は，連邦政府の規制を受けるか，あるいは連邦政府と契約関係にあるものに限られていることから，障害者等の雇用拡大への寄与度は，それほど高くはないことである．同法が全国的なインパクトを持ちうるためには，州レベルへの適用拡大を図る必要があるが，その実現は，制度上からも相当困難と思われる．

5．今後の展望

第8回国連・特別委員会で採択された障害者権利条約案でも「障害者の事実上の平等を促進し又は達成するために必要な措置は，この条約に規定する障害に基づく差別と解してはならない」（第5条）と規定されていることからの明

らかなように，障害者の雇用機会の均等と待遇の平等を実現するためには，障害者差別禁止アプローチと雇用率制度等の特別の差別是正措置アプローチを組み合わせた取り組みの必要性が認識されている．

しかし，たとえこれらのアプローチを組み合わせたとしても，それだけでは，障害者の雇用機会の均等と待遇の平等の達成は，困難と思われる．それに加え，障害者の能力開発をすすめるための教育や職業訓練の向上，ソーシャルパートナーである労使だけでなく，障害当事者団体等の参加を得ての障害者施策の策定や障害マネジメントの推進等が相まってこそ，障害者の雇用機会の均等と待遇の平等実現に向けて，目に見える形で前進がなされることになろう．

最後にとくにふれておかなければならないのは，一般就職が困難な重度障害者などに対して，一般雇用に向けての訓練ならびに代替的就労の場を提供しているワークショップ等，保護雇用（または福祉的就労）の場から，一般雇用への移行率が，わが国も含め，各国とも極めて低いということである．その移行を促進するため，援助付き雇用等，各国で様々な取り組みがすすめられているが，必ずしも十分な成果があがっていないのが実情であり，その移行促進に向け，一層の努力や工夫が求められよう．また，多くの欧米諸国では，保護雇用されている障害者についても労働関係法を適用するなど，一般労働者に準じた処遇が行われている．そうした意味でも，保護雇用（または福祉的就労）の場を利用している障害者も含め，雇用機会の均等および待遇の平等実現に向けて，その取り組みがさらに強化されることが望まれる．

文 献

1) Thornton P：New Directions in Disability Employment Policy. KEPAD International Symposium on Disability Employment：Creation of a New Employment Strategy-Participation and Opportunities, Oct. 12－14, Seoul, Korea, 2004.
2) O'Reilly, Arthur：The Right to Decent Work of Persons with Disabilities（Skills Working Paper No. 14）．ILO, 2004.
3) Waddington L：ヨーロッパにおける障害者雇用の再確認：雇用率制度から差別禁止法へ．比較労働法ジャーナル18 No. 62：62－101, 1996.
4) 長瀬 修，川島 聡・編著：障害者の権利条約―国連作業部会草案―．明石書店，2004.
5) 長瀬 修・訳：障害者の機会均等化に関する基準規則．日本障害者協会，1994.
6) 日本障害者雇用促進協会・障害者職業総合センター：欧米諸国における障害者の雇用政策の動向．1994.
7) 日本障害者雇用促進協会・障害者職業総合センター：欧米諸国における障害者の就業状態と雇用支援サービス．1998.
8) 日本弁護士連合会人権擁護委員会・編：障害のある人の人権と差別禁止法．明石書店，2002.
9) Commission of the European Communities：Communication from the Commission to the Council, the European Parliament, the European Economic and Social Committee and the Committee of the Regions：Equal opportunities for people with disabilities：a European Action Plan. 2003.
10) ILO：職場において障害をマネジメントするための実践綱領．ILO事務局，2001.
11) ILO：Basic Principles of vocational rehabilitation of the disabled：Third revised edition. 1985.

第6節　職業リハビリテーションを支える専門職・従事者

　職業リハビリテーションの促進に欠かせないのが人材である．我が国の職業リハビリテーションを支える代表的な専門職といえば，1987年の「障害者の雇用の促進等に関する法律」改正で位置づけられた「障害者職業カウンセラー」である．同法は，我が国で初めて「職業リハビリテーション」を法的に位置づけ，「すべての障害者」をサービス対象としている．このことから，障害者職業カウンセラーが「すべての障害者」と「職業リハビリテーション」に関する高度専門性を有すべき職種であることがわかる．障害者職業カウンセラーは，全国56カ所の障害者職業センター（千葉の障害者職業総合センター，埼玉，岡山，福岡の広域障害者職業センター，各都道府県の地域障害者職業センターと北海道，東京，愛知，大阪，福岡の各支所）に平均6～7名勤務し，職業リハビリテーションサービスの中核として活躍している．

　しかし，我が国の職業リハビリテーションを支えているのは専門職としての障害者職業カウンセラーだけではない．例えば，公共職業安定所相談員，障害者職業相談員，障害者職業能力開発校指導員，障害者雇用支援センター指導員，障害者就業・生活支援センター職員，職場適応援助者（ジョブコーチ），各種養護学校の進路指導担当教員，精神障害者地域生活支援センター職員，病院ソーシャルワーカー，作業療法士等が挙げられる．これらの職種は，職業リハビリテーションを支える従事者として位置づけることができる．

　本節では，これら職業リハビリテーションを支える専門職・従事者の役割と機能を紹介し，今後の人材育成の課題について論じる．

1. 職業リハビリテーションの専門職・従事者の役割

　職業リハビリテーションを支える専門職としての障害者職業カウンセラーの主な役割は，障害者の①職業相談，②職業評価，③職業訓練，④職域開発援助，⑤職業講習，⑥職場適応指導，等である．障害者職業カウンセラーは，クライエントの個別ニーズに沿った職業リハビリテーション計画書を作成し，必要なサービスと社会資源を有効に組み合わせ，本人主体の職業リハビリテーションを地域の中核となって支援している．職業リハビリテーションを支える従事者は，必要に応じて障害者職業カウンセラーと連携し，クライエントの地域就労を支援している．

　職業リハビリテーションを効率的に推進するためには，職業リハビリテーションを支える専門職と従事者の相互の役割を明確化する必要がある．そうした役割研究のひとつとして，平成13年度日本職業リハビリテーション学会員613名を対象とした職業リハビリテーション関連職務20項目の因子分析結果がある[1]．回答者自身の職務との関連度を5段階のリッカート式尺度（最も低い＝1，低い＝2，どちらでもない＝3，高い＝4，最も高い＝5）により数量化したもので，因子分析の結果，(1) ジョブコーチ職務，(2) 職業カウンセリング職務，(3) 移行支援職務，(4) 教育・研究職務の4因子が抽出された（表4.4）．これら4因子は職業リハビリテーションを支える専門職・従事者の役割であり，その役割を構成するのが各職務であるといえる．例えば，(1) ジョブコーチ職務と (3) 移行支援職務は，従事者としてのジョブコーチによる援助付き雇用の役割と，進路指導主事によ

表4.4 職業リハビリテーション専門職・従事者の4つの役割と20職務（累積寄与率75.25％）

	4因子解（寄与率）	平均値	標準偏差
	1. ジョブコーチ職務（30.43％）	**2.74**	**1.35**
1	職業前訓練・職業評価を実施する	2.71	1.51
2	職場環境をクライエントのニーズに合わせ構造的に改革する	2.63	1.30
3	雇用主に電話をかけ面接の約束を取る	2.52	1.34
4	クライエントに適した仕事を探す	2.79	1.36
5	クライエントの仕事を実際にやってみる	2.40	1.26
6	クライエントの実際の職場で訓練・評価を行う	2.61	1.36
7	クライエントの職場適応に対する援助を行う	3.15	1.42
8	施設から職場への移行サービスを提供する	3.17	1.32
	2. 職業カウンセリング職務（23.42％）	**2.68**	**1.38**
9	就労の希望等を聞き取るためのインテーク面接を行う	3.04	1.47
10	職業リハサービスの計画書を策定する	2.55	1.39
11	職業評価検査を実施する	2.32	1.30
12	職業評価検査の結果報告書を作成する	2.23	1.28
13	職業評価の結果を本人，家族，他職種等に説明する	2.65	1.38
14	職業訓練・養成機関等を紹介する	2.93	1.27
15	職業リハサービス計画を実施するための連絡調整を行う	3.06	1.58
	3. 移行支援職務（12.05％）	**2.81**	**1.34**
16	クライエントの抱える問題に対し心理カウンセリングを行う	3.01	1.35
17	クライエントの社会適応に対する援助を行う	3.17	1.36
18	学校から職場への移行サービスを提供する	2.25	1.32
	4. 教育・研究職務（9.35％）	**3.06**	**1.33**
19	職業リハの研究をする	3.14	1.34
20	職業リハの研修や教育に従事する	2.99	1.31

（八重田，2003, p.38をもとに作成）

る学校から職場への移行の役割に該当し，(2)職業カウンセリング職務と (4) 教育・研究職務は，専門職としての障害者職業カウンセラーによるカウンセリングの役割と職業リハビリテーションに関する教育・研究の役割に該当する．ただし，こうした専門職・従事者の役割構造は，職業リハビリテーション理論と実践の発展に伴い，経年的に確認する作業が必要である．

2. 職業リハビリテーション専門職・従事者の機能

前節では，「役割」「職務」というキーワードを用いたが，本節では，「機能」というキーワードを用いる．これら3つの言葉は混同されやすいので，ここで簡単に説明しよう．つまり，「職務」で構成される「役割」を遂行するために求められるのが「機能」である．

職業リハビリテーションを支える諸外国の専門職としては，米国の職業リハビリテーションカウンセラー（公認リハビリテーションカウンセラー）が存在するが，この専門職には大別して，(1) カウンセリング（Counseling），(2) コーディネーション（Coordination），(3) コンサルテーション（Consultation）の3つの機能があり，それぞれの頭文字を取って「3C」機能として紹介されている[2]．障害者職業カウンセラーは，米国の職業リハビリテーションカウンセラーをモデルにしており，これら3C機能を持つ専門職とみなすことができる．

第一に，障害者職業カウンセラーはその名のとおり，カウンセラー（Counselor）として機能する．カウンセリングの捉え方にはいくつかあるが，そのひとつは，1908年にアメリカのボストン職業局を開設したフランク・パーソンズ（Frank Parsons）による職業カウンセリングの捉え方である[3]．パーソンズは職業指導の過

程を，(1) 個人の分析，(2) 職業の分析，(3) 個人と職業の結合（カウンセリング）の3段階に分けている．この3段階を，障害者職業カウンセラーの機能としてみると，障害者職業カウンセラーは，①アセスメントや職業評価法にてサービス利用者の「個人の分析」をし，②職務分析（タスク・アナリシス）や職場再適応（ジョブ・リストラクチャリング）の手法を用いて「職業の分析」をし，③ジョブ・プレースメント，職場適応（ワーク・アジャストメント），ジョブコーチングや職業ガイダンスの手法を用いて「個人と職業の結合」（カウンセリング）をする，ということになる．このように，パーソンズのカウンセリング理論によって障害者職業カウンセラーの機能はほぼ説明でき，障害者職業カウンセラーは「なぜカウンセラーであるか」が明確となる．ただし，職業リハビリテーションを支える専門職としての障害者職業カウンセラーは，単に本人と職業の結合をはかるだけで終わるのではない．つまり，雇用そのものを最終目的とするのではなく，働くことを手段とし，本人が自分らしさを再び取り戻すというリハビリテーション[4]を実践するのが障害者職業カウンセラーである．

第二に，障害者職業カウンセラーはコーディネーター (Coordinator) として機能する．カウンセラーは，職業リハビリテーションサービスの調整役あるいはコーディネーターである．障害者職業カウンセラーは，保健・医療・教育・福祉・工学等の様々なリハビリテーション領域における関連職種と連携し，より効果的な職業リハビリテーションサービスを提供しており，そのためにはコーディネーターとして機能することが求められる．

第三に，障害者職業カウンセラーはコンサルタント (Consultant) として機能する．カウンセラーは，職業リハビリテーションの専門職として，対外的に専門的な助言（コンサルテーション）を的確に与えることが期待される．アメリカのリハビリテーションカウンセラー認定委員会 (Commission on Rehabilitation Counselor Certification ; CRCC) によると，コンサルテーションとは，「カウンセリングと人間発達における科学原理と方法を応用したものであり，個人・集団・組織等の第三者との関わりのなかで発生する諸問題に関する相談者側の理解力を深め，それら問題への解決策を提供すること」とされている[5]．つまり，障害者職業カウンセラーには，専門知識と技術を生かした解決策を提示できる専門性をもつコンサルタントとして機能することが求められる．

一方，職業リハビリテーションを支える従事者の機能としては，サポート機能がある．つまり，職業リハビリテーションの総合的なサポートではなく，きめ細かいサポートを地域単位で提供できる機能，という意味である．以下に職業リハビリテーションを支える従事者について概説する．

1) 公共職業安定所相談員

公共職業安定所（ハローワーク）は，就職に関する情報の収集及び提供を行う公的機関である．相談員のなかでも，求人・求職に関する専門的な相談を受ける障害者雇用担当者は，全てのハローワークに配置されてはおらず，量的に不足している．担当者は求職する個人のニーズに応じた職業相談と職業紹介をするが，その際に専門的な職業評価の必要性が生じた場合には，地域の障害者職業センターに依頼する．したがって，ハローワークは，個人を適切な職業リハビリテーションサービスへつなげるという大切な役割を担っている．

2) 障害者職業能力開発校指導員

障害者雇用に必要な技術と技能を専門的に習得させるというのが指導員の主な役割である．単なる職業技術の訓練だけでなく，職場における人間関係や職務態度等，雇用を継続するための心理面及び社会面における技能習得，体力訓練を含めた個別指導・評価を行う．また，早期

から施設外で職場実習を通じて,職場適応訓練を行う.

3) 障害者雇用支援センター／障害者就業・生活支援センターの職員

就労自立に継続的支援を必要とする障害者のために職業訓練,職場見学,職場実習,職場開拓,職場定着支援,事業主に対する障害者雇用の相談及び情報提供等を行う.就職が困難とされる重度障害者の地域職業リハビリテーション実践者として期待されている.

4) ジョブコーチ

1986年の米国リハビリテーション法改正により定義づけられた援助付き雇用(Supported Employment)の担い手であるジョブコーチは,実際の職場で働く障害者(特に重度障害をもつ人)を直接的・間接的・継続的に援助する.ジョブコーチは,必要に応じて職場開拓や通勤支援をするが,基本的には実際の職場で,障害者にわかりやすい作業手順を示し,他の職場仲間との作業や人間関係を調整し,本人の職場適応と就労自立を必要なだけ支援し,職場仲間による自然な形の支援「ナチュラルサポート」へ展開する役割を担っている.

5) 教育機関の職種

特別支援教育における進路指導担当教員・特別支援教育コーディネーターの主な役割は,学校から職場への移行支援である.学校内の職業教育や地域における職場実習の早期導入は継続雇用の成功要因であり,この点からも,進路指導教員が特別支援教育と職業リハビリテーションをつなげる重要な人材であることがわかる[6].個別教育計画(IEP)に含まれる個別移行計画(ITP)の策定と評価という役割も期待される.

6) 保健医療機関の職種

保健医療機関に勤務する社会福祉士や精神保健福祉士,保健師,作業療法士等は,保健医療機関から職場への移行[7]を支援する役割がある.これらの職種は,クライエントの社会的,心理的,身体的な機能回復を就労の場でも継続できるよう配慮する必要がある.就労生活に役立つ社会資源や福祉用具の活用についても助言できることが望ましい.また近年では精神障害者の職業リハビリテーションを担う雇用専門家(Employment Specialist ; ES)等が包括型地域生活支援プログラム(米国ウィスコンシン州のMadison Modelとして知られるAssertive Community Treatment ; ACT)等で活躍し始めている[8].

以上,職業リハビリテーションを支える専門職と従事者の役割と機能について概説した.表4.5は,職場・職種別にみた職業リハビリテーション専門職・従事者の業務分類案である.今後は効果的なサービス連携のためにも,職業リハビリテーション専門職と従事者に共通する役割と,独自性の高い役割を明確化する研究が望まれる.

3. 職業リハビリテーションを支える専門職・従事者の人材育成

職業リハビリテーションを推進するためには,障害者職業カウンセラーを中核としたリハビリテーションチームワークによって心理学,教育学,社会福祉学,経済学,医学,工学領域の優秀な人材をいかに効果的に活用するかが課題である.そのためには,障害者職業カウンセラーを始めとする関連職種が,地域の「職業リハビリテーションコーディネーター」として機能することが考えられる[9].しかし,このようなコーディネーターの役割遂行を意図した人材育成プログラムは,現時点の我が国には存在していない.

障害者職業カウンセラーの育成については,障害者職業総合センターが中心となって実施しており,1972(昭和47)年当時の東京心身障

表4.5　職場・職種別にみた職業リハビリテーション専門職・従事者の業務

職　　場	職　　種	主な職業リハ関連業務
障害者職業センター	障害者職業カウンセラー	・職業カウンセリング ・職業評価 ・職業訓練 ・職域開発 ・職業講習 ・職場適応指導 ・研修 ・研究
公共職業安定所	障害者雇用担当者	・職業相談 ・職業紹介 ・職リハサービスの斡旋
障害者職業能力開発校	訓練指導員	・職業技術訓練・能力開発 ・職場適応訓練・能力開発 ・自立生活訓練・能力開発
障害者雇用支援センター 障害者就業・生活支援センター 障害者就労支援センター等	指導員／ワーカー 就労支援コーディネーター ジョブコーチ等	・職業訓練 ・職場見学／実習 ・職場開拓 ・職場定着支援 ・事業主への情報提供 ・施設から職場への移行支援
身体障害者更生援護施設 知的障害者援護施設 精神障害者社会復帰施設 知的障害者通所授産施設等	指導員 ソーシャルワーカー ジョブコーチ等	・就労生活スキルアセスメント ・職場開拓 ・雇用の場で訓練（OJT） ・継続的支援
企業 重度障害者多数雇用事業所等	企業社員 障害者雇用コンサルタント 産業カウンセラー等	・技術指導 ・ナチュラルサポート ・職場再構築／再設計
小規模作業所	作業所職員	・作業援助 ・生活支援 ・通勤支援
養護学校中高等部	進路指導主事 特別支援教育コーディネーター等	・職業教育 ・職場開拓 ・職場実習指導 ・職リハサービスの斡旋
精神障害者地域生活支援センター	生活支援ワーカー 精神科ソーシャルワーカー	・自立生活支援 ・通勤や余暇の生活支援 ・職場適応支援 ・家族支援
病院デイケア 労災病院 精神保健センター リハビリテーションセンター等	病院ソーシャルワーカー 作業療法士 精神科ソーシャルワーカー 保健師 リハ・ソーシャルワーカー 雇用専門家（ES）等	・職リハ情報提供 ・就労ニーズアセスメント ・作業評価・訓練 ・病院から職場への移行支援 ・地域包括的な就労支援

害者職業センターにおける研修から数えると約30年の歴史がある．厚生労働大臣が指定する障害者職業カウンセラーの講習カリキュラムは，厚生労働大臣指定の試験に合格した者を対象に，講義，演習，実習，レポート等によってカウンセラーに求められる総合的な知識及び技術を約1年間で体系的に教えるものとなっている．さらに，カウンセラー3年次研修，5年次研修，9年次研修というように，経験年数に応じて短期集中型の研修が段階的に実施されている[10,11]．

そのほかの職業リハビリテーション（以下，職リハ）人材育成については，例えば公共職業安定所において活躍する障害者職業相談員，就職促進指導官，雇用指導官等に対する専門研修[12]，就労支援に関わる作業療法士に対して日本作業療法士協会が行う卒後研修[13]，日本職リハ学会による研修講座[14]，各種ジョブコーチ研修[15,16,17]，精神保健基礎研修[18]など，様々なレベルで職リハ研修が展開されている．

また日本職リハ学会員全数を対象とした実態調査[1]によると，職リハ研修ニーズの具体的な内容として挙げられたのは，多い順に「地域就労援助の方法」「ジョブコーチに関する知識と技術」「職業評価・訓練の知識と技術」「職業リハ関連の制度・政策」「リハカウンセリングの知識と技術」「作業・職場環境の調整方法」「コミュニケーション・ネットワーク技術」「障害別の関わり方の知識」「サービス・マネジメントの技法」「欧米の職業リハ最新事情」「社会リハビリテーションの知識と技術」「研究方法の知識と技術」「学校から職場への移行」であり，職リハ研修の中味が幅広いことがわかる．この結果は，地域で障害者の就労を援助するためにすぐに役立つ実践的な方法を修得するための研修（例えばジョブコーチの研修）を求める声が多いことを示している．また同調査では，人材育成のニーズを端的に示す結果も得られている．それによると，職リハ研究の緊急度が高いものとして「職業リハ専門職の人材育成・教育」が総合得点第2位に選ばれている．さらに職リハ専門職に最も期待される役割は職リハサービスの「コーディネーター」であることも明らかにされている[1]．日本職リハ学会は，我が国における障害者雇用の学術水準を代表する学術団体である．この調査結果は，職リハ専門職の人材育成が急務の課題であり，コーディネーターとしての資質を有する人材への期待が高いという学会員の意見を反映したものといえる．

また，全国都道府県・政令指定都市64カ所の精神保健福祉センター研修担当者を対象とした調査[18]によると，今後強化すべき就労研修の分野は，多い順に「就労支援計画の立て方」「労働や就労支援機関の活動紹介」「職場定着支援」「援助付き雇用制度（ジョブコーチ技法）」「就労支援事例検討」「先進施設の取り組み紹介」「職場開拓技法」「職業リハビリテーションの理論」「リハカウンセリング」「職業評価方法」「職務分析方法」であった．さらに同調査は，東京都多摩地域における精神障害者社会復帰施等140施設の全職員（N＝414）を対象とし，精神障害者の地域職業リハビリテーションの促進要因を重回帰分析により探った．その結果，事例検討会を含む就労支援研修への参加，就労支援人材の確保等が，精神障害者雇用数に影響を及ぼす可能性のある促進要因の一つであることを明らかにした．同調査は，精神障害者社会復帰施設職員の8割が職リハ研修体制をさらに強化する必要性を感じていることも明らかにしており，人材育成の取り組み自体が地域の職リハシステムづくりには欠かせないとしている[18]．これらの結果から，精神障害者リハビリテーション領域においても職リハ人材育成のニーズの高さと，職リハ研修内容の幅の広さが伺える．

人材育成ニーズは，職リハそのものに対するニーズでもある．現在のところ，職リハ専門職の人材育成は，障害者職業カウンセラーの研修以外は，国家レベルで統一された研修制度が未確立・未整備の状態である[19,20]．多様なサービスの現場において職リハの人材とその研修が必

要とされながらも，人材育成に関しては問題が山積している．そこで次に職リハ人材育成課題を現任者研修と大学教育に分けて整理する．

1）現任者研修

まず，研修制度の確立についてであるが，現在既に実施されている研修（例えば障害者職業カウンセラーの研修，公共職業安定所スタッフの研修，作業療法士の研修，ジョブコーチの研修，日本職業リハビリテーション学会の研修等）をそのまま継続し，内容をさらに発展すべきであることは論を待たない．しかし問題は，研修講師，研修内容，研修方法，研修期間，タイミング等によって受講者の知識や技術に差が生じることである．知識や技術の差がサービス利用に対して公平性を失うものであってはならない．また，障害者雇用に関する新しいテクニックや研究による新たな知見は，その都度学習できるような研修システムであることが望ましい．したがって障害者職業カウンセラーを含め，統一された職リハの研修制度を確立することが人材育成の課題となる．そのためには，何らかの機関や部署が我が国の職リハ研修そのものを統一し，研修を企画，実施，管理，評価するという方法が考えられる[20]．ただし現時点ではこうした総合的な職リハ研修によってどのような人材を育成すべきかという統一見解が得られていないため，研修プログラムを評価するにも，その評価基準がない．そこで，まずは現在実施されている職リハ関連の全ての研修内容をデータとして集約し，整理する必要がある．今後の人材育成課題を表4.6に示す．

2）職業リハビリテーションの大学教育の課題

（1）職リハ系大学・大学院教育課程の創設

まず，職リハ系大学・大学院教育課程の創設についてであるが，前述したとおり，我が国には職リハ専門職の人材育成に特化された総合的なカリキュラムを有する大学及び大学院は皆無というのが現状である．日本職リハ学会員の実態調査によると，職リハの将来を担う人材育成として最も望ましい教育体制について尋ねたところ，「大学院修士課程」が35.2％，「大学」が27.5％，「現任者研修」が30.3％であった[1]．「大学」と「大学院修士課程」を合わせると，67.2％が職リハ専門職教育は大学以上が望ましいという結果である．高等教育機関による職リハ専門職の人材育成のモデルとなるような大学・大学院課程を創設することにより，職リハ人材に対する社会的要請を高めなければならない．

（2）職リハ系大学・大学院教育課程開発助成金制度の創設

大学に対し，職リハの教育課程を開発するために必要な助成金を支給する制度を法律で規定する．その制度を運用して大学・大学院が，教育カリキュラムの開発を行い，職リハ専攻や職リハの大学院修士課程を創設するための資金とする．さらに，法的基盤の整備として，米国リハビリテーション法における「人材開発総合システム」（Comprehensive System of Personnel Development；CSPD）に該当する制度を創設する．こうした職リハの卒前教育を含めた人材育成に対する投資がなければ現状を抜本的に変

表4.6　職業リハビリテーション現任者研修の充実化に向けた課題

(1) 職リハ研修を企画，実施，管理，評価する職リハ研修センターの組織化
(2) 職リハ関連専門職を対象とした現任者研修カリキュラムの研究開発
(3) 職リハサービスのコーディネーター養成の研修プログラム開発及び研修の実施
(4) 職リハ研修プログラム修了者に対する単位認定資格制度の開発
(5) 海外のリハビリテーションカウンセリング系大学院留学制度の開発
(6) リハビリテーション人材育成研究への助成制度の確立

(3) 職リハ専門職の人材育成に携わる大学・大学院教員の養成

理学療法士や作業療法士のようなリハビリテーション関連専門職の養成が我が国に導入された当初は，専門知識を有する外国人教師による教育が主流であった．職リハ専門職の人材育成に携わる大学・大学員教員を養成する教育センターをつくり，職リハの専門知識及び技術を有する諸外国のスペシャリストを講師陣として長期的に雇うという方法も考えられる．オーストラリアの大学でも，米国の職リハ（リハカウンセリング）の大学院教授を長期間招聘し，職リハの教育プログラムを創設することに成功している．これと同時に，日本の若手研究者や学生，大学院生を対象とし，海外で職リハの学位（博士課程が望ましい）を取得させるまでの「職リハ海外留学奨学金制度」を創設するという方法も考えられる．そして職リハの学位取得後に帰国した人材がその力を発揮できる場として，職リハの大学・大学院で教鞭を取れる用意をしておかなければならない．

表4.7は，米国における職業リハビリテーション関連の大学院ランキングと教員数及びプログラム概要をまとめたものである．2006年3月の時点で，職業リハビリテーションの先進国である米国では，106の大学院が全米リハビリテーション教育協議会（National Council on Rehabilitation Education；NCRE）による認可校となっており，総数736名の教員が職業リハビリテーションに関係の深い養成カリキュラムで教鞭をとっている[21]．また，表4はリハビリテーションカウンセリングの修士・博士課程を持つ大学院ランキングのトップ15位の評価平均点を示しているが，この平均点は，①プログラムの質に対する専門家による評価と，②大学の教員，研究，学生の質に関する統計指標をもとに換算されたものである[22]．アメリカ以外ではカナダに1校（カルガリー大学，University of Calgary）ある．我が国の職業リハビリテーションを担う専門職の人材育成は，海外と比べ大きく立ち遅れているという現状認識が必要である．

4. まとめ

職業的障害のある人々が，競争的な職場環境として一般企業に就職し，社会の一構成員として納税者になり，労働による喜びを得て人生の質を高めることができるのなら，本人はもとより，家族，援助者，企業，地域，国，全てにとって有益であることは確実である．

米国リハビリテーションサービス局（Rehabilitation Service Administration；RSA）の報告によると，障害者1人に対し1ドルの職リハサービスをかければ，就職して納税者となった障害をもつ人は，国に18ドルの税金を返却することができるとしている．無論，単に就職すればよいというのではない．単に納税者になればよいというのではなく，本人にとっても社会にとってもそれが「有意義な雇用」（meaningful employment）となり，職業生活を通じて，あるいは職業を手段として人生の質を高めることが望ましい．その鍵を握るのが職業リハビリテーション専門職・従事者である．

文　献

1) 八重田淳：職業リハビリテーション従事者に期待される役割と専門性．職業リハビリテーション 16：33-42, 2003.
2) Hershenson D：A theoretical model for rehabilitation counseling. Rehabilitation Counseling Bulletin 33：268-278, 1990.
3) 伊藤　博：カウンセリング．誠信書房, 1963, p131.
4) 八重田淳：リハビリテーションの哲学．法律文化社, 2001.
5) Estrada-Herandez N & Saunders JL：Consultation in rehabilitation：Implications for rehabilitation counselor educators. Rehabilitation Education 19：25-35, 2005.
6) 八重田淳，他：学校から職場への移行リハビ

表4.7 米国における職業リハビリテーション関連の大学院ランキングと教員数及びプログラム概要

順位	大学	特色あるプログラム	*評価	教員数	プログラム数		
					学士	修士	博士
1	ミシガン州立大学 Michigan State University	リハカウンセラー教育	4.3	12	—	1	1
2	ウィスコンシン大学(マディソン校) University of Wisconsin-Madison	リハ心理学,リハカウンセリング	4.2	7	1	2	1
3	南イリノイ大学(カーボンデール校) Southern Illinois University-Carbondale	リハサービス,コミュニケーション障害科学,リハカウンセラー教育,リハ管理学,応用行動分析・行動療法,リハビリテーション	4.0	27	2	4	1
3	アイオワ大学 University of Iowa	リハカウンセリング,リハカウンセラー教育	4.0	6	—	1	1
5	ボストン大学 Boston University	リハ・ヒューマンサービス,リハカウンセリング,解剖生理学	3.8	19	1	1	1
5	ジョージワシントン大学(DC) George Washington University	リハサービス,コミュニケーション障害科学,リハカウンセラー教育,リハ管理学,応用行動分析・行動療法,リハビリテーション	3.8	10	—	2	2
5	イリノイ工科大学 Illinois Institute of Technology	リハカウンセリング,精神科リハカウンセリング,リハ工学,リハ心理学,リハカウンセラー教育	3.8	5	—	3	2
5	ペンシルバニア州立大学(ユニバーシティパーク校) Pennsylvania State University-University Park	リハサービス,リハカウンセリング	3.8	5			
9	フロリダ大学 University of Florida	リハサービス,リハカウンセリング,リハ科学	3.6	7			
9	メリーランド大学(カレッジパーク校) University of Maryland-College Park	リハカウンセリング,精神科リハカウンセリング,リハビリテーション	3.6	7	—	2	1
9	ウィスコンシン大学(スタウト校) University of Wisconsin-Stout	職業リハ,職業評価,リハリーダーシップ,リハカウンセリング,学校から職場への移行,精神保健カウンセリング	3.6	38	1	2	—
12	サンディエゴ州立大学 San Diego State University	リハカウンセリング,聴覚障害リハ,リハ工学,障害マネジメント,リハ管理学,援助付き雇用と移行,職業教育と生涯学習	3.5	15	—	2	—
12	アリゾナ大学 University of Arizona	リハビリテーション,リハカウンセリング,リハ教育	3.5	7	1	1	2
14	ルイジアナ州立大学(健康科学センターニューオリンズ校) Louisiana State University Health Sciences Center-New Orleans	リハサービス,リハカウンセリング	3.4	6	1	1	—
15	イーストキャロライナ大学(NC) East Carolina University	リハカウンセリング管理学,リハカウンセリング,職業評価,薬物依存と臨床カウンセリング,リハサービス	3.3	14	1	3	1
15	シラキュース大学(NY) Syracuse University	リハカウンセリング,リハカウンセリングと学校カウンセリング	3.3	5	—	2	1
15	アーカンソー大学(フェイエットヴィル校) University of Arkansas-Fayetteville	リハカウンセリング(ジェネラル,自立生活,職場紹介・開発,聴覚障害リハカウンセリング),リハ教育研究	3.3	19	—	4	1
15	テキサス大学(オースチン校) University of Texas-Austin	リハカウンセリング,リハカウンセラー教育	3.3	4	—	1	1
15	ユタ州立大学 Utah State University	リハカウンセリング,障害研究	3.3	4	—	1	1

*評価得点の平均値(5点満点)はU.S.News & World Report 2006年度America's Best Graduate Schoolsランキング表から,その他のデータは2005−2006全米リハビリテーション教育協議会名簿National Council on Rehabilitation Education Membership Directoryに登録されている全米106大学及びカナダ1大学の資料をもとに作成した.

リテーション連携の鍵〜．職業リハビリテーション 13：32-39, 2000.
7) 八重田淳：職業リハビリテーションと医療ソーシャルワークの連携〜MSW の職務分析調査から〜．日本職業リハビリテーション学会第 23 回大会プログラム・発表要旨集：91-94, 1995.
8) 小嶋ひかる，香田真希子，西尾雅明，伊藤順一郎：ACT-J における就労支援活動の取り組み．季刊職リハネットワーク 57：24-26, 2005.
9) 八重田淳：職業リハビリテーションの専門性を確立するための学会資格認定及び研修講座のあり方について（課題報告）．日本職業リハビリテーション学会第 29 回大会プログラム・発表論文集：19-22, 2001.
10) 古谷　護：障害者職業カウンセラーの役割とその実現のための資質育成．季刊職リハネットワーク 51：18-22, 2002.
11) 日本障害者雇用促進協会障害者職業総合センター職業リハビリテーション部研修課：障害者職業カウンセラーの養成と研修，季刊職リハネットワーク 51：23-27, 2002.
12) 厚生労働省職業安定局高齢・障害者対策部障害者雇用対策課：公共職業安定所の障害者業務担当者への研修，季刊職リハネットワーク 51：5-7, 2002.
13) 鶴見隆彦：就労支援に携わる作業療法士（OT）の人材育成．季刊職リハネットワーク 51：15-17, 2002.
14) 小川　浩：日本職業リハビリテーション学会における研修等．季刊職リハネットワーク 51：41-43, 2002.
15) 西尾保暢：仲町台発達障害者センター「ジョブコーチ養成セミナー」．職リハネットワーク 51：47-49, 2002.
16) 柴田珠里，他：ジョブコーチの役割・職務と研修ニーズ．職業リハビリテーション 14：1-8, 2001.
17) 志賀利一，他：第 3 章　ジョブコーチの人材養成に関する研究．平成 13 年度厚生科学研究費補助金障害保健福祉総合研究事業，ジョブコーチによる地域就労支援のあり方とジョブコーチの人材育成に関する研究（主任研究者：小川浩），2002.
18) 浅沼奈美：精神障害者の地域職業リハビリテーションテーションの促進要因に関する研究，平成 14 年度筑波大学大学院教育研究科カウンセリング専攻リハビリテーションコース修士論文．2003.
19) 八重田淳：米国における職業リハビリテーション専門職の養成システム．季刊職リハネットワーク 51：32-35, 2002.
20) Yaeda J：Professional development of vocational rehabilitation in Japan. In the Proceedings of the 3rd International Conference on Rehabilitation, pp81-86, Setp. 16, Taegu University, Korea, 2004.
21) NCRE：National Council on Rehabilitation Education 2005-2006 Membership Directory, 2006.
22) U.S. News & World Report：America's Best Graduate Schools 2006 Edition, 2005.

第7節　職業リハビリテーションにおける研究の役割

1. 職業リハビリテーション研究の特徴と課題

1）研究とは

　専門的な領域として確立している諸々の学問体系やそれらに基づいた専門的職業の分野では，一般に「養成・教育」「実践の現場」そして「研究（開発）」の3つの異なる機能が存在し，そのことによって，専門的な職業を成り立たせると同時に高度なサービス提供を可能にしている[1]．

　そのうちで，研究は，さまざまな疑問への系統的な探索を通じて行われる知識を発見する方法であり，一定の手順に従って問題解決を行うものである．その最大の目的は，対象について何か新しい事実やそこから見出される「法則」を発見し，それらを統合的に説明する理論をつくることが含まれる．だが，それだけで価値ある研究とは必ずしもいえない．事実の発見が何の役に立つかが問われることも多く，研究で得られた知見や理論の応用によって私たちの生活に益をもたらすならば，その研究はそれだけ意義がある．それゆえ，研究は，その情報的な価値として多くの人々がそこに意外性や確実性を見出せることの他に，その実用的な価値として，それを調べて何になるのかという問いに答えうることが求められている[2]．

2）職業リハビリテーション研究の特徴

　職業リハビリテーションにおける研究では，後者の実用的な価値のほうが重視される．なぜなら，実際的課題の解決に寄与する知識の体系化と技術の開発を通して，実践活動を援助してその質的向上を支える機能を有することが研究として求められるからである．この分野の価値的な意義は，何よりも現実に生きている人びとの職業生活の確立とその維持にむけたキャリア発達を促しながら「生活の質（QOL）」の向上を目指し，それに必要とされる支援を社会的に提供することだからである．

　この分野における研究の特徴として，次のことが指摘できよう[3,4]．

　第1に，実践場面で生じる職業リハビリテーション関連の課題は多種多様であり，それに応じて研究課題も広範囲にわたること，しかも，その解決に向けた知識や技術は学際的色彩が強いことがある．

　第2に，研究の成果は，実際の活動場面への適用を通して検証される傾向が強い．実務者が現場で直面する問題をもとに研究課題が構成され，多様な分野の知識や研究手法を駆使してその解決を試み，その成果は実践場面に還元される．

　第3に，研究対象とする変数の決め方が重要な鍵となる．たとえば，個人特性の諸変数であっても，性・年齢・診断等の固定的で静的な変数か，それとも，経験や学習の成果を規定する動的で操作性のある変数を対象とするかによって，実践にとって有益な情報となるかどうかが異なる．

　第4は，リハビリテーション分野の臨床場面で蓄積された知識と技術は，諸科学の向上に貢献する．障害のある人を対象とした研究の成果は，障害のない人々をも包括した普遍的な理論として発展する可能性を秘めている．

　第5は，研究成果が実務担当者に取り込まれるための，情報提供の仕方が重要となる．そのためには，現場の意見を充分に反映した研究計画の作成と，作成した報告書が実践家に理解されるような記述の様式や情報の加工が必要となる．

3）職業リハビリテーション研究の課題

こうした特長をもつこの分野の研究課題は、それゆえ、障害のある人の行動変容を促す各種の要因を明らかにすることばかりでなく、就労を含む社会生活の質的な向上にむけた諸条件や制度の改善をも視野に入れた、極めて広い範囲を含むことになる。また、心理学（基礎心理学に加えて、職業心理学、産業・組織心理学、カウンセリング心理学、臨床心理学も含まれる）、教育学、労働科学、医学（身体、精神）、保健学、作業療法学、社会福祉学、社会学、労働経済学、経営学、法学、工学などの広範囲な隣接諸科学の成果とそこでの多種多様な研究方法を取り込みながら、課題の特性に応じて個別にあるいは同時並行的に実施する必要があろう。

今日の職業リハビリテーションにおける活動は、①自立生活支援、②自己実現と社会参加の促進、③歴史的・社会的な施策の体系、④就労ニーズの充足、⑤社会資源の開発、⑥これらの国・自治体・民間の運営と制度における援助活動などの特徴がある。この分野の研究課題について、松為[5]が隣接諸科学を踏まえて作成した内容を修正したものが、表4.8である。

2. 研究の方法

実際に研究を進めるためのデザインは、隣接諸科学のそれと変わるところはないが、研究の目的に応じて異なる分類のしかたがある。その概要は次のとおりである[1,6]。

1）研究デザインの類型

第1は「探索型研究」と「検証型研究」に分類することがある。前者は、興味のある対象の行動観察や面接を通して多くの情報を収集しながら、何らかの一般的な結論や理論的説明をつくる。後者は、事前にたてた仮説が正しか否かで導かれる結果を演繹的に予測して、実験や調査でその決着をつけようとする。

第2は「量的研究」と「質的研究」の分類である。前者は、操作的に定義した変数の数値データをもとに、仮説の検証を目的に統計学的に処理して結果を導く。そのため、統計的推定に関する知識と技術が必要になる。後者は、仮説を明確に示すことができない探索的な研究で多く、既存の理論に捉われないで新たな目で見ることが必要となる。数値量に還元しにくい内容的な側面に着目した記述的（質的）データが中心となる。

第3は「実験的研究」と「記述的研究」である。前者は、検証型の研究であり、変数や状況を操作的に統制して他の変数に現れた効果から課題の真偽を判断する。後者は、探索型の研究であり、対象の傾向や状態の特性や変化に関する情報を系統的に収集して、その特性の理解を深めたり理論や仮説を作ることを目指す。

このほかにも、データを収集する場面に対応して「調査」「実験」「実践」に分類することもできる。「調査型研究」は、現実生活の側面を調べるために、研究対象に影響を与えるような介入を極力避けつつ条件を統制しないでその特徴を適切に抽出するデータ収集をする。「実験型研究」は、現実生活での複雑で多様な要因を統制して、要因間の厳密な因果関係を把捉するデータ収集をする。「実践型研究」は、研究者が対象に直接的な介入や支援をして適切な影響を与えながら、実践に有効性のある関与についてのデータを収集する。これら3つの研究の型は相互に補い合うが、とりわけ、発達・教育・臨床などの領域では密接に関連する。

2）臨床・実践研究としての位置

これとは別に、医学分野では「基礎研究」と「臨床研究」に分類することがある。中でも臨床研究は図4.6のように構成され、「人間―患者（障害者と置き換えても良い）」関係を直接対象とするもの全て含むとされる[7]。前述した職業リハビリテーションの研究課題の多くは、それゆえ、臨床研究の範疇に入ることになろう。

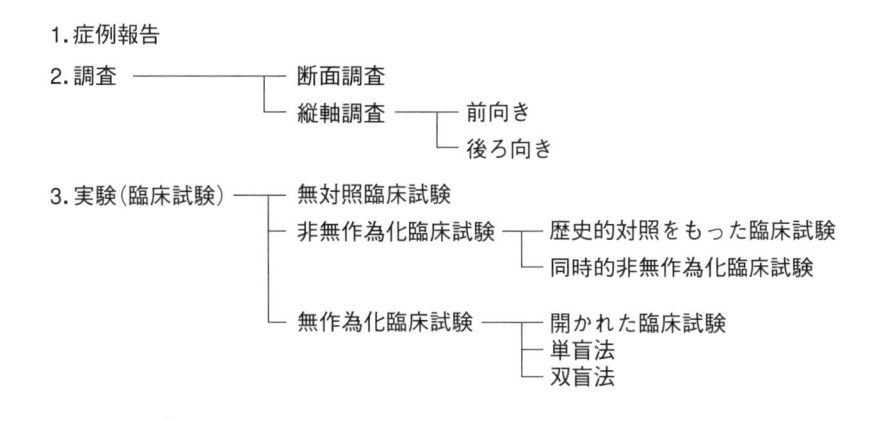

```
1. 症例報告
2. 調査 ─┬─ 断面調査
         └─ 縦軸調査 ─┬─ 前向き
                      └─ 後ろ向き
3. 実験(臨床試験) ─┬─ 無対照臨床試験
                    ├─ 非無作為化臨床試験 ─┬─ 歴史的対照をもった臨床試験
                    │                      └─ 同時的非無作為化臨床試験
                    └─ 無作為化臨床試験 ─┬─ 開かれた臨床試験
                                          ├─ 単盲法
                                          └─ 双盲法
```

文献7)の改変

図4.6　臨床研究の分類

また，実用的な価値を重視するという意味では，実践型研究の視点も重要である．これは，実践活動に有効な援助方法を開発して，その有効性を確認する手段である[1]．研究者は，対象者に働きかけながらその援助（実践）と研究を同時に行っていく．現実場面での直接支援をすることから，研究者と対象者との多様な相互交流や対象者の置かれた状況の変化などがデータ収集に取り込まれるとともに，現実の状況に合わせて適宜に研究計画を再構成することも必要となる．

3）制度・政策と研究

表4.8の研究課題には政策・制度に関する研究も含まれるが，ここで指摘した研究類型には当てはまらない．だが，政策・制度は障害者の雇用と自立のあり方を規定する環境調整の重要な要件であることから，その研究のあり方についても検討されるべきだろう．京極によれば（岡田[8]），社会福祉学の政策・制度の研究は，政治や行政を視野に入れるためにその中立性を保持した議論をするべきだが，他方で「より根本的には学問する立場の問題（価値）前提があり，誰のために，なんのために研究するのかという価値抜きには，高等技術的には華々しくても空疎な学問となってしまう」という．

職業リハビリテーションの政策・制度に関する研究も，こうした中立性とともに学問的な価値前提のもとに論じることが求められよう．著者は第1章や第2章で示した職業リハビリテーションの視点やキャリア発達論から，その価値前提を「多面的な働く場を踏まえた社会的自立の維持をとおしてQOLを向上させる」こととしている．だが，国内外の社会経済状況や価値観などの歴史的な展開を捉えた価値を立てる視点もあり[9]，「学」として固有の価値前提が共有されているとはいえないのが現状だろう．

文　献

1) 日本職業リハビリテーション学会・編：職業リハビリテーションの実践と研究への挑戦─日本職業リハビリテーション学会25周年記念誌─，1997.
2) 南風原朝和，市川伸一，下山晴彦・編著：心理学研究法入門．東京大学出版会，2004.
3) 松為信雄：職業的リハビリテーションにおける研究の意義，雇用と職業 48：1-5, 1984.
4) 松為信雄：職業リハビリテーション研究の課題（雇用職業総合研究所・編：障害者研究のあゆみ）．雇用職業総合研究所，1991, pp34-37.
5) 松為信雄：職業リハビリテーション研究課題の分類学，総合リハビリテーション 17：875-881, 1989.

表4.8 職業研究課題の分類

1. 能力特性に関する研究領域と課題
   A 行動特性の研究（感覚運動機能障害の特性／作業耐性／労働衛生など）
   B 心理特性の研究（知的・精神障害の特性／障害の心理的受容／職業意欲の向上など）
   C 職業発達の研究（障害特性と職業発達／心身機能の発達的変化／職業生活の設計など）
2. 評価相談に関する研究領域と課題
   A 能力評価の研究（職業能力評価の範囲／能力評価法の改良／新職種への適合性評価／能力評価の妥当性など）
   B 職業相談の研究（職業情報の内容と理解／意志決定の過程／職業相談技法の開発／職業指導／自己探索システムの開発など）
   C 評価支援システムの研究（障害特性等の計測評価のシステム化／障害補助代行機器の性能評価／専門職支援システム・職業情報データベースの開発など）
3. 職業適応性に関する研究領域と課題
   A 適応向上の研究（自立生活の向上／職業準備訓練／職場適応訓練など）
   B 適応支援機器の研究（視覚・聴覚・運動機能障害・知的障害等の補助代行機器の開発／移動障害への技術的支援／安全や健康維持への技術的支援／バリアフリー建築デザインと設計など）
4. 雇用開発に関する研究領域と課題
   A 労働市場の研究（障害者労働市場の特性と拡大／障害者雇用事業所の拡充など）
   B 雇用管理の研究（職場定着の推進／障害者特性に対応した雇用管理のあり方など）
   C 職域拡大技術の研究（作業代替機器やシステムの開発と改善／職場の施設設備の改善など）
5. 能力開発に関する研究領域と課題
   A 能力開発システムの研究（能力開発の需要と制度／公共職業訓練・企業内教育訓練のあり方など）
   B 訓練・教材の研究（作業モジュール化／訓練プログラムの開発／訓練カリキュラムの編成／訓練教科書と教授法など）
   C 評価・指導法の研究（訓練適応性／技能評価システムの構成／技能習熟の過程／指導者の養成など）
6. 地域生活・福祉に関する研究領域と課題
   A 障害者の生活・福祉の研究（所得保障制度／地域社会活動の推進とその効果／障害特性に即した余暇活動など）
   B 態度変容の研究（家族・社会の障害者への意識や態度／職場の障害者げの意識や態度／意識や態度の変容を促す方法など）
   C 社会的支援システムの研究（サービス機関の特性と障害者受け入れ基準／リハビリテーション推進のための社会システムの構築／障害労働者の退職後の社会的受け皿など）
   D 職業生活支援の研究（地域社会資源の機能と効果／就労支援従事者の資質と教育訓方法）
   E リハビリテーションサービス効果の研究（サービスへの投資とその効果／援助内容と障害者ニーズとの適合性評価の方法など）

6) 鎌倉矩子・宮前珠子・清水一：作業療法士のための研究法入門，三輪書店，1997．
7) 砂原茂一：臨床医学研究序説―方法と理論―，医学書院，1988．
8) 岡田知正：社会福祉学における研究とは何か（久田則夫・編：社会福祉の研究入門―計画立案から論文執筆まで―）．中央法規出版，2003．
9) 大曽根寛：福祉政策と学閥（武川正吾，大曽根寛：新訂福祉政策Ⅱ―福祉国家と福祉社会のゆくえ）．放送大学教育振興会，2006，pp 243-266．

第Ⅱ部

就労支援の技術

第5章

就労支援の過程と手法

第 1 節　就労支援の過程

就労支援の技術を理解するためには，就労支援の過程を理解し，それぞれの過程における支援技法を身につけなければならない．本節では，就労支援過程の概略を理解することと，支援を行うに当たっての基本的な考え方について述べる．

1．支援の基本的考え方

1）障害者本人が自分に合った進路を自分で選択し，実現できるような支援

就労支援は，ややもすると，専門家が障害者本人の特性および状況を把握し，進むべき進路，仕事の内容および支援方法を考え，決めがちである．もしかしたら，それが一番早く就労が達成されるかもしれない．しかし，その方法では職業生活が長続きしないことが多く，職業生活を継続するには，常に専門家が側について支援し続けなければならなくなるのである．これは現実的には難しいことである．職業生活を継続させるためには，障害者が就労支援を受けることで職業人として成長し，職場の中で遭遇するさまざまな問題に対して自分の力で切り開いていく力をつけておかなければならないのである．そのためには，専門家主導の支援から，障害者主導の，または双方の協働による職業リハビリテーションを展開することが必要といえる．

この考え方は医療におけるインフォームドコンセント（インフォームドチョイス）と同様である．障害者本人が自分の適性を見つけるためにはどうすべきか，自分の適性にあった進路を見つけ，決めるためにはどうすべきか．それは，自己決定の尊重，自信・自尊心の回復または維持などを意識した支援が必要となる．また，障害者と支援担当者との対等な関係による協働を忘れてはならない．

2）障害者に対する働きかけと環境に対する働きかけ

「就労支援は難しい」という専門家の声をよく聞く．そこで支援内容を聞いてみると，障害者に対する支援のみに終始していることが多い．それは，障害者を支援することで彼らの力を高め，失われた諸能力を取り戻す支援である．障害程度の軽い障害者であればその支援だけで雇用に結びつくであろう．しかし重度身体障害，知的障害および精神障害などの重度障害者の場合は，それだけの支援ではなかなか雇用に結びつかない．

WHOの国際生活機能分類（ICF）によると，障害は個体条件と環境条件によって構成されている．したがって，支援を行う場合にも，障害者本人に対する支援（個体条件）だけではなく，障害者を取り巻く環境（環境条件）に対する支援も必要となる．

ここでいう環境条件とは何であろうか．就労支援における環境条件とは企業が中心となろう．従って，仕事の内容，従業員，勤務条件などの職場環境となる．具体的には，偏見等による就業機会の縮小を改善する，障害者が仕事がしやすいように職務の改善を行う，従業員に接し方などの対処方法を知ってもらう等の支援である．これらの支援を行うために，企業に対して積極的に働きかけることが必要となる．

3）地域社会資源（関係機関）との連携によるサービスの提供（ケアマネジメント）

就労支援は，地域障害者職業センター，障害者就業・生活支援センター，障害者雇用支援センター，障害者職業能力開発校および公共職業安定所（ハローワーク）などの労働関係機関だ

けでなく，福祉および医療保健機関においても行われている．特に障害者自立支援法が成立し，就労移行支援事業など，就労支援についてはかなり力が入れられている．数の上からいえば，労働関係機関よりも，福祉および医療保健機関の方が数が多いはずである．そうなると，一つの機関にいる専門家が，すべての就労支援過程を担当することはなかなかできないはずである．

また，「就労」は「生活」の一部にあたるので，就労支援を行うに当たっては，生活支援も必要となってくる．そうすると，ますます一つの機関ですべての支援を行うことは難しくなる．そこで，地域の関係機関が連携してひとりの障害者を支援することが多くなってくる．その際，それぞれの支援機関が自分たちの思惑で支援を行っていたら，支援を受ける一人の障害者は，よい支援を効率的に，同じ方向性をもって受けることができなくなる．それを防ぐためにも，関係機関が本人を中心として連携し，役割を分担しながら得意な支援を効率的に行う必要がある．

このような支援方法をケアマネジメントという．一つの支援機関がすべてを支援する時代は終わったのである．これからは関係機関が一緒に手を携えて，ひとりの障害者を支援する時代である．そのためには，普段から地域の関係機関の存在を知り，業務内容を知り，支援担当者の顔を知り，いつでも手を携えることができる関係を作っておく必要がある．

2. 就労相談（面接と自己決定の支援）

就労支援の最初は就労相談である．就労相談はさらに，インテーク面接，アセスメント（評価），プランニング（職業リハビリテーション計画の作成）の過程に分けられる．

1）インテーク面接

インテーク面接は，障害者本人の意向・希望の確認から始まる．ここで大切なことは，ニーズにしっかりと耳を傾けることである．そして，専門家と障害者が信頼関係を確立する作業でもある．ここでニーズをしっかりと受けとめ，それを受け入れ，信頼関係を作り，心と心で握手することによって，両者の協働作業が開始できるのである．この場面で「そんなことは無理でしょう」などとアセスメント（評価）してしまったら，信頼関係はできないということをしっかりと認識しておくことが大切である．

2）アセスメント（評価）

インテーク面接が終わり，ニーズをしっかりと理解して信頼関係ができたら，次はアセスメントに入る．アセスメントとは，障害者本人および本人を取り巻く環境について，職業的側面から情報を収集し，整理することである．

アセスメントは専門家のみが行うものではなく，専門家が障害者を評価するものでもない．アセスメントは，専門家と障害者が協働で行うことが原則である．むしろ，障害者が自分の職業的側面について評価することを専門家が手伝うといったほうが適切かもしれない．まずここをしっかりと押さえておく必要がある．

障害者の職業能力等をアセスメントするポイントは，大まかに次のように考えると良いであろう．

①身体的側面（筋力，持久力，器用さ）．
②知的側面（記銘力，応用力，企画・創造力，判断力）．
③情意的側面（責任・判断・決断などのストレス，固執性・こだわり，対人緊張，まじめさ，ペース配分，活動性）．
④社会的側面（職場の常識・ルール（挨拶・返事・報告・質問・連絡・欠勤），通勤，日常生活管理，役割行動，通院・服薬管理）．

その他に，生活歴，現在の生活，家族状況等の情報も収集する必要があるが，重要なのは，

以上のポイントをどのようなツールでアセスメントするかである．基本的には，障害者本人が「できる」と思っていることを体験することでアセスメントすることが大切であろう．一番分かりやすいのは「やってみる」ことである．実際の職場による体験がもっともわかりやすく，それが難しい場合は，地域障害者職業センター，就労移行支援事業所，就労継続支援事業所，地域活動支援センターにおける体験であろう．このように，実際の職場を活用しないアセスメントは，職業適性および就職可能性を予測できないという事実を専門家は忘れてはならない．

しかし，障害者本人が何をして良いかわからない，自分の適性を知りたい場合には，地域障害者職業センターにおける心理検査および作業検査，病院等における心理技術者による心理検査を職場体験の前に受けることもよい方法である．

3）プランニング（職業リハビリテーション計画の作成）

アセスメントが終わった後はプランニング（職業リハビリテーション計画の作成）である．まず専門家が案を作成し，本人と専門家，必要に応じて関係機関担当者，家族とでケア会議を行い．計画を決定する過程を踏むとよいであろう．障害者本人の理解力の程度にもよるが，最終的な決定は本人が行うことであるのはいうまでもない．

3. 就労準備（職業準備性の育成）

職業リハビリテーション計画ができたら，それを実行に移すことになる．専門家に支援を求める障害者の多くは，雇用に結びつくための準備を行う場合が多い．その場合の準備とは，①自信や誇りをつける，または回復させること，②作業能力を向上させること，③対人関係や職場のルールを身につけること，④実際に雇用される予定の職場に適応すること，の4点であろう．

これらの準備を整えるには，実際の働く体験で学ぶものと，働く場以外で学ぶものとに分けられる．②および④と，①および③の一部は，実際の働く体験から学ぶことが効果的であり，①および③の一部は，働く場以外で学ぶことが効果的であるといえる．

実際の働く体験から学ぶには，実際の職場で体験することが一番効果的である．施設で行う就労準備は職場で必要とされるスキルとの関連が少なく，そこで身につけたスキルは職場で応用困難であるという事実を忘れてはならない．そのため，個別に開拓した就労希望企業で行うことが最も効果的といえる．ただし，いきなり実際の職場では自信がない，あるいは不安を覚える障害者や，準備する課題があまりに大きかったり多い場合には，就労移行支援事業所，就労継続支援事業所等の模擬職場や，グループ就労の職場など，柔軟な場の設定を考えることも大切であろう．

働く場以外で学ぶものである①自信や誇りをもつ，または回復させること，②対人関係や職場のルールを身につけることは，施設等での社会生活技能訓練（SST）や学習会など，ロールプレイ，講話，話し合い，見学訪問，ビデオを活用する場合が多い．

4. 職場開拓

就労準備のための場の確保，および就労準備終了後に雇用の場を確保するために，職場開拓が必要となる．今までの支援は障害者本人中心であったが，ここでは環境に対して働きかける支援となる．そして，支援者である専門家が主に企業に働きかける支援でもある．この支援を苦手としている専門家は多い．そして，就労支援がうまくいかない場合の多くは，職場開拓がうまくいかないことが多いようである．つまり，職場開拓の成否が就労支援の成否の鍵を

握っているといっても過言ではない．

また，この支援はハローワークとの連携，労働側の各種援助制度の活用など，福祉および医療・保健の専門家には馴染みのないものが多い．そのため，福祉および医療・保健専門家の奮起が望まれる．また，ハローワークの担当官も福祉および医療・保健専門家の専門性に大変期待しているのである．

詳細は後ほど記述されるので，ここでは大まかな流れを記述するにとどめる．

①準備しておくもの：ハローワーク担当者および企業主用の本人紹介状等（支援専門家作成），履歴書，障害者手帳，主治医の意見書（精神障害者のみ）．

②ハローワークへの求職登録と職業紹介：障害者本人およびハローワーク担当官と一緒に求人票の中から希望企業を選択．ハローワーク担当官から，支援者による見学の依頼をしてもらう．

③スタッフによる職場訪問：作業および職場環境分析，障害および障害者本人についての説明（支援者作成の紹介状提出），支援者が行う職場実習の依頼．

④スタッフによる職場実習：作業および職場環境分析，仕事の教え方，従業員への働きかけ方，職務遂行の可能性，新たな仕事の開発，支援者による熱意のアピール，従業員との関係作り，従業員の不安感をとる，利用できる援助制度の説明，障害者本人面接の依頼．

⑤企業と障害者本人面接：支援者・ハローワーク職員・必要に応じて家族同伴，企業見学および面接の実施（ハローワーク紹介状および履歴書提出），採用または職場実習の依頼．

⑥職場実習（就労準備）：支援者同伴実習（ジョブコーチとしての役割），見守りによる精神的な支え・安心感，不安・緊張への対処，仕事をわかりやすく教える・調整する，知的障害・認知障害への対処，モデリング・SST・作業の構造化，従業員と障害者本人との関係作り，ナチュラルサポートの形成．

⑦採否：労働条件の決定，賃金・週の勤務時間・休日等，作業内容，利用する援助制度．

5．フォローアップ

雇用が決まった後は，職場不適応になる兆しを早い時期にキャッチし，不適応状態を未然に防ぐという支援が必要となる．これがフォローアップである．支援対象は企業主および障害者本人の両方である．

企業主に対する支援は職場訪問を中心とする．そこでは，①障害者本人の職場での状況を把握する，②企業主の「思い」を聞く，③障害者本人に適した職場環境等になるように調整する（ジョブコーチ支援），等がある．個別支援だけでなく，企業主会の組織化ができればさらによい．

障害者本人に対する支援は，月1〜2回程度「集い」を開催し，グループワークによって働く障害者同士の支え合いの場を作ると効果的である．そして，必要であれば個別支援を行い，早急に企業または関係機関と調整するとよい．

そして，不幸にして離職となった場合は，再度就労相談から支援を開始するのである．

第2節　面接と自己決定の支援

1. 自己決定の支援に関する基本的考え方

職業リハビリテーションの領域で自己決定の支援を適切に行うためには，本人の自己理解や職業に関する理解を図るとともに，具体的な支援制度等の情報提供や職業体験の機会の提供が必要である（図5.1）．

働くのは支援者ではなく，本人である．本人が自ら気づき，意思決定していく過程を支援することが求められる．専門家主導でアセスメントを行い，専門家が考えた支援計画を提示して本人の同意を得る方法では，適切な自己決定の支援とは言い難い．

本人の意思決定は，職場開拓やジョブコーチ等の具体的な支援の見通しによって決定的に違ってくる．また本人が特定の支援制度を利用したいと思っても，必ずしも，その支援制度が利用できるとは限らない．特に，面接者と支援制度を管轄する機関が異なる場合には，本人と面接者と管轄機関との意見調整が必要になる．職業リハビリテーションにおける自己決定の支援とは，本人の希望を実現するための，本人と支援者等との合意形成のプロセスであるともいえる．

なお，本稿では「面接」を狭義の治療的面接や情報収集だけの面接ではなく，面接者と被面接者が主に会話を通して一定の目標を達成しようとする行為とする．

また，自己決定の支援は職業リハビリテーションの全過程で行われるものであるが，紙面の都合上，職業リハビリテーション計画作成までについて実践的な視点から記述する．

2. 支援する際の工夫や留意点

1）面接の技術を理解する

効果的な面接を行うためには，面接の技術や進め方について理解しておく必要がある．

相手を尊重し話をきちんと聴く，相手の話にあわせて質問等を行い話を深める，情報提供や助言等により問題解決を促す，面接場面で起こっていることに気づき状況に即して対応する，等を意識的に行うことが求められる．少なくとも，面接者の思い込みや時間的制約から，一方的な情報提供や説得により，「自己決定」

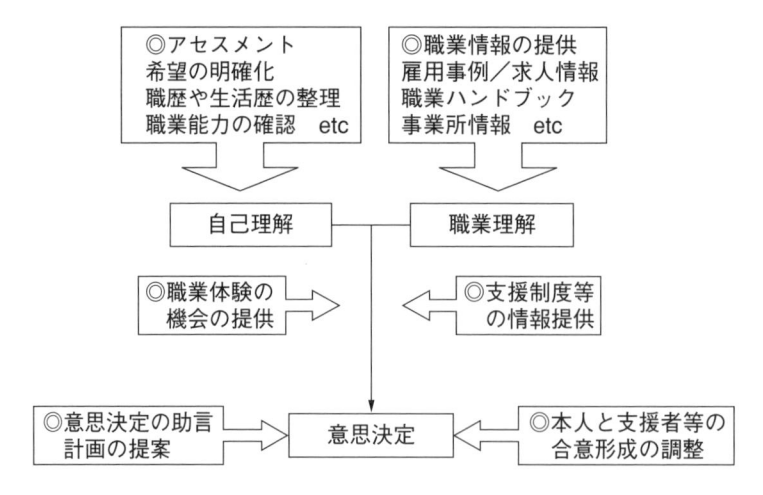

図5.1　計画作成までの自己決定支援の流れ

を迫ることのないよう注意したい．

2） 面接の受理と希望の明確化

支援機関が何をするところかよく知らずに来所する人もいる．来所目的を確認したうえで面接を受理する．他の支援機関で相談する方が適当と思われる場合には，他機関を紹介するとともに，本人の同意を得て，紹介した趣旨を他機関に伝えておくことが望ましい．

「どうしたいのか」「どうなりたいのか」，希望を受け止めるところから面接がスタートするが，この段階で，見通しもないのに希望が実現すると請け負ったり，逆に，現実的でない・可能性が低いとして，はじめから本人の希望を否定することは厳に慎む．

希望が漠然としているときには，具体的な質問をする．例えば，仕事に対する本人の希望を聞く場合には，「どんな仕事がしたいか」「1日何時間・週何日位働きたいか」「希望の賃金は」「障害のことを会社側にどう理解してもらうか」等，具体的に聞くことにより希望を明確にしていく．

また，障害のある人の場合，職業を考える際に自分のモデルとなるような人や参考となる情報がほとんどないのが現状である．本人と同様の障害のある人がどのように働いているか，具体的にどのような支援制度を利用しているかといった情報提供をすると，希望がはっきりしたり，変化する場合もある．面接者は，具体的な障害者雇用事例を数多く把握するとともに，雇用実態調査をはじめとした各種調査結果や公共職業安定所（ハローワーク）での障害者紹介就職件数等の統計についても把握しておき，必要に応じて情報提供していく．

3） アセスメントと自己理解の支援

アセスメント（ここでは検査や実習も含めた，本人に関する情報の収集・整理をいう）は，自己理解を支援する視点から行われる必要がある．専門家が本人の状況を把握した後，その結果を本人に説明する方法のみでは自己理解は進まない．

特に，職業リハビリテーションの領域では，職歴，生活歴，現在の日常生活や人間関係等，本人が知っていることから情報収集・整理することが多く，本人がこれまで体験したこと，現在行っていることを職業的な視点から整理し直すことが，アセスメントの大部分を占める．本人と面接者が一緒に情報の収集・整理を行うことにより，面接者が本人を理解する過程と，本人が自分を理解していく過程が同時に行われるよう工夫することが求められる．

本人と面接者が一緒に情報の収集・整理をする際には，チェックリストや図表を活用するとよい．職歴を把握する際，筆者は表5.1を本人に記入してもらった後，具体的な職歴について話し合う方法をとることが多い．障害状況によっても異なるが，職務経歴書等を書いてもらうよりも，確認すべきポイントがはっきりして，自己理解が図りやすいと考える．

なお，何のためにこのことを聞かれるのか，なぜこの検査をされるのか，本人が理解できないまま調査や検査が行われては，自己理解は進まない．本人の希望を現実するための情報の収集・整理であることを分かりやすく伝える必要がある．

採用面接の場面を想定し，会社にどんなことを聞かれるか，自分のことをどうアピールするか等を検討することにより，どんな情報を収集・整理すべきか明確にする方法もある．

4） 職業準備性について

安定した職業生活を継続するためには，資格取得や技能習得だけでなく，健康や日常生活の

表5.1　職歴の整理

会社名	規模	就職経路	障害のことをどう伝えたか	仕事内容	勤務時間（残業）	勤務日数（1週間）	給料	就職期間	辞めた理由	仕事をして大変だったこと	仕事をしてよかったこと

管理，対人技能，社会生活能力，基本的労働習慣等も大切になる．このことを本人に理解して貰えれば，これらの情報を聴取していく中で，安定した職業生活のためには，何ができていて，何が不足しているのか，本人の理解を深めることが可能になる．

ただし，このようないわゆる「職業準備性」を就職するためのハードルと考えると，「できる」「できない」の視点で本人を追い込むだけで自己理解は図れない．「職業準備性」は，安定した職業生活を継続するために本人が努力すべきことや，必要な支援を明確にするための指標と捉えることが重要である．

安定した職業生活が継続できるかどうかは，個人と職場と支援の関係で変化する．「訓練してから就職」という考え方のみに陥ることなく，「就職後に支援する」という視点を持ち，課題点は配慮や支援が必要な項目という捉え方をするとよい．

職業準備性の現状について，本人と面接者が異なる認識を持つこともあるが，面接者が正しいとは限らないので，意見を押しつけることなく，一致点を探る姿勢が求められる．

例えば，職業準備性に関するチェックリストを本人と面接者が別々につけ，両者が異なるところにチェックした項目があれば，なぜそこにチェックしたのかその理由を行動レベルで説明し合うといった方法が考えられる．

また，本人の希望する生活と現在の生活に大きなズレがある場合は，起床から就寝までの現在の生活時間と，本人が希望する就職後の生活時間を日程表にし，どのような違いがあるか検討する方法もある．

5）障害の理解

障害の理解は，自己理解の重要な側面である．面接者は，障害のある人や家族が書いた手記を読む等，本人側のさまざまな思いや事情について知っておくことが望まれる．

本人の障害理解を図る場合，筆者は，職業生活で支障になることをICFの視点で本人と一緒に整理する方法を取ることが多いが，面接場面だけで障害のことを整理するには限界がある．実際に何らかの職業体験をした後に，体験の振り返りの中で障害理解を図る方が効果的なケースも多い．

なお，高次脳機能障害のある人の機能障害のアセスメントや精神障害のある人の心理教育等，医療機関等での支援状況により，職業リハビリテーションでの障害理解に対する支援内容は変化する．医療機関等での支援状況を把握しておくことが望ましい．

6）職業理解

職業リハビリテーションにおける自己理解は，職業やキャリアに関連した自己理解であり，自己理解と職業理解は表裏の関係にある．

具体的な障害者雇用事例を紹介する，職業ハンドブック等の資料を活用する，第6章第3節の手法で把握された情報を提供する等，職業理解を深めるさまざまな方法があるが，ハローワークに同行し求人情報を検索する，同じような障害を持った人の職業体験の話を聞く，職場見学や職場実習を行う等，面接場面以外の具体的な取り組みが効果的な場合も多い．

7）支援制度等の情報提供

本人の希望を実現するための支援制度等について情報提供する必要があるが，制度を管轄する機関から直接説明を受けた方がよい場合も多い．また，後述するケア会議のような手法をとると効率的である．

3．計画作成時における意思決定の支援

自己理解と職業理解がある程度すすみ，支援制度も概ね理解できれば，希望を実現するための計画を検討することになる．面接者は計画立案のために，助言をしたり，具体策を提案し

て，そのメリットやデメリットについて一緒に検討する等，本人の意思決定を支援する．

助言する際には，これまでの経験では難しいといった視点ではなく，可能性への挑戦という視点を持つ必要がある．本人と面接者の考えが異なる場合には，本人の希望に添った職業体験を提供し，その上で，本人と面接者の合意形成を図るよう努めることが望ましい．

自分で意思決定した経験がほとんどない人や，理解力不足等のため面接だけでは意思決定が難しい人もいる．このようなときも，本人の話をきちんと聞き，可能な限り本人に伝わるような工夫をする．その上で，職場実習をはじめとした体験の提供と体験の振り返りを通じ，意思決定を支援するよう心がける．

家族の意向が前面に出て，本人の意思がはっきりしない場合もある．家族の意向＝本人の意思と短絡的に判断せず，本人の希望をじっくり聞いていくことが必要である．職業体験を積む中で自分の希望をいえるようになるケースもある．本人と家族の意向が異なるときは，基本的に本人の希望を中心に話を進め，その中で本人・家族・支援者の合意形成が図れるように努める．家族支援の視点も必要で，家族担当の面接者を設定することも検討する．

在職者の場合，事業所側の意向と本人側の意向が異なるときがある．基本的には，両者の合意形成ができるよう，具体的な支援策を提案していくことになるが，少なくとも，事業所側の代弁者となって，本人を説得する立場になることは避けるべきである．

4. 自己決定支援の実践的な進め方

ハローワークや地域障害者職業センターに来所する人は，例えば，精神科に通院して10年，デイケアを利用して3年，現在，生活支援センターでも相談しているといったように，関係機関を複数利用している人も少なくない．このような人については，ハローワークや地域障害者職業センターの職員が情報収集を一から行うよりも，関係機関の職員が本人と一緒に情報を整理する方が効率的である．

筆者は，関係機関から相談を依頼された場合，その関係機関に調査票を送付し，本人と相談しながら，今後の希望や生活歴，現状等を記入してもらうようにしている．そして，調査票で整理された情報をもとに，本人・関係機関・地域障害者職業センターの三者による話し合いを提案している．

話し合いでは，①希望の確認，②本人の個人特性と本人を取り巻く環境条件の確認，③本人の希望に関連する職業およびその他社会資源の情報の整理，④短期および中長期的目標の設定，⑤目標達成のための職業リハビリテーション計画の作成，を行っている．これは，ケアマネジメントのケア会議と同様の手法である．

なお，計画の作成に必要な情報が不足しているため，各種検査，場面設定法，職務施行法等を実施する必要がでてくることもあるが，上記の手順を踏んでいると，何故，どんな手法によって，どのようなことを明らかにする必要があるのか，本人および関係者が明確に理解できる．

5. おわりに

面接という言語を中心とした支援のみでは，対応に限界のある人がいるのは事実である．しかし，本稿で示した支援の進め方は，どのような障害状況の人に対しても，基本的に押さえておくべきものと考える．また，自己決定の支援は職業リハビリテーションの全過程でなされるものであり，面接場面以外でも，自己決定の支援という視点が求められることを強調しておきたい．

文　献
1) 福原眞知子，他：マイクロカウンセリングの理論と実践．風間書房，2004.
2) 厚生労働省：従業員の主体的なキャリア形成を支援するために―キャリア・コンサルティングマニュアル―．2001（http：//www.mhlw.go.jp/houdou/0105/h0517-3.html）

第3節 職業リハビリテーション計画の作成

1. 計画作成の目的と意義

職業リハビリテーション計画は，障害のある人が職業的自立を目指すのに必要かつ有用な支援をするための計画であり，実際の指導や援助を効果的で効率的に行うことを目的とする．就労支援におけるケースマネジメントの一連の過程からすると，利用者のニーズに応えた支援目標を見定め，その達成に向けて細分化された個別目標の諸活動やサービスを展開するための計画を作成する段階に相当する．

就労支援に限らず，リハビリテーション計画の作成にあたっては，一般的に次のことが大切になる[1,2]．

第1は，作成した計画に基づいて実行するプログラムの目的について，十分に認識しておくことである．リハビリテーションは「障害のある人が自分で選択した環境の中にあって機能的に活動できる能力を促進するとともに，他者の支援をできるだけ少なくすること」を目的とする．そのために，①医学的な症状や機能・形態障害を軽減したり消滅させることではなくて，実際の日常活動や作業をおこなうのに必要な諸能力の開発に焦点を向けること，②作成された計画は，障害のある人が自分で意志決定をした結果の産物であることを認識すること，③個人の諸特性と居住環境や職場環境で要請される役割行動との関連付けを明確にするとともに，双方のギャップを埋める対処の方法を明らかにすること，④職業的自立は社会参加の促進における主要な道筋であること，などを明確にしておく．

第2は，計画されたプログラムは，支援に向けたさまざまな活動の内容や実施経過などを管理する記録の様式，および，その実行に責任をもつ担当者の役割分担が明確に示されていることが必要である．計画には，①障害のある人が自分で目標を設定するための機会，②希望したり興味のある仕事を自己理解するための機会，③環境から要請された内容や実際に支援する内容，④訓練や学習をとおして習熟するための方法などを含み，しかも，それらの活動が自由に選択できる柔軟さをもっていることが望ましい．また，プログラムの効力が発揮されるには，担当者の間でリハビリテーション計画の分担を明確にしておくことが不可欠である．さらに，実施経過を記録に残すことは，リハビリテーションがどの段階を進行しており，到達すべき目標にどこまで接近しているかを知るうえで重要であり，計画の作成に関わった全員がこうした情報を共有することが必要である．

第3は，人的なネットワークを積極的に構成して，それを十分に活用することである．地域において人的ネットワークが十分に整備されていると，障害のある人のニーズに則した多様な選択肢が提示できる．また，教育・訓練の機関や地域生活を支援する組織や機関からの支援も受けやすくなる．それゆえ，計画の作成に際しては，こうしたネットワークの活用について十分に考慮することが必要である．

2. 必要な情報の範囲

1) 計画作成に必要な情報

職業リハビリテーション計画は，これらのことを踏まえながら作成する．その場合，基本的な視点として，図5.2に示す2つの側面を併行して検討することが重要である．

その一方は，個人の諸特性に向けたものであり，障害のある人の技能面の発達をどのように促すかという「技能の発達」と，要請される環

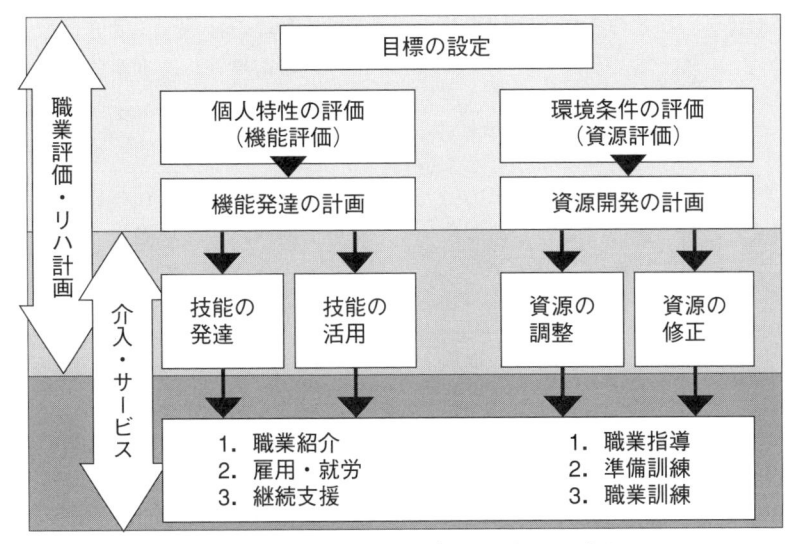

第5章 就労支援の過程と手法　**149**

図5.2　職業評価とリハビリテーション介入

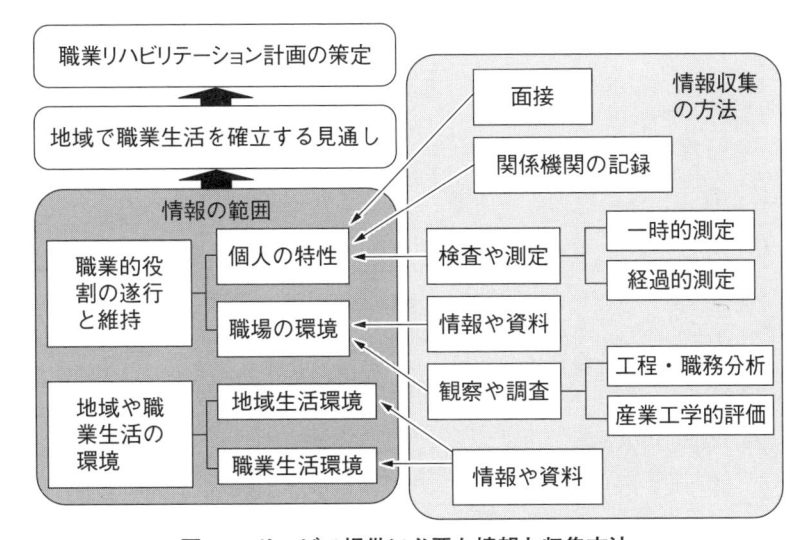

図5.3　サービス提供に必要な情報と収集方法

境に適合する技能を訓練し直すという「技能の活用」の両側面がある．他方は，個人を取り巻く環境や社会資源に向けたものであり，個人特性に合わせて既存の資源をどのように調整するかという「資源の調整」と，社会資源そのものの開発や修正を行う「資源の修正」の両側面がある．

　支援計画の検討では，こうした個人とそれを取り巻く環境の双方に焦点を当てることから，その作成に必要な情報は広範に収集することが必要となる．その全体的な構造を示したのが図5.3である[3,4]．

　これは，情報の範囲を大きくは，①個人が特定の職業に就いてそれを維持する可能性を明らかにする場合と，②地域生活や職業生活の確立と維持の可能性を明らかにする場合，の2つの領域から構成したものである．また，これらの情報の収集に際しては，①面接，②関係機関の資料や記録，③検査や測定，④職業環境の情報や資料，⑤観察や調査，⑥社会生活環境や職業

生活環境の情報や資料，などの多様な方法を駆使することを示している．

2) 個人特性に関する情報

個人特性の把握に必要な情報は，社会生活の遂行に関わる領域と職務の遂行に関わる領域に区分されるが，主な情報としては，次のことが含まれる[5]．

①基本属性：氏名，性別，年齢，障害の種類と程度など．

②家庭環境：住所，家族構成，進路に関する希望など．

③生育歴：出産前後，乳幼児期，学齢期など．

④職歴：仕事の内容，期間，退職理由など．

⑤身体的側面：身長，体重，視力，握力，背筋力など．

⑥精神的側面：知能，学力，性格など．

⑦社会的側面：身辺自立（日常生活動作），意思交換能力，移動能力，作業能力，集団参加，自己統制力など．

⑧職業的側面：職業適性検査，特殊性能検査，職業興味検査，ワークサンプル法，職務試行法等の結果および作業特性，作業態度，作業量，作業の出来映えなど．

⑨所見：各種検査，観察等から導き出される結論，今後の課題，対応方針など．

これらに加えて，特に，障害のある人がどれだけ就職に対するニーズがあるかを把握することが重要となる[6]．そうした情報は，①本人からの主訴，のほかに，②引き継いだ地域機関からの情報，③家族からの情報や家庭の経済状況，⑤地域福祉機関からの情報，⑥既に関連している支援状況（職歴・進めつつあるアプローチ等），などから収集する．

また，就職へのニーズがどこまで具体的になっているか（それは，就職したい思いの深さを知ることでもある）を知るには，①保護者との面談をとおして得られる家庭生活の様子，②福祉関係機関や施設からの情報を通して得られる生活管理の様子，③就労経験があった場合にはそこから得られる実務的な職業能力の評価の結果，④生活支援センターや職業関連機関などのサービス提供の機関や組織から提供される職業興味や志向性の内容と特徴，⑤医療機関などから提供される心身機能の状態，⑥公共職業安定所（ハローワーク）や関連機関からの情報を通して得られる障害のある人自身による就業活動の実際，などを踏まえて明らかにする[6]．

3) 対象者の周辺状況に関する情報

目標とする特定の職場や職務を明確にするには，表5.2に示す情報が必要である[3]．

さらに，職業生活を続けるには，その基盤としての地域生活の維持が確立していなければならない．また，生活する地域における労働環境の状況も重要な課題となる．そうした地域生活や職業生活の全体について把握するのに必要な情報は，表5.3に示すように広範囲におよぶ[3]．

これらのうちで，労働市場の状況を把握するには，①就職希望地域における一般の求人・求職・就職の状況，②障害者の求人・求職・就職の状況，③雇用率の達成状況，④主要企業および障害者雇用企業における事業内容・規模・作業環境，⑤障害者が従事している職務内容等の雇用・職業に関する状況，⑥本人の利用できる社会資源（職業能力開発施設，福祉機関，福祉施設，医療機関）の設置状況などの情報を収集する[5]．また，現在の支援体制についても，①本人のニーズ達成に有用と考えられる支援機関の名称，②機関で実施している支援内容と実施体制，③家族の支援の在り方などを知ることが必要である．

3. 計画の構成要素

職業リハビリテーション計画は「支援計画表」として記述されるが，その構成はケアマネジメントにおける支援計画表と同じ様式となろう．その作成に当たっては，支援が「誰が誰の

表 5.2　職場の環境に関する条件

領域と項目	内容
1. 物理環境	建築・作業空間，温度・湿度・騒音・照明・振動・換気，危険性，姿勢・動作を規制する機器・道具の構造など．
2. 技術環境	製品・サービス・情報の生産に必要な機器や道具，その操作技能，ノウハウ情報．感覚・判断・識別能力，知識と技能，例外処理の仕方，注意の対象と程度，作業方法，作業分担などの条件．
3. 組織環境	職業的な目的を達成するために意図的で計画的に設けられたフォーマルな地位と役割の体系．成員の役割行動を規定する．
4. 心理社会環境	組織内の成員間の心理的な結合関係と，その職業に対する社会的な価値観や規範．組織環境とは異なる情緒的な人間関係を規定する．
5. 経済環境	経済的な報酬．賃金水準や支給の安定性などの条件．
6. 職場外環境	職業的な活動以外のさまざまな役割遂行に許容される時間．

表 5.3　地域生活と職業生活環境に関する条件

領域と項目	内容
地域生活環境	
1. 住宅事情	（障害特性に適合した構造，専用住宅）
2. 地域生活の状況	（地域の店舗，地理）
3. 家族等の状況	（適切な支援，擁護できる状況）
4. 余暇生活の状況	（職場を離れた余暇の過しかた）
5. 福祉制度の利用	（福祉や年金制度の知識，活用の仕方）
6. 支援体制の状況	（援助機関の種類や内容，人的資源の状況）
7. 社会の態度と理解	（地域民や雇用主の障害者への態度や理解）
職業生活環境	
1. 各種施設の状況	（協同作業所・授産更生施設・福祉工場の実情）
2. 産業雇用の状況	（職場選択圏内の事業所内容や就職可能な職種）
3. 技術環境の変化	（技術革新の動向や新しくできる職種）
4. 勤務形態の変化	（在宅就労やフレックスタイム制）

ために」「何のために」「どのようにして」「いつまでに」行うのか，について明確にされていなければならない．それゆえ，①ニーズの達成に向けた大目標を明確にした「支援目標」，②支援目標を達成するために具体的に細分化して策定された「個別目標」，③個別目標ごとの実行者と活動の内容を明確にした「実施内容（役割分担）」，④個別目標を達成するまでの期限を明確にした「実施期限」，⑤個別目標を達成したときに予測される変化を明確にした「期待される変化」，などについて明らかにされることが望ましい．図 5.4 は，支援計画表の例である[7]．

それぞれの項目についての記述は，次のとおりである．

第 1 の支援目標の作成では，個別目標を包括する大きな目標を設定して記述する．支援目標は個別目標を束ねる包括的な目標だが，同時に中・長期的な見通しに立って今後のサービス提供の基本方針ともなる．利用者が表明している夢や目標を尊重した目標設定が望ましい．

第 2 の個別目標の策定では，ニーズからうまれた包括的な支援目標の達成に向けて実際に活

```
┌─────────────────────────────────────────────────────────┐
│ 支援目標                                                  │
│ ┌──────┬──────────────────┬────────┬──────────┐         │
│ │個別目標│ 実施内容（役割分担）│実施期限 │期待される変化│         │
│ │      ├────┬────┬────┤        │          │         │
│ │      │本人 │専門家│その他│        │          │         │
│ ├──────┼────┼────┼────┼────────┼──────────┤         │
│ │      │    │    │    │        │          │         │
│ └──────┴────┴────┴────┴────────┴──────────┘         │
│                          署名：（計画作成者）    （本人） │
└─────────────────────────────────────────────────────────┘
```

図5.4 支援計画表

動する際の，実現可能な具体的に細分化された複数の目標を作成する．個別目標は複数となることから，実際の支援に際してはその優先順位を設定することが必要である．また，実際の支援における到達目標として実施の内容を規定するとともに，計画達成の程度を評価する基準ともなる．

第3の実施内容（役割分担）では，それぞれの個別目標ごとに，その目標達成に導くための支援内容について，本人，支援者（支援を提供する施設や機関ごと），その他（家族や上司・同僚，ボランティアなど）に分けて記述する．支援の内容は，実際に利用することを想定した地域に現存する社会資源に限定して設定する．また，特定の施設や機関だけに支援が集中して荷重な負担にならないように配慮する．さらに，支援の提供者のなかには，家族や親族，地域や近隣の人，職場の上司や同僚，ボランティアなども含まれることを知ったうえで，それらのインフォーマルな資源も活用して計画を作成する．

第4に，本人の役割を明確にする．支援を受ける主体はあくまでも利用者本人であることから，計画の中には，本人ができることや自分でする必要のあることは本人の役割として明確にすることが重要である．

第5に，優先順位を設定することが必要である．包括的な支援目標を達成するには，複数の個別目標のすべてを解決するような計画を作成することが望ましいが，実際にはそれが困難なことも多い．たとえば，①支援目標の達成に向けた個別目標の量が多くて一度に対応できない，②実際に支援するサービス資源が不足している，③本人の希望するニーズが家族や支援者の認識と大きなズレがある，などの場合である．それゆえ，具体的に着手する個別目標に優先順位をつけることが必要となる．

第6に，計画書の完成と利用者との実施契約がある．「支援計画書」は，そこに盛られた関係者一同が参加するケア会議の場において，役割分担の調整や確認を行って修正をした後で，最終的なものを作成する．最後に支援を受ける本人との間で計画実施に関する契約という意味で署名を行う．それによって，支援計画書を実施してその成果を確実なものとするには，障害のある本人自身が計画書に記載してある役割の

遂行に強い責任を伴うことを自覚させる．

なお，地域障害者職業センターで作成される職業リハビリテーション計画は，①支援計画，②具体的目標，③支援内容，④支援体制および留意事項等から構成されている[5]．そのうちの「支援計画」では，障害のある本人の希望や意思を考慮した上で，次の観点から支援の計画を示すこととしている．

その第1は，求職活動と就職後における支援が必要な場合である．直ちに職業に就くことが適当であると判断される人は，求職活動における支援と就職後における支援を明らかにする．また，在職している人で現在の仕事を継続することが適当であると判断される人は，職場適応や職業生活における支援，あるいは職場復帰のための支援を明らかにする．

第2は，訓練や指導・援助による支援が必要な場合である．直ちに職業に就いたり職場に復帰するよりも，訓練や指導・援助による支援を受けることが適当と判断される人については，必要と考えられる具体的な支援を示すことになっている．

第3は，支援を必要としない場合である．疾患により療養が必要だったり家業等の手伝いが適当などのように，一般企業への雇用や復職に向けた支援にそぐわない人に対しては，適切な進路を示してそれに向けた支援を示すこととしている．

4．支援担当者会議と支援の責任者

このように，支援計画の作成は就労支援におけるケアマネジメントの一連の過程として捉えることができる．そのため，障害のある本人に対する多様な情報を共有し，支援計画を立てて協働して実行していくための支援担当者会議は，ケアマネジメント会議と同じ機能をもつことになる．

それゆえ，この会議の運営にあたる支援計画の策定と実行の責任者は，①他の支援担当者がいろいろな視点から発想できるように支援し，②場合に応じて障害のある本人や家族も会議に参加するように手配し，③会議に参加した全員が計画の策定に積極的に関わるように支援する．そうしたことをとおして，実際の支援でも会議の参加者が主体的に実行するように促すことが必要である．支援する担当者のチームワークの成否が支援結果を左右することを十分に認識しておかねばならない．

また，支援の責任者は，支援サービスを実際に提供する社会資源の調整と開拓が重要な使命となる．サービス提供の中心的な役割を担うのは基本的には公的な機関や組織だが，それらの社会資源が不足していたり地域にない場合には，非営利・営利の組織が提供する支援サービスを活用したり，ボランティア，親類，友人，近隣の人々等による私的な支援も活用することも必要である．さらには，障害のある人のニーズに応じた十分なサービスが地域になかったり不足する場合には，新たなサービス提供者を確保したり既存の社会資源を有効に活用することで，社会資源の開発や人的資源の育成にも乗り出すことが必要となろう．

5．計画作成の留意点

支援計画の作成にあたっては，障害のある本人の積極的な参加を得て，その意思や意見を尊重して，本来の力を発揮して「エンパワメント」するように支援することが必要である．そうした計画の作成をすすめる上で留意したい点として，以下のことがある．

第1に，支援の方法を考える際には，現状の社会資源を固定的に考えることはしない．そのうえで，①既存のサービスで活用できるもの，②多少の過重負担がかかっても期待できるサービス，③短期的に改善や事業化できそうなサービス，④社会資源の開発につなげるべき中・長期的なサービスの順序で，地域の社会資源が提供できそうなサービスをリストアップしておく

ことが望ましい．

　第2に，体験実習の機会を積極的に取り込んだプログラムを組み立てることが重要である．障害のある本人は働きたいが親は無理をさせたくない場合，利用経験がなくて抵抗感が強くて同意が得られない場合などには，支援計画の中に体験実習プログラムを導入することが重要である．

　第3に，障害のある本人の意向を最優先して支援計画を作成することが原則である．だが，本人も家族も将来展望をふくめて実際にどうすればよいのかを理解できないこともある．そうした場合には，支援計画の内容そのものが体験実習に向けた支援プログラムとして作成する．そのうえで，実際に実習や訓練をしていく中で，あらたに支援計画を作り直すことが望ましい．

　第4に，計画は単なる支援サービスの割り振りとならないように注意する．計画の目的は，あくまでも利用者のニーズを満たして直面する困難を解決するために作成されるものである．それゆえ，障害のある人が現に抱えている問題の解決に向けた支援を最優先にするとともに，本人の力を充分に引き出せるよう配慮することも必要である．

文　献

1) アンソニー，他：職業リハビリテーションに適用される精神科リハビリテーション・モデル（岡上和雄，松為信雄，野中猛・監訳：精神障害者の職業リハビリテーション）．中央法規出版，1990, pp71-99.
2) アンソニー，他：精神科リハビリテーション，1993.
3) 松為信雄：障害者の雇用・就業とリハビリテーション．職業安定行政職員研修テキスト，7, 労働省職業安定局，1995.
4) 松為信雄：職業リハビリテーションの基礎知識．障害者職業総合センター，1999.
5) 障害者職業総合センター職業リハビリテーション部：地域センター業務運営手引き．1999.
6) 厚生省：障害者ケアマネジメント体制整備推進事業における3障害基本検討委員会検討報告，2001.
7) 野中　猛，加瀬裕子・監訳：ケースマネジメント入門，中央法規出版，1994.

第4節　職業評価の方法

1．心理検査と行動観察

　職業リハビリテーション過程の一部としての"職業評価"は時代とともに，専門家による"判定"から，能力開発や職務創出などのサービスと密着しながら，職業リハビリテーション計画策定に必要となる情報収集へと中心的な役割を移してきたと言える．

　職業評価における客観性，実証性は「心理検査」と「行動観察」という，2つの方法論に基礎を置いてきた．それらの手法，技法の多くは，その有効性と限界をわきまえて使用する限り，今日的な"職業評価"においても利用可能性が高いものである．

　心理検査は，個人が平常の状態で，安定的に示す成績や行動特徴を効率よく捉える方法として発展させられたもので，検査課題や検査事態への個人の反応や結果を定められた手順に沿って処理し，解釈するものである．検査実施や結果処理が公平に行われるようにする手続きを標準化といい，得られた個人の結果に普遍性を与え，個人間の比較を可能にするための"基準"が整備されている．その保証の程度は検査の「信頼性と妥当性」として示される．しかし，検査結果は依拠している理論の枠内で，特定の用語を用いて説明されなければならないという制約がある．

　多くの能力検査は能力の上限を測るために比較的短時間で最大限の努力を求めることになるが，性格や興味などの非能力的特徴を描き出そうという検査は，一般的，平均的な文脈での反応を求めることになる．それぞれの方式は「最大能力検査」と「典型的行動検査」として大別される．

　行動観察は，能力的な要因以外にも現れる"その人らしさ"を捉えるための方法として発展させられてきた．「心理検査」が検査課題や検査事態に対する「本人の反応（自己評定を含む）や結果」を扱うのに対して，行動観察は，日常の行動特徴や作業遂行を踏まえた「他者からの観察結果」に基づく方法である．

　観察に基づいて，具体的な数量に置き換える記録方法や「評定尺度」が採用されてきた．これらは，短時間では評価できない特性，紙筆検査という手段では把握しにくい特性，自己評定によって扱うことが適当でない特性，長期の関わりのなかで現れてくる変化，環境からの刺激と行動の繋がり，などを明らかにして，職業リハビリテーションの具体的な方向を定めたり，訓練プログラムの効果を確かめるなど，の目的のために役立てられてきた．

　行動観察は特定の場面や条件の下で高い信頼性が保証されるとしても，そのまま，汎用性の高い手段と見なすには問題も多い，特に，観察のための基礎や必要な訓練を欠いてしまうと主観的な結果をもたらすだけになってしまうので注意が必要である．

2．能力，性格・興味の把握

　職業的な個性を捉える枠組みの中で，能力特性を把握するための「知能検査」「学力検査」「職業適性検査」や，行動傾向や職業興味などを把握するための「性格検査」「職業興味検査」は主要な心理検査である．

1）知能検査

　「知能検査」は知的発達遅滞を鑑別するために開発された，個人の知能の発達状態を測るための道具である．障害者の知的能力や技能獲得への潜在的可能性を査定するために利用されて

きた．

ビネー式検査とヴェクスラー式検査がもっとも広く知られた知能検査であるが，両者は異なった理論基盤と構成上の特徴を持っている．

ビネー式検査は，知能を単一な「一般知能」の形でとらえようとする，各年齢に応じて検査問題が配列されたオムニバス検査であり，どこまでの課題で正解が得られたかによって，精神年齢（Mental Age：MA）が導かれる．そこから，以下のように，生活年齢との比を求めて知能指数（Intelligent Quotient：IQ）を計算するのである．

IQ＝精神年齢÷生活年齢（暦年齢）×100
（暦年齢16歳以上は一律に16歳として扱う）

一方，より広い範囲に普及するようになったヴェクスラー式の知能検査は，「知能の多因子」観に基づく診断的知能検査であり，成人用，児童用，就学前後向けが個別に開発（日本版も）されてきた．言語性IQ，動作性IQ，総合IQが算出されるバッテリー検査である．

同一の年齢集団の平均値と対象者の成績との隔たりから，統計的に知能指数を定める偏差値IQを採用しているので，図5.5のようなIQ分布から，総人口の2.5％が知的（発達）障害者に区分されることになる．

他に，「コース立方体検査」「コロンビア知的能力検査」「大脇式盲人用知能検査」などがある．集団式知能検査法も開発されているが，個人の知能を的確に詳細に評価するには個人式が優ることはいうまでもないであろう．

ただし，一つの知能検査で，対象者の知的能力の全体を捉えられるとは言い難く，また，複数の検査結果は必ずしも同列に論じられるものではないことに留意する必要がある．

2）学力検査

学力は第一義には，学校での系統的な教授・学習活動によって獲得された能力であり，知識，技能，態度などが総合されたものとして測

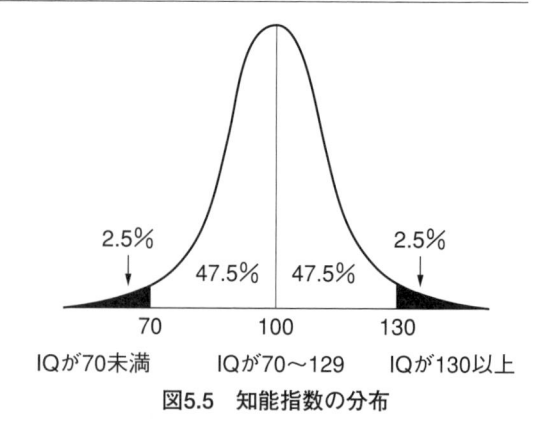

図5.5　知能指数の分布

定されるが，すべての教科の成績が「一般学力」に基づくという考えは，現在では否定されており，学力は教科ごとに流動的，多次元的に捉えられている．

「標準学力検査」では，学習領域別に達成の程度がどうであるかが，学力偏差値，パーセンタイルなどの安定した基準に基づいて示されるので，個人の学力の程度を相対的に知ることができる．また，成績が各学年の学習内容に対応させ，学年を単位として換算し「○学年○学期相当」と表示される場合もある．

職業との関連で「基礎学力」が問題とされるが，すべての学習の基礎となる「読み・書き・計算」に関する能力と見なされている場合が多い．

3）職業適性検査

アメリカ労働省が開発したGeneral Aptitude Test Battery（GATB）を模範に多くの検査が開発されたが，高等学校の進路指導用に利用されてきた「労働省編一般職業適性検査」が代表的である．

日本版のGATBは図5.6のように，9の適性能を15種類の下位検査（うち4種類は器具検査）によって測定するバッテリー検査である．9の性能点は100を平均とする標準得点の形で表され，それらの高低の組み合わせで得られたパターンを15の職業適性類型や40の職業群と照合することにより，多くの情報が得られるよ

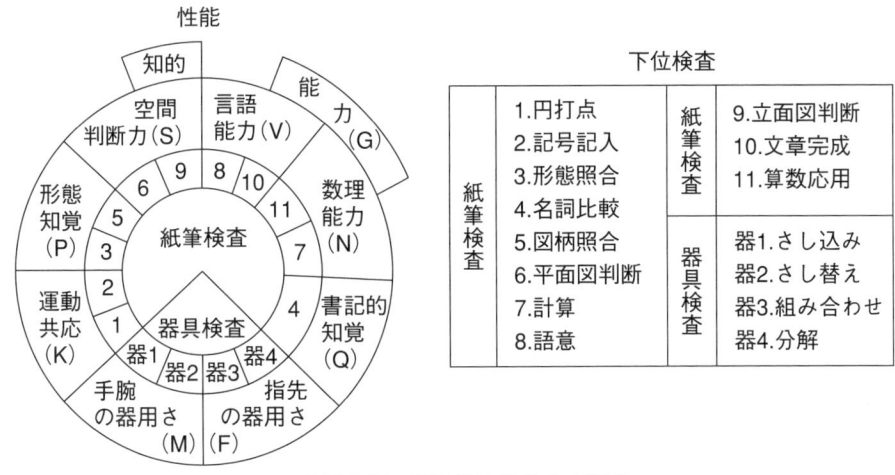

図5.6 労働省編一般職業適性検査の構成

うになっている．

特定の適性能だけを取り出し，器具を使用して測定する「個別性能検査」もある．単一の職業（群）に対する個人の適合の程度を明らかにする「システムエンジニア適性検査」「事務適性検査」などは「特殊職業適性検査」と呼ばれる．

4）性格検査

性格を捉える枠組み（性格理論）に沿って，多くの検査が開発されてきた．

職業評価においては，特定職業での職務遂行に必要となる心理的な特徴の程度を測るためや本人の心理学的特徴と希望職業との整合性を確かめるため，また，職業興味の背景を確かめるなどに利用されてきた．

性格検査の形式は「質問紙法」「作業検査法」「投影法」に区別される．

質問紙法である「Y-G性格検査」や「16PF性格検査」は個人の性格特徴を性格特性ごとの強さの組み合わせとしてとらえるため，結果が理解されやすく，特に前者は広い範囲で使用されてきた．交流分析理論に基づく「エゴグラム」は，自我の状態を機能的に把握した結果を6尺度におけるプロフィールとして表示するものであり，他の，性格検査とは異なった角度からの個性の分析が相談活動に役立てられる．

「内田クレペリン精神検査」などの「作業検査法」は統一的な教示により一定の作業を行わせて，その作業経過や成績から人格特徴をとらえようとする方法で，検査を受ける側の作為が働きにくく，国語力の問題が少なく，場合に応じて，聴覚障害者，知的障害者の職業評価に利用された．

「投影法」は曖昧で多義的な刺激を与え，示された反応を分析して，欲求・動機・感情などの像からパーソナリティをとらえようとする検査の総称であり，「ロールシャッハ法」「絵画統覚検査」「PFスタディ」「色彩象徴テスト」などが有名である．しかし，それらが職業評価の中で利用されることはなく，職業知識や動機づけ，選択の背景，人間関係などを窺う目的で，「HTP」「バウムテスト」などの描画課題や言語刺激による「文章完成テスト」が使用される程度であった．

5）職業興味検査

職業興味は特定の職業や職務に対する好き嫌いの傾向であり，職業選択において能力適性と並んで重視されてきた．

ストロング式の検査では，特定の職業分野で活躍している人々が持っている職業興味の類型

を外的基準に持ち，検査で検出された興味の類似度によって個人の職業興味が評価され，また，クーダー式の検査では，いろいろな職業領域への興味の相対的な強さの程度が個人の職業興味を示すことになるが，わが国の「職業興味検査」の多くもいずれかの形式を踏襲して作成された．

また，「VPI（Vocational Preference Inventory）」「職業レディネステスト」「職業指向検査」なども開発されたが，一定以上の社会経験や職業情報を持っている必要があるため，障害者に実施した場合は，各領域に好き嫌いが分散し，特定職業や領域に興味が集中せず，フラットな傾向が示されるという問題が指摘されている．

能力検査とパーソナリティ検査を同時に実施し，職業生活への適応性を測る「職業適応性検査」も数種類，開発されている．

クライツ（Crites, JO）の進路成熟の考えに基づいて，わが国でも「Career Development Test（CDT）」が開発された．職業を希望する程度や選択理由を5段階で回答させたり，20職業について知識の正確さを確かめ，職業選択に対する態度や動機を評定尺度や投影法によって測る職業的な発達検査であるが，生徒に自己記入させるうえで問題があったり，実施結果を指導内容に反映させることが難しいことなどから，進路指導に利用されることは少ないと考えられる．

3. 職業評価における心理検査の課題

心理検査は，能力やその他の特性を短時間に効率的に把握する方法（一時性評価法）として発展させられてきたため，障害のある人々に利用しようとする場合，いろいろな問題が生じてくることに留意しなければならない．

まず，検査の実施において，障害そのものによる支障が起こることが考えられる．視覚障害があれば，問題文の読解にはより多くの時間を要し，聴覚障害によって指示が十分に伝わらなかったり，上肢に運動障害がある場合に作業のスピードに影響が現れ，それらの結果，成績が低下し，能力が不当に低く査定されることが起こる．

紙筆検査では能力検査にしろ，性格検査にしろ，課題を進める上で文章理解が不可欠となっている．そのため，文章理解に問題をもつ障害者の場合には，検査結果に歪みが現れたり，検査結果が無意味なものに変わることになる．

また，検査場面は高い緊張を要する場面であり，そうした緊張によって麻痺のある障害者の場合には動作に困難が生じたり，社会的に未熟な場合にも本来の成績が示せないことが起こってくる．心理的な点からも，検査を受けることと評価目的との関連が理解できずに，動機づけが低くなったり，学校時代にいつも試験成績で嫌な思いをしてきたために，紙筆検査に対してやる気を失ってしまうなどの問題も起こり得る．

検査利用に関しては，検査開発の段階での基準集団に含まれなかった障害者を，その基準に当てはめてよいのかという基本的な問題があり，また，障害者に検査を使用しても得られる利益が少ないという点も問題とされる．

4. 行動観察による評価

ここでは，職業評価と密着した行動観察の手法として，評定尺度を利用する「社会生活能力調査」「精神障害者社会生活評価尺度（LASMI）」「障害者就職レディネス・チェックリスト（ERCD）」と直接的な数値測定も含む場合がある「ワークサンプル法」「場面設定法」「職務試行法」をとりあげる．

1）社会生活能力調査

「社会的成熟」の考えに立って，社会的生活能力の発達程度を測定する尺度を考案したドル（Doll, EA）に倣って作成された．基本的な生

活習慣や対人的な意思交換のスキルの形成を明らかにするものであり，知的障害者や社会経験の不足な障害者の職業生活への基礎的な準備性を評価するためには重要な手段となっている．

2）精神障害者社会生活評価尺度

「精神障害者社会生活評価尺度」は，統合失調症者の職業リハビリテーションにとっての基礎条件となる「生活障害」の状況を包括的にとらえることを目的に開発された尺度であり，医学的な行動評価尺度にはない「持続性・安定性」「自己認識」の領域と，「日常生活」「対人関係」「労働または課題の遂行」の5の領域を準備して，期間を限定した観察結果をまとめるようになっている．結果は五角形のレーダーチャート上に表示され，面積が大きくなるほど生活障害が大きく，リハビリテーションや援助の必要性が高いことが示される．

3）障害者就職レディネス・チェックリスト

障害者が一般事業所に雇用される際に必要となる条件のうち，「就職への意欲」「手の機能」「姿勢や持久力」などの9領域が採り上げられている．チェックされる項目は障害種類を問わず共通であるが，障害種類に即した結果を得るためには障害種類別のシートを重ね合わせるようになっている．より詳細な情報収集や職業評価の必要性を明らかにできる利点がある．

4）ワークサンプル法

「実際の職務，あるいは職業群で使われていると同じ，もしくは類似した課業，材料，および道具を用いて行う作業活動で，個人の職業適性，作業者の性格，および職業興味を評価するために使われる」と定義されている．作業技能面の評価を数量的に行うと同時に，対人的な側面，社会的な技能の評価を行動観察によって行うためにパーセンタイル基準やMTM規準が用意されている．

ニューヨークのInternational Center for the Disabled (ICD)が開発したTOWER (タワーシステム)が先駆とされ，特定の職業に対しての評価を行う「職務標本式」と多くの職業に向けて個人の能力特性を評価する「職業特性式」に発展した．前者としては，シンガー (Singer)システム，後者としてVALPAR (バルパーシステム)，Micro-TOWER (マイクロタワーシステム)が知られている．タワーとマイクロタワーは日本版が開発されたこともあり，わが国に少なからぬ影響を与えた．

最近では，ワークハードニングのために利用する，機能回復のための手法として利用していることも見られる．

5）場面設定法

ワークサンプルによる職業評価が開発される以前から，リハビリテーションワークショップのなかで経験的に行われてきた方法が理論づけられたものということができる．「実際の職場に似せながらも『統制』された作業環境で作業をさせて，行動，能力，および制約を体系的に観察する評価方法」とされる．長所は，実際の職場内評価より構造化でき諸変数を変更できる，特定の作業活動と似せて設定しているため妥当性は高い，形式的な場面でない環境での作業状況や対人的な行動が観察できる，行動の一貫性が評価できる，などである．

再現性の力点が職場特有の規律，習慣，対人関係におけるクライエントの適応性を判断することにおかれるので，こうした特徴から，西川は職場状況再現法と呼ぶことを提案した．

一方，短所として，ワークショップ施設が必要となり，それと同時に，職務を類似させるために材料や装置が必要なことがある，作業成績の規準を確立し職務要件を類似させるためにも十分な専門性が必要となる．

6）職務試行法

実際の職場それ自体を評価場面として利用しながら，場面設定法と同様にそこでの適応行動

を中心に評価するものである．歴史的には，リハビリテーション施設内の日常的なサービスの，食堂補助，洗濯，清掃，図書室，保守作業などに限定されてきた．しかし，わが国では，製造業などの多くの職場で実施されている職場実習やトライアル雇用も，内容的には「職務試行法」の機能を果たしている．

短所は，場面設定法で可能であった環境条件の統制的な再現が困難であること，一般従業員や上司による評価が行われるので結果の信頼性が保たれないこと，などが挙げられる．評定票や行動チェックリストを利用して観察のポイントを明確にし，偏りを修正することを心がける必要がある．

5. 職業評価における資料解釈，総合の問題

職業評価の資料を得る際の前提は，より目的にかなう道具，方法を採用することである．そのための大前提として，評価の目的が具体的になっていなければならない．

障害者自身が自覚している価値観や問題意識あるいはそのニーズの明確化の程度に応じて，職業評価の型は「問題発見志向型」「目標達成志向型」を両極として捉えられる．これらはそのまま，職業評価の方略とみなすことができる．「問題発見志向型」の評価は多方面についての資料を広く収集し，それらの情報と職務要件などとのマッチングを行い，見通しを立てたり，さらなる評価へのスクリーニングを行うもので，施設内の評価プロセスにとどまる．一方，「目標達成志向型」は特定領域や事項に焦点を当てて間口は狭く，深く行う評価となって，職場内の評価や能力開発や環境改善にも繋がる評価ともなりやすい．

職業評価のための資料を収集する場合には，複数の手段，それも異なる形式による方が望ましい．当然ながら，時間や機材などの制約による現実的な選択を迫られるので，採用した方法の限界を十分わきまえながら結果を解釈する態度が重要となる．

複数の手段によって収集された資料には「数量的情報」と「記述的情報」が混在してくることになる．前者は，検査の結果や装置による測定値で，後者では履歴などの記載事項や行動観察による記述資料が該当する．

「数量的情報」の利用は適切な基準や規準がある場合は「統計的解釈法」や「自動的解釈法」とも呼ばれ，評価者の主観的な判断が入り込まない長所があり，使用法について一通りの研修を積んだ後は，事務的な処理能力さえあれば可能である．したがって，初期段階の診断的な利用には適している．観察された特定行動などの数値情報は標準化された基準をもたないが，それぞれの現場での規準と照合されたり，本人の状況を具体的に示す数値として取り扱われれば解釈の技能はほとんど要求されない．

「記述的情報」の中の，観察結果には主観的な物差しが入りやすく，資料化される時点での歪みも指摘されてきた．また，検査結果とその他の情報を総合して処遇の方針を定める際や，職業評価のそれぞれの結果の整合性を検討し，意味を問い直す（二次的解釈）際にも，資料解釈が問題となる．

資料の解釈に当たっては，心理学的な理論や社会学的な理論，人間行動の理論を応用して，その行動の持つ意味や意義を推測して，整合性を与えるようにしなければ，主観的，または常識的になり，非科学的表現も現れやすくなるので十分な注意と訓練が必要である．

6. 職業評価に関連する総合的システム

当事者中心のリハビリテーション思想の普及，重度障害者や精神障害者に対する"職業評価"の妥当性の低さ，地域ベースド・リハビリテーションへの傾斜，地域支援ネットワークにおける役割などの問題や議論は，職業評価を担

当する専門家に業務の再構築を促し，そうした方向に沿った新たな技法開発を促してきたとも言える．

ここでは，そうした技法あるいはツールとして，「職場適応促進のためのトータルパッケージ」と「障害者雇用支援総合データベース」を取り上げる．いずれも，障害者職業総合センター（独立行政法人高齢・障害者雇用支援機構による運営）研究部門の開発によるものである．

「職場適応促進のためのトータルパッケージ」は，「精神障害者等を中心とする職業リハビリテーション技法に関する総合的研究」の中で開発された「評価・指導用ワークサンプル」を中核にしたシステムである．

最近の職業リハビリテーションサービスの実践においては，本人の障害管理（受容）と集団内でのソーシャルスキルや対処技能が先ず，問題とされることから，作業の困難性に対する補完や軽減をめざす試みや模擬的職場環境での訓練を通じての効果を実際的に確かめ，その結果を本人とともに（または，家族，事業主と）検証する中で，自己認知を進めさせ，次の段階（または，職場復帰の具体化）をともに考え，進めてゆくことを狙いとするものである．

基本的な事務能力やOAスキル，実務能力の把握と向上を図るため，事務作業4課題，OA作業5課題，実務作業4課題の合計13作業課題が準備され，各作業課題には"評価と訓練"という2つの目的に活用できるよう，主に評価に用いる「簡易版」と，シングルケース研究法に従って「評価・訓練」の2つの機能を併せ持つ「訓練版」が作成されている．さらに，「ウィスコンシン・カードソーティングテスト（WCST）」「メモリーノート訓練」「ストレス・疲労のセルフマネジメント（MSFAS）」「グループワーク」が組み合わせられて，目的に沿ったプログラムを構成できるようになっている．

MSFASを利用した事例では，疲労の自覚，対処方法の特徴等を把握して，訓練実施に繋げ，疲労・ストレスの管理によってエラーの消失，安定した作業遂行が得られており，気分障害者のためのプログラムにおいても効果を発揮することが期待されている．

「障害者雇用支援総合データベース」は，「職業的視点から見た障害と地域における効果的支援に関する総合的研究」の中で開発された，障害者雇用支援に関わる総合的データベースで，「ユニバーサル・ワーク・データベース」と「サービスマネジメント支援ツール（仮称Work Net）」から構成されている．

「ユニバーサル・ワーク・データベース」は，障害者の雇用支援に有効な国内外の膨大な情報を収集・整理し，インターネットにより提供するもので，試験公開版が一般公開されている．検索可能な情報としては，①医学・生理・心理関係情報，②職業情報，③支援情報，④社会支援情報，が用意されているが，各種情報は"国際生活機能分類（ICF）"のフレームワークで活用できるようになっており，関連領域との情報共有のための統一的な枠組みに利用できる．

また，広汎な情報提供を行うために外国のデータベースである"REHADAT"，"JAN"からの内容も組み入れ，障害特性や残存機能に基づく検索ではなく，障害のない人々が進路情報を検索する際と同様な順序性で情報を検索し，その後に補完すべき事項等を確かめるような方略が考慮されている．

このデータベースを，障害者，事業主，支援者等がそれぞれの立場から利用することで，進路の検討，支援方向の具体化，雇用管理に効果が発揮されるだけでなく，今後の障害者政策のグローバル化に伴って生じてくる，"合理的配慮義務"などについての合意形成に向けた貢献も期待できる．

もう一つのシステムである「サービスマネジメント支援ツール（仮称Work Net）」は，支援対象の障害者の個別的状況とその職業的目標に応じて，個別・具体的な「課題」を明確にす

るだけでなく，個人情報への配慮を十分に行いながら，関係機関・専門家と協働することによって，「計画立案および合意形成」や「計画作成」，「支援の実施とフォローアップ」，「計画の評価と見直し」が行えるよう，インターネットやIT技術を利用してバックアップしてゆくものである．

関係者相互間で支援の各プロセスの情報の利用，共有（管理）によって，連携を効率化すると同時に，個人情報の保護・管理も容易にすることに繋げるために，システムのローカル版を開発して，各関係者がパソコンで個人情報を保存し，限定された範囲からのアクセスと情報共有を可能にして，利用者や地域ごとの独自の実情等に対応し得るものとすることも計画されている．

また，専門家・支援者が，このシステムを利用して情報を蓄積する中で，職業評価に関する新しい手法の紹介，情報の普及，手法の検証などへの利用も期待でき，さまざまな支援の成果を踏まえて，職業評価を含む専門的業務のあり方，広がりを体系的に分析してゆくことにおいても大きな貢献が期待される．

文　献

1) 松本純平・監修：適性検査の知識．一ツ橋書店，1997．
2) 西川実弥：リハビリテーション職業心理学，168-169，リハビリテーション心理学研究会，1988．
3) 岩崎晋也，他：精神障害者生活評価尺度の開発—信頼性の検討（第1報）—．精神医学 36：1139-1152, 1994．
4) マイクロタワー日本版講習会用テキスト．アビリティ開発研究会，1995．
5) アビリティ開発研究会：障害者の職業評価のためのバルパーシステムの概要（Ⅱ），1996．
6) 松為信雄：職業リハビリテーションの理論と職業評価，障害者職業カウンセラー労働大臣指定講習テキスト 7. 1994．
7) 障害者職業総合センター：精神障害者等を中心とする職業リハビリテーション技法に関する総合的研究（最終報告書）．調査研究報告書 No.57, 2004．
8) 障害者職業総合センター：職業的視点から見た障害と地域における効果的支援に関する総合的研究．調査研究報告書 No.67, 2005．
9) http://www.nivr.jeed.or.jp/

第5節　職業準備性の育成

1．職業準備性の内容と構成

1）職業準備性とは

職業準備性とは，個人が一般雇用に必要な要件を具備しているかどうかに関わる概念であり，それが不十分な場合は雇用の前段階で職業準備性の育成を図るための計画的な指導や訓練が必要となる．

職場実習時や就職当初に事業所側がマイナスの評価をする場合，仕事ができないことよりも，飽きやすい，指示を聞いていない，規律正しい生活習慣がついていないなどを指摘されることが圧倒的に多い．このように職業準備性の有無は，職業能力面よりも基本的な労働習慣や生活態度等の側面が問われるのである．

教育・福祉機関など一般雇用の場に送り込む側は，卒業時期や施設の利用期限に捉われ，職業準備性が不十分な人を事業所に送り込む過ちを犯しやすい．その結果，事業所側が仕事以前の指導の負担を強いられ，一方，当人側も働く意味を理解しないまま，「親しい友人や支援者もいない所で厳しく指導される」という戸惑いのみが募り不適応感を強め挫折に至ることが多い．

一般雇用に向かうのに必要な要件として，①規則正しい生活習慣が身についており遅刻や欠勤をしない，②職場の規律を理解し守れる，③職場で要請される作業能率を一定時間むらなく上げることができる，⑤必要に応じて挨拶，返事，報告ができる，⑥人間関係に大きな問題がない，などが挙げられ，これらが職業準備性の重要な鍵となる．

上記の諸要件をすべてクリアしていなくても，それが職場で必要とされ，努力しなければならないという自覚があり，指摘されれば改善できる程度であれば，当人の適性に合った求職支援に入ることができるが，その域に達していない場合は，一般雇用の前段階で計画的な職業準備性の育成を図ることが重要である．

2）職業準備性の内容と構成

知的障害者や発達障害者等は障害特性上，時間をかけて社会生活技能を習得していく体験学習の積み重ねが発達早期から必要である．

これらの教育・訓練は，主として障害教育を専門とする教育機関で行われるが，学卒後も引き続きそれが必要な場合は福祉施設等に引き継がれることになる．

職業準備性育成の具体的内容は，個々の状況によって異なるが，定期的な評価と目標設定を繰り返し，進捗状況に合った個別の学習プログラム及び個別支援計画を策定すること，当人がその目的を十分理解したうえで自らプログラムや目標設定に参入することが重要である．

（1）評価

上述したように職業準備性は，規則正しい生活習慣，体力，就労意欲，作業の持続力や集中力，上司や同僚との関係のとり方など，職業生活に入るために必要な諸特性の習得によって形成される．また，教育・訓練の内容は，個々人の状況によって異なるため必ず評価が必要である．評価の例として次の領域と項目が挙げられる．

日常生活・行動の領域：①健康や安全への配慮，②生活の規律，③身だしなみ，④食事のマナー，⑤身近な道具の使用，⑥規律遵守，⑦移動能力．

作業能力の領域：①指示理解，②能率，③正確性，④修正能力，⑤判別能力，⑥巧緻性，⑦習熟度，⑧理解の持続性．

作業態度の領域：①陰日なたの有無，②作業

の意欲，③作業のむら，④持続性，⑤集中力，⑥注意・指示を聞く態度，⑦質問・報告，⑧準備・後片付け．

体力の領域：①疲労度，②敏捷性，③筋力．

自己志向性の領域：①情緒の安定，②場面に適った行動，③責任感，④自発性，⑤生活目標，⑥就労意欲．

社会参加への志向性の領域：①コミュニケーション，②挨拶・返事，③電話の利用，④言葉遣い，⑤協調行動，⑥非社会的行動，⑦反社会的行動．

各項目について，「自立しており特に指導を必要としない（評価4）」，「ほぼ自立しているが時に不十分なことがあり点検が必要（評価3）」，「個別指導があればできるが一人ではできない（評価2）」，「常時一対一の対応が必要（評価1）」の4段階評価をし，各評価段階に具体的な行動特徴を例示し，評価基準を統一しておくことにより，職業準備性の育成に携わる職員全体が当人の状況を把握でき，教育・訓練計画の策定及び指導の手がかりを得ることができる．また，一般雇用を想定した場合，原則として3段階評価まで達していることが望ましい．

(2) 職業準備性の育成

上記のような評価結果を精査し一般雇用を想定した場合，①当人はその域に達しているか，②当人のセールスポイントとウィークポイントは何か，③セールスポイントを活かす職種として何が考えられるか，④どのようにすればウィークポイントが改善できるか，を吟味することが重要である．この場合，当人のウィークポイントが指導・訓練により改善が期待できるものか，あるいは当人の障害特性として長期に持続するものかを十分見極めなければならない．例えば自閉傾向のある人は，全般的にコミュニケーション能力で1～2段階の評価結果となるが，これについては長期に持続する障害特性と捉え，訓練・指導よりも周囲がどのように配慮すれば当人のコミュニケーション能力を補えるかを優先して検討すべきである．

知的障害や学習障害に共通する記憶力，理解力，認知力の乏しさや偏りを補うためには，新しい仕事に取り組む場合，「対面指導を避け当人の利き手側でモデルを示す」「一緒にする」「一人でさせる」「確認する」「激励・支持をしながら評価を伝える」という手順で，準備から後片付けまでの全過程を順序正しく教えることが必要である．

また，目標達成への意欲や自覚が乏しい人に対しては，グラフや表など視覚で捉えやすい物を用いて，「まず自己採点をしてもらう」「その結果を職員と話し合う」など，目標と実際の成果が自覚できるような工夫が必要である．

(3) 留意すべき事項

職業準備性育成の過程での評価は，できないことを探すのではなく，できることや伸ばせるものを当人とともに見出していくために活用すべきである．そして1回の目標は3つ程度に止め，そのうち少なくとも1つは当人にとって達成容易なものを入れ，定期的に目標を見直すという繰り返しでプログラムを進めるが，この場合まずよくできた点を賞賛した後に改善すべきことを励ましながら伝えるなど常に肯定的な態度で接することにより，プラスの動機付けを高め自信や意欲の向上を図ることが重要である．

文　献

1) 世田谷区立知的障害者就労支援センターすきっぷ・編：こうすれば働ける（第9章）．エンパワメント研究所，2005．

2. 特別支援教育における進路学習・進路指導

1) 養護学校における指導の流れ

ここでは養護学校における進路学習・進路指導との実際と課題について，特に知的障害を中心に述べる．

まず，中学部段階において，「産業現場等における実習」を実施することが学習指導要領で

表5.4　養護学校高等部における進路指導の一般的な内容

[1年時]
1. 本人や保護者を対象とした進路説明会
    - 進路学習会
    - 進路(企業・作業所・施設等)見学会
2. アセスメント
    - 基礎データ作成(担任・進路指導担当教員)
        担任が作成したデータをもとに，進路指導に必要な情報を進路担当が整理
    - 初期アセスメント
        学校でのアセスメント
    - 個別移行支援計画(1)の作成
        卒業後を見通しての在学中の個別の支援計画を作成
3. 進路学習
    - 3年間の学習内容(進路指導担当教員)
4. 作業学習
5. 校内実習・産業現場等における実習
6. 進路相談

[2年時]
1. 産業現場等における実習
2. 進路学習
3. 本陣・保護者向け進路学習会・進路見学会
4. アセスメント
    - 実習アセスメント
5. ハローワークとの連携
    - 職場見学会
    - 生徒と保護者らの事業所見学
    - 学校での職業講話
6. 作業実習
7. 校内実習・産業現場等における実習
8. 進路相談・意向調査

[3年時]
1. ハローワークとの連携
    - 求職登録
    - 職業相談
    - 職業的重度判定(地域障害者職業センター)
2. 進路学習
3. 産業現場等における実習
    - 卒業後の進路を見通して，就職試験にもなる実習を実施
4. 進路相談・本人・保護者の意向の確認
5. 個別移行支援計画(2)の作成
    卒業後3年間を見通して，関係機関との連携による個別の支援計画を作成
6. 進路決定

規定されている．しかし，多くの学校では校内での作業体験に留め，企業で体験の場を設ける学校は非常に少ないのが現状である．早期から将来の職業に関する情報を提供し，就職へのイメージを形成させることが重要であり，そのために企業を見学したり，卒業生の体験談を聞かせたり，様々な職業や自立生活に関する進路学習の充実が不可欠であるが，中学部では積極的には実施されていないのが実態である．そのため，本格的に始まるのは高等部入学後である．保護者も高等部に入学させてはじめて，卒業後のことが不安になって慌てて考え始める場合が多い．

　高等部では，一般的に表5.4のような流れで進路指導が行われる．入学すると，生徒や保護者との面談でこれまでの本人の状況や将来の希

望等を聞き取り，アセスメントやこれまでの指導要録等で本人の特性やニーズ等実態を把握する．必要な支援や目標（長期＆短期），具体的方法や連携体制，評価方法などを明確にした上で，個別移行支援計画（1）を担任が中心となり，進路指導担当教員，特別支援教育コーディネーターらの助言も受けながら作成する．しかし実際には，就職に向けての担任の意識が低く，進路指導担当教員にすべてを任せてしまう（押しつける）ケースも少なくない．校内での共通理解を図り，教員間の連携体制を構築するためにも担任が中心に作成することが望まれる．そのためには高等部のすべての教員が学校外の世界にも目を向け，地域の実情を学び，様々な社会資源や支援者を知ることが必要である．

2年次になると，公共職業安定所（ハローワーク）との連携で職場見学会を行ったり，学校での職業講話なども行われるようになる．本人も保護者も進路への意識が高まってくる．そして3年次になると，ハローワークで求職登録し，内定に向けての就職試験的な実習が約2週間，2回程度実施されることが多い．内定が決まると，個別移行支援計画（2）を作成し，就職後の支援体制を関係機関とともに構築する．

しかし，関係機関との連携がほとんどできていない学校も少なくない．そうしたケースでは不適応等で適切な支援も受けられず，入職初期に離職に至るリスクも大きくなる．進路指導担当教員による熱心な支援によって職場定着したとしても，異動によって支援が途切れてしまうと途端に崩れてしまうこともある．長期にわたって安定した職業生活を保障するためには，学校以外の支援者との密接な協力関係及び生活面も含めた継続的な支援が不可欠である．

2）個別移行支援計画の作成と意義

就職に向けて，特に大切なのが校内及び地域内での連携体制である．クラス担任，進路指導担当教諭，特別支援教育コーディネーターらを中心とした校内連携と，校外の福祉，保健，医療，労働などの関係機関との連携である．しかし，校内連携さえうまくいっていない学校が非常に多い．学級での様子から明らかになった生徒の特徴や支援ニーズがきちんと進路指導担当教諭に伝えられなかったり，中学部から高等部への，あるいは学年間での引き継ぎが不十分で毎年方針がコロコロ変わってしまうといった話はよく耳にする．また，長年にわたって学校で蓄積された効果的な指導法や配慮事項などの情報が，卒業後の職リハ関係機関などに伝えられず，職場での問題行動（例えば，盗癖など）を防げなかったり，家族から同じことを何度も繰り返し聞くことになるという問題もある．支援チームを作ってお互いに情報を共有し，地域の様々な職種の支援者が一体的に支援していくというチームアプローチの手法が必要になってきている．

そこで登場してきたのが個別移行支援計画である．新障害者基本計画及び重点施策5カ年計画に基づき，特殊教育諸学校において策定を義務化した「個別の教育支援計画」の一部との位置づけである．これは在学中から卒業後3年間までをおおむね想定して作成される．つまり，卒業後約3年間は学校が主体的な橋渡しの役割を担い，関係機関と連携して社会資源をコーディネートすることを期待されているのである．

個別移行支援計画は，関係機関との連携協力体制を構築するためのツールでもある．全国特殊教育諸学校長会では様式案を示しており，様式（1）と（2）の2つに分かれる．（1）は高等部在学中に学校によって作成される支援計画で，卒業後の就職先についての希望や将来の地域生活についての希望を記録する「進路相談」に関する欄，就業体験に関する記録欄，日ごろの授業での課題と具体的支援・手立ての欄などがある．（2）は卒業後の支援計画となるもので，高等部3年後半の進路先内定時期より作成を開始し，卒業時までに本人・保護者が必要と

する支援を関係機関と役割分担し，支援やサービスがスムーズにつながるように配慮する．本人・保護者の将来の生活についての希望や必要と思われる支援内容とともに，「家庭生活」「進路先の生活」「余暇・地域生活」「医療・健康」の各分野ごとに支援者とその連絡先を記入し，具体的な支援内容を明らかにする．学校はこれら関係機関および支援者をつなぐ役割をも果たすことが期待されている．

この個別移行支援計画を有意義なツールにするためには，関係機関の協力が必要不可欠である．学校から，計画策定にかかる支援会議（ケース会議）への参加等を求められた場合には積極的に協力することが望ましい．在学中から顔の見える支援者の輪ができれば，職場開拓での大きな武器になり，スムーズな移行と職場定着が期待できる．

3) 高等部在学中からのジョブコーチ的支援

職場適応援助者（ジョブコーチ）による支援事業が職リハの中核的存在であることは言うまでもないが，学校在学中の生徒にこの事業を適用することは現行制度上はできない．しかし，高等部での実習中におけるジョブコーチ的な人的支援がその後のスムーズな移行や定着に大きな効果があることは明らかである．沖縄県では，2004（平成16）年度に県単独事業として「障害者ジョブサポーター配置事業」が実施され，在学中の生徒も支援対象となったが，こうした事業や実践が全国各地でみられるようになってきた．学校も職リハの中心的な存在として，今後の展開と成果が大いに期待されるところである．

3. 福祉施設における職業準備性プログラムの実際

1) 職業準備を目的とした福祉施設の例

東京都世田谷区は1998（平成10）年4月，世田谷区知的障害者就労支援センターすきっぷ（以下「すきっぷ」）を設立した．対象者は，①世田谷区在住，②18歳以上で愛の手帳（療育手帳）を所持，③一般就労を希望し一定期間の準備によりそれが可能と予想される，④単独通所可能の人，である．また，通所期間は2年（1年以内の延長可），定員40名（開設初年度20名）と規定されている．

2) すきっぷの概要

1998（平成10）年4月から2006（平成18）年3月末までの8年間のすきっぷ通所者は141名，終了者117名，そのうち108名，92.3％が就職をしている．141名中45名（32％）が合併障害（自閉症35，注意欠陥・多動性障害5，学習障害5）と診断されている．

なお1999（平成11）年度より，通所のほか外来による知的障害者就労相談事業を開始したが同相談による就職者45名で，すきっぷ経由の就職者は延べ167名となっている（複数回就職した者を含む）．

通所の可否は，すきっぷで1週間の実習を行い，世田谷区担当部署との協議により決定される．実習時4日半は他の利用者同じプログラムに参加，半日間は学力テスト，作文，面接を行うが，2年間の就職準備による向上を期待し，ほとんどの人（95％）を「通所適」としている．「通所不適」とされた5％の人は，①医療優先との医師の診断があった，②行動障害の傾向が顕著で常時1対1の対応を要するという理由によるものである．

(1) 施設内における職業準備プログラム

①作業

すきっぷでは，授産作業としてクリーニング（区内特別養護老人ホーム3カ所のリネンサプライ）と印刷（区役所，公立施設等の封筒および名刺）を行っている．両作業を作業能力や作業態度の育成のための教材として位置づけ，一つひとつの作業工程を「どのような作業特性があり，求められる能力は何か」「現在どの程度の能力があり，2年間でどの程度の習熟が見込ま

れるか」などを評価し，支援計画の策定や職業選択に役立てている．例えば，印刷機の操作では「作業手順の理解」「正確性」「安全への配慮」「不測の事態への対応」「協調性」「体力」，リネン類たたみ作業では「正確性」「手先の器用さ」「作業速度」，全作業を通して「集中力」「作業意欲」などが明らかになるため，一人ひとりの作業特性についての精密評価が可能となる．

②生活活動

生活活動は，社会的生活技能の習得を目的として週1回，3時間実施しているが，これは，①働く意味や事業所で守るべきこととその理由，②T.P.O.の意味および改まった場面での挨拶，返事，質問や報告，言葉遣い，③人間関係のとり方，④職業人として習得すべき知識や常識，⑤自立に役立つ生活技術，⑤栄養や健康管理，などを学習の狙いとしている．「社会人としての行動，暮らしの知識」「仕事と余暇」「読書・ビデオ鑑賞」「コミュニケーション」「調理実習」の5つのテーマを掲げ，各テーマ毎に年間7つのプログラムを設定し，視聴覚教材を用いながらの話し合いや体験学習を通して年間35回のグループワークを実施している．また，全体学習として，ハローワーク職員，事業所の人事担当者，医師，すきっぷから就職した複数の先輩の講話などを年4回実施している．

③運動

運動は，健康の維持・増進とストレス発散を目的として，週1回，1時間半実施しているが，①ストレッチ，②リズム体操，③ゲーム・球技，④リラクゼーション，を取り入れている

④個別目標・支援プログラムの作成

個別目標・支援プログラムは，当人が一般雇用に備えて現段階でできていること及び努力を要することを自覚し自ら目標を立てるとともに，職員が一人ひとりの状況に応じた適切な支援方針を立てることを目的とし，4カ月毎に作成している．まず，職員が精密評価表（日常生活技能6項目，社会生活技能18項目，社会生活における行動特徴15項目，計39項目について4段階評価）に基づき評価をし，その結果を当人に分かりやすく説明し今後4カ月間の目標を立ててもらい，その後に当人，家族，福祉司，すきっぷ職員その他関係者が集まり，評価結果及び当人の立てた目標から支援の内容と役割分担を決めるという手順で行っている．

（2）施設外における職業準備プログラム

当人たちは，施設内での安定した作業態度をほぼ習得した後，事業所を体験するだけの実習（回数は1～4回程度と個々人によって異なる）を経て雇用を前提とした職場実習に入る．両実習とも担当職員がジョブコーチ（第7章参照）に入るが，これは当人の緊張や不安の軽減が図られるうえ，職員が施設内での職業準備のあり方を見直すことができるという点で非常に有効である．

（3）アフターケア

就職経験のあるすきっぷ利用者の離職理由を調査した結果，半数近くが職場の人間関係や仕事ができない等による精神不安定，残り半数が会社都合や健康上の理由によるものであった．アフターケアにより，半数の離職者に対する離職を未然に防ぐことができたか，あるいは離職時の支援が円滑に行われたと予想される．この結果は，環境の変化への対応が苦手な発達障害者にとって，アフターケアは非常に重要な支援であることを実証している．

すきっぷでは，個々人の状況によりアフターケアの頻度を，①緊急対応を要しそれが解決するまでの週1回以上の職場訪問（場合により再度ジョブコーチに入る），②毎月1回訪問，③2～3カ月に1回訪問，④2～3カ月に1回程度の電話連絡に分け，①については当人の状況を十分把握している職員が担当している．また毎月1回土曜日，当人主体の活動や余暇活動等の場を設けているが，この機会がアフターケアのきっかけになることも多い．

（4）福祉施設における職業準備プログラム実施の利点と課題

福祉施設における職業準備では，①職員が長

期間の支援を通して当人の職業適性や行動特性等を把握しているため，必要な情報を具体的に事業所に伝えることができる，②職員がジョブコーチをすることにより実習当初の当人の緊張や不安を和らげることができるとともに施設で行う職業準備支援の改善に役立つ，③アフターケアに入ることにより，離職に至っても次の進路先へと円滑な移行が可能となる，などの利点がある．

　一方，就職者数が増えるにつれ当然アフターケア業務も増えるが，職員定員は容易に変わらないため，年々業務が過重になっていく悩みを抱えており，地域全体が就労障害者を支える仕組み作りをするなど，この問題の早期解決を図ることが重要課題となっている．

文　献
1) 世田谷区立知的障害者就労支援センターすきっぷ・編：こうすれば働ける（第2-4章）．エンパワメント研究所，2005．

4. 就労支援機関における職業準備性プログラムの実際

1) 障害者就業・生活支援センターについて

　障害者就業・生活支援センターの機能は，障害者の職業生活における自立を図るため，雇用，保健，福祉，教育等の地域の関係機関の連携の拠点となり，障害者の身近な地域において就業面および生活面における一体的な支援を行うことである．主な支援内容としては，①相談に応じた必要な指導及び助言，②ニーズに応じた関係機関との連絡・調整，③就職前の基礎的訓練のあっせん，事業所を活用した職場実習のあっせん，就職後の職場定着支援，④就職後の雇用管理に係る助言等，⑤就業に伴う住居・年金・余暇活動等の支援，⑥関係機関との連絡調整等，が挙げられる．

　障害者就業・生活支援センターにおける支援実施状況は，2005（平成17）年度の90カ所の実績によれば，1センターあたり支援対象障害者数180人，相談支援件数3700件，職場実習など46件，就職者数は28件と報告されている（厚生労働省：障害者就業・生活支援センター事業実施状況の推移．より），2006（平成18）年度には全国110カ所に設置される予定である．

2) 基礎訓練における「精神障害者社会適応訓練事業」の活用

　障害者就業・生活支援センターは，基本的には，評価や訓練のための施設を有していないため，多様な制度を活用して，実際の職場や他の社会資源において，就労に向けた基礎訓練や準備訓練を行うことが必要である．以下では筆者が所属する，障害者就業・生活支援センター・ティーダ＆チムチム（以下「ティーダ＆チムチム」という）の活動について述べる．

　ティーダ＆チムチムで実施している基礎訓練の一つとして「精神障害者社会適応訓練事業」の活用がある．精神障害者社会適応訓練事業は，厚生労働省「障害者就業・生活支援センターの指定と運営について（別紙）」によれば，「都道府県が事業主に委託して行う事業で，精神障害者を一定期間事業所に通わせ，集中力，対人技能，仕事に対する持久力，環境適応能力等の涵養を図るための社会適応訓練を行い，再発防止と社会的自立を促進し，精神障害者の社会復帰を図ることを目的とする」とされている．対象者は，①現在通院中で症状が安定していること，②作業能力が低下しており一般就労が困難であること，③就労体験の不足や自信がないために訓練を受けたいと考えていること，以上3つの要件をみたす人である．訓練期間は原則として6カ月であるが，3年を限度に6カ月毎に更新できる．

　ティーダ＆チムチムがある沖縄県北部地域では，福祉保健所を中心に，地域の保健・医療・福祉・労働機関の連携が構築されており，保健師，医療機関医師及びケースワーカー，精

表5.5 委託訓練カリキュラム

学　科	内容と目的
基礎作業	簡単な作業を通して，集中力，確実性，効率性を培う
技術向上訓練	個々に応じた具体的職業技術の向上
ビジネスマナー	社会常識及び挨拶・報告等の基礎的なコミュニケーションスキルの習得
生活習慣・健康管理	就労へ向けた生活リズムや体調管理の理解
社会資源の活用	地域の社会資源の活用方法の取得
企業内実習	学科で学んだ事の確認と課題点の改善を図り職業意識を高める

神障害者地域生活支援センター相談員，職業安定所指導官，就労支援ワーカー等，各専門職が必要に応じてケース会議を行うことを通して，情報の共有と役割分担の整理を行い，相互の信頼関係の中で，有効な支援を行っている．

その中でティーダ＆チムチムの役割としては，①申込希望者のあっせん，②受入協力事業所の開拓，③訓練生の職場巡回，等を行っている．

また，福祉保健所主催で「社会適応訓練事業訓練生連絡会及び研修会」が開催されており，訓練生が安心して訓練を受けることができるように，訓練生，協力事業所，関係機関が集い，医師からは病気についての説明，ティーダ＆チムチムや公共職業安定所からは就労支援についての説明等が行われる．また，訓練生からは訓練を通して出来たことや良かったことが語られ，語ることで不安の除去や訓練意欲を高める効果が見られている．さらに，協力事業所からは障害の理解や雇用へ向けての具体的な取組み等が報告される．

3）障害者の態様に応じた様々な委託訓練事業の活用

基礎訓練である精神障害者社会適応訓練修了後の準備訓練メニューの一つとして挙げられるのが「障害者の態様に応じた様々な委託訓練事業」（以下「委託訓練」という）である．次に「委託訓練」について述べる．

「委託訓練」の主旨は，「障害者の雇用・就労促進のための関係行政機関会議資料5-2」によれば，「企業，社会福祉法人，NPO法人，民間教育訓練機関等，多様な委託訓練を開拓し，個々の障害者に対応した職業訓練（公共職業訓練）を障害者が居住する地域で機動的に実施する事により，障害者の雇用促進に資する」こととされている．

ティーダ＆チムチムでは2005年度に「知識・技能習得科＋職場実習を組み込んだ実践コース」を受託し，計10名が訓練を受講した．沖縄県では2006年度受託機関が8施設に増え，80名の受講生を予定している．

委託訓練の申込窓口は，職業安定所であるが，ティーダ＆チムチムの，支援対象者だけではなく，福祉保健所，医療機関，養護学校，生活支援センター，市町村福祉課等と他機関へ訓練情報を提供し，地域に埋れた訓練ニーズの把握に努めている．

受講生に対するアセスメントは週に一回程度行い，訓練カリキュラム等に関する要望や希望職種の絞り込み等を行い，職業訓練コーディネーターと調整し，有効なプログラム作成とモニタリングを行う．

主な訓練カリキュラムは表5.5である．受講生の状況からは，これまでの生活経験の少なさがうかがわれ，委託訓練での実際経験を通して，具体的に身に付けていくという学習スタイルが有効であった．

4) 地域の支援機関の役割

訓練施設を持たないティーダ＆チムチムの基礎訓練および準備訓練は，就労へ向けての技術や意欲向上，社会常識の習得を実際の職場や他の社会資源において行うことが中心となる．

支援対象者の生活基盤である，住みなれた地域で社会適応訓練や委託訓練職場実習を行うことは，実際の社会参加の経験となり，また，地域での人とのつながりを作る事になるため，その意義は大きい．

そこではフォーマルな支援だけではなく，インフォーマルな支援がさりげなく行われている事が重要である．支援者は，エンパワーメントを意識し，訓練生自らが，または家族が，積極的に就労へ向けて活動できるよう支援する事が大切である．一方的に，支援者が主導するのではなく，訓練生自らの中に就労の力があることに気づかせたり，引き出したり，支えたりのプロセスが重要である．

第6節　職場開拓の方法

　障害者雇用促進法では，求人の開拓など職業紹介に関して，その業務のほとんどを公共職業安定所（ハローワーク）が行うものと記されている．つまり，障害者の職場開拓は，ハローワークが行うものである．事実，2004（平成16）年度，全国のハローワークの障害者職業紹介のうち就職に結びついた件数は，35,871件にのぼる．この件数は，非常に大きい数字である．なぜなら，2004年6月1日時点で常用労働者数56人以上の企業で雇用されている障害者数は，257,939人だからである．ハローワークの職業紹介により就職した件数は，たった1年間で障害者雇用数の約14%にも相当するのである．

　ただし，この職業紹介から就職に結びついた件数の中には，就業・生活支援センター，あるいは福祉施設，病院，学校等の就労支援担当者が，独自の方法と専門性を生かし職場開拓した事例も含まれる．最近では，いわゆる雇用と福祉のネットワークによる就労支援が充実している地域が増えており，ハローワーク以外の職業リハビリテーション従事者が職場開拓を行うことも珍しくない．この節では，障害者が働く職場の開拓・拡大の方法について，職場開拓というキーワードでまとめる．

1. ハローワークの職業紹介

　私たちの国では，障害者の職場開拓に関してハローワークが大きな役割を担っている．ハローワークでは，職業紹介として以下の6つのサービスを提供している．
　①求職者の把握：地域の職業リハビリテーション関係機関等との連携・情報収集により障害のある求職者の把握する．
　②求職登録制度：求職を受理した障害者について，その障害の状況や希望職種，通勤圏など詳細な情報を把握し登録台帳に載せ，その内容に沿った綿密な職業相談を行う．
　③求人情報の収集と受理：求職者の状況にマッチした職種・職務の事業所への訪問・依頼，あるいは求人している事業所にその条件の緩和を求めることで，求人事業所を開拓する．
　④職業指導と職業紹介：面接相談や障害者職業センター等に依頼などにより，障害者の職業準備性の指導を行う．また職業紹介に際しては，就職を容易にするための各種制度活用を提言する．
　⑤就職後の助言と指導：職場生活の適応や問題の早期発見のために，事業所への訪問や面接を通して障害者に助言指導を行う．
　⑥事業主への助言と指導：障害者雇用しているあるいは計画指定事業所に対しては，雇用に関する様々な技術的事項についての助言や指導を行う．

　このような職業紹介の流れの中で，ハローワークは，広い意味での職場開拓を行っている．ハローワーク以上に障害者の求人情報あるいは求人の可能性についての情報が集約する機関はない．福祉・医療あるいは教育機関等で就労支援を行う従事者（以下，就労支援従事者と呼ぶ）は，独自の職場開拓を行う場合においても，まずハローワークの膨大の求人情報の活用を検討する．それには，対象となる障害者とハローワークに随行し，求職登録・職業相談を受けることからスタートする．就労支援従事者は，ハローワークの専門相談員と連携することで，職業紹介のスムーズな移行を促進することになる．

2. 独自の職場開拓

就労支援従事者が独自に職場開拓を行う事例が最近増えている．このような独自の職場開拓から，障害者の大きな雇用の場が創出される場合もある．独自の職場開拓のポイントは以下の通りである．

・障害者を雇用しようとする企業の条件を知る．
・職場開拓に求められる人材とノウハウ．
・ハローワークの職業紹介の流れにのせる．
・地域の就労支援ネットワーク構築へ向けて．

表5.6 障害者を雇用する企業のタイプ分け

タイプ別	企業規模	障害者雇用への態度	概要	就労するまでの期間
タイプ1	大	雇用計画あり	いつの段階で，どれくらいの人数，どんな障害の人を，どこの職場で，どのような職務につき，そしてその労働条件についても，人事・総務部門で確定している．多くは，障害者雇用の経験が豊富で，すでにハローワークないしこれまでの採用に関わった職業リハビリテーション機関に求人情報を提供している．	短期
タイプ2	大	トップダウン検討	企業の経営方針として障害者雇用を行うことはすでに決定しているが，具体的な計画には至っていない．法定雇用率をかなり下回っている，あるいは責任者が障害者の社会貢献活動へ強い関心をもつなどがきっかけで，トップダウンで障害者雇用の推進が決まるなどが，ひとつの典型例である．人事・総務担当者は，新規の障害者雇用を行ってきた経験がない中で，どのような障害者を，どこの職場に配置し，どのような職務を中心に，どれくらいの労働条件で雇用すればいいかを，これから考えていかなくてはならないのである．	短・中期
タイプ3	大	担当者検討	人事・総務担当者が主導で障害者雇用の企画を立案しようとしている．管轄のハローワークから障害者雇用率の改善について，直接指導される窓口担当者である場合が多く，ときには，人事・総務ではない社会貢献を企画する担当者が，何らかの理由で障害者雇用に関心を持った場合もある．上記のトップダウンとは異なり，「障害者を新規に雇用しなくてはならない」と社内合意されていない状況での検討である．担当者は，役員会を説得できるだけの企画書作成のために，積極的に障害者雇用に関する情報を収集している．	中・長期
タイプ4	大	関心低い	現在の社会情勢では，障害者雇用に全く無関心という企業はほとんどない．しかし，法定雇用率達成とまでは行かないまでも，新規の障害者雇用をあまり行わなくても，ある程度の雇用率を維持できる企業（高い業種別除外率が設定されている）など，トップも人事・総務担当者にとっても障害者雇用の関心が低い場合がある．	長期
タイプ5	小	雇用計画あり	ある程度の障害者雇用を行っており，現在働いている障害者の退職や新規事業の拡張にあわせて，障害者の求人を行う．すでにハローワークないしこれまでの採用に関わった職業リハビリテーション機関に求人情報を提供している．	短期
タイプ6	小	障害以外の求人	障害者の雇用経験はない，あるいはあったにしても，ノウハウ確立とまでは至っていない企業．職員の欠員や事業拡張に合わせて求人を行っており，障害者が活躍できる職務が存在する．ハローワークで一般の求人を行っているか，民間の求人広告などを活用している．	短・中期
タイプ7	小	求人なし	事業はある程度堅調だが，現時点で求人する大きな理由の存在しない企業ならびに個人事業主．	短・中期

1) 障害者を雇用しようとする企業の条件を知る

職場開拓とは，雇用する企業等から見れば，障害者の「採用方法」に相当する．採用方法に影響する企業等の条件は様々であり，それを見通すことが，職場開拓の第一歩である．表5.6は，障害者を雇用する企業を便宜上6つのタイプ分けたものである．

この表の「企業規模」の大小は，概ね納付金義務の有無と想定する（常用雇用者数301人以上と未満）．また，「就労までの期間」は，就労支援従事者がコンタクトをとってから実際に障害者の就労実現までの期間を大まかに予測したものである．

表5.6のように，開拓しようとしている企業をタイプ分けするだけで，実際にコンタクトをとった場合に「障害者雇用に関してどのような提案を行うか」異なることが理解できる．タイプ1やタイプ5の場合は，障害者雇用に関する社会情勢の変化や地域の職業リハビリテーションの動向を伝える，これまで雇用経験のない障害種別の詳細や雇用管理ノウハウの情報を提供するなどが有効だと想定される．一方，タイプ2，タイプ3，そしてタイプ6の場合は，障害者を配置できる職場・職域等の可能性についての意見交換，障害者雇用に関する他社の事例紹介や見学等の斡旋，具体的な労働条件や雇用管理ノウハウの提案などが中心となる．そして，タイプ4やタイプ7の場合，障害者雇用の素晴らしさやそのメリットを何らかの形で訴えることからはじめることになる．

また，タイプ1とタイプ5は，一般的にはハローワークに求人情報を提供しており，就労支援従事者の新規の職場開拓は，それ以外のタイプと言うことになる．また，企業規模の違いは，障害者の採用に至るまでの社内手続が大きく異なることを意味する．

2) 職場開拓に求められる人材とノウハウ

就労支援担当者が独自に企業等の人事・総務担当者とコンタクトをとり，障害者が働く新たな職場を開拓するには，一般に表5.7のような方法が採用されている．

表5.7の職場開拓の手順は，一般に想定している障害者の存在があり，その障害の状況に合った職場を探す際に用いられるものである．これ以外にも，地域の経営者の集まり等において，障害者就労支援業務の実際をアピールする場を設定するなども，重要な活動である．しかし，職業リハビリテーションにとって職場開拓は重要な位置を占めるにもかかわらず，継続的かつ組織的に職場開拓を実施し，十分な成果をあげている事例は少ない．つまり，独自の職場開拓には確固としたノウハウは蓄積されていない．表5.7に代表される職場開拓の方法は，試行錯誤の経験と，新規の顧客を獲得する営業のマニュアル本を参考にしているに過ぎない．

もし，独自に行う職場開拓が営業の手法と類似しているなら，これを専門とする人材はノウハウをもつ組織はたくさん存在する．最近で

表5.7 就労支援担当者の独自の職場開拓の手順

①企業情報の収集	地域の経済・産業状況の概況．ハローワークの一般求人や求人情報誌，折り込み広告等による求人情報の収集．工業団地等の通勤状況の把握など
②事前の準備	企業等の担当者が興味を引きそうな障害者雇用関係の情報のまとめ（新聞記事や専門誌からの引用含む）．これまでの就労支援の実績や雇用事例集の作成など
③最初のアポイントメント	直接，電話や訪問によるアポイントメント．就労支援によるサービスの説明など
④雇用へ向けての交渉・調整	事業所内の業務の確認と障害者配置の可能性の提案．労働条件や雇用管理上の課題についての相談・調整．採用へ向けての制度の活用提案など

は，この営業のノウハウをもつ人材・組織に注目し，職場開拓業務を民間企業に委託し，実績をあげている地方自治体も出てきた．

また，特例子会社等において，先駆的に様々な障害者の雇用経験をもった人事・総務担当者が，これまでの経験を生かし，障害の状況に合った職域の開拓や配置，そして継続的な雇用ノウハウを提案することで，大規模な職場開拓を行っている事例もある．日本経済団体連合会では，労働政策本部内に障害者雇用問題に関する企業の相談・援助活動を行う窓口として，「障害者雇用相談窓口」を開設し，専任の経験者を配置している．また，特定非営利活動として，障害者雇用経験者が企業等における障害者雇用の諸問題の解決にあたっている地域もある．

職場開拓に求められる人材やノウハウは，これまでの職業リハビリテーションの知識や体系を超えた，新しいものが求められる．つまり，福祉や医療，心理教育等の知識ベースしか持たない人材の情熱や思いつきだけで，効果的な職場開拓が出来る時代ではなくなりつつある．

3）ハローワークの職業紹介の流れにのせる

独自の職場開拓が成功すれば，障害者の雇用を計画する事業所とそこに就職したい障害者のマッチングを行うこととなる．この段階で忘れてはいけないのは，ハローワークの職業紹介の流れにのせることである．最近は，企業ならびに障害者が採用前後で活用できる公的な制度の選択肢が増えてきた．たとえば，採用前に体験的な実習として「委託訓練事業」を，その後「障害者施行雇用事業」と「職場適応援助者事業」を同時に活用する事例が増えてきた．このような制度活用は，就労の初期段階のミスマッチの軽減に大きな効果を発揮する．そして，このような公的な制度活用には，ハローワークによる職業紹介が不可欠になる（「特定求職者雇用開発助成金」など採用後の企業にとってメリットのある助成金制度の活用も同様）．職場開拓の進行状況を見ながら，早目にハローワークと相談・連携をとることが必須である．

4）地域の就労支援ネットワーク構築に向けて

障害者が働く職場の広がり，特に市場原理が働く民間企業等における雇用の場が拡大されない限り，地域の職業リハビリテーションの充実はありえない．職業評価や準備訓練，職業生活を支える地域生活支援等の質の高いサービス提供は，現実に雇用の場が存在して初めて機能する．職業リハビリテーションにとって職場開拓は欠かすことの出来ないものである．

一方，社会情勢の変化から，障害者雇用を支える企業等の状況が大きく変わってきている．従業員規模の小さな企業ならびに個人事業主による障害者雇用は急激に減り，代わりに，規模の大きな企業が社会連帯として障害者雇用を行うようになって来た．それと同時に，ハローワークの職業紹介や就労支援従事者の熱意とフットワークの軽さだけで通用した職場開拓だけでは，十分な雇用の場の確保は出来なくなってきている．ハローワーク，福祉，医療そして教育等の関係機関，そして企業や労働組合などが連携して地域の障害者雇用プランを立案し，障害者雇用の拡大に情熱を燃やす人材・組織を中心にそのプランを推進する，就労支援ネットワークの構築が不可欠な時代になっている．

第7節　職場定着の支援と再就職

　新たな職業能力の開発と障害の状況に適合した職場を見つけるだけでなく，採用後の継続的な支援についても，職業リハビリテーションでは重視する．特に，就業と生活の一体的な支援を必要とする障害者にとっては，この採用後の職場定着，長期的な継続支援，そして離職時の支援は欠かせない．

　しかし，採用後の継続的な支援に対して，まだまだ積極的に取り組んでいる就労支援機関は少なく，方法論に関する一定のモデルならびに継続的な支援に関する実績データもほとんど存在しない．今後，多くの実践の積み重ねが期待される分野である．

1．職場定着と定着支援

1）継続的な雇用を支える
（1）採用以前のプランニングが重要

　採用前の段階で誤ったプランニング（支援計画）を立てていた場合，可能な限りの労力を割き，ありとあらゆるアイディアを織り込んで定着支援を行っても，成果をあげるのは難しい．

　▲▲流通センターの求人に対して，軽度の知的障害のあるAさんが採用されることとなった．業務内容は，いわゆるピッキングで，これまでその仕事をしていた障害者が離職したため，早急な補充を事業所が行ったのである．採用担当者は，採用を希望した数名と面接，2時間程度の体験実習を行い，Aさんの採用を決定した．さらに，採用後の定着支援として，ジョブコーチ（職場適応援助者）が当初2週間フルタイム指導する予定であった．ところが，Aさんに対して，ジョブコーチが当初の予定の倍，1カ月フルタイムで指導したが，離職が決定した．この職場に配属されたジョブコーチは，知的障害者の定着支援に関しては経験豊富で，これまで十分な実績をあげていた．しかし，Aさんは欠勤が多く，働く意欲を次第になくしていく姿を見守ることしかできなかった．実は，定着が困難であったと想定される理由は，単純なものであった．

・始業時間が早く，通勤時間も長い（Aさんは毎朝6時頃に自宅を出ないと始業時間に間に合わない）．

・やるべき仕事がない時間が毎日2時間以上存在する（この時間の使い方が労働意欲の低下に結びつくうえ，職場では前任の障害者と同じ条件を変えないことを前提の雇用）．

・決まった作業指示者がいない（その都度，必要に応じて同僚が作業指示を出す場合がある）．

・周囲の同僚は同一の賃金（作業指示や指導をお願いしたい同僚は同一時間給であり，そのことを快く思っていない）．

　この事例に代表される定着困難の理由は，採用前，つまりジョブマッチングの段階で詳細に情報収集すれば予測できる．採用後の定着支援は，障害者の継続的な雇用を実現する強力な方法論である．しかし，採用前のプランニングの大きな欠陥を消し去ることは困難である．

（2）定着を前提としたプランニング

　定着支援の成功は，採用前の適切なプランニングが欠かせない．採用段階で，表5.8の内容をもう一度再評価することを勧める．

2）初期の定着支援

　定着支援の内容は，個別の条件により多種多

表5.8 採用前の再評価項目

希望と適職	・本人が希望と現実の職種・職場との適合性をチェック． ・中期的な雇用継続（3カ月から1年単位）のリスク・不安要因とその対策
ナチュラルサポート	・職場の障害者雇用に対する受け入れ態勢の整備状況（管理体制・労働条件等） ・職場の雰囲気の評価（業務や管理の仕組の変更調整可能性，キーマンの存在等）

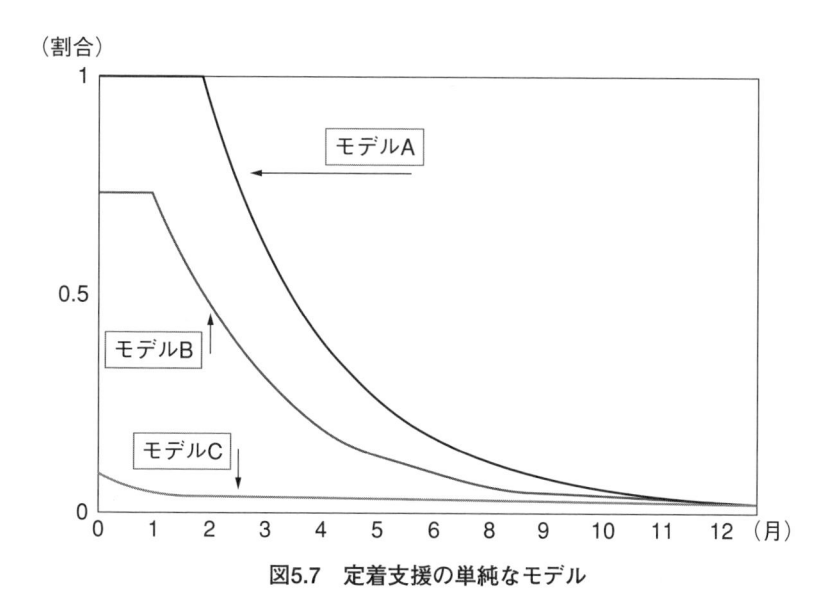

図5.7 定着支援の単純なモデル

様である．図5.7は，定着支援の量を単純にモデル化したものである．

図5.7の横軸は時間の流れを月数で表しており，縦軸は支援の割合を表している．雇用された障害者の勤務時間のすべての時間において何らかの定着支援を行った場合を「割合1」と考える．この図のモデルAは，ほぼ2カ月間すべての勤務時間で定着支援を行い，その後緩やかに定着支援の量を減らしている．モデルBは，概ね3/4程度の割合の定着支援を1カ月行った後に，支援の量を段階的に減らしている．そしてモデルCは，当初から比較的少ない割合（定期的な訪問程度）の定着支援を行っている．全く異なる3つのモデルではあるが，すべて次の3つの過程を経ている．

①当初は定着支援の量（職場で障害者と緒に過ごす時間）は比較的多い．

②ある一定期間が過ぎた後は，この定着支援の量を随時減らしている．

③最終的に定着支援の量は非常に少なくなり安定する（ゼロにはならない）．

この3つの過程を初期の定着支援と呼ぶ．そして，先にも述べたように，この初期の定着支援は採用前段階でプランニングすべきものである．初期の定着支援の量が多くなる要因の代表的なものは次の通りである．

・事業所が類似した障害者雇用の雇用経験がない（障害者を受け入れる風土を職場に醸成する必要がある）．

・事前に障害者のための仕事内容とその分量が明確に定められていない（職務の設計・調整や場合によっては配置の調整に関わる必要がある）．

・一度に複数の障害者を雇用する（一人ひとりに合った障害者雇用管理の方法を管理者と見つけて調整する必要がある）．

・採用前に職場で体験実習等を経験していない，あるいは非常に短期間であったため不十分

表5.9 中長期的な定着支援の代表的リスク

習熟・慣れによる新たな問題	働きやすい環境の整備がうまくいっている職場であればあるほど,障害のある人が職場で発揮する能力は伸びていく.この習熟や学習能力は,初期には予測できない,職場での新たなトラブルを引き起こす場合がある.たとえば,習熟した職務が増えるに従い,好みがはっきりし作業指示の拒否が目立つようになってくる,職場の人間関係が広がることにより対人的なトラブルが増えるなど.
職場の変化への適応	多くの職場は絶え間なく変化する.もっとも大きな変化が,事業所の閉鎖や組織再編に伴う転籍,職場の異動,さらには業務内容の変更である.それほどでなくても,直属の上司や日常の作業指示や指導の中心的な役割を担っていた職員の異動などの変化は必ずある.安定して,職場の中で戦力として評価されている障害者の中には,周囲の人的あるいは物理的なナチュラルサポートが前提条件である場合が多い.職場の変化の情報を早目にキャッチし,変化によるリスク拡大を予防する支援が必要になる.
生活環境の変化への適応	リスクは職場だけではない.障害のない従業員でも,家族の別離などの大きな出来事は,職業生活に影響を及ぼす.定着支援を必要とする,つまり就業と生活の一体的支援が求められる障害者にとっては,この家庭や生活環境の変化が仕事に与える影響は大きい.特に,生活の場で中心的な支援を果たしていた家族の入院や死去等の影響は計り知れない.また,新たにできた友人とのつき合いが,就業を困難にする事例もある.
心身の健康状態	障害特性ゆえに,心身の健康の増進やリフレッシュなど,自ら体調面の管理を積極的に行うことが困難な人が多い.また,心身の健康状態の不安定さへの気づきや,たとえ気づいたとしても職場や家庭で訴えることが苦手な人も多い(ある人は訴えない,ある人は日常的な些細な気分体調の変動にも過敏).心身の健康状態の悪化は,職場生活に大きな影響を及ぼす.問題は,上記の障害特性ゆえに,突然の悪化で周囲が混乱する場合が多いことである.定着支援の担当者は,日々,働いている障害者と接しているわけではない.毎日接している職場や家族からの些細な情報から,この健康状態に注意を払う必要がある.

であった(職場で具体的に必要な支援を探る).

・比較的重度の障害者で事業所が求める要求水準に至るまでに時間がかかると予想される(わかりやすい仕事の教え方等が求められる).

3) 中長期的な定着支援

初期の定着支援終了後も,継続的な定着支援は必要であり,この支援には原則的に終わりはない.そして通常,この中長期的な定着支援の必要量は,ジョブマッチングや初期の定着支援段階で予測するのは困難である.いつ,どのような離職のリスクが発生し,どんな具体的支援が必要となるかは,可能な限り丁寧に情報収集し続ける以外に方法はない.そして,この絶え間ない情報収集こそが中長期的な定着支援の中核である.

情報収集の方法としては,①職場への定期訪問(例:毎月の訪問),②障害のある人との面接・相談(職場以外の場所で相談による情報収集),③アフターファイブの活動企画(終業時間後あるいは休日の交流活動の企画),④会社・家庭等からの緊急呼び出し体制の構築,などが代表的である.特に,職場への定期訪問は,障害のある人だけでなく事業所から詳細な情報を収集できることから,絶対に欠かすことのできない方法である.

中長期的な離職のリスクとは,まさに多種多様である.表5.9に,代表的なリスクを紹介する.

中長期的な定着支援は,このような離職のリスクを,的確な情報収集により,なるべく早く把握することである.問題が軽易なうちに,早めに対処することで予防できる場合は多い.それでも,雇用の継続が困難な大きな問題は起こる.定着支援担当者の対策としては,①初期の定着支援に類似した職場での支援を計画する,②生活支援の関係者と連携し解決策を検討・調整する,などが一般的である.また,条件がそ

表5.10　定着支援を必要とする障害者に対する離職支援過程

意思の確認	離職を確定するためには，1）障害者本人，2）雇用主，3）家族等のすべての意思を確認・調整する必要がある．障害者本人が退職を表明しても，雇用主や家族の説得により復職する事例は意外と多い．逆に，本人が働き続けたいと主張しても，勤怠が極端に不良で継続雇用へ向けての支援が適切とは考えられない場合もある．この意思の確認は，離職支援の最も重要な過程である．
離職手続きの調整	離職の意思固まれば，詳細な手続きの調整になる．退職の日付はいつか，退職願を提出するかどうか，休職期間の設定や契約期間満了の退職か，あるいは事業所都合の解雇となるのか．離職後の失業給付など，この調整と確認を慎重に行う必要がある．離職後，就労支援担当者が，ハローワークにおいて再度求職の登録（離職票・雇用保険被保険者証提出含む）などの支援を必要とする場合もある．
離職後の方針決定	離職時には，障害者本人さらに家族等の要望を調整し，再就職を目指すかどうか，目指さないとしたらどのような選択肢を活用するかなどの話し合いを行う場合が一般的である．再就職を希望する場合，訓練施設等を活用する必要があるか，どのような方法で求職活動を行うか，その間の経済的な状況についてなど，具体的な方針を決定する．

ろえば，③休職期間を設定し福祉施設やリハビリテーション期間で再訓練計画を実施する，といった試みも行われている．

4）離職と再就職

障害者の定年退職に関する調査研究はほとんどない．特に，定着支援を必要とし，就業と生活の一体的支援が求められる障害者が，就業規則上の定年の年齢まで働き続けられるにはどのような条件が必要か，あるいは定年まで働き続けることにより起こるその後のリスクについては，今後の実践と調査研究を待たねばならない．

一方，定年退職に至る前の離職，つまり定着支援中に離職する障害者は少なくない．定着支援を必要とする障害者に対する離職支援とは，便宜的に表5.10の3つの過程に分けられる．

（1）初期の定着支援中の離職

採用後短期間で離職する場合のほとんどは，ジョブマッチングあるいは定着支援のプランニングのミスである．採用前の綿密な情報収集を行い，これまでの経験とノウハウをうまく活用すれば，採用後数カ月あるいは半年単位での離職数はかなり軽減できる．また，障害者試行雇用事業（トライアル雇用）制度を活用し，採用時と3カ月後の2回に分けてジョブマッチングの適否を確認する事例も増えている．

（2）中長期的な定着支援中の離職

この期間中の離職の大部分は，「中長期的な定着支援」の項で紹介した4つの離職リスクによるものである．しかし，それ以外にも，雇用している企業が事業所閉鎖・業務縮小を決定し，その結果，離職に至る場合がある．また，今より長い労働時間，付加価値の高い業務，そして給与の高い職場への転職を希望し離職する場合もある．どのような理由であれ，「意思の確認」「離職手続きの調整」「離職後の方針決定」の3つの過程を踏む必要がある．

（3）離職後の方向性

離職後の支援は，進路の見通しにより次の4つのパターンがある．どの支援パターンを選択するにしても，障害者本人と家族等の生活を直接支える人と，就労支援担当者は意見調整する必要がある．

・比較的短期間で再就職（概ね3カ月以内の再就職）：障害者本人のこれまでの就業の様子，再就職に対する希望の強さ，職業能力の高さと地域の求人状況から，比較的短期間で再就職が可能と予想する場合がある．このような場合，公共職業安定所（ハローワーク）や就労支援機

関等による求職活動，時には地域の生活支援機関等の相談調整が中心の支援を展開する．

・再訓練の後に再就職（概ね1年から1年半以内の再就職）：半年あるいはそれ以上の時間を置いて再就職を考える場合，再就職に至るまでの通い先を検討する必要がある．就労移行支援事業を展開している福祉施設や一定期間の職業前訓練を実施している訓練機関などが，その受け皿になる．このような通い先は，再就職を目指したプログラムを中心に運営されている．また，この訓練期間中に各種福祉サービスの調整を行い，就業するための生活支援体制を立て直す場合もある．

・時間をおいての再就職（概ね2年以上の経過後の再就職）：職業能力としては再就職の可能性はあるが障害者本人が再就職の希望がない場合，あるいは特定の離職の理由（例：反社会的行動）でしばらく再就職支援が困難と思われる場合は，当面，地域の福祉サービスの利用へ向けての支援を行う．場合によっては，福祉サービスだけでなく医療的な支援体制も見直し，定期的なコンタクトをとりながら，再就職の機会を検討することになる．

・就職せず福祉サービス等の利用：再就職が難しいと判断した場合は，福祉サービスの活用を中心に進路を検討する．通所型の福祉サービスにもいくつかの段階があり，就労時に近い「働く」場所から，生きがいと生活の安定を中心とした場所まで存在する．見学や参加体験を通し，一人ひとりの状況に応じたサービス調整が必要となる．また，このパターンを選択した場合は，就労支援担当は，地域の生活支援を担当する機関に相談調整の役割を委譲することになる．

2. 定着支援の課題

定着支援の重要性は認識されるようになったものの，私たちの国では，これまで長期間，そして離職支援まで含めた定着支援を行ってきた機関は少ない．今後，地域の就労支援機関は，定着支援の実績とそのノウハウの蓄積を図っていく必要がある．以下には，定着支援を行っていく上での代表的な現時点の課題をまとめたものである．

・企業等に就職した人に提供する定着支援サービスについて，誰とどのような契約を行って定着支援サービスを実施していくのか．

・障害者の定着支援について，企業等と就労支援機関とでどのような役割分担を行うのか．

・定着支援サービスに必要とされるコストはどれくらいが妥当なのか．

第6章

職場の環境整備と調整

第1節　障害者の受け入れ

1. 障害者雇用の現状

　障害者雇用に関する法律や考え方は国によって異なるが大別すると，次の2つのタイプに分かれる．

1) 社会的連帯・割り当て制度を採る国
　社会的連帯を基本にして企業の社会的責任としての障害者雇用を一定割合義務づける考え方であり，ドイツやフランス等の欧州諸国や日本がこの方針をとっている．

2) 差別禁止・機会均等を採る国
　差別禁止と機会均等を柱に，障害者差別禁止法を制定することを通して職業選択の自由を保障しようと言う考え方で，アメリカをはじめ，イギリス，カナダ，オーストラリアなどがこの制度を導入している．

　それでは，わが国の障害者雇用の現状はどのようになっているのであろうか．
　現在民間企業に課せられている雇用義務は常用労働者の1.8%であるが，企業の実雇用率を見ると，全国平均で1.49%と残念ながら未達成の状況となっている．
　この数値は毎年6月1日現在の企業の実雇用数をベースに取りまとめられるが，2005年度は前年を0.03%上回る結果となった．
　加えて，法定雇用率未達成状態にある企業の割合も若干ながら改善され，従業員規模1000名以上の大企業の場合は実雇用率が1.65%と0.05%上昇，未達成企業の割合も改善された．
　このように，前年比で若干改善の見られる民間企業の障害者雇用ではあるが，社会的連帯といった理念に照らして考えれば企業側のなお一段の理解と努力が強く求められている．

　そのような中，2005年度には障害者雇用に関する法律の一部改正に関する国会審議がなされ，精神障害者の雇用が雇用率に算入できるよう改正されることが決定した．
　発達障害者支援法も整備され，障害者自立支援法も様々な議論を経て成立，2006年4月より施行されている．障害者雇用を推進する環境は近年にない活性化した状態にあるともいえる．日本国が他国に例を見ないスピードで少子・高齢化の道を走り始めた今，障害を有するだけで福祉の対象としてきたこれまでの考え方から，当事者の自己選択も含めた自立の道筋を創っていくことは障害者のみならず国家全体にとり極めて重要な考え方でもありこうした議論は意義のあるものといえよう．
　近年，企業は例外なくその社会的立場を意識するよう迫られている．コンプライアンスやCSRはこれまで日本の企業が意識してこなかった理念であるが，この理念が障害者雇用の場面で発揮された時，わが国が選択した"社会的連帯としての割り当て制度"が本当の意味で根づくのではないだろうか．社名公表や株主訴訟のリスクを避けるためといった消極的動機から，少子・高齢化の日本にあっては，障害者の社会参加と戦力化こそが未来の日本の活性化に直結するという積極的取り組みに変わっていかなければならない．

2. 障害者雇用推進を阻む壁

　雇用率未達成企業に対する行政側からの雇用指導は年を追って強化されてきている．
　2004年度，雇用努力姿勢が認められないとの理由で2企業の社名が新聞紙上で公表された．web上でも東京と大阪地域の雇用率未達成の企業の状況が詳細に発表され企業側に強い

衝撃を与えた．社会的信用を重視する大手企業にとっては由々しき事態と映ったものだ．このように現下の社会環境は企業に対し一層の障害者雇用努力を求めており避けては通れない経営課題になってきている．それにも関わらず企業の障害者雇用が遅々として進まない現実が厳として存在する．

なぜ企業の障害者雇用は進展しないのか？

その原因や理由の追求抜きに"企業の社会的責任達成"のみを求めていっても成果には繋がらないであろう．なぜ，企業の障害者雇用が前に進まないのか．次にあげる理由が考えられる．

　①除外率の一律削減の影響
　②企業の事業構造転換と障害者の職域の減少
　③求職障害者自身の高齢化・重度化
　④求人スペックと求職者の能力のギャップ
　⑤未経験企業が持つ障害者への誤解・偏見
　⑥重度障害者を活用する職域開発の遅れ
　⑦重度障害者活用ノウハウの欠如
　⑧企業経営者に向けた啓蒙教育不足
　⑨障害者に対する能力開発機会の不足
　⑩障害者自身の自助努力不足

他にも理由はあるのだろうが，多くの企業が突き当たっている壁の原因・理由はこのあたりにあると考えて間違いないと思われる．

とすれば，これらの阻害要因一つひとつを解決して行かない限り，これ以上の障害者雇用推進は難しいといわざるを得ないと考える．

"企業の社会的責任として"への要望に加え，どのようにすれば企業個々の障害者雇用が前進するのかの指導・情報提供こそが今強く求められている．

私たち障害者の職業リハビリテーションに携わる立場のものが常に念頭に置いておくべき事柄と考えたい．

①はともかくとして，②，③は時の流れで逆らいようがない．とすれば④はその帰結として今後益々その幅を広げて行くこととなる．そのように考える時，企業の経営の舵取りを行う経営層に対する一層の理解促進と啓蒙を行いながら，『如何にすれば重度障害者が企業に期待される人材に育てて行けるのか，その活用職域は，マネジメント上の配慮事項は,,,』

私たちの努力が強く求められているのはこの部分である．

企業側は"採りたくないのではない！採りたいけれど採りたい人にめぐり合えないのだ"と言う．この言葉をそのまま受け止めれば"採りたくなるような障害者の人材を如何に育てるか"が今求められていることをこそ我々は自覚すべきである．日本の障害者雇用の新しい道筋を作っていく責務を我々は背負っているのだ．

3. 雇用する側・される側が持ちたい視点

先の項で，年々進む障害者の重度化・高齢化があると書いた．国全体が高齢化の道をひた走る現在，障害者も例外ではありえない．この現実を知ることがまず雇用主である企業側に求めたい部分である．

"障害程度が軽く若くて，限りなく健常者に近いような人材が欲しい"と現状を知らず，障害者雇用への取り組み経験の少ない企業が発する"ムシの良い要望"はともかくとしても，企業側にぜひとも持っていただきたい視点が"重度の障害のある人たちを如何にして育てて企業の戦力にまで高めるか"という発想である．即戦力が採用の第一条件と言われる昨今の民間企業の採用基準は十分な社会体験を踏めず，また社会を渡っていくための充分な備えをする間もなく就職に向かわざるをえなかった障害者に対しては少しだけ長い目で見てあげる配慮を期待したいものだ．

一方で求職者も意識・自覚を求められる．このような厳しい企業の経営事情を求職者である障害者も理解しておく必要がある．

経済環境がグローバル化する一方の企業の経営環境は極めて厳しいものがある．技術的優位

性で世界経済をリードしてきたこれまでの日本企業も東南アジアを代表とする発展途上国の技術水準やサービスがわが国のレベルに近づいている昨今，製造コストが圧倒的に高い日本企業は国際的に厳しい立場に立たされている．コスト競争では日本はもはや発展途上国には勝てない．このような経営環境の厳しさは当然にその企業が行う採用にも直接影響をもたらしていることを知る必要がある．

年功序列型の終身雇用が終焉を迎え，成果主義に置き換わったり，複線型の処遇体系の登場もこれらの環境変化がもたらしたものだ．

少数精鋭主義，言い古された言葉が今ほど意味を持つ時代はない．少数精鋭主義はレベルの差はあったとしても障害者雇用にも及んできている．就職を願う障害者に求められているのは"自身のエンプロイアビリティー（職業能力）の向上"にあることを知っておいて欲しい．

4. 障害者雇用を成功させる組織作り

企業の事業構造が変わり，同時進行で求職障害者側の職業能力に変化が生じている中での障害者雇用を如何に進めるか，難しい局面に立たされているのが現状と言える．

企業が自社の障害者雇用を推進し成功するためにはいくつかの踏むべきステップと方策が必要となる．それは以下に整理できる．

第1ステップ：障害者雇用の必要性について社内のコンセンサスを作り上げること．

第2ステップ：経営者をリーダーとする障害者雇用推進組織の設立．

第3ステップ：同プロジェクトによる障害者受け入れ可能職域の調査と開発及び職場環境の研究．

第4ステップ：洗い出された職域に迎えるべき障害者の選別（障害部位や専門性・地域等）と採用ルート・方法の検討．

第5ステップ：後述する採用活動をはじめとするタイムスケジュールの策定とチェックポイントの整備．

第6ステップ：採用を起点する会社の障害者雇用全般を成功に導くための外部協力組織へのコンタクト．

などが早速必要な事柄となってくる．とりわけ第1ステップに示した"会社全体での障害者雇用推進への認識共有"は以後の成否に大きく関わってくる重要なポイントだ．

"障害者雇用は人事の仕事"と他部署の社員が無関心でいては，とても成功は期待できないであろう．

全社挙げて取り組んでこそ成果に繋がるものであり，またその姿勢こそ求職者に好感をもって受け止めてもらえ望ましい成果に直結することは過去事例で実証済みである．

障害者雇用に成功を収めている企業に共通する特徴は，

①障害者雇用に対する社内の共通認識の存在
②企業トップの理解と支援の存在
③情熱を持ったプロジェクトリーダーの存在
④社内協力体制の充実
⑤障害者を《企業戦力に育てる》工夫と知恵

このような条件が整ってこそ，採用活動の成果が生み出されるものと考えたい．先に示したステップの中で第2ステップ，第3ステップは採用活動の基本となる問題であるから，とりわけ力を入れたい．

採用予定人数にもよるが，相当数の障害者の雇用が必要なケースでは全社横断的な組織，各職域を代表するプロジェクトメンバーの選定等を定め，現在障害者が活躍する職域に止まらない新しい職域の開発や発掘と同時に，その職域で重度の障害を有する人たちが支障なく業務遂行できるための条件整備を行うことが次の要件として浮上してくる．

5. 障害者の募集と採用の進め方

採用を進めるためにまず必要なことが求職者

への企業側からの求人の意思表示である．そのための採用チャンネルの整備も重要だ．

採用のルートは一般的なものとして，
①公共職業安定所（ハローワーク）への求人登録．
②①が主催する集団面接会等への参加．
③障害者が在籍する教育機関への紹介依頼．
④障害者の就労支援を行う機関への紹介依頼．
⑤求人媒体や民間人材紹介企業との契約．
⑥社内における人材紹介キャンペーン．
などが考えられる．

現下の厳しい採用激戦時代においては，一つの方策で課題解決を図ることは大変に難しく，あらゆる手段を並行させながらの活動が求められる（大量採用の場合はさらにである）．

その際に必要になってくるのが，
　A）どのような職域で雇用したいのか．
　B）そのためにはどのような人材が必要か．
　C）身分や処遇条件は予め定めてあるか．
　D）受け入れ地域・環境は整備済みか．
　E）求職者の会社理解のためのツールはあるか．
といった事柄で，採用活動を始める前に充分議論し整備しておきたい事柄である．

先ほどの項で，自社の障害者雇用を進めるための組織構築の必要性と障害者を受け入れるための職域開発や研究が不可欠と書いたのは，まさにこのためである．

採用活動を始めるにあたっては，まずは現在の障害者の求職状況や求職者の内容（障害部位・程度，年齢，職業経歴，資格や特技など）を事前に把握しておく必要がある．

相手の実態を知らずして戦いは成功しない！
その情報を提供してくれるのが，
＊企業を統括する公共職業安定所
＊都道府県毎に設置の障害者職業センター
＊地域の障害者就労支援組織
などである．

次に必要なことが，求人を行うための求人票の整備．どのような仕事をして欲しいのか，採用対象はどのような障害者なのか，その人たちを受け入れる条件はどのようなものか，設備は整備済みか，などはあらかじめ用意する必要がある．特に昨今の厳しい雇用環境（障害者側にとっての売り手市場）にあっては，市場をよく理解した上での採用戦略が益々重要になってくる．

採用推進のための専任組織が必要であると書いた意味は，まさにここにあるのだ．

採用場面では一般に健常者を対象として行う方法と基本的に変える必要はない．

"企業の戦力に値するか否か"の吟味を行う採用手続きは，各企業が夫々持つノウハウや経験値に基づいて健常者同様に行っていただきたいものである．

あえて，補足的に記述するとすれば，"応募者が持つ障害についての個別の配慮と判断が必要な場合"であろう．

知的障害者や重度障害者などの雇用経験がない企業が取り組む際には，ときにはトライアル雇用制度を利用して採否を見極めるための猶予期間を設けたり，ジョブコーチ制度などを利用しての受け入れを準備するなどが失敗のない採用のために検討したい手法である．

また，求職者が会社のことや仕事のことについて正しい理解が出来るような情報提供には，ことのほか注意を払っておきたい．

育った環境や受けてきた教育内容によっては，社会的に未成熟な応募者もいる．この人たちにも会社が理解できるような工夫が図られていることが後に述べる障害者の入社後の成長と定着に大きく影響してくるからである．

参考文献
1) 大阪障害者雇用支援ネットワーク：障害のある人の雇用・就労支援Q&A．中央法規出版，2004．
2) 障がい者雇用促進支援講座．UDジャパン，2003．

第2節　障害者の職場定着

　一人の障害者を採用することが難しくなった今日，採用した障害者を順調に成長させ企業に欠かせない戦力に育てあげることは極めて重要な人事戦略と言えよう．

　一般的な組織で考えた場合，障害のある社員は"大勢の健常者と言われる社員の中では圧倒的少数派として存在"する．

　採用済み障害者を特別扱いする行為は厳に慎みたいものであるが，一方で，障害を有する社員の力を最大限引き出すための工夫と取り組みがあってこそ障害者の定着と成長を図ることが可能となる．この項では少数派であり，かつ，ときに余り豊かな社会体験を積めないまま企業に参加した障害者の活用について様々な角度から検討していきたい．

1. 職場受け入れに向けての環境整備

　"障害者が入社してくる"と聞いた時多くの人たちが共通して感じる印象や戸惑いは（それを口にするかしないかは別として），次のような事柄ではないだろうか．
　＊職場環境面で何が必要なのだろう？
　＊今までの新人と同様に接して良いのか？
　＊教育上で心がけるべきポイントは何？
　＊仕事の評価や目標の設定方法は？
　＊仕事の与え方や指示の方法は？
　＊叱って良いのだろうか，その叱り方は？
　＊障害のことに触れても良いのだろうか？
　＊健康管理上注意すべき事柄は？
など，考えれば考えるほど限りなく不安が湧いてくる．経験のない人たちにすれば当然の戸惑いなのかも知れない．

　しかしながら，周囲の人たちが持つ戸惑いや疑問は，そのまま一方の当事者である障害者にも響いてくる．何とも居心地の悪い"お客様でいる自分がそこにいる"という感覚に陥ってしまう．これでは仕事どころではない．受け入れ環境を整備しておくことの必要性はまさにここにあるといえる．

　受け入れ環境の整備を考える時，その内容は，
　①職場のハード面の整備と
　②職場のソフト面での整備
に分けて考える必要がある．職場のハード面での整備については採用する障害者の障害種類や程度によって要素は異なるが配慮は必要である．障害者の業務成果を最大限引き出すための設備投資と考えてみるのが妥当であろう．

1）上肢・下肢及び体幹障害等

　車椅子使用の社員等を想定すると最低限必要となる設備上の配慮項目が浮かんでくる．
　＊段差の解消
　＊動線の確保（オフィススペースにゆとり）
　＊扉の開閉についての改善
　＊駐車場の確保
　＊トイレの改善
　＊什器備品の利用のしやすさへの配慮
　＊通信機器も同様
となり，視覚障害者の場合には近隣の駅から職場までの点字ブロックの設置や職場内での事故防止策が求められる．

　聴覚障害者の場合には音声以外の手段による情報伝達対策が求められることとなる．赤色ランプや振動等で情報を伝えるなど，聴力に頼らないでよい情報伝達手段を備えておく必要もある．

　内部障害者には体調管理上必要とするものを，知的障害者や精神障害者には安心して働ける風土作りの必要があるという具合である．

近年の障害者の重度化を考える時ハード面への配慮はマスト課題ともいえよう．これらの職場環境を改善するために様々な助成金が用意されている．しかしながら少し視点を変えてみると，職場におけるハード面の設備改善は無論あるに越したことはないが，それだけ手当てできていれば障害者の定着と成長が図れるものでもない．時にもっと重要となってくるのが"ソフト面での配慮"である．

ここで言う"ソフト面での配慮"とは，一体どのような事柄を指すのだろうか．

それは"障害者を貴重な企業の戦力に育てるために100％期待し要望する．そのために支援する"という雇用事業主の持つべき人材観である．腫れ物に触るような接し方や，お客様扱いではいつまでたっても期待する成長には繋がっていかない．

そもそも，新しい職場に入ったとき人は程度の差はあったとしても緊張し，構える．言いたいことや聞きたいことがあってもなかなか口にすることは勇気のいる行為である．ましてや少数派で，これまで企業という大人の環境を経験しない障害者が感じる緊張は大変なものがあると理解したい．

まず，この緊張を解き明かしてあげることから始めたい．

法律では5名以上の障害者を雇用する企業には例外なく障害者職業生活相談員の配置を義務づけており，障害者雇用に関する専門知識を持った担当者を中心とする受け入れ準備を行うことが規定されている．

さらに障害者支援を積極的に行う必要のある企業に対しては"障害者職場定着推進チームを組織し，会社挙げて取り組むことを"法律でも奨励している．このようなハード・ソフト両面の配慮の中で障害者は会社の一員として成長を図っていくことが可能となるのである．障害者の職場導入に関する相談先として最寄りの公共職業安定所（ハローワーク）をはじめ，障害者職業センター，障害者就業・生活支援センター，保健所や養護学校，近隣の授産施設や作業所などの専門機関との日頃からの連携が役立つ．また最近では障害者の雇用を会社の設立目的に創られた多くの特例子会社が存在する．実際の雇用経験を通して培われた生きた知恵や工夫は是非参考にしたいものだ．

2. 障害者の職場導入と定着の留意点

通常，企業が行う健常者の採用場面では，一般的な社会体験を積んできた応募者の中から採用試験を実施し，所定の水準以上の能力評価を得た人物を選別し採用する．

既に人物や職業能力でのレベル統一化が図られているケースが一般的といえる．

一方の障害者の採用場面では全ての場合に同様のレベルの統一と都合よくはいかない．

障害の部位・程度に加え，入社までの生育歴や教育環境，身につけた知識はそれこそ千差万別と言って良いほど多様である．ここに障害者への個別の配慮や留意事項の把握が求められるゆえんがある．

職場導入時に本人の特性への配慮を欠いた結果，職場や仕事に馴染めず職場を離職してしまうといった悲劇は数少なくない．ちょっとした配慮，気遣いがあれば防げた事態であるだけに惜しまれる．

それでは，一般的に障害者を職場に受け入れる際に求められる配慮項目とはどのようなことであろうか．次のように整理して捉えてみるとよい．

①本人の生育歴や教育環境の理解．
②本人の持つ障害に対する正しい理解と共有．
③様々な仕事を経験させてみる．
④受け入れ側の心構えと環境整備．
⑤結果を急がず育てる風土．

先述したとおり，通常の健常者採用では入社時には既に質の揃った新人ばかりであることか

ら，対応は一律でも問題はまず生じない．

一方の障害者採用の場面では，厳しい採用市場を考えると健常者同様の一定水準以上の新人だけで構成することは厳しいものがあり，職域を限定せざるを得ない人や育成に相当の時間を要するだろうと思われる人たちなど，将来の可能性は別として現段階では"磨けば光る原石"の状態で受け入れざるをえない．

1）本人の生育歴や教育環境を理解する

人は育った環境で得た経験や学んだ知識を基本として社会生活を営んでいく．社会に出るまでの生育歴や本人を取り巻く環境次第で本人の持つ社会性は大きく異なってくる．

重度の障害を有することから養護学校等の環境で育ってきた人の場合，本人の意思とは関係なく過去の人間関係や学んだ知識の幅，内容は一般的な教育環境で得るものとは異なる場合もある．また日常の人間関係やコミュニケーションも自分と同じ年代の，同じ障害のある仲間との交流に限定されている．

そうした体験しか持たない障害者が，突然年齢の幅も違えば学歴や社会体験も様々な"大人の集団"に入っていくときの戸惑いや不安は想像に難くない．

例えていえば『天動説を信じて日々を過ごしてきた人が，自ら行動することが前提の地動説の厳しい社会に入る』ようなものである．

この戸惑いは導入当初，特別な環境で教育を受けてきた障害者に多くみられる傾向である．これを"なんと社会性がないヤツだ"と片づけてしまっては，先の展望が開けない．

本人の所為ではない環境要因は，受け入れ側が受け止めてあげたい事柄である．

面接や導入時のやり取りで，この辺りの経験値や社会的成熟度は理解・把握でき"社会人としての基本が分かっていない"と判断されるケースでは，そのレベルから一から築きあげる必要がある．成果を急ぐ余り基礎固めを怠った結果，後になってとんでもない失敗を犯すこと

も生じうるから．

2）本人の持つ障害に対する正しい理解と共有

障害者を仮に一言で定義するとすれば"一般的な業務を行うための基本的な機能の一部を欠いた人たち"と定義できよう．

無論これは健常者の場合は全て揃っているという意味ではなく，人それぞれ得意や苦手はあるがそれが"より鮮明に，かつ様々に有する人たち"と表現できよう．

障害者雇用はそのことを前提に行う経営活動であるが，実際には受け入れる企業側の多くは障害者雇用経験値や持つ知識は薄く，障害者の戦力化のために行うべき障害理解と仕事への影響への分析が不十分なまま職場に導入してしまうことが実態としては多い．

特に昨今の余裕のない経営環境の中では，この障害理解に時間もかけないまま仕事をさせるケースが多くある．

その結果，健常者が何なくこなせていた仕事を新たに入社した障害のある社員に担当させたところ上手く行かず，"やっぱり障害者にこの仕事は無理だったか！"と短絡的に結論を出してしまう現場にもよく出会う．不幸なことだ．まず障害者と面談し，本人の持つ障害やその影響について詳細に聞いてあげたい．出来ること，出来ないことの見極めが肝要である．

経験の浅い人事担当者の場合には"本人の持つ障害のことに触れてはいけないのではないか"との遠慮が働きがちである．しかしながら，本人に聞かずして本人の不都合な部分や苦手なことの把握はできない．じっくり聞くことを通して本人理解も進み配属する職場や仕事のイメージも沸いてこようというものである．

3）様々な仕事を経験させてみる

障害者を迎える事はそれぞれの職場にとって新鮮な出来事でもあることから，万端準備して本人を迎える職場も多いことだろう．期待の表

れであり，歓迎すべきことなのだが，配属先決定を急ぎすぎると失敗を招くこともある．

一般的に仕事への適応を考える視点として，
＊職場への適応（職場の人間関係）
＊仕事への適応（仕事を処理する能力）
＊自己適応（仕事への興味や満足度）
の３点が重要と言われている．本人の持つ障害で職場や仕事を選定することは重要なことだが，同時に職場の風土や人間関係も重要な要素である．また，幾ら能力的には合格点が出せても"興味が沸かない仕事や職場"が配属先では苦しむのは障害者自身である．

本人の能力や適性，個性などを見抜く意味でも最低半年くらいはいくつかの職場や仕事を体験させて，それぞれの成果を観察しながら，本人の興味や満足度も測ってみたいものだ．

戦力として育てることが究極の目標であるから，適性の発見には時間をかけたい．

4) 受け入れ側の心構えと環境整備

新人に素直に，順調に育って欲しいと願うのはどの職場でも同様である．それは障害の有無には関係ない．しかしながら，その気持ちとは裏腹に職場の先輩が見落としがちな事柄も一方で数多くある．

"こんなことくらいは説明しなくても分かるだろう"とか"これを言っても理解できないだろう"と勝手に決めつけてしまい，当事者である本人に確認しないで進めていくケースは多くある．また，どの職場でも会社の歴史が生み出した文化や風土が存在する．それは言ってみれば空気のようなものであり，古くからいる人たちには日頃全く意識しないでいいものだ．ところが，外から入った人間にとってはその全てが新鮮であると同時に驚きでもある．分からないことだらけと言っても良いだろう．また，職場で先輩が交わしている情報や専門用語がまるで外国語のように聞こえることもあると思う．略語や英語の頭文字での情報伝達になると新人にはついて行けない．特に聴覚に障害のある人や知的な障害を有する人たちは全く"蚊帳の外"状態に置かれてしまう．これらの連続が本人の不安や不満を増大させ，孤立させて行くことを周囲の人たちは"余りにも自然なことなので"見落としてしまいがちである．

新人にまず教えるべきは仕事の進め方ではなく，会社内の歴史や文化，風土や日常使われる用語である．

5) 結果を急がず育てる姿勢

余裕を失った現代社会にあっては企業方針も当然のように成果主義・結果主義が基本思想となる．このこと自体は悪いことではないが，一方で充分な社会経験や知識も持たず，仕事を進める上での専門性や体験を持たないまま入社した障害者を考えると，俄にこの激しいスピードで動く仕事の第一線に送り出すのは危険であり酷でもある．最近の企業の障害者採用基準の一つが『即戦力として機能できるか否か』にある．気持ちは分かるがそれを俄に求められても障害者は戸惑うだろう．

そうではなく，本人のこれまでの成育歴や受けてきた教育レベル，環境などに配慮しながらじっくりと育ててあげる余裕を持ちたいものだ．特に知的障害者の場合，過去の体験の中で失敗の連続から自分に自信が持てず，自ら発信したり行動することが出来ないでいるケースも多く，"なんでも言っておいで

ではなく，周りが気配りしながら導き引き上げることをしてあげたいものだ．

結果を急がず一歩一歩着実に進めたい．

3. 障害者を戦力にする教育上のポイント

企業が障害者を採用するのは（健常者の採用と同様）育成し将来の企業戦力として育てたいからである．俗に言う"人""モノ""金"の中で一番重視されるところだ．

企業はそのために相応の時間と費用をかけ，

体制を作って教育を行う．

一般的な企業内教育は，

① OJT と呼ばれ，業務遂行を通して経験を積ませる教育方法．

② OFF JT と呼ばれ，業務から離れたところで研修会等に参加して一般教養も含め専門的な知識の習得にあたる教育方法．

の２つがある．変化の激しい今日にあって教育なしには従業員の成長や会社への貢献は期待できなくなることから，教える方も教わる方も懸命である．

ところで，障害者を雇用した企業は該当する障害者にどのような期待を持って，教育を行っているのだろうか．残念ながら，教育の必要性を感じつつも，適切な教育が行われているケースは余り多くはない．理由は，

①障害者に何を期待するかが曖昧である．
②どこから教育を始めるかが定まらない．
③教育内容の優先順位づけが出来ていない．
④コミュニケーションでつまづく．
⑤教育の必要性についての動機づけ不足．
などが考えられる．

1） 何を期待するのかが不明確

法定雇用率達成に懸命な努力をする企業も採用後，本人に何をどの程度期待するのかの議論が実は行われていなかった，といった事例も見受けられる．"障害者を採用すること"そのものが目的になってしまっているケースだ．採用完了で完結してしまっている．

また，具体的に任せる仕事やその程度が定まっていなければ教育の行いようもない．

"何か補助的な仕事をまずはやってもらうところから"といった小手先の対応になってしまいがちである．これでは一体何のために会社に入社したのかも曖昧で，本人のやる気を削いでしまう．また，その逆で期待が大きすぎるために"アレも教えたい，これも学んでもらわないと"と一気に過剰な教育を押しつけることが受講生の負担になっているケースもある．

2） どこから教育をはじめるか

教育を行う前提条件は，該当する障害者の職業経験や能力レベルを細かに把握するところから始まる．

大卒の健常者などの教育場面では学力レベルや経験上，教育のスタートレベルは定めやすいがこと障害者となると話は別．学歴も障害部位や程度も，そしてこれまでの社会体験の多寡も極端に異なる．

おのずから本人に合わせての個別教育にならざるを得ない．何を教えるかだけではなく，"どのレベルからスタートさせるか"の見極めが極めて重要なポイントとなる．特に社会体験のない養護学校出身者や知的障害者を対象にする際には注意したいポイントである．

3） コミュニケーションでつまづく

通常の教育は，OJT でいえば教育担当者がマンツーマンで手取り足取りして教えるのが通常である．一人の人間が一貫して担当することで教育の継続性と一貫性が保たれ，該当する障害者の理解レベルや習熟の度合いも把握可能となる．

一方，集合教育で行う OFF JT のケースでは，複数の対象者を一堂に集めて集合教育することとなるため，同じ事を教えても理解の差が生じる．

ことに聴覚障害者や視覚障害者など，情報を取り込む部分に障害を有する人への教育には充分な配慮が必要である．音声以外の方法で情報を伝える配慮，図表などを避けて言葉で理解させる配慮をしたり，視覚障害者など夫々の持つ障害を前提とした教育手法や環境を整えていたいものだ．少し内容は異なるが，知的障害者も情報障害者であり，この人たちが理解できるレベルの教育マニュアルの整備や教育効果を高めるための補助具などにも工夫したい．

4) 教育の必要性についての動機づけの重要さ

教育を行う側は当然その必要性は承知している．だからこそそのための準備をするわけだが，教育の効果を高めるためには，教える側の万全の準備だけでは不足である．当事者である障害者自身が受講する教育に対し，能動的な姿勢であることが必要となる．いくら良い環境を整えても，本人に学ぶ意欲がなければ成果は期待できないから．

教育の目的やその内容，プログラムの流れ，そして学ぶことを通してどんな社員に育って欲しいかの会社側からの期待が正しく伝えられてこそ本人も奮い立つというものだ．

4. 日常の業務マネジメントと評価

人が組織目標達成に寄与し続けるためには，先に述べた教育と同時に，定期的な本人の行う業務に対しての評価とそのフィードバックは不可欠な要素である．

評価と聞くと，とかく昇給や賞与，昇進・昇格の判断基準と考えられがちであるが，評価の本来の目的は"本人の業務遂行上の不足点や課題を明らかにし，そのことを本人に伝え理解させた上で改善策を講じていくこと"にある．

特に，働いた体験や社会性においても未熟な部分を持つ障害者であれば，教育必要点は数多くあるはず．ところが健常者に対しては当然のようになされている業務評価と本人へのフィードバックがなぜか障害者に対してはなされていない現場を多くみる．

本人を傷つけまいとの配慮から生まれてのことかもしれないが，無用な配慮は結果として本人の成長を阻害し天動説を信じる未熟な状態からの脱出を困難にさせてしまう．また，よく聞かれる言葉に"彼らは反復・定型的な仕事に従事しているので評価といっても差がつけられない．せいぜい出来ても勤怠管理くらいだ"というものがある．本当にそうであろうか？

いくら反復・定型的な業務に従事していても，複数が同時に取り組めば必ず差はつくはずだ．この差がどこから生まれるのかを見極めることこそが，教育のスタートラインである．

日常のマネジメント場面で注意したい点は次のような事柄に整理できる．
①仕事の基本が理解できているか．
②意義を理解し能動的に取り組めているか．
③職場の人間関係に問題ないか．
④仕事の内容やボリュームは適当か．
⑤環境に特別な配慮は不要か．
などである．

1) 仕事の基本は理解できているか

全ての仕事には目的があり，成果を生むための合理的な手順があり，流れがある．個人で自己完結的に仕事を行うことは稀で，多くの場合複数で分担して仕事を進めている．

グループの一員として仕事をするためには，まず自分が分担する仕事や作業の基本動作が身についていることが重要である．

それは内容の理解に止まらず，納期や品質についても同様である．この基本が教えられていないと納期に問題が生じたり，品質の面でチーム全体に悪影響も及ぼしてしまう．

通常，導入時に本人に委ねられる仕事または作業は極めて初歩的なものであることから，特別な努力がなくてもできる．この経験が次の仕事に繋がってくれれば良いのだが，自信過剰になったり，『この程度か』という気持ちにさせてしまう危険もある．

基本動作は以後の仕事していく上での礎のようなもの．建物で言えば土台であるからこの土台が定まっていなければ，その上の建造物のもろさは容易に想像がつく．

2) 仕事の意義が理解できているか

仕事の基本を身につけることは全ての始まりであり基本であるが，同時に重要なことが"本人の担当する仕事の重要性や意義を本人が正し

く理解できているか"である．

基本的に反復・繰り返しの仕事は，いかにその仕事が必要不可欠なものであったとしても，携わる本人が"意味の分からない毎日の単調な仕事"と捕らえてしまえば，成果を期待できなくなってしまう．特に本人の興味や関心（時にわがまま）だけで日々を過ごしてきた養護学校出身の障害者は，ある意味退屈な単調な作業の連続に簡単に音を上げかねない．

動機づけの重要性はここにある．仕事の流れや最終結果を示しながら，途中での失敗がどのような結果を生むのか，逆にその流れがパーフェクトになされた時の評価などを教えることを通して，単調な仕事もやり甲斐に置き換わっていくというものである．

3）職場の人間関係にも留意したい

複数の人間で構成される職場には，当然相性の良し悪しはある．職場の人員配置は"相性の良さで決めるのではなく，それぞれの経験や専門性を組み合わせ最大の成果を生むため"に組まれているものだから．

しかしながら，様々な意味で経験の乏しい障害者にとって，年上の人や気難しい人，どうしても苦手な人が存在する時，そのことが気がかりで仕事に集中できなかったり，仕事への意欲にマイナスの作用を生むこともある．周囲から見れば"そんなことは当たり前"なのだが，本人にすれば重要な問題だ．

経験の浅い障害者が，時にぶつかる壁と理解してあげられれば解決の道は開ける．周りが少しだけ仲介してあげることで"苦手と思っていた人が味方になってくれたり，気難しいと思っていた先輩が実はとても優しい人だった"と気づいたり出来るものだから．

4）仕事の内容やボリュームは適当か

職場には，一定の人数が配置され人数に合わせての仕事の領域や量が割り振られる．また，組織を構成するそれぞれのメンバーに力量に応じて再配分される．

障害者である新人にもその一部が任されることになるが，どの程度期待して良いのかが未知数な場合に迷いが生じる．

多すぎてもいけない，少ないのも問題．

この悩みを払拭する意味でも，仕事を与える前に適性の方向や障害の影響などをいくつかの仕事をさせてみることで見極めることに加え，毎日の作業量や課題を一週間単位で振り返り評価することで，現段階の本人の力量が把握できる．本人にはそれが過剰に映ったり，逆に不足に映ることもあるだろうが，管理・監督する立場の人が冷静に本人の理解度や習熟のスピードを見守りたいものである．また与える仕事の種類にも配慮が必要となる．

障害者全てに共通する，ということではないにせよ，一般に障害者が仕事に就き，仕事を覚え習熟し独り立ちするには，それなりの時間が必要と言われている．

一方，企業を取り巻く環境は激しく変化をしていることからその変化を捉え事業にして行くため，企業は常に変化への対応が求められている．

この変化が激しい現代社会と変化への対応に一定の時間を要する障害者をいかにマッチングさせるかが障害者活用の肝とも言える．

変化は避けられないにしても，相対的に変化が緩やかな業務領域を選び出し，その仕事で経験を積ませれば本人も安心して業務に取り組むことが出来るようになる．

5）環境に特別な配慮は不要か

障害のある社員が入社し，仕事を覚え成長を遂げるためには，職場の環境や教育上の配慮が必要であることはこれまで書いてきた通りであるが，加えて仕事上の成果を高めるために職場のハード環境の整備もまた必要となる．下肢障害者であれば作業スペースを広げる配慮やコピー機，書架などの使い勝手にも気を配りたいものだ．

聴覚障害者の場合には，何をおいてもコミュニケーションに不足が生じないような配慮が不可欠である．手話の共有やパソコンを使っての情報伝達も必要となる．本人たちの要望を聞きながら，可能な限りハード面での職場改善を行いたいものだ．障害者のパフォーマンスを最大限に引き出すための先行投資と考えれば経営的にも納得が得られやすい．

5. 職場における健康管理

企業にとり重要な要素が人材である点は論を待たない．特に昨今の事業のソフト化や情報化時代にあってはその根幹を支えるのが人材あることは自明である．

障害者が活躍するフィールドも，このIT分野で事業の貴重な担い手として活躍する障害者の姿を多く見かけるようになってきた．人材が組織の期待に応え続けるための第一要素は，健康であることである．健康であればこそ良い仕事ができ新たな発想も生まれるというもの．障害者の健康管理にはどのような配慮が求められるのであろうか．

障害者の健康管理を考える時，一つには職場の安全衛生の問題があり，二つ目には従業員個別の健康状態の維持・増進が挙げられる．

1) 職場の安全衛生管理

企業は例外なく，雇用する従業員の健康管理に意を払うことが法律で定められている．

それは職場環境の整備から従業員の勤怠管理にまで及ぶ．特に最近では事業構造の変化もあり，IT急進の結果としてのメンタルな悩みを抱える従業員の存在が大きな社会問題となってきている．労働環境の整備，時間外勤務も含めた勤怠管理は対応を怠った時"職場の安全配慮義務違反"で企業がその責任を問われる時代になってきている．

雇用慣習が大きく変わり，成果主義が台頭，給与や身分保障も成果次第となってきた昨今の企業の中で，障害者は将来に大きな不安を抱えながらの日々を送っているといえよう．障害があるがゆえに抱えている本人課題を職場全体で受け止めてあげたいものだ．

2) 心身ともの健康維持のために

障害がある従業員の日常の健康管理に関してまず行うべきことは，本人が有する障害の内容と障害がもたらす身体への影響を会社が正しく受け止めてあげることだ．

脊髄損傷の障害者の場合，長時間車椅子に座って作業を続けると『じょくそう（褥瘡）』の症状が出ることがある．

一度『じょくそう』をわずらうと，長期間にわたる入院加療が必要となり戦線離脱となる．この事態を防ぐため，職場の配慮と当事者の自己管理が何を於いても必要となる．健康管理のポイントは，

①障害者の障害内容と必要なケアの共有．
②職場の近隣医療機関との連携．
③日常マネジメントでの配慮．
④健康状態維持のための予防対策．
⑤職場全体でのサポート

等が考えられる．①の障害内容の把握については，入社時の健康診断に基づく理解に加え，入社後の変化を定期的に把握することで，本人のただ今現在の健康状態や必要な対応策を会社側で把握できる．企業によっては毎年一度全ての従業員（健常者も含め）に一定の書式で健康状態報告書を提出させ人事が把握・保管することを通じて常に社員全員の健康管理上の課題と緊急時の連絡先・対応策などを講じている事例もある．内容は，

＊かかりつけの医師との連絡方法．
＊常用している薬と頻度（その薬効も）．
＊会社に知っておいて欲しい配慮事項．
＊障害に起因する業務上・生活上の不都合．

などが項目としてあり，この情報を個人単位で把握しデータベースを作り上げておく．

3) 近隣の医療機関との連携

大企業の本社や工場などでは健康管理室が用意され，健康管理スタッフが常駐するなど手厚い環境が整っているところもあるが，多くの企業にこれほどの整備は出来ないであろう．

しかしながら体制がないことで従業員が必要以上の休みを余儀なくされたり，入院せざるを得ないといった事態は極力防ぎたいもの．それには年に一度か二度行われる定期健康診断だけでは不十分である．

職場に近い医療機関の協力を仰ぐことで，月に2回程度の巡回診察の対応が取れれば，従業員にとっても主治医とは別の相談相手を職場近くに確保でき安心．また，職場の上司には口に出来ないことも話すことが出来る．

この職場隣接の医療機関との連携で安心かつ安全な職場が維持できる．

4) 日常のマネジメントで留意したいこと

健康管理で一番重要なことが疲労予防だ．忙しい職場，期待する上司，期待に応えたいと頑張る障害者．素晴らしい光景ではあるが，この連続は障害者を疲弊させる．

特に内部疾患を有する透析治療患者や小腸の障害など，疲労蓄積が深刻な事態に繋がりかねない障害のある人たちには時間管理も含め，疲労を蓄積させない配慮が求められる．

休憩スペース等を設置し，定期的に休憩を取らせるなどの配慮が欲しいところだ．また，頸椎損傷の障害者の場合には，体温調節が困難であることに配慮した職場全体の空調にも気を配る必要が生じる．心臓障害の人には電気機器の影響のない職場配置が求められる．

障害の部位それぞれに配慮すべき事項は異なるが，こうした配慮が社員の健康を常に良い状態に維持できるとすれば，当然必要な対応であることは容易に理解できるというもの．

5) 当事者自身の予防努力も大切

会社が社員の健康に気を配ると同時に，障害者自身の自己管理も強く求めたいところである．

定期的な主治医の診断は基本であり，同時に医師の指導に従った生活習慣の改善や維持も求められるところである．定期的に休憩を取り，身体を休めることで不測の事態防止に努力が求められる車いす利用者や内部障害者にも自己管理の意識を持たせたいものだ．

6) 職場全体の理解とサポートが欲しい

障害者が自己管理を行い，会社もその支援を行ったとしても，障害者本人が属する直属の職場の上司や同僚の理解がなければ必要な健康維持のための行動が起しにくくなる．

体調を崩し休暇を取ることも他の健常者社員に比べ多いかもしれない．また，トイレから戻ってくるまでに時間のかかる車椅子利用者も存在する．

そうした時"あいつはサボっている"とか"どうしてこんなに時間がかかるの？"と責めるのではなく，"障害がゆえに生じているのだ"と温かく見守ってあげたいものだ．

近年，心の病で苦しむ人が増加傾向にある．障害者の中でも精神障害者などは，職場の同僚の目や言葉に敏感である．心ない一言が本人を苦しめ，出勤困難な状態に追いやることも稀ではない．甘やかすのではなく障害を理解する，この姿勢を周囲の皆さんに期待したいものである．

6. 雇用継続とハッピーリタイア

障害者が勤務を続ける中，時の流れとともに様々な変化が生じてくる．

人の成長は仕事の理解→仕事の習熟→責任ある仕事とポストへの就任→後任に仕事を委ね引退する．このように流れて行く．

無論変化の激しい今日であれば，途中で進路を変えたり，不本意にも職場を離れざるを得ない事態もあるだろう．

障害のある人たちが長きにわたり仕事に従事し，職業生活での自己実現を図りながら一社会人としての人生を送っていくためには，それを可能とするための条件がいくつかある．

①障害がハンディとならない職域を選ぶこと．

②能力に見合った職位につき，過度の負荷を受けないで安定的に働き続けること．

③健康管理に職場全体で意を払いながら健全な職場の運営に心がけること．

④必要な環境整備（ハード面・ソフト面の両面で）や冶具を手当てすることを通して仕事のしやすさを追求すること．

⑤障害者の担当する業務を可能な限り本人仕様にカスタマイズすること．

⑥新たな職域の研究を怠らず変化する障害者の職業能力に合わせた新たな職域の準備を心がけること．

⑦本人の職業能力に応じた処遇の見直しを行うことで仕事と処遇の間のアンバランスを調整すること．

⑧仕事の環境は常に変わる可能性があることを日頃から伝え準備を怠らないこと．

⑨障害者自身の日頃からの自助努力を求めて行くこと．

⑩職場全体が頑張る障害者を支援する風土を醸成すること．

こうした配慮があれば，加齢に伴う職業能力の低下に対してもある程度の備えができ，雇用の継続は可能となるはずである．

障害者の求人が増えたとはいえ，一旦離職した障害者が新たな仕事にめぐり合えるためには，相当な努力と時間を要する．

また，職場を変わり新たな仕事に一からチャレンジとなれば，給与等の処遇条件も厳しく変わらざるを得ないケースもあるだろう．このように考えると，雇用された障害者が可能な限り長きにわたって同じ企業で雇用され続けることが肝要となってくる．

また，時にはちょっとした誤解や説明不足が原因で障害者から"会社を辞めたい"との意思表示が示されることもある．本人の辞意が固く，その辞職理由が納得できるものであれば喜んで送り出してあげたい．ただ，誤解やちょっとした感情から"辞職を"と短絡的な道を選ぶ障害者も少なくない現実の中では，本人の誤解を正す会社の姿勢と，時間をかけて納得できる説明を行いたいものだ．

社会体験の乏しい若い障害者やコミュニケーションで相互理解の難しい聴覚障害者に対しては，より多くの時間をかけての説明や配慮が必要に思える．知的障害者で加齢に伴う体力や気力の減衰が顕著で，かつそれを補う術を知らない人たちの場合，離職後新たな仕事確保は大変厳しいものであることは誰もが知っている．重度障害者の場合は可能な限り"雇用条件を見直してでも，雇用を継続する"事を望みたい．

参考文献
1) 大阪障害者雇用支援ネットワーク：障害のある人の雇用・就労支援Q＆A．中央法規出版，2004．
2) 障がい者雇用促進支援講座．UDジャパン，2003．
3) 日本経団連障害者雇用相談室：障害者雇用マニュアルQ＆A．日本経団連出版，2004．

第3節　職場の再構成

1. 職業の理解

1) 職業の定義

職業の二重構造については，第1章第2節に述べたように，人が働くことや職業に対する価値あるいは意味づけは時代とともに変遷している．いわゆる労働が忌み嫌われた古代ギリシャ・ローマ時代には，労働は奴隷が行うことであり，額に汗することに価値は置かれていなかった．今日芸術的評価の高い数々のギリシャ彫刻でさえも，当時の評価は決して高くはなかったことは周知の事実である．その後，中世の僧農工商のヒエラルキーの時代から，カルヴィンの神学予定説を経て，さらに労働が神への奉仕や隣人への施しとして消極的ではあるが意味を持つようになったプロテスタントの時代から，ルターの人間革命の時代を経て，19世紀の職業黄金時代さらには近代資本主義へと，職業の意味は時代の趨勢とともに変遷してきた．

今日，わが国で最も良く知られている職業の定義は，尾高（1953）[1]が「新稿：職業社会学」の中で示した定義，すなわち職業とは「個性の発揮，連帯の実現及び生計の維持を目指す人間の継続的な行為」（職業の3要素）である．わが国の労働省（現・厚生労働省）による職業辞典では，「職業とは，個人が生計維持のための収入を得る目的で行う継続的行為である」と定義づけ，生計維持のための経済活動機能を基本としている．この定義に基づけば，学生のアルバイトや専業主婦らが従事するパートなどは，たとえ収入を伴ってはいても職業とは言わない．つまり収入の有無と継続性がキーワードとなる．また専業主婦は継続的な活動ではあっても直接収入を得ることはないため職業とは言えないことになり，準職業と位置づけられよう．

いずれにせよ職業は，「人間にとって目的を伴って行われる活動であり，その活動は，生産や流通を含む産業的活動で，社会の発展と存続に必要な活動の中の一つの役割を個人的に分担させる機能を有している」（西川，1988[2]；松為，1994[3]）のである．

2) 産業分類と職業分類

尾高（1970）[4]によれば「職業とは人間の仕事に関する規定であり，産業は事業もしくは事業の行われる場所に関する規定」である．言い換えれば「職業は人の社会的役割の種類を表示するものであり，産業はある事業の目的やそこから産出する物品の種類を表示する」と言えよう．

わが国の社会経済が未だ発展途上にあった段階では，個人よりも企業に目が向けられ，国全体の富を増大させることが優先されたが，高度経済成長の時代を経て経済大国となり，その後低経済成長の時代となった今日，改めて個人に焦点をあてた職業の意味が問われるようになってきている．

ここでは，個人が就労する職業環境の把握に先だって，わが国の産業構造や分類および職業分類の全体像を概観する．

(1) 産業分類と就業構造

産業分類とは，社会的な分業として行われている経済活動の領域を，産業という視点から体系化したものである．現在わが国にあるいくつかの分類法の中から，ここでは代表的なものとして2002（平成14）年3月に改訂された標準産業分類（行政管理庁）を表6.1[5]に示した．この産業分類は，産業を事業所において社会的分業として行われる全ての経済活動と定義し

表6.1　日本標準産業分類の構成

大分類		中分類	小分類	細分類
A	農業	1	4	20
B	林業	1	5	9
C	漁業	2	4	17
D	鉱業	1	6	30
E	建設業	3	20	49
F	製造業	24	150	563
G	電気・ガス・熱供給・水道業	4	6	12
H	情報通信業	5	15	29
I	運輸業	7	24	46
J	卸売・小売業	12	44	150
K	金融・保険業	7	19	68
L	不動産業	2	6	10
M	飲食店，宿泊業	3	12	18
N	医療，福祉	3	15	37
O	教育，学習支援業	2	12	33
P	複合サービス業	2	4	8
Q	サービス業(他に分類されないもの)	15	68	164
R	公務(他に分類されないもの)	2	5	5
S	分類不能の産業	1	1	1
(計)19		97	420	1,269

出典：http://pref.ibaraki.jp/tokei/name/bunrui/gensoku.htm
2002年3月改訂

た上で，その産業の類似性に着目して区分し，体系的に大分類（19）―中分類（97）―小分類（420）―細分類（1,269）の4階層に分類したものであり，わが国の統計基準の一つとして，統計調査に利用することを目的として作成されたものである．

また，全ての産業を大まかに括って集約する方法もある．即ち第一次（素材を収集する）産業，第二次（素材を加工する）産業，第三次（サービス業他）産業，および第四次（IT情報関連産業）産業への分類である．竹内[6]はさらに加えて，第二次産業においてモノを生産する場合の販路先を含めて知識・情報が不可欠である状況のことを第五次産業として位置づけている．

かつては第一次産業である農業を中心としたわが国の労働力の構成が，戦後は次第に第二次産業である製造業部門へと移動し，さらに第三次産業であるサービス産業の時代を経て，今日では第四次および第五次産業へのさらなる移動が予測されている．

表6.2は経済企画庁による，わが国の産業構造の変化に呼応した職業構造の将来展望[7]を示したものである．経済審議会2010年委員会によれば，第一次産業のウェイトが減少し，第三次産業のウェイトは増加して2010年には約65％にまで上昇することが示唆されている．また，製造業は2000年までは減少するが，その後はほぼ横這いあるいは微増する程度と見込まれ，少子化がますます進む中，2010年までは就業者全体が約130万人程度減少し，第三次産業の増加も20万人程度に鈍ると予測されている．

このような就業構造の変化は，当然のことながら障害のある者の職業選択や就業の機会にも影響を及ぼし，かつては製造業の中に組み込まれることの多かった肢体不自由や知的障害者の就業構造にも変化を来している．今後は，サービス産業の中における就労の機会のさらなる開拓と適切な援助が必要となろう．

(2) 職業分類

職業分類とは，個人の社会的な活動を職業という視点からグループ化し，体系化したものである．この職業分類は，求職者への職業紹介や

表6.2 産業別就業者数の推移と見通し　　　　　　　　　　　　　　　　　　（万人，％）

産業 \ 年	就業者数			就業者指数（2004年＝100.0）			構成比		
	2004（実績）	2015	2030	2004	2015	2030	2004	2015	2030
産業計	6,329	6,326	5,860	100.0	100.0	92.6	100.0	100.0	100.0
1.農林水産業	286	241	197	100.0	84.1	68.8	4.5	3.8	3.4
2.鉱業,建設業	588	555	477	100.0	94.4	81.1	9.3	8.8	8.1
3.食料品・飲料・たばこ製造業	154	134	101	100.0	87.1	65.7	2.4	2.1	1.7
4.一般機械器具製造業	107	92	77	100.0	86.4	72.1	1.7	1.5	1.3
5.電気機械器具等製造業	195	126	82	100.0	64.5	41.9	3.1	2.0	1.4
6.輸送用機械器具製造業	94	88	72	100.0	93.6	76.3	1.5	1.4	1.2
7.精密機械器具製造業	32	35	29	100.0	108.6	92.0	0.5	0.5	0.5
8.その他の製造業	567	418	310	100.0	73.8	54.6	9.0	6.6	5.3
9.電気・ガス・水道・熱供給業	31	31	26	100.0	100.7	84.2	0.5	0.5	0.4
10.情報通信業	172	175	171	100.0	101.5	99.1	2.7	2.8	2.9
11.運輸業	323	330	293	100.0	102.1	90.8	5.1	5.2	5.0
12.卸・小売業	1,123	1,102	1,054	100.0	98.2	93.9	17.7	17.4	18.0
13.金融・保険・不動産業	230	278	297	100.0	120.7	129.0	3.6	4.4	5.1
14.飲食店・宿泊業	347	406	416	100.0	117.1	119.9	5.5	6.4	7.1
15.医療・福祉	531	646	690	100.0	121.8	130.0	8.4	10.2	11.8
16.教育・学習支援	284	302	286	100.0	106.2	100.6	4.5	4.8	4.9
17.生活関連サービス	161	174	163	100.0	107.8	101.2	2.5	2.7	2.8
18.その他の事業サービス業	278	307	304	100.0	110.5	109.5	4.4	4.9	5.2
19.その他のサービス業	440	460	415	100.0	104.6	94.4	7.0	7.3	7.1
20.公務・複合サービス業・分類不能の産業	381	425	399	100.0	111.6	104.8	6.0	6.7	6.8
第1次産業	286	241	197	100.0	84.1	68.8	4.5	3.8	3.4
第2次産業	1,737	1,449	1,148	100.0	83.4	66.1	27.4	22.9	19.6
第3次産業	4,301	4,636	4,515	100.0	107.8	105.0	68.0	73.3	77.0

（資料出所）2004年は総務省統計局「労働力調査」，2015年，2030年は厚生労働省職業安定局の推計（2005年7月）による．
（注）1. 2015年，2030年は，労働力供給の向上に向けた労働市場への参加が進むケースの推計値．
　　　2. 実質経済成長率を2004～2015年で年率1.8％程度，2015～2030年で年率1.6％程度と見込んでいる．

職業指導のための資料として，またわが国における労働者の動向を把握するなど統計調査としても活用されているが，代表的なものに日本標準職業分類（総務庁・1950年制定以降1997年第4回改訂）[7]および労働省編職業分類（労働省・1953年制定以降1999年第4回改訂）がある．

日本標準職業分類（総務庁統計局統計基準部）は，主に統計調査の実施のために作成されたもので，国勢調査その他の統計調査において申告された個人の職業を，その仕事の類似性に着目して区分（分類）し，体系的に大分類（10）―中分類（81）―小分類（364）の3階層に分類されている．表6.3にその構成を示した．改訂のポイントは，例えば，情報化社会の進展に伴い就業者数の増加や職業の専門分化の進展および国際比較性等を勘案した分類項目が新設され，一方，就業者数が減少したり少数となった項目は統廃合された．また，用語が時代感覚に一致しない等不適切な分類項目や職業例示名が改称されている．さらには，男女共同参画社会の実現を推進する観点から，性別を表す語の使用を避ける配慮がなされている．

一方，労働省編職業分類（現厚生労働省職業安定局）[8]は，職業紹介や・職業指導上の要請に応えるために作成されたもので，仕事や課せられた責任を遂行するために要求される知識や技能，能力などの共通性または類似性によって纏められた職務群が，体系的に配列されている．改訂版における分類は，大分類（9）―中分類（80）―小分類（379）―細分類（2,167）である．

いずれにせよ職業分類自体はいわば職業の体系化であり，個々の職業の内容を示すものではない．障害のある者への職業援助のための職業情報は，職務分析などの手法によりさらに分析

表6.3　日本標準職業分類の構成

大分類	中分類	小分類
A　専門的・技術的職業従事者	20	75
B　管理的職業従事者	4	10
C　事務従事者	7	21
D　販売従事者	2	13
E　サービス職業従事者	6	27
F　保安職業従事者	3	11
G　農林漁業作業者	3	14
H　運輸・通信従事者	5	21
I　生産工程・労務作業者	30	171
J　分類不能の職業	1	1
（計）19	81	364

出典：http://www.stat.go.jp/index/singikai/2-249c.htm
1997年12月第4回改訂

した上で，個々の障害に応じた職場の生産ラインの再編成や治具の開発・工夫等具体的な就労支援に結びつける必要がある．

2．職務分析

1）職務分析とは

職務分析（Job Analysis）とは，職務再構成（Job Resettlement）または職務再設計（Job Redesign）とも言われているが，特定の職務に含まれる従事者所要特性や技能的要因さらには作業環境的要因を明確にすることである．一つでも多くの「仕事」に精通することは，職業リハビリテーションに関わる者にとって必要不可欠なことであり，そのための手法が職務分析と言えよう．

職務分析法のルーツとしては，Brichinhagenがシカゴ市役所で，職務の分類と評価のために始めたもので，次いで1912年にはCommonwealth-Edison会社において，職務分析と職務評価に基づいて職員の給料を設定したことで知られている．そして第一次大戦を契機として，次第に戦時の人手不足のため，従業員の訓練計画の立案，能率研究に応用されるなどしながら，戦後はさらに広範囲に普及してきた．

わが国にこの職務分析の手法が導入されたのは，第二次世界大戦後の1946年のことであり，米国政府から職務給制度の導入が勧告され，そのための必要技法として職務分析法が紹介されたとされている．その後制度の方は定着することはなかったが，手法自体は，科学的な労務管理法の基盤としての役割が認識され，今日では広く活用されている．

職務分析とは，分析の対象とする職務について，観察をもとに，その職務を特徴づける要因をまとめ，その内容，性質を明らかにし，かつ，それを適切な記述資料に作成する手続きである．標準化されているわけではない．つまり，その職務を遂行するのに必要な経験や知識，技能，そのほかの要因によって明らかにし，記述することと言えよう．

職務分析の用途は，①職業指導，相談，②職業紹介，③採用配置，④障害者の職務再構成，⑤職務の評価と職務給の制定のため，⑥企業の合理化のため，⑦安全，災害防止のため，⑧特殊労働のため，など様々であるが，その目的によって分析の力点が異なってくる．例えば，職業相談や指導が目的の場合には，作業の概要や資格，養成訓練施設等を分析することに力点が置かれるが，職業訓練のためには作業の概要や作業手順が重要であり，また職業適性検査の制定として活用する場合には，その職務を遂行する上で必要となる身体的動作や所要特質などが主に分析される[9]．

2) 職務分析の方法・手順

職務分析では作業の自然観察と記述が原則であり，1～2日から最大10日以内で行うことが望ましいとされている．つまり実際の平常状態での作業場面を観察し記述するのである．

具体的なステップを以下に示す．

①分析の準備：分析者がその職務に関する用語や対象とする仕事の特徴になじむことが必要であり，そのための情報は，ア）図書室にある技術関連の図書や定期刊行物，イ）会社や企業で作成されているカタログ，ウ）クライエントからの情報，などから収集できる．実施にあたり事前によく計画しておくことは，分析者にとって経営者や監督者，作業者と共通の言葉で話し合うためにも重要である．

②分析の打ち合せ：次に経営者との間で分析の実施に関する打ち合せを行うが，ここではその目的を話し，充分な理解と協力を得ておくことが必要である．実際の分析に入る前に，その工場（会社）を見学し，直接世話になる部，課長への挨拶をしておくと良い．

③職務分析の4W1H：実際の職務分析では，当該職務の情報について，ア）作業内容（What?），イ）作業目的（Why?），ウ）作業環境（where?），エ）作業時間（When?），オ）作業方法（How?）の5つを明らかにすることになる．これに従って集められた職務情報は，職務内容分析と職務要件（職務の必要とする要因）分析に分けて，職務記述書（Job Description）にまとめられる[9]．

職務情報の収集技法としては5通りの方法があるが，いくつかの方法を併用して，正確にして要領の得た職務記述書にまとめることが重要である．5つの方法とは，①面接法：当該職務の従事者や管理者，作業指導者に面接をして，情報を聞き取り収集する．②直接観察法：当該職務の作業状況を直接観察し，記述したり，視聴覚機材で記録したりする．③質問紙法：あらかじめ，各種職務に必要な課業（仕事），作業環境，職務の特質等の一覧表を作っておき，該当項目をチェックしたり，項目についての重要度などの評定をしたりする方法で，米国では利用頻度が高いとされている．④体験法：分析者自身が，自分でその職務を試行する方法で，①から③の方法をさらに補強する手段でもあるが，作業内容や職場の環境の事情もあり，常時できる方法ではない．⑤実験法：職務の一部を取り出して，測定やテスト試行をする．

以上の方法のうち，面接法と直接観察法が基本となるが，管理職のような精神労働が主となる職務については観察法にも限界がある．いずれの方法にせよ，大切な注意事項としては，作業者によけいな緊張を感じさせないこと，目的をはっきり話し，充分ラポールをつけてから実施すること，丁重に話すこと，遂行している作業を論理的な順序にしたがって考え，述べられるように助けること，作業が規則正しく行われていないときは，まず最初に最も重要な仕事を取り上げること，質問は「はい，いいえ」以上の答えが返ってくるように上手く誘導すること，職場内の不満や葛藤等に同調してはいけないこと，常に中立の立場をとること，などであろう．

また分析者は，観察しながら記録を取る技能を向上させなければならないが，読みやすく，分析に必要なデーターが網羅されていること，またカテゴリーにしたがって論理的に構成されていることが大切である．慣れない間は例えば質問紙法のような書式を使用すれば無難であろう．1例として，表6.4に雇用問題研究会による「職務分析表」[10]の一部を示した．記入の詳細については文献10を参照されたい．

3. 産業工学的方法

生産性向上を目的とした職場改善については，近代になってから「産業工学」「人間工学」「管理工学」などといった分野で研究・実践されてきている．これらの目的は，初期においては生産性の向上が一義であったが，次第に従業

第6章 職場の環境整備と調整

表6.4 職務分析表

調査年月日 平成 年 月 日

1.係名		2.事業所名(所在地)	
3.産業小分類		4.職業小分類	
5.責任者		6.分析者名	
7.職務名			

確認事項 / 作業の内容

8.作業の概要

9.作業の手順

10. 作業遂行に必要な事項
① 器用さ正確さ（精密度、器具、器用さ、正確さ、巧緻性、熟練性、工具、器具等の取り扱い等）

② 精神面（注意力、判断力、創意力、積極性、機敏さ、一般的知識等）

③ 責任度（資材・製品、他者への安全、装置・工程、他者との協力、指導監督、交渉等）

④ 職務に関する知識（機械装置、資材、作業手順、基礎知識、関連知識等）

⑤ 心身の耐久性（全身の筋力、手腕の筋力、持久力、ストレス耐性等）

	経験	要・不要	所要経験とその程度	解説
11. 作業者の所有資格	技能養成所要期間	年	養成機関	
12. 作業環境	項目		程度	
	作業場	戸外・戸内 狭い・水中・地下・地面・高所		
	照明	暗い・普通・明るい		
	換気	悪い・普通・良い		
	清潔	きたない・普通・きれい		
	音響	騒音・普通・静か		
	振動	激しい・普通・静か		
	塵埃	多い・普通・なし		
	臭み	激しい・普通・なし		
	湿気	じめじめ・普通・乾		
	温度	冷たい・普通・熱い		
	温度の変化	急激・あり・なし		
	機械的の危険	あり・なし		
	火傷の危険	あり・なし		
	電気的の危険	あり・なし		
	爆発の危険	あり・なし		
	放射エネルギー	あり・なし		
	有毒性	あり・なし		
	他人との共同作業	多い・普通・少ない		
	他人のいるところで働く	多い・普通・少ない		
13. 作業が身体に及ぼす影響、職業病、傷害及び作業疲労等				
14. 障害者の従事	従事している実例	あるし	なし	
	障害を有する者の就業の可能性（必要な環境調整等）			

員の安全や，身体と精神両面における労働衛生に関する質的向上を目指すものも含まれ，現在ではこうした職場環境の改善はもっぱらこうした分野を包括したものをいう．

わが国では，1970年代後半から1980年はじめ頃にかけて，障害者雇用にこうした分析的手法を用いて，職場環境を改善し，障害者雇用をすすめていくための数々の試みがなされていた．

1）工程分析・動作分析の方法

工程分析とは，『製品製造にあたって，素材がいかに加工され，検査され，組み立てられてでき上がっていくかを知り，その状況について順を追って調査し，記録して総合的に検討する─このようなことを工程系列に従って，一定の記号で記録し，体系的に分析すること』である．

近代になってから，さまざまな手法が創り出されている．これらの手法に共通することは，生産工程をできるだけ細分化し，要素に分けることである．作業要素は，「加工」「運搬」「停滞」「検査」などと呼ばれ，それぞれの要素のさらに細かい内容─たとえば，「加工」はどのようなもので構成されているかを分け，それぞれの時間を計測していく．また，時間以外に手・指の移動距離，身体の移動距離などを同時に記録するものがある．こうした動作分析には，次のようなものがある．

（1）観察によるもの

ギルブレス（Gilbreth FB, 1868-1924）による「サーブリック分析」がよく知られている．動作要素は「ギルブレスの基本要素」といわれ，表6.5の17要素から成り立っている．いずれも，左右の手それぞれがどのような動きをしているかを，逐次記録するものである．記録のために，動作や要素を表す記号などがつくられ，共通した調査票を用いて，異なった職場や職務において比較が可能なようになった．

古典的な方法であるが，その後派生したさまざまな観察による動作分析手法は，「サーブリック分析」を基本としたものが多い．最近では，電子的な映像記録をもとに，あとから観察者によって，詳細に時間を計測することが容易になった．コンピュータ画像解析により，自動でデータを収集するシステムも開発されたが，

表6.5 サーブリック分析に用いられる動作要素

類	名 称	内 容
第1類	① 空手移動（Transport Empty） ② つかむ（Grasp） ③ 運ぶ（Transport Loaded） ④ 組み合わす（Assemble） ⑤ 使う（Use） ⑥ 分解する（Disassemble） ⑦ 手放す（Release Load）	空手の移動 手または指で物をつまんだり握ったりして持つ 手などで物を移動させる 物を他の物の中に入れたりはめ合わせる 工具などを使用する 組み立てられた状態から離す つかんでいる物を離す
第2類	⑧ 位置決め（Position） ⑨ 調べる（Inspect） ⑩ さがす（Search） ⑪ 選ぶ（Select） ⑫ 考える（Plan） ⑬ 前置き（Preposition）	次の動作を行うための位置に配置する 標準と比較して検査する 手などで物を移動させる 複数個の中から1個を選ぶ 次にすべきことを考える 使えるように向きを整える
第3類	⑭ 保持（Hold） ⑮ 休む（Rest for overcoming fatigue） ⑯ 避け得る遅れ（Avoidable Delay） ⑰ 避け得ない遅れ	物を持って支えている 疲労を回復するために休んでいる 除こうと思えば避けられる遅れ （Unavoidable Delay）作業者の考えで処理できない遅れ

三次元的な複雑動作の多い「手指動作」の計測は，基本的には熟練した人の観察によるものが主流であり，時間計測の精度は計測者により左右されることになる．

しかしながら，大がかりな評価器具がとくに必要ではないこともあり，障害者の職場改善のための研究に多く用いられていた．

(2) PTS法

作業にあたって基本となる動作ごとに，あらかじめ標準時間があたえられている．したがって，身体のどの部位でどのような動作を行うかといった，動作予測によって標準時間が算出できる．したがって，実際に作業を行った場合，この標準時間と比較してどの程度の動作能力を発揮できるかといったことが比較的簡便に求められるという特徴がある．

1920年代から研究され，さまざまなものがあるが，わが国で障害者の動作能力評価に比較的広く使われたものとしてMODAPTS（モダプツ）法がある．これは，一指の平均的な動作距離を1インチ（約25mm）とし，他の手，腕などを含めたさまざまな動作は，これの何倍にあたるかという単純に整数倍した数値で表すことができる点に着目したものである．

障害者の作業能力を，どの部位がどの程度の動作的な障害があるのかという視点から計測する手法として，比較的簡便な機器構成で評価ができたことから，わが国では1970年代から1980年代はじめ頃において，各地において多くの障害者職業相談・紹介機関が，この評価器具を導入していた．

2）分析手法導入の意義

障害者に対して，これらの工程分析手法を導入する意義は，下記のように大きく2つに分けられる．

(1) 現在の職場環境（生産工程）を改善し，障害に合った工程へと改善していく．または，障害の軽い部分の機能に代替させる作業工程とする

身体の障害―ここでは機能障害を，ある職種を遂行するうえで障壁となるものとしてとらえ，そうした障壁をなくすために，作業工程の中から作業者の機能障害となる機能を使用しなくてもよいようにするものである．その方法として，以下のようなものがある．

・代替（おきかえ）

できない部分を，他の動作によって代替するもの．

例：手のかわりに足を使う，視覚情報を聴覚情報に置き換える，など

・免除，または削除（しなくてよいようにする）

できない作業内容自体をその者が行う職務から外してしまう．この部分は，他の従業員が補てんするか，もしくは，他の機能障害がある者と補てんしあう．

これらの基本的な考えは，産業工学の分野ではR.M. バーンズ（Barnes）による「動作経済の諸原則」においてよく知られている（表6.6）．この原則は，疲労を最も少なくし，人間のエネルギーを効率的に活用し，有効な仕事量を増すための経験的な法則によって見いだされたものである．この原則は，障害者の職場環境整備にもよく適合し，後述の研究や実践場面でしばし引用されている．

(2) 職種創出（新しい仕事を創り出す）

いたずらに，機能障害を細部にわたって見いだし，それを補てんすることを目的とするのではなく，その者のもつ能力が発揮できる職種を探し出したり，創出したりする．

しかし，(1)の障害に合った工程へと改善する技術的手法は，各事業所の技術者だけでは見いだしにくく，また，重度障害者に対応した改善には，事業所の経済的負担も少なくない．したがって，結果的に「不適格」であることを確

表6.6　動作経済の原則（Principle of Motion Economy）

(1) 身体使用の原則

1. 両手は同時に動作を始め，同時に動作を終える．
2. 両手は休憩時を除いて，同時に休めない．
3. 両腕の動作はお互いに対称かつ反対方向に，そして同時に行う．
4. 手指や身体の動作はできるだけ四肢の先端部位で行う．
5. 作業者の動作を支援するための物理的慣性（重力）を利用する．
6. 滑らかな曲線を描く動作は直線ジグザグ軌道を描く動作より良い．
7. 制約のある動作より，自由曲線的な動作の方が速く容易，正確である．
8. 反復操作における作業は可能な限り容易な自然なリズムがとれるような設計とする．
9. 作業は視線を頻繁に動かす必要のないように設計する．

(2) 作業場所の原則

1. 治工具や材料はやたらに移動せず，特定の固定位置に置く．
2. 治工具や材料は見つけやすいように前もって決められた姿勢に配置する．
3. 材料は使用される位置の近くで供給されるように，フィーダー，部品箱，コンテナなどを利用すべき．
4. 治工具，材料，操作具は作業者にできるだけ近い位置に配置すべき．
5. 治工具や材料は動作順序を最適とするように並べて配置する．
6. 作業終了時に，作業者が完了品の取り出しに手を使用しなくてもよいように送出，または自然落下を利用する．
7. 作業に適正な照明を与える．適正な作業姿勢がとれるための適切なデザインと高さの椅子を使用する．
   照明は明るさよりも陰影，グレア，色光，視野に配慮する．とくに作業域の配色と作業物との対比は作業性能と眼精疲労との観点を考慮して選ぶ．

(3) 道具や設備の設計原則

1. 手指で"保持"，"固定"動作をなくす．物の固定には治具，固定器，ペタル式の固定具などを使用する．
2. 単一機能の工具動作は工具の取り替えなどムダが多い．複数の機能を合わせて1回の扱いで作業がすむように．
3. 指を使用する作業の場合は，各指の特性を考慮した作業とする．親指は人差し指より筋力は弱いが持久力はよい．小指は筋力は弱いが即応性がよいことを考慮する．
4. 治工具の柄（グリップ）の設計は手掌面との接触面積が多いものとする．
5. レバーやハンドルなどの操作具の配置はあまり作業姿勢を変えることなく操作できる位置と大きさにする．

R.M.バーンズによる（一部要約，改変した）

信するにすぎないという弊害が指摘される．

　また，とくに重度障害者であるほど，現行職種の中から適職を見いだすことは困難であるため，結果として「適職なし」という判定のために用いられがちであった．

　したがって，これらの分析的手法は，医学・工学などの専門職が積極的にかかわり，改善をすすめ，あたらしい職務を創出していくことができた「太陽の家[注1]」など先駆的実践例を除き，障害者の職域拡大という面では大きく貢献することができなかった．近年では重度障害者の雇用を実現するための手段として，工程分析・作業分析はあまり積極的に用いられていない．

3) 障害に適合した職場環境の探求

　身体機能をチェックし，適職の有無を判定しようとした試みは，わが国でも1960年代には公共職業安定所においてすでに行われていた．しかし，このことが逆に多くの障害者に「できないこと」をいたずらに拡大して示すことになった．このようなマイナスの要因を払拭すべく，1970年後半には，身体障害に適合した適職を科学的に見いだすために，さまざまな試みがなされ，多くの関係者を啓発していった．そ

れらについて，概要を紹介する．

(1) 作業工程分析からのアプローチ（神奈川県）

神奈川県では1980年，作業工程分析からアプローチした身体障害者雇用における職場改善方法に関する報告書を出している．これは，1977年度に障害者雇用促進研究会（代表：秋庭雅夫）に研究委託した成果である．その目的を「できない仕事の消去から，できる仕事の列挙へ」とうたい，これまでとは違った発想で研究のアプローチがなされている．ここでは，障害者の身体機能を図6.1にあげる30項目とし，また，各職場においてそれらの能力がどの程度必要かを，事務的作業8，現業的作業12の合わせて20職種にわたって調査している．

この結果は，調査対象職種ごとに身体的機能が，当該職種にとってどの程度必要となっているかを，事業所調査に基づき示している．図では，就業適応機能とされている項目の一致率が示され，その率によって，当該職種において，身体機能それぞれの必要とされる度合い（あるいは不必要であるとされる度合い）がわかる．

さらに本研究では，事業所により判断された職務に必要な要件をまとめるだけでなく，職場改善，治工具などの改善によって身体機能の代替を行うと，それぞれの就業可能性がどの程度上がるか，また，作業内容について，その一部を削除（やらなくてもよい）することによって，同様にどの程度上がるかといったデータを細かく積みあげている．これは，身体障害者の雇用において，職場改善や工程改善を行うことによっていかに雇用に貢献するかを具体的に数値で示したものであり，このような説得力のある数字を提示した研究は，唯一のものであるといって過言でない．

なお，ここで扱われたデータは，調査対象事業所の職務ならびに時代背景によって変化が大きい．したがって，コンピュータなどを使ったOA化，FA化の進んだその後の職場ではこれを再度見直す必要が常に出てくる．

(2) 作業環境形成ためのシステムアプローチと改善指針

多様な条件をもつ身体障害者の日常生活機器研究等より導き出されたものとされている，作業研究へのアプローチとして3M・E System Approach（古賀ら，1978，1979）のモデルがある．

これは，問題点の分析から障害者労働環境の改善指針とともに，労働環境の概念モデル化を目的としたものである．

これらの関係を観察・分析し，どのように組み合わせれば負担軽減となるかをシステム的に考察しやすいようにしたものである．

ここでは，欠損機能を機械的に補完できるときは，機器系の改良か，ディバイス系（道具，ツール）の改良か，人間―機械系（人間工学，

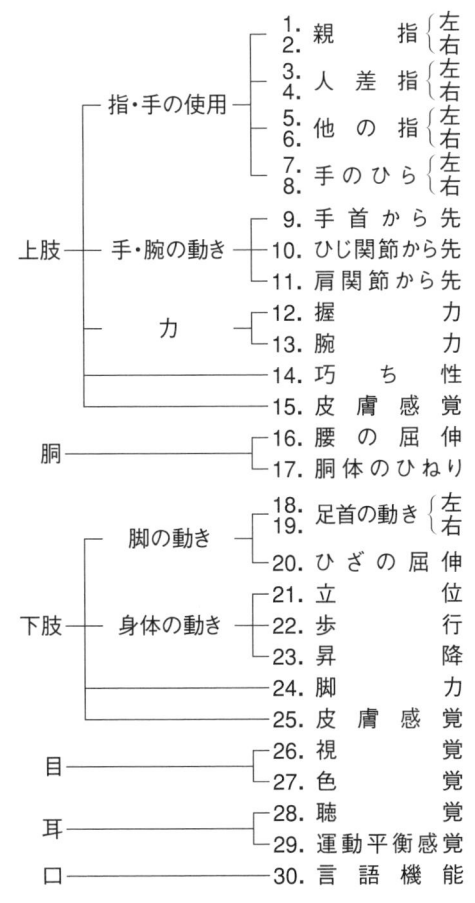

上肢
- 指・手の使用
  - 1. 親　指 {左／右}
  - 2.
  - 3. 人差指 {左／右}
  - 4.
  - 5. 他の指 {左／右}
  - 6.
  - 7. 手のひら {左／右}
  - 8.
- 手・腕の動き
  - 9. 手首から先
  - 10. ひじ関節から先
  - 11. 肩関節から先
- 力
  - 12. 握　力
  - 13. 腕　力
- 14. 巧ち性
- 15. 皮膚感覚

胴
- 16. 腰の屈伸
- 17. 胴体のひねり

下肢
- 脚の動き
  - 18. 足首の動き {左／右}
  - 19.
  - 20. ひざの屈伸
- 身体の動き
  - 21. 立　位
  - 22. 歩　行
  - 23. 昇　降
- 24. 脚　力
- 25. 皮膚感覚

目
- 26. 視　覚
- 27. 色　覚

耳
- 28. 聴　覚
- 29. 運動平衡感覚

口
- 30. 言語機能

図6.1　身体機能の分類

人と機会との接点，取りあい）の探求が求められる．

そのため，これまでの「障害への対応」といった漠然としたニーズを明らかにしていくために，職務設計者のための身体障害者の分類を試み，下肢・体幹系の総合評価（6段階）×上肢機能の総合評価（6段階）の合計36マトリクスによる障害分類を試みた．すなわち，

　　行側　下肢・体幹系の総合評価
　　　　座位保持困難―実用歩行（健常）　6段階
　　列側　上肢機能の総合評価
　　　　廃用手―実用手（操作手，健常手）6段階

として，36通りの障害分類に整理している．優れた点は，障害者（肢体不自由者）を36分類のいずれかにあてはまるとし，それぞれのマトリクスごとに環境系への問題点と，作業環境や作業機器などを解決すべき点を具体的に整理し，示唆しているところにある．障害の把握が難しい工学技術者に対し，身体機能と技術的解決方法をわかりやすく提示している．

しかし，これらの評価には，「動かせるが，正確には動かせない」「動かせる範囲は狭小であるが，その範囲であれば正確にものを扱うことができる」といった，脳性まひ者や神経筋疾患による障害のある者などはあてはめにくい．また，本結果は広く世に出る機会がなかったため，他者や他施設がこれを用いて障害者の就労環境整備に応用された実践例は，ほとんど報告されていない．

その後，1990年代に入ってからは，一般の職場へのコンピュータの普及がめざましく，事務系，技術系など，職務の多くがコンピュータを通して行われるというモデルに単純化した．また，コンピュータは，障害によって機能的に使いにくい部分を他の機器で補い，補てんすることが容易である（第5節　リハビリテーション工学の貢献　参照）．このようなことから，次第に障害者の職務設計はコンピュータへのアクセス手段を確保することに特化され，こうしたさまざまな就労場面における職務設計に関する研究もほとんど行われなくなっていった．

文　献

1) 尾高邦夫：新稿職業社会学．有斐閣，1953.
2) 西川実弥：リハビリテーション職業心理学―理論と実際―．リハビリテーション心理学研究会，1988.
3) 松為信雄：職業リハビリテーションの理論と職業評価，日本障害者雇用促進協会職業リハビリテーション部，p16，1994.
4) 尾高邦夫：職業の倫理．中央公論社，1970.
5) http：//www.pref.ibaraki.jp/tokei/mame/bunrui/
6) 竹内哲治：産業構造の変化と産業統計．2006.
7) http：//www.stat.go.jp/index/singikai/2-249c.htm
8) 労働省職業分類（平成11年版）．2000.
9) 雇用問題研究会：職務分析の理論と実際．雇用問題研究会，1985.
10) 前掲9，p152-155

参考文献

1) 亀山直幸，浅尾　裕，池内新蔵：職業・企業，障害者職業カウンセラー労働大臣指定講習テキスト12. 1992.
2) 横溝克己，三浦達司，河原巌，宮代信夫，小松原明哲：あたらしいワークスタディ．技報堂出版，pp18-54，pp68-100，pp154-161，1987.
3) 会田七郎，荒井一男，佐波宏，末広喜久雄，松尾瞭，日本能率協会・編：実践IE講座　作業改善の技術（上）．日本能率協会，1974.
4) 平井義徳，内田均，近藤修司，畠山一十，千田長信，日本能率協会・編：実践IE講座　作業改善の技術（下）．日本能率協会，1975.
5) 障害者雇用事業所施設設備改善研究会：障害者雇用事業所における施設設備の改善に関する研究Ⅲ．日本障害者雇用促進協会，1995.
6) 神奈川県労働部：身体障害者の雇用促進のために―作業工程分析と職場施設改善―．神奈川県労働部，1980.
7) 九州芸術工科大学工業設計学科古賀研究室：身体障害者のための作業環境設定基準．身体障害者雇用促進協会，1982.
8) 九州芸術工科大学工業設計学科古賀研究室：身体障害者の就労のための機械の改善（Ⅱ）．

身体障害者雇用促進協会，1984．
9) 八藤後猛：事業所において求められる職務用件に関する研究—その1—障害者雇用におけるハンディキャップの分析と補助機器開発のニーズ．障害者職業総合センター研究紀要 No.3，pp1-25，1994．
10) 八藤後猛：事業所において求められる職務用件に関する研究—その2—職種ごとの職務要件のデータ構造に関する分析．障害者職業総合センター研究紀要 No.4，p.45-60，1995．

注1)

「社会福祉法人太陽の家」は＜障害者に働く機会を，太陽を＞というスローガンをかかげ，みずからの力で経済的安定を得ることができれば生きがいもまた得ることができるだろうという思想のもと，大企業を誘致し，雇用を確保すると共に，治工具などの職能開発を推進し，手作業からライン作業，さらにコンピューターへと作業環境の改善を行い，大きな成果をおさめている（中村　裕：太陽の仲間たちよ．講談社）．

設立当初から技術的な解決方法を模索しながら，従来の概念では働くことができないとされていた職業的重度障害者への就労の道を開いたことでよく知られている．こうした分析結果をもとに，さまざまな工程改善や遅効具の開発などを行える技術者がいたことが成功の一つの鍵であった．

太陽の家は1966年に「日本人的機能活用センター（Human Resources Institute）」を設立．その後，身体障害者労働研究所（1968年），身体障害者機能開発センター（1971年），身体障害者職能開発センター（1979年），2000年から2003年3月まで障害者職能開発センターという名称で活動をすすめていた．現在も，各部署において，治工具や自助具など福祉機器の開発・改善，就労環境や住環境に関する研究および技術的支援が行われている．

しかし，他の多くの施設等ではこうした技術者がいなかったことや，そのための手法を医学的側面からアドバイスできる者がいないなどの理由で，職務分析が必ずしも障害者の就労や雇用に結びつかなかった．

第4節　ワークステーションの調整

　ワークステーションの定義は様々で，なかなか馴染みのないまま使い続けている言葉である．職場全体を示す場合もあるし，コンピュータの規模を表す場合もある．

　本節は，職場の構成のために就業・就労時と職業生活の継続について説明し，肢体不自由の中で重要な健康管理をするためのアプローチの一つとして，姿勢保持のポイントを紹介する．

　職業は，個々人で完結するものではなく，複雑に人間が関与して構成されている．産業という点からは，第一次，第二次，第三次…という分類がされている．

　第一次産業は，農業・漁業・林業・畜産業をはじめとした，自然に働きかけ，自然と協調して，利益を算出する形態である．第二次産業は，自然にある物を加工することを筆頭として，多段階に加工し，付加価値をつけることで，利益を算出する形態である．第三次産業は，自然からの産出物，加工物を流通されていく中での，流通に代表されるもので，利益を算出する形態である．

　いずれの産業形態であっても，職場は不可欠であり，その職場をどう構成するのかが，利益算出には必須である．職業リハビリテーションの仕組みの中でも，この構成をどう形成し，維持していくことが問われることである．

　ただし本編では，起業に関することの記述は除いてある．過渡的なアプローチとの区別が現時点では明確でないからである．

1. 就業・就労

　自営や在宅勤務を除いて，一般的には，生活の場面とは違った場所に移動することが必要である．

　移動方法をいかに確保するかが，前提となる．在宅就労という形態でも，全く雇用先とのやりとりがメディアのみで完結することは現実的には難しい．ここでのメディアとは，電話・FAX・電子メール・テレビ会議といったものである．

　移動の基本となる公共交通機関の整備は，高齢者，身体障害者等の公共交通機関を利用した移動の円滑化の促進に関する法律（以下，交通バリアフリー法）の制定と共に，進んできた．2000（平成12）年から施行された，バリアフリーデザインと呼ばれる身体障害者に対する後づけの設計対策の考え方から，ユニバーサル・デザインに基づき，当初から，より多くの人に対応するという設計に，大きく展開した法律である．

　障害者の多くも，この交通バリアフリー法の多くで移動に関しては解消されると考えられる．

　公共交通で対応できないところは，個別や集団の移送が必要である．法での対象とならない乗降客の少ない駅の近隣や，そもそも駅から徒歩移動するには離れている住居の場合には，就業・就労以前に問題ともなる点である．駅に限らないバスターミナルや，大型店舗等と行った生活圏としての基幹施設への展開も必要である．

　移送のための車両整備も課題である．電車・バス・LRT・モノレール・タクシーはもとより，自家用車にも多種の乗用形態が可能となるものが必要である．福祉車両という専用発想からの転換が必要となっているわけである．車内環境整備の点からは，車両に乗るもの規模として，電動車いす・体位変換機能のついた車いすが問題となる．電動車いすは，自重が最大の課題であり，移動に伴う事故時の固定方法が問題となる．車いすに関しては，姿勢変換の必要な

時間と，乗車時間との関係がある．より重度な肢体不自由の場合は，姿勢変換の必要な時間は短いのが一般的である．乗車時間を短く刻んで出来る方法が，移送の概念に入り，停車空間といった物理な条件整備と共に可能となると，知的障害や精神障害の中にも，職住接近でない勤務形態をとることが可能となる．

今後より充実していく必要があるのは，場としての「サテライト」という形態である．移動の難しい対象者をより多く雇用するためには不可欠である．1カ所に集中することの管理上のメリットより，営業・フォローアップ体制の構成としてもメリットのある形態が増えている．ただし第一次産業には馴染みが少ない場合が多い．

メディアの技術的な発達にいかに対応するかという課題と共に，従来の雇用管理手法とは違った手法が求められることが課題である．

とかく特殊な支援に，支援者や雇用主は着目しがちであるが，他の分野からのアプローチも，少子高齢社会である日本では検討課題となっている．移動権の確保という人権問題として捉えるかどうかの議論はさておき，幅広い雇用条件を提示できるかどうかが，就業・就労の第1ポイントとなる．

次に考慮すべきなのは，適職の開発である．職域の拡大という点からも，個々人にあった職能を作業として分解することと，その作業に必要な能力を開発することが必要である．

終身雇用制度に基づく就業体制は，より多くの障害者支援においては解決策としては，行き詰まっていることが多い．社会情勢に応じた職務の分析が，雇用主をはじめとした管理者の必須の技能である．

分析は，しただけでは意味がなく，展開を実際に試行することが重要である．展開先としては，フィードバックが的確に再計画に結びつくことが必要であり，そのためにも職務を実際に行う単位を明確に分析することが必要である．大きな単位になってしまうと，巨大な工場ライン整備が前提となってしまい，資本回収のために，単純作業を得てして必要としてしまう．これらは職域拡大にはつながらず，エラー発生の温床にしかならないため，よく整理すべき形態である．分析には，PDSCサイクルが重要であり，それぞれのツールは，ABC分析，QCといった経営工学的なものを用いることが必須である．ただし評価基準が従来のものとは変わっていることはより重要視する必要がある．「作れば売れる」という時代ではないということである．

またコストパフォーマンスを短期間でみてはいけなくもなっている．単純作業ということで，外注・委託によって，一時的に業績改善をみることはあるが，基礎技術が欠落した事業体からは，研究・開発力が欠損するため，短期間勝負の企業経営に陥ることが顕著である．合わせてPDSCサイクルに基づく研究・開発にかける時間・コストのない事業体も，同様である．

分析に応じた作業に対応する能力開発であるが，制度による支援がどうしても必須の部分がある．コストパフォーマンス的には，社内といった事業体レベルで改善出来る部分が大きいが，機械に置き換えられない単純作業，多品種少量に応じた作業，サービス業に代表される接客作業などは，より精細に分析すればするほど，制度支援が必要となってくる．

この点では，大阪府の実施している「総合評価入札制度」は，極めてユニークな制度で，基となる活動をされてきたエル・チャレンジ（大阪知的障害者雇用促進建物サービス事業協同組合）は，先駆例として今後とも注目すべきである[1]．障害者だけでなく，就職困難者という枠組みを明確にしたことでも，ソフトウェアの設計として成功したユニバーサル・デザインとしての評価が与えられるべきものであろう．

2. 継　続

就業自体の困難さは，よく共感していただけ

るものであるが，継続する方が実際の問題としては難しい．就業時には，本人だけでなく，支援者も多いのが実態であるが，自立が過度に表現されている現行制度の中では，たびたび退職となり，再就職も難しいケースが生じてきている．

1）職業教育

就業時にも関係するが，企業体の多くは，職務に応じた採用をするところは少なく，終身雇用制とも関連して，職業教育を学生という立場で受けることは少ない．学生向きの仕事の百科辞典的な一般の書籍が，ベストセラーとなったこともある[2]．

現在はニートの影響もあり，改善されているらしいが，長期間に影響することのため，系統だった対応が必要となってくる．社会全体の問題として捉え，試行的に中学生などに実施している職場体験実習などの機会を，サービス業に限らず，また受け入れる側も一定期間のお客さんとして受け入れるだけでなく，教育としての面を強調した対応が必要である．

2）OJT

多くの企業では，正規職員の削減がコストパフォーマンスの観点から実施されている．充分な職業教育がされてきていない現状では，職場内の同一業務を行う上での上司・先輩によるOJT（On the Job Training）が，唯一の職業能力開発といってもよい．職務分析をきちんとした上司の下でないと，OJT自体の意味づけはないため，採用時期の流動的な事業体は特に，職務分析能力を個々の職員の必須技能として身につけさせることが雇用主の最大の課題ともなる．特に自然相手の第一次産業の場合は，時間短縮という効率改善をすることが難しいため，時間をかけ，適切な指導が出来るよう，より分析をすることが求められる．一方的な時間短縮が望めない第三次産業においても，クレーム対応は，シミュレーションしづらいため，問題解決をしながら，部下・後輩に指導する技能も必要とされる．

3）就労支援

適職を探しだしてくるというより，まず職場に入り，職務を分析し，方向性を共に探るというアプローチで，ジョブコーチ（職場適応援助者）が重要な役割を果たす支援である．

現状においては，ジョブコーチに巡り会うことで，雇用開発から，雇用維持まで継続する例が多い．また企業に対しても支援という面があるため，有機的な関係が継続できることが重要である．またジョブコーチ自体の支援をその職場内でのアプローチとなるナチュラルサポートへつなぐという点でも，有効性が高い支援である．しかしジョブコーチの絶対数が少ないのも事実であり，ジョブコーチの養成と，円滑な連携とが今後の課題である．ジョブコーチ・ネットワークといった組織が充実しており，期待できる．

制度面でのフォローは未だ充分とはいえないので，制度立案者が，より多くの就業者という観点から，雇用維持という意味合いをより把握することで，充実した支援体制となると推測できる．

生活面での支援をより分業，専門家支援とすることで，知的障害の就業・就労維持は，格段にあがることが期待できる．精神障害においては，病状管理という点での健康診断体制と，いかに連携していけるかが，ポイントとなろう．

3．健康管理

雇用の維持のためには，就業者の健康維持が重要であることには疑いはないであろう．筆者が経験してきた，雇用破綻の例として，長期の入院対策，支援機器の適応について述べる．

1）褥そうの対策

寝たきりや，車いす使用者に特徴的であった

褥そう（床ずれ）は，看護・介護している側の問題として片づけられ，科学的な支援が長らくされてこなかった．よって，出来た側，特に車いす使用者にとっては，一定期間経てば出来るものといった誤った考え方が蔓延し，褥そうによって職がなくなるということに対してあまり気にとめられてこなかったのが実際のところである．

しかし近年褥そうに対する科学的な支援方法が変わってきており，自己責任を問われる部分も明確になってきた．褥そうは多くの場合，接触している圧力が高いことによって，発生する．この接触している圧力のことを接触圧と言い，接触圧の高いところの感覚神経が麻痺していると，痛みを感じないため，容易に褥そうになる．痛みを感じる場合には，動ける場合は身体をずらしたり，動けなくても訴えることが出来るが，適切な接触圧軽減装置がないと，褥そうが出来，酷い場合には骨まで達し，合併症によって，死亡に至ることもある．

出来てしまってから褥そうを治すのは大変で，一度出来てしまったところはどうしても皮膚をはじめとして組織自体がか弱くなるため，接触圧が同じようにかかる前に再度褥そうが出来てしまうこともある．

接触圧が高くならないようにするためには，接触する面積を増やすか，かかる力を除く必要がある．多くの場合，かかる力は自分自身の体重で除くことは出来ない．接触する面積を増やすには，筋肉をつけたり，脂肪を増やすことになるが，麻痺している場合には現時的な対応ではない．

よって，接触圧がずっとかかり続けることのないよう，就業中は，接触圧を低減するクッション．就寝中は，接触圧を低減するマットレスを使う．

2) 姿勢保持

交通事故などによって身体に麻痺が残ると，従来とってきた姿勢も変わる．この姿勢を無理のない範囲で変えていくというのも褥そう予防には重要である．しかし，常に変化させることは難しく，リハビリテーション工学の分野では一定期間ごとに姿勢を保持するという表現で，姿勢保持という言葉が使われている．

先天的な障害児が，歳をとり，同一姿勢をとり続けることによって新たな障害を得る場合も，姿勢保持の対応がされる．

姿勢保持には，3つの目標がある．まずは「座れない人を，座らせる」ということである．そして，座ることが出来る人の「手を解放する」ことである．最後が「褥そうを作らない」ということである．

制度的には，身体障害者福祉法に規定された補装具として，座位保持装置が対象になる．厚生労働省としては，姿勢保持ではなく，座位保持のみである．2000（平成12）年度より，この定義解釈に関しては，都道府県の判断によるため，座位自体が取れない場合は，姿勢保持的な解釈をするところもある．

実際，重度な肢体不自由者に，図6.2のような支援をした．図6.2は通常の車いすでは座れない方に，姿勢変換機能の付いた車いすを用いて，身体にあたる部分を独自に作った物である．制度的に表現すると座位保持装置の採型

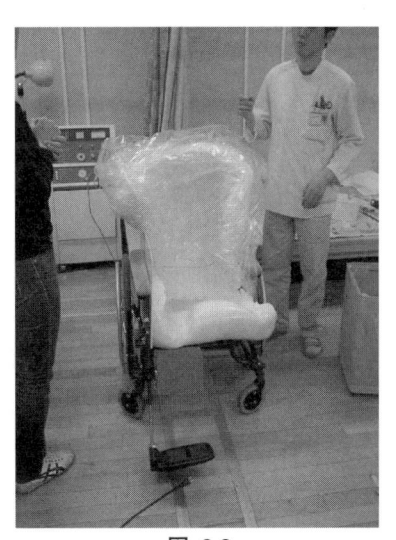

図 6.2

モールドという物に該当する．頻回な動きがない場合には，最重度な障害に対応する方法である．

3）採型モールドの実際

採型とは，身体の形そっくりに型をとることを示す．モールドとは，その形にあった形を作ることを言う．採型機と呼ばれる専用の装置で形を固定する方法が一般的だが，修正を加えることが前提の試行的な場合などは，簡易発泡という方法をとる．

簡易発泡は，固定的でないと思われる身体の変形に対する手法で，多くの身体適合に関する専門家チームがいないと出来ない手法である．図6.3に示したのは，理学療法士と義肢装具士が，発泡済みの形状を成型しているところである．対象者の動きを出来るだけ妨げず，動きが出るように支持できる部分を決定していく大事なプロセスである．

4．まとめ

ワークステーションの整備として，従来は第二次産業における工場内の建築設備に関する物のみの整備が提案されてきた．

しかし現状では，まず職場までの移動をいかに確保するかが重要視され，職務によっては，職場自体を再構成する，サテライトという形態へと移行することが重要である．

また個々人においては，健康管理がより大切で，褥そうに代表される障害を生み出さないためにも，姿勢保持というアプローチが必要であることを紹介した．

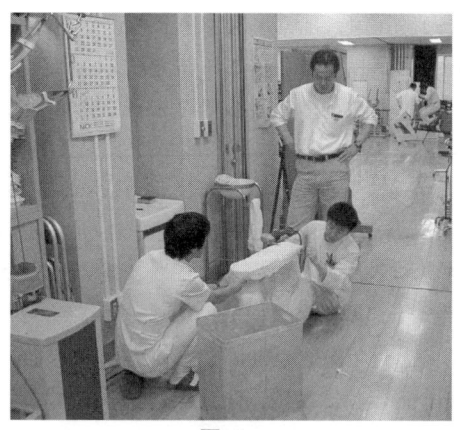

図6.3

文　献

1) 大阪知的障害者雇用促進建物サービス事業協同組合・編著：エル・チャレンジ　入札制度にいどんだ障害者雇用．解放出版社，2005．
2) 村上　龍：13歳のハローワーク．幻冬舎，2003．

第5節 リハビリテーション工学の貢献

リハビリテーション工学の定義は，わが国ではまだ確立していない．本稿では「さまざまな障害のある者などを工学的手段によって支援する技術」であるとする．障害者を対象とした職業分野においても，旧来からこうした工学的手段を用いたものがあったが，この手法を積極的に障害者雇用のために本格的に導入したのは，1970年代になってからである．以下，年代ごとに概観する．

1. 1980年以前

福祉のまちづくりが制度化され（「身体障害者福祉モデル都市事業」1973年から厚生省），建築やまちのバリアフリーということばも定着してきたのは，この頃からである．それと同時に先進的な自治体から順次「福祉のまちづくり整備指針」といった技術的な指針が出されていった．職場の施設，設備，建築環境に関しては，「心身障害者の工場および居住施設の建築」という技術マニュアル[1]が出されていた．その内容は，技術的な視点から見れば，今日ある建築物の整備指針やハートビル法[2]の内容とかわらない水準であったことがわかる．

一方，作業用補助具の分野では，当時文献等で紹介されているのは，機械的，あるいは電気的に比較的簡便な方法で補助器具をつくったものが多い．当時は，雇用が困難な障害グループとしてとらえられていた，主に車いす使用（対麻痺）の下肢障害者，上肢障害がある脳性麻痺者，もしくは知的障害者を対象としたものが主流であった．なかには機械的なセンサーと，機械的なディバイスを組み合せ，流れ作業の中で障害に合わせて時間遅れなどを設定した高度なシーケンス制御を行うものもあった．

しかし，それらの多くは，下記のようなものを応用したものであり，とくに重度障害者の就労ニーズに必ずしも十分にこたえることができる技術ではなかった．また，こうした手法は，事例集などを通してある程度蓄積されたものの，製品化，一般化されるまでには至らず，就労現場にこのようなディバイスを設計・製作できる技術者と障害の把握が的確にできる医療系専門職が連携して研究・開発ができるところだけで，こうした改善が実施できた．

「太陽の家」は，このころすでに冶工具などの職能開発を推進し，手作業からライン作業などにおける作業環境の改善を行い，大きな成果をおさめたことで知られている（関連記述：第6章職場の環境整備と調整　第3節職場の再構成　3. 産業工学的方法）．

よくみられた職場改善
○車いす使用の下肢障害者—いずれも基本は（操作位置移動）

・下肢によるペダル操作などを，上肢によって操作できるように置き換えたもの．

例：電動ミシンのペダルスイッチの移動により，下肢によって操作するペダル部を，肘などで操作できるようにした．

・座ったままではとどかない，上部位置にある操作盤や棚などを，可動範囲に移動させるもの．

・座ったままでは持ち上げにくい道具や製品などを移動しやすいようにするもの．

例：和文タイプの活字版交換は，車いす使用者は数キログラムある和文タイプ活字版を交換することは自力ではできないとされていたが，スライドさせて収納できる補助機によって，自立使用ができるようになった．

○脳性麻痺者

粗大動作はできるが，手先の細かい巧ち動作

ができない者などが対象 ―― いずれも基本は（操作位置制御）

・キーボード使用時に，目的外のキーに触れないように穴のあいたカバーを取り付ける．
　例：英文タイプライターやカナタイプライター使用時.
・製品を決められた場所に置いたり，組み立て時に位置決めがしやすいディバイスを作成する．

○知的障害者
・製品を決められた場所に置いたり，組み立て時に位置決めがしやすいディバイスを作成する．
・製品の数を数えたり，計量器の目盛りを読みやすいようにするディバイス．

○その他，感覚器系障害者等

視覚障害者へは，表示ランプやディスプレイなどによって視覚情報で状態を知らせる機器を，音や音声で知らせるようにする．

聴覚障害者へは，音や音声で状態を知らせる機器を，ランプの点滅などの視覚情報にする．

視覚障害者は，この時期すでに高レベルの感覚代行機器として，文字等を光学的に読み取り，指先に読みとったものの形を振動で伝える装置（オプタコン）があった．全盲者の感覚代行機器として1971年アメリカで開発されたあと世界中で使用され，ユーザーも多かった．文字等を小型のCCDカメラで読みとり，それを6×24に配列された144個のピン振動で表す．ピン振動は，人差し指などで触知し，読みとった情報を触覚で見るものである．オプタコンの出現によって，日本でも1970年代後半から全盲者のプログラマーの養成ならびに，一般就労が可能になってきた．しかし，オプタコンでは，字画の多い漢字を一度に認識することは困難であり，日本語の文書を実用的に読みとることは難しかった．また，比較的若い時期に高度な訓練が必要なことなどから，点字同様中高年者の中途失明者には利用が困難であった．

そして，後述のようにコンピュータが日常生活にはいるようになってからは，こうした感覚器の機能を補てんする機器は，次第にコンピュータの一機能となっていったことから，1996年に製造が中止された．

2. 1980年代　コンピュータが就労支援へ

このころから，社会では「ハイテク時代」，「高度情報化社会」などといわれるようになり，またコンピュータがパーソナル化し，家庭や職場に多くのコンピュータが浸透していった．このことはまた，障害者にとっても革命的な出来事といわれるようになった．その理由として，次第にどのような職種・職務であっても，労働環境がコンピュータを扱うというものに変化していったことである．下記は，従来の職種ごとに，コンピュータを扱うものに変化していった状況を示している．

和文タイプライター，英文タイプライター，キーパンチ，写植
　　　　　→ワードプロセッサー，DTP（デスクトップパブリッシング）
機械製図，電気製図，建築設計，トレース
　　　　　→CAD（コンピュータによる設計支援機器）
工作機械操作→NC，CAMオペレータ（コンピュータによる自動加工機械）
塗装　　　→塗装ロボット
縫製　　　→自動ミシン（コンピュータミシン）
その他組立　→組立ロボット（汎用・専用）

したがって就労にあたっては，就業する職種にかかわらず「いかにコンピュータを扱えるようにするか」が重要なポイントとなる．こうした障害者のコンピュータ利用のしやすさ，または使用できることを「コンピュータ・アクセス」というようになった．

1981年の国際障害者年を機に，わが国も障害者の社会参加が強く押し進められるが，その中で新しい技術を使って，障害者の社会参加を促す武器にしようとした「コンピュータ・アクセス」の基本的な考え方が当時すでに確立していた．

1981年に米国アップルコンピュータ社（当時）では「障害者のコンピュータ利用」に関するパンフレットを発行している．これには，障害者がコンピュータを扱うことができれば，生活や就労の面で飛躍的な生活改善ができること，さらにそのためにはコンピュータメーカーは障害者を支援するために社会的な責務があることなどが記載されていた．その後，米国では障害者がコンピュータを利用するための各種ディバイス（インターフェース）が開発され，市販されていった．

わが国においても，視覚障害者（全盲，点字使用者）のコンピュータプログラマーが誕生し，また身体障害者職業訓練校においても視覚障害プログラマーの養成が始まるなど，本格的にコンピュータを障害者雇用に積極的に導入していこうとする動きが高まった．

当時は，ワードプロセッサーの機能に限定すれば，民生用としては専用機が圧倒的に多くのシェアをもっていた．そこで，障害者の就労やコミュニケーション手段として，市販のワードプロセッサに注目し，障害者に使いやすい仕様のものを評価するレポートなども出され[2]，こうした機器が個人でも使用されるようになってきた．

それ以降，わが国においても，障害者の利用を考慮した職場改善は，建築物へのアクセスを除いて，ほぼこのコンピュータ・アクセスを意味するようになったといっても過言ではない．

米国では1988年，リハビリテーション法第508条において「電子機器へのアクセシビリティ」を確立し，「連邦政府が納入する機器は，すべて障害者への利用が可能なものとされていなくてはならない」とし，障害者が電子機器を扱うことを保障する第一歩となった．

またわが国でも，後述する障害に対応した各種機器は，ほぼ1988年頃を境にそれ以降市販品が出そろい，コンピュータが障害者の生活や就労に本格的に入り込み，生活の道具となっていった．

3. 1990年代　質的な充実へ

コンピュータの高性能化と価格の低下により，ますます個人の生活や職場に深く浸透していった．それにより，障害者のコンピュータ利用―コンピュータ・アクセスについては，ますます関心が高まり，さらに多くの機器が市販されるようになった．

1995年，わが国においても通産省（当時）から「障害者等情報処理機器アクセシビリティ指針」が出された．これは，メーカーを拘束するものではないが，国とメーカーが作り上げた技術指針が社会に広まった意義は大きい．その後，2000年には「障害者・高齢者等情報処理機器アクセシビリティ指針」とされ，より多くの人々を対象とする指針であることを明確にするため，機器操作上の障壁の範囲を拡大し，より多くの人々を対象としていった．

以下に，指針の抜粋とそれに関する解説を述べる（表6.7）．

上肢障害者や不随意運動のある者への対策として，旧来から手作りで作られていたキーガード，また視覚障害者が指のホームポジションを決めるための凸様マーカーの用意など，いずれも技術的には難しいことではないが，メーカーの責任で用意することを明記した意義は大きい．1-7のように，キーボード上の文字の見やすさなどは特別な技術ではないが，高齢社会において，より多くの人への対応としたユニバーサル・デザインへの志向がうかがえる．

1-1～1-3は，上肢障害者の利用において，誤操作防止と複雑な指の動きを必要とした同時キー操作への対策を電気的に行う設定である．

表6.7 キーボードを使いやすくする機能

1-1 順次入力機能	文字キーと同時打鍵することで,その文字キーに別な意味を与えるキー,例えば,SHIFT(シフト)キーやCTRL(コントロール)キーを単独で押した時は,次の打鍵を待って入力文字を確定する順次入力操作を可能にする.
1-2 反復入力(キーリピート)条件設定機能	反復入力機能の停止及び開始時間(t1)と繰り返しの間隔時間(t2)とを利用者が設定できるようにする.
1-3 キー入力確定条件設定機能	各キースイッチの状態は,打鍵直後確定するのではなく,一定時間(t3)保持して初めて有効となる.
1-4 キー入力のみによる操作機能(キーボードナビゲーション)	キーボードの特定のキーやその組み合わせだけで,ソフトウェアのすべての操作及び選択ができるようにする.
1-5 キーボード操作のフィードバック機能	キー入力時に音声等を用いてキー入力の確定やトグルキー(キーを押すたびに状態が交互に変わるキーのことで,例えば,Caps Lock(キャプス・ロック)キーは1度押すと大文字入力が可能になり,再度押すと元に戻る)の現在の状態等を確認できるようにする.
1-6 キーガードの提供	キーガード(合成樹脂や金属の板にキーボードの各キーに対応する穴を開けたもの)を,本体メーカが供給する.
1-7 キーの識別手段	キーボード上に刻印される文字及び記号はできるだけ見やすいものとする.手がかりとなる主要なキーには識別のための突起を付ける.あるいは,大きな文字や点字が印字されたシール等の識別手段を提供する.

それまでは,キー・ロック機構などは,機械的方法によるもので,各施設等でキーボードの種類や使用者の障害に合わせて,作業療法士などが手作りによって作成される場合が多く,現在もその利用者は多い.その後コンピュータにおいて必ず付加されている,コンピュータの基本ソフトといわれるWindowsやMac OSにおいて,共に最新のものは基本仕様として満たされている.

文字拡大は,標準的なコンピュータにおいてもフォントの種類や大きさの指定(字体設定)において,比較的容易に行えるようになった.また,指針では色覚認知障害の者への配慮がなされている点も特筆すべき点である.

音声化は中途障害者や弱視者を含め,点字使用者に限らず多くの視覚障害者への対応が期待でき,しかも特別なハードウェアを用意する必要はないため,安価にシステムが組める.今後とも視覚障害者支援の中心となろう.漢字入力にも対応している.正しい漢字を入力しているか,またすでに入力した文字が正しいものかについては,「詳細読み」といわれる機能があり,「高」は「こうていのこう　たかい」などと読まれ,自分自身で文書校正も可能である.

表示中の画面情報出力機能は,画面内容を点字ディスプレイや点字プリンタ装置に出力する際に必要な情報を得ることができるようにするものである.現行機器ではこれを満たすものはほとんどない.GUI(Graphical User Interface)の問題では,最近のOS(基本ソフト)は,この新しいインターフェースが視覚障害者のコンピュータ利用を妨げていることは容易に想像できる.わが国では1997年より,画面の内容やアイコン,ウィンドウの名前などを読み上げることができる音声化対応ソフトができ,これらへの対策の一助となっている(表6.8, 6.9).

FAX対応機能は,聴覚障害者が,情報処理機器やファックスを介して,図形や文字等の情報をやりとりできることを求めたものである.とくに,相手がコンピュータをもたない環境にあることも考えて,コンピュータから直接ファックスへの送受信が可能なことを求めているが,現在では付属ソフトだけでこの機能を十分に満たしているものも多い.

表6.8 ポインティングデバイス（マウス等）を使いやすくする機能

2-1 ポインタの移動量設定機能	ポインティングデバイスの操作量に応じたポインタの移動量を調節できるようにする.
2-2 ポインタの自動移動機能	実行中のウィンドウ，ボタン及びメニューの上に，ポインタを自動的に移動できるようにする.
2-3 ポインタやカーソルの条件設定機能	ポインタやカーソルの大きさ，形状及び色の変更，軌跡の表示並びに点滅間隔等の条件設定ができるようにする.
2-4 ポインティングデバイスのボタン機能の変更	ポインティングデバイスのクリック，ダブルクリック及びドラッグ等の機能を左ボタン，右ボタン等に割り当てられるようにする．また，クリック速度等の設定もできるようにする.

表6.9 出力基本仕様（ディスプレイ対策）

3-1 画面の拡大表示機能	すべての画面情報を見やすい倍率で拡大・縮小表示できるようにする．拡大・縮小する領域は，カーソル移動キー，マウス等で指定できるようにする．また，ポインタやカーソル移動にも追従できるようにする．グラフィック画面の拡大ができるようにする.
3-2 画面の配色変更機能	画面に表示される情報の配色を変更できるようにする

表6.10 システム全般を使いやすくする機能及び環境（抜粋）

4-3 情報処理機器のFAX対応機能	情報処理機器とFAXとの間で文字・図形情報の送受信ができるようにする.
4-5 出力情報の多重表現機能	ハードウェアやソフトウェアの動作状態や警告を，画面表示，音声及び振動等複数の手段で知らせるようにする.
4-10 単語・文章予測機能	キー入力操作中に，最初の数文字の入力によって，後に続く文字や文章を予測・表示する機能を付ける.
4-11 漢字修得レベルに合わせた漢字辞書	

　出力情報の多重表現とは，視覚情報にかわるものとして音声や触覚，聴覚情報にかわるものとして光の点滅や色の変化などの視覚情報への変換など，機器利用の妨げとなっている機能を別の機能に置き換えて提示することを求めている．同様に，現在の一般的なコンピュータシステムでは，特別なハード，ソフトを用意しなくても比較的容易に実現できる.

　単語・文章予測機能，漢字修得レベルに合わせた漢字表示は，すでに一般的な文字入力ソフトウェアにおいてユーザーが意識しないまま実現しているものである．漢字変換については，小学生向けの漢字入力ソフトでは学年別に設定できるなど，もはや特別な商品として存在しているわけではない（表6.10）.

　このように，アクセシビリティ指針は，今日では特別なハードやソフトを準備しなくては実現できないものは少なくなってきている．また，それ以外のものも，高齢者やコンピュータ利用の初学者，子どもなどにとっては有効なものばかりである．こうした機能を付加したり，あとから付加できるような対応を求めることは，メーカーにとって，今日では販売市場拡大のための一方策であり，特定のユーザーに特化したものではなくなってきている.

4. コンピュータ以外の就労支援機器の開発動向と今後

1) 重度四肢麻痺者への就労支援機器

・ロボットの制御による就労支援機器

　米国やヨーロッパEC諸国の研究プロジェクトなどでは，重度四肢障害者の事務的作業の就労支援機器として，ロボットハンドが用いられ

ていることが報告されている．1980年代に入ってから，かなり大がかりなプロジェクトで研究・開発が行われて，米国，EU，そしてわが国においても多くの研究費が投下されていた．これは，書類の引き出し，収納，プリンタへのセット，電話機の利用等，就労の場面に限定し，自分の手と同じ働きをロボットハンドにさせるものである．制御は音声などによって行う．事務職種一般に応用できることから注目された．しかし，就労場面ですべての作業がこれによってできることはなく，人的なサポートが必要となる．これらのプロジェクトにおいても，実際の就労の場において利用している者はいない．また，日本の機械技術者は安全面から，たとえ安全装置があったとしても，ロボットアームの可動範囲に人間がいることについて否定的である．

2000年代に入ってからは，人型のロボット（ヒューマノイドロボット）が，わが国においても相次いで開発され注目を浴びた．これらを介護や家事を補助する機器として使用することなどが開発目標になったものもあるが，家庭内で使用するには安全面が確保できないといった理由により2005年現在では商品化されていない．

このように，ロボット型の支援機器は，さまざまな時代において障害者の就労や生活を支援するものとして注目されていたが，コスト，機能，安全の面から近年中に使用されることはないと考える．

2）車いす使用者への就労用車いす

一般雇用に就いている車いす使用者は，長時間同じ姿勢で連続作業することが求められることが多く，身体上の問題が指摘されている．したがって，作業に快適な姿勢の設定と保持や狭い場所でも小回りが利くといった職場の特性を考慮した就労用車いすの開発がニーズとして高かった．外国では，10年以上前からこうした車いすの販売がなされていたが，1990年代後半には，わが国でもこうしたニーズに応えるべく，個々のユーザーの障害特性に応じて，左右の車輪間隔，肘架けの位置と高さ，フットレストの高さなども調整が可能となった車いすが開発，販売されつつある．

3）学習障害者等への就労支援機器

・機器側の適応

1980年代から研究され，研究者の間ではしばし話題になることも多いが，就労支援機器として確立されたものは2005年現在もほとんどない．1990年前後においては，コンピュータがさまざまな就労用機器に入り込んできたことから，今まで知的障害者が就労していた各種工作機器などにもコンピュータが組み込まれたものが多くなってきた．これらの機器は，外部からの細かい指示を与えて，意図した時間，工程を自由に変更でき，また，操作者が危険操作を伴った場合も，常に安全側へ動作するように考慮されている．したがって，こうした機器は知的障害者などの操作者の特性に合わせて，プログラムができ，かつ安全性も増すなど数多くのメリットがある．しかし，事業主側で一人ひとりの特性に合わせて，こうした機器のセットをするという具体的な障害評価の関連性の確立がされてないため，現実に知的障害者雇用の場において，これを応用している例はほとんどなく，海外文献にもほとんど見られない．

しかし，大規模プロジェクトではないものでは，畠山[4]によると，スウェーデンにおいてレストラン（保護雇用の場と思われる）でレジ担当に知的障害者が就いていることが報告されている．客の示すメニューにそのまま対応したコンピュータ画面を操作し，また受け取るべき代金や釣り銭が，紙幣やコインの絵柄として該当枚数分表示されるといった内容である．わが国から見ると金銭を扱う場所に知的障害者が就労していることは，たいへん少ないであろう．このように，既存の技術でも就労支援のために有効なツールとなることは明らかであろう．

・学習・評価システム

学習システムや，評価システムとしては同様

に1980年から，研究開発がすすめられている．

その代表的な例が，コンピュータを使用したCAIシステムである．これは，もともと利用者の能力や発達，理解段階に合わせて個別に学習ができる点に注目されているシステムであり，知的障害者や学習障害者に対しても，その効果が十分に利用できるのではないかという仮説のもとにすすめられている研究である．しかし，海外文献などをみても，研究は行われているものの，一人ひとりの特性を把握し，それに合わせたシステムをつくるといった「教育・訓練」自体，マニュアル化した方法がない現状では，これらを就労の場面における教育．訓練ツールとすることは未だ実現的ではないであろう．

ただし，日本語を母語としない外国人への日本語学習や，就労場面における操作指示の方法をコンピュータで行うシステムの開発が，社会的要請として強くあり，これらの研究結果が応用できることが期待されている．また，接客や買い物などのコミュニケーションをコンピュータ上でシミュレートできるソフトウェアは教育分野では数多くあり，ゲーム性をもつことから楽しみながら学習することができるツールとして有効である．ただし，就労の場面で利用できる高度な内容ではない．

5．おわりに

工学の進歩は，重度身体障害者などに対して生活や就労の可能性を広げていったが，その一方で，各事業所では競争力をつけるためにも職務再設計により，知的障害者や精神障害者のような人々が就いていた職務がなくなるものも少なからずでてきている．また，機器の導入による生産性向上は，障害のない者にとってもその効果をもたらしている．したがって，こうした工学の貢献は，当然ながら障害者だけが享受できるものではない．こうした視点に立つと，リハビリテーション工学は，障害者に必ずしも有利な競争力を付加けるものではないことが理解

できよう．

今後は「就労できるようにする」「生産性をより高める」といった視点を見直し「より快適に安全に就労する」「新たな付加価値のある仕事を創出する」という視点でリハビリテーション工学とその研究開発の方向を定めていくことが望まれよう．

文　献

1) 通商産業省告示第三百六十二号　障害者・高齢者等情報処理機器アクセシビリティ指針．通商産業省，2000. 通商産業省：障害者・高齢者等情報処理機器アクセビリティ指針の解説，通商産業省，2000年6月
2) 朝日新聞東京厚生文化事業団・編：コンピュータが障害者にもたらすもの—肢体不自由者の事例を中心として—．朝日新聞厚生文化事業団，1985.
3) 八藤後猛：先端技術の導入と職業リハビリテーション．職業リハビリテーション研究会研究紀要 Vol.1：27-32, 1987.
4) 畠山卓朗：認知面への自立支援—スウェーデンで見たこと，感じたこと—．リハビリテーション・エンジニアリング 12：72-75, 1997.
5) 身体障害者雇用促進協会＋身体障害者職域拡大研究委員会：心身障害者の工場および居住施設の建築，身体障害者雇用促進協会（推定発行年 1979年）．
6) ジョセフ・ラザーロ（安村通晃・監訳）：アダプティブテクノロジー．慶應義塾大学出版会，2002.
7) Bernd Kriegel, Gerhard Lichtenstein, Winfried Manleitner, Hans Uhler：Der Technische Beratungsdienst Koln. Die Beratenden Ingenieure informieren, SONDERREIHE NR. 10 KOLN MARZ, 1984.
8) RESNA-Association for the Advancement of Rehabilitation Technology：Designing Jobs For Handicapped Workers, RESNA-Association for the Advancement of Rehabilitation Technology, 1986.
9) Okada S, Yatogo T：New Technologies and the Employment of Disabled Persons. The contribution of new access technology to the employment of disabled persons in Japan. International Labour Office Geneva, 1992.

第6節　職場のメンタルヘルスと復職支援

　年功序列，終身雇用の崩壊，能力至上主義など日本の職場環境はこの10年で急激に変化している．それとともに失業率は高まり，過重労働，リストラは他人事ではなく誰にでも迫り来る問題で，勤労者にとって職場はストレスの宝庫と化している．これに比例して勤労者の精神疾患罹患率，休職率は増加し，また休職期間の長期化により，傷病手当金は増大し，企業の経済を圧迫している．メンタルヘルスは企業にとって存続するためにも急務な問題であるとはいえ，その具体的方法はいまだ確立されず，適切な介入や支援がなされていないのが現状である．本節では筆者のうつ病治療の経験を元に，職場のメンタルヘルスと復職支援のあり方を提示し，考察する．

1. 職場のメンタルヘルス

　勤労者の精神疾患で最も多いのがうつ病といわれている．自殺者の多くはうつ状態またはうつ病といわれ，40～50歳代がもっと多い．精力的に働く時期だけに，職場のメンタルヘルスはわが国の社会を支えるという観点でも重要である．
　では，職場のメンタルヘルス事業として具体的にどのようなことが望まれるのかを考えてみる．
　現状では，発症し治療が行われるようになって初めて職場が従業員の精神疾患に気づく場合が多い．つまりは，職場での精神疾患の啓発，教育が不十分であることが言える．このような状況は精神疾患を見逃すだけでなく，正しい理解が普及していないために，偏見は払拭されず，休職者の復職後の職場環境としても望ましくない．改善をするためには周知徹底した予防対策がなされることが望ましい．

1）一次予防

　疾病の発生そのものを予防することで，精神疾患を起こさないようにすることが目標となる．そのためにはストレッサーとなる要因の分析と早急な改善，メンタルヘルスに関する教育が具体的項目として挙げられる．

・ストレッサーとなる要因

　精神疾患の発症には1つの要因によって引き起こされるのではなく，生物学的な要因，職場の環境，個人的な環境などいくつかの要因が絡み合っている場合が多い．人は1つのストレッサーに対しては何とか対処できるが，いくつかのストレッサーを同時に抱えた場合に精神的，生活の破綻を引き起こすことが多い．そのため職場の労働時間や勤務形態，職場の人間関係，業務内容など企業の努力で改善できることは，早急に取り除くことが望ましい．まずはこのような意識を持つことが一次予防につながる．

・メンタルヘルスに関する教育

　精神疾患は特別なことではなく，誰にでも起こる可能性があることを忘れてはならない．とかく特別なことと受け取られがちであるが，常にリスクは隣り合わせであるという認識から教育は始まる．
　筆者は企業の要請により，勤労者対象のメンタルヘルスについての講演を行うことが度々ある．メンタルヘルスの教育で大切なのは以下の2点を伝えることである．
　①うつ病などは誰にでも起こりうることで，精神疾患にかかる事は，不治の病にかかることではなく早期発見治療により治癒すること．
　②日々適切にストレス対処を行っていれば予防できること．
　最近は企業もこのような教育に関心を持ち，研修に取り入れているところが増えている．しかし，新人，管理職研修など節目に実施してい

るところが多く，日常のこととして行われることはまだ少ない．業務内で多くの人が参加できる時間を確保することは難しい．筆者はある地方自治体の要請を受けて，メンタルヘルスのランチョンセミナーを実施したことがある．昼休み1時間でお弁当を食べながら，精神疾患の知識や予防についてのレクチャーを行うものである．活発な質疑応答が交わされ，関心の高さを表していた．

このような取り組みの積み重ねが精神疾患に対する理解を促進し，身近なものとして捉え，偏見がすこしでも少なくなると考えている．

2) 二次予防

早期発見，治療，支援を行うこと．前述の教育が行き届いていると，早期発見は容易になるが，現実はそうはいかない．早期発見で大切なのは，教育で得た知識を利用し，常日頃からの自己チェックと他者チェックである．身体の健康診断にあわせて，心の健康診断も実施できると良い．

そして少しでも危険性がある場合は，相談できる専門家が身近にいることが大切である．実際には職場にそのような専門家がいない場合が多い．ここ数年で日本でも注目を受けているEAP（従業員支援プログラム）を導入するのも1つの手である．日本において企業の産業医や保健師はメンタルヘルスについて専門的な教育を受けてはいないことが多い．EAPはメンタルヘルスを専門に支援することを業務にしているので，外部のそのような期間と連携を取っておくことで，職場外ということから相談しやすいというメリットもある．

3) 三次予防

病気によって残存した障害を最小限にし，その制約のもとで充実した生き方ができるように支援すること．疾患や障害の程度を抑制することが可能になるため，これも予防活動の一環であると考えられる．またリハビリテーションとは機能回復訓練のことで，疾患などによって受けた障害を回復させ，障害が残ることを予防する活動といえる．うつの再発を予防し，職場復帰をする，また復職支援をするということがこれに当てはまる．このシステムが確立されていることが望ましいが，各企業により体制は千差万別である．次に復職支援のありかたについて示す．

2. 復職支援

休職者の復職支援は職場，本人，治療者の共同作業である．ここでの職場というのは，企業の従業員支援体制，上司や同僚，メンタルヘルス支援者などが含まれる．また本人といわれる中には時に家族も含まれるだろう．この3者が共に歩み寄らなければ，復職という作業は成立しない．

一般的にはうつ病に「頑張れ」というのは禁忌であるというのが教科書的回答である．しかし，実際には頑張らなければ復職は果たせない．タイミングよく頑張ること，これが復職の鍵である．休職が長引けば長引くほど復職は困難になる．体は回復していても，ブランクは喪失体験を強め，どんどん社会から逃避したい気持ちが強まっていく．周りの「あせらずゆっくり」という勧めにしたがって，長期休職したために，社会への参加の意欲を失い，退職を余儀なくされるケースもある．そのような残念な結果にならないためにも，早めの介入，質の良い休暇，適度なストレスとタイミングを逃さないリハビリテーションの開始が必要である．以下事例を提示し，復職支援の過程を具体的に示す．なお症例についてはプライバシー保護のため本質を損なわない範囲で変更を加えている．

3. 事 例

40歳代前半．男性．診断：うつ病．
【病　歴】　有名国立大学卒業後，某有名企業

に就職し，技術職につく．月平均140時間の超過勤務を5年間こなしていた．企業の業績悪化に伴い，部署の合併が行われ，同じくして課長職に昇進した．事業の縮小のため仕事量が少なくなり，超過勤務も激減した．この頃から疲労感，不安，抑うつを強く感じるようになり，休みは臥床していることが多く，遅刻や欠勤も目立つようになった．会社でめまいを起こすこともあり，身体的精査を受けるが異常はなく，上司に相談し，職場内の健康管理室を利用し，保健師の薦めで精神科クリニックを受診した．うつ病と診断され，薬物療法が開始され，主治医の薦めですぐに休職となった．単身生活であったため，地方に住む家族のもとに戻ることを勧められて，6カ月間休職した．

症状が軽減したために，保健師，上司と相談し，短縮勤務で復職をした．3カ月かけて徐々に勤務時間を延ばし，フルタイムになった．しかし，まもなく疲労感，抑うつ，不眠，めまいが出現し，欠勤するようになった．異変に気がついた上司より健康管理室に連絡が入り，EAPの産業カウンセラーが面接，アセスメントを行った．自宅では臥床傾向にあり，食事摂取も不定期で意欲の低下が顕著であった．また自責感が強く，希死念慮もあり，「課長として失格であるから，退職したい」ともらしていた．もはや勤務を続行できる状況にはなく，休職が再び必要であるとの判断がなされた．しかし前回の休職は半年にも渡りとられたにもかかわらずわずか3カ月での再発であったため，休職内容について十分に検討がなされた．その結果単身であることから，全般的な管理が可能な入院が勧められ，再発予防のために薬物療法だけでなく，認知行動療法が受けられる筆者の元で治療を受けることとなり，当院に初診となった．

初診時，入院治療に抵抗し，どうしていいのかわからず判断がつかない様子であった．しかし，前日希死念慮が強まり，横断歩道で自動車の前に飛び出そうとしたことを話したため，治療の必要性と入院で得られる効果，大まかな治療計画を話し，入院治療を強く勧め，本人同意の下入院となった．

【治療経過】

・薬の調整（入院～1カ月）．

入院時の精神症状として，不安，抑うつ，不眠，焦燥感，意欲低下，食欲不振，思考抑制，希死念慮を認めた．まずは精神症状の改善を図ることを第一の目標とした．前医からの処方は抗うつ剤が多剤併用となっていたため，SNRIの単剤とし，感情調整薬を投与し，上記の精神症状は改善していった．

・認知行動療法の開始（入院1カ月～2カ月）．

次に当初の目的であるうつの根源となっている非機能的な思考の変化を試みるために，週2回合計20回の認知行動療法を退院時までに実施した．

・非機能的な思考をモニターする

まずは思考のパターンをモニターすることからはじめ，実際にどのような時に非機能的な思考が湧き，行動を妨げているか，気分が落ち込むかを記録し，報告してもらうことからはじめた．当初は些細な出来事が本人の気持ちを大きく動揺させていた．たとえば看護師より薬を自己管理にしてはどうかと提案を受けると，「自分が迷惑をかけている」「見捨てられるのだ」と考え，自責感や孤独感を感じていた．モニターを繰り返すことでいかに気分の落ち込みに非機能的な思考が関わっているかを自覚していった．

・非機能的な思考の検証

特に「自分は迷惑をかけている」「価値がない人間だ」という思考は，気分の落ち込みや希死念慮と強く結びついていることがわかってきた．自分が会社で何回も部下や上司にわからないことを聞いてしまう場面があると，「管理職として人として失格であると他者に思われている」と強く感じていたという．本当に何回も聞くことが人として烙印を押されることにつながるのかどうかを，実際に何回も同じことを聞く

場面などを設定し，検証して言った．この作業により，自分を責める必要はないことを実感していった．

・行動計画と実施

復職を意識し，外出や課題を増やしていった．まずは毎日のノルマを設定し，実行した．体力づくりもかねて，一日5000歩の散歩を日課とした．しかし初日より炎天下で1万歩以上も歩き続け，筋肉痛になり頑張りすぎてしまったことで自己嫌悪を抱いていた．

しかし次の日も同じ課題を実施するように指示し，休ませることはしなかった．一週間ほど続くと本人なりにどのくらいの速さや歩数を歩くと自分の体がどうなるかという感覚をつかんで，自己調節できるようになっていった．これは退院まで続けられていた．

一日のスケジュールを作り，それに沿って生活することも行った．その通りに行かないときには焦り，臨機応変に変更することができないこともあったが，リズムを作るために重要であった．

・復職を意識しての入院時の復職プログラムの実施（入院2カ月～3カ月）

精神症状が安定し，思考の変化や行動が拡大されてきた時点で，EAPの産業カウンセラーと本人，治療者で3者面談を行い，状態の報告や会社の復職制度についての説明を受けた．復職プログラムは制度があるものの，まだ実際に使って復職を果たした社員がいないとのことであった．本人と治療者の希望としてはリハビリ出社を希望し，会社への交渉は産業カウンセラーが行うことになった．

復職時の活動量に近づけ，一日6時間を目安として作業，外出などを計画し，実施していくこととした．本来の業務が計画や立案など頭脳作業が中心であることから，一週間に2つのテーマを与え，レポートを作成し提出することと新聞社説の要約を毎日行うことを実施した．同時に通勤にも慣れるようにスーツを着用し，病院から会社近くまで行ってみることを重ねていった．2週間実施した後に，この結果を産業カウンセラーに報告した．また希望として出していたリハビリ出社は会社としては許可できないという返答があり，一日6時間以上の勤務が可能で，自宅から通勤できるようになってから復職してほしいという希望があった．精神症状は安定し，活動範囲も拡大していたことから，具体的な復職計画を立てた．またこの頃には遮断していた会社との連絡も再開し，上司の来所を希望し，本人，上司，治療者の3者面談を実施した．本人の状態を把握し，復職後の留意点を伝え，今後の連携についても確認した．

さらに会社までの往復通勤の練習や外泊もこなし，3カ月で退院となった．

退院後は2週間の経過観察を経て，産業医と面談をし，6カ月間の時間短縮勤務の後，フルタイムとなり，再発はなく現在も就業継続中である．

4. 事例から考える復職支援

1）復職までの治療

復職を目的とした治療は機能回復と心理的回復の両方を同時に行っていく必要がある．その流れをまとめると4つに区分して考えられる．

（1）急性治療期

精神症状の安定化を図ることが主眼となる．この時期は会社とのコンタクトも避け，必要最低限の対人関係と行動範囲に制限し，極力刺激を避け，安静を保つことが重要となる．このことにより，精神症状の悪化を防ぎ，機能回復を行う．

（2）安静期

希死念慮や思考抑制など重篤な精神症状が改善されてきた時期に，刺激を極力避けながら，自己を見つめる作業を行っていく．筆者は主に認知行動療法を技法として用いている．

非機能的な思考の傾向を見出し，思考と気分の関係を理解し，自己理解を深めていく．これにより，喪失体験を受容し，心理的傷つきの回

復を目指す．

（3）活動期

社会に近い状況に近づけ，刺激を徐々に増やし，機能と心理的回復の両方を目指す．活動の範囲を広げ，やらなくてはいけない事柄をこなしていく．この時期には本人，治療者共に復職を念頭におき，負荷をかけながら，本人はストレス処理の方法を学び，治療者は再発の予兆などをアセスメントすることが重要となる．またこの時期には会社との連絡も再開し，具体的な復職プランを作成しながら，レディネスを高めていく．

（4）維持治療期

社会の刺激を受けながら，再発を予防し，機能と心理的回復の両方を目指す．この時期は生活場面を以前の日常生活に戻していく．慣らし出勤やリハビリ出勤，復職の時期に相当する．新たな生活パターンを獲得する時期で，趣味や対人交流も徐々に行い，疾病により狭まってしまった活動範囲を戻していくことが出来るだろう．

2）復職支援におけるポイント

（1）復職プログラムの作成

復職が成功するためには，慣らし出勤が始まる前の復職プログラムの設定が重要である．機能回復と心理的回復の両方をリハビリテーションすることとなる．筆者は以下の点に気をつけてプログラムを提案している．

時間：拘束を受ける時間と自由な時間の両方を設けることが重要．正規の労働時間を最終目標とし，徐々に増やしていく．最低でも3時間の連続行動が持続して行えることを目安としている．ここでダウンしてしまうようであれば，復職は時期尚早である．

課題：本来の業務に近い内容を設定することが望ましい．頭脳労働か肉体労働なのかによっても設定する内容は異なる．基本的には基礎体力をつけるものと業務内容に近いものと毎日日課として行うものとの3種を入れることが望しいと考えている．

対人関係：対人交流の拡大，再構築は復職支援を行う上では欠かせない．今まで連絡を取っていなかった友人との交流や家族とのコミュニケーションを増やす，会社での人間関係の内容を見直し，改善していくなどである．そのための対人関係訓練なども導入することの効果的である．

（2）段階的な復職

復職は段階的行うことが重要である．半日程度の勤務から徐々に勤務時間を延ばしていく復職後もすぐに元の業務に戻るのではなく，数カ月をかけて業務負荷を徐々に増やしていくなど，完全復帰まで時間をかけることがポイントになる．しかし，現状はこのような慣らし出勤が出来ない企業もあるが，最低限業務の負荷を減らしてもらうなどの調整は必要である．

（3）現職復帰

基本的には現職復帰を目指すことが望ましい．環境の変化は出来るだけ少ない方が適応は早いからである．しかし，時折本人を思って業務の負荷が少ない部署への転属を提案されることがある．これを受け入れて上手く行くのは，休職期間が2年以上と長期化している，本人が職場でのトラブルを起こし，休職にいたっている場合などである．その他は左遷と受け取って状態を悪化させることにもなる場合がある．

（4）キーパーソンの明確化

先に記したように，復職は職場，本人，治療者の共同作業となるため，関わる人が多くなる．船頭多くして船山に上るということになってしまいかねない．そのため，誰が復職に関しての統括プランナーとなるかを事前に明確にしておくことが大切である．また三者での面接も必ず実施し，共通の理解を持って進めていくことが肝要である．

（5）職場の人が正しい疾病の理解を得る機会を持つ

復職者への対応は，とかく腫れ物に触るようになりがちである．必要以上に病人として扱わ

ず特別視もしないように，病気の説明や対応について身近な人に説明できる機会を作ることは職場環境を整えるという意味で重要である．

(6) 職場の支援

本人への支援はもちろんのこと，復職支援をする非専門家を支えることも重要なポイントである．復職後本人の様子や対応で相談したいことがあったときに，誰に言えばいいかという体制を整えておくことは，職場を支援することとなる．

5. まとめ

職場においてうつ病はとかく特別視されやすく，どうしていいのかわからないという声をよく耳にする．また企業のメンタルヘルス従事者もうつ病といえば「休め」「ゆっくり」「あせらず」「がんばるな」と連呼しているように思われる．しかし，それでは社会復帰は果たせない．休ませることも必要であるが，どうがんばらせるかということが重要なのであって，そのノウハウが蓄積されて，様々な事例に活用されることが望ましい．うつの復職支援はまだまだ未知数で今後の実践の積み重ねにより，現実的で効果的な復職支援プログラムが普及していくことを切に願う．

参考文献
1) 島　悟，佐藤恵美：精神障害による疾病休業に関する調査．産業精神保健 12：46-53, 2004.
2) ジャパンEAPシステムズ・編：EAPで会社が変わる！人事部・管理職のためのメンタルヘルス対策．税務研究会出版局, 2005.

第7章

ジョブコーチ

第1節 援助付き雇用

　援助付き雇用（Supported Employment）とは，米国において1986年に制度化された障害のある人に対する就労支援の方策である．援助付き雇用には，「理念」，「制度」，「方法と技術」の3つの側面があるが，本節においては「理念」と「制度」について概説し，次節において援助付き雇用を実践するためのジョブコーチの方法と技術に焦点を当てることにする．

1. 米国における援助付き雇用

1）米国における援助付き雇用の定義

　我が国でジョブコーチという言葉が知られるようになったのは，米国において，1986年リハビリテーション改正法[1]により，「援助付き雇用（Supported Employment）」が制度として誕生したことによる．このリハビリテーション法の改正で，表7.1に示す4点が「援助付き雇用」の要素として定められた．これらの要素をすべて満たし，州の職業リハビリテーション行政と契約を交わしたサービスに対して，連邦政府および州政府から公的に費用が支出されることになった．

2）援助付き雇用の理念

　従来の職業リハビリテーションの方法は，職業評価によって，障害のある人に能力が不足している部分を明らかにし，職業（前）訓練により能力を一定水準に高め，その後，職業紹介を通して就職につなげる，つまり職業評価と職業（前）訓練によって「職業準備性（Vocational Readiness）」を高めることを重視したものであった．このようなプロセスを典型とする職業リハビリテーションを「レディネスモデル」という．このレディネスモデルの職業リハビリテーションは，身体機能を主障害とする人には一定の成果を上げてきたが，知的障害，精神障害，高次脳機能障害など，訓練で習得したことを実際の職場で応用することが困難な障害特性をもつ人の場合には，限界があることが明らかになってきた．

　これに対して援助付き雇用では，まず障害のある人に適した仕事を見つけて就職斡旋を行い，その職場にジョブコーチと呼ばれる専門職員が出向き，一定期間職場の中で支援を行う．そして，障害のある人の自立度が高まり，職場の受け入れ体制が整うにつれて，徐々に職場で

表7.1　1986年リハビリテーション法による援助付き雇用の4要素

①重度障害のある人が対象
　　対象はこれまで就職が困難であった，あるいは就職しても安定した継続が困難であった重度障害のある人．
②競争的な仕事（Competitive Work）
　　仕事は公正労働基準法に基づく仕事で，フルタイムか，パートタイムであっても週20時間以上の仕事でなければならない．
③統合された職場環境（Integrated Work Setting）
　　職場は障害のある人と障害のない一般従業員が日常的に接することができる社会的に統合された環境でなければならない．
④継続的支援（On-going Support Services）
　　就職後の雇用期間中，職場における少なくとも月2回の継続的・定期的な支援サービスが提供されなければならない．

の支援を減らしていく．そして，障害のある人が自立して働ける状態になった後も，定期的に職場を訪問するなどのフォローアップを行う．このようなタイプを「援助付き雇用モデル」，または「ジョブコーチモデル」という．

「就職前の特別な環境における訓練」から「就職後の職場における継続的支援」へ．援助付き雇用は，職業リハビリテーションの方法に大きなパラダイムの転換をもたらした．

3）対象者の状況

米国において，援助付き雇用によって就労している障害のある人の数は，援助付き雇用が制度化された1986年には約9800人．それが約10年後の1997年には15万人以上，さらに2002年には30万人以上と増加を遂げている（図7.1）[2]．障害の種類は，知的障害の61.5%がもっとも多く，精神障害が26.0%．知的・精神的機能に障害のある人の割合が圧倒的に多く，判断や応用力などの問題から，就職後にも継続的支援を必要とする人々が援助付き雇用の中心的利用者となっている（図7.2）．知的障害のある人の障害程度については，軽度69%，中度29%で，利用者の大半が占められており，重度障害のある人は対象の2%にとどまっている（図7.3）[3]．

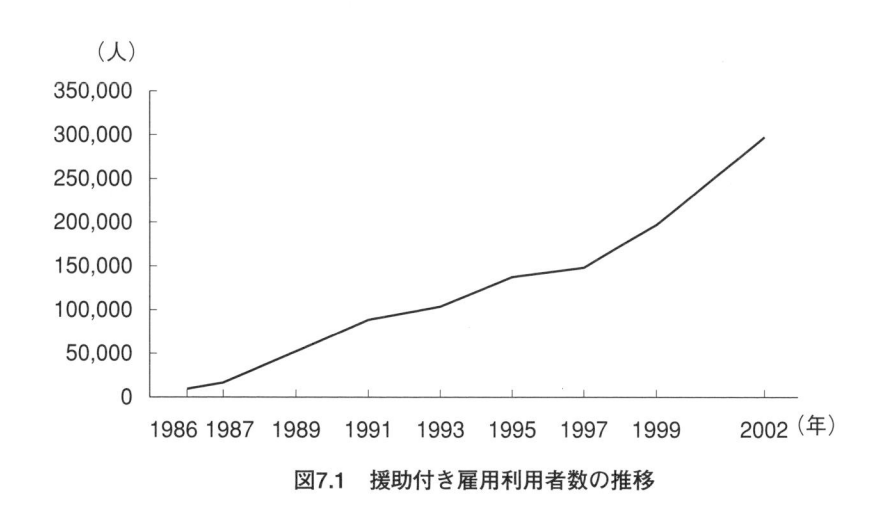

図7.1 援助付き雇用利用者数の推移

図7.2 援助付き雇用利用者の障害種

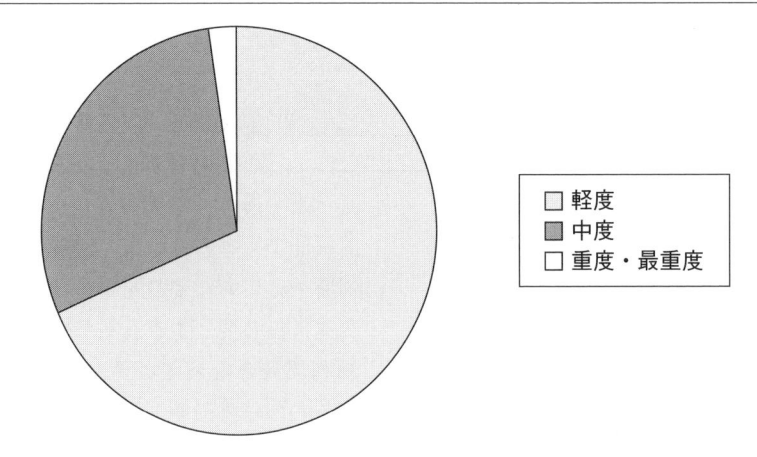

図7.3 援助付き雇用利用者の障害程度（知的障害）

4）援助付き雇用の専門職

援助付き雇用において，職場に出向いて支援を行う職員のことを一般に「ジョブコーチ（Job Coach）」と呼ぶ．米国においてもジョブコーチに公的資格制度はなく，ジョブコーチの任用基準は，原則としてサービス提供機関に委ねられている．「ジョブコーチ」は，わが国でいえば「支援員」や「ケアワーカー」のような一般呼称であり，「社会福祉士」や「理学療法士」のように名称独占や業務独占を伴う資格ではない．したがって，サービス提供機関によって異なる呼び方をしているところもある．ジョブコーチの仕事には様々な内容が含まれるが，大きく以下のようなタイプに分けることができる[4]．

(1) 広義のジョブコーチ（雇用専門家：Employment Specialist）

アセスメント，職場開拓，職場における集中的支援，企業・家族・関係機関との調整など，援助付き雇用のプロセス全般を役割範囲とする考え方である．このようなジョブコーチは，高度で広範囲の専門性が必要であることから「雇用専門家（Employment Specialist）」と呼ぶことがある．

(2) 狭義のジョブコーチ（ジョブコーチ：Job Coach，ジョブトレーナー：Job Trainer）

ジョブコーチの仕事を職場内での支援に限定する考え方である．このような狭義のジョブコーチは，実際には雇用専門家のスーパーバイズの下で現場の実務を担うことが多い．仕事の訓練のみに役割を限定する場合には，「ジョブトレーナー（Job Trainer）」という呼称を用いることもある．

(3) その他

広義のジョブコーチや狭義のジョブコーチの他に，職場開拓だけを行う「職場開拓専門員（Job Developer）」，通勤の訓練だけを行う「通勤訓練専門員（Transportation Trainer）」，フォローアップだけを行う「フォローアップ専門員（Follow-up Specialist）」など，さらにプロセスを細かく分けて，それぞれの専門職が分担する方法をとることもある．

5）米国の職業リハビリテーションシステム

連邦政府において職業リハビリテーションを管轄する行政機関は，米国教育省の特殊教育・リハビリテーション部であり，さらに州政府においても職業リハビリテーションを管轄する部署が設置されている[5]．ヴァージニア州を例に

取ると，州都リッチモンドにリハビリテーション部の本部が置かれ，州全域に43の地方事務所が設置されている．ヴァージニア州の人口は約700万人であり，単純計算で人口16万人につき1カ所の地方事務所があることになる[6]．

地方事務所においては，州公務員であるリハビリテーションカウンセラーがサービス提供の相談，計画及び調整の実務を担当する．リハビリテーションカウンセラーは，職業リハビリテーションを希望する障害のある人に対して，面接や職業評価などを通して，個別就労支援計画（IPE：Individualized Plan for Employment）を作成する．個別就労支援計画とは，公的な職業リハビリテーションのサービスメニューの中から，「どのようなサービスを」，「どのような到達目標のために」，「どの程度の期間提供するか」などを定めるものであり，援助付き雇用は，リハビリテーションカウンセラーが個別支援計画に盛り込むことのできるサービスメニューの1つである[7]．

6）ジョブコーチが所属する組織・機関

地域において実際に援助付き雇用のサービスを提供する機関，すなわちジョブコーチが所属する機関の多くは民間非営利組織である．ジョブコーチによる就労支援は，地方事務所が直接ジョブコーチを雇用してサービス提供する場合もあるが，ほとんどの場合，州の職業リハビリテーション部と契約した非営利組織にジョブコーチ支援が委託され，非営利組織のジョブコーチが直接支援を担当することになる．

援助付き雇用が発展した背景には，シェルタード・ワークショップ（日本の授産施設・福祉工場に相当）やデイ・アクティビティセンター（日本の作業所等に相当）など，従来は施設内サービスを提供してきた非営利組織が，援助付き雇用の制度化によって，従来の施設内サービスにジョブコーチ事業を付加したり，全面的に機能を転換するなどして，就労支援の基地へと機能転換したことがある．近年では，援助付き雇用だけを実施する機関，リハビリテーションセンター，知的障害や精神障害の総合支援機関，自立生活センターなど，多様な機関が援助付き雇用のサービス提供機関として機能している．

7）援助付き雇用の流れ

援助付き雇用にはさまざまな流れがあるが，ここでは典型的な例を通して，ジョブコーチによるサービスが開始されるまでのプロセスを説明する．

（1）インテーク

障害のある人がジョブコーチを利用して就職を希望する場合，まず，州の職業リハビリテーション部の地方事務所を訪れ，リハビリテーションカウンセラーと面接相談を行う．リハビリテーションカウンセラーにより，障害のある人のニーズやサービスの適格条件が検討され，どのようなサービスが適しているかが判断される．

（2）サービス提供機関の決定

援助付き雇用が適切なサービスと判断された場合，次にどの民間非営利組織を利用するかが検討される．障害のある本人の希望，家族の意見，地域的な利便性，民間非営利組織の特徴などが考慮され，委託契約を交わしている非営利組織の中から実際にサービス提供を行う組織が決定される．

（3）個別就労支援計画の作成

同時にリハビリテーションカウンセラーは，就労を希望する本人，家族，支援に携わるジョブコーチなど，関係者全員と相談をしながら個別就労支援計画（Individualized Plan for Employment）を作成し，会議を招集して合意を確認する．個別就労支援計画には，支援内容，ジョブコーチの役割，具体的な目標，支援期間，定期的な支援の見直しやケース会議の日程などが盛り込まれる．

（4）サービスの開始と監督

実際に支援が開始されると，ジョブコーチに

よる日常的支援は事業委託を受けた民間非営利組織に委ねられる．リハビリテーションカウンセラーは，非営利機関からの定期的な報告を受けて支援内容を監督し，必要に応じて巡回指導などを行う．リハビリテーションカウンセラーの役割は，ジョブコーチと日常の報告やケース会議を通して支援の進捗状況を把握し，状況の評価と見直しを行い，そして支援の終了まで全体のプロセスを管理することである[8]．これ以降のジョブコーチによる支援プロセスについては，第2節において詳細に述べる．

2. わが国における援助付き雇用

米国における援助付き雇用の発展や我が国での実践の成果を踏まえ，近年，我が国においても様々な就労支援事業にジョブコーチが取り入れられるようになってきている．援助付き雇用には，前述のように「理念」，「制度」，「方法と技術」という3側面があるが，ここでは「制度」の観点から，国の事業，地方自治体等の事業に分けて，我が国の援助付き雇用の実態を整理していきたい．

1) 国のジョブコーチ事業

2002（平成14）年度の「障害者の雇用の促進等に関する法律」の改正により，我が国の「援助付き雇用」とも言われる「職場適応援助者（ジョブコーチ）事業」が誕生した．

この制度によるジョブコーチは，2005（平成17）年度の改正により，①障害者職業センター所属のジョブコーチ，②社会福祉法人等に所属するジョブコーチ，③企業等の従業員が行うジョブコーチ，の3種類となった．障害者職業総合センターに所属するジョブコーチは，各都道府県の障害者職業センターに数人のジョブコーチが配置されている．社会福祉法人等のジョブコーチは，第1号職場適応援助者と呼ばれ，一定条件を満たした社会福祉法人等に所属するジョブコーチ（第1号職場適応援助者）が，障害者職業センターが認める支援計画に基づいてジョブコーチ支援を行った場合，第1号職場適応援助者助成金が支給される仕組みである．企業に所属するジョブコーチは，一定の要件を満たした事業所におけるジョブコーチ（第2号職場適応援助者）が，障害者職業センターが認める支援計画に基づいて，新規に雇用した障害者に対して援助を行った場合，その支援に対して第2号職場適応援助者助成金が支給される．

2006（平成18）年4月の時点で，全国で障害者職業センターのジョブコーチが304人，社会福祉法人等のジョブコーチが407人，企業等のジョブコーチが15人である．2005年度における実績は，支援対象者数が3,050人で，支援終了後の職場定着率は，終了後6カ月の時点で83.6％となっている．この職場適応援助者事業の下で活動するジョブコーチは，高齢・障害者雇用支援機構が実施する研修，または厚生労働大臣が定める職場適応援助者養成研修を修了することが必要であるが，それらは本事業では求められている要件であって，ジョブコーチの名称や業務独占に関わる資格ではない．

2) 地方自体等のジョブコーチ事業

国の制度の他に，わが国のジョブコーチは，さまざまな地域，さまざまな行政単位で多様な展開を見せており，近年では，都道府県，政令指定都市，市町村を含む地方自治体の就労支援事業が積極的にジョブコーチの方法論を取り入れるようになってきている．都道府県単位ではジョブコーチの養成研修事業やジョブコーチの派遣事業が散見されるほか，いくつかの政令指定都市においては市単独の就労支援事業にジョブコーチを配置して実績を上げている．

元来ジョブコーチは，福祉施設等における利用者の就労移行支援を通して草の根的に発展してきた経過があることから，上記の公的事業の他，民間においても，授産施設，更生施設，地域作業所，またはNPOなどが独自に行ってい

る就労支援事業にジョブコーチ支援の試みが見られている．

文　献

1) Virginia Commonwealth University Rehabilitation Research and Training Center：Rehabilitation Act Ammendments of 1992 (P.L. 102-569)：Supported Employment Definitions.
http：//www.vcu.edu/rrtcweb/techlink/iandr/supempl/definitions.html（on-line, 2002）

2) Kregel J：Employers as Partners：A Changing Mission for Supported Employment and Vocational Rehabilitation. 日本職業リハビリテーション学会第29回大会基調講演配布資料．2001.

3) Virginia Commonwealth University Rehabilitation Research and Training Center：Supported Employment Handbook. 1997.

4) 小川　浩：ジョブコーチとは（ジョブコーチ入門）．エンパワメント研究所，2001, pp19-20.

5) 柴田珠里：米国のサポーテド・エンプロイメントと職業リハビリテーションシステム，平成13年度厚生科学研究報告書ジョブコーチによる地域就労支援のあり方とジョブコーチの人材養成に関する研究（主任研究者小川浩）．2002, pp12-24.

6) Virginia Department of Rehabilitative Services：DRS Community Offices.
http：//vadrs.org/Regions/COMMUNITY%20OFFICES.htm（on-line, 2001）

7) 小川　浩：サービス提供機関の決定（ジョブコーチ入門）．エンパワメント研究所，2001, pp14-15.

8) Virginia Department of Rehabilitative Services：Guidelines for Provision of Supported Employment Services and Job Coach Training Services.
http：//vadrs.org/essp/downloads/SEQuide.doc（on-line, 2002）

第2節　ジョブコーチの方法と技術

1. ジョブコーチの役割範囲

ジョブコーチは「職場における支援」を行うものと誤解されがちである．しかし，実際の就労支援では，アセスメントからフォローアップに至るすべてのプロセスを計画，実行，管理することが必要となる．以下では，「広義のジョブコーチ」と「狭義のジョブコーチ」の2種類に分けてジョブコーチの役割範囲を整理する．

1）広義のジョブコーチ

「職場における支援」を行うことができ，かつ，インテークからフォローアップに至る就労支援プロセス全体を計画・管理できる人材を，ここでは「広義のジョブコーチ」と呼ぶ．米国では，一般に「雇用専門家（Employment Specialist）」と呼ばれる立場である．米国では，サービス提供機関の管理的立場にあるスタッフがこの役割を担う．我が国の「職場適応援助者（ジョブコーチ）事業」においては，障害者職業センターの障害者職業カウンセラーがこの役割に近いが，2005（平成17）年度の制度改正によって，福祉施設等の第1号職場適応支援者にも支援プロセス全体を管理する役割を求められるようになった．地方自治体等の就労支援事業等においては，事業の中核を担う常勤職員がこの役割を担当することが多い．

2）狭義のジョブコーチ

広義のジョブコーチの下で，主に職場における支援に限定した役割を持つ職員を，ここでは「狭義のジョブコーチ」と呼ぶ．米国では「雇用専門家」に対して，「ジョブコーチ」や「ジョブトレーナー」等と呼ばれる立場である．我が国の「職場適応援助者（ジョブコーチ）事業」では，従来は「配置型ジョブコーチ」や「協力機関型ジョブコーチ」がこれに相当していたが，前述のように2005年度の制度改正で，その役割は若干拡大された．地方自治体等の就労支援事業においては，この役割には非常勤待遇の職員が充てられることが少なくない．

3）就労支援のチーム

ジョブコーチの方法論を取り入れた就労支援事業では，広義のジョブコーチと狭義のジョブコーチをバランス良く組み合わせてチームを構成することが必要である（図7.4）．狭義のジョブコーチだけの就労支援事業では，アセスメント，職場開拓，ジョブマッチング，フォローアップなどを計画的に行うことが困難である．計画性が乏しい支援では，次から次に問題の対処に追われてしまうことが多く，成果を上げることが難しい．現場の実務経験を積んだ広義のジョブコーチを中心とし，そのスーパーバイズの下で，複数の狭義のジョブコーチが機能するチーム構成が望ましい．

2. ジョブコーチの概念の変化

米国におけるジョブコーチの発展経過を振り返ると，ジョブコーチの役割や概念は実践を通して随時変化してきている．就労支援の実践には，地域の特性，障害のある人の特性，職場の特性，支援者の特性などが関連するため，それらに柔軟に対応できるよう，ジョブコーチの役割や概念は固定的に考えない方が良い．ここでは代表的な3つのモデルを通してアプローチの違いを整理していく．

1）ジョブコーチ・モデル

仕事の支援を中心に，ジョブコーチが障害の

```
広義のジョブコーチ          ・アセスメント
(Employment Specialist)    ・支援計画(プランニング)
                           ・職場開拓
                           ・ジョブマッチング
                           ・職場における支援
                           ・雇用主との調整
                           ・関係者(機関)との調整
狭義のジョブコーチ  狭義のジョブコーチ   ・フォローアップ
(Job Coach)    (Job Coach)

                           ・(ジョブマッチング)
                           ・職場における支援
                           ・(雇用主との調整)
```

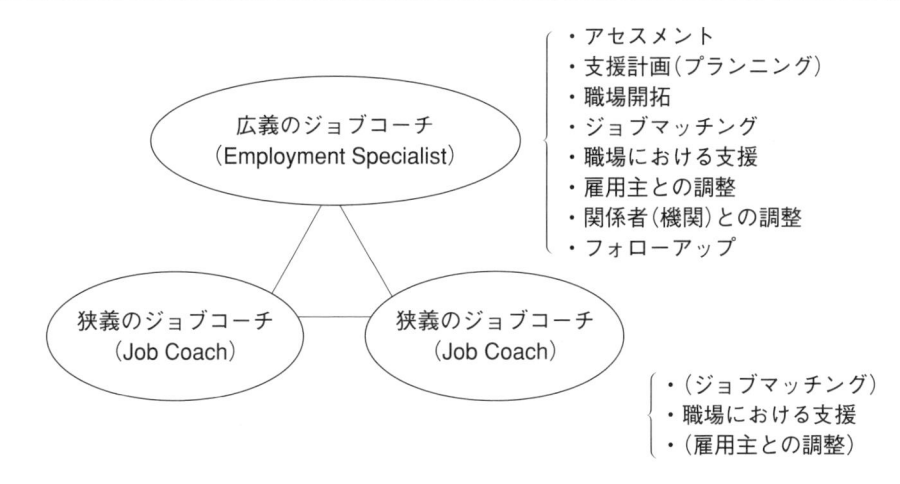

図7.4　広義のジョブコーチと狭義のジョブコーチの役割範囲

ある人を直接支援することを重視した考え方である．ジョブコーチのもっとも古典的なモデルといえる．重度の障害のある人を支援する場合，事業所の支援体制が整っていない場合，職場のアセスメントが不十分な場合などは，このモデルを用いることが適切である．ただし，ジョブコーチが直接支援を行い過ぎると，障害のある人も事業所も，ジョブコーチに依存してしまう傾向がある．そして，ジョブコーチに依存した関係が生まれてしまうと，ジョブコーチは職場から退くことが困難になってしまう．したがって，ジョブコーチは次に述べるナチュラルサポート・モデルを常に念頭に置き，できるだけ早期にジョブコーチ・モデルからナチュラルサポート・モデルへと移行することが望ましい．

2) ナチュラルサポート・モデル

ジョブコーチ・モデルでは，ジョブコーチが直接支援を行うことで，一般の従業員が障害のある人と接する機会を奪ってしまい，その結果ナチュラルサポートが育ち難いという弊害があった．そこで，一般従業員による関わりを一層重視した考え方として，ナチュラルサポート・モデルが提唱されるようになった．ジョブコーチは直接支援を最小限にとどめ，従業員が障害のある人と接することを側面的に支援するのである．

実際には，障害が軽度の場合にはナチュラルサポート・モデルが通用するが，知的障害が重度であったり，自閉症や高次脳機能障害など，障害特性が複雑な場合には，ジョブコーチ・モデルからスタートして，徐々にナチュラルサポート・モデルに移行していくなど，両者のバランスを取って実践を行うことが必要となる．

3) コンサルティング・モデル

特例子会社など，従業員規模の大きい事業所が，企業内部で体制を整えて障害者雇用に臨む場合，ジョブコーチという外部からの支援者の役割は少なくなり，専ら事業主及び従業員に対する助言が支援の中心となる．ナチュラルサポート・モデルとの明確な区別は難しいが，コンサルティング・モデルにおいては，より職場における支援が少なくなり，障害者雇用の進め方，職務再構成のアイデア，障害者の雇用管理の仕方，従業員研修のあり方等，アドバイス中心の間接支援が中心となる．

3．ジョブコーチの支援プロセス

ジョブコーチによる就労支援は，事例によって多様な経過を辿るが，ここでは典型的なプロセスを挙げ，各段階の概要について述べていく．

1）インテーク・アセスメント

(1) 障害のある人のアセスメント

ジョブコーチが障害のある人と最初に接するのは，通常，就労支援機関等でのインテーク面接である．この段階では，面接や書類などを通して基礎情報を収集し，すぐにジョブコーチによる就労支援を開始すべきか，就労支援の前に評価や準備訓練を一定期間行うべきかなど，大雑把な計画を立てる．

ジョブコーチの方法論では，評価や準備訓練の期間をむやみに長引かせることは避けるべきであるが，福祉施設の作業場面，及び障害者職業センターの職業準備訓練等を活用し，評価及び準備訓練を行うことは有効である．

知的障害や精神障害のある人の場合，面接，作業テスト，定型的な作業場面等では，実際の職場で発揮される能力を予測することには限界がある．そこでジョブコーチの方法論では，職場実習を通した行動観察によるアセスメントを重視する．つまり，就職を前提としない評価目的の職場実習を行い，そこにジョブコーチが付き添って，行動観察を通して障害のある人のアセスメントを行うのである．緊張感，従業員との人間関係，多様な仕事，忙しさ，暑さ寒さ等．本物の職場でしか得られない環境要因との関わりの中で，障害のある人の行動特徴を把握し，支援が必要なポイントを明らかにする．

(2) 職場のアセスメント

従来の職業リハビリテーションでは，評価の対象は障害のある人であり，その能力や特性を明らかにすることに重点が置かれていた．ジョブコーチの方法論では，障害のある人が働く職場もアセスメントの対象となる．職場のアセスメントは，企業担当者からの聞き取りや職場見学を通して簡易に行うこともできるが，障害のある人が働く前に，ジョブコーチ自身が実際に仕事を体験することが理想的である．数日間，ジョブコーチが体験的に働くことを通して，職場の物理的環境，従業員の状況，仕事の内容，職場のルール，職場の文化や雰囲気などを詳細に把握する．アセスメント情報を整理する手法としては，物理的環境や人的環境をマップに表す（図7.5），仕事の全体の流れを業務分析表に表す（表7.2），仕事の手順を課題分析表に表す（表7.3），などの方法がある．

2）職場開拓とジョブマッチング

ジョブコーチは，直接的，間接的に職場開拓

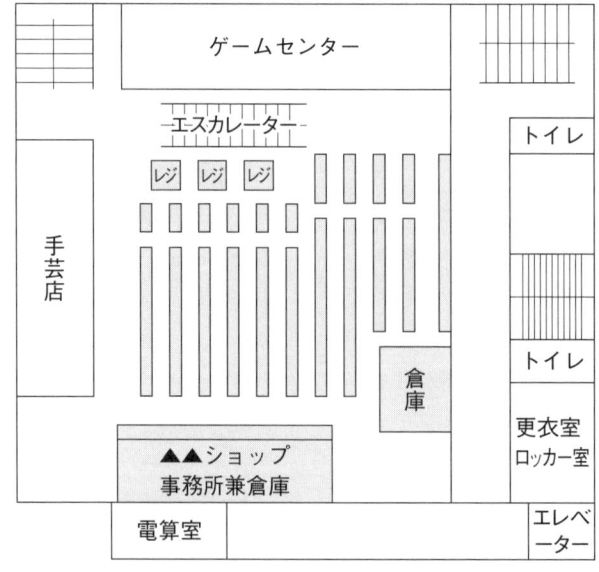

図7.5　ある小売店の物理的環境マップ

表7.2　業務分析表

時間	スケジュール	備考
9:45	店内のモップがけ	・月・水・金曜日は食品の納品
9:55	レジにお金の補充	
	レジ前で朝礼	
	従業員から全体にアナウンス	
	従業員から作業及び作業場所の指示	
10:00	開店	・雑貨の商品が納品されるまでは商品の前だしと補充作業
11:00	遅番の従業員が出勤	
12:00	雑貨が次々と納品→検品→品出し	・食品が納品される日は雑貨の品出し人数が少ない
	交代で昼休み（1時間）	
13:00	昼休み（1時間）	・エプロンを脱ぎ，ショッピングセンターの休憩室で休む
	従業員指示でダンボール（カゴ車）のゴミ捨て	・月・水・金は食品分が加わるので増量
17:00	退勤	

表7.3　ある小売店の課題分析表

①	従業員に指示された棚に行く．
②	右上の棚から商品を前進させる．
③	右上から1つずつ商品を取る．
④	クロスで拭く．
⑤	シールを正面にして棚にもどす．
⑥	③〜⑤を繰り返す．
⑦	下の棚に移動する．
⑧	すべての棚が終ったらチェックシートに記入する．
⑨	従業員に終了の報告をする．

を行うことが多い．公共職業安定所と連携して求人情報を取得したり，企業と直接接触して雇用可能性のある事業所を掘り起こすなどの活動がジョブコーチの役割範囲に含まれる．ジョブコーチには，リハビリテーションや福祉の専門性に加え，企業の価値観や文化を理解し，障害者雇用に取り組む企業の不安や困難を共有して解決策を提案できるよう，ビジネスに関する知識とセンスが求められる．

障害のある人の特性と，職場の特性とを結びつける作業を「ジョブマッチング」という．ジョブコーチの方法論では，支援プロセス全体を通して，ジョブコーチが企業と交渉してジョブマッチングを作っていくことが大切である．適切なジョブマッチングを作ることができるかどうかで，支援の成否は50％が決まると言っても過言ではない．ジョブマッチングには，職場全体とのマッチング，仕事とのマッチング，人的環境とのマッチング，労働条件とのマッチングなど，さまざまな視点がある．

仕事とのマッチングに関しては，既存の仕事に障害のある人を当てはめるだけでは，なかなか適切なマッチングは生まれない．障害のある人の特性に合わせて，苦手な一部分を担当の仕事から外す，得意な小さな仕事を集めて担当の仕事を構成する，1つの仕事を複数の障害者で

担当する，今まで行われていなかった仕事を見つけて新たに仕事を作り出す，などの職務再設計をジョブコーチと事業所が協働で行うことが重要である．

3）職場における集中支援

ジョブコーチは職場において，障害のある人の就労継続に必要な様々な支援を提供するが，それらを整理すると，①心理的サポート，②ナチュラルサポートの形成，③社会的側面の支援，④ジョブマッチングの再調整，⑤仕事の自立支援，⑥フェイディングとフォローアップの準備，の6つの柱に分けることができる．この他，事業所との調整，関係機関との調整，家族との調整などの「調整業務」も大きなウェイトを占める．さらに金銭管理，余暇等を含めた生活面のサポートも重要であるが，1人のジョブコーチが全てを担うのではなく，関係機関・関係者との連携の中で対応していくことが必要である．

（1）心理的サポート

障害の有無にかかわらず，人が新しい職場に適応するには困難が伴う．新しい職場に慣れるまでの期間，分からないことを気軽に聞くことができる，休憩時間などに話し相手になってくれる等，安心できる存在がいることは，職場への適応を容易にする．ジョブコーチの初歩的な役割は，「安心できる存在」として障害のある人を心理的に支えることである．

しかし，ジョブコーチの役割の中で心理的サポートが強調され過ぎると，「障害のある人の面倒を見る人」というイメージで，障害のある人も企業もジョブコーチに依存してしまうことになる．ジョブコーチがいつまでも心理的サポートを続けるのではなく，企業の従業員が障害のある人を支えられるよう，役割の橋渡しをする意識が大切である．

（2）ナチュラルサポートの形成

「ナチュラルサポート」とは，一般の従業員が障害のある人の就労継続に必要な手助けを行うことを意味する．ジョブコーチの最も重要な役割は，自分がいなくなった後，従業員に支えられて障害のある人が働き続けられるよう，障害のある人と従業員との良好な関係を構築することである．

ナチュラルサポートには大きく分けて2種類がある．1つは，慣れることによって「従業員が自然に，自発的に行うサポート」である．もう1つは，どのような手助けが必要かをジョブコーチが具体化して従業員に依頼することによって，「従業員が意図的に行うサポート」である．「従業員が自然に，自発的に行うサポート」は，時間の経過，職場全体の余裕，障害のある人の性格，従業員の性格等の影響を受ける不安定な側面がある．一方，「従業員が意図的に行うサポート」は，ジョブコーチが適切にアセスメントを行い，事業所と調整することによって安定した手助けを構築することができる．ナチュラルサポートはナチュラル（自然）に生まれるものではなく，ジョブコーチが支援によって意図的に生み出すものと考えた方が良い．

（3）社会的側面の支援

職場には様々な社会的ルールがある．その中でも，明文化されていない「マナー」の理解が障害のある人には難しい．職場での社会的ルールを分かりやすく教えると共に，障害のある人が適切に行うことが難しいものについては，従業員側に理解を求めて調整を行う．

社会的側面の支援の中で，通勤支援が重要になることもある．公共交通機関を利用して適切な時間に出社できるよう，初期に通勤支援を集中的に行うことも大切である．

（4）ジョブマッチングの再調整

ジョブコーチの役割としてジョブマッチングの調整が重要であることは既に述べた．ジョブマッチングの調整は，職場開拓の段階や，職場のアセスメントの段階のみで終了するものではなく，障害のある人が就労している間，必要に応じて続くものである．障害のある人が働き始めてからも，仕事の内容の変化，仕事の要求水準の変化，障害のある人の能率・能力の変化，

等を受けて，ジョブマッチングを常に調整していくことが必要となる．

（5）仕事の支援

ナチュラルサポートを重視する場合，原則として直接仕事を教えるのは従業員を中心とし，ジョブコーチは側面的に支える立場を取る．従業員が仕事を教えても障害のある人が理解できる場合は，敢えてジョブコーチが仕事を教える必要はない．ジョブコーチは障害のある人と従業員の関係を見守り，必要に応じて助言を行えばよい．

一方，重度の知的障害，自閉症，高次脳機能障害など，障害の特性から一般従業員が直接仕事を教えると混乱が予測される場合には，ジョブコーチが仕事を教える必要性が出てくる．最初はジョブコーチが直接仕事を教え，従業員には間接的に関わってもらいながら，障害のある人が自立するにつれて直接対応する役割を従業員に移していくことが必要となる．

したがって，ジョブコーチは重度の障害のある人に対して，わかりやすく仕事を教える技術を身につけていることが必要である．ジョブコーチが仕事を教える技術として知られるのが「システマティック・インストラクション」である．ジョブコーチが職場のアセスメントを通して業務分析や課題分析を作成しておき，言語指示，ジェスチャー，モデリング，手添えの4階層の指示を組み合わせて，最小限必要な手助けを用いることによって，短期間で自立に導く系統的な教授法である．

（6）フェイディングとフォローアップに向けた準備

障害のある人の仕事の自立度が上がり，従業員によるサポート体制も整理されたら，ジョブコーチは職場にいる時間を少しずつ減らし，最終的には完全に職場から退く．ジョブコーチの支援は突然終わるのではなく，音楽が消え入るように漸減させていくので，このプロセスを「フェイディング」と呼ぶ．「フェイディング」は狭義にはジョブコーチが職場で支援する時間を減らすことを意味するが，広義にはジョブコーチが支援の量と質を減らすプロセス全体を意味する．ジョブコーチが職場に入ったその時から，広義のフェイディングは始まる．ジョブコーチは直接的支援を最小限にとどめ，ナチュラルサポートを形成し，短期間で自立に導かなければならない．

効果的なフォローアップが行えるかどうかは，集中支援のフェイディング期に，フォローアップで何を把握すべきかのポイントを明確にできるかどうかが影響する．キーパーソンは誰か，仕事の内容や量はどのように変化するか，人事異動はどのような時期にあるか，ミスを起こしやすい仕事は何か，などを事前に明確にしておくことによって，フォローアップの時に「何か問題はないでしょうか？」といった漠然とした状況把握ではなく，「～についてはどうですか」といった具体的な状況把握を行うことができるようになる．

4）フォローアップ

フェイディングが終了した後も，障害のある人が働いている限り，ジョブコーチの支援はフォローアップとして半永久的に続く．ジョブコーチを必要とする障害のある人は，職場の変化に適応することが苦手であり，一方，職場は，従業員，仕事の内容，物理的環境など，何かの要素が必ず変化するからである．ジョブコーチは職場における集中支援に焦点が当たることが多いが，集中支援を通して形成された仕事の自立度やナチュラルサポートは，フォローアップなくしてそのまま維持されることは少ない．

ジョブコーチはフォローアップを通して，職場におけるさまざまな変化を把握し，必要に応じて企業にアドバイスしたり，再度職場に入って短期間支援を行う．ジョブコーチの方法論は，職場における集中支援と，その成果を維持するためのフォローアップをセットで考えることが重要であり，ジョブコーチの方法論にフォローアップは欠かすことができない．

第3節 障害とジョブコーチ

1. 発達障害者へのジョブコーチ

1)はじめに

2005(平成17)年4月に施行された,『発達障害者支援法』の総則第2条において,「この法律において『発達障害』とは,自閉症,アスペルガー症候群その他の広汎性発達障害,学習障害,注意欠陥/多動性障害その他これに類する脳機能の障害であってその症状が通常低年齢において発現するものとして政令で定めるものをいう.」とされ,さらに『発達障害者』とは,発達障害を有するために日常生活又は社会生活に制限を受ける者をいい,『発達障害児』とは,発達障害者のうち十八歳未満のものをいう」と明記されている.

本書では,この発達障害者支援法に基づく発達障害について記述する.

2) ジョブコーチの役割
(1) 職場の同僚・上司に発達障害という障害を説明する

知的なレベルが軽度の障害の場合,できるだけその障害を隠して就職したいという意識を持つ者も多い.就職に支障がないと考えられるのにあえて障害を示すと,かえってその職場の人たちに先入観をいだかせることになるという意見もある.しかしながら,その職場の上司や同僚は発達障害という障害がどのようなものであるかは十分には理解できなくても,長い時間一緒に働くにつれ,いつかは何か障害があるということがわかってくる.よって就職が決まったら,就職に当たって,ジョブコーチは本人の同意を得た上で,発達障害及び就職時の配慮事項等に関する情報を事業主やできれば一緒に働く人たちに正直に説明し,そして援助しうる適切な知識を提供することが望まれる.

(2) 発達障害者を雇用するメリットを説明する

発達障害者はいろいろな問題を抱えているが,逆に発達障害者を雇用することによって生じるメリットを強調することもまた重要である.自閉症者の場合,就職した多くの企業で言われていることだが,自閉症者はそのイマジネーションの障害から来る「こだわり行動」のため,一旦仕事のやり方を覚えたら,ミスなく,ムラもなく,信頼できうる働き手となる場合がある.他の労働者なら嫌うマンネリ化した仕事であっても,多くの自閉症者は嫌がらず,一所懸命に仕事に取り組んでいる.なぜなら,自閉症者の中には他人との社会的相互交渉を求めようとせず,また無駄口や他人の噂話などをせずに,確実に一日中継続的に仕事をする者がいるからである.また,多くの自閉症者は不必要な休憩をとることがなく,めったに欠勤しない.そして時間に正確でもある.もう一つのすばらしい特徴は,嘘をつかずに正直であるということである.人をあざむくといった行動はかなり社会的な知識を要するため,自閉症の人の能力を越えているのである.

注意欠陥/多動性障害者の場合は,多動で衝動性が強いという問題とは逆に好きな課題であれば集中して取り組み,また自由な発想から新しいアイデアを生み出すこともある.

学習障害者の場合は,視覚的な文字を読むことができなくても,テープレコーダーに録音されている音声による指示には従える場合があったり,絵やモデルを示すといった指導によりミスなく黙々と仕事を行える場合もある.

(3) 仕事内容をはっきりさせること

発達障害者の雇用管理上の配慮事項として,事業主に次のこと知らせておくことが重要であ

る．

①発達障害者は曖昧な仕事を要求された場合，ほとんどその仕事を理解することができないこと．

②発達障害者は自分の進捗状況や自分の行動を管理する能力に乏しいこと．

③しかし，目的が明白に示されていれば，多くの問題は解決できうること．

④自閉症やアスペルガー症候群者はコミュニケーションに特有の障害を持っており，言語による指示の信頼性が不十分であるということ．

⑤発達障害者に作業を指示する場合，仕事のタイムスケジュールやチェックは文字で書いたり，絵で示したりするような視覚的な情報で示されるのが最もわかりやすいこと．

(4) ジョブコーチから適切な監督者への移行

自閉症やアスペルガー症候群者の場合は固執傾向が強いため，一旦仕事がうまくいかなくなると，それを変えていくのは困難となる場合がある．最初からうまくいくようにさせることは難しいため，仕事のラインをきちんと構造化することが必要となる．また，問題が生じたらすぐに頼るべき，決まった上司がいることも大切なこととなる．ジョブコーチはこのような上司あるいは監督者へ次のような引き継ぎをすることが必要となる．すなわち，発達障害者により多くの安心感を提供することである．発達障害者からたまに，不必要な質問が繰り返しされる場合があり，いらいらさせられることがある．しかしながら，一旦基本的な仕事がうまくなされると，直接的な指示は徐々に減っていく．

(5) 改善すべき点をはっきりと告げる

ジョブコーチはまた発達障害者の行動について，直接的で正確なフィードバックを与える必要がある．発達障害者は他者からの曖昧な手がかりでは理解できず，また仕事や行動がおかしなものであるとはっきりと言われなければ，自分の行動が完全なものと思いこんでしまいがちとなる．とりわけセクシャルハラスメントと間違われるような，エレベーターの中で女性に接触したり，性関係の話を口にしたりすることや，ズボンのチャックが開けっ放しであったりなどの服装にルーズな場合は，仕事をする上で受け入れられる行動とそうでない行動について明白な指導事項を与えることにより軽減できる．

(6) 行動のルールをはっきりさせる

どのような行動が改善されるべきかを示す明確なルールを示さないと効果的ではない．自閉症やアスペルガー症候群者の場合はこの種の個人的な助言を与えられても困惑したり，憤ったりしない者が多い．自閉症やアスペルガー症候群者は，曖昧なメッセージを解釈したり，紙に書かれていないルールを理解することが困難であるため，明確で直接的な指示は（たとえその指示が私的な出来事に言及していたり，他人にとって落ちぶれたように思われていたとしても），ほとんど不快に思ったりはしない．また自閉症者は，注意されるまでどんな間違いを起こしたのか全く知らないままでいることが多いため，結果的に，混乱，落胆，自己尊重の欠損などの二次的な心の傷を招いてしまう場合がある．

2. 精神障害者へのジョブコーチ

ジョブコーチによる職場での集中支援が効果的な支援であることは，もはや当然の事実であろう．特に企業担当者にジョブコーチ支援の必要性を訴える声が多く，筆者の調査では，ジョブコーチ支援を受けて精神障害者を雇用した企業担当者の8割は「ジョブコーチは絶対に必要である」と回答している．本項では，精神障害者に対する効果的なジョブコーチ支援方法について述べることとする．なお，誌面の都合上，職場における集中支援の場面における支援とする．

1) 一緒にいて見守る～安心感の醸成

筆者がジョブコーチ，その支援を受けて雇用

された精神障害者，そこで働く企業担当者38例に対して，ジョブコーチの効果を尋ねたところ，ジョブコーチの94.7％，企業担当者の84.3％，障害者本人の81.6％が「一緒にいる，見守りによる利用者の安心感」が効果的であったと評価している．このように，三者とも「ジョブコーチが職場に一緒にいて，見守ることだけで利用者の安心感につながる」と評価している．

障害者本人は初めての職場にひとりで行き，緊張感の中で仕事をするだけで緊張のあまり疲れ切ってしまうし，頭の中が真っ白になって仕事もおぼつかなくなるであろう．そこにジョブコーチがいて，「後にいるから安心して良いですよ．失敗しても大丈夫だから」というメッセージを障害者本人の背中に送ることで，どれだけ勇気づけられるであろうか．失敗しても良いというメッセージがどれだけ安心感につながるであろうか．ジョブコーチがあえて手を出さないことで，障害者本人が「仕事が自分でできた」ことが実感でき，それが障害者本人の自信につながっていく．そして，自信が回復していくとともに支援の頻度を減らしていくのである．精神障害者の場合は，このように「必要以上に支援せずに後で見守る」支援方法は非常に重要であるといえる．

一方，従業員も障害者本人と同様に不安・緊張感に晒されている．そこにジョブコーチがいることによって，従業員の安心感が増す．このことで，精神障害者本人と従業員との緊張関係が改善すると考えられる．実際に企業担当者の8割は，ジョブコーチがいて見守っているだけで従業員の安心感につながると評価している．

2) 従業員に障害者本人の職業的特性を説明する

前項で，ジョブコーチが見守る支援を行うことで従業員の安心感も増すと述べた．従業員の安心感をさらに増加させるために，従業員に障害者本人の職業的特性を説明するという支援が効果的である．9割のジョブコーチ，8割の企業担当者がこの支援を効果的であると評価している．

これは，休憩時間や作業中の雑談などを利用すると良いであろう．そのためには，まずジョブコーチが従業員と十分にうち解けることから始めなければならない．

3) 仕事を分かりやすく教える

1) で筆者は，「必要以上に支援せずに後で見守る」支援の重要性を述べた．しかし，見守るだけでは仕事がうまくできない障害者もいる．その場合には仕事を分かりやすく教える必要がある．筆者の調査では，ジョブコーチの9割，障害者の8割は，見守りだけで仕事が覚えられない障害者には分かりやすく教えることが有効であると述べている．

具体的な分かりやすく教える方法は，支援者がやって見せるなどのモデリング及び職場における個別SSTが効果的である．また，障害者が複数働いている職場の場合は，ジョブコーチが教えるよりも，障害者同士が教え合い，支援しあう関係を作る支援方法が効果的である

しかし，仕事ができないからといって，ジョブコーチが仕事を手伝ってカバーすることは薦めない．むしろ，ジョブコーチが障害者本人と一緒に仕事を行うことによって，障害者及び従業員に安心感が芽生え，それが障害者の仕事を覚えやすくするという効果に着目したい．

4) 障害者本人の自信づけに焦点を当ててアドバイスをする

前項まで，後から見守ることの支援，従業員に障害特性を説明することの支援，仕事を分かりやすく教える支援の効果について述べた．これらのすべてに共通するのが，「障害者本人の自信づけに焦点を当てる」ことである．また，調査の中でも，ジョブコーチが障害者本人に行う効果的なアドバイス例として，対人関係に関することと，自信を失わせない，自信づけを図

るアドバイスが多かった．

　ジョブコーチが一緒に仕事を行うことによる，障害者本人及び従業員の安心感と障害者本人の仕事が覚えやすさ，見守り支援や障害者同士による相互支援，ジョブコーチのフェードアウトなど，すべてにおいて自信回復を図ることを意識した支援が重要である．

5）支援は了解を取って行う

　ジョブコーチを受けて雇用された精神障害者本人に対する，効果的なジョブコーチに関する調査では，ほとんどの支援項目で「しないほうがよい」または「してはいけない」という回答があった．このことから，職場においても，ジョブコーチは障害者本人の主体性を大切にし，常に障害者本人の意向を確認し，効果的な支援であっても障害者本人の意向に反する支援は行わないという姿勢が求められる．

　このように，ジョブコーチは自分だけの判断で支援はせず，必ず障害者本人及び従業員と話し合い，必要性を確認したことを行うようにしたい．

第8章

ケースマネジメント

第1節 ケースマネジメントの方法

1. はじめに

本書の各項目で詳述されたように，現代の職業リハビリテーションは，実に多様な専門的知識と専門的技術から成り立っている．分化されればそれだけ統合の技術を必要とする．それ以前に，人を支援しようとする場合には，その人の生活や人生を営むうえでの多様なニーズがあり，一方で，利用できる社会資源にもさまざまな制度や機関，専門職や仲間が存在する．双方を適切に結びつけることによって，意味のある支援を成立させる作業がケースマネジメントの活動である．

障害のある方々の就労を支援する作業は，疾病や障害，生活や能力，雇用先や制度など多面的な要素を勘案しながら展開しなければならないため，これらを統合するケースマネジメント技術がない限り不可能な領域である．一方，目標が明確なためケースマネジメント活動としてはシンプルである．職業リハビリテーションに従事する経験豊かな専門職は，ケースマネジメントという概念を用いなくとも，すでに一部を実施しているであろう．

本節では，各種障害のある方々への職業リハビリテーションを想定して，ケースマネジメント各段階の実際を詳述することを目的とする．ケースマネジメント全般に関する理論的な詳細は別書を参考にされたい[2,4,7,8]．

さらに，ケースマネジメントの枠組みが共有されることにより，これまで培われてきた職業リハビリテーションの経験について，どの機関のどの職種が行っている作業がどの段階の技術なのか，明確に整理されることで職種間の理解につながることも期待したい．

2. ケースマネジメントの概略

1) 活動の歴史

1963年のケネディ教書から脱施設化政策をとったアメリカ合衆国において，縮小された州立精神病院から出て街に住み始めた精神障害のある人々に対して，地域生活支援の方法としてケースマネジメント技術が生まれた．対象と目標によってさまざまな形式が生まれ，1980年代には一般的な技術として定着した．1990年代には障害のある者自身がケースマネジメント・チームの一員になる有利性について実践と評価がなされている．

イギリスにおいては，ケント州で保健と福祉を統合した支援が試行されていたが，グリフィス卿報告を受けて，1990年にコミュニティケア法が成立した．それまでの保健と福祉の二分体制は統合され，すべての対人サービスはケアマネジメントで行うとされた．グリフィス報告において，マネジメントされるのは利用者でなくサービスであるとの意味でケアマネジメントという言葉が用いられたのである．

2) 定義と類型

対象と目的，政策や地域状況によって，実にさまざまな形態が生まれており，誰にも合意できる完全な定義はいまだない．ここでは統合モデルのMoxley DP[2]の定義を紹介する．ケースマネジメントとは，「多様なニーズをもった人々が，自分の機能を最大限に発揮して，健康に過ごすことを目的として，公式非公式の支援ネットワークを組織し調整し維持することを，計画的に実施する人やチーム」である．

1990年代に入ってさまざまなケースマネジメントの類型化が試みられており，今後はどの

ような対象にどの類型が有効なのかを検討する段階に入っている[8]．

第1類型は仲介型（brokerage type）である．ニーズにサービスを結びつけるという仲介作業を中心とする．本来の形式であるため伝統型（traditional type）とも呼ばれる．重症例や就労支援の場合は，たとえ紹介がうまくいって適切な機関にたどり着いたとしても，支援者になじまないまま成功しないということが生じる．

第2類型は完全支援型（full support type）あるいは総合型（comprehensive type）である．比較的少数例を対象に24時間の支援を提供するので入院機能に匹敵する．積極的地域処遇（Assertive Community Treatment；ACT）や積極的ケースマネジメント（Intensive Case Management；ICM）がこれに当たる．就労支援の視点からこの型の評価研究をながめると，入院期間を短縮できても就労率を向上させることはなかったため，チームのなかに就労支援の専門家が加わる必要があるといわれる[3]．

第3類型は臨床型（clinical type）である．ケースマネジャーとの対人関係を重視して精神療法に準じた効果を期待する．わが国の医師が行う支持的関係に似ているが，抱え込みとは異なる点に注意したい．長期的に固定した支援者である点に有利さがある．一部の社会復帰施設職員が個別担当事例に応用できる型である．

第4類型は強化型（strength type）である．あるいはリハビリテーション型（rehabilitation-oriented type）も加わるであろう．利用者の能力と環境側の能力に注目し，それらを向上させることに強調点がある．問題が個人の欠陥とみなされて，非難されたり変化が強制されることによって，無力感と希望のなさと社会からの隔絶が生じていることに対して，関係性の回復，希望，相互依存，統合，リカバリーなどを重視する[9]．重症者の就労支援の活動は，この強化型の考え方が基盤になければ成立しないであろう．

3）わが国での応用

わが国では，高齢者に対する介護保険の導入によって，にわかにケアマネジメントが注目されてきた．この技術が注目されたことは喜ばしいが，本来，介護保険とケアマネジメント技術は別物である点が誤解されており，制度化されるのは事実上，仲介型のケアマネジメントにすぎないのだから，各現場では強化型のケースマネジメントも必要である[7]．介護保険にともなうケアマネジャー（介護支援専門員）が資格化され，全国的な研修が開始されているが，実務の技術が広まっているとは思えない段階にある．

就労支援の現場では，たとえ介護保険が障害者に適応になっても，機関への紹介が比較的確実になる点が異なるだけなのだから，直接サービスを提供する各機関はケースマネジメント技術を用いた支援に習熟しなければならない．しかし，介護保険によって，少なくとも最終的な支援の責任者が固定するのであれば望ましいことである．

4）基本的な要素

さまざまな形態と強調点があるが，欠くことのできない要素は次のとおりである[7]．①ニーズ・アセスメント，②支援計画策定，③仲介（ブローカリング），④追跡（モニタリング）であり，他に⑤事例の発見とスクリーニングや，⑥権利擁護（アドボカシー）を加えたりする．要は，総合的な見立てを明らかにし，目標を立てて計画的に支援を行い，振り返りながら修正する一連の作業手順である．ここではMoxleyの構造[2]を図8.1に示し，以下に各項目を詳述することにする．

野中は，ケースマネジメントの実践では，あまり形式にとらわれることなく，背景にある思想を生かすことが重要であり，形態は現場で工夫されるなかから生まれると主張している．背景の思想として次の5項目を挙げている[7]．

①消費者主義（consumerism：従来の支援

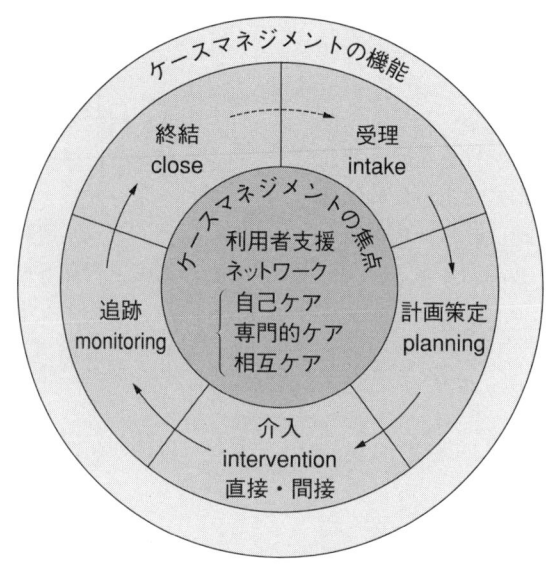

図8.1 ケースマネジメントの多面的な機能（文献4）

は，「困っている人」を平均的な水準に一方的に引き上げる父権主義（paternarism）であったが，今後は「尊厳をもつ人」が自らの生活スタイルを選択することを支援する．わが国における社会福祉基礎構造改革もこの立場に立っている．

②心理社会的視点（psychosocial aspect：人間を「環境のなかの人」ととらえて，人と環境との相互関係や，本人の能力向上を重視する立場である．医療重視のリハビリテーションに比べて，就労支援を行うこと自体がすでに心理社会的支援である．

③障害構造論：国際生活機能分類（ICF）で議論されているように，障害とは，疾病のほかに，機能障害，能力障害，社会的不利の要素から成立し，支援はそれぞれに介入しなければ有効にはならない．就労支援の現場では理解しやすい構図である．

④エンパワメント（empowerment：人生の主体者に対等な立場で支援する関係を意味し，実務上は，知識や技術の提供，体験学習の重視，挑戦課題の明確化，ピアカウンセリング，相互依存などが重視される．就労支援自体が強力なエンパワメントである．

⑤社会経済的視点：医療費や社会福祉の経済的視点が真剣に議論されている．費用対効果を上げるためには，個々の支援機能を向上させるよりも，組み合わせる機能を強化することが有利である．わが国でも就労支援の費用対効果の研究が求められる．

3. インテーク Intake（受理）：出会い（表8.1）

1）概念

支援を必要とする事例の発見と，支援対象として適切か否かの選択と，本格的な支援を行うにあたっての契約を意味する．支援の可能性もないのに安易に引き受けてはならないが，その場合には適切な機関に結びつける．また，受理活動の前に，就労支援の可能性や手順について，パンフレットや他の機会で宣伝しておくことも重要な支援である．

2）事例の発見

医療機関において，職業リハビリテーションに導入すべき事例を発見する機会は多い．中途障害では，ほとんどの事例で就労の希望は医療

表 8.1　インテーク作業

支援事例の発見
対象の選択
支援の契約
初回カンファレンス

機関において最初に把握される．特に，疾病を併存する精神障害領域では，医療機関が最初の入口となることが多い．医師，看護者，ソーシャルワーカーの適切な対応が望まれる．

社会復帰施設（リハビリテーション機関）において，リハビリテーションの目標を就労におく利用者は数多い．障害の種別を越えて，おそらく利用開始時にはほとんどの人々が就労を希望しているであろう．リハビリテーションのプログラムが進展することによって，目標が次第に現実的なものとなり，単身生活，仲間づくり，就学などへと変更されたり，就労でも，福祉的就労，短時間就労，家事手伝いなどへと分化する．最終的に各種の就労プログラムに参加する事例が定まる．

教育機関においても，卒業時に就労を希望する者がほとんどであろう．幼少時期からの障害があるが，医療機関やリハビリテーション機関と結びついていないことも多いため，主に教員が支援することになる．だから，就労活動の前にリハビリテーションを行うべき事例も混在しているので注意を要する．

労働機関において，就労を希望してくる障害者に出会う．公共職業安定所（ハローワーク）の一般窓口と特別援助窓口，障害者職業センター，パートバンクなど，適切な窓口に現れないことも多い．対象規定，利用手続き，得られるものの内容など，十分把握しないまま現れる．ときには，就労希望は家族の意向で，本人にその気がないこともあろう．ハローワーク職員，障害者職業相談員，職業カウンセラーなどの適切な対応が求められる．

地域保健福祉機関（保健所，保健センター，福祉事務所など）において，生活の相談に際し，医療機関で表明できなかった就労への希望を聞くことになる．医療機関とも連絡をとりつつ，どこにつなげれば就労への希望がかなえられるのか，保健師や福祉職の適切な対応が求められる．

3）対象選択

まず第一に必要なのは，本人に就労の希望が本当にあるのかという動機の確認である．迷いはあっても当然で，最初は誰かに勧められたかもしれないが，最終的に自分自身の選択であることを確かめておきたい．

次に，その機関や制度の対象規定に対応しているか否かの確認である．障害の種別や重症度，住所地や年齢など，それぞれの機関によって要件は異なっている．就労支援領域は，ついつい障害の軽い事例から選択しがちであるが，基本はより重症の方々を優先して支援するべきであろう．

障害の重さや年齢などによって，その機関ではとうてい対応できないと判断される場合は，早めに適切な機関に結びつける．本人にとって適切な機関の発見と選択を支援することも重要なインテーク作業である．

疾病の程度，生活自立の様子，家族背景などによっては，就労以前に処理しておかねばならない問題がみえてくる．就労支援活動と並行して行える作業なのか，事前に処理してからあらためて就労支援を行うべきか，慎重に判断しておく．

4）支援契約

本人をめぐる状況の概略が判明し，支援が可能と判断され，本人も利用を了解するのであれば，支援関係を合意する．今後どのような作業を行い，何を目指して協力するのか，可能な限り文書や図示で説明し，利用申込書などの形式がある文書で合意する．とりわけ就労場面は社会的役割活動なので，こうした社会的形式を踏

むことは，本人の能力のアセスメントにもなるし，社会的関係づくりの訓練にもつながる．

労働機関における「主治医の意見書」は，各種助成制度を利用するために必要なものである．しかし，相談関係成立前になくてはならないとされると，費用の自己負担があったり，さまざまな無理が生じる．医療機関との情報交換許可書という意味で請求し，具体的な情報は電話や訪問で医療関係職員と協議しないと実態は見えてこない．

5）初回カンファレンス

実際的には，支援契約に至る前に関係者が集まってケースカンファレンスを開き，ある程度の見通しを立ててしまうのも有効であろう．以下に述べるアセスメント段階では，関係者一同が集まってチームカンファレンスを開くことを前提とする．現在のわが国の実状では，とりあえず受け入れた機関の専門家が中心となって，関係者一同が顔をそろえられるように場を設定し，互いの自己紹介，情報の共有，今後の方針決定，継続した会議日時設定などの作業から始めるのが現実的である．ケースマネジメントにとってカンファレンスを欠くことはできないが，わが国の専門家には苦手な技術でもある[5]．

4. アセスメント Assessment（査定）：見立て（表8.2）

1）概念

面接や訪問，他機関や専門職からの情報収集によって，生活歴，病歴，家族歴などの情報を得て，支援を求める利用者本人のニーズとセルフケア能力，家族やインフォーマル・ネットワークの能力，その地域で利用可能な専門機関や専門家の実態を整理する作業である．「一体，どんな状況で，何を求めている，どんな人なのか？」を明確にする作業であるから，読み違えるとその後の支援はほとんど成功しない．

2）ニーズ・アセスメント

ニーズとは，口で言っているデマンド（要求）とは異なり，本当に支援して欲しい事柄である．定義では，「生活を支えるさまざまな要素のうちの欠けた部分」がニーズになる．就労支援の領域ではデマンドが就労希望であるのは当たり前であろうが，最初の段階で他の領域のニーズも確認する．たとえば，医療保健，経済，日常生活活動，住居，交友，趣味，家族への希望などである．広く生活を聴取していくなかで本音の希望が推測できるし，就労よりも先に解決しておかねばならない領域が見えてくるし，本人自身が目標を変更することもある．

3）セルフケア能力とその限界

それぞれのニーズを満足できる本人の能力程度について，可能な限り具体的にとらえて整理する．特に就労支援の領域では，就労への動機づけの程度，作業能力，職業生活能力，日常生活能力，疾病障害管理能力など，いわゆる職業準備性が問われる．過去の就労経験，持続期間，離職理由なども重要な情報となる．この部分の具体的な作業は本書の各項目で詳述されている．重要な視点は，できないことや問題点をリストアップするだけでなく，できる部分を捜すこと，訓練して向上する可能性を探ることにある．障害のある者が対象なのだから，単純に比較すれば能力が劣ると判定されるのは当たり前である．

4）家族の能力と限界

それぞれのニーズについて，家族が支援して

表8.2　アセスメント作業

ニーズ・アセスメント
セルフケア能力とその限界
インフォーマルケア
専門機関・専門家の能力と限界

いる程度と限界を整理する．両親を中心にとらえて，兄弟姉妹は特別な支援を期待する場合だけにとどめたい．特に就労支援の領域では，就労に関する家族の希望，見通し，支援できる行動，不安，無力感，態度（強制，放置）などについて，可能な限り具体的にとらえる．意見の一致しない部分は特に明確にしておく．本人，家族，専門家の三者が合意しない限り就労支援は成功しない．必要であれば家族に疾病障害に関する心理教育の機会に結びつける．また，父親の退職，兄弟姉妹の出戻りなど家族の変化が本気の就労に結びつくこともよくある．

5）インフォーマルケア

インフォーマルケアとは，親戚，近隣，友人，職場同僚，クラブ関係，宗教関係，セルフヘルプ集団といった人々との関係である．一線が引かれ，異動があり，永続しない専門家にはできない支援関係がインフォーマルな人々には可能である．何気ない助言，参考意見，モデルとしての存在，愚痴の聞き役，喧嘩相手など，専門家には思いもよらないさまざまな支援を行っている．特に就労支援の領域では，就労した先輩や仲間の関係が有用である．なお，事業所の情報はこの項目に記載されるが，各種制度は専門機関の項目に整理される．実際には，親戚や知り合いのルートによって紹介された事業所に就労し，その成功から別の事業所が障害者雇用の名乗りを上げることが多い．

6）専門機関・専門家の能力と限界

その地域で実際に利用可能な専門機関，専門家，各種制度を整理する．この際，対象規定，受付時間，利用手続き，費用，駐車場やアクセス，快適さや雰囲気，各専門家の能力，利用者の好みとの整合性などについて，可能な限り具体的にとらえる．特に就労支援の領域では，各病院や各医師の考え方や能力，ソーシャルワーカーの有無，そのリハビリテーション施設の運営方針，就労支援をした前歴の有無，ハローワークごとの実力，担当者の能力などの情報に基づいて連携しないと，実際的な成功に結びつかない．各種公的制度は，医療保健，福祉，教育，労働と，それぞれ実に複雑であるため，一人で理解することはとうてい無理である．就労支援活動は，それぞれの専門家をチームに組み込むことが大前提となる．

7）就労予測

アセスメントの段階で，おおむね実現可能な目標を推測しておく．最終的には目標を変更するための就労支援になりそうか，福祉的就労の範囲か，競争的雇用を目指せるのか，専門家にはある程度の予測が求められる．ただし，就労予測は社会常識と異なり，疾病や障害の種類，重症度，性格，社会適応能力などとは無関係で，むしろ動機づけ，体力，対人関係能力，柔軟性，過去の就労歴などに関係することを十分理解しておく必要がある[1]．

5. プランニング Planning（計画策定）：手だて （表8.3）

1）概念

当面必要なニーズの領域を中心に，総合的な支援計画を立てる作業である．生活を大きく変える具体的な目標をインパクトゴールとして定め，それを達成するために複数の小目標を想定して，それぞれについて役割分担と期限設定をしておく．

2）チームカンファレンス

プランニングとは，キーワーカーあるいは

表8.3　プランニング作業

チームカンファレンス
インパクトゴール
パッケージプラン
役割分担と手順化
開発すべき社会資源の発見

ケースマネジャーが一人で支援計画書を用意することではない．ケースマネジャーが行う責務は，関係者を一堂に集め，事例の資料を整理し，カンファレンスを開催することである．事例をどのように理解し，アセスメントを立て，どのようにプランニングを立てるのかは，チーム全員で行う．決定に参加することでその後の実行が確実なものとなるからである．

就労支援の場合は，専門家チームが立てたアセスメント表とプランニング表を利用者本人と家族に確認し，注文を受けてあらためて修正案を提出するなどの手続きを踏むことで，本人家族もチームの一員となることができる．

3）パッケージプラン

問題の解決と生活の支援は，1つの項目に働きかけるだけでは解決しない．問題の背景因子を抽出し，それぞれの小項目に働きかける必要があり，これら総合的な支援計画をパッケージプランと称する．就労支援といっても，医療の不十分さ，家族の反対意見，生活技能の不足，体力不足などがあれば，単純に事業所を紹介しても職場定着に至らない．大きく，本人と家族へ，事業所と環境へ，それぞれ働きかけるのである．

4）役割分担と手順化

小目標達成のために，それぞれの項目で，本人，家族，インフォーマルな関係者，各専門家の役割を明記し，しかも期限を設定する．複雑な働きかけを要する場合は手順化を試みて，図示や表化をしておく．この作業によって，自分の職務に責任を果たし，相手の役割を信頼する態度が求められるし，成功事例を重ねることでそれが強化されることになる．

5）開発すべき社会資源の発見

プランニングの際に，「あったらいいな」という資源を発想し記入しておく．事例を重ねることで，その地域に必要な社会資源の基礎資料となり，地域活動や行政施策に反映することができる．就労支援の場合は，雇用支援センター，共同作業所，授産施設，福祉工場などの存在のほかに，それぞれの施設や仕組みの改善策が提案され，新たな中間的雇用の仕組みが発想されることもあろう．

6．インターベンション Intervention（介入）：働きかけ（表8.4）

1）概念

実際に行動に移す段階である．本人に働きかけることを直接介入，周囲の環境に働きかけることを間接介入と称する．特に就労支援の場合は，本人だけの変化を求めても無理であるため，雇用主などの環境に働きかけることが早くから当然であった．さらにそれに加えて，双方への働きかけに整合性がないと有効とはならないし，ほかにもさまざまな人々に働きかける作業が必要である．

2）直接介入

利用者本人に働きかける要点は，本人のセルフケア能力に応じて，代行，教師，付き添い，情報提供，励ましといった支援者役割の連続性を意識して，次第にセルフケア能力を向上させることにある．そのためには常に「どこまでできるのか」を注意深く見守る必要がある．できる行為を手伝ってしまうのでは支援にならないが，突き放してしまえばもちろん支援とはいえない．

3）職業準備訓練

就労活動に直接入れない場合は，職業準備訓

表8.4　インターベンション作業

利用者への直接介入
職業準備訓練
環境への間接介入

練に導入する必要があろう．タイミングを逃さないためには，可能な限り短期間の訓練でなければならない．「この人が，この事業所に行くために，何を向上させればいいのか」という目標志向的な訓練施設が求められる．全般的に職業能力を上げようという訓練施設では，長年かかって訓練するため，結局就労の機会を失ってしまう．

4）間接介入

環境に働きかけることを意味するが，就労支援の実際では，家族，雇用主，職場同僚，セルフヘルプ集団，病院や労働機関などの専門家同士が協働するための働きかけを意味する．守秘義務もあって完全ではないが，可能な限り全体計画を共有してもらい，納得して協力してもらう．協働になんらかの利益が感じられるように，経済効果，労働力の安定供給，社会貢献，職場の雰囲気づくり，今後の協力など，その利益に気がつくように誘いかける．

7. モニタリング Monitoring（追跡）：見直し （表8.5）

1）概念

机上で立てた計画が現実場面でうまく実施されているのか，本人を見守り，周囲の変化を確認し，支援計画を微調整する作業である．目標も介入戦略も大きく変える必要がある場合は，再アセスメントから新たなケースマネジメントに入るべきことを意味する．

2）見守り体制

支援実施段階に入った本人の日常をどのように見守るのか，その体制をあらかじめ決定しておく．たとえば，家庭での日常生活は母親が父親と相談し，変化があれば保健師に知らせ，事業所では上司が見守り，処遇に困った場合はソーシャルワーカーに相談し，重大な変化がある場合は，ケースマネジャーが臨時の会議を召集する，といった体制である．

3）見直し会議

支援計画はあくまで机上の計画なので，実際に介入してみるとさまざまな点で変更を要する．介入開始から4～6週間後にあらかじめ見直し会議を設定しておく．アセスメントやプランニングで仮に間違えていたとしても，モニタリングで修正すれば大きな被害はない．この会議には核となる人々だけの参集でも可能である．実際の例では，当初よりも詳しい情報が入り，しかも予想しなかった能力が発見されて，計画の上方修正になることが多い．

4）危機管理

重大な変化が生じたり，自傷他害の事態が予想される場合などでは，早急に集まれる関係者だけでも集合する．情報を共有し，事態を理解し，当面の対策を講じる．緊急会議が実際に開かれることは少ないが，その体制が準備されているだけで，現場は気持ちにゆとりをもって支援できる．

8. エバリュエーション Evaluation（評価）：振り返り （表8.6）

1）概念

支援の終了直前に，支援の全体を振り返る．支援計画は妥当であったか，目標は達成された

表8.5 モニタリング作業

| 見守り体制 |
| 見直し会議 |
| 危機管理体制 |

表8.6 エバリュエーション作業

| 評価会議の開催 |
| 各種評価方法 |

か，生活は向上したか，本人は満足したか，それぞれ具体的に評価する．新たなニーズが確認されたら，再びケースマネジメントの契約が行われる．

2）評価会議

関係者が集まって支援の経過と結果を振り返る．実際には，一例の評価のためだけに集まることは難しく，他の事例が中心の会議に付属して行われるであろう．支援が成功しても失敗しても，その経過から学ぶことは多い．次の事例に，地域全体の体制に，その後の人生に，この経験が役立つことを目標とする．

3）評価方法

本人や関係者からの意見を整理し，信頼性妥当性の確かめられた評価表などを用いる．目標達成の程度は，計画策定の際に具体的な目標が立てられていれば評価がしやすいことになる．就労支援の領域では成果が形に現れやすい．成功した場合には，今後予想される事態や，常日頃の相談体制を考慮する際の情報となり，失敗した場合には，進歩した部分の確認と，今後の努力目標を定めるための情報とする．

4）評価作業の評価

アメリカ合衆国のマネッジドケア体制では，評価する作業にも経済的な保証がなされる．行政からの補助費は，ケアが提供されている人数ではなくて，就労させた実績で評価される．一方のわが国では，人を評価することに抵抗があり，結果は問われず，補助金はケアが提供されている人数で評価されるため，評価が疎んじられるばかりか，就労支援を成功させること自体を妨げる結果となっている．

9. クローズド Closed（終結）：別れ（表8.7）

1）概念

支援の目標を達成してケースマネジメントを終了することである．支援がまったくなくなることを意味するのではなく，必要であれば固定した支援が後を引き継ぐことになる．その場合も，インフォーマルな支援を中心にして，可能な限り専門家は次第にかかわりを減らしていく（フェイドアウト）．

2）期間の限定

ケースマネジメントは支援期間を限定する点に特徴がある．最初から一生涯支援するというのは本人の希望と能力を失わせるし，支援を受けることに抵抗を示すであろう．また，多領域の人々が延々とチームを組むわけにはいかないからでもある．ケースマネジメントは，必要なときに力を集中して，目標を明確にして行う支援活動である．

1つの目標が達せられて，次の目標と支援の必要性が定まったら再び新たなケースマネジメントに入る．重症例では始めから支援期間を限定しない方が良い場合もあろうが，生活目標とその目標期間は特定すべきである．

3）支援終了後の体制

ケースマネジメントが終了しても特定の支援は継続する．誰が責任をもって経過を追うのかを明らかにしておくことが要点である．また，ケースマネジメント過程において，利用者および家族自身が，危機管理技能や適切な支援を求

表8.7 クローズド作業

期間の限定
支援終了後の体制
再アセスメント

める能力を獲得することがもう1つの目標である．必要な事態になったら再びケースマネジメントを再開すればいいのである．就労支援の場合は，職場定着後の仲間づくり，相談体制などを考慮しておく．家族や親戚，職場における健康管理システム，セルフヘルプ集団，医療機関，地域の保健福祉機関などの役割分担を決めておく．

10. おわりに

障害のある方々に対する就労支援の要点は，何といっても，「障害があっても働くことができるのだ」という希望と確信を抱くことである．反対に，障害のある者自身や家族に希望がなく，専門家自身に確信のない状態では支援が成り立たない．当事者も専門家も，就労に成功した障害者に学ぶことから始めることが近道のように思える．ケースマネジメント技術はそのうえで有効となる道具にすぎない．

文　献

1) Anthony WA, Cohen MR, Danley KS：The psychiatric rehabilitation model as applied to vocational rehabilitation. Ciardiello JA, Bell MD（eds）：Vocational Rehabilitation of Persons with Prolonged Psychiatric Disorders. The Johns Hopkins University Press, 1988（岡上和雄，松為信雄，野中　猛・監訳：精神障害者の職業リハビリテーション．中央法規出版，1990）．
2) Moxley DP：The Practice of Case Management. Sage Publications, USA, 1989（野中　猛，加瀬裕子・監訳：ケースマネジメント入門．中央法規出版，1994）．
3) Muser KT, Bond GR, Drake RE, et al：Models of community care for severe mental illness：A review of research on case management. Schizophrenia Bulletin 24：37-74, 1998.
4) 野中　猛：図説ケアマネジメント．中央法規出版，1997．
5) 野中　猛，松為信雄・編：精神障害者のための就労支援ガイドブック．金剛出版，1998．
6) 野中　猛：チームカンファレンスの必要性と進め方．トータルケアマネジメント 3（3）：3-8, 1998.
7) 野中　猛：ケースマネジメント（堀田直樹，井上新平・編：精神科リハビリテーション・地域精神医療）．中山書店，pp227-238, 1999．
8) 野中　猛：ケアマネジメントの多様な形態．作業療法ジャーナル 33：362-368, 1999．
9) Rapp CA：The strengths model：Case management with people suffering from severe and persistent mental illness. Oxford University Press, Oxford, 1998（江畑敬介・監訳：精神障害者のためのケースマネジメント．金剛出版，1998）．

第2節 チームアプローチ

1. はじめに

　チームアプローチとは，支援目標を達成するためにチームワークを活用することである．どんなに経験や力量のある支援者であっても，一人の支援者が取り扱うことができる情報量や支援の範囲には限りがある．また重度障害のある人や支援課題が多岐に渡る人を支援する際には，より多面的な集中的支援が必要になる．そこでリハビリテーション活動では，多様な視点からの情報を取りまとめ，より包括的な支援を実施するためにチームワークを活用する．チームのメンバーは，定期的に連絡を取り合い，支援目標の達成に向けて支援する．チームワークが有機的に機能することで，すべての支援が連動し，統合され，相互に補完し合う．

　ここでは，就労支援におけるチームアプローチについて，①チームアプローチとは，②チームの構成と形態，③チームワークにおける留意点といった3つの視点から概観する．

2. チームアプローチとは

1）チームアプローチの目的

　チームアプローチの目的は，障害のある人の利益を保障することである．チームのメンバー相互のコミュニケーションを通して，個々の就労支援ニーズに応じた支援を計画し，それぞれの支援を調整しながら実施する．それぞれの支援は複数のチームメンバーによる協働作業であり，メンバー間で役割を分担する．支援目標の達成には，メンバー間の人間関係や信頼関係が大きく影響する．メンバー間においてコミュニケーションを十分に取りながら，障害のある人に対して同一の方針，同一の姿勢で支援することが求められる．

2）チームアプローチの意義

　個別の就労支援におけるチームアプローチの意義には，次の3つが挙げられる．

（1）**障害のある人に対する多面的な視点や理解が深まる**

　メンバーそれぞれの専門性や経験値の違いにより，障害のある人に対する多面的な視点に触れることができ，より深い理解を生み出すことができる．意見の対立が見られる場合でも，メンバー一人ひとりが十分な意見交換や合意形成のプロセスを重視することで，個々の経験や力量を超えた創造的な支援が可能になる．

（2）**豊富な情報量を取り扱うことができる**

　一人の支援者が掌握できる情報量や提供できる支援の範囲は限られるが，複数のメンバーで役割分担することで，より包括的で総合的な情報収集や支援が可能になる．十分なアセスメントにより，障害のある人のニーズをより的確に捉えることができ，より幅広いニーズに対応することができる．

（3）**支援の過程で生まれる責任や成果をチームで共有することができる**

　就労支援では，職業選択や離職といった重要な選択のプロセスに直接的にかかわることが多く，支援者自身がストレスや負担感を抱え込むケースも見られる．こういった場合，日頃からチームでの取り組みや相互が支え合う体制を意識することで，一人にかかる心理的な負担を軽減し，燃え尽き症候群（burn-outs）を防止することができる．

3. チームの構成と種類

1) 単一職種チームと多職種チーム

チームの編成には，同一職種のメンバーからなる単一職種チームと異なる専門職からなる多職種チームとの2種類がある．単一職種チームの例としては，福祉施設や作業所などにある同一組織内の支援チームや進路担当教員の連絡会など地域において編成される支援ネットワークなどが挙げられる．

また，多職種チームの例としては，病院の治療チームなど同一組織内にあるチームや地域において編成される個別の支援チームなどが挙げられる．

2) 同一組織内におけるチーム

就労支援機関の中には，就労支援部門を設置し，就労支援のプロセスに沿った役割分担やスタッフ配置を採用するところが見られる．図8.2に，一般的な援助付き雇用（supported employment）に見られるチームを示す．このような就労支援機関では，事業全般を統括する事業責任者の下，支援全体を調整する雇用専門家（employment specialist），アセスメント担当，職場開拓担当，そして職場における作業自立支援の担当が一つのチームとなり，個別の就労支援を実施している．

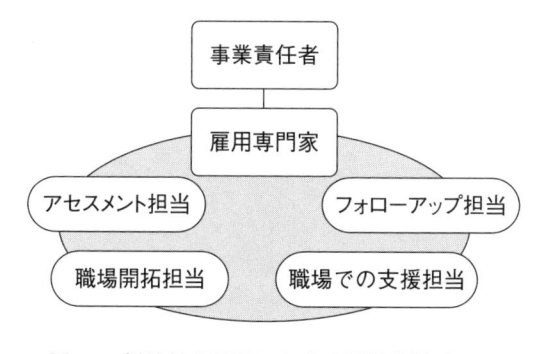

図8.2 援助付き雇用における就労支援チーム

3) 地域におけるチーム

地域におけるチームには，個別の就労支援におけるチームと支援ネットワークにおけるチームの2種類がある．一般に就労支援に携わる支援者は，上記のいずれかに属している．多くの場合，上記の両方に，しかも複数のチームに属しており，それぞれのチームでの異なる役割や経験が相互に作用し合い，個別の支援や地域における支援体制構築によい影響を与えている．

（1）個別の就労支援におけるチーム

図8.3に，地域における多職種チームの例を示す．就労支援を希望する障害のある人が来談すると，一人ひとりのニーズに応じて，支援チームが召集される．例えば，求職活動の支援を希望する人に対しては，図8.2でいうところの職場開拓担当を含めたチームが召集される．また精神科の服薬コントロールをしながら，ジョブコーチによる支援を希望する人に対しては，主治医である精神科医を含めたチームが召集される．

支援チームは，フォーマルあるいはインフォーマルなコミュニケーション活動を通し，個別のリハビリテーション計画を作成し，支援を実施し，モニタリングを行う．支援チームは，組織外にいる多職種メンバー同士の連携関係を密にするため，定期的なケースカンファレンスを開催する．ケースカンファレンスは，一般に，個別ケア会議，連絡調整会議，拡大ケース会議などと呼ばれる．

（2）支援ネットワークにおけるチーム

就労支援は地域を拠点として展開する事業であり，地域における多職種チームの結成が不可欠である．しかしながら，多職種チームの中で機能するイメージをもたない支援者にとっては他職種との連携協力に一定の経験が必要である．したがって，障害のある人がどの支援機関につながっても，ニーズに応じた支援チームと出会うことができるようにするためには，地域の支援ネットワークを活用し，支援体制として整備する必要がある．

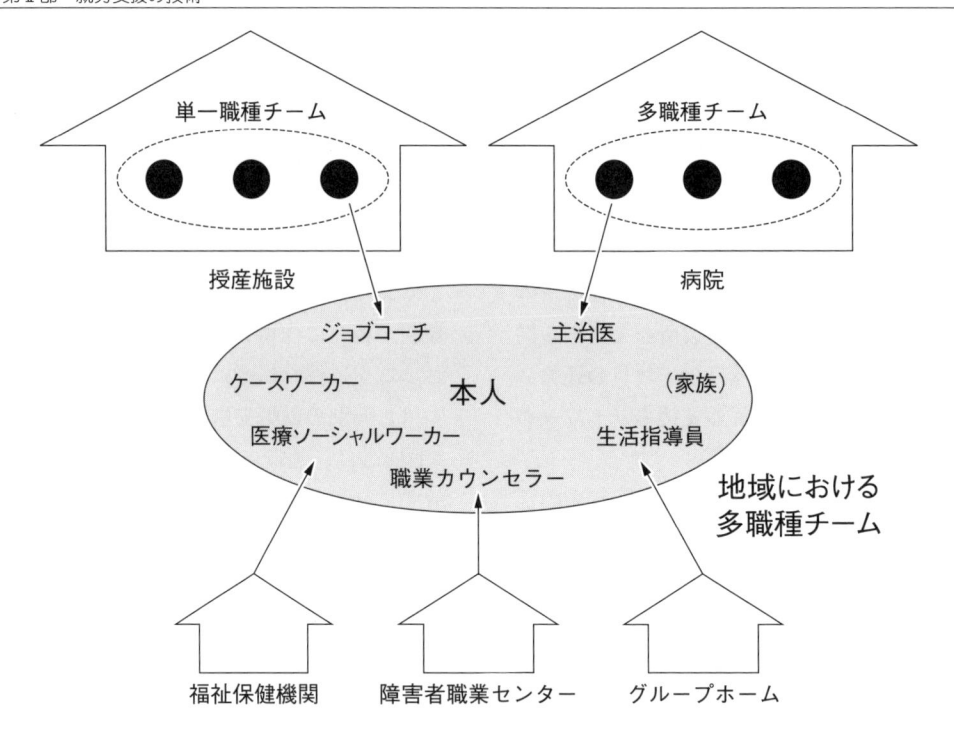

図8.3 地域における多職種チームの例

支援ネットワークにおけるチームは，一般に，連絡協議会，検討委員会などと呼ばれ，地域の関係機関から代表者を招集し，社会資源の開発，育成，整備，統合を目指す．支援ネットワークチームの機能は，関係諸機関の連絡調整や情報共有を目的とする「連絡会」から法整備や公的財源の要求などソーシャル・アクションを目的とする「作業部会」など，多種多様である．

4. チームワークにおける留意点

1）個別の支援チームの主導権

個別の支援チームにおいて，主導権が発揮されるのはメンバーの選定や召集，ケースカンファレンスの議事進行，リハビリテーション計画の作成などの場面である．個別の支援チームの主導権は，障害のある本人にあるのが原則であるが，知的障害など障害のある人の認知レベルに配慮して支援チームのメンバーが代行することも多い．このような場合，障害のある人の利益よりもメンバーの価値観を優先することのないように配慮する必要がある．

2）チームワークに影響する要素

チームワークにおいては，適宜，顔と顔を合わせての意見交換の場を設定することが求められる．表8.8に，チームチームワークに影響する要素を示す．チームのメンバーに経験，知識，社会的な立場の違いがあるのは当然である．メンバーの多様性を踏まえ，互いに不足部分を補いながら協働作業を進めることで，チームワークが促進される．反対に，権威主義や職業意識をチームに持ち込む人がいたり，役割が一人に集中したり，議論の応酬に多くの時間を費やすようなチームにおいては，チームワークが阻害される．

表8.8 チームワークに影響を及ぼす要素

チームワークを促進する要素	チームワークを阻害する要素
余力がある ・メンバーに,コミュニケーションを十分にとる時間的な余裕や精神的なゆとりがある	役割が平等に分担されていない ・あるメンバーに負担が集中し,余裕のない状態である ・コミュニケーション不足のまま,各自が支援をすすめてしまう
チーム力動が内向きである ・意見の違いを客観的に吟味し,一つの方針に向けて合意形成することができる	チーム力動が外向きである ・権威主義,経験,年齢,立場の違いを強調するメンバーがいる ・一つの意見に限定する力が働いている ・意見の違いを強調し,「派閥」を形成するメンバーがいる
双方向のコミュニケーションが成立する ・互いに発言を促す雰囲気づくりに努めている ・他者の意見を傾聴する ・経験,知識,力量にとらわれず,対等に話し合う努力をする ・会議以外のコミュニケーション手段(電話,メール,ファックスなど)を活用する	コミュニケーションが成立しない ・否定的な意見を繰り返す ・意見を言わない

5. おわりに～効果的なチームワークに向けて～

チームワークに必要な技術は実践経験を通して習得される場合が多く,初任者レベルの支援者の多くにとっては実務のイメージをもちにくい.チームワークの中で有機的に機能することは,就労支援に携わる支援者に必要不可欠な役割・機能であり,技術である.したがって専門家養成の段階から,多職種チームでの役割・機能を想定し,他の専門分野との共通履修科目を設定する,あるいはグループ学習の機会を設定するなどの工夫が必要である.また実務者研修においては,多職種チームのメンバー間で生じるさまざまな衝突や軋轢への対応方法について,多職種チームで検討することが有効である.

本節では,就労支援におけるチームアプローチについて,チームアプローチの目的と意義,チームの種類,チームワークにおける留意点といった3つの視点から概観した.チームアプローチとは,それぞれのメンバーの「その人らしさ」を発見し,力不足の部分を補い,自分のよいところを発揮することを通して,相互に影響し合う創造的な活動である.就労支援も,障害のある人の「その人らしさ」を発見し,障害を補い,個々のよいところを発揮する場面を創出する活動である.効果的なチームワークでの経験は,研修参加や文献研究よりも多くの示唆に富み,就労支援の本質を捉え,個々の支援技術を磨く機会となり得る.

文 献

1) Becker DR, Drake RE:精神障害をもつ人たちのワーキングライフ「IPS:チームアプローチに基づく援助付き雇用ガイド」.金剛出版,2004.
2) Corrigan PW, Giffort DW:チームを育てる「精神障害リハビリテーションの技術」.金剛出版,2002.
3) 高橋流里子:リーディングス介護福祉学④リハビリテーション論.建帛社,2004.

第3節　就労支援におけるケースマネジメントの実際

1. 就労支援とケースマネジメント

　全国就業支援ネットワーク[1]は，就労支援のケースマネジメントを「その従事者が，既存のあるいは新規に組み合わせて創り出した社会資源を利用しながら，当事者の"働きたい"ニーズを満たすのに必要なエンパワメントを高めてその実現に向けた自己決定を支援していくための手がかりを見つけ出す手法」，または，「その従事者が，就業支援に係る既存のフォーマルな社会資源を知るとともに，インフォーマルな社会資源を組み合わせることで，地域の中にニーズを支え合う仕組みを作り出すための手法」と規定した．

　とはいうものの，ケースマネジメントの過程は本章第1節で示したものと変わるところがない．就労支援は，①相談，②個別情報の確認，③職業指導やスキルアップ，④雇用開発や求職活動，⑤就労（雇用）条件の確認，⑥就業生活の支援，⑦地域生活資源の活用，⑧再起するための諸条件の調整などから構成されるが，ケースマネジメントの用語に置き換えてその一連の流れを示すと，図8.4のようになるからである．それぞれの過程における就労支援の内容を全国就業支援ネットワーク[1]の成果を参考にして以下に示す．

2. ケースマネジメントの過程

1）就業ニーズの把握（インテーク）

　最初は，障害のある人の就業ニーズを把握する段階である．特に，①対象者の状況や主訴，希望（就業条件・生活状況・職種・職場など），②過去の支援の状況とその結果（学歴・職歴・生活歴など），③進行中の支援の内容（引き継ぎ機関からの情報など），④家庭状況，居住地域や地域福祉の状況，などの情報が必要とな

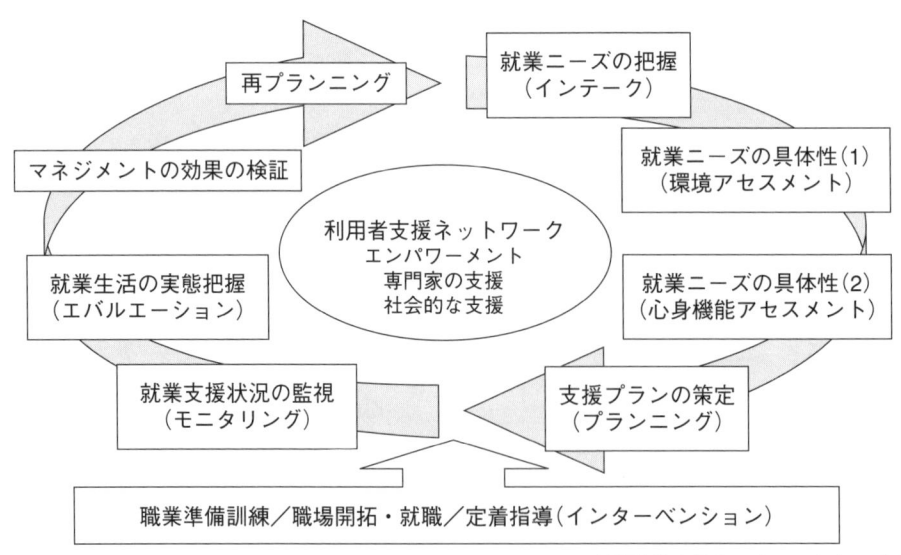

全国就業支援ネットワーク(2002)を改変

図8.4　就労支援におけるケースマネジメントの流れ

る．

そうした情報の収集は，多面的に行うことが必要である．たとえば，①保護者との懇談などから家庭生活の状況を，②福祉関係機関から生活管理の状況を，③就労経験先の事業所から職場内での能力評価の結果を，④就労支援サービスの提供機関から職業への興味や志向性を，⑤医療機関等から心身機能の状態を，⑥公共職業所から対象者自身の就業活動の現状を，それぞれ収集する．

なお，ニーズの把握に際しては，次のことに注意することが望ましかろう[2]．①対象者の言い分に左右されないで真の要求を見極める感性をもつこと，②発言内容に囚われ過ぎないでその背景を含めた生活上の制約の全体を見渡すこと，③家族からも本人のニーズを聴取して確認するとともに，家族が本人ニーズを犠牲にしているかを見極めること，④整理した複数の選択肢を提示して，それぞれに想定される解決策やリスクを明示すること，⑤選択した解決策を試験的に実施する期間を設けて，決定の適否や将来展望を予測すること，⑥ニーズの解決はさらに新たなニーズを生むことから，サービス向上のためにはそれに応え続けること，⑦対象者ニーズに応えるには，地域の社会資源やサービスを結合させて支援ネットワークを作ること，⑧対象者のニーズを，即座に対応するものと時間経過とともに対応するものに区分すること，⑨複数のニーズを一覧表やなどで表示して常に把握できるようにすること，などである．

2) 就業ニーズの具体性（アセスメント）

前述の就業ニーズを実際の状況に即して具体的に明らかにするには，障害のある人の心身機能の特性とそれを取り巻く環境条件，の双方の状態を把握することが必要である．

心身機能のアセスメントでは，①職業準備性を含む基本的な職業能力，②心身機能の状態と活動の程度，③就業に向けた姿勢や意欲，④就業に向けた実際の活動の程度やその達成度，⑤エンパワメントの水準などを明らかにする．この場合，本人が納得した上で，実際の状況に即した内容で可能な限り実際的な場面で行う．また，多面的な評価とともに総合的な判断をおこない，長期的な観察を踏まえて職業能力や心身機能の安定性を見定め，複数の担当者による評価を総合化することが重要である．

他方で，環境面から把握する状況としては，①不動産や収入などの経済的な基盤の状態，②日常生活の状況，③保護者等の意向，④本人のライフスタイルや将来的な人生設計についての見解などがある．

これらの就業ニーズを明らかにするための情報は，①対象者からの聞き取りのほかに，②家族・親近者・同僚・上司等からの情報，③対象者をとりまく環境の直接観察，④以前のサービス提供者との接触，⑤サービス提供機関の記録，⑥各種のテスト結果などをもとに収集する．

3) 支援プランの作成（プランニング）

就業ニーズを具体化した主要な目標を見定めて，その達成に向けた諸活動やサービスを展開するには，支援者側が行うべき課題解決と対象者自身の達成目標に向けた活動，の双方から具体的な支援計画を作成することが必要である．

支援者側が行うべき就労支援計画の作成では，①支援機関や関係者の役割と活動の決定，②対象者やその家族などに対して支援する範囲の決定，③支援する目標の設定，④具体的な支援方法の決定，⑤支援（利用）期間の設定などを行う．また，対象者自身が行うべき活動計画の作成では，①長期目標の設定，②実行可能で成功体験の得られる短期目標の設定，③短期目標の達成に向けて行うべき活動の内容などを明らかにする．支援者側はこれらを明記した文書について対象者本人と契約を交わすことで，相互に果たすべき責任を明確にする．

これらの計画は，ケアマネジメント会議で決めることになる．これは，対象者に関するアセ

スメントを共有し，支援計画を立てて，協働して実行していくためのものである．したがって，支援に関わると想定される関係機関の担当者に限らず，対象者本人や家族も参加することが望ましい．

4）就業支援の実際の活動（インターベンション）

実際の就業支援の活動には，職業準備訓練，職場開拓，就職あっせん，定着指導などが含まれる．

第1の職業準備訓練の過程は，導入・基礎訓練として，ADL（日常生活活動）の獲得，生活リズムの形成，服薬の自己管理，対人関係技能や職場の常識とルールなどの習熟などが目標となる．また，施設内訓練の場合には，基本的な労働習慣の育成，場面に応じた社会生活能力の体験，働くことへの動機付け，能力に対する自己理解などが課題となる．

第2の職場開拓と就職あっせんの過程では，事業主団体・安定所・広告・縁故・電話帳などを活用して職場開拓をするとともに，就労支援の機関や組織の利用，各種の事業や助成金制度を利用する．職場を訪問して，事業主に支援内容を説明したり，対象者と同伴面接を行う．また，職場の環境や作業場面の情報を収集し，作業課題を分析して作業マニュアルを作成する．職場実習では，課題分析をしたうえでそれに基づいて指導法を開発したり，ジョブコーチによる集中的な個別指導を行う．

第3の定着指導の過程は，継続的な支援をおこなうために，状況に応じた勤務条件の再調整，ケアパーソンの育成，職場の理解，雇用管理への介入上の配慮などを支援する．

これらの支援は，本人のエンパワメントの向上を目指して教育訓練や指導を行う直接的な支援と，対象者のニーズに応えるサービス供給の組織や体制の活動を変える間接的な支援に区分できる．間接的な支援では，①新しい資源やサービスを企画して組織やサービス供給体制を変える，②既存の機関や組織が新たな活動を開発する場合に支援する，③組織や実施体制を査定して対象者に直接介入するための具体的な支援方法を探索したり検討する，④既存のサービス供給の組織や体制を強化して対応できる対象者を拡げる，⑤対象者のニーズに対応できる組織や機関を見定めて社会資源ネットワークを構築して供給する，などがある．

5）就業支援状況の監視（モニタリング）

これら一連の実際的な支援について，その状況を継続的に監視する．そのためには，①対象者自身の達成感，②家族や施設などの支援者の達成感，③支援機関や施設の就労支援や生活支援などの活動やサービスの質，④事業所での実習の形式や今後の実習引き受けの可能性，⑤雇用を前提とする事業所での実習の形式や雇用される可能性，⑥事業所における労使の連携状況，⑦事業所における不測の事態への対応やそれに対する準備の状況，⑧雇用契約の条件，⑨福祉的就労の形態や就労条件，⑩支援機関の変更などの，広範な状況について継続して注意を払い続けることが必要となろう．

6）就業生活の実態把握（エバリュエーション）とマネジメントの検証

支援計画とその実行内容が，対象者の就労支援に有益で好ましい結果をもたらしたかを検証する．就業生活の実態については，支援機関や施設，支援者（家族や施設など），雇用事業所，福祉的就労の状況などについて，上記の継続的な監視をもとにした検証を行うことはいうまでもない．だが，これに加えて，これまでの一連のケースマネジメントの効果についても検証することが重要である．その場合，実践した中で解決できない課題を整理するとともに，その結果を対象者本人や支援者にフィードバックする．さらに，これらの経過を経た後で最初のアセスメント結果の見直しを行う．

評価の方法としては，ケースマネージャーが

自己判断したり，対象者その他の関係者との面談や会合，電話，ケース記録などの活用によって行う．これらは質的な評価であるが，場合によっては，一定の手続きに基づく質問紙・構造化面接・チェックリスト・標準化された機能尺度などを活用して量的な評価をおこなう．

3. 就労支援ケースマネジメントの特徴

就業支援のためのケースマネジメントでは，特に次のことが求められよう．

第1に，地域社会資源のひとつとして「事業所」を捉えることが必要である．事業所は就労ニーズに応える最大の社会資源であることはいうまでもないことから，事業所の職場開拓はインターベンションの過程における最も重要な介入となる．

第2に，就労支援の状況を監視するモニタリングは，働き続けている期間の全てにわたって行われるために，長期の継続的な活動となる．

第3に，就労へのニーズは，個々人の人生に対する価値観や生き方あるいは生活の指向性と密接に関連する．そのため，エバルエーションの過程では，働くことをとおして「よりよい生活を営みたい」という願いがどこまで満たされているかに注目する必要があろう．

第4に，このことは，就労支援といえども日常生活の支援と密接に結びついていることを知る必要があろう．人によっては，就労は社会参加へのニーズに応える一ステップであり，地域生活を支援する全体的なマネジメントの一部分に過ぎないのである．

文　献

1) 全国就業支援ネットワーク（障害者職域拡大等研究調査研究班）：障害者就業支援にかかるケアマネジメントと支援ネットワークの形成，平成13年度日本障害者雇用促進協会障害者職域拡大等研究調査報告書，2002.
2) 田中敦士：障害者就業支援マネジメントと支援ネットワークの形成，全国就業支援ネットワーク研究会シンポジウムⅠ，2002.

第4節 ACTとIPS

1. はじめに

ACT（Assertive Community Treatment）は，重い精神障害のある人々を対象としたケアマネジメントの一類型であり，多職種のチームスタッフ（ケースマネージャー，以下CM）が利用者の福祉・保健・医療を包括的に提供するサービスである．Assertive Community Treatment－Japan（以下ACT－J）においては，就労は地域生活を送っていくうえでの重要な要素と考え，就労支援を重視し，Individual Placement and Support（個別職業斡旋とサポートモデル，以下IPS）を取り入れている．IPSとは，欧米においてすでにその有効性を実証されており，精神に障害のある人々の技能と興味に合致した仕事をできる限り早く見つける手助けをし，必要に応じて継続的な就労支援を提供する個別就労支援モデルである．

ここでは，ACTにおいてIPSモデルを活用した就労支援の実際を紹介する．

2. ACTとは

ACTは，従来であれば入院が必要とされていたような重い精神障害のある人々が，地域で自分らしく生活できるように，多職種チームが訪問活動を中心に支援を提供する，最も集中的・包括的なケアマネジメントモデルの1つである．

本人や本人を取り巻く環境の持つストレングス（長所・強み）を伸ばし，一般の職場で働いたりアパートに住むなど「あたりまえの生活」を送れるようになること，そして人としての尊厳を回復し，自らも楽しみ，社会にも貢献できる暮らしが送れるようになることを目標としている．

このプログラムは，「入院期間の短縮」，「地域生活の安定」，「利用者の満足度」について明らかな効果が多くの国で報告されており，我が国でも平成15年度より千葉県市川市国府台地区でACT－Jが開始されている．近年，京都や岡山でもその実践が始まり，徐々にではあるが日本においてもACT実践が地域システムの中で模索されつつある．

特徴としては，多職種からなるチームが，アウトリーチ（訪問）を中心としたサービスを24時間365日実施するなどの高密度の精神保健福祉サービスにある．スタッフ1人当たりが担当する利用者を10人以下とし，再発防止，危機介入などの医療に加え，住居支援，資源調整・開発，就労支援などリハビリテーションや福祉サービスまで，集中的・包括的に提供して地域生活の支援を行っている[1]．表8.9にその特徴を示した．

3. IPSとは

IPSとは，1990年代前半にアメリカで開発された個別就労支援モデルである．多くの無作為化比較試験の研究で，対照群に比べて有意に就労率を高めることや，就労期間を延長させることが実証されている代表的な科学的根拠に基づく実践プログラム（EBP）の1つと考えられている[2]．

IPSでは，就労は治療的効果があり，ノーマライゼーションをもたらすものと考えられている．IPSの最終目標は，重い精神障害のある人々が，生活の自立度を高め，精神保健が提供するサービスへの依存を減らしていくことである．多くの精神障害のある人々は，自立度が高まるに従って，自尊心が高くなり，症状に対す

表8.9 ACTプログラムの特徴

①伝統的な精神保健・医療・福祉サービスの下では地域生活を続けることが困難であった重い精神障害を抱えた人が対象
②多職種チームによるサービスの提供（作業療法士，看護師，精神保健福祉士，就労スペシャリスト，コンシューマスタッフ，精神科医など）
③集中的なサービスが提供できるように，10人程度のスタッフからなるチームの場合，100人程度に利用者数の上限を設定している
④チームのスタッフ全員で一人の利用者のケアを共有し，支援する．一人のスタッフに責任をかぶせず，チーム全体で責任を共有する
⑤必要なサービスのほとんどを，チームが責任をもって直接提供することで，サービスの統合性をはかっている
⑥自宅や職場など利用者の生活の場に，積極的に訪問が行われる
⑦1日24時間・365日体制で危機介入にも対応する

表8.10 従来型モデルとIPSモデルの違い

	従来型モデル	IPSモデル
依拠するモデル	ストレス―脆弱性モデル	リカバリーモデル
一般就労への見方	ストレス源となる	リカバリーの重要な要素
成果への期待	悲観主義的（おそらくだめだろう‥）	楽観主義的（きっと上手くいく‥）
対象者の除外規準	基本的生活習慣などの職業準備性が必要	除外規準はない（希望すれば全て対象となる）
アセスメント	広範な職業前アセスメント	職場で必要とされるスキルのアセスメント
アセスメントの視点	「できないこと」に着目	「できること」に着目
トレーニング	Train-then-place（訓練後に就労）モデル	Place-then-train（就労してから訓練）モデル
職場開拓	協力事業主などの都合を優先	利用者の好みにあわせたオーダーメイド

る理解が深まり，症状に対応し，生活全般に満足感を覚えるようになる．働くことが，多くの場合，これを達成する手段となる[3]．

1) 従来の就労支援モデルとIPSモデルの違い

IPSでは，どんなに重い障害があっても，本人に「働きたい」という希望があれば一般の職につけるという強い信念に基づき，ケアマネジメントの手法を用いて，本人の好みや長所に注目した求職活動と同伴的な支援を継続するなど，特徴ある活動を展開する．IPSは従来の就労支援サービスと比較して表8.10のような特徴をもっている．

従来，欧米でも職業リハビリテーションは医学モデルを反映した段階論的なものであった．一般就労はその人が安定するまで避けるべきストレスと考えられており，そのためノーマライズされた環境から隔離した福祉的作業所などで，症状の安定や職業準備性の向上を目指していた．その結果，暗黙の目標は彼らを普通の市民というよりは「良い患者」になるよう手助けすることであったのでは，とベッカー（Becker DR）ら[3]は指摘している．また，従来行われてきた広範囲にわたる職業評価は，「できないこと」に着目することが多いため，精神障害のある人は職業準備性が整っていないと決めつける結果となり，職業サービスから排除するよう機能したとも指摘している．よって，IPSでは従来の発想から転換し，彼らを信頼し，可能性を信じること，そして「障害があっても働くこと（一般就労）ができる」という希望を伝えていくことが重要となる[3,4]．

2) IPSの基本原則

IPSの基本原則を表8.11に示した．
施設内での職業前訓練やアセスメントは，本人の仕事へ取り組む意欲を減退させ，適職を見

表8.11　IPSの特徴

1. 症状が重いことを理由に就労支援の対象外としない
2. 就労支援の専門家と医療保険の専門家でチームを作る
3. 施設内トレーニングやアセスメントは最小限とし，実際の職場の中で継続的して包括的に行う
4. 短期間・短時間でも一般就労を目指す
5. 職探しはスタッフや事業所の都合ではなく，本人の技能や興味に基づく
6. ジョブコーチ(労働環境調整・精神的サポート・スキルトレーニング)や職業継続に関する支援は継続的に行う

つけ出すことの弊害となることがあるため最小限にする．そして，短期間・短時間のパートであっても，一般雇用に就き様々な仕事に従事することでこそ，仕事内容，自らの適性，関心，そしてニーズを知り得ることになるという理念がIPSの根幹に位置付いている．よってIPSでは，「train-then-place：保護的な場で訓練する」伝統的なやり方よりも，「place-then-train：早く現場に出て仕事に慣れる」やり方を重視する．また，職探しや障害開示，職場での支援は，支援者側の都合ではなく，本人の技能や興味・選択に基づき，迅速に職場開拓が行われ，職場の中にジョブコーチとして出て行って，その中でのサポートを継続していく[5]．

4. ACT と IPS

ACTの目標は「リカバリー」である．つまり，「自分の人生と病気の管理に責任をもち，自分自身が満足する意義ある人生の追及をはじめること」である．ACTでは，就労はリカバリーにおいて重要な要素であると捉え，就労支援を重視している．これは，一般の地域社会で精神疾患をもたない人々とともに働くことが，生活の質を高め，健康を増進させ，症状を軽減させるという理念に基づいている．また，精神障害のある人々の60〜70％が働きたいと思っており[6]，一般社会において，働くことは成人として重要な役割であるのは，周知のとおりである．たとえ精神障害があったとしても，「働きたい」というあたりまえの希望とその実現は，当然の権利でもある．よってACT-JではIPSモデルを活用した就労支援を実践している．

図8.5はIPSユニットの構造図である．IPSは複数の就労支援スペシャリスト（Employment Specialist：以下ES）とIPSコーディネーターで構成されるIPSユニットを形成しており，そこからACT-JチームにESを派遣している．つまりACT-Jチームに派遣されたESは，IPSユニットとACTチーム両方に所属する形となる．

IPSユニットは，毎週2つのミーティングを行う．1つは職場開拓などを中心としたシステム面でのミーティングで，もう1つはケース検討などを中心とした臨床面でのミーティングである．

また，ESはACTチームの一員としてACTのミーティングに欠かさず出席し，チームの人々と良好な関係を築くようにする．こうすることでESは，チームが関与するすべての利用者について詳しい情報を得られ，CMが就労の可能性を考えていない場合であっても，また，本人自身が働きたいという気持を未だ示していない場合であっても，働くということを選択肢に加えるよう促すことができる．この過程は，就労の可能性が低いと見られがちな利用者を見逃すことを防ぐ一助となる．

就労とメンタルヘルスは相互に影響を与える．働くことを通して，生活におけるさまざま

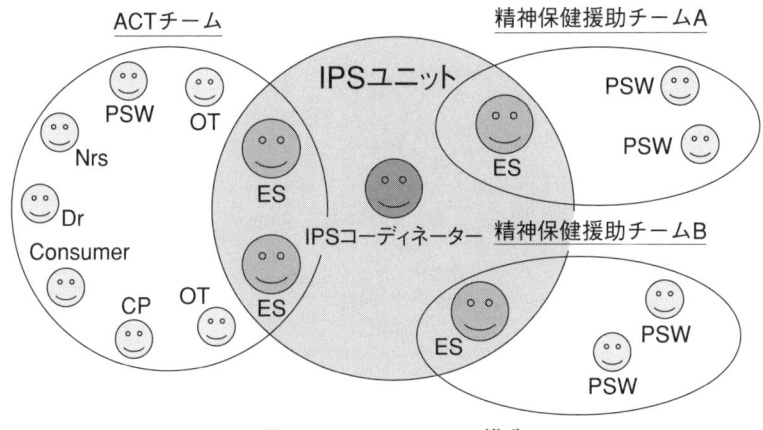

図8.5 IPSユニットの構造

な面，例えば，経済的，社会的，人間的な面が改善される．また多くの場合，働くことから得る利益によって，病気と上手に付き合う責任をより深く感じるようになるといわれている．よって，主に医療・保健・福祉を担当するCMとESが密接な連携を図ることで，病状と環境の安定を保ち，働き続けることが可能な状況を維持しつつ，就労支援を実践していく．また，ACTのCMは，利用者の働くことへのモチベーションの開発という重要な役割も担う[3]．

5. IPSの実際

ESによる支援内容は，直接サービスを伴うケースマネジメントと類似している．表8.12に示すように，個別の就労支援は関係作りから始まり，アセスメント，職場開拓，職業紹介，ジョブコーチ，職場調整，継続・同行支援までのすべてについて，一人の担当者によって一貫して継続的に地域で提供される．

現在（2005年9月），ACT-Jにおいて就労支援の対象になっている利用者は33名であり，アセスメント・援助計画作成のほか，一般事業所への求職活動などを行っている．この他，月に1回，就労グループと呼ばれる，ピアの力を活用して就労への動機付けを目的としたグループワークも実施している．ACT利用開始後，一般就労を経験した者は17名であり，就労支援対象者の52%である．

1) ジョイニング・初期アセスメント・プラン作成

まずESは，本人と信頼・協力関係を築くことから始める．関係作りをすすめる中で，本人固有の興味，能力，努力目標に見合う仕事を見つけるために使用できる情報を収集する．IPSでは，従来の標準テスト，就労適応訓練といった評価・査定方法は重視しないが，ESは本人の承認を得た上で，家族，CM，カルテなど，さまざまな情報源から情報を得て初期アセスメントを作成し，できるだけ早く一般就労に就けるよう本人と初期プランをたてる．

2) 障害の開示・経済的側面の情報提供

障害があることを雇用主に知らせるかどうかは本人が決定する．先入観をもって見られることや，拒否される恐れ，あるいは他の従業員と異なる扱いを受けることを懸念して，精神疾患をもっていることを知らせたくないと思う者もいる．また，求職活動に困難を抱え，仕事に関する交渉など雇用主との関与をESが行うことを望む人もいる．ESは障害をオープン（開示）にするかクローズ（開示しない）にするか，そのメリット／デメリットを本人に情報提供し，

表8.12 ESの就労支援内容

1. 就労インテーク面接 　1）関係作り（ジョイニング） 　2）就労の専門家が提供できる支援内容のオリエンテーション 　3）職歴・教育歴・生活状況・リカバリープランなど，基礎的な情報の補足と確認 　4）本人・家族からの就労に関する希望や要望・興味・好き嫌いの聴取 　5）初期アセスメント 　6）初期プランの作成統合性をはかっている．
2. CMとのミーティング 　　初期アセスメント，初期プランの検討 　　情報交換，ITTとの役割分担の検討
3. 職場開拓・職場のアセスメントと職業紹介
4. 履歴書・面接のトレーニング，職場に必要なスキルのトレーニング 　　面接同行支援
5. 就労継続のための支援 　1）職場における集中的トレーニング（ジョブコーチ支援） 　2）フェーディング 　3）転職支援 　4）精神的サポート 　5）職場調整 　6）経済的側面の支援 　7）その他

その決断は，あくまでも本人に任せる．同じ人であってもそのときの状況に応じて，オープンにしたり，次の職場ではクローズにするなど，変更することも少なくない．

重い精神障害のある人々の就職の1つの障壁は，年金や生活保護の受給資格を失うのではないかという不安である．従ってESは，就職が受給資格に与える影響について正確な知識を持ち，生活保護・障害年金・失業保険・傷病手当金などに関する情報を本人と家族に十分に提供する必要がある．正確な情報を得ることで，自分にあった働き方を選択することができるよう支援する．

3）職場開拓

IPSは，重い精神障害のある人々のほとんどは，本人に働きたいという希望さえあれば，その興味，技能，経験に適合する職場で働くことによって有益な効果を得ることができる，という信念に基づいている．そのため，保護的就労ではなく，一般就労を目指し，利用者の能力や興味が発揮できるような職場を優先して職場開拓をすすめる．ある程度の生活リズムや症状の安定や職業耐久性が整うまで，例えば週15時間働けるような職業準備性が整うまで保護的環境でトレーニングしてから求職活動を行うのではなく，働きたいと本人が希望したら迅速に職場開拓を開始する．そのときの本人の状況に合わせて勤務時間・頻度，支援の手厚さなどを工夫し，実際の仕事をする中でトレーニングしていく．大半の人はパートタイムの仕事から始めるので，就労時間が週5時間ということも珍しいことではない．また，1つの職を継続していくことのみに焦点をおかず，必要に応じて単発

の仕事や，期間限定の仕事なども活用し，転職支援も重視している．

職場開拓は，個別のニーズにあわせたオーダーメイドで実施する．様々な情報（ハローワーク・アルバイト雑誌・インターネット・新聞広告・知人の紹介・個人の縁故）の中から，本人にあった職場を選択し，事業所と連絡をとり，職業評価（興味とスキル・職業タイプ・環境適応・職場での適応援助など）に基づいて，個別にマッチングする．

本人が望む場合，事業所と連絡を取り合い，働く人はどのような人なのか，どのような対応が良いのか，どのような配慮が必要か，各種制度の活用法など情報提供しつつ，ニーズとゴール，および職場のセッティングに合致する職務を事業所に提案し，調整する．

4）継続支援

働き始めると，働き続けることができるよう支援が提供される．支援は，一人ひとりの希望やプランに応じて個別に提供される．精神科医は，職務内容に応じて薬剤を調整する場合もある．CMが職場での対人関係の難しさに対応していくために利用者と話し合うこともある．職場でのアセスメントは，地域社会における通常の就労経験に基づく継続的な変化のプロセスといえる．

IPSにおいては，就労経験はすべて肯定的に捉えられる．IPSには失敗ということがない．それぞれの就労経験がどのような結果になったとしても，労働者としての本人に関して何らかの情報が得られ，次の仕事に向けた計画作りに情報を提供することになる．例えば，小売店での仕事を3日で解雇され，人が大勢いるところで働くと被害妄想になるということを知る．その場合，次に仕事を探すときに，静かな人の少ない労働環境を探す手助けとなる．

本人からの希望がある場合，ESは雇用主と頻繁に連絡を取り，通勤を手助けすることから，職場でのジョブコーチ支援，職場環境調整等を実施する．クローズの場合でも，精神的サポートのために仕事以外の時間に会うこと，転職支援など必要な支援はすべて継続的に提供する．ESとCMは情報を頻繁に交換し，最新情報を得て問題解決に当たり，達成を祝福しあう[3]．

6．おわりに

これまで，日本の精神医療保健福祉のサービスは，再発予防と病気の治療に重点を置いてきた．また，本人・家族・専門家の「内なる偏見」（できるはずのこともできないと思い込んでしまう）のために，人生に可能性を見出せず，希望を見失い，その結果ますますできなくなってしまっている例が少なくない．精神障害のある人々の就労を考えるとき，ハイリスクであっても，ハイサポートを提供し，チャレンジを許容する姿勢を持つ必要がある．精神障害のある人々が「働く」ことから得る利益を奪うことなく，リスクをチャンスに代えていくための姿勢と技術と熱意が必要とされている．そのためには支援者側が，障害のある人自身の持つ能力や強み・長所，希望にもっと注意を向け，希望を持ち，可能性を信じることが求められる[4]．

ACT-Jチームは当初は就労に対してあまり積極的ではなかった．時間の経過とともに変化してきた．チームスタッフも，それぞれの観点から就労に対する不安などを言語化する中で，徐々に変化してきた．実際に働いている人を目のあたりにすることは，まさに，IPSがもたらすメリットを知ってもらうための最善の手段となる．疑っていたスタッフも信ずる者へと変化していく．そして，IPSが実践されたあと，本人や家族同様，メンタルヘルス・サービス提供者の就労に対する見方が変わり，変化の波は精神医療保健福祉全体に及ぶことを期待されるが，本人の希望や目標を重視し，IPSの原則に従ってはじめて，効果的なサービスを提供することができる[3]．

精神障害があっても働くことができ，就労の機会を持ちうるべきであるという考えが，決して例外的なことではなく，一般的なこととなり始めることを強く望む．

文　献

1) 香田真希子：社会的入院者の退院支援にACTモデルから活用できること．作業療法ジャーナル 28：1097-1101, 2004.
2) 大島巌，香田真希子：IPSモデルを用いた個別就労支援～ACT-Jプロジェクトの取り組みから．精神認知とOT 2：289-293, 2005.
3) Becker DR, Drake RE（大島巌，松為信雄，伊藤順一郎・監訳）：精神障害をもつ人たちのワーキングライフ～IPS：チームアプローチに基づく援助付き雇用ガイド．金剛出版, 2004.
4) 香田真希子，相澤美奈子：ACT-Jにおける地域生活支援の実践からみえてきたサービスのあり方～従来サービスとの相違点．作業療法ジャーナル 39：999-1003, 2005.
5) Bond GR：Principles of the Individual Placement and Support Model：Empirical support. Psychiatric Rehabilitation Journal 22：11-23, 1998.
6) 大島　巌，他：精神障害者・家族の生活と福祉のニーズ'93（Ⅰ）～全国地域生活本人調査編．全家連保健福祉研究所モノグラフNo. 6, 1993.

第9章

支援ネットワーク

第 1 節　支援ネットワークの機能と構造

1. 支援ネットワークの必要性

これまでの医療，保健，福祉，教育，労働の各領域は縦断的であり，さらに地域におけるインフォーマルなつながりも希薄になりつつある．これらのことを背景として，横断的，機能的なネットワーク構築の必要性が論じられている．特に，ライフステージにある「乳幼児期から学齢期」，「学齢期から成人期」，「成人期から老年期」等の移行期にある生活環境の変化への対応に支援ネットワークが必要とされている．また福祉施設や医療機関からの社会活動を含めた地域生活への移行も同様である．

ここでは「学校からの就労移行」，「福祉施設，医療機関からの就労移行」の移行に視点をあて，「とぎれない支援」をキーワードに就労支援ネットワークの必要性を考察する．

1）教育分野からの視点

2002年の「障害者基本計画」の基本的方向の中に，「障害のある子どもの発達段階に応じて，関係機関が適切な役割分担の下に，一人一人のニーズに対応して適切な支援を行う計画を策定して効果的な支援をおこなう」[1]と示された．

2003年の「今後の特別支援教育の在り方について（最終報告）」では，個別の教育支援計画の一部として個別移行支援計画が位置づけられた[2]．

個別移行支援計画は，「学校から社会へ」の移行をスムーズにしていくため関係機関との連携を中心としたネットワークの構築を在学中から創り上げることが大切としている．さらに卒業時には，本人の同意を前提として「将来の生活の見通し」に対する「必要とされる具体的な支援」を関係機関と連携しながら就業生活支援の仕組みづくりを重要としている．

2）医療・福祉分野からの視点

医療・福祉分野では，「個別支援計画」を推進する障害者ケアマネジメントの手法も支援ネットワークの構築を重要だとしている．2003年に示された障害者ケアマネジメントでは，「障害者の地域における生活支援をするために，ケアマネジメントを希望する者の意向を踏まえて，福祉・保健・医療・教育・就労などの幅広いニーズと，様々な地域の社会資源の間に立って，複数のサービスを適切に結びつけて調整を図るとともに，総合的かつ継続的なサービスの供給を確保し，さらに社会資源の改善及び開発を推進する援助方法である」[3]としている．これは本人のセルフケア能力の高まりから自立生活を目指すこと，さらには事例を通して，フォーマルな専門家集団やインフォーマルな集団の連携がネットワークを形成し，利用者と地域をエンパワメントすることを目的としている．

3）「とぎれない支援」のしくみ

上記のいずれの手法も支援ネットワークを構築するツールとなるが，推進する上での課題をみると，個別移行支援計画の作成は学級担任となっているが，役割として明確になっていない．一方，障害者ケアマネジメントにおける「ケア計画」の作成は，市町村としているが，実際に「どこの機関」，「誰がおこなう」かが明確にされていない．

これを就労支援にかかるケアマネジメントと支援ネットワークの関係では，障害者就業・生活支援センター（以下，センター）では就労支援ワーカー，学校では進路担当者，医療・福祉機関では担当ワーカーが具体的に担っている．「どこの」「だれが」「どのような役割」かを明確

にすることで利用者が安心して相談できる環境になり，利用者が主体的に社会資源アクセスできる環境になるのである．

沖縄県では，2002年から学校の進路学習の一環として，毎年12月にセンターの職員が「センターの機能と役割」の説明をしている．さらに卒業後，引き続き就業生活支援の希望者には，職業安定所への求職登録と同時期にセンターにも登録している．福祉施設，医療機関等から就業移行支援の希望者にも，ケア会議をとおして同様の手続きを行っている．このようにセンターを拠点に学校，福祉，医療，労働の各機関の連携で，利用者が主体的に社会資源にアクセスしやすい仕組づくりをしている．また関係機関の機能の改善，開発のためにネットワーク会議は重要である．これは各機関の立場から主催されることが様々な観点からネットワークの機能や役割に関する具体的な調整の機会になっている．

2. 支援ネットワークの重層性

ここでのネットワークの意義は，利用者の就業生活における自立，納税者としての社会参加，そして支援者としてネットワークの一員になる過程への支援である．それを実現するには，利用者が主体的に社会参加する支援と連携，地域コミュニティー力の開発等はインフォーマルな集団を中心に，一方，企業の安心感への支援と経営者団体との連携，専門家の教育・育成，関係機関各分野の連携の仕組み，現場と施策をつなぐ取り組みはフォーマルな専門家が中心となるネットワークの構造が望ましい．

沖縄県の「障害者就業支援ネットワーク会議（2005年設立）」は，県の労働部を主管に教育庁，福祉部と労働局，地域職業センター，障害者就業・生活支援センター（3カ所），経営者団体が集い横断的，重層的なネットワークの構築と政策提言を目的とするものである．このネットワークを効果的に機能させるため，身近な地域で利用者の「働きたい」「働きつづける」支援をセンターが拠点とするネットワークづくりで展開させている．

まず，単独事業としてジョブサポーター派遣事業（2004年度）を就業・生活支援センターに委託し，試行的に実施された．その対象者は，在学中の現場実習，社会適応訓練からの就労移行希望者とした．この結果，企業から学校の現場実習の理解が得られた．さらに実習生の就業課題に対して，ジョブサポーターが中心となり個別支援会議が開催され，個別の就業課題が学校現場にフィードバックされ具体的な取り組みが明確になっている．そのうえ在学中の社会資源活用は，組織間，支援者間がネットワーク化される契機になり，とぎれない支援の形成とコミュニティー力を成長させる要因となっている．これを受けてネットワーク会議は，2006年度の再実施に向けて政策提言の議論を始めている．

次に経営者団体としてネットワークに参加する中小企業家同友会は，「障害者雇用研究会（2004年設立）」を設置して，市町村，支援機関への参加を呼びかけ，「障害の理解」「雇用管理」等の課題に定例会を開催し，会員企業に発信している．

これらの支援ネットワークを継続的，発展的，横断的，重層的な仕組みにするために，身近な地域のインフォーマルなネットワーク，就業・生活支援センターを拠点とする中核的なネットワーク，地方自治体を中心とする広域的なネットワークの構築が必要である．また機能するネットワークの構築は各機関の課題に柔軟に対応できるマネジメント力のある人材が求められている．

文　献

1) 内閣府：障害者基本計画．p19, 2003.
2) 特別支援教育の在り方に関する調査研究協力者会議：今後の特別支援教育の在り方について（最終報年告）．2003.
3) 厚生労働省社会・援護局障害保健福祉部：障害者ケアガイドライン．p3, 2003.

第2節　支援ネットワークの形成と維持

1. 個別支援ネットワーク

1) 個別ケースを支える人的支援・社会資源の確認

個別ケースの支援を始めるにあたり，個人のプロフィールの確認を繰り返し行う（図9.1）．

この一連の流れの中で，個別ケースを支える人的・社会資源の確認を行う．中野区障害者福祉事業団（以下，事業団）では，個別支援を開始するにあたり個人登録をしてもらい，その登録台帳から，個人を支える人的・社会資源を確認あるいは推測していく．また，その情報をもとに必要に応じて各人，各所へ連絡・確認などの調整を行う．

実際の業務上で支援がない部分については，新たな協力者をつくる場合もある．その際，主たる関係者が一堂に会して調整会議を行い，それぞれの役割等を確認し，支援の方向づけを明確にしていく．表9.1に，掌握した情報をもとに人的・社会資源を活用した場面を要素別にまとめた．

2) 実際の事例から個別支援ネットワークの構築と維持について考える

事例1　ケース概要　知的障害4度，40代男性，Aさん．

相談の経緯：両親が相次いで死亡．単身で一軒家に住む．生前両親が近隣の民生委員Zさん夫妻とは親しい間柄であった．葬儀の段取りなどを手伝うなかで，今後のAさんの暮らしが心配になり来所．Aさんは相談時，愛の手帳は所持しておらず，十数年以上ほとんど外出していない．

過去に就職をしていたが，人間関係のもつれから自宅にいるようになった．

親戚の叔父がいるが，財産と家屋を狙っていたことが判明し，断絶状態．日常生活全般にわたって民生委員Zさん夫妻がサポートしている状況であった．生活は親の遺産で暮らしているが，浪費傾向にあり，目減りする一方．就職をして自立した生活をさせたいということだった．

当事業団が提供したサービス：

[申請関係] 障害者手帳・障害者基礎年金・

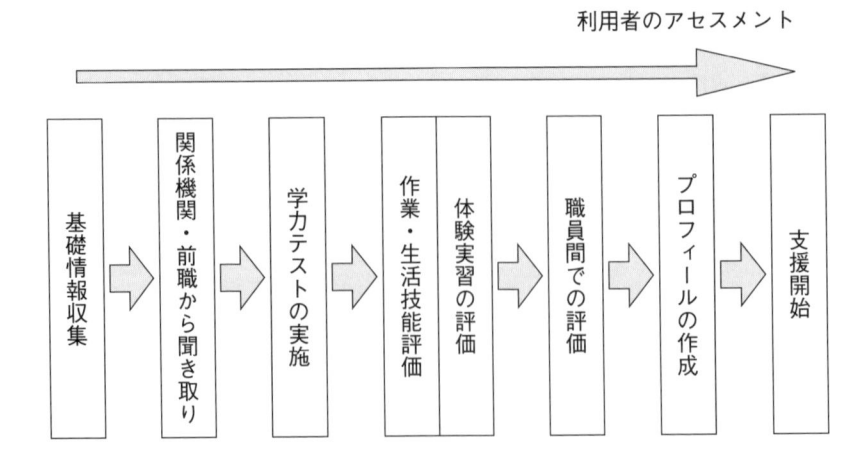

利用者のアセスメント →

基礎情報収集 → 関係機関・前職から聞き取り → 学力テストの実施 → 作業・生活技能評価 → 体験実習の評価 → 職員間での評価 → プロフィールの作成 → 支援開始

図9.1　支援開始のプロセス

表9.1　要素別にまとめた人的・社会資源を活用した場面

関連する項目	人的・社会資源	活用した場面
生年月日	同級生・親の会など	余暇活動・モチベーションの維持等
住所	民生委員・町会など	日常生活の支援
障害種別	区役所の担当ワーカー	福祉等の制度利用窓口
連絡先	家庭・家庭以外の協力者	日常生活全般
携帯電話の有無	友人関係	余暇活動・モチベーションの維持等
学歴	友人関係・担当の先生	親代わり・モチベーションの維持等
職歴	前職の職場関係者	前職における情報の提供
福祉事務所	担当のワーカー	制度活用・家庭との連携・調整
職業判定の有無	職業センター担当者	評価のフィードバック
福祉施設の利用	作業所等の担当者	通勤支援・家庭への支援
通院・服薬状況	主治医・ワーカー等	家庭との連携・退職・復職支援
特技	友人・知人関係	余暇活動・モチベーションの維持等
サークル活動	友人・知人関係	余暇活動・モチベーションの維持等
趣味	友人・知人関係	余暇活動・モチベーションの維持等
免許	友人・知人関係	余暇活動・モチベーションの維持等
資格	友人・知人関係	余暇活動・モチベーションの維持等

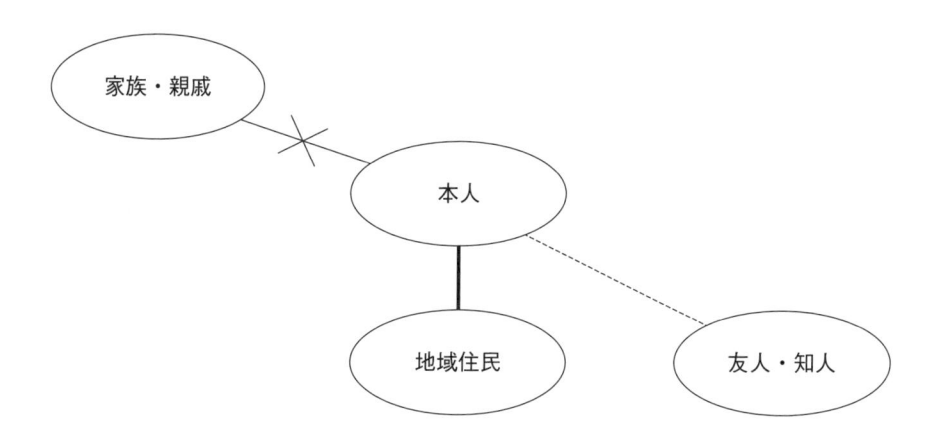

図9.2　Aさんの相談時の個別支援ネットワーク

地域権利擁護事業……申請のコーディネート
　［日常生活］ヘルパー制度……申請のコーディネート
　［就労支援］職場開拓・職場実習支援・職場定着支援……直接支援
　［就労生活支援］詐欺まがい行為への対応・異性関係の調整……直接支援

［相談時のAさんの個別支援ネットワーク］
　相談時のAさんを支える人的・社会資源は，近隣に住む民生委員Zさん夫妻だけだった．10年前に働いていた際の友人とは，まれに連絡する程度．親戚の支えも全く期待できない状況だった．面接時に確認した事項から，Aさんがもともと持っているネットワークを確認したが，やはり個別支援につながる人的・社会資源

は見当たらなかった（図9.2）．

［支援開始後のAさんの個別支援ネットワーク］

支援開始後，図9.3のようなサポート体制を形成するために，関係各所への依頼を行った．

1. 日常生活のサポート……手帳・年金の申請（福祉事務所），金銭管理（権利擁護事業），ホームヘルパーの派遣
2. 就労の支援……職場の確保（公共職業安定所（ハローワーク），事業団）
3. 就労生活の維持……企業，民生委員，担当ワーカー，ハローワーク，事業団
4. 友人関係……事業団への通所を通した仲間づくり

Aさんの個別支援ネットワークは，Aさんの生活基盤を整えることから始まった．支援開始後，早々に生活基盤を支えることが必要であると認識していたため，主な関連する機関がAさん宅に集まり，本人のニーズと課題点を整理し，それぞれの役割を確認した．その後，相当の期間を要したが，現在Aさんは元気に職場で働いている．しかしながら時折，生活や就労に関わる問題が発生することもある．今回のケースでは，Aさんのニーズに沿って形成され，社会で暮らしていく上で出会うさまざまな課題を共に考え，その都度解決していくことで維持されていくものと感じている．

今後の課題は，主に見守り役を担う近隣に住む民生委員Zさん夫妻の高齢化に伴う，役割の交代が挙げられる．

事例2 ケース概要　知的障害4度，30代男性，Bさん

相談の経緯：両親が相次いで死亡．兄姉3人（全員知的障害あり）で一軒家（築40年以上）に住む．両親が親の会に所属していたことから，親の会会長が今後を心配して相談来所．主な相談内容は以下の通り．

・Bさん兄姉は，姉が手帳を所持しているが，Bさんと兄は所持していない．申請する予定．

・Bさんは職場でいじめにあい，今後の就職活動は手帳を使ってしたい．

・Bさん世帯の金銭管理（親の遺産を含む）ができず，親の会会長が管理している．

・Bさん世帯全員就職させたいが，なかなか気持ちが固まらない．Bさんの就職を通して考えさせたい．

・Bさん世帯の住む住居がひどく老朽化して

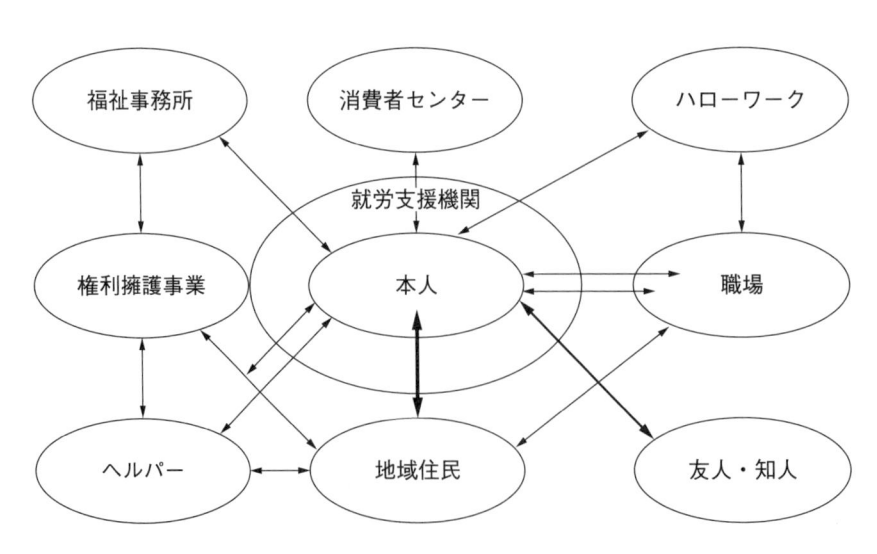

図9.3　Aさんの支援開始後の個別支援ネットワーク

おり危険である．親の会でグループホームにしたい．

当事業団が提供したサービス：

［申請関係］障害者手帳・障害者基礎年金・地域権利擁護事業……申請のコーディネート

［日常生活］ヘルパー制度……申請のコーディネート

［就労支援］職場開拓・職場実習支援・職場定着支援……直接支援

［就労生活支援］糖尿病への対応……直接支援

［兄姉を通した支援］食事管理のお手伝いを名目にBさんとのコミュニケーションをはかり，就労意欲を養成

［相談時のBさんの個別支援ネットワーク］

相談時のBさんを支える人的・社会資源は，親の会会長，区議，小学校時代の先生，お寺（墓守の名目で資金援助）だった．

親の会に両親が関わっていたこと，地元のお寺とのつき合いなど，地域の見守りの中で，兄姉3人で暮らすことができていた．生活面は親の会が中心に行い，事業団は就労支援と就労生活支援および家族への支援を行った．Bさん兄弟は，金銭が自由に使えないことへの不満を持っており，親の会の話をかたくなに拒否する傾向があった（図9.4）．

［支援開始後のBさんの個別支援ネットワーク］

支援開始後，図9.5のようなサポート体制を形成するために，関係各所への依頼を行った．

1. 就労の支援……職場の確保（ハローワーク，事業団）
2. 就労生活の維持……事業団，親の会，権利擁護事業

Bさんの個別支援ネットワークは，すでに生活基盤を支えるネットワークが形成され，機能していた．そのため，事業団は就労の支援に特化したネットワークを補充していくことに専念することができた．現在は，課題であった老朽化した自宅を親の会の法人がグループホーム化するなど，Bさん世帯の課題解決に向けて調整が進んでいる．

今後の課題は，自宅が生活寮になった後の人間関係の調整が考えられる．

3） 個別支援ネットワーク　AさんとBさんとの比較

AさんとBさんの個別支援ケースを比較すると，類似する点がいくつかある．

［類似点］

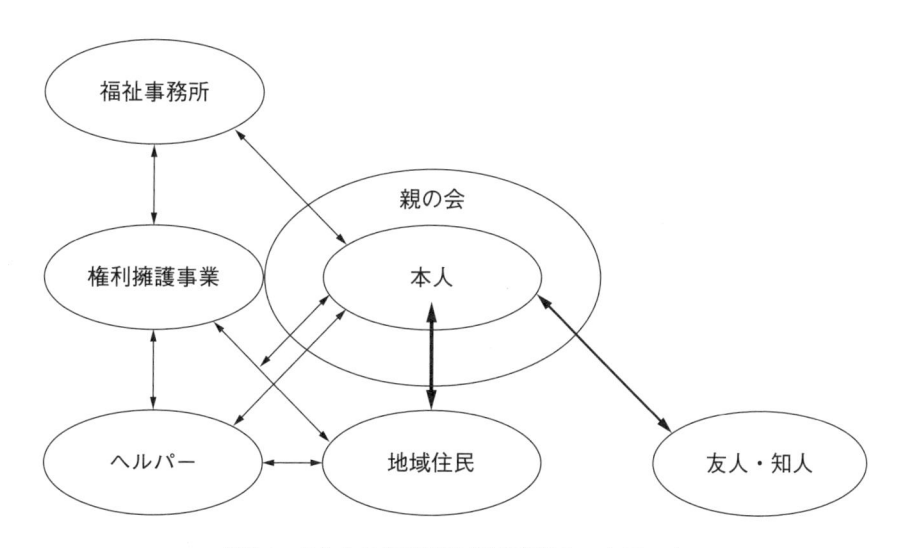

図9.4　Bさんの相談時の個別支援ネットワーク

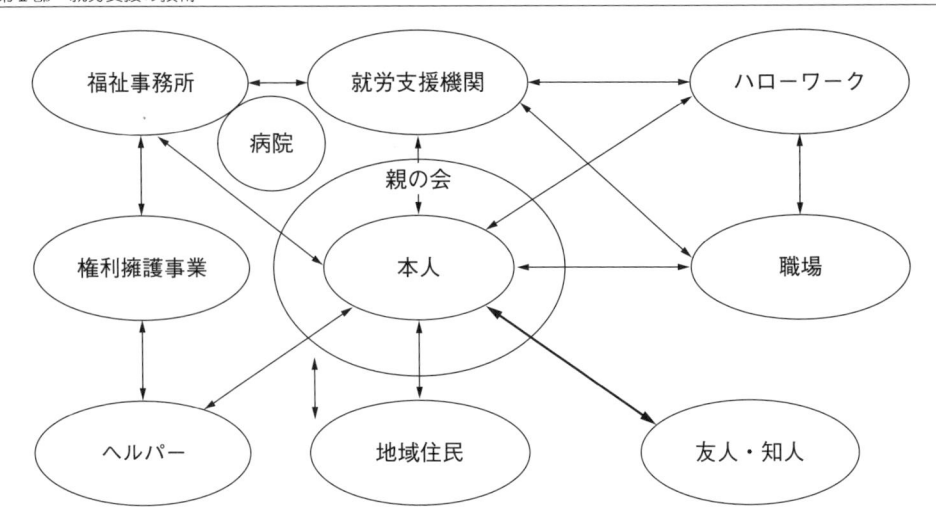

図9.5 Bさんの相談時の個別支援ネットワーク

- 就職活動をきっかけに障害者手帳を取得
- 両親の死別
- 持ち家に居住
- 遺産の管理の問題
- 親類縁者の支援が全くない

　両者とも似たような環境にありながら，Aさんの支援ネットワークの構築には，両親の死後，相当の時間を要した．それは，Aさん自身が地域住民として生活してきた足跡があまりにもなかったからである．Aさんは普通中学を卒業後，普通に就職をしたため，障害があることを周囲の人も知らなかった．近隣に住む民生委員Zさん夫妻も連絡先がわからず，さまざまな部門を訪問したようだ．当然，障害者手帳の申請に必要な学校時代の情報の入手も困難を極め，手帳の取得に時間を要した．その関係で，必要なサービスの申請にも時間がかかり，ネットワークの構築も遅れた．また，Aさんは退職後ほとんど自宅から外出せず，下着も身につけず裸で暮らす毎日だったので，社会に再び適応するまでに時間を要した．

　一方，Bさんの場合は，両親が親の会に所属していたこともあり，幼少期からたくさんの地域の見守りを受けた中で生活をしていた．両親の死後，早々に親の会会長を中心に日常生活の支援体制が組まれ，就労相談のため当所を訪問した．親の会も私ども就労支援機関の役割を非常によく理解していたので，役割分担も明確にしやすいこともあり，比較的スムーズに企業就労に移行することができた．

　この2ケースを比較したとき，ライフステージに合わせた一貫性のある支援体制の必要性を痛感した．特にAさんの場合は，就学時から就職に至るまで，所々で障害があるという疑いが持たれていたものの，一切情報が繋がらず，今日まで至ったというケースの1つである．約30年前のこととはいえ，療育・教育・福祉・労働の一貫したサポート体制が構築されない限り，このような事例を繰り返す可能性が大いにあると考えられる．個別支援ネットワークの形成には，その基盤として地域でのライフサイクルに対応したサポート体制の確立が必要である．

2. 企業支援ネットワーク

1) 重層的な支援ネットワーク

　ここ数年，知的障害者雇用を経験していなかった大規模企業での障害者雇用がすすんでいる．今までの知的障害者雇用は，比較的小規模

の企業を中心として受け入れられてきた傾向にあり，大規模企業では，知的障害者雇用のノウハウが蓄積されていないことなどから，躊躇されてきた面がある．そのため，地域でより密着した生活を支えるサービスが必要とされている．受け入れる企業側と障害のある方のニーズである「安定した就労生活の維持」を支える仕組みとして，地域ネットワークの形成が必要となっている．これを形成する目的は，社会資源のネットワーク化とそれぞれの役割分担の明確化が挙げられる．就労支援事業を進めるにあたり，各自治体や地域性によってさまざまな違いがあると考えられるが，各地域にはネットワークの中心となるセクションが必ずあるはずで，国内の就労支援に関わるネットワークもさまざまな団体，部門がネットワークの中核を担っている．主な担い手としては，就労支援機関・行政・学校・社会福祉協議会などがある．

就労支援に必要であるのは，いくつかの役割を持つネットワークを重層的に形成していくことが有効な支援につながる大変重要なものであると考えている．ネットワークの構成は，各地域の社会資源等の状況によっても異なるが，以下の2つの要素を各地域の実情にあわせて形成することによって維持されていくものである．

1. 地域生活を支える仕組み
2. 企業と個人・家庭等を結ぶ仕組み

今般の障害者雇用の推進には，ネットワークの重要性が必要不可欠であると言われ，ここ数年の取り組みが，実績に反映されつつあるようだ．

以下は，現在の障害者雇用の状況を東京労働局発表（2004（平成16）年12月28日）より抜粋したものである．

東京労働局管内における平成16年6月1日現在の身体障害者及び知的障害者（以下「障害者」という）の雇用状況の集計結果及びその特徴．

1. 「除外率」（参考）が一律10%縮小されたことに伴い，法定常用労働者数が大きく増加する中，東京の障害者雇用率は0.02ポイント上昇．

特に，1,000人以上の大規模企業において障害者実雇用率の改善がみられ，企業の社会的責任に対する積極的な取り組み姿勢が伺える．

2. 身体障害者（4.6%増）に比べて，知的障害者（13.5%増）の増加割合が大きく，特に増加した知的障害者数の約9割が1,000人以上規模企業に雇用されている等，大規模企業における知的障害者雇用への積極的な取り組みが見られる．

この取り組みは，重度障害者や知的障害者を多数雇用することを目的とする「特例子会社」を中心に行われていると思われ，結果として「特例子会社」の設立が急速に増加（平成16年11月現在，88社．うち平成15年度，平成16年度に設立，28社．東京労働局管内）．

3. 障害者雇用を支える「障害者雇用支援センター」や「障害者就業・生活支援センター」等の就労支援機関等が整備されてきたことが障害者実雇用率の改善につながっているものと思われる．

知的障害者雇用が大きく進んできているという結果は，従来，就労をあきらめていた障害者への励みになるとともに，福祉就労から一般雇用への対策の重要性が増していると思われる．

2）事例紹介：中野区福祉事業団の取り組み

東京都中野区では，中野区障害者福祉事業団（以下，事業団）を中心とした就労支援のためのネットワークを形成し，実際の支援に活用している．現在のところ，事業団の持つ就労支援に関するネットワークは，大きく分けて3つある．

Ⅰ．地域生活を支え，人材供給源としての役割を果たす仕組み

→なかの障害者就労支援ネットワーク
　Ⅱ．企業と個人・家庭等・地域を結ぶ仕組み
　　→3区'S（ハローワーク新宿・杉並区，新宿区，中野区の就労支援機関）
　　→WEL'S（都内10カ所，千葉2カ所の支援機関（変動あり））
　上記のネットワークの形成と維持について紹介する．

[Ⅰ．なかの障害者就労支援ネットワーク]
　東京都中野区は，人口約31万人で東京23区の10番目であり，面積は14番目である．東京23区では中堅の規模だが，区内約16,000社のうち56人以上の事業所は150社程度と小規模企業が大多数を占める産業構造であり，税収の上がらない地域である．また，約5世帯に1世帯が非課税世帯と，非常に財政状況の厳しい自治体でもある．中野区の福祉は，常に区民のニーズを可能な限り受け入れ，ともに歩んできた．そのため，多岐にわたる区単独事業が増加し，一時は民生費が歳出の50％を超えるという事態に陥った．しかし中野区民は，過去にもこのような経済不況下にありながら，手弁当で区政を支えてきた．そんな区民性があることから，「中野区の財産は区民」といわれている．
　このような背景のもと，1987（昭和62）年に中野区障害者福祉事業団が発足し，公設民営の外郭団体としての活動が開始された．主な事業内容は「区内の障害のある方とその家族の福祉の向上」「就労の支援」を実施し，区民ニーズとともに，という大きな区政の流れの中で，福祉の一翼を担っている．常に時代と区民ニーズに合わせた事業展開をしているため，他の就労支援機関と異なり，居宅支援事業，福祉的就労の作業提供，サービスの提供（リフト付自動車貸し出し，運転手供給等），交流啓発など，事業は多岐にわたる．
　これらの多岐にわたる各種事業を推進していくためには，さまざまな部門，団体との連携が常に必要となっている．つまり，就労支援のためのネットワークの基礎となるつながりが事業団を中心に以前から存在していたのである．その後，区民ニーズが「企業就労支援」に多く寄せられたことや，福祉の基礎構造改革も重なり，就労支援のための区内ネットワーク化を図ることに発展してきた．しかしながら，限られた予算の中で，有効なサービスを提供しなければならない状況でもあったため，新たな施設サービスは望めない．そこで，「就労」という共通目的のもと，区内の各部門，機関を有機的な連携で結んでいくために「なかの障害者就労支援ネットワーク」が誕生した．このネットワークが生みだされたきっかけは，「魅力的な福祉就労からさらに魅力的な企業就労へ」という発想からである．区内各所，各機関の役割分担によって利用者の目標を実現することから区内19カ所の施設関係者に呼びかけ，「できることからやっていこう」「まずアクションを起こしてみよう」との方針を固め，1999（平成11）年4月に正式にネットワークの会議体を発足させた．
　ネットワークは，中野区内にある「授産施設」や「民営の小規模作業所」「入所更正施設」などのほか，都立中野養護学校などを含め，現在では23カ所の障害者関係施設全体でネットワークを構成している（図9.6）．
＜ネットワークの主な目的＞
　○障害者一人ひとりの能力や要求にあった就労の場の確保
　○共同受注による安定的な受注体制の確立
　○企業就労に関して専門的な雇用支援部門の確立
　就労支援ネットワークでの事業団の役割は，雇用支援センター的機能を果たすことにある．ネットワークに所属する利用者は，施設に所属しながら事業団の就労支援サービスを受けることができる．また，所属施設の役割は，家庭との調整や通勤支援等の就労支援を側面からサポートすることにある．そして，地域生活に必要なサービスを調整し，分担して生活を支える

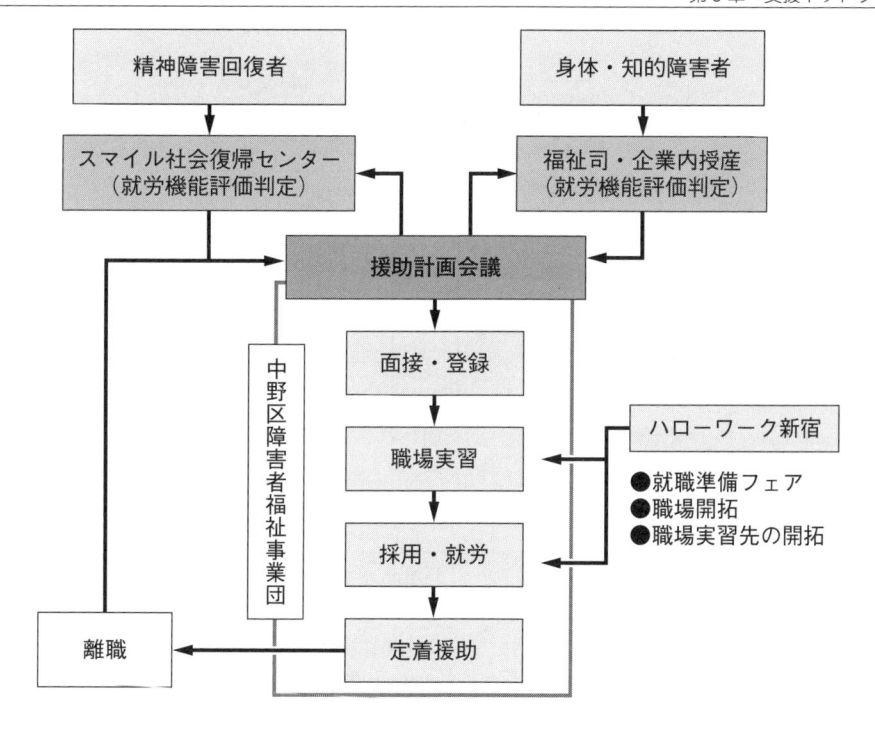

図9.6 区内就労支援システム

個別支援ネットワークを形成している．

このシステムが有効に稼働していくために検討したのは，次の2点である．
・区内共通の就労を前提としたアセスメント基準を設ける．
・「援助付き雇用・ジョブコーチ」の手法と理念の浸透．

一点目のアセスメント基準は，3障害を対照に検討し，場面ごとに求められるスキル等を具体的な基準で職員と利用者本人が評価するというものである．これを作成することによって，障害の分野を超え，「働くために必要なこと」を基準に構成されていく．

二点目の手法と理念の浸透は，利用者を共通の視点から見つめ，客観的な評価をすることで，より利用者にあわせた福祉就労と企業就労への移行のために必要であると考えている．施設を持たず，有機的なネットワークで共通の目標を達成するためには，共通の理念と手法は不可欠である．

個別の支援を通して，区内各所の役割が明確にされつつある．そして，区内に福祉的就労から企業就職する流れと，リタイア後の受け皿として地域の福祉が役割を担うという循環が出来るようになっている．また，人材の供給源としての役割が地域のネットワークには求められる．当事業団は，利用者の力量に応じた職場を提供することや，企業の求める人材をタイムリーに送り出すために，事前に利用者のアセスメントを行い，雇用のミスマッチを防ぐことに努めている．

今後の課題は，人事異動の有無や職員個人の資質にかかわらず「援助つき雇用・ジョブコーチの手法と理念」を施設に定着させ，中野区の目指す就労支援のシステムを確立することにある（図9.7）．

[Ⅱ．企業と個人・家庭等・地域を結ぶ仕組み]

3区'SとWEL'Sネットワークの取り組み

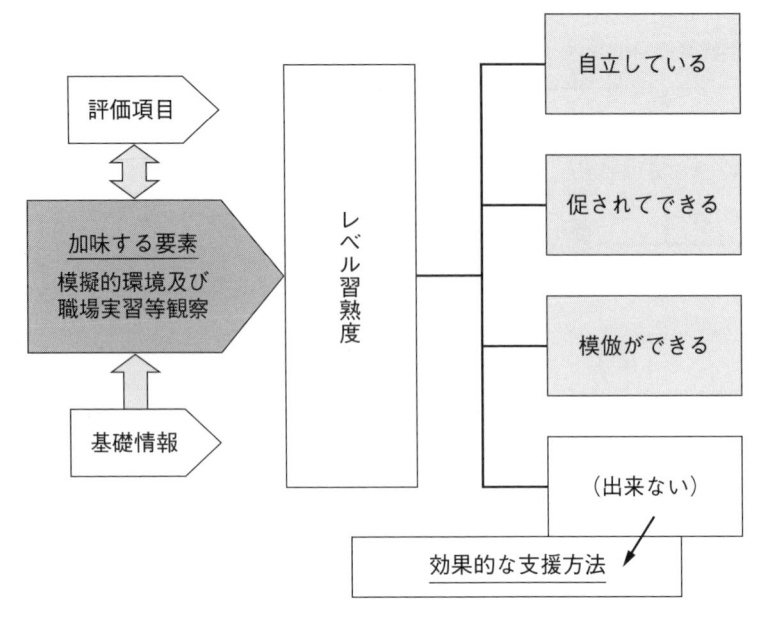

図9.7 アセスメントの考え方

2004．練馬・大田・中野合同研修
★レインボーワーク佐々木和香子氏

　事業団が持つ区外ネットワークの特徴は，労働行政単位のネットワークを中核に企業と利用者双方に対してサービスを提供できる支援機関等の連携範囲が拡大したことにある．このネットワーク形成の過程と現在の状況を紹介する．

①３区'Sネットワーク

　ハローワーク新宿管内の３つの区には，障害のある区民を対象とした就労支援を業務とする事業団として，新宿区障害者就労福祉センター，杉並区障害者雇用支援センター，中野区障害者福祉事業団の３つがある（以下，３区'Sとする）．1996（平成8）年からハローワーク新宿の協力により，3区合同の事業を開始したことが，今日のネットワークの基礎となっている．このネットワークが機能している要因として，次のようなことが挙げられる．

　毎年「知的障害者のための就職準備フェア」を実施することによって，各所職員との間に連携が必要になる．この事業は，職場実習相談会と就職準備セミナー（対象は年度により，利用者向けまたは企業向け）の2本柱で構成されている．事業の開催，その後の企業・利用者サポートなど，ほぼ通年打ち合わせを行っているような状況である．それによって，職員間は形式的ではなく，日常的で区民にメリットのある情報交換を可能なものにしている．具体的には，職場開拓や職務分析，定着支援などを日常的に協力しながら事業を行っている．特に，企業からの問い合わせに区民を紹介できないときに，安心して紹介できる就労支援機関の存在はとても大切である．「より仕事にあった人材の提供と支援サポートの提供」をすることによって求人情報を有効に活用することができる．そして，このような仕組みを持つことで，企業の障害者雇用への取り組みを停滞させることなく推進できるものと考えている．

②WEL'Sネットワーク

　中野区障害者福祉事業団が行っていた個別就労支援の中で，知的障害者3名を雇用している企業からの協力もあり，2002（平成14）年12月より，企業内に作業所を設置する「企業内授産事業」を開始した．

この事業を開始するにあたり，その契約内容は，職務指導にあたる職員の人件費を全て企業から提供してもらうほか，特別な制約がない性質の資金運営が可能となるものであった．そのため，地域外の就労支援機関支援を受けられる中野区民以外の障害者も利用を可能にした．その後，事業を拡大するため協力機関型ジョブコーチの指定を受けることができ，就労支援機関未整備地域住民の受け入れも行うことができた．

開設2年間で，各就労支援機関との連携により，50名が企業就労に移行することができた．またこの間，事業団にはさまざまな企業から雇用相談が寄せられた．しかし事業団の性質上，広域に活動することには無理があったため，この機会を有効なものにするために「企業内授産事業」を事業団から独立させ，NPO法人WEL'S新木場を設立した．

企業内授産事業でかかわりのあった地域の就労支援機関等を中心に情報の共有，特例子会社設立支援等を行っている．具体的には，NPO法人WEL'S新木場においてアセスメント実習を行い，アセスメントを受けた方と支援機関に企業情報を提供する．また企業に対しては，NPO法人WEL'S新木場が地域就労支援機関と連携を図ることにより，職場開拓，職務分析，実習希望者の情報提供，定着支援等のコーディネートを行っている（図9.8）．

このネットワークのメリットとして，以下の4つを挙げている．

★御社のご事情に応じたサポート
　職域開拓・人材の情報提供・制度等のご紹介など．
★仕事とのミスマッチをなくす
　面接の前に作業能力・適性・社会生活技能などの評価実習を行います．
　その結果を職場実習対象者選考の参考資料としてご提出します．
★期限なしのサポート
　就職前から退職までに一貫したサポートを行います．
★家庭・地域生活支援のコーディネート
　障害のある方の就労を支える地域生活支援を地域の福祉制度等を活用して行います．

ネットワークでの支援の特徴は，コーディネート機関が企業のニーズによって社会資源や人をつなぐことにある．そのため，コーディネートする機関がどれだけ各社会資源のサービ

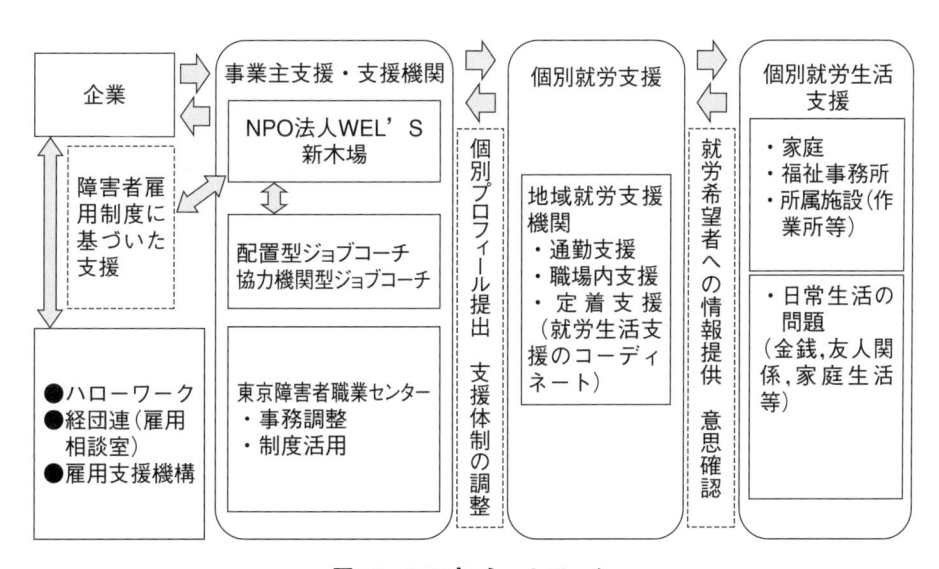

図9.8　WEL'Sネットワーク

スメニューを掌握し，連携が常に図られ，互いにメリットがあるかどうかなどが実のあるネットワークとして成熟するか否かの分かれ道になると考えられる．

3. 関係機関との連携

1）ネットワーク型支援体系確立の萌芽

1997（平成9）年に「障害者の雇用の促進等に関する法律」の改正により，知的障害者が雇用率の算定基礎に算入することになり，これまで身体障害者を中心に進められてきた障害者雇用の現場において知的障害者の雇用を推進する環境が整ってきた．しかし，福祉施設から企業への知的障害者等の就労率は低水準を推移している．福祉施設から企業就労への円滑な移行を積極的に推進すべく，公益法人が運営してきた「障害者雇用支援センター」に加えて福祉施設等の機能を活用し，就業支援の機能強化を図るため，1998（平成10）年度に「社会福祉法人」が運営する「あっせん型障害者雇用支援センター」（以下「あっせん型センター」という）事業が制度化された．

「あっせん型センター」は，関係諸機関との連携を柱に，職業準備訓練，職場実習のあっせん，職場定着支援を重視して障害者本人及び事業主に対して細やかな支援を行い，福祉的就労と一般企業における雇用の間の円滑な移行を推進する地域におけるネットワーク型の支援機関として登場した．

さらに「あっせん型センター」は，これまでの労働市場における雇用と福祉的就労とに二分されてきた就業支援施策を統合する展望を示すとともに，市町村段階で福祉部門と雇用部門との連携を図り，単独の機関における支援の限界を地域の社会資源をネットワーク化し，総合的かつ継続的な支援サービスを提供することで，障害者が直面している問題の解決を図るという実践レベルの「就業支援ネットワーク」を形成し支援活動を始めた．

2000（平成12）年に地方分権一括法が施行され，これまで都道府県単位で進められてきた労働行政，雇用施策が「機関委任事務」の廃止に伴い，国の施策と地方自治体が地域の実情に応じた施策を展開する方向が示され，身近な地域に視点を置いた施策・支援の充実が求められることになり，関係機関との連携によるネットワーク型の支援活動がより一層重要になってきた．

2）施策として関係機関との連携について

1999（平成11）年度に「障害者就業・生活支援の拠点づくり試行事業」が実施され，就業支援と生活支援の一体的な提供に関する取り組みや関係機関の役割分担と連携のあり方を検討するとともに事業が効果的に行われるように「運営協議会」を設置して事業の推進を図ることとなった．

「運営協議会」は，試行事業実施法人，都道府県（市）の障害保健福祉主管課，都道府県労働局の職業対策課，都道府県の雇用対策主管課，都道府県の特殊教育主管課，地域障害者職業センター，障害者雇用支援センター，指定区域内の公共職業安定所，保健所，福祉事務所，養護学校職員，事業主代表，学識経験者で構成され，施策として関係機関の連携の枠組みが設定された．このことは，各地域で支援拠点を設置し，それを支えるネットワークを構築する上で重要かつ基本的な事項として確認されたことになり，関係機関との連携に関して大きな示唆を与えるものであった．

当初「あっせん型センター」は，知的障害者を支援してきた社会福祉法人に事業委託されたが，障害種別を問わない支援を行うために精神障害者，重度身体障害者の支援については，都道府県あるいは市町村にある既存の専門機関，福祉施設等と「提携する」という方式がとられる「提携施設」と位置付けられ，既存の他法人との協力・連携の方向性が打ち出された．これにより，これまで障害種別で分かれていた支援

活動を横断的にする道が拓かれた．

3) 地方自治体とのかかわり

地方自治体においては「運営協議会」の構成員として参画するとともに運営費の助成の課題が生じた．

「あっせん型センター」の運営費については，当時企業からの納付金財源による「障害者雇用支援センター助成金（第3種）」であったため1/4の自己資金を基に500万円を上限に助成される仕組みであった．この自己資金については社会福祉法人自ら負担するか，都道府県段階，指定区域内の市町村から「補助金」として負担してもらうかのいずれかであったが，多くは指定区域内の市町村から助成を受けるための活動を展開した．その結果，「あっせん型センター」の機能及び役割に関して市町村行政が，認識を深める契機となり，地域に住んでいる障害者が遭遇している諸問題について事業担当部局に限らず関係部局間における共通認識の醸成に繋がり，予算措置について横断的な連携が図られるという効果をもたらした．

2002（平成14）年度に「障害者就業・生活支援センター」事業に移行したことで運営費助成の仕組みが変更になったが，後に地方自治体が新規の支援施策を創設する際に関係部局間で調整を図り予算獲得あるいは事業推進においても連携が図られるようになった．「あっせん型センター」の提言により，地方自治体が横断的なプロジェクトを立ち上げて，地方自治体での雇用を視野に入れた知的障害者の実習制度を確立するなど新たな動きが生まれてきた．

4) 施策における連携について

障害者の雇用を促進するために障害者福祉施策と連携した施策が講じられてきており，連携施策を推進する際に地域における社会福祉法人等間の連携，関係機関との連携が必要不可欠な状況である．各地域における就業支援のネットワークを構築する際に中核的な役割を担う「障害者就業・生活支援センター」が全国展開されているが，社会福祉法人等の運営方法により必ずしも連携が図られていると言い難い状況も呈している．この支援拠点を整備する上で関係機関との連携に関する留意点を以下に述べる．

(1)「運営協議会」設立の意義

社会資源として社会福祉法人，諸団体が多く存在しているが，これまで共同して事業を推進するということは少なく，時には事業受託を巡って協力・連携する基盤を失うなど様々な地域事情が存在している．

就業支援の拠点を整備する際に地域における関係諸機関が参画する「運営協議会」を設立することは，事業内容の協議に止まらず，事業受託法人の独自運営から各関係機関による第三者の事業運営に変換することにより地域における対立構造を解消し，既得権を超えた協力関係を得やすくする条件として重要な事項である．ある地方自治体においては，障害福祉圏域に就業支援の拠点を整備する際に「運営協議会」設置を義務化し，「運営協議会」が事業運営するという方法を定式化した．

複数市町村が跨る圏域の場合には，各市町村単位に「運営協議会」を設置し，各関係機関の協力を得ながら市町村の垣根を超えた支援ネットワークを構築して支援活動を展開している．また，市町村単位に「運営協議会」を設置することは，将来的により小さな範囲に就業支援の拠点を整備する方向性を模索する契機となった．「運営協議会」に市町村行政が参画していることで就業支援に関する新たな制度・施策を創出する上で大きな役割を果たしている．

(2) 関係機関及び諸団体の機能・役割の把握

地域にある関係機関及び諸団体が，どのような機能，役割を担って業務を行っているかお互いに知らない場合が多く見受けられる．他の関係機関，諸団体の実際の活動内容を十分に把握し，守備範囲，限界性等について明らかにして協力関係を築くことが重要である．それぞれの役割分担が，予め明確に線引きされているわけ

ではなく障害者が遭遇している問題を解決するために各関係機関，諸団体が「何ができるのか」「どのような役割を担うことができるのか」「協力できることは何か」を論議し，支援活動を通して明確化されるものである．

地域には教育機関，労働機関，支援者機関等それぞれが主催する会議等が開催されているが，どの会議にも同じような機関・団体が参画している場合が多く，錯綜している状況も生じている．今後はどのような機関が中核となって効率化を図るのか．さらに効果的な協力関係の在り方について検討する必要に迫られている．

(3) 個別の繋がりから機関・組織として

地域では要支援者の問題解決のために実務担当者間との繋がりは必要に応じてできるが，支援ネットワークを構築するという課題に対しては，個別的な係わりから機関・組織として連携するという認識を深め，地域の社会資源を再構築してネットワーク化を図る取り組みが重要である．

たとえ「運営協議会」が設置されたからといって直ちに関係機関，諸団体との協力関係が得られるものではなく，重要なのは日々業務を遂行している支援者を含めた実務担当者間による支援活動を通じた協力・連携の積み重ねが大きな鍵を握る．「運営協議会」の元に「実務担当者」段階の連絡会議を位置付け，二重の協力・連携構造を形成し，市町村行政の関係部署の担当者や関係諸機関の実務担当者，支援者が支援活動に従事する場合に組織として理解されていることは，実践段階で活動の幅の広がりや柔軟性を生み出し，関係機関，諸団体との結びつきを強固なものにする．

(4) 協力関係の継続

障害のある人が，職業人として経済活動や社会活動に参加して社会の発展に貢献する機会を得ることは当然の権利であるが，離職，解雇，不当労働行為などの危機に直面し，生活不安に直結する問題を抱えている．

働くことへの様々なニーズに的確に対応するためには，身近な地域に相談から問題解決に至るシステムの整備と地域内の支援力強化が求められる．継続した協力関係を維持するためには，各関係機関・諸団体が共通の目標を設定し，不断の情報交換，情報の共有化を柱に諸問題を協力関係に基づいて具体的に解決した成功事例をひとつひとつ積み上げることが必要である．また，解決されない問題については，新たな支援施策を提案し実現して行く実践力が重要となる．

第3節 移行と社会的支え

1. 移行の過程と区分

生涯にわたるキャリア発達の視点を踏まえると，職業的な自立に向けた支援やサービスは，「移行」の時期に最も手厚くすることが必要となる．なぜなら，「移行」は，学校から職場，あるいは，職場内での職務や地位の移動などのように，それまでとは異なった社会環境に移ることで，それ以前の人生では経験しなかった役割を果たすことが求められるからである．障害のある人の場合には，未知の新しい役割に応えるのに必要な知識や技能，行動や態度などを新たに習得するのに時間を要する場合もあることから，この時期をうまく乗り越えるための支援やサービスが重要となる[1)2)]．

職業生活を中心とした社会的な自立は，就労に対する準備の期間をへて，就労場面に参入し，それを継続するという段階を踏む．それゆえ，その流れの中で生じる「移行」は，少なくとも，①仕事に就くための準備期間や実際の就職活動，②就職直後のごく短い時期における職場適応，③職業生活の継続の3つの時期に区分される[1)3)]．

こうした，移行の時期に応じて実施すべき支援の課題は，表9.2で示すとおりである[4)]．

最初の「就労への準備段階」での課題には，第1に，就労可能性の評価基準の明確化がある．職業人としての役割を果すだけの準備が整っているかどうか，それが不十分としても，期限を切った学習の過程でその可能性が高まるかどうかを明らかにするために，評価基準を明確にすることが必要となる．第2に，教育・福祉・保健医療の対象者ではなくて職業人として育成する視点への転換である．職業人としての可能性やそこに至る学習課題などの評価にあたっては，教育・福祉・保健医療などの保護的あるいは医療的な視点ではなくて，働く職業人としての役割を果たすには何が必要かという見方が必要である．

次の「就労場面への参入段階」での課題には，

表9.2 移行の段階的な過程と課題

移行過程	移行時の課題
就労への準備	・就労可能性の評価基準の明確化 ・教育・福祉・保健医療活動から職業的個性の育成への焦点の転換
就労場面への参入	・多様な就労形態(援助付き雇用，短時間就労)を含む雇用条件の整備 ・労働負荷の漸増と支援の漸減 ・訓練や行動上の問題に対応する援助技術の開発
就労の継続	・地域生活への支援 　　居住資源：アパートと借家／グループホーム／ホステル等 　　生活の場：保護的職場／作業所／デイケア／ソーシャルクラブ 　　訪問援助：保健師・相談員／医療職員／福祉事務所職員 ・職務適応への支援 　　準備訓練／職域開発援助事業／職場適応訓練 　　援助付き雇用 　　企業内授産施設などの推進 ・事業主への対応と地域ネットワーク 　　職域の拡大／事業主支援方法の工夫／ケアパーソンの育成 　　関係者の役割分担の確認とケースマネジメント

第1に，多様な就労形態を含む雇用条件の整備がある．そのためには，短時間勤務や一人の仕事を複数の人間で受け持つ集団就労のような，障害の特性を十分に考慮したさまざまな雇用管理や雇用形態の在り方を考える必要があろう．第2に，労働負荷の漸増と支援の漸減がある．働き初めは，それまでの環境とは全く異なる新しい条件に適応させるために，労働負荷を軽くしたり手厚い支援をして職場と作業環境に慣れさせることが必要だろう．そうした過程をへて，少しづつ，労働負荷を高めるとともに支援も減少させていく．第3に，訓練や行動上の問題に対応する援助技術の開発がある．実際の職場や作業現場に応じて，そこで求められる特定の作業行動や態度を変化させるための，具体的な訓練や学習の仕方を開発することが必要となる．

最後の「就労の継続に向けた段階」では，職場で働くことと職場を離れた地域生活そのものに対する支援を，一体的に提供することが課題となる．そのためには，①地域生活を維持するための支援，②職務に適応するための支援，③事業主への対応と地域ネットワークの育成などがある．

2．社会的支え

このように，「移行」の課題は広い範囲に及び，また，人生の過程でさまざまな移行の課題に直面する．そうした移行の時期には，家族や親族，地域の友人や隣人，職場の上司や同僚，各種の支援機関の職員などのさまざまな分野の人が支援に加わることが多い．特に障害のある人の場合には，こうした人的な支援ネットワークによって構成された「社会的支え」が機能することになる[5]．

1）社会的支えの構造

「社会的支え」は，さまざまな人で構成される人的な支援ネットワークの中でお互いに交流する関係であり，「情緒的な側面，是認の側面，具体的援助などの要素をひとつでも含む個人間の交流」[6]と定義される．「情緒的な交流」とは，相手に好意・賞賛・敬意・愛情などの感情的な表現を示すことを，「是認の交流」は，相手の言葉や行動を肯定的に捉えていることを言葉や態度で表明することを，「具体的援助」とは，物やお金あるいは情報や時間などの具体的で直接的な援助を他の人に提供することをいう．

こうした「社会的支え」を受けることで，人は，①自分自身についての概念を明確に意識したり，②自分が価値のある存在であると気付いて肯定的な態度や行動を強め，③人生で出会うさまざまなストレスにうまく対処し，④個々の課題の解決にむけた実際的な知識や情報や技能などを得て，⑤発達の遅れや一時的な退行で低下した社会的技能を向上する，といったことができるようになる．それは，「ライフキャリアの虹」で示唆される生涯をとおして出会うさまざまな役割からの期待や要求に応えながら，幸福感のある人間関係を維持するのに不可欠である[6]．

「社会的支え」を構成する人的支援のネットワークを適切に表現するために，プラス（Plath D）[7]は「コンボイ」という用語を用いている．これは，社会的支えの授受をとおして関係する一群の人々に取り囲まれながら，人は人生を移行していることを表現するものである[6]．障害のある人を中心にしたコンボイでは，図9.9の多重円として表され，その中に，支援ネットワークを構成するさまざまな人が位置づけられよう[4)5)]．

この図では，外円には本人との役割関係に準じて支援する人がおり，役割関係が変化すると支援のネットワークから離れてしまう．そのため，本人は，中円や内円の支援者よりも親密さの程度は低いと感じていたり，狭く限定された関係（例えば，仕事上だけの相互作用）に限られる．これに対して，内円には，役割関係を越えて長期にわたって安定した支援をしてくれる人がいる．本人は，きわめて親密で重要な支えを提供してくれる人として認識しており，地理

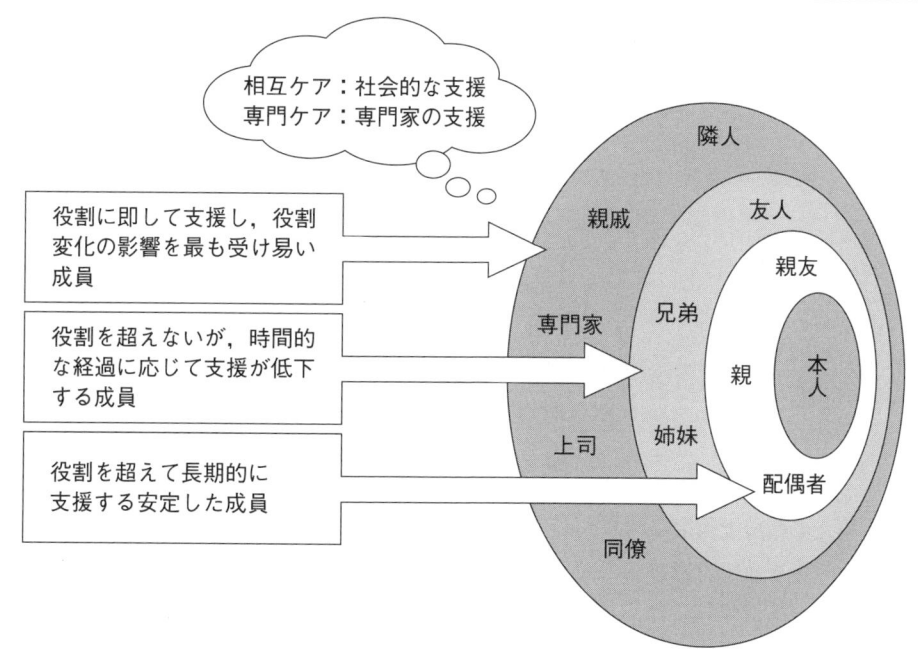

図9.9　社会的支えの構造

的な近さや直接会う頻度とは関係なく，その人に高い価値を置いて長期の人間関係を維持する．中円にはこれらの中間的な人的ネットワークの人たちが含まれる．

コンボイを構成する人は，本人が生涯を通じて担うさまざまな役割に応じて変化し，時間がたつにつれて，新たに加わったり抜け落ちたりする．また，同じ人でも，最初は役割関係に準じて支援していたものが，やがては，そうした関係を越えて中円や内円の位置にまで入り込んで，より深くて重要な支援ネットワークの構成員になることもある．

2）発達過程と社会的支え

「社会的支え」は，障害のある人を含むすべての人が，その人生の全体をとおして出会うさまざまな移行の過程を乗り越えるのに重要である．発達過程に応じた社会的支えについてみると，次のことがある[5]．

障害の発生が乳幼時期の場合には，家族が保護や療育の中心的な役割を担うことになろう．我が子が自分とは異なる生涯となることを予見して苦悩と混乱に陥る養育者に対して，医療・療育の専門家は，その直接の原因となった障害を理解し受容するように援助する．それとともに，養育者自身は，我が子の「障害の受容」を越えて，障害のある「我が子の受容」に至らねばならない．

学齢から青年期になると，問題行動，近隣との関係，学校教育の指針と内容，卒業後の進路などの問題が学年の上昇とともに大きくなる．それらの課題は，兄弟や姉妹の家族にまでストレスをもたらすこともあるために，それに対する専門家の支えが必要となる．特に青年期以降は，社会的自立と仕事の世界に移行する準備を始めるために，本人のさまざまな特性を発達させて自立に向けた学習を支援することが重要となる．家族は，それまでの保護・療育・教育・指導としての対象から，主体性のある個人として本人と関わることが重要となり，それと並行して，自立に向けた実際的な技能を習得させることも求められる．また，教育機関の職員を含む専門家も，仕事の世界への円滑な移行に向けた支援が必要となる．

成人期になると，就労を中心とした多様な形態の自立を維持するとともに，生活の充実も重

要となる．職業生活を維持しつつ生活自立を達成するには継続的な援助を必要とする．家族の支援は継続するが，他方で，前述したさまざまなコンボイ成員による「社会的支え」がますます重要となってくる．

壮年期から老年期になるにつれて心身機能の低下が始まる．そうした変化に応じた支援とサービスの開発が必要となる．特に，これまでの「社会的支え」の中核となって来た親が亡くなった後では，公的なサービスによる支援の重要性が増してくる．

3）社会的支えの育成と推進

こうしたことを踏まえて，障害のある人に継続的な社会的支えを推進するには，次のことが重要となろう[5]．

第1に，人的ネットワークの重要性を理解することである．個人の生涯を支えるのは，専門家だけではない．それらの人も含んだ，生涯にわたって構成される人的ネットワークである．その育成を図って崩壊を予防するための適切な支援をすることが必要である．

第2に，人的ネットワークの構造と機能を把握することである．専門的なサービスの提供者が「社会的支え」を実践するには，本人を支える人的ネットワークの成員やそれらの結びつきなどの特徴を知っていることが必要である．また，成員が社会的支えの「情緒」「是認」「具体的援助」のどの分野を担っているのか，についても明らかにする必要がある．

第3に，人的ネットワークの育成を図ることである．それは発達の過程をとおして自然発生的に生まれることも多い．そうした自然発生した支援ネットワークの発展を支援するとともに，他方で，積極的にその発展を促すことも必要となろう．例えば，青年学級や地域社会との交流の場を開催するプログラムを通して，新たな成員を取り込んだり，内円の成員になるような手立てを講じたりする必要がある．

第4に，家族への支援である．家族は，本人と最も深い人間関係をもった擁護者であることが多い．その意味では，生涯をとおして一貫して人的支援ネットワークの内円を構成する強力な成員である．それゆえ，家族そのものに向けた「社会的支え」をすることは，本人への間接的な支援となる．

第5に，支援ネットワークの将来を予測することである．ネットワークの成員は生涯をとおして変化するものの，それ自体の重要性は，個人の幸福感にとっていささかも軽減することはない．それゆえ，成員の入れ替わりについての将来を予測しつつ，それに対応する準備が必要となろう．特に，家族などの社会的支えの中核を担った成員が欠けた場合に，それを埋め合わせるさまざまな対策を検討しておく必要がある．

第6に，ケースマネージメントについてである．専門家の中でケースマネージメントの役割を担う人は，こうした人的支援ネットワークの重要性を理解して，その育成や維持を図るための体制を確立することが必要だろう．

文　献

1) 松為信雄：精神障害者の職業自立とその支援の考え方，雇用と職業 69. 雇用職業総合研究所，pp38-43, 1989.
2) 松為信雄：キャリア発達と移行サービス．発達の遅れと教育 No.484，日本文化科学社，pp10-13, 1997.
3) 松為信雄：精神障害の人のキャリア発達と社会的支え．精神保健研究 10：35-43, 1997.
4) 松為信雄：職業リハビリテーションの基礎知識．障害者職業総合センター，1999.
5) 松為信雄：発達段階に応じた社会的支えの構造．第3回職業リハビリテーション研究大会論文集，障害者職業総合センター，1995.
6) Kahn RL & Antonucci TC：生涯にわたる「コンボイ」（東　洋，柏木惠子，高橋惠子・編集，監訳：生涯発達の心理学　第2巻　気質・自己・パーソナリティ）．新曜社，pp33-71, 1993.
7) Plath D：Aging and social support. A presentation to the committee on work and personality in the middle years. Social Science Research Council, 1975.

第III部

就労支援の実際

第10章

就労支援実務における留意点

第1節 障害者自立支援法と就労支援〜地域生活支援と「就労自立」をめざす新しいサービス体系〜

1. 支援費制度とグランドデザイン案

2000年4月にスタートした高齢者の介護保険に続き，障害者福祉サービスも2003年4月1日から支援費制度に変わり，措置から契約へと移行した．施設中心であったサービスを居宅サービスへと転換し，障害者それぞれの自己決定に基づく地域生活の実現をめざすものであった．ところが，ガイドヘルプサービスなどの利用が予想外に増え，1年目から大幅な予算不足となり，制度の継続が困難であるとの指摘がなされるようになった．

支援費制度の発足により，地域生活支援のニーズがいかに高いかが確認され，身近な市町村によるサービスシステムが広がったと評価できよう．一方で，以下のような課題も明確となった．第1に，それまでの歴史や地域特性の違いもあり，市町村格差が拡がった．第2に，精神障害者のサービスは支援費制度に位置づけられていなかったので，身体障害・知的障害との格差がますます拡がった．第3の切実な問題として，障害者福祉サービスの財源をいかに確保するかが大きな論点となった．こうした中で2004年10月12日，『今後の障害保健福祉施策について（改革のグランドデザイン案）』が厚生労働省から発表された．

この『案』では基本的な視点として，①障害保健福祉の総合化，②自立支援型システムへの転換，③制度の持続可能性の確保，という3点が示された（図10.1）．最も注目され，議論となったのが，介護保険との統合により支援費制度を維持するという3点目である．予想外ともいえる大きな転換は，身体障害・知的障害・精神障害という障害種別に対応してきた制度を一元的に整備するとした1点目である．2点目の，自立支援型システムの考え方も高く評価されている．障害者を保護される「弱者」などと捉えるのではなく，必要な支援を受けて，「自己実現・社会貢献」を果たす主体的な存在と位置づけている．国際障害者年以降，障害者が繰り広げてきた自立生活運動の成果としての，新しい自立観が明確に位置づけられているといえよう．「就労自立」の意義も再認識され，授産施設などの「福祉就労」から「雇用」の場への移行をいかに進めるか，が改めて大きな課題となった．

2. 障害者自立支援法と「就労自立」

1）障害者自立支援法の理念と「改革の狙い」

『グランドデザイン案』が意図した「支援費と介護保険との統合」は，国民の同意を得られないということで見送りとなった．そして，2005年2月10日に「障害者自立支援法案」が衆議院に提出され，その第1条「目的」には次のように書かれている．「（障害者基本法の理念にのっとり…）障害者及び障害児がその有する能力及び適性に応じ，自立した日常生活を営むことができるよう，必要な障害福祉サービスに係る給付その他の支援を行い，もって障害者及び障害児の福祉の増進を図るとともに，障害の有無にかかわらず国民が相互に人格と個性を尊重して暮らすことのできる地域社会の実現に寄与する」．この目的に関して，厚生労働省は次のように指摘している．「この法律は財源確保のために登場したとの批判もある．しかし，本来の目指すところは障害がある人もない人も暮らしやすいまちづくり，まさに地域福祉の推進であり，ユニバーサルな社会の実現を意図した

・障害者本人を中心にした個別の支援を，より効果的・効率的に進められる基盤づくり

障害保健福祉の総合化
・市町村中心の一元的体制
・地域福祉の実現

年齢や障害種別等に関わりなく，できるだけ身近なところで必要なサービスを受けながら暮らせる地域づくりを進める．

障害者を支える制度が，国民の信頼を得て安定的に運営できるよう，より公平で効率的な制度にする．

自立支援型システムへの転換
・保護から自立支援へ
・自己実現・社会貢献

制度の持続可能性の確保
・給付の重点化・公平化
・制度の効率化・透明化

障害者が，就労を含めてその人らしく自立して地域で暮らし，地域社会にも貢献できる仕組みづくりを進める．

(厚生労働省資料)

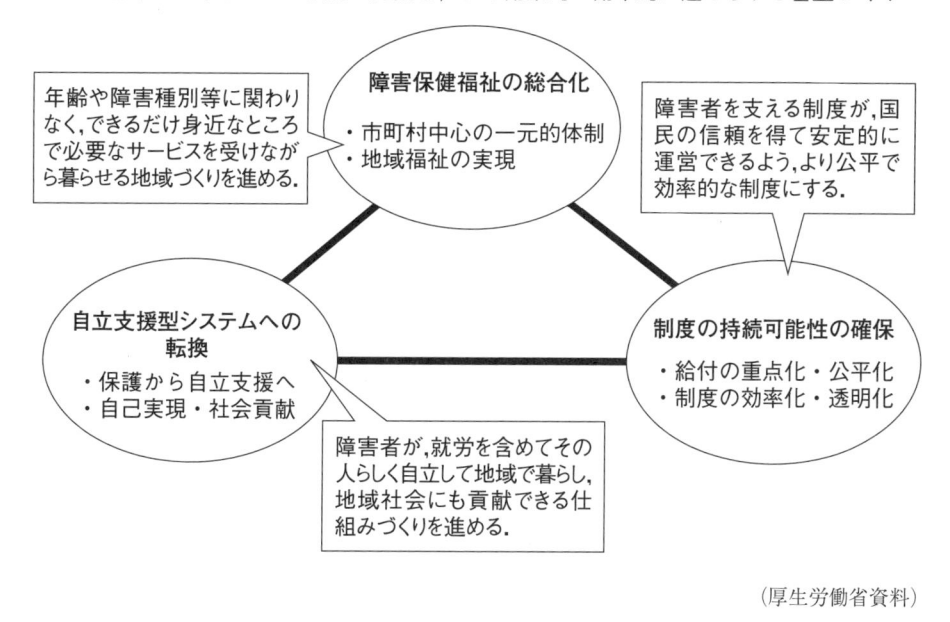

図10.1　障害保健福祉の改革の基本的な視点

法律である」．この理念については誰もが高く評価するところである．

さらに，この法律による「改革の狙い」として，次の5点が指摘されている．①障害福祉サービスを「一元化」，②障害者がもっと「働ける社会」に，③地域の限られた社会資源を活用できるよう「規制緩和」，④公平なサービス利用のための「手続きや基準の透明化，明確化」，⑤増大するサービス等の費用を皆で負担し支え合う仕組みの強化，である．就労支援に関わる2点目については，「働く意欲と能力のある障害者が企業で働けるよう福祉側から支援する」ことを強調している．そして，授産施設などから企業等への就労を実現する障害者が全体の1%でしかない，という状況が長く続いている状況を改めることを目指し，法案成立時には「利用者の7%を雇用へ移行」という目標値を提案していた．

2）障害者自立支援法の概要

この法律の中核ともいえる，「総合的な自立支援システムの構築」として，しばしば紹介されるのが図10.2である．大きく3つの部分に分かれる．「介護給付」はコンピューターによる一次判定の後，市町村が設置する「審査会」の二次判定で障害程度を決定し，その程度に応じて必要なサービス量が提供される．ホームヘルプサービス，デイサービス，ショートステイなどの居宅支援，そして新たに位置づけられた重度障害者のグループホームである「共同生活介護（ケアホーム）」などがある．また，自閉症や統合失調症の方の利用を想定した，「行動援護」というガイドヘルプサービスは個人への給付とされている．

次の「訓練等給付」などは審査会の決定と関係なく，希望者には原則としてサービスが提供される．従来の更生施設での機能訓練・社会生活訓練などが，「自立訓練」として位置づけられている．また，雇用をめざす「就労移行訓練」，福祉的就労の場で働き続ける「就労継続支援」などがある．軽度障害者を想定した従来型のグループホームである「共同生活援助」は，「訓練等給付」に位置づけられ，ここは賛否が分かれるところである．すなわち，「終の

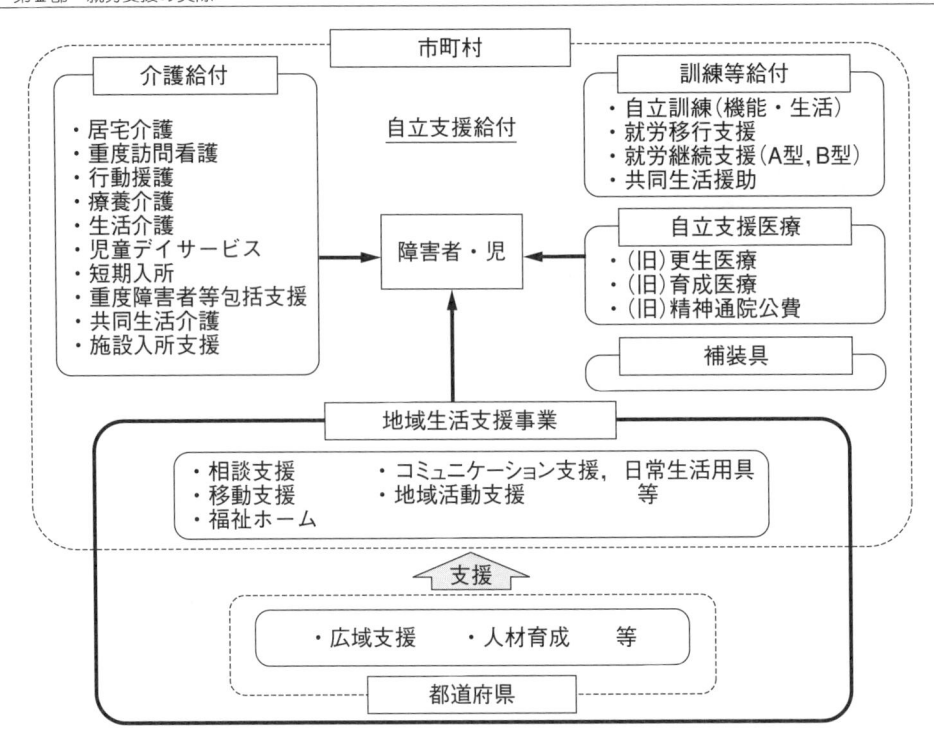

```
                    市町村
    ┌─────────────────────────────────────────┐
    │  介護給付          自立支援給付    訓練等給付        │
    │ ・居宅介護                       ・自立訓練(機能・生活) │
    │ ・重度訪問看護                    ・就労移行支援      │
    │ ・行動援護                       ・就労継続支援(A型,B型)│
    │ ・療養介護                       ・共同生活援助       │
    │ ・生活介護         障害者・児     自立支援医療        │
    │ ・児童デイサービス                ・(旧)更生医療       │
    │ ・短期入所                       ・(旧)育成医療       │
    │ ・重度障害者等包括支援            ・(旧)精神通院公費    │
    │ ・共同生活介護                                  │
    │ ・施設入所支援                    補装具           │
    │                                              │
    │            地域生活支援事業                      │
    │   ・相談支援    ・コミュニケーション支援, 日常生活用具  │
    │   ・移動支援    ・地域活動支援          等        │
    │   ・福祉ホーム                                  │
    │                    ↑支援                      │
    │          ・広域支援   ・人材育成    等           │
    │                    都道府県                    │
    └─────────────────────────────────────────┘
```

(厚生労働省資料)

図10.2 総合的な自立支援システムの構築

棲家（ついのすみか）」と捉えるのではなく，アパート生活や結婚など，次のステップをめざす場と考えるなら評価できるが，「グループホームは暮らしの場である」とする立場からは批判が多い．「訓練等給付」，医療サービスに関わる「自立支援医療」，車いすなどの「補装具」から成るこの部分は，障害がある人に固有のサービスといえよう．

先の2つの部分が，障害がある個人，その家族に提供されるサービスであるのに対し，地域生活支援事業は市町村が整備しておき，障害者から利用申請があった場合に提供される支援と理解できよう．新たに制度化された障害者ケアマネジメントなどを行う「相談支援」や，手話通訳派遣などの「コミュニケーション支援」が位置づけられている．問題視されるのは，支援費で利用が増大したガイドヘルプサービスが，「移動支援」としてここに位置づけられたことである．支援費の時代に利用が爆発的に増え，

障害者・家族の満足度が高いサービスであったが，一方で市町村格差も大きかった．個人給付として障害者本人・家族に使いやすいシステムにすべきだ，との声も多い．そして，都道府県の役割は「人材育成」などに限られ，これからはますます身近な市町村主体で制度が動いていくことになる．

また，障害者福祉の大きな積み残し課題と言われていた，施設体系・事業体系の見直しの方向性を示すのが図10.3である．身体障害・知的障害・精神障害という障害種別，そして児童福祉法も含めた年齢別に，33種類にも及ぶ既存施設と事業体系を再編成しようとするものである．これまでの入所施設のように，24時間365日，同じ場所で同じ顔触れで過ごすのではなく，日中活動の場と夜の居住支援の場とをはっきり分ける，という大方針は高く評価されている．そして，日中活動を利用目的に応じて6種類に分け，施設などの社会資源が少ない地

○障害者の状態やニーズに応じた適切な支援が効率的に行われるよう，障害種別ごとに分立した33種類の既存施設・事業体系を，6つの日中活動に再編．
・「地域生活支援」，「就労支援」といった新たな課題に対応するため，新しい事業を制度化．
・24時間を通じた施設での生活から，地域と交わる暮らしへ（日中活動の場と生活の場の分離）．
・入所期間の長期化など，本来の施設機能と利用者の実態の乖離を解消．このため，1人ひとりの利用者に対し，身近なところで効果的・効率的にサービスを提供できる仕組みを構築．

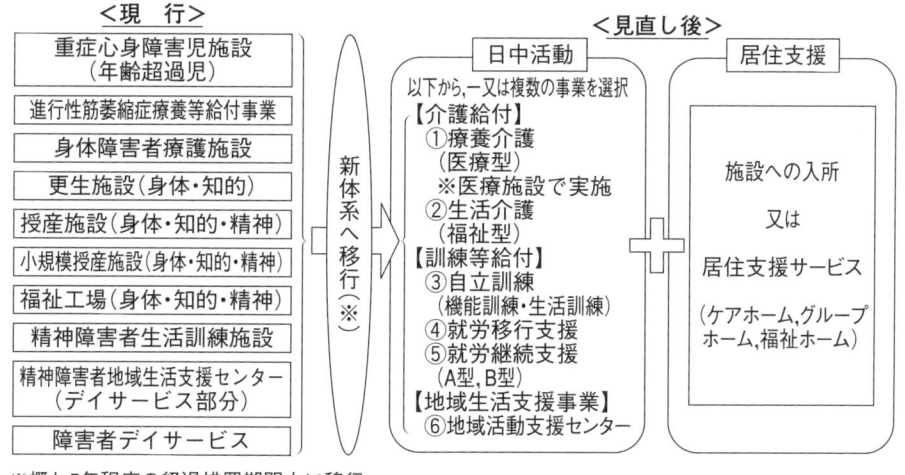

＜現　行＞

- 重症心身障害児施設（年齢超過児）
- 進行性筋萎縮症療養等給付事業
- 身体障害者療護施設
- 更生施設（身体・知的）
- 授産施設（身体・知的・精神）
- 小規模授産施設（身体・知的・精神）
- 福祉工場（身体・知的・精神）
- 精神障害者生活訓練施設
- 精神障害者地域生活支援センター（デイサービス部分）
- 障害者デイサービス

※概ね5年程度の経過措置期間内に移行

新体系へ移行（※）

＜見直し後＞

日中活動

以下から，一又は複数の事業を選択
【介護給付】
①療養介護（医療型）
　※医療施設で実施
②生活介護（福祉型）
【訓練等給付】
③自立訓練（機能訓練・生活訓練）
④就労移行支援
⑤就労継続支援（A型，B型）
【地域生活支援事業】
⑥地域活動支援センター

居住支援

施設への入所
又は
居住支援サービス
（ケアホーム，グループホーム，福祉ホーム）

（厚生労働省資料）

図10.3　施設体系・事業体系の見直し

域では，「多機能型」として多様なニーズを受け止める基盤を整備する．夜の生活の場も，施設入所は最小限にとどめ，グループホームや公営住宅の利用などを増やし，保証人制度などを創設してアパートなどを借りやすくするなど，地域で暮らすための支援に重点を移す．これらのサービスを障害種別にとらわれず，ニーズ中心で提供していくことになるので，身近な地域での暮らしが推進されることが期待されよう．

就労支援との関連では，「就労移行支援事業」と「就労継続支援事業」が注目される．就労移行では，一般就労を希望する障害者に，作業訓練や職場実習，就職後の定着支援等を実施する．就労継続支援は，「A型（雇用型）」と「B型（非雇用型）」とに分かれる．ただちに企業等への就職が見込めない障害者に対して，就労機会を提供し，知識や能力の向上をめざして雇用に向けた支援を実施するのが「A型（雇用型）」である．「B型（非雇用型）」では工賃の目標を設定し，収入を増やすことなどをめざし

ている．厚生労働省は2011（平成23）年度の利用者として，就労移行支援4万人，A型（雇用型）4万人，B型（非雇用型）8万人を見込んでいる．厚生労働省は，こうした支援を行うことにより，これまでは企業就労が全国で2千人程度であったが，2011年度には4倍の8千人に増やしたい，との目標値を設定している．

3）障害者自立支援法の課題

①法律の理念，②「自立」概念の再確認，③施設体系・事業体系の再編成，④ケアマネジメントの制度化など，障害者自立支援法には評価できる点も多い．しかし，課題も多く指摘されており，特にサービス量に応じて1割の利用料を徴収する「定率（応益）負担」に批判が集中している．障害が重くて働くことができない障害者ほど，多くの負担を背負うことになるからである．さまざまな「低所得者への配慮」が設けられたが，利用料の徴収が「利用抑制」につながるのは明らかであり，収入が少なければ，

必要性が高くても利用を控えることになってしまう．また障害基礎年金だけでは，憲法25条の「最低限の生活」を保障できるレベルではないという意見も再燃し，改めて「所得保障の確立」といった声が高まっている．

衆議院の解散で一旦は廃案となったが，総選挙後の参議院での論議を経て，23項目の附帯決議が付いて，2005年10月31日に成立した．あまりにも短期間で，論議を尽くせなかったとの意見は多い．23項目もの附帯決議が付くということは，それだけ課題の多い法律だという証拠だ，との指摘もある．それだけに23項目にのぼる附帯決議は，この法律の問題点を整理し尽くしているともいえよう．①障害の範囲，②所得の確保，③扶養義務者，④障害程度区分の認定方法，⑤審査会の委員構成，⑥地域生活移行支援，⑦雇用促進，⑧移動支援など，重要な問題が提起されている．これらの課題について，さまざまな立場からの意見を出し合い，論議を尽くしていくことが求められる．

3. 障害者自立支援法と就労支援

2003年度からスタートした新障害者プランでは，2008年度に雇用されている障害者数を，現状の2倍以上である60万人とするという目標値を設定した．2004年，日本経済連合会は経済界として初めて，その活動方針を示す『骨太2004』に「60万人の障害者雇用の創出」を掲げ，この年は「障害者の就労元年」などと呼ばれた．しかし，2004年6月1日現在の障害者雇用の状況は，雇用障害者が257,939人，雇用率は1.46%となり，前年度の1.48%を初めて下回ることとなった（2005年6月1日には1.49%に上昇）．障害がない人もリストラが進んでいる状況の中で，障害者雇用の促進にはなお課題が多く，現実は厳しいと言わざるをえない．

2005年7月に，障害者の雇用の促進等に関する法律も改正された．①精神障害者の雇用率へのカウント，②在宅就業障害者への支援，③障害者就業・生活支援センターなどを核とする福祉と労働のネットワーク強化で雇用への移行を推進する，などを柱とする改正が2006年4月から施行されている．しかし，企業の法定雇用率は1.8%と変わらないままであり，障害者雇用を進めるために有効な，新しい方策はこれといって見当たらないと言わざるをえない．むしろ，障害者自立支援法に基づく施設職員の配置基準などは，以前より厳しい状況になったなどの指摘も多い．「就労自立」へ向けた数値目標を設定するだけで，あとは障害者本人と就労支援関係者，企業の努力を求めるだけになってしまっている感が強い．

当面の大きな課題として，雇用率未達成企業をいかに減らしていくか，特に大企業の障害者雇用をいかに進めていくかが問われてこよう．ジョブコーチ制度の強化や，新しい施策・制度など，実効性のある，具体的な施策の展開が必要である．そのためにも，障害者自立支援法の施行が，障害者や家族の生活，サービス提供者や支援者にどのような影響を与えているのかを，まず見極めることが必要である．その変化を見据えた上で，行政として「雇用促進」を実現するための有効な手段を講じなければ，「就労自立」は掛け声だけに終わってしまうことになろう．

文　献

1) 厚生労働省：今後の障害保健福祉施策について（改革のグランドデザイン案）．2004.
2) 全国社会福祉協議会・編：障害者自立支援法の解説．全国社会福祉協議会，2005.
3) 厚生労働省障害保健福祉部企画課，他：特集 障害者施策はどう変わるのか．療育の窓 No. 136, 2006.

第2節　職業リハビリテーションと支援者の倫理

職業リハビリテーション（以下職リハ）における倫理については，2004年に発行された「職業リハビリテーション」Vol.17（1）で特集が組まれ，改めてその重要性が喚起された所である．パターナリズム（父権主義・保護主義・温情主義）の代表とされた医療の現場においては，近年，倫理の論議が活発に行われ，医療の安全性や患者のプライバシーの尊重，カルテ開示と医療の情報公開，インフォームドコンセントと患者の自己決定権の尊重等，多くの課題が顕在化し，問題の範囲が拡がっている[1]．

ところで，職リハの実践モデルは，1980年の国際障害者年を境に少しずつ医学モデルを脱却し，今日では，主にWHOによるICFモデル（国際生活機能分類，2001）に準拠している．しかし，倫理について議論されることは少なく，その背景の一つに，職リハの実践が極めて学際的であり，なおかつその専門性が未確立であることがあげられよう．ここではまず，倫理とエトスの意味を概説し，次いで職リハと倫理の問題を明らかにし，最後に職リハ実践における倫理とジレンマについて整理する．

1. 倫理とエトス

倫理とは，「人倫のみち，実際道徳の規範となる原理，道徳」（広辞苑，第5版）である．倫理の主題は「善とは何か」ということであり[2]，語源的には倫とは仲間を意味し，倫理とはその様な人間特有の共同社会生活のあり方，すなわち人倫の原理を意味している[3]．

一方エトスとは，ある集団に共通するものの考え方・感じ方，価値基準，行動様式，及び共通するムードのことを言う．エトスとは倫理と同様に，語源的にはギリシャ語のエートスからきており，実践倫理がすっかり身について，ものの感じ方や価値観や習慣的な行動様式にまでなったものがエトスだと言うことが出来る[4]．職リハにおいても，関連する多くの専門職の集団が身につけるエトスについて，認識を新たにすることが求められているといえよう．なぜなら，昔からどのような職業集団でも，それに特有のエトスを持つようにならなければ一人前でないといわれているからである[5]．その意味では，我が国の職リハ関連職集団は，第二次大戦後の身体障害者雇用促進法（1960）の制定以来約40年を経過してはいるが，エトスはまだ生成途上にあるといえるかも知れない．

2. 職業リハビリテーションと倫理，特に成果の評価

職リハ専門職・関連職の倫理に関する海外の文献については八重田[6]により詳細に報告されている．例えばCottone（1983）[7]は，職リハに関する128の文献（1970-1981）レビューを行い，1970年代は職リハの職能集団における倫理規定の開発と見直しの時期で，専門性や専門職倫理について多くの議論が展開されたが量的研究が少ないこと，その後1980年代及び90年代に入ると，専門職の倫理教育に関する文献が多く見られることを明らかにした．具体的には，例えばリハビリテーションカウンセラーの倫理，職業評価における倫理，援助付き雇用における倫理，リハビリテーション機関におけるスーパーバイザーの倫理，自立生活サービスにおける倫理，民間リハビリテーションサービスへの移行に関する倫理，成年後見人の倫理，薬物依存カウンセラーの倫理，臨床心理士の倫理等々である．これらは全て，今日の我が国の職リハにそのまま共通する倫理である．

ところで，我が国の日本職業リハビリテー

ション学会（以下，職リハ学会）では，2005年に会員倫理規定（表10.1）を作成した．障害のある人々に対するヒューマンサービスを仕事とする専門職の行為・行動・言動等は，当然のことながらその集団が規範とする倫理に基づいて行われるべきであり，その職能集団における職業倫理規定として位置づけられるものである．職リハ学会は職能集団ではないので，職リハ専門職の「職業倫理規定」を作成する必然性はないが，職リハサービスの実践者や教育・研究職である会員が共有可能な倫理を規定することは，よりよい職リハサービスを提供する指針となり，それはとりもなおさずクライエントや家族の権利を守るものになると考えるからである．

また倫理は，職リハサービスを適正に評価するためにも欠かせない[8]．職リハ関連専門職として自分たちが関わった職リハサービスが，本当に成果をあげているのか，言い換えればクライエントや家族らの役に立っているのかについて，「責任の自覚（倫理）」を問うことは極めて重要である．

現在，医学のあらゆる面で「根拠に基づいた医学・医療」(evidence-based medicine；EBM)が強調されている[9]が，職リハサービスにおける成果や効果の検証は必ずしも充分であるとは言い難い．その理由として，職リハサービスはこれまで，たとえ公共職業安定所（ハローワーク）を経由したとしても，担当者個人の情報や人脈の量と質がものをいう世界であることは事実であり，その差の違いに影響されることは暗黙の了解とされていたきらいがある．しか

表10.1　日本職業リハビリテーション学会員倫理規定

（前文）
日本職業リハビリテーション学会会員は，職業リハビリテーションの専門職・従事者・教育者・研究者として職業リハビリテーションの研究およびサービス実践にあたり，実践や研究の結果が人々の生活環境及び生活の質に重大な影響を与えうることを認識し，職業的障害のない社会実現に貢献し，公益に寄与することを願い，以下のことを遵守する．

Ⅰ．責任
　会員は，その実践活動及び研究によって蓄積された職業リハビリテーションに関する知識，技能，経験を生かし，人々の就労自立，健康，福祉の増進に貢献すること．

Ⅱ．公平性
　会員は，障害，性別，人種，国籍，宗教等にとらわれることなく，公平な姿勢で対応し，個人の自由及び権利を最大限尊重すること．

Ⅲ．自己研鑽
　会員は，職業リハビリテーションの専門職・従事者・教育者・研究者として自己研鑽に努め，会員相互のみならずその他のリハビリテーション関連職の資質向上を支援し，リハビリテーション全体としての学術発展及びノーマライゼーション文化の向上に寄与すること．

Ⅳ．公開性
　会員は，自身の実践活動や研究・教育活動について，家族及び地域社会の理解と協力を得るため，積極的にその成果を中立・公平な立場で公開し，公益に還元すること．

Ⅴ．忠実性
　会員は，職業リハビリテーションの実践及び研究で得られた結果・成果が，事実に即した忠実性を持つものであることを認識して対応すること．

Ⅵ．行動・行為
　会員は，業務遂行及び日常生活において公私混同せず，サービス利用者のプライバシーの保護及び人権の尊重に関しては留意し，一社会人としての行動・行為に責任を持ち，社会的規範を遵守すること．

Ⅶ．研究
　会員は，職業リハビリテーションに関する研究の実施において，研究対象が人である場合，研究目的，方法，予期される結果，研究の社会的意義等を告げ，研究に対する同意を得た上で行い，また，対象者の個人名がデータから特定できないように個人のプライバシーを保護し，秘密を遵守し，対象者に苦痛や不利益をもたらさないようにすること．

し，人生の主要な年月を費やすことになる人の職業生活に関わるサービスが，あまりにも属人的になされることは倫理的に許されることではない．サービスの受け手が満足のいく成果が要求されることは当然のことであり，今日，職リハサービスにおける成果（効果）の検証の重要性が認識される時代となった．

例えば，従来当たり前のように行われてきた職業準備訓練（ある特定の職業訓練も含む）について，一定期間の訓練による成果とその結果がどの様に一般雇用に結びついたのか（つかなかったのか），どの職種によるどの支援が有効であったのか（なかったのか）に関する情報の開示は決して多くはない．職リハサービスは，ややもすれば受け入れ側の理解不足や当事者の職業能力の不足を理由にすることで，その本質が見えにくくなることもまた事実である．さらには，一般雇用への通過点として位置づけられている福祉的就労（授産施設等）から一般就労への移行を果たせた障害者は，施設入所者の1%と極めて低い値となっている[10]．このことは，職リハサービスのあり方に関する今後の大きな課題といえよう．

また，障害のある児童・生徒，学生が教育の場から就労の場へとスムースな移行を実現するために，また，中途障害者が職場に復帰するためには，学校関係者はもとより，保健医療福祉専門職および一般企業人にまでおよぶ広い範囲の関係者が情報を共有し，適切に連携することが必要である．しかしそれは，言葉で言うほど簡単なことではなく，実は関係者各位の倫理（道徳）が深く影響することに違いない．

3. 職業リハビリテーションの実践における倫理とジレンマ

倫理には原理がある．米国の公認リハビリテーションカウンセラー（Certified Rehabilitation Counselor：CRC）の職業倫理規定の前文には，表10.2に示す5つの原理が紹介されている[11]．5つの原理とは，すなわち「善行」，「無危害」，「自律」，「正義」および「誠実」で，職リハサービスにおける倫理的ジレンマへの対処を理解する上で基本となる．

野中[12]は，倫理が問題となる具体例として，以下の①～⑦を挙げて説明を加えている．例えば，①クライアントの命に関わる重大な事態，例えば勤め始めた先での事故や，自殺未遂等への対応について，②プライバシーの保護について，事例報告や事例検討における情報の範囲と深掘りの程度は，単に氏名をイニシャルにすることで済む問題ではなくなっていること，仮に当事者に同意書を書いてもらったとしても，説明を受けた内容と仕上がったものとが必ずしも同じとは限らないこと，特に最近ではクライアント情報をパソコンで管理することによる個人情報漏洩への配慮，③専門職の向上に必至な自己研鑽の時間の確保とクライアントへの充分な対応のバランス，④クライアントや家族への言葉遣いに現れる倫理観への配慮，情報開示に耐えうる正確で有効な記録の書き方とは，⑤勤務時間外のクライアントへの対応，⑥公平性，相手による対応の違いはないか，⑦改善案のない自組織の批判は無責任であり，一方，他機関や他の専門職に対する批判には悩ましいものがあ

表10.2　ヒューマンサービスにおける倫理の5大原理

1. 善行の原理	（Beneficence）	：道徳的に善い行いをすること
2. 無危害の原理	（Nonmaleficence）	：人を傷つけず，社会的に害や危険を及ぼさないこと
3. 自律の原理	（Autonomy）	：自分の行為・行動を自主的に規制すること
4. 正義の原理	（Justice）	：公平性をもち，正義ある正しい行動を取ること
5. 誠実の原理	（Fidelity）	：約束や義務を厳守し，忠実・忠誠であること

り判断に苦しむ，等々である．

いずれにせよ倫理的ジレンマとは，八重田が指摘するように「どちらを選んでも必ずしも倫理的に好ましくない結果をもたらす2つの選択肢のうち，どちらか一方を選択しなければならない時に起こるもの」である．

いくつかのリハビリテーション領域の中で，職リハサービスの特徴は，より当事者の自己決定を尊重することにあり，働くことを選ぶのか，働かないことを選ぶのかは本人の選択である．特に精神に障害のある人々とその支援者にとっては，いずれの場合も常に迷いながらの選択となり，糊澤[13]はその根底に「職業人としての倫理」が確かに存在することを明確に認識した上で論じている．当事者の権利擁護やプライバシーの問題を改めて意識化することの重要性と必要性は，強調してもしすぎることはないが，案外それは，支援する側が，「もし，自分や家族が当事者だとすれば…」と，常にわがことに置き換えた対応を心がけるならば，倫理的な問題のいくばくかはより良き選択として許されることになるのかも知れない．

文　献

1) 上田　敏：リハビリテーションの倫理とエトス，OTジャーナル 34：71-75, 2000.
2) 岩波哲学小辞典．岩波書店，1979, p253.
3) 吉沢伝三郎：道徳，世界大百科事典 20巻，平凡社，1988, p20.
4) 前掲1, p71.
5) 前掲1, p72.
6) 八重田淳：職業リハビリテーションサービスにおける倫理，職業リハビリテーション 17：2-8, 2000.
7) Cottone, RR, Simmons, B & Wilfley D：Ethical issues in vocational rehabilitation：A review of the literature from 1970 to 1981. Journal of Rehabilitation 49 (2)：19-24, 1983.
8) 前掲6, p7.
9) 前掲1, p72.
10) http://www.mhlw.go.jp/wp/seisaku/jigyou/04jigyou/13.html（平成12年社会就労センター実態調査報告書）
11) 前掲6, p4.
12) 野中由彦：職業リハビリテーションの現場の専門職と倫理，職業リハビリテーション 17：15-20, 2000.
13) 糊澤直美：職業リハビリテーションにおける「倫理」についての考察—精神医障害のある方の就労支援—．職業リハビリテーション 17：26-30, 2000.

第3節　企業の求める支援者のあり方

1. はじめに

　企業とは，ある目的の達成のために作られた組織・集団であり，企業就労における支援者には，企業の目的や職場の方針をふまえた役割行動が求められる．従って，企業における支援者の基本的なスタンスは，「障害のある人の支援そのもの」というよりも「障害のある人の支援を通して企業の目的達成や職場の方針の実現を目指す」ところにある．企業で障害のある人の支援をする場合，意欲がなければ務まらない仕事ではあるものの，支援に熱意のある人ほど，支援そのものが目的になりやすい．支援者は，企業就労と福祉的就労とは目指すべきものが違うことを意識し，企業就労の目的に沿って行動しなければならない．また，その支援行為が障害のある人の能力発揮と自立的就労を促しているかどうか，努力の方向性も客観視する必要がある．さらに，その結果と反省をふまえて，障害のある人を新たに雇用しようという動きにつなげていきたい．

2. 支援者の基本スタンス

　企業における支援者の基本スタンスが「障害のある人の支援を通した企業目的の達成」ならば，時々，意識して自分の仕事を振り返り，目指すべき姿とその実現に向けて正しく進んでいるか確認してみることが必要になる．言い換えれば，「支援によって実現しようとしている仕事および成果物の品質・コスト・納期の水準を再確認し，今，何がどこまでできているかを定量的に把握すること」．この「振り返り」をきちんとしたうえで，元々の支援計画に修正や工夫を加え，あらためて，目的の達成に近づけていくことで，本来，目指している方向と大きく離れてしまう前に適切な軌道修正ができる（図10.4）．

　企業における支援者は，こうした［計画（PLAN）→実行（DO）→振り返り（SEE）→計画（PLAN）］というサイクル（各々の頭文字をとって「PDSサイクル」と呼ばれる）を基本的な行動パターンとして，着実にゴールに向かって進めていくという仕事をしていく（図

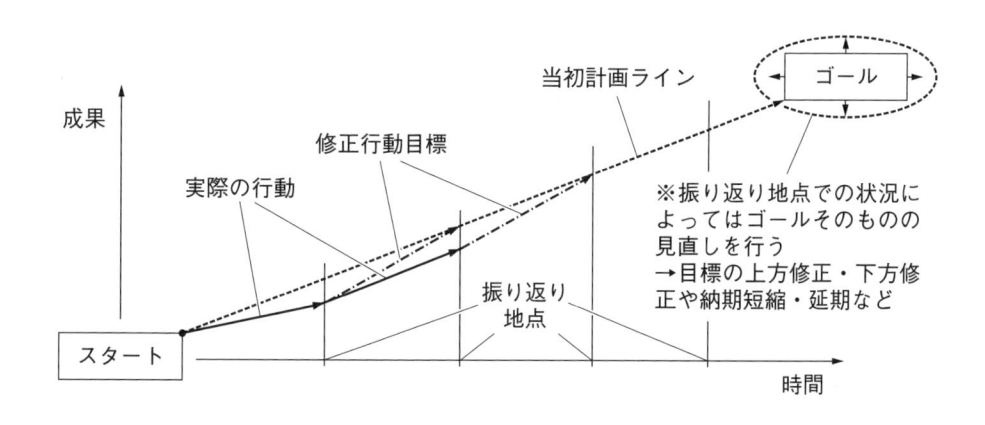

図10.4　一定期間毎の振り返りによる行動修正

10.5).このとき,支援者に要望される姿勢は,目的意識,計画性,科学的な見方,実行力,創意工夫,そしてベースとなる意欲（もちろん支援への熱意・根気・体力も）などが挙げられる.これは,支援者に限ったことではなく,企業就労する人々にとって一般的に要望される仕事に対する姿勢でもある.

ここで,企業における支援者のあり方について,もう少し具体的に,もしくは,違った視点でポイントになると思われる事柄を述べたい.

ポイント①：福祉感覚と企業論理のバランスがとれる人でありたい

障害者雇用の現場では,往々にして次のようなことが起こる.

A．障害のある人を採用し,その支援に力を入れたが,生産性があがらず,職場としては今後,受け入れを控えようと思っている.

B．障害のある人を採用し,生産性を意識して効率よく仕事をすることに努力したが,障害のある人に無理な負担がかかり離職する人が出てきた.

どちらの場合も,「障害のある人を採用し,支援者としては前向きにがんばったつもりなのだが,残念ながらうまくいかない」という経験だ.

まずAの場合,せっかく障害のある人を採用し,その支援体制もあったようだが,なぜ生産性があがらなかったのか？いや,そもそも,生産性をあげることを求めていたのか？その生産性の目標値は妥当だったのか？ハンディのある人の成長過程をふまえた目標設定になっていたのか？ハンディ軽減の工夫はどこまでやったのか？

Bで言えば,障害のある人のハンディをどこまで認識していたのか？ハンディゆえにかかる本人の負担感をどこまで知ろうとしていたのか？ハンディを軽減するための工夫をして能力を引き出そうという姿勢はあったのか？本人固有のハンディと能力適性をふまえた目標値の妥当性はどうだったのか？

支援者はこうした問いを自ら発信し,上司や職場の同僚と話し合っていくことになる.このとき,支援者には,福祉的感覚と企業論理のどちらにも偏らないバランス感覚が求められる.ともすれば対立する2つの概念を調和させた結論を導いていかなければならない.

ポイント②：顧客の視点で仕事をとらえることができる人（プロ）でありたい

ここで言う顧客の視点で,というのは,企業（支援者含む）の側が考える顧客の見方ではなく,あくまで顧客の側,顧客の立場から見た自分たちの仕事のレベルのことである.

一度,本当に,顧客の身になって考え,自分

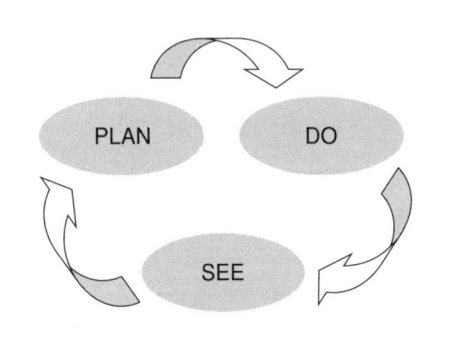

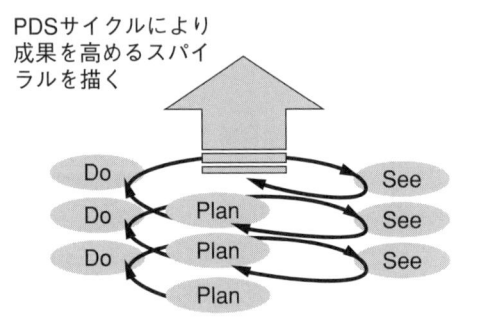

図10.5　PDSサイクル

たちのやっていることが自己満足になっていないかどうか，冷静かつ客観的に見てみることが必要である．

例えば，障害のある人が，その人なりにがんばってできたものであっても，がんばっただけで正しい成果になるとは限らない．そのがんばりを本当に価値あるものにするためには，支援者が顧客の視点で仕事や成果物のレベルを見，どのようなもの・サービスがどの位の品質で求められているかをまずは知らなければならない．支援者は，障害のある人とともに，仕事毎の要望水準を達成する状態に導いていこうとする姿勢が必要になる．障害のある人が社会的自立を目指すということは，必要とされる付加価値を生み出すことができるようになるということであり，支援者はこのことを支援することに留意すべきであろう．

企業は仕事の要求水準を満たすことのできるプロを必要としている．アマチュアはいらない．企業就労の支援者もプロとしての自覚に基づいて行動する人でありたい．障害のある人の能力をうまく引き出しながら経済自立の可能性を追求できるのは，支援者にプロ意識があってこそである．

ポイント③：人材が人財となるように能力発揮の最大化を求める人でありたい

障害があるが故に保護されて育った環境だった場合，本人が企業就労する，すなわち，社会に出て自立しようというときに，社会性の未熟さや自律性の弱さが継続就労のネックになってしまうことがある．また，障害ゆえの情報不足などにより，ストレスを感じやすい環境に置かれているうえに，成長過程でストレス耐性も発達しにくく，社会に出て心のバランスを崩してしまう場合もある．職場で，その結果だけを見てしまえば，「障害者は自分勝手」「障害者はすぐ辞める」などという偏見につながる恐れがあるので，支援者は，障害のある人の行動の背景や理由をふまえ，職場の理解が得られるように支援をしていくことになる．障害のある人の受け入れに理解のある職場風土は，障害のある人の能力を引き出す下地となるから，支援者は，能力を引き出す下地作りをしながら，実際の業務支援を通して能力発揮を求めていく．

企業の力は一人ひとりの働く人の力の総和であるから，一人ひとりの能力発揮の最大化は企業を強くし，顧客に喜ばれ，結果として利潤を得る．利潤の分配は，働く人のモチベーションを高め，一人ひとりのがんばりにつながっていく．支援の方向性が正しければ，こうした良い循環を生み出すことができる．

また，障害のある人の支援とは，相手の仕事をただ助けてあげることではなく，相手の能力をより引き出してその人が自己ベストを出せるようサポートすることが大切である．

障害のある人が「ただ作業をする人＝人材」という存在から，「自立的に成果を積み上げていける人＝人財」になるようにサポートしていくことも支援者に求められる役割である．

ポイント④：支援ノウハウのストックおよび顕在化・形式知化に努める人でありたい

企業における障害のある人の支援がうまくいっている場合，多くは支援者の持つ固有の人柄やスキルに支えられていることが多い．しかし，企業は時代の変化に応じて組織と人を組み替えていくものであり，支援者も異動したり，辞めたりする可能性があるから，支援のノウハウについて「その人がいなくなったら終わり」では困る．特に，障害のある人の支援はマニュアル化がしにくく，属人化しやすい領域である．だからこそ，意識してその支援のノウハウを顕在化し，ストックしていくことが必要となる．

「特定の支援者がいるから，なんとなく障害のある人の仕事が成り立っている」という場合，組織としては危険をはらんでいる．支援者

自身は，がんばっていると感じているかもしれないが，障害のある人を支えるしくみが「暗黙知」として支援者個人の中にとどまり，企業としては，障害のある人を支えるしくみに継続性がないという見方もできる．

　何が支援なのか，どうして障害がある人の受け入れが可能であるのか，多少難しいかもしれないが，その本質を言葉にし作業支援マニュアルにするなど「形式知」化したうえで，共有資産として活用することにより，長い目で見た雇用の安定につなげていきたい．

ポイント⑤：支援マインドの輪を広げる人でありたい

　ひとりでできることは限られている．どんなに支援者ががんばっても，ポイント③の前半で述べたように，職場理解がなければ障害のある人は就労を続けることが困難な状況に置かれる．支援者としては，同じ職場，もしくは職場の周辺に，良き理解者，できれば共感者を増やすことにも意識して取り組んでいきたい．特別な協力要請ではなく，押し付けでもなく，職場で一緒に働く人が，当たり前のこととして，ごく自然に気にしてくれる，という人が1人でも多く出てくるような関係性を職場に作りたい．

　また，支えあう雰囲気のある職場は，人間関係も良好に保ちやすい．障害のある人が気持ちよく働き，自らの能力を発揮していくときに，人間関係が良好であることは欠かせない環境条件でもある．

　例えば，ちょっとした目配りや気配りなどの協力が得られることによって大きく助かることもある．この場合，この「ちょっとしたこと」の具体的行動と，それによって「大きく助かるという事実」を伝えることから始めたい．支援マインドを，遠慮せず，押し付けず，一緒に働く中で，自然な形で広げていくことに影響力を発揮できる人でありたい．

3. おわりに

　さて，企業における障害のある人の職業自立の実現とは，障害のある人の能力発揮や働く権利の保障といった「社会的価値」と，障害のある人が付加価値を生み出し自活するという「経済的価値」の同時生産という意味もある．この2つの価値を，より確実に，より高めていくときに必要になるであろう支援者の条件を上述のポイント①〜⑤にまとめたつもりである．ただし，支援者にとって必要条件ではあるが，十分条件ではない．筆者の立場は，「企業で障害のある人の雇用を実践している者」であり，あくまで「企業の目線で」「これまでに経験した範囲で」「普遍的事実と感じたこと」をまとめたに過ぎないからである．

第4節　採用の決め手と評価法

1. 採用の目的

　企業の採用活動には，大きく分けて「新規学卒採用（新卒）」と「中途採用」とがある．それぞれ障害の有無に関わらず期待することは企業によって多少の差はあるが，一般的に新卒は，社会経験が少ない分長期的な視点で育成しようと考え，将来的には急速な環境変化に対応して企業の存続と繁栄を担うべき中核的社員への成長を期待している．一方，自社にはない人材を求め年間を通じて随時実施する中途採用には，人物・スキルともに即戦力となり得る人材であることを求める．その他に「第二新卒者」という言葉があるが，これは主に新卒で企業に就職してから1～2年目の若手社員や，卒業後まだ仕事についた経験のない人の総称で，新卒採用と中途採用との中間に位置付けられており，経験はそれほど必要とされないが，社会で職業人としての基本的な訓練を受けているとみなされ，新入社員教育などの基礎研修は必要のない人材として位置付けている．

2. 社員区分

　最近の人事管理において，雇用の多様化，正社員区分の多様化等が急速に進んでおり，障害者雇用の現場においても例外ではない．
　社員区分は，大別すると「正社員」と「有期限社員」とがあり，有期限社員の名称としてよく用いられるのは「契約社員」「嘱託社員」「パート社員」「アルバイト社員」などである．
　これらの社員区分の違いは，雇用契約期間（終身雇用，1年単位，半年単位，月単位，日単位など），給与形態（年俸，月給，日給月給，日給，時給など），職務の種類（専門業務，単純定型業務など），社員保険適用の有無などがあげられる．有期限社員については勤務地，職務内容，契約期間，その他の労働条件を雇用契約締結の都度定める．実際に働く企業での直接雇用ではないが，派遣や請負という形式で就労する人もいる．
　社員区分や契約期間などは募集要項に明記されるので，求職者はこれらの特徴や違いを正確に理解し，自分に合ったものを選択することが必要である．

3. 採用基準

　業務を遂行するうえで求められる専門的な能力は，企業や職種によって異なるが，人物面の採用基準は共通していることが多く，代表的なものは以下のとおりである．

1) 仕事に対する基本的取り組み姿勢
(1) 働く意欲

　職務遂行能力を判断するうえでの着眼点として，仕事に対する姿勢を重要視する企業は多い．
　例えば，志望動機を尋ねると「親や先生から働けと言われたから」など，自分の意思を全く持たない人もいる．「できれば働きたくない」「好きな仕事しかやる気が起こらない」いう意識と，「家計を助けるために働きたい」「仕事は色々なことを身につけることができ，自分を成長させてくれる」という意識とでは，仕事の成果に大きな差がつくことは言うまでもなく，定着にも大きく影響する．
　採用を前提とした見学や実習で企業を訪問する際には，自ら「働きたい」という気持ちになっていることが必要不可欠である．

(2) 一企業への入社意思

「とにかくどこかに就職したい．何でもいいから仕事をしたい」というのは，就職活動の初期段階の考えである．その後，情報収集の中から自分にあった企業をある程度絞り込み，見学や実習を申し込む．さらにそれらの体験をふまえ応募するのだから，採用試験を受ける時には当然「この会社で，この仕事をしたい」という具体的な一企業への入社の意思を持っているはずである．いくらスキルが高くても，自社への入社の意思が感じられない場合は職場定着に影響を及ぼす可能性が高いため，採用には結びつかない．

2）職務遂行能力

(1) ビジネス基本スキル

仕事を能率よく進めるためには，社会人としての基礎的能力が求められる．多くの企業が着目するのは以下のとおりである．

・職場のルールを守ることができる．
・マナー（挨拶，丁寧な言葉遣い，清潔で社会人らしい身だしなみ）．
・責任感がある．
・意欲（チャレンジ精神，課題達成意識）がある．
・能動的に行動ができる．
・対人関係能力（個人対個人，個人対集団，集団対集団）．
・コミュニケーション能力（きく力，伝える力）．

これらは，どのような仕事においても共通して求められる基礎的なスキルであり，学生時代にある程度の基礎が形成されていることが必要である．また，これらの能力のほとんどは，企業において新人～若年時代に形成されるものであり，中途採用者にはこれらのスキルをすでに身につけていることを期待する．もちろん，障害による制約などでその表現方法などは異なるが，これらのビジネス基本スキルが全く身についていない場合，上司や同僚，お客様とのトラブルに結びついたり，職場定着に影響を及ぼす可能性があり，敬遠されることが多い．

(2) 業務遂行に必要な能力

知識・経験・スキルを含んだ総合的な能力である．経験にはその仕事における成功や失敗の経験及びそのときの喜びや悲しみなどの感情体験も含まれ，スキルにはその仕事に関する実務経験を通して身についたすべての技量が含まれる．採用しようとしている業務内容と全く同じ経験がある場合に限らず，類似した仕事や作業の経験がある場合にも，短期間で習得できる可能性に期待することも多い．他方，未経験であっても，教育や少しの経験によって身につけることができる業務もある．

4. 選考の流れ

応募者自身でも就職活動をすすめる中で情報収集をするが，応募者に会社のことを知っていただく機会として，会社説明会や見学会を積極的に実施している企業は多い．会社説明会→職場見学→職場実習→採用試験というステップが一般的だが，見学や実習はなく，求人票での情報提供後すぐに採用試験を実施する企業もある．

表10.3は，求人企業と求職者の一般的な採用活動の流れを比較したものである．

5. 採用試験

社外の人材の適性および可能性を見極めるために，様々な試験を実施しあらゆる視点で求職者についての情報収集をする．一般的な試験項目は以下のとおりである．

1）書類選考

自社にふさわしいパートナーかどうかを，履歴書，職務経歴書，自己紹介状，推薦状など応募書類に書かれている内容から判断するが，主なチェックポイントは次のとおりである．

表10.3　求人企業と休職者の採用活動の流れ

	採用活動の流れ（求人企業）	就職活動の流れ（求職者）
1	どのような社員を採用したいか，人材ニーズを考える	世の中にどのような会社や仕事があるのか情報収集する（就職情報誌，インターネット，学校，職安など）
2	求人の意思を伝える（各種学校，就職支援団体，職安など）	どのような仕事をしたいのか，自己分析をする
3	会社のことを知ってもらうため会社説明会，見学会を開催する	会社説明会や見学会に参加し，自分にあった仕事（会社）を絞り込む
4	必要に応じてインターンシップや実習を実施し，求職者の意思や適性，社員との人間関係を確認する	インターンシップや実習で，実際に仕事を体験し，社風や同僚となる人との人間関係，適性を確認する
5	採用試験を実施する	「この仕事がしたい．この会社で働きたい」という意思が固まったら採用試験を受ける
6	内　　定	
7	入　　社	

・これまでの経験内容とそれぞれの期間（勉強，仕事）．
・興味のある分野（資格，特技，趣味）．
・志望動機．
・希望する仕事．
・必要なスキルのレベル．

　職務経歴については，会社名や部署名だけの記載では判断ができないので，担当していた仕事ができるだけ具体的にわかりやすく記載されていることが望ましい．

　募集職種に必要なスキルについても，客観的で具体的なデータが必要である．例えば，PCへの入力をメインとする仕事に応募するのであれば，どのようなアプリケーションソフトをどの程度使いこなせるのか，どのようなデータをどのくらいの時間をかければ作成できるのか，客観的に判断できるような資料も添付されているとよい．意外に多く用いられるのは「パソコンはできる」「パソコンは勉強中」などの主観的で曖昧な表現である．この言葉からは，スキルのレベルについて全く検討がつかない．応募者の「できる」と企業の「できる」のギャップが大きいほど，入社後にトラブルに繋がる可能性も高くなる．

　入社後できるだけ長く働いて経験を積み重ねてほしいと考えている採用の場合，これまでの経験が豊富でスキルが高くても，例えば，応募理由に自分の勤めた会社を中傷する文章や，前職の社内情報を外部に漏らすような記載があると「信用できない人物」という評価になり，当然採用するには至らない．また，年齢のわりに転職回数が多かったり，一つひとつの職歴期間が短い人は「飽きっぽく，仕事が続かない人」とみなされ敬遠される可能性が高い．ただし，昨今の社会情勢から会社倒産，事業縮小，事業所移転など，本人の能力や就労意欲とは関係なくやむを得ない事情で退職する場合も少なくないので，理由については面接時に確認をする．その他の転職理由として，キャリアアップを意図した場合も考えられるが「次の会社をどのような基準で選んだのか」などはやはり面接時に十分に確認をする．その結果，仕事内容に一貫性がなかったり，仕事の目的が不明確な場合の評価は厳しい．

2）筆記試験

　募集職種およびその他付随する業務への適性および可能性を探るために実施するが，問題用紙に記述するものやマークシートをチェックしていくなどツールは様々である．一般常識（ビ

ジネスマナー,漢字の読み書き,簡単な四則演算など)のレベルや行動特性(人間関係構築能力,バイタリティ,集中力など)を判断するために実施する.自分自身の日頃の行動パターンや考えについての設問に対して正直に回答しないと「判定不能」という結果になり,信頼性を問われることになる.

3) 実技試験

実際の業務そのものに取り組んでもらう場合と,仮の業務に取り組んでもらう場合とがある.

実技試験では,結果だけでなく作業中の様子が全て評価の対象になるが,主なチェックポイントは先に記した職務遂行能力に加え,以下のとおりである.

・作業そのものへの適性.
・時間の使い方.
・作業の丁寧さ.
・不明点は自ら声をかけ確認できるか(質問,相談).
・有効なコミュニケーション手段は何か(口頭による聴覚的指示/書面による視覚的指示).
・集中力.
・持続力.
・積極性.
・慎重性.
・説明や指示への理解力 など.

4) 面接

求職者と企業側とがお互いの理解を深め最終的な判断をする場として,採用試験の中で最も重要視している企業が多い.短時間で情報交換をする中で判断する必要があるため,スキル面接と人物面接をそれぞれ分けて実施することもある.

スキル面接では,企業側は求職者の業務遂行に必要なスキルやレベルを質疑応答によって確認し,求職者は業務内容に関する能力のPRや不明点の確認をする.

人物面接では,企業側は求職者の仕事に対する志向(マインド)や職場にどのような環境を求めているのかを将来的な視点も含めて確認をし,求職者は長所など人物面のPRとあわせて,待遇面,諸制度,社風,職場環境などを事前に収集した情報と照らし合わせながら確認をする.面接のすすめ方は企業によって多少異なるが,一般的な流れは図10.6のとおりである.

面接での評価基準も企業によって違いはあるが,共通している着眼点は以下のとおりである.

・働く意欲があるか.
・自社への関心があるか(事前に情報収集しているか,積極的な質問があるか).
・これまでの経験の中に自社で活かせるものがあるか.
・求職者のニーズと企業側のニーズが一致しているか.
・仕事への要望(今すぐできる仕事,将来やってみたい仕事など).
・企業への要望(トイレやスロープなどの設

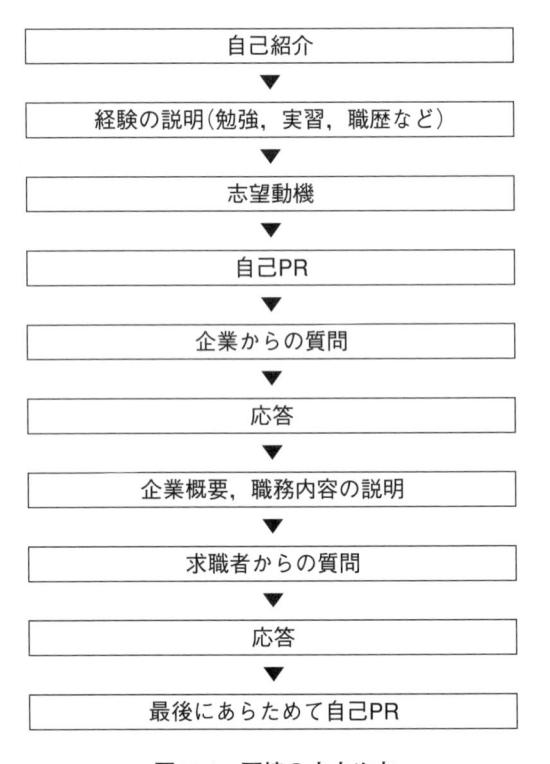

```
┌─────────────────────────────┐
│        自己紹介              │
└─────────────────────────────┘
              ▼
┌─────────────────────────────┐
│ 経験の説明(勉強,実習,職歴など)│
└─────────────────────────────┘
              ▼
┌─────────────────────────────┐
│        志望動機              │
└─────────────────────────────┘
              ▼
┌─────────────────────────────┐
│        自己PR                │
└─────────────────────────────┘
              ▼
┌─────────────────────────────┐
│     企業からの質問            │
└─────────────────────────────┘
              ▼
┌─────────────────────────────┐
│         応答                 │
└─────────────────────────────┘
              ▼
┌─────────────────────────────┐
│  企業概要,職務内容の説明      │
└─────────────────────────────┘
              ▼
┌─────────────────────────────┐
│     求職者からの質問          │
└─────────────────────────────┘
              ▼
┌─────────────────────────────┐
│         応答                 │
└─────────────────────────────┘
              ▼
┌─────────────────────────────┐
│   最後にあらためて自己PR      │
└─────────────────────────────┘
```

図10.6 面接のすすめ方

備面，手話通訳，コミュニケーションなど）．
- 協調性があるか．
- 順応性があるか．
- チャレンジ精神があるか．
- 信頼性があるか．

　その場での会話による面接では，もともと言葉によるコミュニケーションが苦手な人や，緊張により普段よりもコミュニケーションがとりにくくなる人もいると思うが，そのような状況に陥ったときに，ただ黙りこんでしまうのと，例えば「緊張してしまい，上手く質問をききとることができませんでした．もう一度質問してください」や「言葉が難しくて質問の意味がわかりませんでした」と言えるのとでは，評価が大きく異なる．このような応答をするには，日頃から自分の意思を相手に伝えることに慣れておくことが必要である．

　面接では，例外なく「何か質問はありませんか？」とたずねられる．その場合に，考える様子もなく即「特にありません」という返答をするのと，少し考えてから，例えば「事前に情報収集をし，本日の面接の中でいろいろと説明をしていただいたので，他に質問したいことは特にありません」と言えるとでは評価は大きく異なる．自分の特長として，考えるのに時間がかかるタイプなら「少し考える時間をいただいてもいいですか？」と面接官に一声かけてからじっくり考えると良い印象を与える．

　面接では，話し方の上手下手ではなく，しっかりとした自分の考えを持ち，それを伝えようとしているかどうかが重要である．

　企業側も，応募者の良い面を引きだすような質問を投げかけたり，難しい言葉遣いにならないよう工夫をするので，話し方や第一印象に自信がない人も，求職者自身のしっかりとした意思で応募していることが確認できれば，良い結果に繋がる．逆に，コミュニケーションが流暢であったとしても，事務的で市販のマニュアルどおりの応答だったり，求職者自身の意思が伝わってこなければ採用には至らない．

　また，聴覚や言語に障害がある場合など，口頭よりも筆談（メモ）が有効なのであれば，事前にその旨を企業側に伝えておく必要がある．聴覚に障害がある応募者の場合にも，日常の職場生活と同じ環境でどの程度コミュニケーションがとれるかを判断するため，あえて手話通訳をつけない場合がある．その場合にも手話通訳以外に有効なコミュニケーション手段を，応募者自ら限られた環境の中で伝える努力をしてほしい．

　事前に一生懸命面接の練習をする人も多いようだが，そのようなことよりも，その企業で本気で働きたいのか，その仕事を本気でしたいのかという意思の方が重要であることに気づいてほしい．意思決定のためには，しっかりと自己分析（経験してきたことの棚卸し，価値観，適性など）をし，求人企業・業務内容を詳しく調べることが必要となる．それらを全て自分一人で行うのが困難な場合には，地域の就労支援団体，職安，民間の就職斡旋会社などにサポートしてもらうことができる．地域資源を積極的に活用しながら，将来のことを真剣に考えて就職活動をしてほしい．

5）その他

　身だしなみや立ち振る舞いなど，見た目の印象も採用合否の判断材料の一つではあるが，それは試験や面接だけでなく以下の場面においても同様であることを忘れてはならない．
- 会社への問い合わせ時のマナー．名乗る，相手の都合を確認する，挨拶，など．
- 来社して受付で係員を待つ間，控え室での態度．動き回る，お喋り，居眠り（あくび），携帯メール（電話），飲食，化粧なおし，など．
- 昼食をはさむ場合の食事中の態度．
- 控え室から試験・面接会場への移動中の態度．
- 会社（入り口，門）を出てすぐの態度．
- 複数の受験生がいた場合，周囲の人との関わり方．

第5節　当事者や家族の求める支援のあり方

1. 高次脳機能障害の場合

　高次脳機能障害は，主として脳血管障害，頭部外傷，脳炎後遺症，などによる器質性精神障害として，現行の障害者福祉制度の中で位置付けられている障害である．

　しかしながら，主として交通事故による若年の脳外傷者の多い日本脳外傷友の会傘下の各地脳外傷友の会会員は，多くの者が社会復帰を目標とし，雇用率に算定されている身体障害者手帳の交付，または高次脳機能障害という新たな福祉制度の枠組み創設を望んできた．

　2001年から開始された，5年間の高次脳機能障害支援モデル事業において，障害の診断基準，評価，訓練システムの汎化策が検討されたが，福祉制度の枠組みを改変するには至らなかった．この間に行われた障害者職業センターによる高次脳機能障害者トライアル事業は，手帳の有無に関わらず実施され，有効な支援を継続すれば，就労可能な高次脳機能障害者が多いことを実証したといえよう．

　今後の問題としては，①脳血管障害による場合は発症年齢が中高年に多いことから，社会経験，就労体験を積んでいること．障害も局所的であり，本人家族の障害受容もしやすく，補償手段の獲得や，職場の配置転換などの支援を受けやすいこと．

　②脳外傷者は，若年層に多く，社会経験も浅く，就労経験のない場合も多いこと．広範で分かりにくい複雑な障害を受けることにより，本人，家族の障害受容も不適切で，過度の保護または期待過剰により，能力に応じた就労ができにくく，職場の人間関係からのトラブル，ミスが多いなど離職，失敗のマイナス経験をつんでしまうことが多いなどが，報告されている．

　③福祉的就労の場である作業所などを利用したくても，適切な場がなく，家族会がNPO法人などを立ち上げ懸命に運営している．公的資金の援助，専門家による支援組織が必要である．地域格差も多いが，2006年度以降の支援普及事業の今後に期待したい．

2. 軽度発達障害の場合

1) 軽度発達障害とは

　軽度発達障害という用語は，学習障害（LD），注意欠陥/多動性障害（ADHD），アスペルガー症候群・高機能自閉症等の，知的障害を伴わない発達障害を総称する用語として近年使われるようになってきた．従来，軽度発達障害は障害福祉施策の谷間におかれ，支援の対象となっていなかったが，教育分野では特殊教育から特別支援教育への転換の中で支援の対象に加えられようとしていること，「発達障害者支援法」が2005年4月に施行となったことから，今後支援ニーズが高まってくることが予想される．

2) 軽度発達障害のある人の特性と就労支援の留意点

　軽度発達障害のある人の場合，せっかく一般就労しても，不器用，注意集中困難，マニュアルを読めない等の作業能力の問題やコミュニケーション，人間関係の問題で苦労し，解雇や離職してしまう例が多くみられる．しかし，IQが高い場合は，療育手帳や障害者職業センターでの判定を得ることが難しい場合がある．また，障害が軽度であるがゆえに本人が自己の障害を認識あるいは受容できていないケースも多い．

　軽度発達障害のある人の場合，適切な支援が

あれば十分に働いていけるケースが多く，個に合わせた職業準備訓練，ジョブコーチ等による職場定着支援，相談支援体制の整備，周囲の理解と配慮が得られるような仕組みづくりが求められている．

3）軽度発達障害のある人に対する就労支援のポイント

軽度発達障害の場合一人ひとりが抱える困難は，聴覚認知，視覚認知，空間認知，集中力，コミュニケーションなど様々である．職場環境の構造化，作業内容の図式化，スケジュールの明示，休憩時間の工夫，人間関係の調整など，その特性を把握し個に合わせた支援を行うとともに，本人・雇用側に対する継続な相談支援体制を整えていくことが大切である．

文　献
1) 全国LD親の会：教育から就業への移行実態調査報告書．2005．

3. 統合失調症の場合

やどかりの里は，現在214名の人が登録し，そのうちの115名はやどかりの里が運営する小規模作業所，授産施設，福祉工場で働いている．自分たちも社会に貢献したい，働きたいという気持ちはとても強い．彼らは次のように語っている．

「自分の存在を認めてくれる場で働きたいという気持ちが特にあって，仕事自体も楽しみたい」[1]

「病気のことを隠して働いていて，仕事をポシャってしまったことが多かった．あと，僕みたいに若くて，働きたいけど続かないという人が多いと思います．福祉工場みたいなところがたくさんできればいい」[1]

「この世の中では『働いてサラリーを得る』ことが前提だと思う．（中略）なんらかの仕事をして収入を得ることは大事．（中略）もっと自分自身を生かし，生きがいではなく40代の男性として仕事をするのがあたりまえというのも1つの道理だと思う」[2]

「働き始めて2年目で病気になった．1年目は仕事ができるんだと意気込みがあった．2年目は上司にいじめられて，ずっこけたというか，会社に行くのがいやになった．一般就労は健康な人はやれるけど，私たちは遅いし，間違える．（中略）やっぱり病気をしていると，一般就労は難しい．それでも9時から5時まで働けるかもと思ったり，まだ夢は捨ててはいけないと思ったりする」[2]

働くことに対する思いは強いが，自分の病気や体調，働くことがどの程度自分に負荷がかかるかを実感している人たちは，企業への就労に次のような3つの条件をあげている．

①精神障害者であることを理解してくれる事業所．
②何名かのグループで働けること．
③ 作業所のスタッフ（自分のことをよく知っている人）の援助が受けられること．

文　献
1) 星野文男，他：精神障害者にとって働くとは（やどかりブックレット編集委員会・編：やどかりブックレット・障害者からのメッセージ）．やどかり出版，1998，pp59-62．
2) 香野恵美子，他：障害者の「働きたい」を実現（労働支援・1）．やどかり出版，2005，p47．

4. うつの場合

うつ当事者とその家族を支援する「うつ気分障害協会（MDA-JAPAN）」[1]の就労プログラム（Back To Workキャリアサポートセミナー）に参加した方たちは，復職に当たってのさまざまな不安を抱える中で，次のような支援を希望している．

第1に，企業の理解である．その中には，人事労務部署にメンタルヘルス対策の担当者をお

いて，全社的な啓蒙活動の積極的な展開とともに，特に，リハビリテーション出勤などの段階的な復職プログラムを社内制度化することが必要である．また，直轄部署の直属上司や同僚は，再発予防と継続就労には小休止などの自己調節による仕事のペース配分が必要なことを理解し，当事者の訴えを中心に職場全体の仕事の進め方を改善してほしい．

第2に，社会資源の充実と容易な情報入手である．退院から復職までをつなぐ社会資源はほとんどないことから，その空白期間を埋める支援機関・組織（できれば，退院後から完全復職までを2段階で）を充実させることが急務である．また，その所在情報を当事者と家族が掌握しやすいように，特に，医療機関等で十分に把握して提供してほしい．

第3に，復職プログラムの充実と汎用化である．休職から復職に至る計画的で段階的な過程を図式化したマニュアルが必要である．その活用によって，企業は復職プログラムの作成と充実ができ，全国的な普及も容易になる．のみならず，当事者がそれに即して復職過程を自己点検することで，復職に対する漫然とした不安が解消される．

第4に，家族への支援の充実である．家族崩壊の危険がいつも潜んでいるため，家族支援プログラムを充実し，家族が孤立しないで当事者を支援できる方法や情報がほしい．

最後に，経済的な支援を望んでいる．発症の時期が子供の学費等で経済的な苦しい時期と重なることが多いため，経済的保障を社会制度の中に取り込んでほしいとする．

文　献
1) うつ気分障害協会（MDA-JAPAN）．http://www.mdajapan.net/

第11章

障害特性と職業的課題への対処：事例

第1節　感覚障害

1．視覚障害

1）視覚障害者の概要

全国の18歳以上の身体障害者数（在宅）は，324万5,000人である（2001（平成13）年6月厚生労働省実態調査）．そのうち視覚障害者は30万1,000人となっている．視覚障害者の1級が10万5,000人，2級が7万4,000人となっており，約6割が重度である．また，年齢別にみると，60歳以上が25万9,000人（73.4%）で，高齢化が顕著となっている（表11.1，表11.2）．

2）疾患別状況

また，疾患別にみた身体障害者の状況から，とくに視覚障害のみに関連する疾患別に見ると，角膜疾患3万5,000人，水晶体疾患1万7,000人，網脈絡膜・視神経系疾患9万7,000人，その他が15万2,000人となっている（2001年6月厚生労働省実態調査）．

3）中途障害と先天性障害の捉え方

視覚経験の記憶の有無により，先天性と中途の区分けをしているのが一般的である．従って，4, 5歳以下の失明は先天性と称されている．しかし職業リハビリテーションの立場からは，一旦就業した者が中途で視覚に障害を受けた者を中途視覚障害者と言うこともある．

視覚障害といっても，視力，視野等一人ひとり違い，見え方も様々である．視覚障害の受け止め方も，受障の時期や経過，また個人の考え方もあって一様ではない．

4）障害特性（impairmentを中心に）

（1）見え方からの区分け

視覚障害を見え方から大別すると，①全盲，②光覚弁，③明暗弁，④手動弁，⑤指数弁，⑥視力検査表による数値となる．もっと大きな分け方として，全盲と弱視という言い方がある．①，②，③，④までを全盲，そして眼前の指の数が弁別できる⑤指数弁から視力を数値で表せる範囲を弱視といっている．また，最近，「ロービジョン（低視力）」という言い方も出てきている．「眼前手動弁以上のもので，日常生活で視覚的に何らかの困難を感じたもの」としている．

表11.1　年代別視覚障害者　　　　　　　　（単位:千人）

総数 \ 年代	18～19	20～29	30～39	40～49	50～59	60～64	65～69	70～	不詳
301(100.0)	0	7(2.3)	8(2.7)	16(5.3)	47(15.6)	29(9.6)	37(12.3)	155(51.5)	2(0.7)

（2000年6月厚生労働省実態調査による）

表11.2　原因別状況表　　　　　　　　（単位:千人）

総数 \ 原因	事故	人数(%)	疾病	人数(%)	出生時の損傷	加齢	その他	不明	不詳
	交通事故	6(2.0)	感染症	3(1.0)					
	労働災害	10(3.3)	中毒性疾患	2(0.7)					
	その他の事故	13(4.3)	その他の疾病	72(23.9)					
	戦傷病戦災	4(1.3)							
301(100.0)	小計	33(11.0)	小計	77(25.6)	16(5.3)	14(4.7)	47(15.6)	58(19.3)	57(18.9)

（2000年6月厚生労働省実態調査による）

点字に対して普通の文字を墨字といっているが、レンズや拡大器などを使えば墨字が使える者は弱視、墨字が何らかの手段を講じても無理な視力の者を点字使用者・全盲という場合もある。弱視者のなかには墨字と点字を両用する者もいる。

(2) 眼疾患の理解

眼球の構造は表層から角膜，水晶体，硝子体，眼底部となる．眼底部は網膜，脈絡膜，強膜，視神経乳頭，視神経と位置する．角膜と水晶体の間には瞳孔があり，この瞳孔には前房と後房，これを虹彩が区切る．後房に位置する毛様体は水晶体の伸縮を調整する（図11.1）.

①角膜疾患

角膜は眼の表面部分で，外界と直に接するため，傷つきやすい．眼瞼で保護されるが，睫で傷ついたり，塵埃や異物，化学薬品，細菌，ウィルス，外傷など受傷の原因は様々である．これらから角膜混濁や，潰瘍，瘢痕がおこり，視力障害を生ずる．

②水晶体疾患

水晶体は，眼の機能としてのレンズ部分である．白内障は水晶体の混濁をいう．水晶体は瞳孔の後ろにあるので，これが混濁すれば瞳孔が白くなってくる．そのため白内障は俗に「しろそこひ」といわれる．白内障にはいろいろある

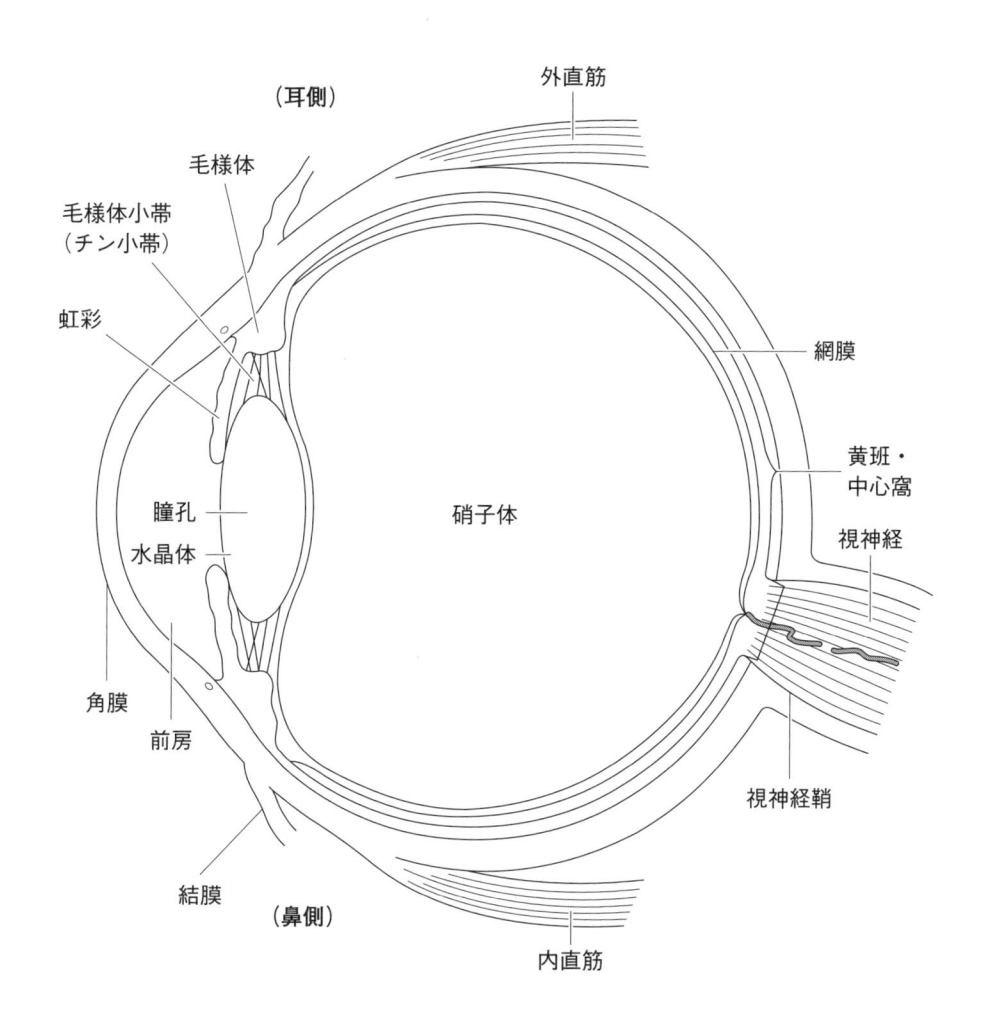

図11.1 眼球の構造

が，代表的なものは老人性白内障，先天性白内障，併発白内障（眼内の重い病気，すなわちぶどう膜炎・網膜剥離・緑内障に続発しておこる水晶体の栄養障害による）がある．見え方としては霧の中で物を見ている状態といえる．

③網脈絡膜・視神経系疾患

水晶体を通過した外界の像は，網膜に写され脳へと視神経を通して伝えられていく．眼底の疾患は，その部位によって種々あるが，代表的なものに糖尿病性網膜症，高血圧性網膜症，網膜静脈閉塞症などがある．ほかに網膜剥離，網膜色素変性症，黄斑部変性症，視神経萎縮，先天性として網膜芽細胞腫，未熟児網膜症などが挙げられる．

＊網膜色素変性症

網膜色素変性症の人には，糖尿病や高血圧に起因する場合と異なり，内科的には何ら異常は認められない．原因は，先天性で家族性に発症する例と散発性の例がある．家族性の場合，血族結婚に多い．種々の遺伝形式が知られ，常染色体劣性遺伝のものは小児期から始まり予後不良だが，常染色体優性遺伝のものは発症も遅く，進行も遅い．症状は，夜盲，視野狭窄，視力低下等がみられる．特に夜盲は大切な初発症状である．眼底は網膜全体が特有な灰白色を呈し，骨小体様の色素が散在し，動脈は細く，乳頭も萎縮に陥る．若年発症者で進行の速いときは失明に近い状態になる．確実な治療法はない．羞明（まぶしさ）があり，それに対しては遮光眼鏡を用いるとよい．1998年11月より難病に指定された．視野狭窄と視力低下を併せ等級が認定される．

④その他

＊緑内障

眼圧が上昇し，視機能が障害される疾患である．急に眼圧が高くなる急性緑内障では，瞳孔が緑色に見えるので，俗に「あおぞこひ」といわれている．視力障害の程度や視野欠損の状況も一様ではない．

眼圧はさほど上がらない自覚症状のない，早期発見が難しい場合もある．集団検診制度の確立が望まれている．

＊先天緑内障

角膜が混濁するほか，乳児の眼球は伸展性があるため眼球全体が大きくなり，牛眼ともいわれる．自覚的に羞明・混濁がある．

＊ベーチェット病

ぶどう膜炎・アフタ性口内炎・陰部潰瘍を主症状とし，再発を繰り返していくうちに失明する場合が多い．そのほか，皮膚の紅斑・関節炎・消化管症状・神経症状・血管炎をおこす．難病に指定されている．女性に発症することは少ない．

5）身体障害者手帳について

身体障害者手帳は，身体障害者福祉法が定める身体障害者に該当する者に対して，その申請に基づき交付されるもので，その障害の程度が同法に定める基準に該当することが必要である．それらの障害が永続する場合は，居住地の市町村（福祉事務所）に申請することにより，都道府県知事，指定都市市長又は中核市市長から身体障害者手帳の交付を受けることができる．申請に当たっては，都道府県知事等が指定した医師の診断書（意見書を含む）を添付することが必要である．

身体障害者福祉法による各種の福祉措置は身体障害者手帳を所持する者に対して行われるので，この手帳は同法のサービスを受けるための証票であるが，同時に他法・他施策（税制，雇用，運賃割引，都道府県単独の福祉事業等）の優遇措置を受ける際にも活用されている．

視覚障害の手帳の等級（障害に該当する基準）については下記する．

6級：1眼の視力が0.02以下，他眼の視力が0.6以下の者で，両眼の視力の和が0.2を超える者．

5級：①両眼の視力の和が0.13以上0.2以下の者．

②両眼による視野の2分の1以上が欠

けている者.

4級：①両眼の視力の和が0.09以上0.12以下の者.
②両眼の視野がそれぞれ10度以内の者.

3級：①両眼の視力の和が0.05以上0.08以下の者.
②両眼の視野がそれぞれ10度以内でかつ両眼による視野について視能率による損失率が90％以上の者.

2級：①両眼の視力の和が0.02以上0.04以下の者.
②両眼の視野がそれぞれ10度以内でかつ両眼による視野について視能率による損失率が95％以上の者.

1級：両眼の視力の和が0.01以下の者.

視力＝万国式試視力表によって測ったものを言い，屈折異常のある者については，矯正視力により測ったものを言う．

6）支援のプロセス（participationを中心に）

（1）障害の受容

障害の受容は現実をはっきり認めることである．先天性障害の場合は，他者との違いを認識でき，受け入れられる年齢に達してからとなり，中途障害の場合は，受障時の年齢・家族状況・社会的地位・仕事の内容など様々な当人の状況によって一様ではない．

いずれにしても，早期にリハビリテーションを受けられるように，将来の展望に明るい見通しがもてる様々な情報を必要とする．早めに情報が提供されることが大切である．例えば，失明告知と同時にリハビリテーションの具体的情報，視覚障害者がどのような状況にあるかなどを伝えることである．

中途視覚障害者は，障害を受容し，自らの人生の方向性を見いだすと，物事を前向きにプラス思考で取り組み，過去に拘らず，逆に生かそうとしていく姿勢になる場合が多い．

（2）生活訓練

目が見えなくなると，本人はもちろん，家族や周囲の人たちは「何もできなくなった」「何もできない」と思いこむ．この先入観から離職に追い込まれる事例も少なくない．この先入観を取り除き，本人に自信を回復させるのが日常生活動作・歩行・コミュニケーション訓練である．特に白杖を用いた単独歩行は大きな自信につながり，周囲の理解に結び付く．中途視覚障害者にとって，生活リハビリテーションを受けることは，生きていく上での権利として捉えるべきである．

歩行訓練は一定の講習を受けた訓練士が行う．歩行訓練士の養成は日本ライトハウスや国立身体障害者リハビリテーションセンター学院で行われている．

生活訓練は，国立の視力障害センターや民間の視覚障害者の生活支援施設や盲導犬訓練施設などで行われている．生活訓練を済ませることで，通勤や職場内の移動，そしてパソコンを使い読み書きの文字処理ができるようになり，自信を回復し職場に戻れる場合もある．

（3）職業訓練

視覚障害者の職業は，三療（あんま・はり・きゅう＝あはき師）に関連するもの，電話応対業務，プログラマー，情報処理技術者，テープ起こし，一般事務職などが挙げられる．これらはある一定期間，職業訓練機関で訓練を受けて就業する職種である．「職業選択の自由」などないに等しいほど職種は少ない．

［職業訓練機関］

あはき師の養成＝各県立盲学校，国立身体障害者リハビリテーションセンターをはじめとする国立視力障害センター，その他私立の施設．

電話応対業務＝日本ライトハウス，国立職業リハビリテーションセンター，東京都障害者能力開発センター，その他．

情報処理技術者＝日本ライトハウス，国立職業リハビリテーションセンター，筑波技術大学．

事務処理・OA実務＝日本盲人職能開発セン

ター，国立職業リハビリテーションセンター，日本ライトハウス，筑波技術大学，大阪府立盲学校，一部障害者職業能力開発校

事務処理・テープ起こし＝日本盲人職能開発センター・東京ワークショップ．

(4) 多様な職種

国家公務員，地方公務員，弁護士，教職員，作家，経営者，会社員（事務系，技術系），音楽（洋楽・邦楽＝作曲，演奏，歌唱）など様々の職業に就いている．

視覚障害者が点字受験などで採用されたり，資格を取得して就職した者，あるいは障害者雇用の枠内（法定雇用率）で新規に採用された者，そしてまた中途の視覚障害者が継続雇用や復職，再就職の形で就いている者などである．このように社会全体としては決して開放的とはいえないし，一般の理解は不十分であるが，視覚障害者自身がやりたいと思う仕事が努力や工夫で可能なことなのだということを示している．

7) まとめ

ここに挙げた事例はほんの一例にすぎず，眼疾患，職種，性別，年齢等に偏りがある．

しかし，視覚障害者が職業的に自立する上で何が必要とされるのかを示唆している．要するに目は見えないけれど「何もできない」のではなく，「何でもできる」のである．それを阻むバリアをなくす努力が当事者はもちろん，支援する側に求められるといえる．

例えば，制度的バリアを除いた例として，2002年に医師，薬剤師等の資格における欠格条項の廃止によって，免許を持つ医師が中途で見えなくなったり，聴こえなくなっていても医師免許を剥奪されず，医療業を続けることが可能となり，中途障害医師が現任するようになった．また，国家試験に合格し．新たに免許を取得した医師（視覚障害）や薬剤師（聴覚障害）となる者も出ている．

視覚障害者の職業的自立を達成するためには連携がきわめて重要である．当事者を取り巻く家族，職場の上司，眼科医等医療関係者，公共職業安定所（ハローワーク），障害者職業センター，生活リハビリテーション施設，職業訓練施設などが連携して，経済的・制度的・心理的・技術的いろいろな側面に対し情報を共有しつつ，適切な連携の下に最善を尽くすことが大切である．

文　献

1) 中途視覚障害者の職場復帰に関する研究会報告．労働省，1997．
2) 中途視覚障害者の雇用継続と支援機器等の活用．日本障害者雇用促進協会障害者職業総合センター．1997．
3) 系統看護学講座専門16 成人看護学〔12〕眼疾患患者の看護．医学書院，1998．
4) 新版看護学全書第27巻　成人看護学12．メヂカルフレンド社，1998．
5) 中途視覚障害者の職場復帰に向けた取り組み．職リハネットワーク No.42，1998．
6) 中途失明～それでも朝はくる～，第2版．中途視覚障害者の復職を考える会＝通称：タートルの会，1998．
7) 高橋　広・編集：ロービジョンケアの実際．医学書院，2002．
8) 山田幸男：糖尿病チーム医療の実際　患者さんと共に歩む．メディカ出版．2003．
9) 河野友則，岩倉雅登・編集：中途視覚障害者のストレスと心理臨床．銀海舎，2003．
10) 中途失明Ⅱ～陽はまた昇る～．中途視覚障害者の復職を考える会＝通称：タートルの会，2003．
11) ロービジョンQ＆A編集委員会：ロービジョンQ＆A．2004．

◆事　例

男性，50歳代前半，高校卒．

視覚障害の状況：ベーチェット病による中途視覚障害，全盲（1級）．

使用文字：点字．

歩行及び行動：白杖による単独歩行．

復職までの経過：営業マンとして働いていたが，ベーチェット病を発症し，発作を繰り返すうちに失明に至る．発作は眼底出血であるが，

繰り返すうちに網膜に損傷がおこり，視力が低下していく．途中の段階で，営業職から内勤のショールーム担当となる．

1992年12月に生活リハビリテーション施設に入所し，訓練を受ける．1994年3月に退所し，引き続き職業訓練のため職業リハビリテーション施設に1994年4月入所する．1995年3月退所．1995年6月に復職する．

復職先と配属先：大手照明機具等製造販売会社．東京支社ショールームに原職復帰する．

業務の内容：ショールームにみえる顧客の名刺管理．現在データベースとして入力中．職場介助者制度を活用して名刺の音訳テープをキー入力することによるデータの電子化．データベースの構築が完了次第，顧客管理システムの運用を図り営業促進に貢献する．

関連業界や業界紙のホームページを検索して情報の収集をし，加工し，そして営業等の資料に提供．全国各地の営業マンに一括メール配信をして喜ばれ，存在感を持てている．

今後の課題：顧客管理システムの運用を進め，営業と直結した活用内容を充実するため検討を続けていくこと．社内ネットワークへのアクセスを進めること，届書類の処理等がある．

2. 聴覚障害

大きくは先天性聴覚障害者と中途失聴者の2通りに分けられる．

1) 先天性聴覚障害者の障害特性

先天性の定義はここでは言語獲得前に失聴した者とする．障害を受けた時期，障害の程度，家庭と教育環境，本人の能力などの要因により，言語習得，社会的成熟などがどのように達成されたかによって，職業，社会生活面からさらに2通りに分けられる．

(1) 上記の要因がマイナスに作用する場合（A）

一般に次のことがいえる．

＊発音，発声が不十分で話し方も不得手．
＊読み書き能力が不十分．
＊社会性の発達が不十分（社会的成熟度が低い）．

このような負の要因があると，教育的には主にろう学校高等部程度で卒業し，コミュニケーションや読み書き能力をあまり必要としない技能工程，製造関係の職業が中心となる．その結果，職種範囲が狭まったり，昇進や昇格ができない，給与が十分でない，技術革新に十分に対応していける能力がなくてリストラに遭いやすかったり，退職後の保障の不十分さなど，生涯にわたって障害ゆえの二次ハンディキャップを背負うことになる．

(2) 上記の要因がプラスに作用する場合（B）

一般に次のことがいえる．

＊発声・発語はかなりできるが，発声不明瞭な者が多い．話し方はできる．
＊読み書き能力は一般と同じレベルか高い．
＊社会性の発達にも問題がないか少ない．

このようなプラスの要因があると，普通校に転じたり，自分から専門学校や高等教育機関に学ぶ者が多くなる．そして卒業後は障害者雇用促進法の効用もあって職業面では大企業中心で，コミュニケーションや読み書き能力を必要とする事務系や高度な技能系（システムエンジニア，建築士など），公務員などを希望する者が多い．彼らは技術革新に対応できる能力もあり，昇進，昇格には日本の雇用制度上一定の制約はあるが，一般と遜色のない職業生活を送れるようになる．

A，Bに共通した面としては，先天性聴覚障害者はコミュニケーション手段として手話を主とし，口話，読話，筆話，補聴器を併用または補助手段として用いることが多い．聴力状態からみると90dB（100dB）以上の高度難聴者が多く，周囲の雑音も入らないので集中力がある．障害受容の面からは聞こえた時期がないか短かったので，安定していて明るい性格の者が

多い．FAX，Eメール，パソコン（インターネット），携帯文字電話，手話通訳者，筆記通訳者などを目的に合わせて使いこなしている者も多い．このような場合には，コミュニケーション，情報面にも健聴者が考えているほどのハンディキャップは感じておらず，アイデンティティをしっかりともっている者が多く，職業遂行能力面からは障害者とはいえない面がある．本人よりは周囲の受け入れ態勢，理解が大切である．そのために自分から自分の障害について理解を求めていく積極さが何よりも必要である．

2) 中途失聴者の障害特性

中途失聴者の定義はここでは老人性の失聴者を除いた言語を習得後に失聴した者とする．中途失聴者も就労前の失聴者（主に在学中の失聴者）か就労後の失聴者かによって，職業生活面からの対応が違ってくる．

(1) 就労前の中途失聴（C）

一般に次のことがいえる．

＊聴力の程度と失聴時期により発声の強弱が困難となる．読解力は問題ない．

＊失聴時期が若いほど受障前の自分に戻りたいと固執する者が少ない．

＊主として普通校に在学中であるが，聞こえないことに関する情報を学校や聴覚障害者団体などから得やすい立場にある．

障害受容や障害認識ができていれば，卒業後の職業や社会生活は特に問題はなく，Bのタイプと同じ状況になれる．筆談だけでなく，手話や読話を習得していればコミュニケーションに幅のある者が多い．現在，聴覚障害者運動の中心になって活動している者，社会に対して聴覚障害者問題などについて積極的に発言したり対応している聴覚障害者のほとんどはBとCのタイプである．そういうことがきちんとできなかったときは就労後の失聴者への対応と同じような状況になる．

(2) 就労後の中途失聴者（D）

一般に次のことがいえる．

＊老人性難聴者を除いてはほぼ成年期以降の失聴者であり，職業生活の経験者か主婦がほとんどである．

＊障害受容，障害認識の確立が容易にできず，これができない間は具体的な就労援助に入れない．

＊コミュニケーション手段としては，発信の面は失聴以前と同じで問題はないが，受信の面は読話や補聴器の使用がうまくいかなかったり，手話が十分にできないと筆談に限定されることが多くなる．

病気，事故などによる突然の失聴は，コミュニケーション，情報の取得，現職や現在の地位，友人関係，家族関係，価値観などすべてにわたって大きく影響し，これまでの生活と価値観の崩壊につながることがある．そのため，治りたい，元に戻りたいという気持ちがA，B，Cのタイプよりは強く切実で，聞こえないという障害受容や障害認識がなかなかできない．適切なリハビリテーション機関の援助や同障の友人（団体）などの援助や支えがないと容易に立ち直れない．聞こえないことによる情報の欠如やはじめに訪ねる耳鼻科医も適切な社会資源を知らないことが多いので，長い間，一人で悶々と苦しむことが多い．治りたいという意識が強いときは，それにだけ気持ちが集中しているので聞こえないことを前提としたアドバイスや励ましは効果がなく，本人の苦しい気持ちを受容していかないと新たなコミュニケーション手段の習得や職業訓練などを勧めてもすべてを拒否されてしまう．

就労後の中途失聴者は，障害受容，障害認識までかなり長い時間を必要とする．主に同障の仲間などを得て障害の受容ができてくれば，新たなコミュニケーション手段や新しい職業技術を習得したりして安定し，復職（管理職的な立場にいたときは周囲の理解が大変むずかしい）または新たな職を求めることになる．この障害受容，障害認識は多くの場合，一過性ではな

く，事態によっては繰り返されることがある．したがって良い同障の仲間を得て常に自分の存在感を確認できるような状況になるようにすることが望まれる．

障害受容，障害認識ができないままだと自分の気持ちの調整がうまくできず，ストレスが内にこもって精神的に不安定になり，逃避的になったり，攻撃的になったり，暴飲によるアルコール中毒，家族不和，離婚，失職，自殺などの問題が生じる．そのため失聴者のなかでは成人後の障害受容のできなかったDのタイプの援助，対応がAの困難なケースとともに時間がかかり，カウンセリング技術などの専門性がより強く求められる．

文 献

1) 野沢克哉：聴覚障害者のケースワーク I，II，III，IV．聴覚障害者問題研究会，1990，1991，1995，2000．
2) 筒井優子，野沢克哉：職業相談に来所するろう学校卒業生に見られる問題．聴覚障害 52 (3)：31-38，1997．
3) 筒井優子，野沢克哉：職業相談に来所するろう学校卒業生に見られる問題 (2)．聴覚障害 52 (4)：26-30，1997．

◆事 例

K氏，男性，20歳代前半．

先天性の感音性難聴で身体障害者手帳3級を所持している．Hろう学校専攻科卒業後，施設入所しながらファストフードチェーン店でアルバイトを2年ほど続けていたが，同僚との関係が悪くなってしまい辞めざるを得なくなる．その後，「パソコンを使った仕事をしたい」と考え求職活動をしていたが自力では上手くいかず，施設職員に勧められてT障害者福祉センター就労支援室に来所した．性格は親和的で，ジーンズの収集などファッションに興味を持っていた．

1）職業評価

職業評価は主に(1)基礎能力，(2)コミュニケーション能力，(3)作業能力，の把握を行った．

（1）基礎能力

言語習得期以前（およそ2〜3歳）に難聴が生じると，日本語の文法・語彙の習得に影響が生じる．K氏の意向でもある「パソコンを使う仕事」には，主として漢字の読み書き能力，文章の意味理解・文章構成能力などを必要とすることがあり，就労支援にあたって「言語能力」の把握が重要な基礎資料となることが多い．K氏は小学2〜3年生程度の漢字の読み書きは困難で，文章作成・理解も短文レベルで困難であった（日本語母語者を基準とした評価が手話を母語とする聴覚障害者の能力全体を反映したものではないので注意されたい）．

（2）コミュニケーション能力

K氏のこれまでの職場，家庭，友人，学校などにおけるコミュニケーション方法を確認した上で，どの方法であればもっとも正確で成立度が高いかを把握していった．K氏のコミュニケーション方法を大きく「発語」「読話（口の動きの読み取り）」「受聴」「筆談」「手話」に分け，以下にその状態を示す．

発語：言語習得期以前に難聴が生じると発語が不明瞭になることがある．K氏は，健常者との会話では積極的に発語を用いているが，不明瞭な為，聞き返しをしなければならないこともある．聞き手が内容を類推でき，かつ短めで簡易であればK氏の発話内容を理解することができるが，複雑な内容であると分かりにくい状態であった．

受聴・読話：K氏の難聴の程度は右90dB，左90dBである．低音部に残存聴力があり左耳に補聴器を装用している．また，音を聞き取る能力と，言葉を聞き分ける能力(語音明瞭度)とは必ずしも一致しないため，聴覚障害の把握のためには，語音明瞭度検査の実施も必要となる．K氏の語音明瞭度(話声・補聴器装用)は50%，読話を併用すると語音明瞭度は高まり65%となった．この65%という値は，補聴器装用と読話を併せて用いれば，簡易な内容の理解が概ね

可能であろうことが予測できる値である．

　読話は相手の口の動きの読み取りをすることで，会話の理解をする補助手段であるが，基本的に読話のみでは会話の理解をすることは困難で，補聴器装用と読話を併せて用いることが効果的である．実際の会話でもK氏は，補聴器装用に併せて読話を用いており，関わり手の配慮（口をやや大きめに開いて話すなど）によって，簡易な内容であれば概ね理解することができた．

　筆談：筆談は日本語の読み書き能力の高い聴覚障害者には正確に情報の伝えあいができる方法であるが，K氏にとっては苦手な方法であった．K氏は，単語を書いてどうにか相手に意図を伝えることはできる状態であったが，苦手意識があるためか筆談を積極的に用いようとはしなかった．また筆談を読み取る「言語能力」も十分とは言えず，文章から知っている単語を読み取り意味を類推していた．

　手話：手話の学習経験が短いためにK氏は必ずしも手話能力が高いわけではないが，手話はろう学校高等部での経験のなかで用いられてきた言葉であり，K氏にとって最も心理的に安心できる方法であった．また，身振りや表情も重要な手がかりとなるコミュニケーション手段であった．

（3）作業能力

　今後の方向性や適職を判断するために，K氏の希望，得意なもの，できそうなものを中心に「自分は何ができるか」を，K氏自身が明確にできるように模擬的な作業課題を行ってもらい，ミスの内容やコミュニケーションの代償手段なども含めて確認していった．作業指示の方法は，「音声」「筆談」「手話」「実演」などが考えられるが，「手話」「実演」による作業指示をしても，基本的な指示の理解を誤る場面が見られた．コミュニケーション態度は協力的であるが，就労支援担当者が誠実にコミュニケーションを行ったとしても，①聞き違い，取り違えをする，②分からないことを伝えられず，分かったふりをする，③最後まで言い終わらないうちに早合点をするといった場面がみられた．作業内容は覚えるまでに時間がかかるものの，一度覚えると正確におこなうことができた．集中力，持久力もあった．

　また，K氏の希望するパソコンを使った課題を行った．数字データ入力や文字入力を数日間行ったが，「パソコンは漢字が分からないので難しい．体を使った仕事をしたい」という気持ちに変化していった．

（4）その他

　無断欠席と遅刻がみられた．ファックス文章の作成や電話の利用が困難なK氏にとっては欠席の連絡をいれることが負担になるようであった．またスエット状の服装で来所していたが，助言をすると翌日変えてくるなど指摘に対しては素直に応じる面がみられた．

2）支援方針・職種選択

　支援方針を決めるために，K氏，就労支援担当者，施設担当者の3者で話し合いを行った．そこで確認されたこととして，①ユーモアのある表現をしたり，冗談を言うなど親和的な性格であること，②コミュニケーションは，補聴器装用と読話を併せて用いることで簡易な内容のやり取りを行うことができること．ただし，発語が不明瞭で，さらに筆談が十分ではないために手話のできない健聴者とのコミュニケーションに制限があることが予想され，複雑な情報をやり取りしなければならない職種については本人の負担になることも考えられること，③職業に対する基礎的な態度（社会的ルールの理解など）を身につけていくことが必要であり，就労支援担当者と施設職員が連携してサポートしていくこと，などを確認した．

　就労支援担当者が取り組む課題としては，K氏は模擬的な作業場面で分からないことが伝えられずに分かったふりをしてしまうことがあるため，コミュニケーション態度やその対処方法について，K氏と確認していくことなどがあがった．

施設職員の課題としては，日常の生活の中で基本的な社会的ルールやマナーの理解についてK氏とともに話し合いを行っていきながら，就労や社会的自立に向けて必要な情報を提供することがあった．具体的には，欠席・遅刻などの場合は，実際にファックスやメールなどの手段を使えるよう支援することや日頃から遅刻などがないように生活習慣を見直すといった，主に生活面の支援をすることになった．

これらの方針を踏まえ，体験実習なども検討課題としてあがったが，K氏から「（実習でなく）仕事をしたい」，「ジーンズに関わる洋品関係の仕事がしたい」という意向があったため，K氏の意思を尊重し求職支援を行っていくことになった．

3）求職支援

職業準備訓練と併行しながら，求職活動を行うことになった．就労支援担当者がハローワークに同行し，K氏の求人票の調べ方などを確認した．検索の仕方を確認すると，求人票の内容を曖昧に理解しており，固定した分野しか調べていないことが分かった．例えば，求人票からK氏の興味の持っている「ジーンズ」という言葉を見つけるが，現実的には通うことが出来ない場所を選択していた．

その他，面接の準備として模擬的な面接を行った．K氏は，部屋に入る時のノックの仕方など一般面接時の注意点から助言が必要であり，特に質問に対して何を答えてよいのか戸惑う場面がみられた．そのため，面接の受け答えについては，①前職の退社理由，②志望動機，③交通手段，④障害の部位，配慮事項，⑤特技，など過度に緊張しないよう主なポイントを明確にしたかたちで練習を行った．また面接には，手話を主なコミュニケーション手段としているK氏にとっては手話通訳が必要なため，会社側の承諾を得たうえで，K氏の最も信頼している施設担当者が通訳として同行した．

数社の面接の結果，K氏が興味を持っている洋品店の商品管理部門に採用となった．会社側から了承を得て，仕事の内容を覚えるまで施設職員が同行し，環境整備とともに情報保障を行った．洋品店の商品管理を主とした仕事で職務内容も比較的単純な作業なため，主な内容は数日で理解できた．また当初，K氏以外は障害のある職員はおらず，普段の何気ない同僚との会話に入りにくいといった面もあったが，ユーモアのある親和的な性格が幸いして，職場の仲間の輪のなかに入ることができた．現在，採用から2年が経つが，同僚とも良い関係を保っている．

4）まとめ

コミュニケーションは話し手と聞き手の両者の相互作用によって成り立っている．聴覚障害はコミュニケーションの障害，情報障害であると表現されることも多いが，外見では障害が分からず，会話が間違いなく了解されているか，誤解されているかが分かりにくいため，見えない障害であると言われている．模擬的な作業課題を通じてコミュニケーション手段や態度を確認し，実際の就労場面で注意する点としてK氏と就労支援者が共有したことは良かったと思う．

また，一口に聴覚障害といっても，その原因となっている障害部位によって，聞こえ方や補聴器の効果が異なる．K氏は残存聴力を活用した補聴器装用と読話を併せて用いることによって，簡易な内容であれば同僚が話していることの理解が可能である．また発語も不明瞭ながら，簡易なやりとりが可能であったことは職場での人間関係にプラスになったと思われる．K氏がもっとも楽に安心して使えるコミュニケーション方法である手話や視覚的な情報保障が，必ずしも職場で十分に保障されているわけではないが，K氏の親和的な性格が幸いし，職場の仲間の輪のなかに入ることができたことが職場定着の大きな要因だと思われる．

第2節　肢体不自由

1. 脳性麻痺

1）脳性麻痺とは

厚生省脳性麻痺研究会（1969）によると，「脳性麻痺（Cerebral Palsy：CP）とは，受胎から新生児期（生後4週間）までに生じた脳の非進行性病変に基づく，永続的な，しかし変化しうる運動および姿勢の異常である．その症状は，満2歳までに出現する．進行性疾患や一過性運動障害，又は将来正常化するであろうと思われる運動発達遅延は除く」と定義されている．

麻痺には四肢および体幹麻痺，三肢麻痺，対麻痺，片麻痺があり，麻痺の型としては痙直型，アテトーゼ（不随意）型，強剛型，失調型，無緊張型および混合型などに分類される．そのうち最も多いのは痙直型とアテトーゼ型であるが，いずれの型にも共通している機能障害は，様々な程度の随意運動の障害である．さらに麻痺の程度は，四肢麻痺であっても上肢と下肢，右側と左側で異なるタイプが殆どであり，動作は正常パターンに近いものから原始反射や異常な筋緊張に支配されたものまで実に様々であり[1]，動作遂行上の大きな障害となる．

言い換えれば，脳性麻痺は疾患単位ではなく，運動障害を主症状とする症候群あるいは状態像ととらえるべきであろう．そしてその症候群としては，①運動や姿勢の永続的な障害であり，②運動や姿勢障害の病変が脳にあること，③脳の病変が生じた時期は脳の発育期であるということ，④脳の病変を起こした原因は問わないが，病変は非進行性になっていること，の4条件が必要条件とされる[2]．図1は脳性麻痺の発達過程[3]を示しているが，原疾患による症状の他に生じる変形や拘縮などの様々な二次的な症状もまた，成長後の社会生活上の大きな障害となるのが特徴である．

2）脳性麻痺の評価と職業生活への準備，復職への指針

脳性麻痺はいわゆる先天性の疾患であることから，現在では早期発見と早期治療が叫ばれ，新生児の段階からの治療や評価・訓練が常識となっている．障害児に対する機能障害レベルの評価として，内外では種々の検査法が開発され普及しているが，現在わが国では主に，GesellやWennerさらにMilani-Comparetti等の発達評価，円城寺式乳幼児分析的発達検査，津守式乳幼児精神発達検査，Jean Ayersによる南カリフォルニア大式知覚バッテリー，その他が用いられている．

身体障害者手帳の認定に際して，脳性麻痺は脳原性全身性運動機能障害（上下肢不随意運動）として等級判定がなされるが，我が国の2001年の身体障害児・者実態調査[4]によれば，全国で約80,000人に交付されている．

さらに脳性麻痺のような発達障害においては，成長発達の途上にある機能障害による後々の日常生活活動（Activities of Daily Living：ADL）の障害が大きな問題となる．特に学齢期になると，生活の中で中心となるのは学校生活であり，いきおい日常生活活動の評価と課題の克服，さらには問題解決のための人的・物的な環境調整等が重要となってくる．評価としては，いわゆる身辺活動の自立度を調べるADLテストや，さらに応用動作として，家事の遂行力，買い物や公共施設の利用，交通機関の利用などを含めた手段としてのADL（Instrumental ADL：IADL）の中で，独力で出来ることと手助けを必要とする活動とを明らかにしなければならない．

学校生活の後には，職業生活を含めた社会生活への移行と役割遂行が問題であり，そこでは成育過程での経験不足などから，ADLの自立度の他にいわゆる社会性の発達障害による対人関係スキルの障害が顕在化することもあり，職業リハビリテーションの上から特に問題となることが多い．学校生活から職業生活への移行の問題については，本書の第2章第5節で詳述されているが，養護学校教員と保健医療スタッフ，職業リハビリテーション専門職とのさらなる連携が必要とされよう．

現在，わが国における脳性麻痺者の就業率は20%以下[5]であり，極めて困難な状況にあると言える．個々に応じた適切な方法により作業能力を評価し，職場の環境を整備する中で，彼らがその能力に応じた就労の場に参加できるよう社会全体で取り組むべきである．

文　献

1) 鎌倉矩子・編：ADLとその周辺―評価・指導・介護の実際．医学書院，1994，p183．
2) 北原　佶：脳性麻痺の不随意運動．総合リハビリテーション 25：221．1997．
3) 宮崎明美：作業療法からみた脳性麻痺．作業療法ジャーナル 28：1105．1994．
4) http://www.mhlw.go.jp/houdou/2002/08/h0808-2b.html
5) 上田　敏：標準リハビリテーション医学．医学書院，1986，p251．

◆事　例

Aさん，女性，20歳代前半，肢体不自由養護学校卒業．

診断名：脳性麻痺．

職歴：卒業後，自立促進のための支援事業を利用．地域の障害者センターに通所して半年となるが，現在休みがちとなっている．

障害：中等度の片麻痺の障害を有する他に，構音障害があり単音の発声が困難．口腔周辺の随意性に欠け摂食障害あり．活動に集中すると流涎がみられる．

生活歴：12年間の学校生活では同年代の集団に所属し育つ．麻痺側の運動制限に対し健側を器用に使い作業場面への意欲的な参加や片手での実用的な動作が行え，周囲の励ましに応えようと頑張る生徒であった．長時間の座位での活動に際しては疲労しやすく腰などの痛みを訴えた．ADLに関しては食事介助以外は部分介助で自立．トイレに手すりがあれば介助者にサインで適切に援助内容を頼めたり，着衣を毎朝自分で選択し整容やおしゃれにも関心をもつことができる．移動時は介助者との手つなぎやPCW歩行器の使用でほぼ室内は自立．家庭と施設の往復には電動車椅子が使用でき，母がつきそって往復の道路を現在練習中．コミュニケーションや対人関係においては，言語表出ができないがサイン・表情・指文字などを使いその場で自分の思いをほぼ伝えることができ，親しい介助者とは問題なくやりとりができる．現在の通所施設では同年代の職員とは話が合うが，年代の違う利用者とは話題がなく緊張してしまう．しかし大抵は好きな男性アイドル歌手のCDや写真をアピールすることで，他者との共通の話題に盛り上がれる．

支援の経過：学生時代は友達や教員の冗談を理解しリアクションがとれ周囲から好感をもたれるタイプの生徒であった．進路先にひきつぐ内容としては，口腔周辺の機能障害による語音の発声困難な点と摂食・垂涎の問題について申し送りを行った．また社会参加にむけて「携帯用会話補助装置」と福祉制度の利用，電動車椅子の道路走行時の「呼び鈴」の設置，二次障害予防の「セルフ体操」について本人や施設の指導員へ紹介し，将来的ニーズの共有を図った．進路先決定にあたっては自力通所できる距離や，職員の配置（1対1），自立支援に向けたプログラムがあるということで，Aさんの元来の活動性も維持でき更に世界が広がるものと期待された．実際に通所先では家庭との連絡も細やかで課題に応じた作業や地域の社会資源の情報

提供もありAさんを積極的に迎えてくれている．しかし，通所者の集団の年齢層が大幅に高く，養護学校時代と比較すると所属集団の変化はAさんにとって戸惑いが大きかったものと想像する．卒業後1カ月もたたないうちに通所日数は減り，夏には家庭での強い促しを必要とすることとなり，担任教員と自立活動担当教員が自宅を訪ね本人からの聞きとりを行った．その中には，やはり「年代が違う利用者とうまくいかない」「学校を卒業したのだから賃金をもらえる活動をしたい」「自分でお金を使いたい」ということを本人はサインで訴えた．

考察：身体障害やその他を合併する脳性麻痺児の進路選択肢は大変少ないのが現実である．Aさんの場合は将来的な就労に向けた前段階として地域で準備期間を過ごすことが適切と考えられた．進路指導としては，家庭と相談しながら本人を中心に全体図を客観的に捉え実習も行い本人の意思を尊重し決定するプロセスをとる．しかし卒業し社会に出てはじめてAさんのように「現実感をもてる」場合もある．学齢期を超えてすぐに地域の生活者となる事に伴う自分の役割の変化や価値観の転換は彼等にとってそう簡単なものではないだろう．外の世界に出てはじめて自分の意思に気づく場合もある．生活技術の獲得，作業活動の技術向上，対人関係スキルなど現実的課題は常に伴うものであるが，地域の中で能動的な生活者になっていくには「自分はこうしたい」意思の所在は大事であり，それは「このように生きたい」という意欲にもつながる動機であると感ずる．「卒業」を完成であると勘違いせず生徒達はあくまでも発達途上にある青年達であることを自覚していきたい．Aさんが自分の生活の見直しをする過程を見守り情報を再度提供していくことも進路指導である．現在，足踏みしているAさんが気がかりな反面，在学中とはまた違った成長を感じさせてくれた事例であった．

2. 脳血管障害（脳卒中）

1）脳血管障害とは

わが国の脳血管障害者は全国に34万1,000人（2001年）で，身体障害者の原因別疾患としては，心臓疾患（11.1%）に次いで多く，約10.5%を占めている．ちなみに第3位は骨関節疾患の8.7%である[1]．

脳血管障害（CerebroVascular Disease：CVD）とは，脳血管に病理学的な変化を持つ疾患や脳血管の虚血あるいは出血により脳に影響の及ぶ全ての疾患を包含する．特に急激に発症する脳の局所神経徴候を主体とした症候群は脳血管発作（Cerebro Vasculaer Accident：CVA）と呼ばれるが，ほぼ同意語である[2,3]．また，通常よく使われている脳卒中（Stroke）とは，脳の急激な循環障害のために起こる症状の総称であり，いわば症候群である．語源的にも卒中とは「卒然としてあたる」ことであり，急激に起こる意識障害を伴った運動麻痺とその他，感覚・知覚麻痺等の神経徴候を示す発作を意味する．

厚生省循環器委託研究班による分類[4]では，虚血群（脳梗塞）と出血群（頭蓋内出血）に分けられ，その他として一過性脳虚血発作，慢性脳循環不全症，高血圧脳症が含まれている．

2）脳血管障害の評価と職業生活への準備，復職への指針

脳血管障害の障害とその程度は，病巣部位と広がりによるが，右大脳半球の損傷では左半身の運動麻痺（左片麻痺）が生じる（左の脳損傷では逆に右片麻痺）．その他に感覚・知覚障害，高次脳機能障害，知的機能障害や感情・情動などに様々な障害が現れるが，特に脳卒中の多くは基礎疾患として高血圧，心疾患，糖尿病などの合併症があることが多く，評価にあたっては障害状況を全般にわたって把握することが重要となる．

評価に際しては，まず運動機能障害に関して麻痺の程度とその予後判定が行われる．ここではブルンストローム回復段階や片麻痺機能テスト[5]とその他，関節可動域テストや主に健側を主とした徒手筋力テストなどが医療職によって行われる．

さらに動作や作業能力の評価としては，簡易上肢機能検査（STEF）や脳卒中上肢機能検査（Manual Function Test：MFT）が作業療法士らによって行われるが，動作や作業の遂行を評価する場合は，運動機能の他に，感覚・知覚機能や知的機能，認知機能なども併せて検査される．特に近年，問題が顕在化している高次脳機能障害については次節に詳述する．

表1は，急性期から回復期までの流れを示すものであるが，機能回復訓練と併行して，ADLやIADLの評価と訓練が重要であり，その結果が後の職業復帰への可能性を支配すると言っても過言ではない．職業生活に向けての評価のポイントは，麻痺の回復程度よりもむしろ健側や残された機能を把握して，その活用方法を探ることにある．基本となる体力や心身の耐久性，仕事への意欲，作業習慣，対人処理能力などを正確に評価することが必要であり，また通勤と関連した公共の交通機関の利用の可否も現実的なレベルで評価する必要が生じる．また車の運転は行動半径を拡げ，アクセスを可能にすることから，現在は積極的に進める方向にある．

今後は，国の医療経済政策によるさらなる入院期間の短縮によって，急性期の病院においてIADLや職場復帰までの評価や訓練を期待することは難しく，回復期病棟やその他リハビリテーション施設との役割分化と連携が一層必要となろう[6]．

3) 脳血管障害者の雇用上の留意点

脳血管障害の場合，復職に際して一番問題とされているのは再発の危険性についてである．しかし一般には，高血圧や糖尿病などの基礎疾患やリスク因子がきちんと管理されていれば問題はない．とはいえ，過度な心身へのストレスは避けるべきであり，過労を避け無理をしないことが基本となる．仕事の場面では，麻痺側の患手を使うよりも，むしろ残された健常な機能を活用することで，作業が可能となり，また当事者にとってもその方が無理なく仕事を継続できるようである．公共の交通機関が利用できない場合には，家族（多くの場合は妻）が車での送迎を行ったり，職場の近くにアパートを借りたり転居する者もいる．もちろん本人自身が車を運転できるならば，復職に向けて条件が有利となる．

いずれにせよ脳血管障害の就労は，運動機能障害の程度よりも，どちらかと言えば状況判断や統合力などの高次脳機能や環境的な要因に左右されると言えよう．

文　献

1) 厚生労働省HP　http://www.mhlw.go.jp/houdou/2002/08/h0808-2b.html
2) 福本安甫：リハビリテーション解説辞典．中央法規出版，1988，pp423-425．
3) 森山早苗：脳卒中と頭部外傷・作業療法の実際，作業療法学全書　改訂第2版．協同医書出版社，1999，pp55-56．
4) 平井俊策：日本と米国における分類ならびに診断基準の比較，Geriatric Medicine 32：385-391，1994．
5) 上田　敏：目で見るリハビリテーション医学，第2版．東京大学出版会，1994，p45．
6) 藤田早苗，長嶺枝里子，下角祐美子，菊池恵美子：脳血管障害者の復職支援と院内作業療法士の役割，職業リハビリテーション17：55-62，2004．

◆事　例

Tさん，男性，50歳代後半，大学卒．

診断名：左被殻出血による右片麻痺，運動性失語

職歴：公務員として，K省に勤務．T病院事務部長を最後に2004年3月退職．同4月より

K県医療法人事務部長として再就職をする.

病歴・生活歴等：都内マンションに妻・娘の三人暮らし.長男は都内に住む.以前より肥満・高血圧を指摘され内服治療をしていた.2004年6月出張先（関西）にて会議中,「呂律が回らない.右上下肢の動きが悪い」ことに同僚が気づき,M病院に搬送.左被殻出血と診断され緊急入院となる.保存療法にて3日目より,リハビリテーション（以下リハと略す）PTを開始.都内でのリハを家族が希望し,発症14日目に当院リハ科に飛行機を利用し,車椅子搬送にて転院となる.

支援の経過：

【初期評価】

・心身機能：患側Br-ステージ・上肢Ⅳ,手指Ⅱ,下肢Ⅵ.麻痺側での握力・ピンチ不可.僅かに立位バランス能力の低下を認める・右手指の表在性感覚鈍麻・知的レベルの低下（コース立方体）65点・中等度の運動性失語を認める.

・活動：ADL能力（バーテル）75点.入浴・階段昇降・歩行に介助を要するが,その他は自立.

まとめ：下肢機能に比べ上肢機能が感覚ともに悪く,右手指の随意性がないことを症例は嘆く.家族関係は良好.家族のニード・リハゴール：職場復帰（症例は消極的であった）.

【訓練プログラム】

・病棟で歩行を含めた環境調整を行い,ADL動作訓練を行う：ベッドの高さを調整・トイレへのつかまり歩行が可能なように動線を確保する・排尿排便が自分でできるように手すりに身体をあずけて,非麻痺側でパンツを上げ下げする動作の指導を行い,病棟・訓練室の移動も監視歩行とした.

・右上肢手指のファシリテーション・利き手交換を行うとともに,ADL動作時には右手指を茶碗に添える・パンツを上げ下げするときなどに必ず麻痺側を使うように指導する.

・入院2週間後には公共乗り物（バス・電車）を使用した外泊訓練を実施し,自宅浴槽での入浴動作指導を行い,全てのADL動作が自立した.毎週毎に試験外泊を繰り返し,入院4週間後に退院となり週2回の通院とした.

〔再評価〕

・心身機能：右上肢・手指Br-ステージⅥ.握力：右13kg,左35kg.

ピンチ力：右2.5kg,左5kg.STEF：右47,左98.感覚はほぼ正常となる.

知的レベル95点.言語能力：日常会話は問題ないが複雑な文章の理解・表出は困難である.

【自宅でのプログラム】知的レベルの向上・右手指の巧緻性向上を目的に自宅でのプログラム（ピアノの練習・パソコン操作を両手で行うなど）を指導した.

発症から4カ月後,本部（都内）への配置転換となり,職場復帰を果たした.言語機能や知的レベルの低下はあるが,職場に戻り徐々に改善を示している.職場環境と自分の能力のギャップに悩み「うつ」傾向になることも予測されたが,適切な家族対応により問題は生じていない.

考察：急性期病院リハでの課題は症例の身体機能を評価し予後予測を的確に判断し,ゴール設定をすることである.

表11.3は,当院でリハを実施した脳血管障害患者の職場復帰の調査結果で,身体機能と職種を示す[1].職場復帰が可能な条件をみると,全ての症例の下肢能力は自立歩行可能であった.また,廃用手・装具使用で杖歩行レベルで復職した職種のサービス販売は,全て自営業であった.これらの結果より,M氏は短期間での歩行能力の獲得が予測され管理運営の事務仕事であったため,職場復帰が可能と予測された.

早期より職場復帰を想定した歩行の安定を図り,自主トレを含み就労時間に合わせて徐々に訓練時間を延長し,体力の向上,上肢機能の改善を図った.職場復帰をゴールに身体機能の改善に応じて,随時訓練プログラムを変更して対応したことが症例の復職への意欲にも繋がった

表11.3 職場復帰した症例の身体機能と職種

職種＼下肢機能	装具なし	装具装着	装具装着・杖歩行
専門技術		■	△
管理経営	○●● □□ △	△▲	△△
事務	○○○○●●●● □□ △	▲	△
サービス 販売	○○○○ □□	△	△△▲
運輸	●		
技能 労務	○○○○○● □□■		
保安	○		

○は実用手，□は補助手，△は廃用手を示す．
黒塗りは失語・半側無視などの高次脳機能障害を呈した症例を示す．

と考える．

文 献

1) 深川明世，今関早苗，岩崎真由美，田中宏太佳：東京労災病院におけるCVA患者の職場復帰状況，労働福祉事業団医学研究結果報告書（リハビリテーション抄録）．1995. pp178-180.

3. 高次脳機能障害

高次脳機能障害支援モデル事業では「高次脳機能障害とは，頭部外傷．脳血管障害等による脳損傷の後遺症として記憶障害，注意障害，遂行機能障害，社会的行動障害などの認知障害が生じ，これに起因して，日常生活・社会生活への適応が困難となる障害である．」と行政的に定義された．これにより失行，失認，失語などの巣症状は主として脳血管障害の随伴症状として取り扱われることになるので，ここでは説明しない．

1）障害特性

記憶障害としては「新しい知識が覚えられない」という意味記憶の障害や，「さっき言ったりやったりしたことがあいまいになる」というエピソード記憶の障害，「約束や予定を忘れている」という展望記憶の障害がみられる．しかし，興味関心のあることは覚えていたり，繰り返し体で覚える手続き記憶は残っていることが多く，また，以前獲得した知識は比較的残存している場合が多い．

注意障害としては「ぼーとしている」，「ひとつのことが続けられない」，「気が散りやすい」，「2つのことを同時にしようとすると混乱する」など注意の覚醒，持続，集中，配分，転換に障害がみられる．ひとつのことならミスなくできるのに，複数のことをやろうとしたり，判断しながら処理しようとするとケアレスミスが頻発しやすい．

遂行機能障害としては「仕事の優先順位がつけられない」,「行動の計画が立てられない」,「手当たり次第にやってしまう」,「効率のよい方法が選べない」,「やり方が途中で変わってしまう」など行動の目標を決め,計画し,効率よく課題を解決することや,開始した行動をモニターし,コントロールしながら目的を達成することが難しくなる.

社会的行動障害としては「すぐ他人を頼り,子供っぽくなる」という依存性・退行や「無制限に食べたりお金を使ったりする」欲求コントロールの低下,「すぐ笑ったり怒ったりする,感情を爆発させる」感情コントロールの低下,「相手の立場や気持ちを思いやることができず,良い人間関係が作れない」対人技能拙劣,固執性,意欲・発動性の低下,抑うつなどがみられる.

また,「自分が障害をもっていることに対する認識がうまくできない,障害がないかのようにふるまったり,言ったりする」という病識欠落が高次脳機能障害を特徴づけている.

2) 職業上の課題

高次脳機能障害者の職業上の課題は,一見仕事ができそうだが,部分的な処理はできても判断が不適切だったり,日によってむらがあったり,仕事の手順が変わってしまったりして仕事を任せられないというように,「見かけ」と「実際」にできることのギャップが大きい.また,人間関係がうまくいかずに離職に至る場合もある.これらは職務遂行上の課題と適応上の課題に大別することができる.

(1) 職務遂行上の課題

職務を遂行する上でよくみられるのは,「ひとつずつ手順を追うような確認作業は比較的できても,ふたつ以上の事柄に注意を向けたり,速度を求められたりするとミスが発生しやすい」,「指示の理解が不十分だったり,忘れてしまう,自分勝手に思い込んで勝手に作業をすすめてしまうなどで指示通りの作業ができない」,「処理速度が遅く,速度が要求されるとついていけなかったり,正確な作業ができなくなる」,「耐久性や集中力に欠け,作業にむらがでたり,仕上がりを気にせず,ていねいな作業ができない」,などである.

また,単純な工程の繰り返し作業,順次の確認を要する作業,判断を伴う作業など,作業の特性や難易度別に職務の遂行レベルを把握しておく.

(2) 適応上の課題

うまくできないことがあると機械や相手のせいにするなどの責任転嫁をする,自分に合わないと仕事を簡単に投げ出してしまう,ミスをした時に言い訳ばかりする,逆に分かっていなくても「はい」と返事だけしてその場をやり過ごす,自分のやり方を主張して周囲のアドバイスに耳を傾けることができないなどの行動は職場の同僚からうんざりされる.報告する,指示を仰いで仕事をするというような職場での基本的な行動がとれない場合も問題であるが,何よりも職場で感情爆発を起こすと離職につながりかねない.

①職場ルールの遵守,②作業意欲・態度,③質問・報告の仕方,④他者との協調,⑤感情の安定や抑制,⑥不適切な言動,⑦指示・注意の受け方,⑧作業中の抑制,の8つの側面について,就労する場合に適応上の課題となりそうなことがらを見極めておく.

3) 対処のノウハウ

対処には高次脳機能障害者本人に働きかけ,自覚を促し,対処方法を身につけてもらうという側面と,仕事がうまく遂行できるように環境を調整するという2つの側面がある.環境を調整する場合には構造化,情報や作業量の限定,人的な支援の活用について検討する.しかし最終的には過去のプライドに振り回されることなく,今の自分ができることと難しくなっていることを理解し,自分に合った仕事を選択することができるかどうかが決め手になる.具体的な

対処法のいくつかを述べる.

①多かれ少なかれ記憶に障害が見られるので，指示されたことはメモにとること，メモを確認して仕事をすることを習慣化することが重要である．記憶障害の認識が乏しい場合には失敗をした直後に繰り返してフィードバックし，自分の障害が理解できるように働きかける．また，表示プレートのように目印になるものを置くなど環境の側を分かりやすく調整することも有効である．

②ミスに対しては確認の方法を身につけるようにする，予め注意すべき点を書き出しておいて意識しながら作業するなどの方法を習慣化する．

③効率よく作業が進められなかったり，混乱してしまったりする場合には，手順を明確にし，フローを図示して，手順書に沿って作業を進めることを習慣化する．また，自分の能力を超えるような作業や判断に迷うような場合には手助けを依頼できるようにする．

④適応上の課題となりそうな言動に対しては，実際の場面でその都度フィードバックし，とるべき行動を具体的に教え，自分の行動を管理して適切な行動がとれるようにする．

文 献

1) 加藤 朗：第6章就労支援の実際．脳外傷者の社会生活を支援するリハビリテーション，中央法規出版，1999，pp123-146.
2) 高次脳機能障害支援モデル事業報告書—平成13年度～15年度のまとめ—：国立身体障害者リハビリテーションセンター，2004.
3) 長谷川真也：職業訓練の手引き．脳外傷者の社会生活を支援するリハビリテーション 実践編 事例で学ぶ支援のノウハウ．2003，pp254-265.
4) 松田妙子：第8章職能訓練．高次脳機能障害データベース報告書，名古屋市総合リハビリテーション事業団，2004，pp115-122.

◆事 例（1）

Aさん，女性，30歳代前半，商業高校卒業，精神保健福祉手帳3級.

診断名：頭部外傷（脳挫傷，びまん性軸索損傷）による高次脳機能障害.

身体障害なし．記憶障害（三宅式記銘力検査 有関係2-3-2，無関係0-0-0），注意障害（かなひろいテスト ミス率42.6%），遂行機能障害，社会的行動障害（対人技能拙劣・退行・感情のコントロールの低下），知的機能の低下（WAIS-R VIQ69，PIQ61，FIQ63）.

職歴：高校卒業後，事務員として7年間勤務．事故後1年半休職して復職するが，ミスの増加や処理速度の低下，対人関係が上手くいかないことなどから，復職後4年で離職.

病歴：信号を無視して横断歩道で自動車にはねられ受傷．意識障害2カ月．救急病院に搬送され，保存的治療を受け，リハ病院へ転院．1年後退院し，その後2年間通院治療．事故後約6年経ち，当事者団体を通じてリハビリセンターを紹介され，附属病院に通院.

支援の経過：

(1) 障害認識の促進と補償行動の獲得のための訓練（自覚を促し対処方法を身につける）

リハビリセンターにおいて医学的診断・評価を行い，職業評価・準備訓練を実施した．当初は障害に対する認識はほとんどなく，「事務の仕事をやりたい」との気持ちが先走っていた．また，ミスをした時の言い訳や自己弁護・他者非難，幼稚な言動が数多く見られていた．そこで，希望する業務に近い形で課題を設定し，ミスが出た場合や不適切な言動があった場合は，すぐにフィードバックして記録に残し，本人が自覚し改善できるように働きかけた．その結果，周囲のアドバイスを聞き入れるようになり，十分とはいえないまでも，手順書などの活用や可能な業務を選択することができるようになった．同時に，不適切な言動も減少し，指摘

されれば自分の非を認められるようになった．
　　(2) 職場の環境調整（職場の環境を調整する）

　職場に障害特性を説明した上で，B事業所（小物自動車部品製造会社）に雇用となった．仕事は「機械操作や部品の補充」で簡易であったが，徐々に職場内で対人関係のトラブルが出てくるようになり，結局，1年後に経営上の理由と相まって離職することになった．

　その後，対人面での課題の改善を目標に小規模作業所へ通いながら，公共職業安定所（ハローワーク）と協力して求職活動行うことになった．また，職場での支援を有効に行うため，地域障害者職業センターのジョブコーチ支援事業を利用していくことにした．ジョブコーチ支援では，障害特性を踏まえ，①業務内容を紙とプラスチックの分別に限定，②一日の流れや業務内容の定型化と簡素化，③手順書やマニュアルの作成，④担当者の配置及び指示の統一と明確化，⑤作業場や物の置き場の固定と明示，⑥業務日報の義務づけ等，様々な支援を行った．何より重要だったのは，本人の相談に即応じて，職場に理解を求めることであった．本人には，人から言われたことを自分の都合の良いように解釈したり，自分で何でも出来ると思ってしまったりするような認識のズレが生ずるので，現実をフィードバックしていった．また，相談ノートを活用することで，同じ相談を様々な人にすることを極力抑えた．職場への理解促進では，「見た目」と「出来ること」のギャップが大きいため，現場で起こった事柄を通じて理解を深めた．実習から3カ月でC事業所（写真製作会社）へ雇用となり，現在は1～2カ月に一回のフォローアップで安定した就労を継続している．

　考察：本事例が安定就労に至った要因は，①障害認識の促進と補償行動の獲得のための訓練，②職場の環境調整，③職場内での継続的な支援，④他機関との連携，であった．高次脳機能障害者は，「見た目」と「出来ること」のギャップが大きく，「本人の障害認識」と「職場の理解」が重要な鍵となる．加えて，「重篤な認知障害」並びに「指摘されれば気がつくといった障害認識」のレベルにおいては，「職場内での継続的な支援」が求められる．

◆事　例（2）

　Cさん，男性，50歳代前半，大学卒．
　診断名：大脳動脈瘤術後脳梗塞．
　職歴：会社管理職（主に業務管理）．
　現病歴：1994年12月右中大脳動脈瘤破裂し，K病院にて動脈瘤除去術施行，術後脳梗塞発症．翌年5月未破裂左動脈瘤除去術施行．同年8月I病院入院．CT所見では，左頭頂葉，右前頭―頭頂―後頭葉に体吸収域＋．麻痺－．神経心理学的所見では，WAIS-R；VIQ107，PIQスケールアウト，Kohs立方体テストは不可能だった．標準高次動作性検査では，「視知覚の基本機能」「視空間認知と操作」に障害が認められた．具体的には，読みの著しい改行困難，複数のものを同時に見ることができず，バリント症候群であると考えられた．このほか，左半側無視，構成障害，書字障害等も認められた．

　生活歴：性格は穏やかで，対人技能も良好で，誰とでも親しく対応した．日常生活では，食事は食器の中から食べ物を箸でつかめない，洗濯は，洗濯ばさみで洗濯物が挟めない，ハンガーに掛けられない，顕著な着衣障害等がみられた．スケジュール管理は，カレンダーやスケジュール表が読めないことや，時計の長短針を同時に見ることができず，予定を頻繁に間違えた．部下によれば，仕事内容について意志決定も曖昧で，本来の精細な返答が得られないとのことであった．

　支援の経過：まず職場と連絡を取り，休職期間，仕事内容の聞き取りを本人も含め行った．キーパーソンは本人の同僚で，見舞いも頻繁で連絡が取りやすかった．「見かけでは分からないが，読み書き・計算等に障害があること」を

逐次説明した．作業療法では，①ワープロで書類作成が可能になること，②電話応対ができること，③計算や書字が可能になること，に焦点をあてた．同時に視知覚の基本機能の改善を目的に，追試訓練を行った．また，計算や書字は紙面が広いと対照を全体的に捉えられないので，紙面を小さくした．さらに仕事で必要であるワープロを導入したが，キー操作の誤り，画面の位置が探せない，改行困難などがみられた．改行困難に対して，一行のみ見えるスリット自助具を厚紙で作成した．最初は一行打つのに1時間以上有していたが，40分で25行可能となった．本人は復職に際しては楽観的で，戻りさえすればうまくできると思っていた．18カ月の訓練の後，復帰に際しては実務上多くの問題を残していた．そこで，退院後障害者職業総合センターで職業講習を受講する運びとなり，病院での評価結果と介入内容を報告した．

職業リハビリテーション：センターでは，職業評価が行われ，事業所を訪問し職務調査が実施された．その結果，本例の視覚性注意障害に対する歩除す弾が検討された．作業指導は，①印刷された文章の読み，②ディスプレイの文章の読み，③キーボード操作，④表の読み，これらの援助が計画された．①では，行の追視を助ける書見台が作成され，②ではディスプレイを小さくする，変換候補の文字を赤にする，マクロ機能を追加するなどで見やすくなり，読みの誤りが大幅に軽減された．③キーボード操作は括弧，矢印などの方向の判断が困難だったので，文字シールが貼られた．④表の読みはカレンダーを用いて「先々週」など言語的手がかりを追記し，書見台の上で定規を当てながら指で行を追従する手順が取られた．これらのストラテジーは職場で直接利用できるものであり，本例の作業への負担感を軽減させ，有効なparticipationを促した．

考察：本事例は，医療リハ機関から職業リハ機関へ移行し適切な援助が受けられた事例であると思われる．医療機関では高次脳機能障害の機能的レベルの介入を行い，日常生活の問題は見られなくなった．しかし，職場復帰に際しては種々の問題が残されていた．職業リハ機関で職務調査がなされ，代償手段の利用と環境調査が適切に行われた．クライエントの有効なparticipationを促すためには，医療機関は連携機関に具体的かつ詳細な情報を提供すること，事業所や家族から情報収集を十分に行うこと，クライエント（および家族）と事業所のサポートを十分配慮することなどが重要であると思われる．

文　献
1) 後藤祐之，高瀬建一，篠倉直子，他：視空間性知覚障害（バリント症候群）を有する脳血管障害者への作業指導の試み．職業リハビリテーション 11：9-15, 1998.

4. 脊髄損傷

1) 障害の特性について

ここでは，脊髄損傷の中でも特に障害が重い頸髄損傷者が，職業に就くにあたって課題となる基本的症状と合併症の主なものについて記す．

(1) 基本的症状について

①運動麻痺：損傷レベル以下の上肢・体幹・下肢の運動機能が障害され，物品の把握，物の操作，寝返り，起き上がり，座位保持，立位保持，歩行など日常生活や職業生活に必要な動作が困難あるいは不可能となる．そのため，動作の工夫，自助具，補装具，車いすの利用などを検討し，移動や移乗を含めた日常生活に必要な動作のみならず，事務作業やOA機器の操作に必要な動作など，可能な動作をできるだけ多く獲得する必要がある．そして耐久性を身につけるとともに，外出手段を獲得することが社会に出る第一歩となる．

②感覚麻痺：損傷レベル以下の上肢・体幹・下肢の触れた感じ，熱い，冷たい，痛いなどの

感覚が障害され，鈍くなるかまったく感じなくなる．逆に過敏になる場合や，しびれ感やしめつけ感などの異常感覚を生じる場合もある．感覚の障害は，傷や火傷を引き起こす要因となり，血行障害は褥創の原因ともなる．また異常感覚は，抑うつ感やイライラ感など情緒面にも影響を与えることが多い．そのためこれら感覚麻痺に対して，生活上さまざまな注意と工夫が必要となる．

③排泄障害：尿意や便意が消失したり，通常の方法での排尿や排便が困難となる．排尿方法には，自己導尿（一定間隔で自分で尿道にカテーテルを入れて排尿する），叩打（腹圧と下腹部をたたいて排尿する），留置カテーテル（常時尿道にカテーテルを入れておいて排尿する），膀胱瘻（経皮的に直接膀胱にカテーテルを入れておいて排尿する）などがあるが，可能な限り自己導尿や収尿器の併用を考え，自分で処理可能な方法を獲得することが重要である．車いす上あるいは便座上での自己導尿の手技，カテーテルの消毒など衛生面の管理方法や尿の処理方法の獲得，そしておのおのを行う場所の確保ができて初めて排尿が単独で可能となる．

排便については，通常便秘傾向になるが，内服薬や坐薬を利用し，自然排便か自己摘便で2〜3日に一度，一定の時間に排便できるようにコントロールする必要がある．この排尿，排便のコントロールが可能になるかどうかが，単独外出の可能性の鍵を握っているといっても過言ではない．

④自律神経障害：代表的なものとして，起立性低血圧，体温調節障害などがある．起立性低血圧は，急に起きたり，長時間起きていると気分が悪くなり，冷や汗，動悸などの症状を呈するものであり，そのため腹圧帯の利用や頭の位置を低く保持しながらの休息などの工夫が必要となる．

体温調節障害は，顔など体の一部にしか汗をかくことができず，発汗を利用しての体温調節が困難となり，体内に熱がたまった状態（うつ熱）となる．そのため室温調節や氷などで直接頸部や後頭部を冷やすなどの対策が必要となる．逆に寒いときなどは，筋収縮が少ないなど活動性が低いため，外気の影響を受けやすく，室温調節だけでなく衣服などでの調節が通常よりも必要となる．

その他に，消化管の運動が悪くなり便秘傾向となる消化管機能障害，尿や便が充満すると異常な発汗や頭痛，血圧の上昇，徐脈，顔面の紅潮などの症状を呈する自律神経過反射（これは，通常の尿意や便意の代わりのサインとなり代償尿意や代償便意として排泄に利用可能となりうる症状でもある）などがある．これらの自律神経障害は，座位耐久性や体力，作業耐久性に大きな影響を及ぼす．

(2) 合併症について

合併症の主なものは，褥創，関節拘縮，異所性骨化（本来骨のないところに骨組織ができてしまう状態で，関節周囲特に股関節に発症しやすい），骨萎縮，尿路感染症などがあげられる．このなかで特に注意しなければいけないのは，褥創と尿路感染症である．褥創の好発部位は，仙骨部，坐骨部，大転子部，踵部などであり，除圧，衣服の工夫，清潔保持，栄養管理など予防対策を確実に持続して行う必要がある．

尿路感染症の予防には，自己導尿の方法を正確に行う習慣化が重要である．状況によっては，尿路感染に対しての自己管理による服薬方法について指導を受けておく必要がある．他にも尿路系の障害にはいろいろあり，定期的に泌尿器科を受診する必要がある．

(3) まとめ

①日常生活に必要な身辺処理動作の獲得には，身体的側面での動作能力の向上の他に，排泄動作の場合は，排尿や排便そのもののコントロールが必要となる．

②上肢・体幹・下肢の身体的障害への対応だけでなく，起立性低血圧，体温調節障害，褥創，尿路感染症などに対して，全身の健康管理，衛生管理，起床時間や食事時間および排泄

時間など規則正しい生活のリズムをつくる生活管理能力を獲得する必要がある．

　③屋内の移動手段だけでなく，外出や通勤のための移動手段を獲得する必要がある．

　④車いすの利用については，生活の場だけでなく，職場の環境調整（段差や通路，トイレの確保，室温調整など）も必要となる．

　⑤業務時間や業務内容に対応した全身の作業耐久性を獲得する必要がある．

　以上が，職業に就くにあたって解決すべき最低限の課題といえる．

　これらをより簡単に表現するならば，車いす利用に伴う課題，排泄に関する課題，業務遂行に必要な体力に関する課題，そして業務遂行能力そのものに関する課題といえるであろう．

文　献

1) 岩倉博光，他・編：臨床リハビリテーション．脊髄損傷Ⅰ―治療と管理―．医歯薬出版，1990．
2) 岩倉博光，他・編：臨床リハビリテーション．脊髄損傷Ⅱ―生活編―．医歯薬出版，1990．
3) 神奈川リハビリテーション病院「脊髄損傷マニュアル編集委員会」・編：脊髄損傷マニュアルリハビリテーション・マネージメント，第2版．医学書院，1998．
4) 津山直一・監修，二瓶隆一，他・編：頸髄損傷のリハビリテーション―国立身体障害者リハビリテーションセンター・マニュアル―．協同医書出版社，1998．

◆事　例

　A氏，男性，20歳代前半，高校卒業後設計関係の専門学校卒業．両親と同居．普通自動車免許所持．家屋は持ち家一戸建てでトイレは和式．

　診断名：C7レベルの頸髄損傷，障害名は四肢麻痺，合併症は神経因性膀胱直腸障害．

　職歴：建設会社勤務．職務内容は現場監督．（本人は，現場監督としての復職希望）

　現病歴：1996年7月，自動車事故によりC6粉砕骨折，B病院緊急入院，C5～6前方固定術施行．その後仙骨部と両下腿の褥瘡閉鎖術施行．1997年2月，Cセンター病院部門入院．

　支援の経過：

　1.　病院部門における経過（1997年2月～1997年5月）

　＜入院時ADL等＞①寝返り・起きあがり・端座位はベッド柵を利用して可能．他は不可能．②車いすを使用し平地のみ可能．③移乗動作は介助，④食事・洗面・歯磨き・上衣の更衣のみ自立，排泄は留置カテーテル使用，摘便介助，尿意・便意不明瞭，入浴は全介助．

　＜方針＞症例検討会にて「車いすでのADL自立をめざし，併設の施設に入所し職能訓練を受け，就労の方向に結びつける」となり，主治医が予後及び方針について説明を行った．「就労」に向けての基本的課題として，車いすでのADL自立特に排泄の完全自立，家屋改造，外出手段（乗用車）の獲得，褥瘡予防などの健康管理・衛生管理・生活管理能力の獲得，作業耐久性（パソコンの基本操作含む）や体力の獲得などが挙げられ，医師・看護師・作業療法士・理学療法士・MSWなど各部門が協力して各々関わることとなった．

　＜結果＞約3カ月間各部門が関わった結果，基本的課題が幾つか残され，これらの基本的課題の解決及び職能訓練を目的に，併設の身体障害者更生施設に入所となった．

　2.　身体障害者更生施設部門における経過（1997年5月～1998年10月）

　1)　基本的課題への支援（1997年5月～1997年10月）

　＜方針と結果＞約4カ月間「本人の自主性を促す」方針の下各部門が関わった結果，①排泄で時々失敗がある，②健康管理・衛生管理能力が不十分，③食生活や起床時間など生活管理能力不十分，④復職か新規就労か気持ちの未整理が残されたが，これらの課題は職能訓練を行いながら解決していく方が，本人にとって現実検

討をしやすいこと，本人の職能訓練に対する意欲が高まっていることを考慮し，職能訓練を併行して行うこととなった．

2) 職能訓練及び就職採用内定までの支援（1997年10月～1998年10月）及び就職後の状況

＜方針＞建築CAD（Computer Aided Design：コンピュータ製図）の技能習得をし，復職または新規就労をめざすとともに，①残された基本的課題の解決，②就労へのプロセスを現実検討するために，職能指導員・職業カウンセラーが新たに関わることになった．

＜結果＞休職中の会社は物理的環境や職務内容から復職は困難と自ら決断し，1997年12月退職．約10カ月間各部門が関わった結果，基本的課題が解決し，建築CADの技能習得が終了したため，1998年8月より本格的に求職活動を開始した．CADによる石材図面作成者の求人をしていたD社（通勤時間は車で1時間）を面接した結果，1998年11月1日付で採用が内定した．その背景には，事前に本人のCADを見せ能力を理解してもらったこと，各部門と事前に打ち合わせをし，段差・排泄場所と方法・駐車場などについて会社側と具体的に解決策を確認できたこと，本人の誠意ある態度などが挙げられる．1998年10月退所．

就職してから約7年になるが，健康管理なども問題なく，Cセンターの泌尿器科を定期的に受診している．本来明るい性格であり，障害を隠さず接しており色々な面で良い影響を与え，仕事の面ではグループリーダーとなり，待遇も良くなっているとのことである．

考察：本事例は，経過がやや経っているが，就労までの基本的流れと，障害特性から生じる基本的課題（特に体調と排泄の管理）の解決の重要性及び医学的リハビリテーションとほぼ同時に職業的リハビリテーションの視点の必要性を示している．なお，IT関連の発展に伴い在宅就労の可能性（特に会社との関係が維持されている場合）が広がっており，ADLの自立や通勤手段の確保が必要とならない場合があることも念頭に置く必要がある．

第3節　発達障害

1. 知的障害

1）障害特性
（1）定義
我が国の法律は，知的障害の定義を定めていないが，厚生労働省は「知的機能の障害が発達期（おおむね18歳まで）にあらわれ，日常生活に支障が生じるために，何らかの特別の援助を必要とする状態にあるもの」としている（知的障害児・者基礎調査，2000）．知的機能の障害とは標準化された知能検査でおおむね70までのものをいう．

米国精神遅滞学会（AAMR）第10版（2002）では，①知的機能に制約があること，②適応行動に制約があること，適応行動は概念的スキル（言語，読み書き，金銭の概念，自己管理），社会的スキル（対人関係，責任感，自尊心，遵法など），実用的スキル（日常生活活動，日常生活に有用な活動，職業スキル，安全な環境の維持）の3領域からなり，1領域以上で制約があること，③18歳までに生じる，としている．さらに，AAMRは長期間の適切な個別的な支援によって，知的障害を有する人の生活機能は改善する可能性があるとしている．またIQによる軽度，中度，重度，最重度の分類ではなく，個々人の必要とする領域における支援ニーズの強度によって分類する支援モデルを提案している．それは，①断続的支援：必要に応じて提供，②限定的支援：一定期間継続（例：雇用訓練），③広範囲な支援：複数の環境でいつも，④広汎な支援：あらゆる環境で常時，高い強度で，である．

なお，我が国では福祉・職業サービスの対象か否かは療育手帳（厚生事務次官通知，1973）によっている．軽度の人の中には障害を認めたくない，福祉サービスが少ないなどの理由で療育手帳を取得していない人もいる．

（2）障害特性
主な障害特性として次の4つを挙げる．
①学習する力が弱い

知的機能の障害により，理解，判断，記憶，推理などの能力の低下がある．難しいことを理解し，判断する力が弱い．複数のことを一度に指示されると記憶するのが難しい．記憶するのに繰り返しの学習が必要である．

②抽象的な思考をする力が弱い

抽象的な言葉の理解が難しく，具体的なわかりやすい説明が必要である．例えば，代名詞で「そこ」と言うのではなく，「机の上」と具体的に言うのがよい．また，予測や洞察する力が弱いために，目先の楽しさ，安易さで判断してしまいがちである．

③適応する力が弱い

新しいことや環境の変化に応じた行動をとる力が弱い．例えば，通勤電車が故障したとき，状況判断が難しく，おろおろして適切な行動がとりにくい．しかしその場の適切な助言や経験を積み重ねることによって適応する力がついてくる．

④コミュニケーションの力が弱い

言葉がない人がいるが，話すことができる人でも言葉の理解が低いために，わかったようにみえても，十分通じていないことがある．わかりやすく話し，確認することが必要である．自分の意思を相手にわかりやすく順序立てて話す力も弱いので，聞く側はゆっくりと耳を傾ける必要がある．

（3）不適切な対応によって生じる特性
知的障害の本来の特性ではないが，周囲の人の不適切な対応によって生じやすい次のような特性がある．①失敗体験の積み重ねからくる劣

等感，自信喪失，②養育者が失敗を恐れたための過保護による依存心の強さ，③仲間はずれ，交流の少なさによる，他の人とのつきあい方の学習の不十分なこと，④馬鹿にされまいと防衛や虚勢をはること，⑤ありのままの自分が肯定されていないために自己認知が難しいこと，である．これらは，対応が適切であれば，生じないものである．本人の意思を尊重した肯定的な接し方が望まれる．

2）職業上の課題と対応のノウハウ
（1）職業準備
　新しい場面への適応する力が弱いので，事前の準備は極めて重要である．障害児教育出身者は現場実習など職業教育を受けている．しかし，通常教育出身者の場合には職業教育を受けていないため，職業への意欲・作業態度・持続力・対人態度等の職業能力がついておらず，自分の能力についての理解が不十分である．そのような場合には地域障害者職業センター，障害者就業・生活支援センター，障害者雇用支援センター，就職志向の作業所などの利用により，職業準備性を高めることが必要となる．

（2）採用直後の指導と環境づくり
　作業（職種選び・指導）と人間関係づくりは職場適応上，重要である．職場実習やジョブコーチの活用はそれらに有効である．職種選びは個人の好み・長所を考慮しつつ，簡単な作業から従事させる．教える手順は①実際にやって見せ，②手をとって一緒にして，③するのを見て，④事後に確認を，というように具体的にスモールステップで行う．人間関係づくりは同僚の受け入れ，支える雰囲気をつくることが重要である．担当者や相談者を決め，相談しやすい体制づくりは大切であるが，職場全体が暖かく見守る雰囲気ができることが何よりも重要である．

（3）キャリアアップ・人事異動
　入社した時と同じ仕事，給料では，勤労意欲が低下する．職域拡大を図るためにはできそうな仕事を探し，治工具や機械の改善，配置転換，指導方法の工夫などをし，できる仕事を増やす環境づくりをする．給料は少しずつでも上げる工夫が欲しい．

　上司の異動や本人の配置転換は，知的障害がある人にとっては，人一倍不安と緊張を与えがちである．慣れてきたことでスムーズにできるようになったことも状況が変われば，入社時と同様な指導が必要となる場合がある．新しい上司に本人の特徴や接し方についてしっかりと引き継ぐことが重要である．

（4）権利擁護
　理解力や仕事の習熟力など障害特性からくる問題でどなられたり，暴力を受けたりする場合がある．セクハラされる，安全対策が十分でない，賃金が法外に低い，他の従業員が参加する懇親会・旅行に声がかからない等の場合がある．極めて悪質なものから無理解による無意識の配慮に欠けるものまで，権利侵害は現実に起きている．その背景には知的障害のある人が素直に従うよう教育された結果，問題ある状況を問題であると認識する力が弱いこと，伝える力が弱いことがある．一方，権利侵害する側は反発がないことから人権感覚が鈍り，常態化する．常態化した場合の改善は容易ではない．予防と点検が大切である．事業所全体が人権感覚を身につけるよう，管理者による指導・監督，雰囲気づくりが必要となる．また，知的障害のある人の相談者を事業所の中にも，外にも配置し，時々，声かけをして様子を聞くことが大事である．

（5）体力が低下した時の受け皿
　事業所は長期間の雇用への不安から採用に踏み切れない場合がある．知的障害のある人は一般の人よりも，老化が早いと言われる．心身共に雇用継続が難しくなったときには，福祉的就労への移行がスムーズにできるような体制づくりが必要である．

（6）生活面での安定
　知的障害のある人は，気持ちの切り替えが難

しいために生活面の状況が職場生活にも影響する．安定した職業生活を続けるには，生活面の支援が欠かせない．就業・生活支援センターなどの相談・支援機関の充実と生活の場としてのグループホームや自由時間を過ごすための資源の充実が望まれる．

以上，対応の柱は，①社内の環境づくりと，②社会の環境づくり，すなわち，知的障害のある人と共に事業所をも支えるネットワークづくりの2つである．

文　献

1) AAMR（栗田広，渡辺勧持・訳）：知的障害―定義，分類および支援体系―，第10版．日本知的障害者福祉連盟，2004．
2) 大阪障害者雇用支援ネットワーク，連合大阪・編：障害のある人の雇用促進と就労の安定を図るために―実践と展開・Q&A．中央法規出版，1997．
3) 日本知的障害者福祉連盟：知的障害者就労支援マニュアルQ&A．2003．
4) 労働省職業安定局障害者雇用対策課・編：知的障害者の雇用のために．1998．

◆事　例

T氏，男性，20歳代後半．

診断名：精神発達遅滞（療育手帳東京版「愛の手帳」4度）．

教育歴：小・中と普通学級．小・中時代ともに学習についていくことが困難で，友達もできなかった．いじめ等が原因で，中学校2年次から不登校状態となる．卒業後はフリースクールに8年間通う．卒業時，数社の企業面接を受けるも全て不採用となりその後，家庭に引きこもる状態が2年間続いた．この間，保護者は公的機関に初めて相談し，福祉領域におけるサービスの情報提供を受ける．本人は「家から出ることが億劫」との理由で相談に行くことを拒否していたが繰り返しの説得により，やっと療育手帳を取得した．

授産施設型支援センター来所の経緯：父親の説得により，見学来所した．見学後，本人から「ここならば通ってもよいかもしれない」との発言が得られる．

入所前評価：授産作業室での作業およびテスト・面接場面をとおして，「検査時の行動所見」「学力・一般常識などの検査」「作業能力」「作業態度」「意思疎通」「生活目標」「面接態度」などに着目し評価を実施した．T氏の実習所見は概ね次のとおりであった．「理解力は高いが，手先の巧緻性は低い」「集団場面に入るのに時間を要する」「新しい場面での緊張が強い」．

支援開始：まずは，訓練プログラムに慣れることに主眼を置き，当所1年半はセンター内訓練を中心に実施．その間，4カ月に1度，精密評価および個別支援プログラムを作成，提供し，モニタリングを行った．作業能力面では，手先の巧緻性の低さや作業スピードの遅さが特徴として挙がり，これらは評価回数を重ねてもあまり改善が見込まれなかった．作業態度面ではまじめに作業に臨む姿勢は高い評価となって表れ，この点を誉め伝え，自分に自信を持てるよう支援した．また，人間関係面では集団に慣れるには時間を要したものの訓練経過と共に他の人との関係性を築けるようになった．個別支援プログラムを基に自信獲得および就労意欲の涵養に主眼を置いた支援を展開した（アセスメント，モニタリング，自信を持てる支援）．

1年半後，支援センター外での実習を計画，本人同意の下実施した．手先が器用ではない，失敗するとすぐに出来高低下に繋がる，などの特性を鑑み，まずは体を動かすことが中心となる粗大作業の事業所を選定した．目標は「自信をつける」であった．実習結果は概ね予見されたとおりであり，本人には最後まで実習をやりとおしたことや体を動かす作業では間違えずに，事業所からの評価も良好であったことを伝えた．本人は実習結果には満足した様子だった．2カ月後に検品等手先の巧緻性を必要とする作業内容の実習を設定した．本人の特性を考慮し，一部業務工程を変更し，作業の組み直し

を行った．具体的には「検品単一作業」であったものを「検品作業＋周囲のスタッフが検品したものを各階の部署に届ける作業」とし，事業所からの提供作業に本人を合わせるのではなく，本人が可能な業務を作業工程分析を行う中で組み立てた．実習目標は「さらに自信をつける」「具体的な就労イメージを持つ」に置いた．検品作業では一部間違いが見られたものの，実習を最後までやりとおしたことが自信となり，「そろそろ就職したい」という就労意欲・モチベーションの向上に繋がった（作業工程分析，作業工程構築）．

具体的な就職活動では，所管の公共職業安定所（ハローワーク）とも連携し，本人の希望である体を動かす作業に的を絞って探索を行った．結果，宅配便事業所での発送準備作業の求人に当たり，本人および保護者の確認をとり，採用を目標に据え支援を進めた．面接同行を行い，本人の緊張緩和に努めると共に，事業所に対しては支援センター内での訓練経過および本人状況のデータを中心に記した紹介書を提供し，本人特性を説明した（緊張緩和，事業所への本人データ紹介）．

雇用前提実習開始前には，支援センター職員のみが事業所に伺い，職務分析を行った．作業工程や職場環境など物理的，人的環境に着眼し，本人に合うようアレンジを行った．作業工程は一度細分化し，本人に分かりやすく組み直し，人的な側面では指示系統の固定化を図り，緊張緩和のため支援者がスタッフと本人の間に入り関係性のスムーズな構築に努めた．実習開始後は本人への支援の技術面は事業所スタッフが担い，支援センター職員はメンタル面で本人を支えた．作業ミスをしても自信喪失に陥らないよう励ましていった（人的環境調整，物理的環境調整）．

2週間の実習の結果，トライアル雇用へと繋がった．採用直後は，不安感を訴えていた本人だが，時間経過と共に作業範囲も拡大し，その拡大が自信に繋がり本採用となった．

本採用後も，定期的なアフターケアを実施し，本人・家族・事業所の相談に対応してきた．また，定期的に就職者が集まり，楽しく過ごしたり，仲間や支援員と悩みや職場状況などを話し合ったりする場所を設定提供し，本人の参加を促してきた．その結果，話し合う仲間の数が増えてきた．

現在では，後輩の指導を行うまでに成長している．支援センターで就労前および実習・就職時の支援を行い，就職後は事業所が本人を育てられるよう直接支援に関しては徐々にフェードアウトし，支援センターは定期訪問をして状況の確認を行っている．

準備訓練を経て安定した職業生活を送り，また，その後の生活の変化による成功体験が，自信もなく閉じこもりがちであったT氏の精神面の成長を促すことに繋がった事例である（アフターケア，支援を職員から事業所へ移行，職業生活により得られた自信）．

文　献
1) 世田谷区立知的障害者就労支援センターすきっぷ・編：こうすれば働ける！．エンパワメント研究所．2005.

2. 自閉症

1) 自閉症の診断に関する問題点

自閉症とは脳の機能に何らかの障害があり，ほとんどの場合，乳幼児期からその障害が表面化する発達障害である．基本的には先天的な障害であると考えられており，養育環境や親のしつけの問題で生じる障害ではない．また，自閉症は，医学的・生物学的な検査で診断は出来ない．症状の発現時期とその行動特徴から児童精神科医等により診断される障害である．

自閉症の行動特徴は，次の3つに集約される．

①社会性の障害：対人関係の難しさとして現われる．人と視線を合わせない，表情や身振り

が乏しい，情緒的な交流ができにくく人との共感が欠ける，相手の気持ちにそぐわない振る舞いをするなど，多くは年齢相応の友人関係が築けない．

②コミュニケーションの障害：ことばの発達の遅れを示す場合や話す能力があっても場面に即したことばが出てこない，人との会話が成り立ちにくいなどが典型的である．

③想像力の障害：活動や興味の範囲が極端にせまく，常同行動に没頭する，同じような活動を飽きることなく繰り返す．また，自分の行動のパターンにこだわる，周りの人や様子のわずかな変化にも恐れや苦痛を感じてしまう．

最近では，高機能自閉症，アスペルガー障害といった診断名を目にすることが増えてきた．しかし，これらすべてを含めて自閉症（広義の自閉症）あるいは広汎性発達障害と呼ぶ場合が多い．また，従来，自閉症の有病率は，1,000人あたり1人ないし2人と言われていた．しかし，最近ではこの割合がかなり大きくなっている．調査研究により有病率の差はあるものの，有病率1%を超える報告は珍しくなくなってきており，早期発見早期療育に熱心な地域では，2%～5%といった有病率に達することもある．同時に，以前は自閉症の約7割から8割は，知的障害を併せもつと考えられていたが，最近の1%を越える有病率の時代では，7割以上は知的な障害がないと報告されている．自閉症の増加については，様々な理由が推測されている（胎生時の環境ホルモンなど）．しかし，決定的な証拠はなく，発達障害に関する社会的な関心の高まり，より広い診断基準の運用なども影響していると考えられている．

社会的関心の高まりによる自閉症の増加は，乳幼児期の診断数の増加だけでなく，成人になってから初めて診断を受ける人の数も増やしている．専門医は，現在の症状・行動特徴と生育歴から，30歳あるいは40歳を過ぎた人に対しても自閉症と診断している．この現状は，従来，学習障害や注意欠陥/多動性障害と診断されている人の中には，社会性の障害が大きいなどの理由で，自閉症の診断がより適切だと考えられる人が存在することを意味する．特に，知的障害のない発達障害者にとって，社会性・コミュニケーション・想像力という3つの特徴は，就業生活を送るうえで大きな障害になる場合がある．

2) 職業リハビリテーション分野の問題点

発達障害者支援法が2005（平成17）年度より施行されている．しかし，障害者雇用促進法との関係から，職業リハビリテーションの分野では制度上の問題点が残る．自閉症と診断されている人の中には，療育手帳を取得可能な人とそうではない人が存在する．また，ごく少数ではあるが，精神保健福祉手帳を所持している人もいる．また，自閉症の診断が，そのまま職業リハビリテーションの支援を必要とする人とはならない．通常の教育の後，企業等で十分なキャリアを積み，経済的に非常に高い水準で生活している人も少なくない．自閉症に関する職業リハビリテーション上の大きな問題点を図11.2にまとめる．

3) 職業上の課題とその対策

自閉症に関する専門書の多くは，その症状が明確に出現する乳幼児期や学齢期の行動特徴をまとめている．ところが，成人期，とくに企業等での雇用の可能性のある自閉症の人の行動特徴は，表面的にはかなり変化している．たとえば，職業リハビリテーションの現場には，他者と視線を全く合わせない自閉症の人やことばの指示に全く反応できないあるいはオウム返しだけしか出来ない人と出合うことはほとんどない．以下には，自閉症の5つの特徴から，職場で起きうる問題点とその対策をまとめる．

（1）視覚的な刺激が優位な場合が多い

物事を理解する認知の過程として，「言語化」「概念」などより「視覚的」に理解する特徴がある．たとえば作業の指導に際して，ことばで

```
高い ↑
知的能力
低い ↓
```

高機能自閉症
アスペルガー障害

ボーダーライン

知的障害のある自閉症

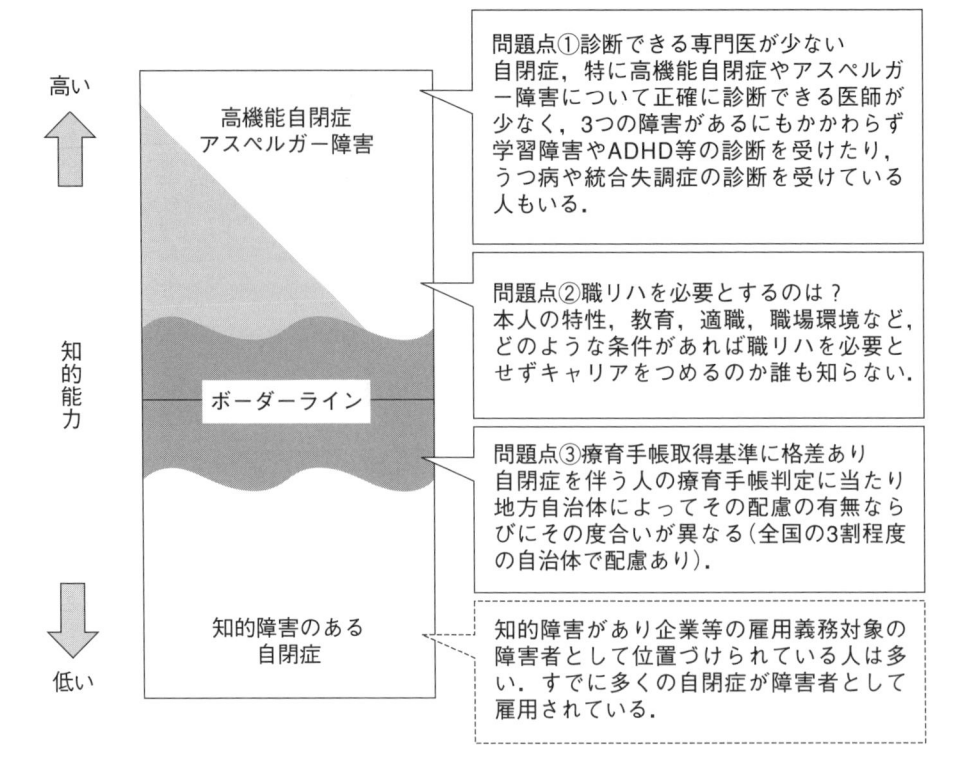

問題点①診断できる専門医が少ない
自閉症，特に高機能自閉症やアスペルガー障害について正確に診断できる医師が少なく，3つの障害があるにもかかわらず学習障害やADHD等の診断を受けたり，うつ病や統合失調症の診断を受けている人もいる．

問題点②職リハを必要とするのは？
本人の特性，教育，適職，職場環境など，どのような条件があれば職リハを必要とせずキャリアをつめるのか誰も知らない．

問題点③療育手帳取得基準に格差あり
自閉症を伴う人の療育手帳判定に当たり地方自治体によってその配慮の有無ならびにその度合いが異なる（全国の3割程度の自治体で配慮あり）．

知的障害があり企業等の雇用義務対象の障害者として位置づけられている人は多い．すでに多くの自閉症が障害者として雇用されている．

図11.2　自閉症の職業リハビリテーション分野の問題点

の詳細な作業指示や，試行錯誤と修正といった対人的な行動が多く求められる方法は苦手とするが，見本や図面など視覚的な指示で容易に仕事を学習する場合がある．仕事のスケジュールなどについても視覚的な手がかりが圧倒的に有効である．視覚的な理解は，応用を苦手とする場合も多い．私たちの概念では同一の梱包方法であっても，梱包すべき対象の大きさや形が異なるだけで，既に学習している作業が出来なくなる場合もある（視覚的な理解では全く異なる作業に映っているかもしれない）．ミスに対して叱責する前に，「視覚的な学習」という視点から仕事内容を再確認する必要がある．

（2）細部に注目してしまい全体を認識できない

スポットライトの当たったごく一部に注意が集中してしまい，全体を見渡す力が弱い特徴がある．たとえば，食器洗浄の仕上がりのチェックで，他の人はほとんど気にならない程度の汚れが気になり，丁寧にひとつずつ汚れを落とすことで人の数倍の時間をかけてしまう人がいる．単純な作業でも，指導者のデモンストレーションを一部のみ注目し誤った学習をしてしまい，大量の不良を作り出してしまう場合もある．この場合，質問や確認は出来るにもかかわらず，誤って覚えてしまったこと，周囲の人と違うことに気づかないため，管理者が不良を発見したときには多額の損失が出てしまう．一端，確実に学習した内容については，質量ともに非常に優秀な仕事をこなす人が多いが，学習の初期段階におけるこの特徴は，周囲が理解しなくてはならない．

（3）特定の感覚に対する過敏さや気づかなさ

作業環境の明るさや騒音や同僚のしゃべり声など，一般的にはさほど気にならないレベルの感覚刺激に非常に過敏で，仕事の生産性に影響が出る場合がある．逆に，多くの人が嫌がる感覚刺激が気にならない場合もある．また，身体

接触が非常に苦手で，上司や同僚から肩をポンと叩かれることに耐えられない人もいる．職場環境と自閉症の人の感覚過敏等との相性は，ジョブマッチの段階で考慮すべき重要な課題である．

（4）情報を統合し組織化できない

自閉症の人の特徴として，シングルフォーカス・シングルタスクということばがよく用いられる．私たちはごく普通に，講義を聞きながらノートをとる．しかし，講師の話を聞く，黒板の文字を読む，ノートを開く，メモを取るといった行動は，マルチフォーカス・マルチタスクであり，自閉症の人にとって苦手な代表例である．たとえば，周囲の仕事の進行状況や今日の作業スケジュールなどから，自分で判断して仕事を開始することは難しい．指示がないと仕事が出来ないことになる．逆に，明確な指示とスケジュールが提示され，ある程度ルーチン化された仕事であれば非常に良好なパフォーマンスを示す．また，あいまいなメッセージは，自閉症の人にとって理解が難しい．服装の汚れなど職場にふさわしくない場合は，「身だしなみに気をつけろ」ではなく，新しい服の購入や洗濯の方法（クリーニングに出す等）についての指導といった具体的に本人に改善すべき点を指摘することも重要である．

（5）興味関心が比較的限定されている

コミュニケーション能力の限界と相まって，休憩時間において同僚と話す話題が非常に限られてしまうため，周囲から次第に孤立してしまう事例がある．たとえば，特定のテレビタレントに興味があり，休憩時間に周囲がどのような話題をしていようが，毎日このタレントの話を持ちかけ，返事を強要する人がいる．自分の限定された興味関心が，周囲の不快感をもたらすことが理解できないのである．社会的な関心の薄さは，職場の暗黙の了解の理解を妨げる．たとえば，終業時間が午後5時であるが，周囲はその時間から片付け・着替えをしているにもかかわらず，5時ちょうどにタイムカードを押し帰宅してしまう事例がある．本人には，この帰宅の習慣が，周囲に非常に悪い印象を与えていることを知らないのである．改善すべき点は，明確に指摘する必要がある．

◆事　例

Zさん，男性，20歳代後半，サポート校卒業．

診断名：自閉症．

職歴（職業）：知的障害者を多数雇用している特例子会社に就職．仕事は主に親会社の社内メールの仕分け・配送・宅配便発送業務．勤続3年経過．

病歴・生活歴：3歳児検診で，発達の偏りがあると保健師より指摘される．その後，地域の療育センターで，学習障害あるいはアスペルガー障害の疑いありと診断を受ける．幼稚園卒業後，小中学校は普通教育の課程に進む．小学校高学年ならびに中学校の段階で，クラスメートからのいじめを受ける．その頃，教室や家庭で突然大声を出す，自分の頭を叩くなどの自傷行為が見られた．中学卒業後，通常の高校進学が困難な生徒向けのサポート校に入学する．15歳のときに児童相談所の判定により療育手帳を取得している（軽度の知的障害：IQは60〜70程度と想定される）．サポート校卒業後は，障害者職業センターのワークトレーニングコース，さらには知的障害者授産施設に籍を置き，求職活動を行う．

支援の経過：授産施設に併設した地域独自の就労支援センターの支援で，特例子会社の就労が決まる．授産施設では，手先の不器用さから，生産性は高くはないが，作業態度も良好で，安定した仕事が評価されていた．自傷行為は全く見られないが，時々独り言が大声になることがあった．授産の作業以外では，文字の読み書きや数字の四則演算については，かなり良好な力を発揮し，PCを使った入力業務の学習スピードや確実性・生産性も高かった．

知的障害者を多数雇用している特例子会社の事業拡張に伴い，社内メール業務を中心とした求人に応募し，採用となる．この特例子会社は既に自閉症の雇用経験があり，知的障害者全般についての雇用管理体制も十分に整っていたため，初期の手厚い支援は必要なかった（通勤指導と面接の付き添い程度）．

会社から問題点が指摘され始めたのは，採用後半年ほど過ぎてからである．月1回の定着支援の定期訪問において，「突然，仕事中や休憩時間に大声を出すことがある」「理由を聞いても，ごめんなさい，もう大声を出しませんと言うだけでよく分からない」「仕事はそれなりにこなしているのだが，同僚が怯えてしまう」と責任者より訴えがある．終業時間後，何度か面接を行った後，大声を出してしまう理由が推測できるようになった．そのほとんどは，仕事とは関係のない日常生活の悩みであり，本人のことばでは「悩みで頭が一杯になり，独り言を言ったり，大声を出してしまう」とのことであった．代表的な悩みの理由は，

・自分には彼女がいない．バレンタインデーも楽しくない．自分はダメな人間だと思う．

・新聞等を一生懸命調べて，選挙で一番いい人を選んだのに落選してしまった．ダメな社会だと思う．

・昨日テレビで放送された事件の犯人は許せない．あんな人が世の中にいると思うと，いたたまれない．

仕事の継続が困難になるほどの問題ではないが，①定期訪問以外に月1度の支援センター職員との面接・相談，②主治医に対して現在の状況を家族から正確に伝えてもらう，③朝の段階で心配事があったときは責任者にその内容を伝える，といった対策をとった．

考察：行動上の問題ゆえに就職が出来ない，あるいは就労した職場をやめなくてはならない自閉症の人がいる．行動上の問題の引き金になる典型例として，「仕事場所や仕事内容など急にスケジュールが変更された」「あいまいなことばで繰り返し作業指示する」などがあげられる．しかし，職場以外の日常生活あるいは社会生活の何らかの理由が，職場における問題行動の引き金になる場合もある．自閉症の人は，自分の感情や物事の因果関係をことばで説明することが難しく，周囲にその原因が理解されない場合が多い．自閉症の認知の特徴から，Zさんのような些細な日常生活の出来事が原因で，職場で行動上の問題を表面化してしまう例もある．彼の独り言や大声は，①その行動が仕事の生産性に影響を及ぼさない，②周囲が許容できる範囲であるため，雇用継続の危機には至っていない．職業のマッチングに際しては，職場環境と職務内容，そして社員への教育の可能性といった要因を大切にする必要がある．

3．学習障害

1）障害特性

学習障害とは，知的な遅れはないものの，「読むこと」，「書くこと」，「計算すること」などに障害があり，学習（Learning）の障害（Disabilities）の頭文字をとって一般には学習障害と言われている（ちなみにアメリカ精神障害診断統計マニュアルでは，Learning Disorders と記されている．）．

文部科学省によると，「学習障害とは，基本的には，全般的な知的発達に遅れはないが，聞く，話す，読む，書く，計算する，推論するなどの特定の能力の習得と使用に著しい困難を示す，様々な障害を指すものである．学習障害は，その背景として，中枢神経系に何らかの機能障害があると推定されるが，その障害に起因する学習上の特異な困難は，主として学習期に顕在するが，学齢期を過ぎるまで明らかにならないこともある．学習障害は，視覚障害，聴覚障害，知的障害，情緒障害などの状態や，家庭，学校，地域社会などの環境的な要因が直接の原因となるものではないが，そうした状態や要因とともに生じる可能性はある．また，行動

の自己調整,対人関係などにおける問題が学習障害に伴う形で現れることもある」と定義されている.

具体的には,学習障害の「読み」障害として,文字の区別ができない,文字を音声に結びつけられない.撥音(飛んでなどの鼻音),促音(小さい"ッ"などの詰まる音),拗音(キャ,キュ,キョなど)がわからないなどがある.

「書き」の障害では,鏡文字である「b」と「d」や「p」と「q」,「M」と「W」などが混乱したり,類似文字である「m」と「n」,「v」と「w」,「E」と「F」などの区別ができない,さらには句読点がうてないなどとなっている.とりわけ,日本語ではカタカナにそういった類似文字が多く,「フ」と「ワ」,「ク」と「タ」,「シ」と「ツ」,「ソ」と「リ」,「テ」と「チ」,「メ」と「ナ」,「コ」と「ユ」と「エ」などはわずかな違いのため,非常に見極めが難しい.

「計算する」の障害では繰り上げや九九がわからない,数字や図形を正しく写せないなどがある.

これらは,付随する空間認知の障害と密接に関係しているとも言われている.

2) 職業上の課題
(1)「読み」と「書き」に問題がある場合
(a) マニュアルが読めない

最近の仕事では,パソコンを使うときなど「マニュアル」を使うことが多くなってきている.しかし学習障害者は,読み書きに困難性を抱えている場合があり,マニュアルが読めないという問題が出てくる.パソコンのマニュアルというのは読んでも横文字や専門用語がたくさん記されており,障害のない人にもなかなか理解しにくい.

しかし,仕事を行う上で「作業指示書」や「マニュアル」が使われることは増えてきている.ところが,学習障害者は読みの障害から,このマニュアルを読むということにハンディがある.

(b) メモが取れない

また,職場によっては上司から「メモを取っておいてくれ」と言われたり,電話に対応しメモを取らなければならない場合もある.しかし学習障害者の中には「書きの障害」があるため,メモを正確に書き取ることができない場合がある.書くことに障害のある彼らにとってメモをとるということは,簡単なことではないのである.

(c) 報告書が書けない

たとえば出張した際の報告,何かを購入した際の報告,研究会や会議に参加した際の報告等,仕事には報告書を書かなければならない機会がある.報告書を書くというケースは,比較的レベルの高い仕事に入るかもしれないが,そのような場合,学習障害者はどのように書いたらいいのかがわからないという問題を呈してくる.これは書くことの障害だけではなく,聞いたり見たりしたことをまとめることの困難性や注意力不足なども重複していることにもよる.

(2) 空間認知および運動協応が不得手な場合
(a) 空間認知の問題

認知というのは,たとえば「左右」が理解できるかとか,「上下」の位置や「前後」などの方向がわかるかということである.学習障害者はこういった空間感覚を理解できない場合がある.それから数概念が理解できない場合もある.これは「算数障害」からきている.また,「大きい小さい」や「軽い重い」などの理解が困難であるなどという問題もある.たとえば,「こっちのほうが重いでしょう」と急に言われても,そのような相対的な比較概念にすぐに対応できないという学習障害者がいる.

また,空間概念が理解できにくい例では,職場への行き方がどうしても覚えられないという学習障害者がいた.

また,すぐ道に迷ってしまったり,新しい環境にはまごつくという学習障害者もいる.

（b）運動協応の問題

次に運動面だが，よく「学習障害者は不器用である」という言われ方をされる．特に「手先が不器用である」，「道具を使うのが下手である」などといわれる．

(3) 対人関係の問題

そして最大の問題でもあり，また最も心配なのが対人態度の問題である．聞き取りにくい話し方をする．相手の話が理解できない．自分の気持ちをコントロールできない．緊張しやすく動揺しやすい．一つの話題にこだわるなどという問題があげられる．

対人面の問題は，就職には最大のネックになる問題だと思われる．

3）対処のノウハウ

学習障害者の場合，学校での勉強というよりも社会で使える技能を身につけておくことが重要となる．漢字がいくら読めても，計算がいくらできても，それが実社会となんら関係がなければ，「猫に小判」状態となってしまう．

具体的にいうと，バスや地下鉄などの乗り物を使用する移動能力．働いたお金で欲しい物を買ったり，好きな活動をするといった余暇を活用できる能力．居住する地域情報に基づいた，その地域で必要とされる能力などを身につけておく必要がある．

また，学習障害者本人だけではなく，家族からの支援も重要となる．事業主は職場での学習障害者のことはわかっても，家庭における状況はわからない．しかしながら，家庭における生活と職業生活には密接な関係がある．ゲームやテレビ等を見過ぎてしまい，朝が起きられなくて遅刻してしまう．あるいは身だしなみや健康管理などについても家族からの支援が必要な場合もある．このような状況については，家族が事業主と密接な連絡を取り合うことが役に立つ．休みや遅刻の連絡は当然のことだが，仕事に対する意欲がない，あるいは給料や余暇によって意欲が向上するなどの状況は，家族からの連絡によって企業も極めて役に立つ情報となる．

職業自立とは就職した段階で終わりではなく，職場定着をしてはじめて就労と考えるべきであろう．この不況の中で，健常者の就職でさえままならないなか，どこの企業でもリストラが叫ばれている．小さな企業などでは，最初にリストラの対象となるのは障害者の場合が多いなか，どこまで定着できるかも就労支援の大きな課題となっている．

そのような段階では，企業および関係機関と密接な連絡を取り合う家族の支援がとても大きな要素を占めてくる．

そして，職場内では学習障害という障害を職場の同僚・上司が認識し，無理な仕事は与えず，学習障害者に適した仕事を選別し，仕事に達成感を与え，仕事ができたら「よくやった！」「頑張ったね」などと必ずほめることが望ましい．彼らは小さい頃から「こんなこともできないの？」とか「やる気がない」などと障害とは関係ない部分で傷つけられてきたという過程があるため，ほめられることにより意欲の向上が図られる度合いが極めて強いのである．

◆事　例

Aさん，男性，20歳代前半．

生育歴：Aさんは小・中・高校とも普通学校で，中学時代にはいじめにあっていた．高校は商業高校へ進んだが，ここでは同じようなタイプの子がいたので，いじめは減少した．

車の免許を取得しており，またスポーツが好きで，一人でサッカーを見に行ったり，過去の高校野球の優勝校を暗記するなど，記憶の面では優れたところがある．

小学校4年生のときに医療機関ではなく，教育相談機関において学習障害と診断される．

WAIS-R知能検査によるIQ値は81（言語性83，動作性82）で，IQ的にはボーダーラインに位置する．

支援の経過：Aさんは高校卒業後いくつかの会社で働いたものの，休憩時間などにおける対人関係に対応できず退職．その後は3年ほど在宅中であった．保護者との相談後，IQのスコアはボーダーラインだが，コミュニケーション能力や社会生活能力等を鑑み，療育手帳が取れる可能性があるため福祉事務所で相談することを勧める．手帳取得の手続きと平行して求職活動を行い，障害者雇用の経験豊富な梱包材製造企業とコンタクトをとった．企業からのコメントとしては，すぐに就職するのではなく，しばらく様子を見たいという申し出があったため，就労支援機関において短期の就労前トレーニングを行った．

トレーニングでは一日も休まず，また遅刻もせずまじめに仕事をしている様子から，ジョブコーチが付いて就労支援を行うこととなった．具体的には，3カ月間のトライアル雇用を実施した．

トライアル雇用期間は，ジョブコーチは最初集中的に作業支援を行い，徐々に援助を減らしていくことにより，3カ月後には作業をすべて覚え，就職に至った．

考察：Aさんの支援については，学習障害と診断されていたが，知的にはボーダーラインであるということがわかり，療育手帳を取得することにより，障害者雇用率に該当することとなった．そのため，雇用率を達成しようとする企業への職場開拓が可能となった．

このように，学習障害者は手帳が取れないために障害者枠からはずれ，支援の対象とならない場合があるが，療育手帳をとった結果知的障害者として就職することになった．知的障害者という証明がなされた結果，様々なサポートが受けられるようになったことは，一般扱いで就職するよりも知的障害者として就職したことが成功した要因といえる．

また，トライアル雇用という期間限定の就労支援事業を行い，その間ジョブコーチが入ることによって，企業に負担をかけずにサポートを行うことができた．

学習障害者は，従来公共職業安定所（ハローワーク）の窓口でも手帳がないため，一般求人の窓口で相談をしなければならなかったが，発達障害者支援法により学習障害者も障害者として認められるようになったため，障害者相談窓口で対応できるようになった．障害者としての就労となれば，企業と障害者との間をコーディネートするジョブコーチがサポートすることができるようになったため，このような支援も学習障害者の就労支援の一助となったものと考える．

4. 注意欠陥／多動性障害

1）障害特性

注意欠陥／多動性障害は，その名が示すように「不注意」「多動性」「衝動性」の3つの特徴で示される発達障害であり，注意（Attention），欠陥（Deficit），多動（Hyperactivity），障害（Disorders）の頭文字をとって"注意欠陥／多動性障害"と呼ばれている．

注意欠陥／多動性障害は，その特徴により注意欠陥と多動性が混合している「混合型」，注意欠陥はあるが多動性の少ない「不注意優勢型」，不注意のあまりない「多動性―衝動性優勢型」に分けられる．

具体的には，「不注意優勢型」では物忘れが激しく，ちょうど丸めた新聞紙で物を見たときのように，テーブルの上に水道料金や電気／ガス料金などの振り込み用紙があるとすると，その振り込み用紙を見た瞬間は銀行に行かねばならないと思うが，その振り込み用紙を手にとっていざ出かけようとすると，玄関に置きっぱなしになっていたゴミを発見し，ゴミを捨てに行こうとした瞬間に銀行に行くことを忘れてしまうといったような状態である．

「多動性―衝動性優勢型」では，冬に外出する際にコートを着て玄関を出ると行った行動を取らずに，コートを着る前に飛び出してしま

う，人が話している最中に唐突に入り込む．また，自分の考えがまとまらずにあちらこちらへ飛び火してしまったり，話が主題とは離れて横道にそれてしまうといったこともあるために，話に脈絡がなくなってしまうこともある．

そして最も問題なのは，注意欠陥/多動性障害の中には，環境との相互作用によって他人に対し攻撃的な行動を行ったり，嘘をつく，窃盗，規則破りなどの「行為障害」やすぐにかんしゃくを起こし，自分の失敗や行為を他人の性にしたりする「反抗挑戦性障害」を引き起こすことがある．

2）職業上の課題

（1）教育との関連

注意欠陥/多動性障害に関しては，知的障害養護学校や特殊学級に在籍するよりも普通学校の普通学級に在籍することが多いため，同級生に比べ学校の勉強についていけず，その結果自分のことを低く評価してしまうことになる．「低い自己評価」とは，注意欠陥/多動性障害児本人の問題というより，学校との相互作用で生じた問題であろう．自信をもたせるような教育ではなく，いつも他人と比較されるような教育がなされると，注意欠陥/多動性障害児童生徒でなくても劣等感を感じてしまう．その結果，自信がもてなくなり情緒不安定になってしまう．そうなると，常に不安がつきまとい，緊張しやすい状況になり，何か言われると敏感に反応してしまい，その結果，「もういいや，俺はこれでいいんだ」などと頑固になり，融通性がなくなってしまう．

このような心理的な問題は，本人がもって生まれた障害というより，周りの環境との相互作用でもたらされてきたものである．

また，心因性の症状としても，仲間と一緒にいても自分だけが能力がないと劣等感を抱くようになり，そのような場合だんだん集団行動から離れたいという気持ちも生じる可能性がある．最近，学校崩壊や学級崩壊の原因が注意欠陥/多動性障害児童生徒の存在にあるという報告さえもなされている．自分だけできないでいると，いらいらが生じ，興奮しやすくなったり乱暴な行動をとったり，反抗的な言動が増えることがある．そして，学校や会社へ行っても楽しいこともなく，周りから認めてもらえないため，会社や学校に行かなくなってしまう．さらに自分を認めてくれる仲間がいたとしたら，それがたとえ非行につながるようなものであっても，そういった仲間との付き合いのほうが楽しいため，非行の問題や性的な逸脱行動につながることもある．

そういった仲間と付き合えない場合は，一人で落ち込むことになり抑うつ，睡眠障害などといった精神的な障害が派生する場合も考えられる．

（2）制度上の問題

さらに，注意欠陥/多動性障害者は，療育手帳を取得できない場合が多いため，障害者就労支援制度の外に置かれた状況となっている．

注意欠陥/多動性障害者は幼児期より医療機関に関わった者は少なく，教育においても養護学校や特殊学級には進まず，一般の小・中・高，場合によっては大学へ進んだ者もいる．幼児期から高校，あるいは大学を卒業するまでの状況においては，周りから「勝手だ」「わがままだ」などと思われるふしはあっても，特殊教育が必要であるとは考えられなかったため，卒業後も一般就労が可能と考えられた．

しかしながら，就労という現場では対人関係の問題から様々なトラブルを生じ，離職・転職を繰り返している者が多い．

3）対処のノウハウ

最も重要なのは自閉症者や学習障害者同様，企業に対し注意欠陥/多動性障害という障害を理解してもらうことである．

注意欠陥/多動性障害者の場合は，多動で衝動性が高いという問題とは逆に好きな課題であれば集中して取り組み，また自由な発想から新

しいアイデアを生み出すこともある．

トーマス・エジソン，レオナルド・ダ・ヴィンチ，坂本龍馬などは過去の文献から，注意欠陥／多動性障害ではなかったかと言われており，子どもの頃は当時の教育機関にいずれも適応できなかった．しかしながら，本人の能力の素晴らしい部分を発見し，それを開発していったことにより素晴らしい業績を上げることができた．

よって，ジョブコーチは彼らにあった職場開拓を行い，適切なジョブマッチングを図ることも重要な支援の一つといえよう．

◆事　例

Bさん，男性，20歳代前半．

生育歴：小・中学校は普通学校で，いじめで不登校になる．ときおりかんしゃくを起こしてしまうことがある．友達は全くいなかった．中卒後コンピューターの専門学校へ進むが，対人関係がうまくできず半年で中退する．家庭では，学校へ行くふりをしていたが，実際は公園や川縁りでボーッとして過ごしていた．

その後，フリースクールへ進学し，フリースクール時代に精神科を受診し，注意欠陥／多動性障害と診断される．

WAIS-R知能検査によるIQ値は107（言語性97，動作性119）で，言語性IQと動作性のIQ値の差が22もあり，全検査IQは意味をなさず，能力にばらつきが見られる．

服薬に関しては精神安定剤を服用しており，精神障害者保健福祉手帳を取得している．

支援の経過：Bさんは保護者とともに就労援助機関を訪れ，就職の相談をしたところ，現段階での就労は困難と言われ，短期の就労前トレーニングの受講を勧められる．

訓練終了後，就労支援担当者がBさんの就労ニーズに応じて職場開拓を行った．公共職業安定所（ハローワーク）からの求人の中で，スーパーのバックヤード作業があったため，青果部門において野菜の袋詰め作業などの実習を行う．

実習中にかんしゃくを起こして，パート職員と何度もぶつかり，途中で仕事を投げ出してしまうことがあった．

就労支援担当者は店長を通して，パート職員全員に注意欠陥／多動性障害についての説明を行い，対応法についてパート主任と相談を行った．

その結果，キーパーソンとしての役割をパート主任にお願いすることにし，指示系統をパート主任のみに統一することとした．

現在，主に野菜類の計量や袋詰めなどを行っているが，パート主任がBさんの特性を理解し，Bさんのやりやすい方法で作業を行わせるようになっているため，落ち着いて作業に取り組んでいる．

考察：注意欠陥／多動性障害は，「不注意」「多動」「衝動性」を中核とした発達障害であり，Bさんの場合はこの中でも「衝動性」の強いタイプであった．

よって，何か不満があるとすぐに切れてしまうという状況であったが，就労支援者が一緒に働くパート従業員に注意欠陥／多動性障害のことを説明し，パートの理解を求めたことが，この支援の成功要因だと考える．

注意欠陥／多動性障害者の場合，本人を変えるということは極めて難しいため，周りの従業員が彼らを理解するように仕向けたサポーターの支援が生きたケースといえる．

2006（平成18）年4月1日から精神障害者も雇用率に該当するようになったため，知的に高く療育手帳が取得できない注意欠陥／多動性障害者の場合も，精神障害者保険福祉手帳が取れる場合は精神障害者としての就労も可能となるため，精神科医との相談の上で就労のために必要な支援を受け入れられるような体制を整えることも必要であろう．

5. アスペルガー症候群

1) 障害特性

アスペルガー症候群は，この症例を報告したハンス・アスペルガーというオーストリアの小児科医の名前から名付けられた診断名である．アスペルガーは1944年に「小児期の自閉的精神病質」というタイトルでカナーの症例と似たような子どもについての論文を報告したが，これはレオ・カナーの自閉症に関する論文発表とほぼ同時期であった．

アスペルガーがこの症例を発表した時期は第二次世界大戦中であり，オーストリアはドイツの一部であったため，英語によるカナーの論文に比べドイツ語で書かれたアスペルガーの論文は一般には広がらなかった．このアスペルガーの論文が話題になるようになったのは，1981年に英国のローナ・ウィングという児童精神科医がアスペルガーの業績を紹介してからである．

ウィングは，自閉症とは診断されていないが，「社会性」「コミュニケーション」「想像力」の3つ組の障害のある子どもたちがいることに気づき，この3つ組の障害がありながら自閉症と診断されない子どもたちの一部はアスペルガーの報告したケースに似ていることから，アスペルガー症候群という診断が適切であるとした．

ICDでは「アスペルガー症候群」という名称で記載されているが，DSMでは，「アスペルガー症候群」ではなく，「アスペルガー障害」という名称で記されている．

ローナ・ウィングはこの自閉症とアスペルガー症候群などを含めた総称を「自閉症スペクトラム」と呼び，その関係についてIQが低く典型的な自閉症をカナータイプ，IQが高く非典型的な自閉症をアスペルガー症候群というように，連続体として考えることを推奨している．

また，ローナ・ウィングは自閉症スペクトラム障害の社会的相互交渉の障害について，「孤立群」「受動群」「積極奇異群」「形式ばった大仰な群」に4分している．

自閉症には知的障害を伴う人も多いが，近年アスペルガー症候群あるいは高機能自閉症と呼ばれる人たちのことが徐々に明確になってきている．

自閉症と高機能自閉症およびアスペルガー症候群の違いについては，様々な論議がある．高機能自閉症は，自閉症の定義に当てはまり，知的に障害がない場合となっているが，IQ70以上（杉山）という考えや，IQ85以上（中根）という見方もあり，まだ明確には定まっていない．

また，現段階では高機能自閉症とアスペルガー症候群を明確に分類することはできない（Frith, Mesibov）とも言われており，自閉症とアスペルガー症候群等を含めて「広汎性発達障害」あるいは「自閉症スペクトラム」と呼ばれている．

2) 職業上の課題

英国のパトリシア・ハウリンはアスペルガー症候群者の職場でのトラブルについて，以下のような問題を報告している．

(1) コミュニケーションの問題

コミュニケーションがうまくとれないということは，もし仕事上問題が生じたとき「何が」「なぜ」「うまくいかなかったのか」といったことを上司や同僚に説明することができない．

(2) 社会性の問題

相手を傷つけたり，嫌な思いをさせようという意図はなかったとしても，一緒に働く同僚の人たちに不快な気持ちにさせてしまう言動をとることがある．また，言動だけではなく人に近づきすぎたり，人を触ったりするような行動も問題である．このように社会におけるルールを理解することが困難である．

（3）主体性の問題

アスペルガー症候群の場合，知的な能力が高いと言えども自分自身を管理する能力が欠如していたり，仕事の進捗状況を見定める能力に欠けていることがある．例えば，仕事が特殊な状況になったとしても，自主的に解決しようとすることはなく，指示がなければ，その仕事が簡単にできる仕事であっても何もしないでいるといったこともある．

（4）こだわりの問題

こだわりの問題では，ほかの誰も理解できない特有のファイリングをしていたり，音に敏感なため誰かのしゃべり声でいらいらしたり，パターン化した仕事が妨げられるとパニックを起こすなどの行動が見られる．

（5）地位が上がったときの問題

能力が極めて高い人たちにとって，予期しない問題が生じることがある．例えば研究者や大学の教師のような仕事に従事しているアスペルガー症候群者がいるが，研究内容や熱心さは評価されていても，会議への出席や管理的な仕事を要求されるとその要求に対処することができない．

（6）その他の行動上の問題

仕事そのものには関係がなくても，私生活において夜眠るのが遅いために，朝起きられずに遅刻をしたり，出勤しても仕事中眠ってしまったりというような行動パターンも存在する．また，通勤途上の自動販売機やスーパーなどに興味を示し，帰宅が遅くなるなどの行動を生じる者もいる．

3）対処のノウハウ

（1）職場の同僚・上司にアスペルガー症候群という障害を説明する

発達障害全般にいえることだが，職場の上司や同僚はアスペルガー症候群という障害がどのようなものであるかはわからないし，自閉症スペクトラムの一部と言っても自閉症という言葉から，「引きこもり」などの心の障害と勘違いされる．

よって，就職が決まったら，一緒に働く人たちにアスペルガー症候群という障害および関わり方に関する配慮事項を説明し，援助しうる適切な知識を提供することが望まれる．

（2）アスペルガー症候群者を雇用するメリットを説明する

アスペルガー症候群者は自閉症者同様イマジネーションに障害があるため，こだわりが強い者もおり，そのため，一旦仕事のやり方を覚えたら，ミスなく，ムラもなく，信頼できうる働き手となる場合がある．

アスペルガー症候群者は自閉症スペクトラムであるため，他人との社会的相互交渉を求めようとせず，また無駄口や他人の噂話などをせずに，確実に一日中継続的に仕事をする者がいる．逆にアスペルガー症候群の中にはよくしゃべり続ける者もいるため，その際には本人にわかりやすいようなルールを視覚的に示すことで理解しやすいものとなる．

◆事　例

Cさん，男性，20歳代前半．

生育歴：小・中学校は普通学校，高校も公立の普通学校を卒業後，調理師の専門学校へ進学する．しかしながら，実習中に仕事ができないということで中止となる．車が大好きで，免許を取得している．

支援の経過：専門学校中退後，しばらく在宅中であったが，母親と職業相談のため就労支援機関に来所し，特別養護老人ホームにおける実習を行うこととなる．

就労支援担当者は，特別養護老人ホームにおいてCさんが遂行可能な職務を分析し，給茶，お風呂の清掃，食事補助などの仕事において実習を行った．

しかしながら，「職員に必要以上の質問をする」「老人ホームで実習をしているにもかかわらず，『ここは老人ばかりで嫌だ．』と言う」「興味

表11.4　Cさんの老人ホームでの作業指示書

お年寄りのものを勝手に触りません
スプーンにあまり一杯入れません
お年寄りに汚いと言いません
車いすを片手で押したり，手を離したりしません
黄色いタオルでお年寄りを触らないように注意します
文句を言わずに，上司の指示をよく聞きます
その他，お年寄りを嫌な気持ちにさせたり，困らせたり，心配させたりするようなことは絶対にしません

のあるものが視野に入ると押している車いすから手を離す」「利用者の顔を汚い布で拭く」などの問題が生じた．

よって，就労支援担当者は自閉症スペクトラムの特性を活かし，ことばで言っても理解できなかった課題に対し，視覚的に理解できるよう表11.4のような指示書を作成した．Cさんはこの指示書に書かれている文章を仕事が始まる前に復唱し，その内容を一つひとつ確認しながら行動するようになったため，ほとんどの問題は解決された．

また，できるだけ人と接触する仕事ではなく，配膳や食後の後かたづけ，洗濯，風呂掃除などを主業務として行うこととした．

考察：アスペルガー症候群は知的能力の高い自閉症とほぼ同義語で使われており，「重症で持続する対人関係の障害」と「限定され，反復的，行動，興味，活動の様式」を特徴とする発達障害である．よって，自閉症の「視覚的な刺激に敏感」という特徴をアスペルガー症候群の人も所有しているため，ことばで指導せずに表のように文字に書いて示したことがCさんの理解を促進したものと考える．このように障害の特性を捉えた支援が極めて重要となる．

第4節　精神障害

1. 統合失調症

1) 統合失調症とはどんな病気か

統合失調症はおよそ100人に1人がかかる病気で，高校生から20歳前後の青年期～成人早期に発病することが多く，いったん発病すると慢性化したり再発を繰り返す傾向がある．統合失調症で目立つ症状は幻覚や妄想であるが，アルコールなどの薬物や脳の器質的問題がなくてもこれらの症状が見られることが特徴である．いちばん多いのは幻聴で，自分を責める声が聞こえることが多い．聞こえてくる場所も宇宙から，壁の向こうから，お腹の中など，荒唐無稽な場所から聞こえることがある．妄想は現実にはありえない考えを確信してしまって，その考えが間違いである証拠があげられても訂正が困難になってしまうことで，誰かが自分を迫害している，始終監視しているなどと思いこみ，時には周りの人たちがグルになって自分を陥れようとしていると確信することがある．これらの幻覚や妄想によって現実と非現実の区別があいまいになったり，非現実的なことを現実に起きていることと取り違えてしまったりすることがある．これらの精神病症状とともに，社会適応水準の低下が生じることが特徴で，それまでできていた仕事ができなくなったり，対人関係がうまくいかなくなって引きこもりの生活になったり，セルフケアができなくなり身だしなみが悪くなるといった状態が起きる．薬物や脳器質的要因がないのにこれらの精神病症状が続き，社会適応水準の低下もみられるとき統合失調症と診断される．幻覚や妄想，思考がまとまらない，奇異な行動などを「陽性症状」，感情が平板になる，意欲がなくなる，思考内容が貧困になる，注意力が低下するなどを「陰性症状」と呼ぶ．

わが国の精神科病床の入院患者数は約33万人であるが，その61%にあたる約20万人が統合失調症患者で，そのうち70%以上が1年以上の長期在院患者と推定されている．近年，統合失調症患者を取り巻く状況は大きく変わりつつあり，副作用が少なく認知機能障害の改善も期待できる新しい抗精神病薬が使われるようになり，心理教育や社会生活技能訓練（SST）などの心理社会的療法が普及し，新しい地域生活支援の方法としてACTやケアマネジメントが開始されている．こうした中で，厚生労働省は「グランドデザイン」により，障害のある人も必要な支援を受けながら地域で普通に生活することを目標として掲げ，「精神保健医療福祉の改革ビジョン」により，「従来の入院医療中心から地域生活支援中心」への転換を打ち出した．また障害者雇用率に精神障害者が算定されるようになり，就労支援も一層重要な課題になっている．

統合失調症患者の退院を促進し，地域生活の質の改善をはかり，就労を実現していくためには，統合失調症の障害特性を踏まえた治療と支援が行われることが必要である．

統合失調症をもつ人たちを「地域で生活する人」ととらえた際に見られる特徴を臺[1]は「生活のしづらさ」として5点にまとめた．それは，①食事，金銭管理や服装，服薬などの生活技術の不得手，②人づき合い，挨拶，気配りなどの対人関係の問題，③生まじめさと要領の悪さが共存し習得が遅いなどの職業上の問題，④安定性に欠け持続性に乏しいこと，⑤現実離れや生き甲斐の喪失，動機づけの乏しさである．どの領域の問題が大きいかは人によって異なるが，これらの「生活のしづらさ」は現場で患者の地域生活を支援する人々の実感が要約さ

れている。昼田[2]は認知的視点から統合失調症患者の行動特性を検討し、「一般に統合失調症患者は注意（関心）の幅が狭く、全体に注意を分配することができず、状況に合わせて複数の情報の中から自分にとって現時点で重要な情報を選択し、統合していく能力に問題がある」とまとめた。近年、統合失調症患者の認知機能障害の研究が進み、こうした「生活のしづらさ」の背景に言語記憶、実行機能、注意持続等の認知機能の障害があることが明らかにされている[3]。

これらの認知機能障害の研究とともに脳画像診断を用いた研究などが活発に行われ、脳の働きの解明が進み、統合失調症の理解も進んだ。その結果、親の育て方に原因があるなどの誤った理解は払拭され、「脆弱性―ストレス」モデルが共通の認識となっている。これは脆弱性をもった個人が環境側からのストレスに対処しきれず破綻した際に症状が起きるという見方である。西園ら[4]はこうした視点から、「よい統合失調症治療の条件」として、①精神症状に対する適切な薬物療法、②社会生活技能の障害に対する生活技能訓練、③自己喪失の挫折感より救出するための精神療法、④社会的支持・家族機能の回復による社会的不利益の改善の4つが必要に応じて統合的に実施されるものとしている。統合失調症治療においては、このように何か1つの治療方法でよしとするのではなく、効果的な治療法を組み合わせ、包括的な治療とサービスを提供する視点が必要とされる。

2）回復の仕方とリハビリテーションの役割

統合失調症の長期経過を追った研究から、発病後10年以上経った時点で社会的に良好な回復の状態にある患者は40%～65%とされている。これはかつて信じられていたほどには不良と言えないが、しかし約半数が不良な状態にあるということになる。また、発病後に安定した状態に達するまでの期間は5～10年とされている点にも注意が必要である。ただし、これらの数字は非定型抗精神病薬が導入される以前の調査であるので、今後は改善する可能性がある。わが国でも導入が始まっている個別的ニーズに対応したケアマネジメントやACT（包括型地域生活支援）などが実施されれば、さらに改善することが期待される。

実際の回復の仕方は個人差が大きい。以前は統合失調症という診断がつけば即入院という時代もあったが、今日では出来るだけ入院を避けて外来で治療される例も増えている。鎮静作用が少なく、パーキンソン症状などの副作用が少ない非定型抗精神病薬が導入され、薬物療法開始後の回復が早まり、早期から職場復帰や就労が可能になるという意見もある。上で述べたように、わが国の精神科病院では1年以上の長期在院患者が約70%を占めているが、その一方で、新たに入院する患者の多くは1～3カ月で退院する患者が多いので、精神科在院患者は1年以上の長期在院患者と3カ月以内に退院する短期の患者に両極分化している実態にある。そこで厚生労働省の「改革ビジョン」では、長期在院患者の退院促進とともに、新たな長期在院患者を生まないための急性期入院～回復期入院治療の改善が提案されている。

米国精神医学会の統合失調症治療ガイドライン[5]は、経過を急性期、安定化期、安定期の3つに分け、急性期後の安定化期には薬物療法とともに精神療法や疾病自己管理や服薬自己管理等の教育プログラムの実施を、その後の安定期には必要な患者に対して精神療法や家族介入、集団療法やケアマネジメント、ACT、生活技能訓練等のリハビリテーション・プログラムを推奨している。回復を促進するために、わが国の精神科医療においても薬物療法とこれらの心理社会的治療を組み合わせた効果的な治療を普及させていくことが課題となっている。

以下、回復を促進するためのリハビリテーションの役割として3つのポイントを述べる。

第1は、過去に見られた「症状が完全に治ってからリハビリテーションを」という考え方か

ら脱却することである．もちろん精神症状が活発でそれに支配されているうちは就労は困難であるが，適切な治療が継続されており，症状に振り回された行動が見られなくなっていれば就労に挑戦することができる場合がある．精神症状の回復のペースと生活能力の回復のペースが一致しない場合があり，精神症状があっても生活能力が保たれている場合がめずらしくないからである．

　第2は，リハビリテーションに患者が主体的に参加する患者中心の視点である．アンソニー（Anthony WA）ら[6,7]は，精神障害者リハビリテーションの中心的な概念として回復（リカバリー）を提言した．ここで回復には「精神障害によって被った破局的（catastrophic）な影響を乗り越えて，その人の人生の新たな意義と目的を見いだしていくことが含まれる」こと，「回復は本人の中で生ずるもので，本人が行う仕事である」ことが重要とされる．つまり，リハビリテーションのプロセスは当時者に主体があり，当事者がどのように人生の可能性を再発見し，自負心と満足できる生活の質（quality of life）を再獲得していくかが課題とされたわけである．

　第3は，こうした患者主体のリハビリテーションを進めていくうえで，患者が希望する実際的な課題から取り組んでいくという考え方である．英国の脱施設化の経験にもとづいてシェパード（Shepherd G）[8]は，本人の希望を十分に考慮し，本人の参加のもとで方針を立て，まず実際的な問題（住居，生計，仕事）に重点を置くこと．そして働きかけの多くは実際の生活の場で行い，本人の長所と短所を踏まえた個別的ケアであること．危機に即座に対応し，継続的にケアを提供できるように質の高い支援を行えるチームが必要であることを述べている．

3）職業上の課題と対処の方法

　米国NIMHの支援で実施されたPORT Project[9]では，統合失調症治療に関する徹底した文献の検討から，「薬物療法と組み合わせた心理社会療法—心理的介入，家族介入，援助付き雇用，包括型地域生活支援プログラム（ACT），生活技能訓練（skills training）—が有意義」とされている．ここで援助付き雇用（Supported Employment）については，「就労の希望を持つ統合失調症患者には援助付き雇用を提供すべきである．その鍵となる要素は，個別的な就労支援，一般就労の職場に速やかに就労させること，就労した後も支援を継続すること，就労支援と他の保健医療サービスを統合して提供すること」が重要とされている．

　援助付き雇用として，もっとも洗練された方法を用いて成果をあげているのが"Individual Placement and Support；IPS"である．これは翻訳書[10]が出版されているので詳細に知ることができる．IPSは「個別職業紹介とサポートモデル」という訳が与えられているように，基本的原則は「最終目標を一般就労に置くこと，迅速な求職活動をすること，リハビリテーションと臨床的な精神保健サービスを統合すること，クライアントの興味に注意を払うこと，一般雇用への参入に際してアセスメントを継続すること，そして，必要な限り継続・同行支援を続けること」とされている．彼らが行ったニューハンプシャーでのIPSでは，導入1年後の一般雇用への就労率が33%から56%に増加し，デイケアからIPSに転換した1年後の追跡調査で一般雇用への就労率が9%から40%に増加した．ワシントンDCでもIPSが導入され，18カ月後の実績で，IPSの利用で雇用された人は61%だったのに対して，対照群の一般的な職業リハビリテーション群では9%に過ぎなかったとされる．

　今後わが国においてもIPSモデルの普及が期待されるが，このモデルはわが国においても従来から積極的な就労支援を行ってきた施設の実践と共通点が多いことにも注意が必要ではなかろうか．

　浅井[11]は東大病院精神科デイケアでの就労

支援の実績を振り返り，1974年の開設以来受け入れた500人のうち196人（約40％）が就労していることを述べている．就労者には授産施設や共同作業所は含まれていないこと，現在通所中のメンバーはもちろん就労の可能性を持っていることなどを考慮すると，上記のIPSモデルと比べて著しく低いとは言えないのではなかろうか．浅井があげている就労援助のポイントの中には，「デイケアという集団生活を通して，病状の安定，自信の回復，対人適応の改善，人格の成長を促す」ほかに，「本人の志向，特徴，社会的スキルの評価」を踏まえること，「SSTを使ってのスキルトレーニング」「職安との連携」「デイケアに通所しながらの根気強い職探し」「職場面接へのスタッフの同行」「就労後の本人へのサポートの継続」「職場との連携」などがあげられている．これらは一般就労を実現するための大事なポイントと思われる．患者との就労目標の合意づくりや，就労面接，その後の支援方法についても技術的な整理が行われている．

もっとも，IPSモデルでは，臨床チームの一員として就労支援スペシャリストが常時参加し，就労支援のほか，新規の職場開拓にも当たっている．わが国においては，就労支援に積極的な施設では受け入れてくれる職場の開拓に大変苦労してきた．最近は職業安定所等の職業機関が協力してくれるようになってはいるが，これらの機関からアウトリーチ・サービスとして医療機関に訪問してくれるようになるか，あるいは就労支援スペシャリストが雇用できるようになれば，就労支援が画期的に進展するのではないかと期待される．

4）おわりに

以上，統合失調症患者の障害特性とリハビリテーションにおけるポイント，就労支援における課題と対処方法を述べた．IPSモデルも参考にしながら，わが国における精神障害者の就労支援の実績を踏まえて，それらの技術化，システム化が進められ，効果的な方法が普及することを期待したい．

文　献

1) 臺　弘：生活療法の復権．精神医学 26：803-814, 1984.
2) 昼田源四郎：分裂病の行動特性．金剛出版, 1989.
3) Harvey PD, Sharma T：Understanding and Treating Cognition in Schizophrenia. Martin Dunitz, Ltd., London, 2002（丹羽真一，福田正人・監訳：統合失調症の認知機能ハンドブック―生活機能の改善のために―．南江堂, 2004）.
4) 西園昌久, 皿田洋子：分裂病治療における生活技能訓練の意義と役割．臨床精神医学 19：1331-1335, 1990.
5) American Psychiatric Association・編（日本精神神経学会・監訳）：米国精神医学会治療ガイドライン　精神分裂病．医学書院, 1999.
6) Anthony WA, Liberman RP：The practice of psychiatric rehabilitation：Historical, conceptual, and research base. Schizophr Bull 12：542-559, 1986.
7) Anthony WA, Cohen M, Farkas M：Psychiatric rehabilitation（高橋　亮, 浅井邦彦, 高橋真美子・訳：精神科リハビリテーション. マイン, 1993）.
8) Shepherd G（長谷川憲一, 小川一夫, 伊勢田堯・訳）：精神科リハビリテーションの最近の発展．精リハ雑誌 1：56-70, 1997.
9) Lehman AF, Kreyenbuhl J, Buchanan RW, et al：The schizophrenia patient outcomes research team (PORT)：Updated treatment recommendations 2003. Schizophr Bull 30：193-217, 2004.
10) Becker DR, Drake RE：A Working Life for People with Severe Mental Illness. Oxford Press, 2003（デボラ・R・ベッカー, ロバート・E・ドレイク（大島巌, 松為信雄, 伊藤順一郎・監訳）：精神障害をもつ人たちのワーキングライフ― IPS：チームアプローチに基づく援助付き雇用ガイド．金剛出版, 2004）.
11) 浅井久栄：精神科デイケアにおける就労支援―実行委員会方式とSSTの統合（安西信雄・編：地域ケア時代の精神科デイケア実践ガイド）．金剛出版, 2006, pp117-134.

◆事 例（1）〈若年発症の事例〉

Kさん，男性，30歳代前半，高等学校普通科卒業．

診断名：統合失調症．

職歴：なし．

病歴・生活歴：4人兄弟の第3子として出生．小学高学年時，肥満が原因で同級性のいじめに遭う（母の話）．中学入学後，いじめはなかったが中学3年時，「近所のTさんが自分を見てのろま！と怒鳴る」「自転車の向きをわざと変えられた」「夜になると自分の部屋の下に来て，皆大騒ぎする」等と母に訴えるようになる．母が担任に相談し，近くのクリニックを受診，服薬開始するが，受験期になり，「薬を飲むと眠気が強くなり勉強できない」と服薬拒否．高校受験はなんとか合格しテニス部に入部．

楽しい日々だったが朝練，日曜練習のハードな毎日だった．高校1年秋頃から，中学時代の訴えと同様の近所の人達に対する被害感が増大し，自宅のカーテンを昼間も閉めきり状態となる．受診は断固拒否．ある日，近所の交番に同様の内容を訴えに行くが，警察官がKさんの意に沿った対応をしなかったと暴れ，近くの精神科病院に医療保護入院となる．被害妄想の症状は容易に回復せず，以来5年間に入退院を5回繰り返すが高校は卒業．その後，体調が良い時に父親（建築関係の自営業）の手伝いをしていたが一般就労体験はない．退院後も妄想消失せず服薬も多量だが，病院デイケアに1年半ほど参加できた．

支援の経過：デイケアはKさんにとって安心できる場で，人懐こさを見せ，木工，料理のプログラムに積極的に参加した．デイケア終了後の事を，Kさん，母，主治医，PSW（精神保健福祉士），OT（作業療法士）で話し合い，PSWが作業所情報を提供し，清掃，食事と喫茶サービス，簡易作業をしている3カ所の作業所を選び，Kさん，母親，PSWで見学．近隣の高齢者や障がい者に家庭料理のお弁当をつくり宅配している作業所を選ぶ．当初1カ月，週2回，1日2時間の見学参加で食材洗いから始め見学期間を終了し，正式に通所を決定する．Kさんの手先の器用さを生かせる場面をスタッフは積極的に提供し，配膳，宅配，調理補助もこなせるようになる．同世代の仲間・友人ができたこと，宅配先の高齢者の人達から感謝され自己存在感を高められたこと，年上の先輩から人付き合いを学んだこと等が2年間の継続した通所を可能にした．近隣に対する被害念慮は完全には消失しないが，ずっと気にしている様子は見られなくなり病状も回復していった．

その間，病院のPSWは定期的に作業所を訪問し，Kさんの様子を主治医に報告し投薬の微調整をしていった．ある時，作業所があるビルの管理組合から共用部分の清掃作業の依頼があり，Kさんの希望で，他の2人の仲間と作業所活動と並行して週2回開始する．この経験は就労意欲を高めることになり，一般就労を強く希望するようになる．主治医の了解も得られ，地域生活支援センター（以下，センター）の就労相談を活用し，履歴書の書き方，面接の仕方等をSSTや就労経験者の話しを聞く機会等で学習し，センタースタッフが同行してハローワークで仕事を探し，週3日，1日4時間のビル清掃の仕事に就く．以後，6カ月経過しているが仕事の帰りにセンターに立ち寄り，休息したり，就労中の仲間達との話し合いに参加したり，作業所の仲間と食事に行ったりしているようだ．

考察：若年者で病状の不安定な人達の就労支援は，支援者にとって多大なエネルギーを使うが，この時期に，デイケアや作業所等の本人の安心できる場で，様々な体験や働く経験を積み重ね，自尊心を高めていく過程は，後の一般就労への挑戦や継続に大変大きな意味を持つ．支援者は，病気や障害に配慮しながらも，その人が持っている長所や特性を把握し，様々な活動場面でそれを積極的に生かしていく支援をする事が重要である．また，治療・支援関係者が

顔を合わせ，その方針・計画を共有し，確認し合うことが大切である．本人を中心にして関係者の支援が適確に機能しているかどうかの確認と各機関の支援がお互いに見えている事が就労継続のキーポイントである．

◆事　例（2）〈中間施設の事例〉

Aさん，女性，50歳代前半．
診断名：統合失調症．
職歴：事務職．
病歴・生活史：地方都市で生まれたAさんは地元の公立小・中学校を卒業し，やはり地元の工業高校に進学した．工業高校を卒業後，B市にある工場の事務職として就職する．そこで数年間働いた後，結婚をして専業主婦となる．結婚後2児を出産し，ごく普通の生活を送っていたが，33歳の時，「風呂に入っていると誰かにのぞかれている」「屋根裏に泥棒が侵入している」と夫に訴えるようになる．夫は，この奇妙な訴えから精神科を自ら探し相談した．ドクターは，「奥さんを連れてくるように」と伝えたが，Aさんは「自分は病気でないので，病院には行かない」といって，夫の言うことを頑として受け入れなかった．

しかし，症状は徐々に進み，2年が過ぎた時には家中のガラス窓に黒い紙を張り，あらゆる扉にいくつも鍵を掛けるようになっていった．また，子供たちに対しても「危険だから外出しないように」と閉じ込めようとしたが，このころには子供たちも分別がつくようになり，逆に母親を嫌うようになっていた．結局，Aさんは別にアパートを借りて1人住まいを始めた．けれども，生活状況は以前よりさらに進み，アパートのガラス窓に黒い紙を張り，扉に鍵をいくつもつけ，ときに興奮が認められた．数年ほど1人暮らしが続いたが，奇妙な行動のためにアパートの住人から大家さんに通報があり，B市の隣のC精神病院へ措置入院となった．

C精神病院へ約1年間入院した後，ほぼ幻覚・妄想も収まったので，B市の中間施設を持つD施設に転院となった．D施設に入所し，最初は慣れないこともあり，一時的に被害妄想が出現した時期もあったが徐々に落ち着き，1年後にD施設の中間施設に移行した．

そこで，日常生活訓練を受け，半年でB市内の民間アパートに移り，そこから週に1回D中間施設に定期宿泊をしながら外来受診を続けた．3カ月ほどたち，幻覚妄想も消失している状態が1年以上経つため，主治医よりD中間施設の職員に打診があり，B市内の作業所に通所することとなった．元来，生真面目な性格のため，作業所での作業では物足りなさを感じ，Aさん自身より「もう少し仕事がしたい」という申し出があり，たまたまアルバイトの要請が来ていたB市立の施設内のアルバイトにつくことができた．その後，2年以上アルバイトは続いている．

支援の経過：C精神病院よりD施設に移った時点より，主治医である精神科医，看護師，ケースワーカー，および作業療法士からなる支援チームが結成され，3カ月に1度，Aさんのケース検討会が開催された．これによりAさんに対する種々の職種からの評価がなされ，Aさんのリハビリテーション・プログラムが作成された．精神科医より精神医学的評価，看護師より日常の行動の評価や看護上の問題点，そしてケースワーカーから社会復帰に向けてのB市の社会資源の利用状況が報告され，作業療法士から具体的な身体機能の評価と作業プログラムの作成が行われた．以上のようなケース検討会の結果は各メンバーより速やかにAさんに伝えられ，プログラムが実行された．

最初Aさんは，ときに幻覚・妄想を訴えることがあったが，向精神薬の調整により安定してきた．精神症状が安定してきた時点で身体的機能の改善のために，始めは短時間の散歩から運動を開始し，その後徐々に負荷を増すような運動プログラムが施行され体力的な改善がはかられた．最終的にD中間施設に移行し，日常

生活訓練と同時にアパート探しもケースワーカーと行い，アパート単身生活へスムーズに移行し，作業所，そしてアルバイトへ移行した．

考察：Aさんは統合失調症としては後発性（late onset）のcaseであるが，症状は典型的な幻覚・妄想状態であった．また，発病してから未治療期間が割りと長く，入院治療後に幻覚・妄想の消失に時間が掛かっていた．以上より，治療困難なcaseと考えられやすいと思う．しかし，上述したような多職種による集中的な治療的介入により社会復帰できた．そして，現在も週3回アルバイトながら就労を続けている．

このような多職種による障害者へのアプローチ（Trans-disciplinary Approach）は，それが地域社会の中で行えばACT（Assertive Community Treatment）となる．今後は中間施設を利用することなくACTにより，このようなcaseが増えることを期待したい．一方，このcaseは知的に高機能を維持しており，またpersonality的にも生真面目で頑張りや，という側面を持っており，それがより社会復帰を早め，また持続している要因であるとも思われる．しかし，ACT的手法は有効な手法であるといえる．

◆事 例（3）〈共同作業所の事例〉

Oさん，男性，50歳代前半，高等学校商業科卒業．

診断名：統合失調症．

職歴：金属，医療，飲食関係の営業13年．

病歴・生活歴：両親，兄弟3人の長男として出生．家計苦しく大学進学を断念．金属会社の営業職に就き，好景気時は高額な収入を得ていたが超多忙な毎日だった．真面目な仕事ぶりで同僚，上司の信望も厚かったが，大学卒業歴のある同僚が上司となり仕事がやりづらく感じていた時に転勤となる．「心機一転」と思い精進したが，会社ビルの警備の人達に「能なし！！」「お前は首になる」等と言われているように感じ始め，営業成績が上がらないのは得意先から無視されているからだと思うようにもなった．31歳時，警備員を殴打し錯乱状態のまま警察官通報，A精神病院に措置入院となる．その後3年間病状悪化で休職，復職を繰り返すうち，自主退職を勧められ退職．営業で会社を転々とし，受診も途絶え再発．近隣の通報と弟同行のうえB精神病院に措置入院となり，8年が経過した．両親は既に死亡し，兄弟の経済的協力も得られず，入院前の住所地で生活保護受給中．47歳時に退院の話が出る．

支援の経過：PSWが退院後の生活相談に応じる．Oさんは長期入院のため社会に出るのが不安だった．話し合いを重ね，規則正しい生活を保つことと同じ立場の人達との交流先としてH作業所を紹介し見学同行．H作業所は，見学者に対しスタッフと共に利用者の人達が活動内容を説明する．病院から1カ月間週2回見学参加．同年代の人達と親しくなり，ダイレクトメールの発送作業に慣れるのも早かった．退院後正式に利用契約を結び，週4日，朝9時半〜3時で通所開始．当初緊張や疲労の様子が見られたので帰宅時にはスタッフが声かけをし，様子を確認していたが，3カ月後には数人の仲間と親しく話をしている場面も見られるようになり，利用回数を週5日に増やす．

1年後には，仕事遂行のリーダー役を務めるようになる．Oさんの営業歴を確認し，一般就労も視野に入れ，ある時得意先の打ち合わせに同伴を依頼すると，予想どおりスタッフに適確なアドバイスを返す．帰路，仕事に対してどのように考えているのかゆっくり話を聞く機会をもつ．再発を繰り返しながら何度も仕事をしてきたがとても苦しかったこと，病気を隠して働いたので受診日を確保しにくかったこと，両親が亡くなって自分も死んでしまおうと考えていたこと等を話してくれた．再就職については「適当な所があれば考えるが，年齢的に難しいと思う．もう少し作業所にいさせて欲しい，そして作業所の売上げアップに協力させて欲し

い.これまでの人生で今が一番幸せに感じる」としみじみと話すのを聞いて,今は彼の気持ちを尊重し,今後の自信回復を待ち,ゆっくり話し合いながら進めていこうと考えた.Oさんが作業所の売上げアップを目標に,意欲的に作業に取り組むので他の利用者にも影響を与え,所内の雰囲気が活気づいてきた.就労経験のない若年者はOさんに就労に必要なことを学ぶ機会も多く,就労に挑戦する人達も出てきている.近隣商店街のイベントにも率先して参加し,店の人達とも関係を深めている.

考察:Oさんの事例をとおして,共同作業所の活動は,精神障がい者の社会参加意識を高めていくうえで重要な役割を果たしていることがわかる.以下,その役割を3点あげる.

①少集団活動…個々の利用目的,ニーズは多様だが,少集団活動をとおして対人関係のスキルを高め個々の役割を自覚していく.

②安心していられる環境づくり…中高年の精神障がい者は,就労先を確保するのが困難な状況にあり,これまで社会の中で苦労を重ね,作業所でやっと安心して居られる場所を見つけたと感じている人も多く,安心できる場の提供は病状の安定,再発防止効果を高め,自主的・主体的に就労意欲を高めることに繋がっている.

③地域交流・啓発活動の拠点づくり…地域性を生かした交流・啓発活動をとおして,利用者が様々な立場の人達との日常関係を築き,一人の市民としての意識を高めていく機会となり就労適応,継続の力となっていく.

2. うつ

1) 働く人のこころの健康

社会の急激な変化と企業のリストラ,労働の高密度化,急速な情報化社会などを背景として,労働者のストレスやこころの問題が増加している.仕事や職業生活に関する強い不安,悩み,ストレスを感じている労働者の割合は急増している.

わが国における事業所の統計でも,社員の0.7%から1%は専門的な治療を要する精神状態にあり,従業員100人あたり平均1人が精神障害で治療中である.多くの企業で,長期休職の理由のうち精神障害者が上位に位置している.なかでもうつ病の頻度は高く,日本のうつ病患者は300～400万人と推定され,一生のうち一度はうつ病にかかる割合が男性5～12%,女性10～25%と決して珍しい病気ではない.

2002年の厚生労働科学特別研究による調査では,地域住民50人に1人が過去12カ月間にうつ病に罹患している.うち医療機関を受診する者は4人に1人と少ないことも報告されている.また,年齢別頻度でも20～34歳と45～54歳のうつ病罹患率高く,勤労年齢で好発する精神疾患といえる(図11.3).

2) 職業リハビリテーションにおけるうつ病

一般に,企業におけるうつ病患者の予後は,他の精神疾患と比較して良好といわれる.英国の調査[1]では,うつ病は勤労者の約5分の1が抱えている一般的な病気であり,そのほとんどは職場で働き続けていると報告されている.

気分障害は「多少問題はあるが勤務状態ほぼ良好」以上の適応水準の者は84%で,統合失調症のように重度の後遺症を残すことなくほぼ元の状態に回復すると考えられ,うつ病の職業リハビリテーションに関する研究は少ないのが現状である.

3) 社会状況とうつ

近年,勤労者の置かれている環境は劇的に変化しており,仕事上でのストレスは増加している.企業側は大規模なリストラ,経費削減のため,正社員と非正社員の構成比が変わり,少数精鋭の正社員が,より高度で難易度の高い業務と非正社員の管理監督を行うことが増えてきた.

以前のように,休職から職場復帰後は定員外の扱いで,単純で安易な業務からスタートする

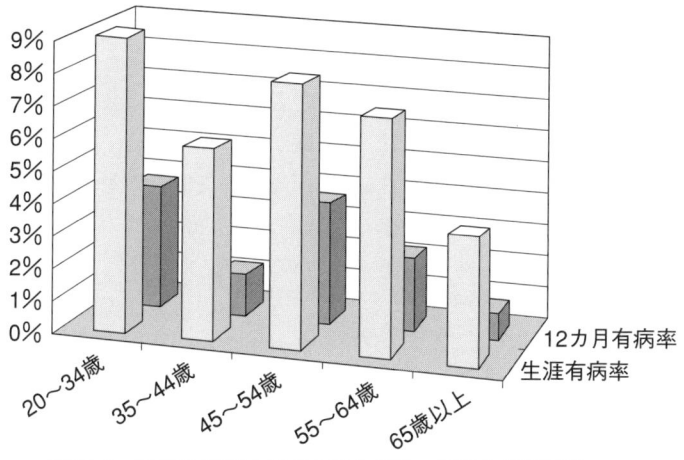

図11.3 地域住民におけるDSM-Ⅳうつ病の年齢別頻度
（川上憲人：厚生労働科学特別研究事業，2003．による）

ということは企業の実情としては難しい時代となっている．職場復帰の条件として「100％働ける状態で復帰する」としている企業も少なくない．

労働安全衛生法の改善により，企業側の安全配慮義務が強化されたこともあり，うつ病は職務パフォーマンスの低下，労災事故の増加，過労自殺につながるため，受け入れのためのハードルは高くなっている．

4）うつ病と自殺の問題

自殺者総数は，8年連続で3万人を超え，なかでも中高年男性の勤労者が急増している．自殺は企業の危機管理上も重要な問題であり，うつ病の早期発見・早期治療，サポート体制の確立が急務となっている．

また，「働き手がうつになる」ことは，本人と家族の人生に大きな問題となる．そのため，うつ病と診断されても，休職せずに仕事を続けながらうつ病を治す，休職後もできるだけ早く職場に戻ることを患者・家族とも強く希望することが多い．

しかし休職後，どうやって職場復帰するのか，退職後のフォローはどうするのかなど，ごく一部の医療機関や障害者職業センターを除くと「職場復帰支援プログラム」は，ほとんど実施されていないのが現実である．

5）統合失調症とうつ病の違い

うつ病の職業リハビリテーションのポイントは，統合失調症などの精神疾患とはずいぶん異なることが多い．

社会的な背景として，

1. 発症年齢が高く，すでに就労している年齢で発症する．

2. すでに婚姻しているため，配偶者・子供・高齢の親を扶養し，一家の大黒柱としての役割がある．そのため，長期の病気療養，退職後に生活保護を受給しながら，地域作業所・福祉的就労から再スタートすることへの抵抗感が強い．

3. 職業リハビリテーションプログラムに長い時間をかけられない．多くの場合，傷病手当を受給している18カ月以内に復職を希望する．休職開始から1年半から2年で休職期間満了で解雇になるリスクがあるため，統合失調症のようにじっくり時間をかけて職業リハビリテーションを行うことは経済的な問題があり難しい．

4. 就労経験が豊富なため転職のハードルが高い．過去の職業経験，職位にこだわるため，障害者枠での求人や収入減となる転職への抵抗

感が強い．

5. **失業後の自殺・家庭崩壊などのリスクが高い**．うつ病は希死念慮という症状があるため，復職や転職の失敗が自殺につながることが少なくない．また，中高年の世代では，住宅ローンや教育ローンなどを抱えているため，経済的な問題を背景とした離婚・自殺も多く，支援者である家族が不在となるケースも少なくない．

6. **家族の被害者意識，会社への恨み・攻撃がある**．うつ病の家族の多くは「会社を休んで迷惑をかけて申し訳ない」という自責感より，「会社のせいで，健康だった家族（配偶者・子供）がうつ病になった」という会社に対する被害者意識が強く，会社側への恨みや攻撃的な態度が起こりやすい．職業リハビリテーションを担当する支援者に対しても，復職や再就職に失敗した場合に同様の攻撃性が向けられることがある．

うつ病の復職支援では，家族の攻撃性や過干渉が患者の病状や回復に大きく影響するため，「家族への心理教育」や「家族支援」も大切である．

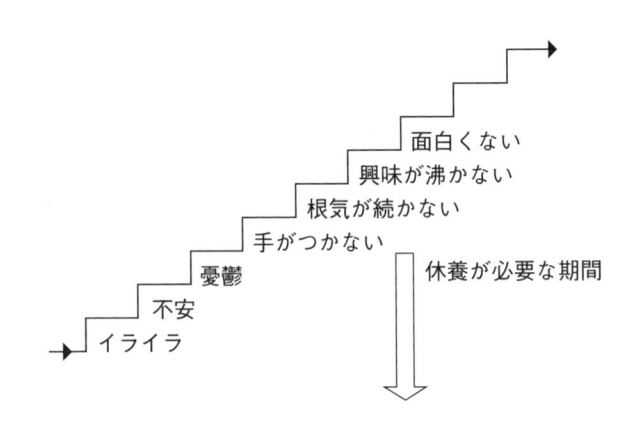

図11.4　症状が消えていく順序

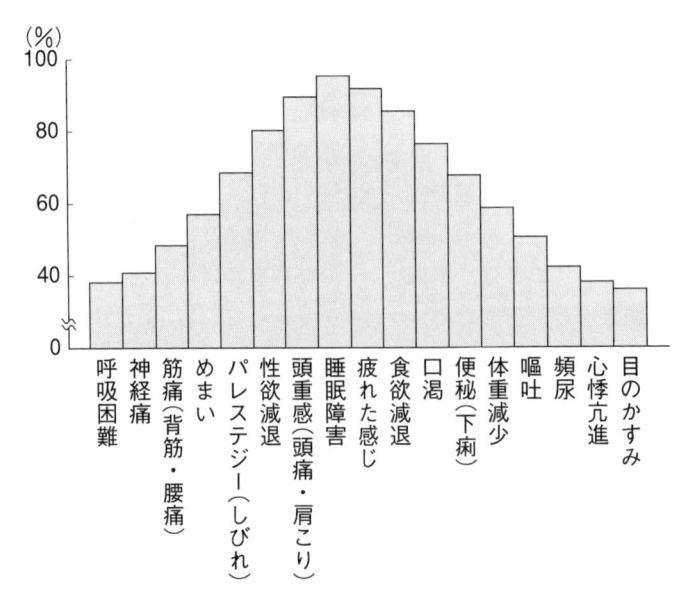

図11.5　うつ病の身体症状と頻度

（渡辺昌祐, 光信克甫・共著：プライマリケアのためのうつ病診療Q&A, 第2版. 金原出版, 1997）

6）就労プログラムの実際

うつ病の職業リハビリテーションを実施している施設は，一部の医療機関や障害者職業センター，NPO法人などまだまだ少ないのが現状である．

うつ病の場合，病状が不安定な急性期や，再発・再燃により症状が悪化し焦燥感が強い時期には，自殺や身体症状の問題があるため，休養・安静を心がけなければならない（図11.4）．

回復の目安は，「おっくう感」が抜けたときや「就労に向けての意欲」が回復したときからスタートする．

うつ病は不眠・易疲労感・頭痛などの身体症状を訴えることが多い（図11.5）．実際に何らかの身体疾患に罹患している可能性もある（「がん」などの警告うつ）ので，軽視せず，身体的な検査もすすめることが大切である．

多くの場合，器質的な異常が認められないが，身体的な症状に関する不定愁訴が多い場合は，ストレスに対する「危険サイン」として，症状発現の時間帯や対処方法，服薬後どれくらいの時間で症状が消失（軽減）したのかを記録する習慣をつけること（症状自己管理）が，復職後の再発防止に役立つ．

7）リハビリテーションの期間

3カ月から6カ月間の基本訓練で労働基礎体力・生活リズム・職業能力（集中力・持続力）を回復させる．

復職前に職場でのリハビリ出勤を行い，通勤訓練や模擬出勤で就労を経験することが望ましい．リハビリテーション施設での適応は良好なケースが，模擬出勤で苦手な上肢や同僚との対人接触で適応障害を引き起こすことは少なくない．ソフトランディングで復帰できるように支援することが大切である．

また，リハビリ出勤・軽減勤務など職場の負担が大きいプログラムは，3カ月を超えないように配慮する．支援者は，患者の立場になりがちであるが，職場はリハビリテーション施設でも医療機関でもないことを忘れてはならない．

また，うつ病の場合，職場復帰がゴールではない．再発率の高い精神疾患であるため，復帰後の再休職も多く，就労が継続できるように最低でも1年間はフォローする体制を作ることが大切である．

8）プログラムの目的

MDA（うつ・気分障害協会）の復職プログラムの目的を紹介する．

1. うつ病を理解し，自己管理能力を身につけることで再発を予防する．
2. 対人関係のくせに気づき，肯定的な自己概念の再形成を行う．
3. 仲間の支えあい，社会での支援体制（セーフティーネット）を構築する．
4. 家族会，後援会などを通じ，家族・職場

表11.5 職場復帰プログラムの効果比較

何もしない （休養・薬物療法のみ）	復職プログラム利用 （MDA-Japanの場合）
・現職復帰：10% ・配置転換：30% ・長期休職：10% ・退職：50% ・管理職の60%は3カ月以内に自己退職	・現職復帰：90% ・配置転換：10% ・退職：0% ・再休職：0% （復帰後1〜3年間）
＊国立精神・神経センター 　山田光彦先生のデータより	

の同僚・上司などのうつ病への理解を深め，不安・ストレス解消による家族（職場支援）機能の再構築を行う．

5．個人面接・電話・メール相談など復職後も継続したフォローを行い，長期間の就労継続を支援する．

9）おわりに

復職支援プログラムを実施することで，職場復帰をスムーズに行うことができ，再発予防効果は高い（表11.5）．このプログラムが，うつ病の当事者・家族が健康で幸福な社会生活および短期間での休職で職場復帰を可能にし，うつ病による企業損失の回復に寄与できると期待される．今後も情報交換の推進により科学性および専門性をもった「うつ病就労支援プログラム」が開発されることが期待される．

文　献

1) Dawson A & Tylee A：Depression：Social and economic timebomb. WHO, 2001.
2) うつ・気分障害協会・編：「うつ」からの社会復帰ガイド．岩波書店，2004．
3) 渡辺尚登：職業ストレス，キャリア発達の心理学．川島書店，pp201-228, 2002．
4) 川上憲人：公衆衛生からみた職域におけるうつ病のケア．産業保健2：84-89, 1994．
5) 野村総一郎，他・編：健康管理室で役立つこころの医学，南江堂，2005．

◆事　例

Aさん，男性，30歳代後半，大学卒．

診断名：大うつ病性障害．

職歴：国立大学を卒業後，電機メーカーに入社．東京本社の総務部に事務職として勤務．

家族構成：都心の実家に両親と同居．独身．

性格：メランコリー親和型性格．真面目で，責任感が強く，人に頼まれるといやと言えない．目立つことは嫌いで，控えめな性格．仕事に関しては，完璧主義でコツコツ取り組むため，几帳面で丁寧な仕事が評価されている．ただし，頑固で融通の利かないところもあり，新規の業務やスピードを要する（瞬時での決断など）仕事は苦手である．他者配慮性の突出のあまり，自己犠牲となり仕事を抱え込みやすい．

現病歴：30歳：決算期に100時間を超える時間外労働が続き，不眠症状出現．産業医の紹介で，精神科を受診し「うつ病」と診断され，3カ月間休職．薬物療法と休養療法で，症状改善し，現職に復帰する．

32歳：会社のメンタルヘルスドッグ（定期健康診断）で，「うつ傾向」を指摘される．本人は，「うつ病」の自覚症状はなかったが，産業医の勧めもあり，1カ月間休職する．

34歳：管理職に昇進．仕事上の責任が重くなると同時に，新任の上司から仕事を次々と任されるが，部下への仕事振り分けができず，仕事をひとりで抱え込むようになる．残業，休日出勤が増え，会社から長時間残業を指摘されると，自宅に仕事を持ち帰り，作業を続けているうちに，不眠症状が再発．

仕事に追われ受診できない状態が続いていたが，風邪をきっかけに，「うつ病」を再発．出社困難となり，産業医の勧めで，6カ月間の休職となる．休職中の定期面談で，産業精神科医より，「3回目の休職でもあり，慎重な職場復帰と症状自己管理のため，復職支援プログラムを受講してみたらどうか？」と勧められ，休職開始から4カ月の時点から，BTW（復職支援）プログラム参加となる．

プログラム参加の経過：職場の産業精神科医からの紹介でもあり，事前にプログラムの内容，目的などについて，きちんと説明を受け，ある程度理解した上で初参加となる．

初回～1カ月まで：真面目でおとなしい性格から，グループ内で緊張感が目立つが，与えられた課題はきちんとこなす．きちんと自分の意見を発言したり，プレゼンテーションなどの場面でも簡潔に発表できる．ただし，グループワーク中は，自分から進んで発言することは少なく，相手の話しを傾聴し，相手の意見を確認

しながら，発言するような慎重な態度が目立つ．

2カ月目：グループの雰囲気にも慣れ，静かに傾聴する態度が好感をもたれ，休憩時間など，メンバーとの交流が増える．毎日の課題である，症状自己管理チャートの記入・分析や認知療法（日記形式）を通じ，自分の弱点や考え方，行動の癖（パターン）をつかめるようになる．働けない事で，親に心配や迷惑をかけているという自責感や，申し訳なさから，実家でゆっくり休養できず，無理に外出したりすることもあったが，両親が，家族会に継続参加したことで，「うつ病」に対する理解が深まり，自宅でゆっくり休養するように両親が，優しく声をかけ見守る態度に変わってきた．また，毎月の精神科医の講演会に父親と一緒に参加したことをきっかけに，親子で「うつ病」について自然な会話ができるようになった．

3カ月：職場復帰の時期が近づき，不安から身体症状が出現するようになるが，薬物療法やリラクゼーション法で症状管理できるようになる．SSTやアサーションプログラムでは，仕事を断る技術や同僚に仕事を頼む方法，仕事の優先順位，作業内容の選択などの課題に積極的に取り組み，発言回数も増えてきた．

復職～就労継続：本人の希望で軽減勤務なしに現職復帰（ただし，3カ月間の残業制限付という条件）．復帰後の病欠や長期休暇なし．勤務時間中に疲れると，「総務の連絡業務」と称して，健康管理室を利用して息抜きをする余裕や，産業医・保健師など産業保健スタッフに気軽に相談できるようになった．

プログラムには，復職後も継続参加を続け，どんな話も静かに傾聴し，いつも優しく誠実な先輩（メンター）として活躍している．

考察：復職支援プログラムを通し「うつ病」といかに上手に付き合い，働くためのスキルを学び，復職後も実践し継続できることが，重要である．また，本人だけでなく，家族，仲間の支援も回復の大きな力になると思われる．

3. てんかん

1）「てんかん」とは

「種々の成因によってもたらされる慢性の脳疾患であって，大脳ニューロンの過剰な発射から由来する反復性の発作（てんかん発作）を主徴とし，それに変異に富んだ臨床ならびに検査所見表出がともなう」（WHOてんかん事典（和田豊治・訳））が定義，すなわち，大脳の病気である．

てんかんは，内科，小児科，精神科，脳神経外科，神経内科等，診療科が多岐に渡っている．有病率については，1,000人に対し6人から8人といわれており，日本の人口を1億2千万人とすると72万人から96万人の患者がいると推定される．

2）「てんかん」の障害概念

日本のてんかん医療の担い手として，そして国際的にも著名なてんかんセンターとして位置付けられている静岡てんかん神経医療センターにおいては，作業療法，デイケア，ナイトホスピタル等を活用した雇用へ向けた支援を継続する中で，300例以上にのぼる症例の経過観察等から，てんかんと障害の概念について，取りまとめと経過の検証を定期的に行っている．

検証の中心人物として貢献してきた八木[7]は「てんかんの障害は，①てんかん発作そのもの．②てんかん発作以外に身体症状，精神医学的症状，知的障害などを重複すること．③てんかんは罹病期間が長く，20年～30年の後に発作が消失しても，重複した身体症状，精神医学的症状，知的障害は残存して障害を残すこと．これら全てを含めて，てんかんの障害と考えるべきである」とまとめている．

3）「てんかん」の法的位置づけと障害の特徴

障害者の職業リハビリテーション等を謳っている「障害者の雇用の促進等に関する法律」に

関連して，障害者の雇用の促進等に関する法律施行規則・第一条の四「精神障害者」の項の二に「・・・（統合失調症），そううつ病又はてんかんにかかっている者」とされており，てんかんは職業リハビリテーションというステージにおいては「精神障害者」と位置づけられている．

しかし，上記のように，てんかんは知的障害，身体障害も重複している事例が多く，それらの障害者手帳所持者は，知的障害者，身体障害者としてケアされる．

そして，発達障害者支援法（2005年4月1日施行）において「てんかんなどの中枢神経系の疾患，脳外傷や脳血管障害の後遺症が，上記の障害を伴うものである場合においても，法の対象とするものである（法第2条関係）」とある．

多様な障害像を持ち，複数の法的位置づけがある．これが「てんかん」という障害の特徴である．

4）「てんかんがある人々」の職業上の課題

2001年に行われた社団法人日本てんかん協会の会員実態調査では"有職者"は37.7%，「合う仕事がない」，「障害が重い」などの理由で失業している者が多い．

ただし，雇用されている人々の実態を同調査から見ると，職種については車両，重機，船舶等の運転が不可欠である運輸・通信，農林漁業の職業が，一般雇用労働者に比べて著しく少ないことを除けば大きな偏りはなく，ほとんどすべての職種に就業している（図11.6）．

就労形態については，パート・アルバイトが29.2%など，恵まれない労働条件の者が多く，雇用されている者の約40%が，発作がいつ起こるかわからないことへの不安を抱えており，約20%がてんかんに対する誤解や偏見に悩んでいる（図11.7，図11.8）．また，てんかんであることを上司にも同僚にも告知している者は全体の30%のみであった．

つまり，てんかんがある人々の職業上の課題は職種に係ることよりも労働条件や発作に関わる様々な不安，職場の人間関係に関することが顕著であるといえ，ゆえに発作を告知して就業している人の割合は低い．

5）「てんかん」の理解について

ある当事者の手記にはこう記されている．「中学校1年生の時に発病した．その時の症状は，数秒間ボーっとしているだけだった．周囲の人にも気づいてもらえず，授業中に起こした時でも，ただやる気がない，とか，集中力がない，というようにしか解釈してもらえなかった．起こしている間の数十秒，あるいは数分の

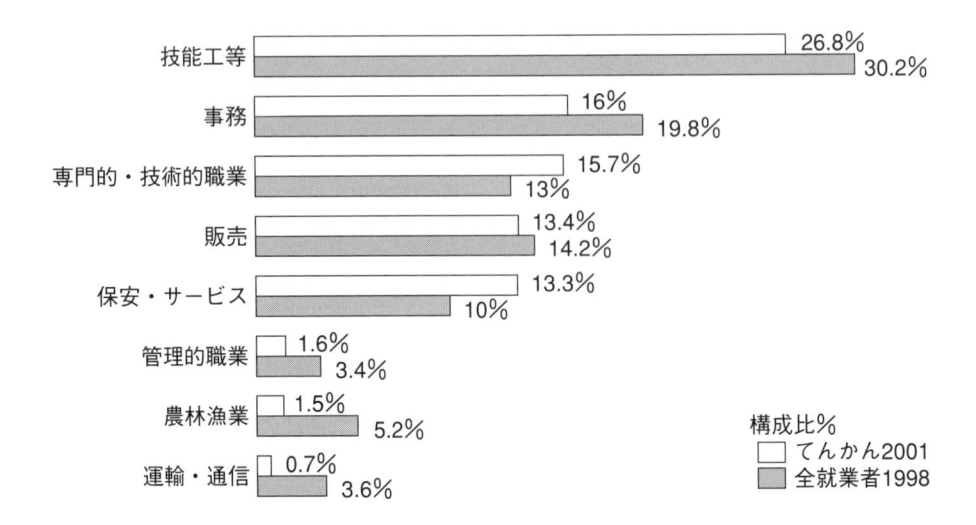

職種	てんかん2001	全就業者1998
技能工等	26.8%	30.2%
事務	16%	19.8%
専門的・技術的職業	15.7%	13%
販売	13.4%	14.2%
保安・サービス	13.3%	10%
管理的職業	1.6%	3.4%
農林漁業	1.5%	5.2%
運輸・通信	0.7%	3.6%

構成比%

図11.6　全就業者とてんかんのある就業者の職種比較[5]

図11.7 就労形態[5]

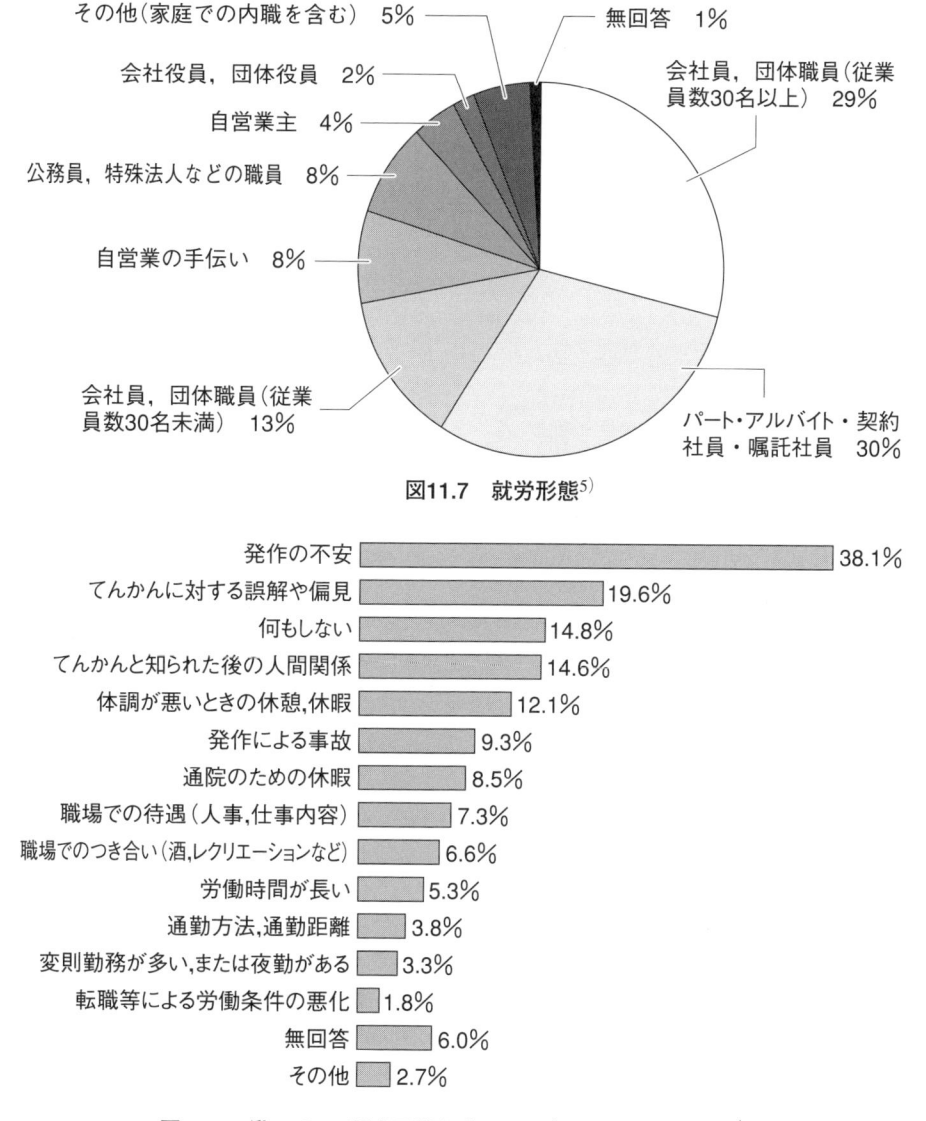

- その他（家庭での内職を含む） 5%
- 無回答 1%
- 会社役員，団体役員 2%
- 会社員，団体職員（従業員数30名以上） 29%
- 自営業主 4%
- 公務員，特殊法人などの職員 8%
- 自営業の手伝い 8%
- 会社員，団体職員（従業員数30名未満） 13%
- パート・アルバイト・契約社員・嘱託社員 30%

図11.8 働いていて最も困難を感じるとき（603人からの回答）[5]

- 発作の不安 38.1%
- てんかんに対する誤解や偏見 19.6%
- 何もしない 14.8%
- てんかんと知られた後の人間関係 14.6%
- 体調が悪いときの休憩，休暇 12.1%
- 発作による事故 9.3%
- 通院のための休暇 8.5%
- 職場での待遇（人事，仕事内容） 7.3%
- 職場でのつき合い（酒，レクリエーションなど） 6.6%
- 労働時間が長い 5.3%
- 通勤方法，通勤距離 3.8%
- 変則勤務が多い，または夜勤がある 3.3%
- 転職等による労働条件の悪化 1.8%
- 無回答 6.0%
- その他 2.7%

間，時間がワープしているのだ．本人にとってみれば．健常者の人には解釈してもらえないかもしれない」．

1998年3月，国立職業リハビリテーションセンターでは，"てんかんにかかっている者の訓練の実態に関する調査研究"をまとめているが，結論として「実態調査研究，および面接調査研究のいずれにおいても「知らない」という理由から何らかの不安や困難を感じている様子が伺われ，てんかんに関する適切な情報の収集や研修制度の必要性が強く指摘された」とある．

個々に異なる複雑な障害像を，いかに事業主や支援者に理解してもらえるかが就業への鍵となる．

6）先駆的試みから見るてんかんリハビリテーション発展へのヒント

(1) オランダでの職業リハビリテーションプロジェクト

最近オランダで行われているジョブコーチシステムはモデル的な実践例，以下のプロセスを

きちんと踏み，信頼できるジョブコーチに支えられて就業する．

①リハビリテーションの専門家から神経心理学的評価を綿密に受ける．

②職場における対人適応技能獲得等のための訓練を少なくとも4カ月間行う．

③仕事探しのプロセスをジョブコーチと共に過ごし，職場を見つける．

④ジョブコーチが職場内で4カ月間同伴し，同僚たちと当事者とをつなぐ．

⑤その後，ジョブコーチは8週間に1回必ず訪問し，当事者に対してカウンセリングを実施する．

この試みは，最初の2年間で19名中16名が雇用就業に結びついたことをきっかけに，150人まで対象を拡げ効果を挙げた．

(2) 日本での試み

日本においても，てんかんセンター，地域の医療機関と障害者職業センターが連携して職業準備訓練を実施した例，ジョブコーチを活用した支援事例があり，"てんかんに特化した配慮"で効果を上げている．

それらから，雇用援助サービスを成功に導くための要因を分析すると，治療・生活に責任を持つ医療機関等と具体的なジョブコーチ支援を展開する雇用支援機関が一体的，計画的にサービスを提供することにある．

7) まとめ

「てんかん」は以上に述べたとおり大脳の病気であるが，高次な脳機能を持つ大脳のいずれかが機能障害を受けた結果として出現する発作や，その発作の繰り返しとして残存する障害を負うことが多いため，障害の出現としては個別的な要素が大きいが，身体障害，知的障害，精神障害，発達障害を含めた全ての障害にわたっている．

2005年6月29日成立の"障害者の雇用の促進等に関する法律を改正する法律"では，精神障害者保健福祉手帳所持者が法定雇用率のみなし適用を受けることが決まり，2006年4月1日から施行された．

身体障害者手帳，療育手帳を持たないてんかんの方には精神保健福祉手帳所持者が多く，医療依存性の高さや烙印・偏見の大きさという，他の精神疾患にかかっている方々との共通性も多い．改正された同法においては，障害者雇用支援施策と障害者福祉施策との有機的な連携，障害者職業センターと医療機関との連携をも謳っている．その法律の文言どおりの支援が行われることこそが，複雑な障害像を有するてんかんの方々の支援として重要である．

文　献

1) 青栁智夫，小笠原眞佐子：山形障害者職業センター，国立療養所山形病院，ハローワーク等の連携によるてんかんがある人々のための職業準備訓練．職業リハビリテーション 15：31-37, 2002.

2) Hanneke M. de Boer：AN EMPLOYMENT TRAINING PROJECT IN THE NETHERLANDS, EPILEPSY AND EMPLOYMENT：IS THERE A PROBREM?. IBE Employment Comission, 2000, pp61-65.

3) 国立職業リハビリテーションセンター：てんかんにかかっている者の訓練の実態に関する調査研究．1998, p52.

4) 久保田英幹：てんかんのリハビリテーション．社団法人日本てんかん協会．2005.

5) 社団法人日本てんかん協会：「働きたーい！」の思いを実現するために　てんかんのある人の就労マニュアル．社団法人日本てんかん協会，2004.

6) 匿名：平成15年度厚生労働省委託事業・第2回東北・北海道ブロック精神障害者就業支援セミナー・抄録集．社団法人日本てんかん協会，2003, p15.

7) 八木和一：やさしいてんかんの自己管理．医療ジャーナル社，2001.

8) 八木和一，富田康士，三浦正江，川崎淳，池田啓子，蒲陽子，曽我孝志，河村ちひろ，鳥居尚之：特集てんかんをもつ人の職業リハビリテーション．季刊職リハネットワーク 34：3-27, 1998.

9) http://www5d.biglobe.ne.jp/~jea/（社団法

人日本てんかん協会)
10) http://www.ibe-epilepsy.org/ (国際てんかん協会)
11) http://www.hosp.go.jp/~szec2/ (静岡てんかん・神経医療センター)
12) http://www.mhlw.go.jp/ (厚生労働省)

◆事　例

30歳代前半，男性．

病歴・生育歴：てんかん発作の初発は6歳，学校は定時制高校を卒業し就職した．最初に就職した"海老の皮むき"をする職場は定時制高校在学中から勤務しており，2年間勤務したが事業縮小で解雇された．2回目のプラスチック加工の仕事は，かなり残業がある会社で3年間でストレスから精神的に参ってしまい"眠れない"状況が続いたので休職し，その後辞職した．

しばらくの通院とデイケア療養後に，地域の就労援助センターから紹介された食肉加工の会社では，毎日7時間，8時から16時まで8年以上働いているが，パートタイム労働者である．

定期的な通院・服薬により発作は睡眠中に限られ，発作の不安はないが，なかなか改善しない労働条件の原因になっているのではないか，ということを含め，"てんかんに対する誤解や偏見"に悩んでいる．精神保健福祉手帳所持（2級）．

障害者職業センターとのかかわり：障害者職業センターを訪れた契機は，筆者が社団法人日本てんかん協会の支部行事，講演会，相談会に呼ばれ，家族から「会社であまりうまくいっていないようで，家の者とギクシャクしている．何とかならないだろうか．」との相談があったことに始まる．家族に，本人に一度センターを訪れてほしい旨の伝達を依頼したところ，早速翌週に本人から予約の電話が入り，相談を開始した．

悩みの所在：Nさん，初対面時の主訴は3点に集約された．

①会社の上司にうまく物事を伝えることができないのが苦痛である．

②「てんかん」についての様々な悩みを聞いてくれるところがほしい．

③自分の気持ちを維持し，うまく働き続ける手段を教えてほしい．

支援内容と結果：Nさんについては月1回，1時間程度のカウンセリングを15回実施した．

主な内容はA近況報告を聞くこと，B自らの状況についてできる範囲でノートへのまとめを推奨すること，C「働く広場」（事業主向け障害者雇用啓発誌・毎月発行）の好事例ページをコピーサービスすること．

このことにより得られた効果は以下のとおり．

①近況報告のため，日ごろの行動についてメモを取る習慣ができ，自分を見つめられるようになった．本人は「メモを取ることにより精神面も身体面でも余裕があると良いということがわかった」と表現している．

②上司や同僚との距離のとり方について，メモの内容と聞き取りで就業状況や人間関係を整理しフィードバックすることの繰り返しにより，作業内容や労働条件についてうまく話ができるようになり円滑化した．

③毎月のように新しい好事例を見ることは，障害者として雇用され働き続ける意欲を継続させた．

周辺状況：Nさんは障害者職業センターを活用しつつ，就職の際から時々相談を持ちかけている自宅近所の就労援助センターへの相談，社団法人日本てんかん協会支部行事への参加，家族との相談で自らのストレスをコントロールし，就業を維持している．

まとめ：Nさんは，定期的な通院・服薬の効果で昼間の発作は起きておらず，仕事も長年続いているが，技能工で労働条件面での悩みが多い．心のバランスを保つための"てんかんに配慮したカウンセリング"が必要な事例である．

見えにくい悩み，本人からは表現できにくい必要な配慮を見極め，適度な距離を保った支援が，てんかんの方々の多くに必要とされる．

第5節　内部障害

現在，わが国において身体障害者福祉法に基づく内部障害として認定（認定年度）されているのは，「心臓機能障害」「呼吸器機能障害」(1967年)，「じん臓機能障害」(1972年)，「ぼうこう・直腸機能障害」(1984年)，「小腸機能障害」(1986年)及び「ヒト免疫不全ウィルスによる免疫機能障害」(1998年)の6種類である．

内部障害の原因は必ずしも明らかではないが，医学や科学技術の急速な進歩による重篤な臓器疾患の救命，食生活の欧米化や食材の化学物質等による汚染，あるいはまた大気汚染など生活環境の劣悪化，ストレス社会の影響によると推測されている．

5年ごとに実施されている身体障害者実態調査（2001年）[1]によれば，我が国の18歳以上の身体障害者数は324.5万人であり，その中で内部障害は84.9万人（26.2％），前回調査時と比べ増加率は136.7％と最も高い．さらにその内訳を見ると，心臓機能障害46.3万人，腎臓機能障害20.2万人，呼吸器機能障害8.9万人，ぼうこう又は直腸機能障害9.1万人，小腸機能障害0.3万人，およびヒト免疫不全ウィルスによる免疫機能障害（HIV）は0.2万人である．

外見からは分かりにくいこれら内部障害は，他の障害に比べ身体障害者福祉法による認定から日が浅いこともあり，未だ充分に理解されているとは言えない．しかし，内部障害者自身の自己努力や自己管理だけで職場を見つけ，あるいは職場の理解なしに職業生活や社会生活を維持し続けることには限界があり，雇用主をはじめとする企業関係者と保健医療専門職との連携，また家族はもとより友人・知人らの障害に対する適切な理解と協力が必要不可欠となる．

一般に，内部障害者に対する雇用管理のポイントとしては，①身体的に過度な負担を避けた軽作業等の職種を配慮する，②清潔で安全な職場環境を整える，③残業を避けるなど労働時間へ配慮する，④定期検診や健康管理のための時間を保証する，⑤時差通勤などの通勤時間に配慮する，⑥社内行事や社内交流（飲酒の機会）参加を強制しないことが挙げられている[2]．本節では，さらに各々の内部障害について，その障害特性を職業生活の観点からまとめ，また可能な範囲で事例を紹介する．ただし，小腸機能障害は障害が共通することから，ぼうこう又は直腸機能障害の中にまとめた．

1．心臓機能障害

1）心臓機能障害とは

脳血管疾患に次ぐわが国の3大死因の一つが心臓病である．心臓病の発症率は今後さらに増加しようが，肥満，高血圧，運動不足，喫煙などの危険因子（リスクファクター）の改善と心疾患に対する治療技術の進歩により，生存率もまた高まることが予想される．つまり，心臓病という生命維持の危機を抱えながら生活する者が増えると言うことであり，職場復帰の時期や再就職の際の支援が重要となる．

身体障害者手帳交付に際しての心臓機能障害の等級基準は，主に①不整脈，②虚血性心疾患（狭心症・心筋梗塞），③その他心筋症等により心臓本来の働きが障害され，日常生活活動が制限される者において，1級（自己の身辺の日常生活活動が極度に制限される者），3級（家庭内での日常生活活動が著しく制限される者），4級（社会での日常生活活動が著しく制限される者）と定められている．

2）心臓機能の評価と職業生活への準備，復職への指針

一口に心疾患といっても症状とその程度は

様々であり，特に日常生活や職業生活上問題になるのは，病名よりもむしろその機能であろう．心機能の指標として，例えば疲労は，心疾患の初期兆候としても重要であるが，疲労を測る客観的方法の一つにBorgら[3]による疲労認定尺度（Rate of Perceived Exertion：RPE）（表11.6）がある．心筋の酸素消費量の研究では，RPE値15以上と心筋の最大酸素消費量75%とが関連していることから[4]，全身的な疲労を訴えた者には活動が困難になった時の疲労を数値化することで適切な対応が可能となろう．さらに米国ニューヨーク心臓協会による心疾患の機能分類（表11.7）は，クラスⅠからⅣまでの症状と機能が具体的に記されている．

心疾患発症による入院から退院に至るまでの間，リハビリテーションを実施した群と積極的には実施しなかった群での復職率を調査した藤田ら[5]による研究の結果によれば，両群での65歳以下の復職率はリハビリテーション実施群で70.4%，非実施群で44.8%であった．つまり，入院中に適切なリハビリテーションを行うことは，病態を改善し，患者に社会復帰に対する自信をもたせ，その結果復職率を高めると言えよう．

心臓疾患患者の職場復帰のための明確な基準を示したものは特にないが，日常労作の運動強度と負荷試験を対比させた表11.8は，退院後の生活指導の指標となる．ただし，運動負荷試験やリハビリテーション労作はいわば短時間の活動であり，その結果をそのまま職業場面の労作に置き換えて判断することは必ずしも妥当ではない．職業活動はいわば長時間の作業であり，また精神的な側面も考慮する必要があることは言うまでもない．さらには，仕事の危険性や公共性といった社会的な側面からの考慮を加味する必要も出てこよう．復職の可否については，それらの結果を総合的に判断した上でなされるべきであり，場合によっては職種を変更する必要が生じよう．

表11.6 疲労認知尺度（RPE）

6		14	
7	非常に軽い	15	強い
8		16	
9	ごく軽い	17	ごく強い
10		18	
11	かなり軽い	19	非常に強い
12		20	
13	やや強い		

（Borg G and associates：Med Sci Sports Exerc 14：376，1982より）

表11.7 心疾患の機能分類

クラスⅠ：心疾患患者だが，身体的活動を制限する必要がない者 日常的身体活動が，過度の疲労や動悸，呼吸困難や狭心症の原因にならない	クラスⅢ：心疾患患者で，身体的活動を著しく制限する必要がある者 休息をとることで楽になる． 日常的身体活動より軽いものでも疲労や動悸，呼吸困難あるいは狭心症の原因となる
クラスⅡ：心疾患患者で，身体的活動をわずかに制限する必要がある者 休息をとることで楽になる． 日常的身体活動が疲労や動悸，呼吸困難や狭心症の原因となる	クラスⅣ：心疾患患者で，不快感なしにどのような身体的活動も行えない者 休息時にさえ，心不全の症状や狭心症の症状が生ずるかもしれない．どのような身体的活動を行っても，不快感が増強される

（New York Heart Association, Inc：Nomenclature and criteria for diagnosis of diseases of the heart and great vessels. ed 8, Boston, 1979, Little Brownより）

合併症のない心筋梗塞患者の場合の復職の目安として，藤田ら[6]は，退院後家庭での運動療法を続け，1カ月程度家庭生活に順応させた時点での運動負荷試験により，最大心拍数の70～80％まで運動耐容量が回復していればおおむね復職させて良いと示唆している．また，復職に際して，最初の1～2カ月は時差出勤（遅く出社し早く退社）させ，仕事量も半分程度として仕事に慣れさせ，出来るだけ残業などは避け規則正しい生活を送ることが望ましい．

いずれにせよ，心臓機能障害を有する者の職場復帰のための評価は，合併症等の病態の重症

表11.8 相対運動強度表―各種運動負荷試験と日常，職業上諸労作の対比

METS	リハビリテーション労作	運動負荷試験 *注意「トレッドミル:NCVCプロトコール,自転車エルゴメーター：体重60kgの人で」（　）内は平均METS数	日常労作および家事など	職業労作など事務仕事手先の仕事	レクリエーションなど
1～2	臥位安静 座位・立位 ゆっくりとした歩行 　　　　（1～2km/h）		食事・洗面 編み物・裁縫 自動車の運転 乗り物に座って乗る	事務仕事 手先の仕事	ラジオ・テレビ 読書 トランプ・囲碁・将棋
2～3	ややゆっくりした歩行 　　　（3km/h） 自転車（8km/h）	ステージ0（2.2）	乗り物に立って乗る 調理，小物の洗濯 床拭き（モップで）	守衛・管理人 楽器の演奏	ボーリング 盆栽の手入れ
3～4	普通の歩行（4km/h） 自転車（10km/h）	マスターテスト1/2 25watt（3.6）	シャワー 荷物を背負って歩く 　　　　（10kg） 炊事一般・洗濯・アイロン ふとんを敷く 窓拭き・床拭き 　　（膝をついて）	機械の組立て 溶接作業 トラックの運転 タクシーの運転	ラジオ体操 バドミントン 　　（非競技） 釣り ゴルフ （バッグを持たずに）
4～5	やや速めの歩行 　　　（5km/h） 自転車（13km/h） 柔軟体操	ステージ1（4.3） 50watt（4.7）	荷物を抱えて歩く 　　　　（10kg） 軽い大工仕事・軽い草むしり 床拭き（立て膝で） （夫婦生活）・（入浴）	ペンキ工	園芸 卓球・テニス 　　（ダブルス） バドミントン（シングルス） キャッチボール
5～6	速めの歩行（6km/h） 自転車（16km/h）	マスターテスト 　　（シングル） ステージ2（5.7） 75watt	荷物を片手にさげて歩く（10km/h） 階段昇降 庭掘り・シャベル使い 　　（軽い土）	大工 農作業	アイススケート 渓流釣り
6～7	ゆっくりしたジョギング 　　　（4～5km/h） 自転車（17.5km/h）	マスターテスト 　　（ダブル） ステージ3（7.0） 100watt（7.3）	まき割り シャベルで掘る 雪かき・水汲み		テニス（シングル）
7～8	ジョギング（8km/h） 自転車（19km/h）	ステージ4（8.3） 125watt			水泳 エアロビクスダンス 登山・スキー
8～	ジョギング（10km/h） 自転車（22km/h）	ステージ5（10.2） 150watt（10.0）	階段を連続して昇る （10階）		なわとび 各種スポーツ競技

注：METSとは，安静座位を1として，その何倍の酸素消費量に当たるのかを示す．

度やリハビリテーションプログラムの進行状況，運動負荷試験の成績，退院後の運動による心機能の回復の程度，精神面や社会的側面および経済面等を総合的に判断することが重要である．

3）心臓機能障害と雇用上の留意点

わが国の「障害者雇用対策基本方針」[7]（2003（平成15）年度から2007（平成19）年度までを運営期間とする）の第3-2-ハ：事業主が行うべき雇用管理に関して指針となるべき事項その2・障害の種類別配慮事項ハにおいて，「心臓機能障害者や腎臓機能障害者等の内部障害者については，職務内容，勤務条件等が身体的に過重なものとならないよう，「個々の障害の状況を充分に把握し，必要に応じて職場の同僚等の理解を促進するための措置を講じるとともに，障害状況に応じた職務設計，勤務条件の配慮を行う」としている．さらに必要に応じて，医療機関とも連携しつつ職場における健康管理のための体制の整備を図ることが重要であると明記されている．

心臓機能障害者を雇用する上で大切なことは，心臓に過度の負担がかからないよう，種々の配慮を継続して行うことであり，当事者の自己管理と体調の自己申告を尊重すると同時に，周りの者が疲労の兆候を理解し，必要なときには過度に気兼ねすることなく休暇を取得するなどして受診できるような職場の環境作りが必要とされる．

心臓機能障害1級を有するA氏は，業務遂行能力に差はないとしながらも，「ペースメーカーへの影響が心配であり，例えば高圧電流が流れている変電所に近づかないとか，胸部に何かがあたらないように注意するとか，一般的には理解しづらい対応がある」と述べている[8]．

携帯電話の急速な普及による近年の問題としては，体内に埋め込んだペースメーカー（人工的な電気刺激により心臓を興奮収縮させる装置で，主に不整脈に用いられる）使用者が最も恐れていることは，ペースメーカーの感知部分に体外から雑音が入ることで生じる誤作動である．高いエネルギーの電磁波を発生する家庭電気製品，医療用機器あるいは工業用機器，さらに昨今では，携帯電話についても，NTTによる安全基準によれば30cm離れることで影響はないとしているが，例えば満員の通勤電車内での影響は分かっていない．これらの諸注意は，特に職業生活というよりむしろ日常生活上の注意点であり，ある程度の制約はやむを得ないとしても，さほど難しいことではなかろう．

文　献

1) 厚生労働省HP：http://www.mhlw.go.jp/houdou/2002/08/h0808-2b.html
2) 高齢・障害者雇用支援機構・編：雇用管理マニュアルNo. 83. 内部障害者のための職場環境．pp8-9, 1996.
3) Borg G and associates：RPE collection of paperspresented at ACSM annual meeting, 1981. Med Sci Sports Exerc 14：376, 1982.
4) New York Heart Association：Nomenclature and criteria for diagnosis of disease of the heart and great vessels, ed 8. Little Brown, Boston, 1979.
5) 藤田良範，戸沢和夫：心疾患患者の社会復帰，総合リハビリテーション 19：1063-1066, 1991.
6) 前掲5
7) 障害者雇用対策基本法：障害者の雇用支援のために―事業主と障害者のための雇用ガイド（平成17年度）．厚生労働省・独立行政法人高齢・障害者雇用支援機構．p51, 2005.
8) 高齢・障害者雇用支援機構・編：雇用管理マニュアルNo. 83. 内部障害者のための職場環境．p10, 1996.

2. 呼吸器機能障害

1）呼吸機能障害とは

呼吸機能は「換気機能」「通気性の維持・気道の浄化機能」「肺胞ガス交換機能」という人体の生命維持に重要な3つの役割を担っている．こ

れら3つのうち，いずれかの機能に障害を生じたものが呼吸機能障害である．

つまり，呼吸機能の障害とは，①換気機能の障害：呼吸運動の調節の障害，呼吸筋の筋力低下，肺の換気容積の減少，②通気性の維持・気道の浄化機能の障害：気道の狭窄・閉塞，くしゃみ，せきの抑制，粘液分泌の減少または増加，気管線毛運動の低下，③肺胞ガス交換機能の障害：ヘモグロビンの不足，ガス分圧の喪失，呼吸膜の透過性の喪失，呼吸膜の広さの喪失，に代表される[1]．

2）呼吸機能障害の生活上の課題と職業生活への準備

呼吸機能障害が起こると，息切れや呼吸困難および易疲労など，呼吸不全の症状が出現し，睡眠による休息も十分にとりにくくなり，体力の低下を招くことになる．体力の低下が起こると身体防御機能が低下し，感染の危険性が高まるという悪循環を生じる．

呼吸機能障害として代表的な慢性閉塞性肺疾患（Chronic Obstructive Pulmonary Disease；COPD）の症状である労作時の息切れは，活動を制限し，その為に運動機能低下や心循環系の効率低下によるdeconditioningという2次障害を引き起こす．その結果，日常生活や社会生活にも大きな影響がおよびQOLを低下させることとなる[2]．

肺呼吸，即ち肺組織の中で，吸い込んだ空気から酸素を血液に取り入れ，血液中の炭酸ガスを空気中に排出する機能が低下した状態が呼吸器機能障害である．呼吸不全「動脈血ガス，特に酸素と炭酸ガスが異常な値を示し，そのため生体が整序な機能を営み得ない状態」とも言われる．

呼吸器機能障害の原因として最も多いのが，いわゆる肺結核後遺症によるものであるが，ここ数年，高齢化や大気汚染をはじめ，耐性菌感染による治癒率の悪化，院内感染，若年者の集団感染などが新たな問題になっている．

呼吸器機能障害を引き起こす他の主な疾患としては，慢性肺気腫や慢性気管支炎などの慢性閉塞性肺疾患や，肺活量の低下を来す肺線維症，サルコイドージス，肺結核手術後の胸郭変形などが原因として挙げられるが，いずれも病状が悪化することにより，慢性呼吸不全の状態となり，神経系，循環系をはじめ消化器など他の臓器に深刻な合併症が引き起こされるので注意を有する．

呼吸器機能障害の認定は，他の内部障害と同様，都道府県知事が指定する医師の診断による意見書を審査して決定される．診断法は胸部X線の所見と換気機能をスパイロメトリーで測定した結果により，1級，3級，4級に分けられる．またその際には，日常生活における5段階の活動能力（表11.9）も参考になる．

職業生活を維持させるためには，基本となる日常生活管理が必要不可欠であるが，古賀（1993）[3]は，呼吸不全予防の管理法として①余裕のある規則正しい生活，②雑踏やほこりの多いところへの外出は避け，帰宅時の手洗いやうがいの励行，③肥満にならないよう栄養のバランスと適度の運動，④腹式呼吸など呼吸法の会得，⑤低階層かエレベーターのある清潔で換気の良い住居，⑥適度の湿度と温度を保った部屋，⑦排痰（肺理学療法を受けることが望まし

表11.9　呼吸器機能障害の日常生活における活動能力

① 階段を普通の速さでのぼれないが，ゆっくりならのぼれる．
② 階段を休みながらのぼれる．
③ 普通の速さで歩くと息苦しくなるが，ゆっくりなら歩ける．
④ ゆっくりでも少し歩くと息切れがする．
⑤ 息苦しくて身のまわりのこともできない．

い）の励行，⑧服薬管理，⑨定期的な受診，⑩睡眠剤や鎮静剤にたよらない精神の安定，⑪禁煙，などをあげている．

呼吸不全の場合には，特に体力や耐久性の低下が問題となるが，現在では在宅酸素療法（1985年3月より健康保険適用）も普及し，相当重度の者でも自宅での生活が可能になった．また加圧酸素ボンベと酸素濃縮器は，外出や旅行のためにはキャスターを付けた液体酸素や小型の酸素濃縮器が利用できる．

在宅酸素療法の適応としては①病状が安定しているが酸素療法が必要な者，②酸素療法によって入院生活が不要となる者，③動脈血酸素分圧が50Torr（TorrはmmHgと同じで，正常値は95±5Torr）以下または51以上でも肺性心を伴う者，④在宅でも医療機関の指導・連絡が受けられる者，⑤患者及び家族が酸素療法の意味，危険，機器の取り扱い，治療中の危険な徴候と医師への連絡方法の指導を受け，かつ十分に理解していること[4]があげられている．

職業生活の可否を判定するための労働能力と予測肺活量1秒率（指数）の相関，労働能力と比肺活量との相関，労働能力と可能な最大労作のエネルギー代謝率（RMR）との関係を表11.10，表11.11，表11.12に示した．

また，身体障害者福祉法による呼吸障害の等級判定法を表11.13に，環境庁による健康被害指定地区住民のための大気汚染公害認定障害補償判定法を表11.14に示した．その他として，珪肺などの灰燼による呼吸障害に対して，労働省は1960（昭和35）年に塵肺法を制定し，国際分類に基づく第1型～第4型に管理区分している[5]．

3）呼吸機能障害と雇用上の留意点

呼吸機能障害者の中には，医学的には重度の低酸素血症が認められても，それなりに日常生活可能な者が少なからずいる．呼吸障害が慢性の経過をたどるうちに各臓器の代償機能が働くようになったこと，いわゆる適応によるもので

表11.10　労働能力と予測肺活量1秒率との相関

労働能力の程度	予測肺活量1秒率
① 健康人並み	60％以上
② 重労働不能	65～45％
③ 軽労働のみ	50～35％
④ 机上作業	40～25％
⑤ 一般就労不能	30％以下

表11.11　労働能力と比肺活量との相関

労働能力の程度	比肺活量
① 健康人並み	81％以上
② 重労働不能	80～61％
③ 軽労働のみ	60～46％
④ 机上作業	45～31％
⑤ 一般就労不能	30％以下

表11.12　労働能力と可能な最大労作のRMRとの関係

労働能力の程度	RMR
① 健康人並み	12.0～5.0
② 重労働不能	5.0～3.0
③ 軽労働のみ	3.0～2.0
④ 机上作業	2.0～1.0
⑤ 一般就労不能	1.0以下

あり，就労に際しても個人の心身機能の状況を的確に把握することで，適した仕事とのマッチングが大切である．

一般的には呼吸の予備能力が低いため，身体的な負担の少ない軽作業やデスクワークが適当とされる．また，定期的な通院が必要となることが多いため，主治医の意見も聴取し，通院のための時間の確保には理解を示す必要があろう．職場は，ほこりや粉じんなど気管支粘膜を刺激するような環境を避け，適切な湿度や温度（特に急激な冷気は避ける）の保たれるような配慮が重要である．また，より体力を必要とする残業や超過勤務や，刺激臭のある薬品や火気を取り扱う必要のある職種も避けたい．

言い換えれば呼吸障害については，職種，労働量，作業環境，勤務条件，通勤方法などにつ

表11.13 呼吸障害に対する福祉行政

身体障害者福祉法による呼吸機能障害

1級	自己の身辺の日常生活が極度に制限されるもの	指数が測定できないもの 指数が20以下のもの また動脈血 O_2 が50Torr以下
2級		
3級	家庭内での日常生活が著しく制限されるもの	指数が20を超え，30以下のもの，もしくは動脈血 O_2 が50Torrを超え，60Torr以下
4級	社会での日常生活が著しく制限されるもの	指数が30を超え，40以下のもの，もしくは動脈血 O_2 が60Torrを超え，70Torr以下

〔指数＝（1秒量÷予測肺活量）×100〕

表11.14 大気汚染公害認定障害補償

大気汚染公害認定障害補償

特級	話をしたり，着物を脱いだり，身のまわりのことをすると息切れがする	指数35以下および動脈血 O_2 が70Torr以下
1級	休み休みでないと50m歩けない	
2級	平地でさえ健康人なみに歩けないが，自分のペースなら1km以上歩ける	指数55以下
3級	平地では同年齢の健康人と同じに歩けるが，坂や階段は遅れる	指数70以下

〔指数＝（1秒量÷予測肺活量）×100〕

いて充分な配慮[6]がなされれば，特に支障なく職業生活に従事できると言えよう．

文　献

1) 野口美和子・監修：事例で学ぶ成人看護1 呼吸機能障害を持つ成人の看護／循環機能障害を持つ成人の看護．メヂカルフレンド社，p2，2003.
2) 後藤葉子：呼吸リハビリテーションにおける作業療法―慢性閉塞性肺疾患患者の場合―．札幌医科大学保健医療学部紀要　第7号：11-12, 2004.
3) 古賀良平：呼吸機能障害，障害者の職業問題―内部障害者編―．pp59-79, 1993.
4) 森山　豊：呼吸機能障害，障害者雇用ガイドブック98．pp214-216, 1998.
5) 古賀良平：前掲3
6) 労働省職業安定局障害者雇用対策室・編：肢体不自由者・内部障害者の雇用管理―職場定着の手引―．pp161-162, 1988.

3. 腎臓機能障害

1) 腎臓機能障害とは

腎機能障害とは，何らかの原因によって腎臓がその機能を失い，生体の恒常性を維持できなくなった状態で，急速に生じた場合を急性腎不全，数カ月ないし数年にかけて持続性の機能不全に陥ったものを慢性腎不全という．さらに慢性腎不全とは，腎機能が悪化し末期腎不全（尿毒症）に至る不可逆的な疾患であり，病理学的には機能するネフロン数の持続的減少であると定義される．

2) 腎機能障害の生活上の課題と職業生活への準備

腎機能障害者の数は年々増加しており，日本透析医学会の全国調査（2004年12月）[1] によれば，慢性透析患者は248,166人（前年比10,456人増）である．このうち，昼間透析者は196,337人，夜間透析者42,600人，家庭透析者114人，CAPD・外来維持腹膜透析8,774人，その他341人，最長透析歴は37年3カ月におよぶことが報告されている．

近年，透析患者は腎機能障害に加えて様々な運動機能障害を合併していることが特徴とされ，それらの障害にも考慮した対応が必要となる．医療の進歩による新しい薬剤や治療法の開発により，今後は，さらに長期にわたる透析を継続しながら人生を全うする人々の増加が見込まれることから，彼らの生活上の課題を理解し，苦労や苦悩を共有しつつQOLを配慮した生活を支援することが保健医療福祉専門職はもとより企業関係者の責務となる．

ところで，これまで腎疾患患者では運動が憎悪因子と見なされ，身体活動は制限されてきた．しかし，「腎疾患患者の生活指導に関するガイドライン」1997（以下，ガイドライン）[2] によれば，長期の経過については明確ではないとしながらも，より具体的な活動内容を提示し，病態の安定した者には積極的に社会参加を推進する動きに変化してきている．

前述のごとく，わが国において，人工透析療法が健康保険の適用となり腎機能障害が身体障害者福祉法の対象になった1967（昭和42）年以降，対象者の数は増加している．特に糖尿病性腎症から腎不全となり，人工透析が必要になる者は増加を続け，日本透析医学会の調査では，1998年には慢性糸球体腎炎を抜いて，新たに人工透析に入った原因の第1位となっている．

腎臓移植の頻度については必ずしも満足な現状ではない（1990年に行われた腎臓移植の数は年間741回）[3] が，昨今の臓器移植に対する関心の高まりを受けてさらに増加が予測される．つまり今後，腎臓機能障害者の数は急速に増加し，リハビリテーションのニーズの高まりによって可動年齢にある者の就労に関する問題は改めて重要な課題と言える．

身体障害者福祉法に基づく身体障害者手帳の交付に際する腎臓機能障害の等級は，腎臓機能検査における内因性クレアチニンクリアランス値（ただし満12歳を越える者に適用することを要せず），又は血清クレアチニン濃度値の各基準に加え，自己の身辺の日常生活活動が極度に制限されるものが1級，家庭内での日常生活活動が著しく制限されるものが3級，社会での日常生活活動が著しく制限されるものが4級と決められている．

ただし，腎臓移植を行った者については，抗免疫療法を必要とする期間中は，当該療法を実施しないと仮定した場合の状態で判定される．同様に慢性透析療法を実施している者の場合にも，当該療法実施前の状態で判定する[4]．

しかし，これらの判定はあくまで医学的な基準に基づくものであり，必ずしも実際の労働能力を意味するものではない．例えば腎臓機能がゼロに等しい1級腎臓機能障害者であっても，人工透析療法により一般就労が可能であることは言うまでもない．つまり，水分や塩分，カリウムなどを制限する食餌療法と透析治療が上手く

管理できていれば，普通に社会生活を送ることが出来ると言えよう．そのことは逆の言い方をすれば，腎臓機能障害者にとって，健康維持のための自己管理がいかに重要かということであろう．

表11.15は，腎疾患患者の生活指導に関するガイドライン（1997年）[5]による成人の生活指導区分表であるが，通勤および勤務内容など社会生活全般にわたっての具体的な指針が示されている．

これら健康の自己管理とともに，腎臓機能障害の治療法は3つに分けられる．即ち，非透析つまり薬物療法，透析療法（腹膜透析と血液透析）および腎移植療法である．また透析療法の中でも，今後はCAPD（Continuous Ambulatory Peritoneal Dialysis：携帯型腹膜透析）の増加が予測されているが，人工のフィルターで血液をろ過する血液透析に対してこの方法は，腹膜を利用して，腹に埋め込んだカテーテルを通して約2リットルの透析液を出し入れする方法である．この方法であれば，自宅や職場で通常1日4回，1回30分程で済み，人によっては日中に2回，就寝中に2回まとめて行うことも可能である．

その他透析療法を必要とするのは，原発の腎臓病以外にも，例えば二分脊椎のような肢体不自由の合併症として腎臓機能の低下を来す場合など種々様々である．

3） 腎臓機能障害と雇用上の留意点

腎臓機能障害のための治療法がいずれであっても，その身体特性はほぼ共通する．それらは例えば①全身的な体力の低下による易疲労性，②体調が変動しやすい，③定期的な継続治療と観察を要する，④風邪などの感染症にかかりやすいこと，などである．

それらを考慮して雇用するためには，①肉体的な重労働をさせない，②透析療法のための勤務時間を配慮（準夜間透析の場合には午後からの早退を認めたり，家庭での夜間透析であれば早退の必要はないが，透析の翌日はつらいため

表11.15 成人の生活指導区分表

指導区分	通勤・通学	勤務内容	家事	学生生活	家庭・余暇活動
A：安静（入院・自宅）	不可	勤務不可（要休養）	家事不可	不可	不可
B：高度制限	短時間（30分程度）（できれば車）	軽作業 勤務時間制限 残業，出張，夜勤不可（勤務内容による）	軽い家事（3時間程度）買い物（30分程度）	教室の学習授業のみ 体育は制限 部活動は制限 ごく軽い運動は可	散歩 ラジオ体操程度（3～4メッツ*以下）
C：中等度制限	1時間程度	一般事務 一般手作業や機械操作では深夜・時間外勤務，出張は避ける	通常の家事 育児も可	通常の学生生活 軽い体操は可 文化系部活動は可	早足散歩 自転車（4～5メッツ以下）
D：軽度制限	2時間程度	肉体労働は制限 それ以外は普通勤務 残業，出張可	通常の家事 軽いパート勤務	通常の学生生活 一般の体育は可 体育系部活動は制限	軽いジョギング 卓球，テニス（5～6メッツ以下）
E：普通生活	制限なし	普通勤務 制限なし	通常の家事 パート勤務	通常の学生生活 制限なし	水泳，登山，スキー，エアロビクス

*メッツ（METS）：運動中の酸素消費量が座位安静時の何倍に相当するかという活動強度を示す単位

出勤時間を遅らせるなど）する，③清潔で空調の利いた職場環境を整備する，④長時間勤務による過労を避ける，⑤社内旅行やレクリエーションなどへの参加を強制しない，などがあげられる．

仕事の継続については，腎機能障害が内部障害として認定されていることから「障害者の雇用等を促進する法律」[6]の適用により雇用主や職場の理解が得られやすくなっている．今日では，可動年齢にある多くの者が，週日の定期的な透析時間の保障や夜間透析により，仕事を継続させている．通勤による規則正しい生活リズムや役割の遂行による張り合いは，人の活動欲求と社会的連帯感を満たす．因みに，神田にある某透析クリニック（40床）の夜間透析（午後4時から6時に透析開始）利用者の90％近くは仕事をしており，体調の良い方は透析中のベッドに起き上がって仕事しているという．仮に退職後や専業主婦であれば，例えば腎臓病患者連絡協議会等の活動に参加し，仲間作りと社会活動に積極的に取り組むことは，長い透析生活を明るく前向きに乗り切る上で大切であろう．

腎臓機能障害を有する者を雇用する上で何よりも大切なことは，一人一人の障害をよく理解し，勤務時間内に通院せざるを得ないこと等による当時者に必要以上の負い目を感じさせることなく，温かい態度で接することであろう．しかし，通院や自己管理による健康維持さえ上手くいけば，耐久力以外の作業能力には特に問題がないことから，過度の温情や極端な閑職にまわすことも又適切とは言えない．

文　献

1) SSKA：東京都腎臓患者連絡協議会発行 No.160. p21, 2005.
2) 腎機能患者の生活指導・食事療法に関する小委員会：腎機能患者の生活指導・食事療法に関するガイドライン．日腎会誌 39：1-37, 1997.
3) 日本腎臓移植学会：腎移植臨床登録集計報告．1990.
4) 前掲2
5) 前掲2
6) 厚生労働省・編：障害者雇用ハンドブック平成17年度版．2005.

4. ぼうこう又は直腸機能障害, 小腸機能障害

1）ぼうこう又は直腸機能障害とは

人工膀胱や人工肛門の造設者いわゆるオストメイトが，内部障害者としてわが国で初めて身体障害者手帳の認定を受けた1984（昭和59）年11月以降，年々その数は増加し，現在では約10万以上と推定されている．ストーマ造設に至るような膀胱疾患や腸疾患等の発病原因は必ずしも明らかではないが，食生活の欧米化やストレスの多い都市生活等が要因としてあげられており，今後も増加しよう．

ストーマとは，尿や便を体外に排泄するため腹壁に人工的に作られた排泄口のことであり，ストーマを有することになった人，即ちオストメイトは世界共通の呼称でもある．

ぼうこう・直腸機能障害とは，尿をためる膀胱や便をためる直腸の機能低下，あるいは喪失の状態であり，治療のための切除摘出手術の結果造設されるストーマは，図11.9[1]に示す如く大別して，尿路ストーマのウロストミー，結腸ストーマのコロストミー，そして回腸ストーマのイレオストミーに分けられる．

膀胱の腫瘍や大腸癌，前立腺癌あるいは二分脊椎など，ストーマ造設に至ることの多い疾患は様々であるが，ストーマが造設されると排泄物が出る部位は腹壁上となり，排尿や排便が自分の意志でコントロールすることができないため，収尿や収便のためのパウチを生涯を通して装着することになる．

定期的に洗腸法（1～2日ごとにストーマから微温湯を注入して強制的に便を洗い出す方法で1回に約1時間程度を要する）を行う場合であっても万一の場合を考え常時何らかのパウチを装着しておくのが一般的である．

パウチについて，今日では天然のカラヤゴム

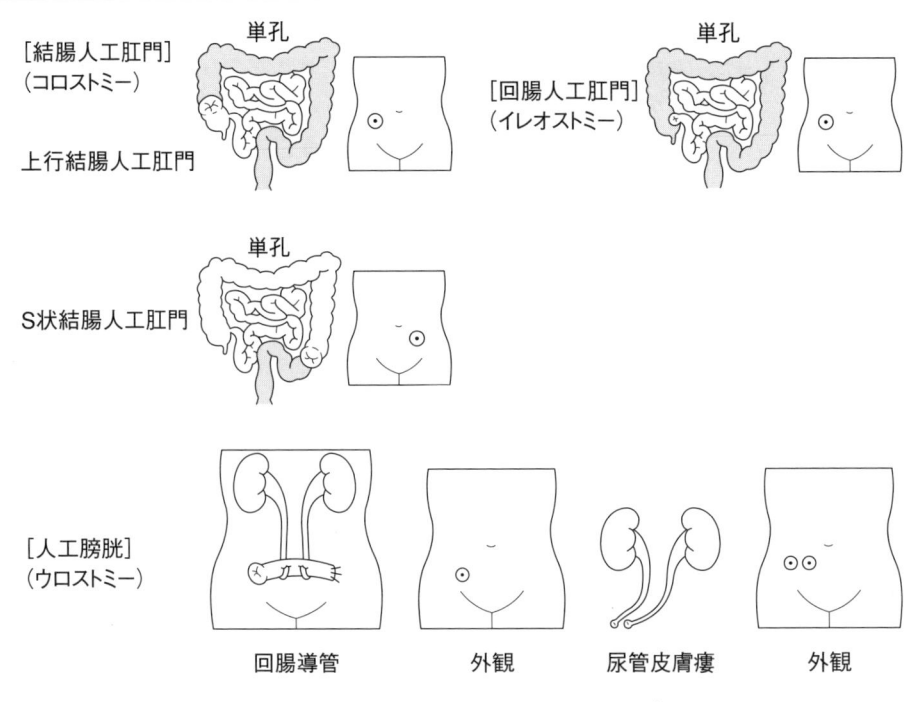

[結腸人工肛門]（コロストミー）
単孔
上行結腸人工肛門

[回腸人工肛門]（イレオストミー）
単孔

S状結腸人工肛門
単孔

[人工膀胱]（ウロストミー）
回腸導管　　外観　　尿管皮膚瘻　　外観

図11.9　主な人工肛門，人工膀胱の種類[1]

などを基にした良質の粘着性パウチが市販されるようになったが，それでもなお皮膚の状態によっては粘着剤によるかぶれやかゆみ，ただれ等が問題になることが当事者らから指摘されている．また，ストーマ造設部位の問題も重要で，例えば腰ベルトの位置にストーマが造設されてしまうと，サスペンダー式のズボンしか履けなくて困ること，女性の場合にはパウチが目立たないようギャザースカートしか履けないなど，衣生活の制限に対する不満の声も多く，小児や学生，職業人など若年者に問題が大きい．図11.10に主なパウチ[2]を示した．

2）小腸機能障害とは

小腸（十二指腸・空腸・回腸）の機能は，口から取り込んだ食物を胃液，膵液，胆汁などの消化酵素によって分解しながらその栄養素を吸収する働きにある．小腸機能障害とはその機能が，先天的または後天的(疾病)原因によって低下又は喪失した状態で，通常のルートによる栄養維持が出来ないか又は困難となる場合を言う．

通常のルートによる栄養摂取では栄養維持が困難になるため，障害の程度によって常時又は6カ月に2週間程度の回数の栄養治療法（カテーテル先端を鎖骨のしたから挿入し，中心静脈に留置した状態で輸液管理を行う方法）を行う必要が生じる．

3）ぼうこう又は直腸機能障害，小腸機能障害の評価と職業生活への準備

身体障害者福祉法に基づく身体障害者手帳の交付に際する膀胱又は直腸機能障害の等級は，他の内部障害と同様，自己の身辺の日常生活活動が極度に制限され，起居動作に極度の制限を受けるため1日の大半を就床している状態にあるものが1級，家庭内での日常生活活動が著しく制限されるものが3級，そして社会での日常生活活動が著しく制限されるものが4級で，さらに詳細に各々についての判定基準が決められている．

オストメイトについては，ストーマ造設の時点で4級の認定が受けられ，その他に骨盤腔の手術につきものの腸閉塞や強度の貧血，電解質の異常，アシドーシス（血液のPHが正常値より低下），胆石，尿路結石などの合併症によっ

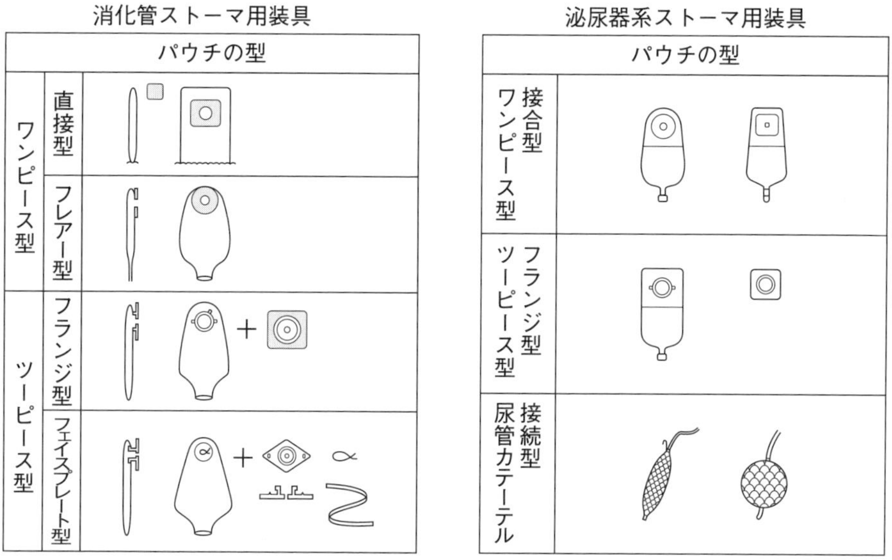

図11.10 主なストーマパウチの種類[2]

て1級や3級に該当する場合には，術後6カ月を経過した時点で再申請することによって等級があがる．手帳1級から3級では，医療費や税金の障害者控除が受けられ，ストーマ用装具の給付制度や交通費運賃割引制度もある．

小腸機能障害の場合には，栄養所要量の60％以上を常時中心静脈栄養法でおこなう必要のあるものを1級，栄養所要量の30％以上を常時中心静脈栄養法でおこなう必要のあるものを3級，永続的に小腸機能の一時利子委低下があり，随時中心静脈栄養法又は経管栄養法を行う必要のあるものが4級に認定される．小腸大量切除の場合は手術時に，それ以外の小腸機能障害の場合は6カ月の観察期間を経て認定される．

職業生活のための準備として大切なことは，健康管理を含む生活障害への対処とストーマの自己管理につきると言っても過言ではない．生活障害としては，感染症などの全身的な合併症を防ぐための健康管理や弱酸性でバランスの良い食事管理，そして日常生活の中で特に問題となるのが排泄障害（排尿困難や尿失禁）および，排尿障害の程度に準じて生ずる性機能障害についてであり，約4割のオストメイトが問題としてあげている[3]．人が生活する上で基本となるこれらの生活障害の程度は，そのまま職業生活の成否の鍵を握る．

さらに，収尿や収便を失敗なく行うこと，パウチを使用する場合には粘着剤や排泄物による皮膚のただれやかぶれに注意すること，ストーマ部位を清潔に保つことが必要である．

4）ぼうこう又は直腸機能障害，小腸機能障害と雇用上の留意点

オストメイトの場合，ストーマの自己管理や健康管理を上手く行える人であれば，雇用上特に大きな問題はないと言える．彼らは食生活に気をつけ，過労を避けるなど日常に充分な注意を払って生活できており，多少の問題はあるにせよ，パウチなどの装具や衣服もそれなりに工夫して生活している[3]．しかし，いわゆる自立するまでには数年を要しており，ストーマ造設による精神的なショックは計り知れないものがあると言えよう．家族をはじめ友人，職場の上司や同僚らによる理解は何より大切であり，彼らの職場復帰をサポートする．

一般に，オストメイトや小腸機能障害による栄養摂取の問題がある場合には，体力の低下が大きな問題となる．雇用主側の配慮としては①

重い物を運んだり腹圧のかかるような職種を避けさせること，②残業はなるべくさせないなど，過労に配慮すること，③医療機関への通院などに対して理解すること，④ガス音に対する好意の無関心，などストーマに対する理解ある環境作りをすること等があげられる．

一方，当事者側の注意としては，周りへの配慮として，①安全性（漏れを防ぐ）と防臭性（臭いの対策）を心がけること，②粗相した場合の予備のパウチや対応を準備すること等が挙げられよう．必要以上に神経質になることはないが，排泄という問題は微妙であり，人の尊厳に関わる問題でもあるため，より一層の理解の促進と周りの理解が望まれる．

文 献

1) 髙屋道子，前川厚子：ストーマガイドブック．医歯薬出版，1985．
2) 髙屋道子，高橋のり子：オストメイトのスキンケア．中央法規，1991．
3) 菊池恵美子，岩波君代，松井和子：オストメイトの排泄ケアに関する調査研究．1987．

5. HIV（ヒト免疫不全ウィルス）による免疫機能障害

1980年代には，HIV感染による後天性免疫不全症候群（AIDS）は治療法もなく多くの人が死亡した．しかし，1990年代の後半からは疾患管理が可能となり，現在では多くの患者が服薬や通院を続けながら職業生活を送れるようになっている．

1）障害特性

（1）HIVとは？

HIVとは「ヒト免疫不全ウィルス」の略である．感染したHIVは血液，精液，膣分泌液，母乳に含まれるため，感染経路は，性行為，血液を介した感染（注射器の回し打ち等），母から子への母乳による感染である．血友病のための血液製剤や輸血，臓器移植によって感染した人もいる．HIVの感染力は非常に弱く，蚊，コップの回しのみ，握手，涙・汗，同じ鍋をつつく，風呂やプール，トイレ，せき，くしゃみ，シーツの共有などでは感染しない．通常の職業生活ではHIVが他人に感染することはなく，食品の取り扱い，美容師やマッサージ師など顧客に接触する仕事でも制約はない．

（2）HIVによる免疫機能の低下

HIVは，免疫機能の中枢であるヘルパーT細胞に入り込み，その内部で増殖を続け，これを破壊していく．免疫機能の低下は，健常者では問題を起こさない非常に弱い病原体による一群の感染症（日和見感染症）の発症として表れる．健常者であっても過労やストレス等で免疫機能が落ち，風邪を引きやすくなったりするが，それがひどくなったものである．日和見感染症で，せきやくしゃみ，皮膚の湿疹，下痢便などがあったとしても，それが正常な免疫をもつ他人に感染することはない．

（3）HIV感染症の治療効果の現状

現在，わが国では，HIV感染症は，適切な治療を行うことで免疫力が回復するようになっている．しかし，現在HIVを完全に消失させる治療方法はないため，治療を中断するとHIVは再増殖し，免疫状態は悪化してしまう．発展途上国においてはこの病気により死亡する例がまだ多いが，これは治療費が高額なため治療ができないためであり，わが国とは状況が全く異なる．

（4）服薬について

抗HIV薬は複数の錠剤を組み合わせて，各人に合ったものが選択される．かつては複数の錠剤を仕事中にも服薬する必要があるなど負担が大きかったが，最近では服薬回数が1日に1回〜2回と，服薬継続が容易になっている．薬が効かなくなる薬物耐性HIVの出現を防ぐためには，この服薬スケジュールを95％以上順守することが必要であるとされている．

頻度の高い服薬の副作用として，嘔気，下痢，筋肉痛，手足のしびれ，血尿，腰痛，めまいなどがある．アレルギーの出現頻度も高く，

薬疹等が出現した場合には，1〜2週間程度の入院も必要となることがある．

(5) 免疫機能障害の認定と障害特性のかい離

エイズ（AIDS）とは，HIV感染による重度の免疫不全症候群のことを言い，後天性免疫不全症候群の略である．特に23種類の日和見感染症が定められており，その一つに罹った時点でエイズと診断される．この状態で，身体障害の1，2級に認定される．

また，エイズに指定されるよりも軽度の免疫機能低下による日和見感染症があり，この状態で，身体障害の3，4級に認定される．

HIVに感染しても，これら免疫機能低下の症状が出るまでには十年以上経過する場合も多く，「無症候性キャリア」と呼ばれ，定期的検診が必要である．また，現在では，障害認定を受けた後に，服薬の継続により免疫機能が回復している例が多い．（なお，これは服薬の中止によって症状が悪化する一時的な状態と考えられるため，再認定の必要はない．）したがって，生活や職業上の問題の程度については，エイズの診断や障害等級ではなく，実際の免疫機能低下の程度に応じた配慮を本人に確認することが重要である．

2) 職業上の課題

HIV感染者は，求職時の差別への対処，就職時の病名告知や必要な配慮を事業所側に伝えることの決断，服薬や通院等と職業生活の両立，病気について隠したままの職業生活を送ることの精神的な負担感など，多くの問題に対して，適切な助言者や支援者もなく直面していることが多い．

(1) 職場の偏見・差別による問題

いまだにエイズやHIV感染について「道徳的退廃者がかかる原因不明の死に至る恐ろしい病気」といった偏見や，HIV感染者と一緒に働いたり，近づいたり，触れたりするとHIVが感染するという間違った知識に基づく恐れによって，HIV感染者への差別が少なくない．このため，就職後にHIV感染のことが同僚に知られた場合などに，社内・社外にパニックが広がることもある．

このようなことから，HIV感染者は，自分の病気のことを他人に知らせた時に，周囲からどのような扱いを受けるかについて大きな不安や抑うつ感を抱えていることが多い．

(2) 疾患管理と職業生活の両立

HIVの血液濃度や免疫機能の確認のために定期的検診は欠かせない．また，免疫機能は，職業生活に伴う心理的ストレスや過労などに大きく影響を受ける．

さらに，服薬の副作用で，疲労，下痢，吐き気などがある場合や，血友病などの合併症による関節炎など，免疫機能障害だけではない，機能障害も職業に影響を及ぼしうる．

3) 対処のノウハウ

上述のような職業的課題を踏まえて，HIV感染者の就職や職業生活への支援のためには，病名告知の問題，正しい知識の啓発，疾患管理と職業生活の両立，二次感染予防について，十分な準備をして対処していく必要がある．

(1) 職場内での病名告知

HIVやエイズに対する偏見や差別が根強いことを本人も支援者も意識し，就職にあたって雇用率制度の適用を考える場合を含め，HIV感染について事業主に伝える必要があるかどうか，また，それを職場の上司や同僚に伝える必要があるかについては慎重に検討し，面接や発病時の対応について事前に十分に準備しておくことが必要である．

「HIV感染」ではなく「内部障害」とだけ伝え，服薬や定期的通院などの必要な配慮について告げるだけでも十分な場合は多い．もし，HIV感染を告げた後に就職が拒否された場合には，法的措置に備えて，事業所に対してその理由を文書で求めることが必要な場合もあろう．就職前の健康診断についても，仕事の遂行に問題がないことを把握する目的であるから，

HIV感染自体を問題にすることは誤りである．また，HIV検査を義務づける国への海外出張の際などでは，HIV検査は本人の同意を得た上で行うことが必要であり，その結果で就労継続を判断することは違法となりうる．

定期的通院や服薬などの職場での配慮について上司や同僚が疑義をもつ場合，「体調が悪いが，治療を受ければ仕事はできる．」とだけ説明し，病名告知を避ける方法もある．

その他，感染症についての情報漏洩は，事業主，人事や産業医，健康保険を扱う部署などから起こることもあるため，これには法的な処罰規定があることを再確認し，情報管理を適正に行えるよう関係者の認識を高めておく必要がある．

(2) 正しい知識の啓発

HIVは職場で感染することはなく，また，現在の治療管理においては免疫機能障害による職業上の制限もほとんどないことについて，就職活動支援や職業継続支援などの一環として，事業主等に正しい知識を啓発する必要がある．

また，上述の通り，病名告知は必ずしも必要ないが，もし上司や同僚に病名を開示する必要があるならばパニックを防止するため，一般の健康をテーマにした研修等で，HIV感染についての正しい知識を職場に啓発しておくなどの配慮が必要である．できれば，これはHIV感染者の有無に関わらず職員の健康教育の一環として行うことが好ましい．また，事前の啓発が行われず，パニックが発生した場合でも，HIV感染症についての専門家を招いての説明会や質疑応答で沈静化できることもある．

さらに，エイズを発症して入院した場合など，HIV感染した従業員自身や企業が知らずに，解雇や自主退職してしまうことがある．しかし，発症頻度の高いカリニ肺炎の場合，入院治療期間は1カ月である．このような治療の最新の状況について，十分な情報提供が必要となる．

(3) 職場内での疾患管理への配慮

HIV感染は最近の疾患管理の進歩により，服薬の負担も少なく免疫機能障害もほとんどない人も多い．このようなことから，感染者は自分の病気のことを告げずに就職することも多い．

定期的検診のための通院が必要であること，また，各人の状況によって適度に休憩したり過労やストレスを避けたりなどの配慮が必要である場合には，前述の病名告知の問題を慎重に考慮しつつ，職場側に必要な配慮を求める必要がある．最近では，柔軟な働き方を認める職場も多くなっていることから，これらの配慮を求めるにあたって特にHIV感染のことを知らせる必要がない場合もある．疲労が大きい場合には，短時間雇用や勤務時間帯の変更も有効であろう．

(4) 二次感染予防対策

前述の通り，通常の職業生活ではHIVが他人に感染することはなく，必要以上にHIVの感染を恐れて，HIV感染者を職場から排除することは偏見・差別以外の何ものでもない．その一方で万が一のことも考え，血液感染予防については，その職場のHIV感染者の有無に関わらず，HIVよりも感染力の強い肝炎等の感染予防のためにも，職場での一般の安全指導の一環として行っておくことが望ましい．

その内容は，他人の血液や分泌物（精液等）は不潔なので絶対に触れない，これらは石鹸を使って洗い流すか，それができない時はビニール袋等でしっかり包んでゴミに出す，出血はなるべく本人が自分で処置する，カミソリ，歯ブラシ，タオル等の血液のつきやすい日用品は他の人と共有しない，傷の応急処置を他人がする必要がある場合には，ゴム手袋を着用し，血液等に触れたらすぐに石鹸を使って流水で洗い流す，人工呼吸ではハンカチ等をはさむ等を注意する，などである．

なお，最悪の状況で，感染した可能性がある場合（同僚が傷を負った手で，感染者の血液に触れた場合など），HIVは感染力が弱いため，必ずしも感染が成立するわけではないので冷静・迅速な対応が必要である．8時間以内に多剤併用療法の服薬をすることが，医療事故などでとられる方法である．

文　献

1) HIV/AIDS as an emergent disability（特集）. J Vocational Rehab 22：67-198, 2005.
2) HIV感染症治療研究会：HIV感染症「治療の手引き」＜第8版＞. 2004.
3) 小西加保留, 他：「HIV陽性者の療養生活と就労に関する調査研究」報告書. 2005.

6. 難　病

近年の医療技術の進歩は目覚しく,「難病」と呼ばれている疾患の多くで疾患管理が可能となり, 実際に多くの就労事例がある. ただし, 疾患管理と職業生活を安定して両立させるためには課題も多い.

1) 障害特性

難病には, 100を超える疾患種類があり, それぞれに性質の異なるタイプがあったり, 症状の程度の違いがあったりして, 一概にその特性を述べることはできないが, 他の障害種類と比較していくつかの特徴がある.

(1) 医療技術の進歩による疾患と障害の共存

難病患者の職業問題が重要となっている背景として, 治癒はしないが薬物療法等によってコントロールすることによって社会復帰が可能な疾患が増加していることがある. つまり, 疾患としての医療的な関りと, 障害としての生活や職業面での対策が同時に行われることが必要な場合が増加している. かつては公共職業安定所（ハローワーク）などで, 疾患の自己管理によって社会復帰が可能になった難病患者が就職相談に訪れた際, 職員が「病気が治ってからおいで下さい.」と言ったという逸話があるが, 難病は一生治らないものも多いのであり, また, 完治しなくても職業生活は可能な場合が多いのである.

(2)「難病」の定義と実態のズレ

「難病」という用語は一般にも使われているが, 行政においては, 一般的に以下のような国等による事業で指定されている疾患のことをさす. しかし, 難病が行政上認定された後に, 新たな治療法によって状態が大きく改善された疾患が多くあるため, 難病の認定を受けていても必ずしも障害が重度とはいえない状況であり, 従業員が難病（特定疾患）であったとしても, そのことだけで, 就労が困難であるとみなすことはできない.

イ　難治性疾患克服研究事業：「症例数が少なく, 原因不明で治療方法も未確立であり, かつ, 生活面での長期にわたる支障がある特定の疾患」として原因の究明, 治療方法の確立に向けた研究を進めている123疾患.

ロ　特定疾患治療研究事業：難治性疾患克服研究事業対象の疾患のうち, 診断基準が一応確立し, かつ難治度, 重症度が高く患者数が比較的少ないため, 公費負担の方法をとらないと原因の究明, 治療方法の開発等に困難をきたすおそれのある45疾患.

ハ　小児慢性特定疾患治療研究事業：先天性又は小児期に主として罹患する疾病.

ニ　その他の国の事業：身体障害者福祉法による「更生医療」, 児童福祉法による「育成医療」, 重症心身障害児（者）措置, 進行性筋萎縮症児（者）措置.

ホ　各都道府県別の単独事業：独自の基準により難病認定があり医療費の公費負担が行われている疾患.

(3) 疾患により多様な機能障害と活動制限

難病はその病態によって, 身体障害として認定される機能障害を伴う場合も見られる. 例えば, 網膜色素変性症では視覚障害, 多発性硬化症では肢体不自由, クローン病では直腸機能障害などである. しかし, それ以外に, 従来の障害者認定基準に合致しないが, 職業生活を送るうえで支障となりうる機能障害を伴う難病も多い. そのような機能障害には, 排尿機能障害（トイレの回数が増える等）, 消化器症状（腹痛, トイレの回数等）, 易疲労性（勤務時間短縮, 通勤の困難, 作業強度の制限等）, 精神神経症状（ストレス, 人間関係, 判断に関連する

困難等），皮膚の障害（摩擦，温度等），自律神経障害（高温環境，立ち作業の継続等），貧血症状（立ち作業の継続が困難），出血傾向（打撲や切傷等を起こしやすい仕事を避ける），感染しやすさ（外回りの制限）がある．その他に，疾患管理上の行動制限（作業強度制限，勤務時間制限，ストレス軽減，寒冷環境禁止等）による影響がある．

さらに，難病には疾患の病理により特徴的な複合障害が発生する場合も多い．例えば，ベーチェット病では視覚障害と肢体不自由が合併する場合があり，全身性エリテマトーデスなどの膠原病でも関節痛による肢体不自由とともに内部疾患の合併例がある．

障害者認定基準に合致し，障害者認定を受けている場合において，難病者では目立たない合併障害が存在する可能性があるので注意が必要である．特に，視覚障害や肢体不自由などの障害を有している場合，内部疾患などの外からは見えにくい障害の合併が見落とされる傾向があるので注意が必要である．

2）職業上の課題

「難病患者の職業問題」というと，いまだに夢物語的に考えられることもあるが，実際には，精神障害やHIVによる免疫機能障害とも共通点をもって，実際に就労事例を踏まえた現実の問題が多くある．

（1）疾患管理の見通しの難しさ

「難病」と呼ばれる慢性疾患の多くが，既に社会復帰が可能なまでに治療技術が進歩しており，実際に，職業生活を送っている場合が多い実態が，あまり社会的に認識されていない．難病は非常に多様であり，それぞれの疾患についての最新の情報は，専門医等に確認しなければ分からないなど，事業主や患者本人が，就職や職場復帰の見通しを持ち難い状況がある．

従業員が難病を発病した場合，疾患によるが，専門病院での治療が順調に進めば早ければ数カ月，多くの疾患では1年程度で職場復帰が可能となる場合が多い．しかし，本人が当初十分な情報を持たず，治療に専念するため，自主退職をしてしまう例も多い．一度，退職して，職場復帰するよりは，同じ企業に職場復帰する方が容易な場合も多いため，現在の状態には問題がある．

（2）偏見，差別の問題

病気や障害があることで，病気や障害への理解が不十分なことに起因する偏見によって就労を含む社会参加が妨げられる原因となる可能性がある．難病患者には，履歴書などの「健康状態」記述欄に自らの疾患名を記入することによって，就職への門を閉ざされる経験をした者が多い．そのため，特に，外見からは判断できないような障害のある患者は，就職時には自らの障害のことを隠していたという場合も少なからず見られる．多くの場合，就職後数年以内に，無理がたたって病状が悪化し，入院する際に，事業主に病気のことを告げている．

（3）医療と雇用の両立の難しさ

疾患によっては，勤務時間内に服薬，食後の休憩などが必要である場合がある．また，職場で要求される仕事の内容そのものよりも，通勤と長時間勤務が負担となる場合がある．また，週2～3時間程度の治療や検診に必要な休業・早退・残業への配慮が必要なことも多い．しかし，本人が自分の病気のことを隠して就職するような状況では，周囲の支援を受けることが難しく，勤務と治療との両立が困難であったり，就職活動が十分に行えないなど，職業生活の継続が不安定になりがちである．

3）対処のノウハウ

難病等の慢性疾患には在職中の発症も多く，その人の才能やこれまでの経験を活用し続けるためにも，疾患に起因する職業上の課題については，適切な雇用管理や社会的支援によって問題を軽減・解消することが必要である．そのためには，「難病」についての偏見等による差別的扱いの防止，継続的治療への配慮，各疾患に応じた個別的な配慮，さらに，有効な社会資源

の活用が重要となる.

(1) 疾患による職業的課題への理解の促進／差別的扱いの防止

採用選考時等には履歴書には病名を書くことは不要であり，むしろ，職業生活上でどのような配慮があれば仕事ができるかを明確にすることが重要であることを本人に助言する必要がある．また，事業主側には，仕事に関連した能力だけで判断し，疾患の有無によって差別は行わないことを明示するなど，差別や不利益を受ける不安をもつことなく本人が支援や配慮を求めることができるような配慮を求める必要がある．

また，職場においては，従業員が難病等を発病したときには，従業員に専門医等との将来の見通しについての相談をアドバイスし，復職が可能である場合には，難病について先入観で判断するのではなく，本人や主治医等とよくコミュニケーションをとって，職場の配慮状況，医療・保健サービスやリハビリテーションサービスの活用可能性をふまえて検討できるような場を設定することも有効である．

(2) 疾患別の自己管理や治療への配慮

疾患管理についての必要性は疾患によって異なる．定期的な通院や，勤務時間内の服薬，自己注射（I型糖尿病等），食後等の休憩などは，職場全体の理解がないと行いにくいこともあり，これらを行いやすくするために，プライバシーの確保に配慮しつつ，産業医その他の職場の担当者は，職場での治療上の配慮を，主治医とも相談しながら進める必要がある．

また，週2～3時間程度の治療や検診に必要な休業・早退・残業への配慮などの対策がとられれば，難病等慢性疾患を有する人が無理なく仕事を続けられる可能性は大幅に改善されるものと考えられる．

(3) 職場での検討事項と環境整備や配慮

難病等慢性疾患者が就労する職業や職場配置については，体力面や，活動上の制限などの諸条件についての十分な検討が必要である．難病による職業場面への影響は，多様な身体障害や精神機能面の組合せや疾病管理の必要性からくる場合も多く，現在既に障害者雇用事業所で行われている環境整備や配慮を前提とすればさまざまな仕事をすることが可能である．また，多くの難病で見られる疲れやすさについても，デスクワークへの配置転換など様々な方策によって問題を解決することができるので検討が必要である．また，職場で要求される仕事の内容そのものよりも，通勤と長時間勤務が負担となる場合がある．これらの問題を解決することによって，職業選択への可能性が広がる疾患も多くある．通勤の負担の軽減策には，送迎車，自家用車，職住接近，時差通勤，在宅勤務などがある．

仕事の遂行や就業への影響は，病気の性質と職業内容の組合せによって個別的になるので，医師や本人，職場管理者などがよくコミュニケーションをとって必要な環境整備や配慮について個別的に検討していくことが重要である．

(4) 社会資源の活用

難病等慢性疾患は非常に多様であり，また，治療方法の進歩などにより就労の可能性が高まることも考えられる．それぞれの疾患についての最新の情報は，必要に応じ本人の主治医や専門医等から収集することが必要である．一般向けに，難病情報センターが最新の情報を公開している（http：//www.nanbyou.or.jp/）.

また，最近，多くの都道府県において，新たに「難病・相談支援センター」が設置され，公共職業安定所との連携により就業に関する相談や支援を行う拠点ができており，従来の保健医療の拠点である保健所，公共職業安定所，患者会等との連携が図られつつある．

各疾患別の職業問題や実際に求職中，就労中の患者の方々の生の声については，http：//www.nivr.jeed.or.jp/research/report/houkoku/houkoku30.html で参照できる．

文　献

1) 難病等慢性疾患者の就労実態と就労支援の課題．障害者職業総合センター調査研究報告書 No.30, 1998.

索　引

【欧文】

ACT　264, 357
AIDS　→エイズ　の項を参照
CSR　→企業の社会的責任　の項を参照
HIV　380
IPS　264, 357
OJT　210
QOL　→生活の質　の項を参照
SST　→社会生活技能訓練　の項を参照

【ア】

アジア太平洋障害者の十年　94
アスペルガー症候群　352
アセスメント（査定）　141, 250, 261
あっせん型障害者雇用支援センター　95, 284
移行　55, 95, 287
移行支援　43, 70, 83, 123, 141, 166
意思決定　31, 49, 146
委託訓練　74, 99, 170
インターベンション（介入）　252, 261
インテーク（受理）　141, 235, 248, 260
インフォームドコンセント　4, 22, 140, 299
上田モデル　6, 7
うつ　362
エイズ　384
エバリュエーション（評価）　253, 262
援助付き雇用　27, 227
エンパワメント　4, 153, 248, 260
オストメイト　381

【カ】

学習障害　346
学力検査　156
カナダモデル　6, 7
企業のコンプライアンス　105
企業の社会的責任（CSR）　105
キャリア教育　40
キャリア形成　18, 40
キャリア発達　16, 18, 22, 30, 48, 133, 287
キャリア・プランニング　30
キャリア・マネジメント　30

クローズド（終結）　254
ケアマネジメント　140, 147, 150, 246, 261, 272, 296, 355
ケースマネジメント　21, 45, 148, 246, 260
健康管理　210
公共職業安定所　88, 125, 140, 145, 172, 185, 187, 237, 249, 284, 389
高次脳機能障害　331
後天性免疫不全症候群　→エイズ　の項を参照
行動観察　158
呼吸器機能障害　375
国際障害者同盟（IDA）　117
国際障害分類（ICIDH）　5, 6
国際生活機能分類（ICF）　7, 140, 299
個人―環境適合論　34
個別移行支援計画　84, 166
コンプライアンス　105

【サ】

サーブリック分析　202
再就職　179
在宅勤務　25
最低賃金制度　25
採用　207
シェルタード・ワークショップ　27
支援計画作成　153
支援者　299, 303
支援担当者会議　153
支援ネットワーク　272
　　　企業―　278
　　　個別―　274
支援費制度　294
視覚障害　316
試行雇用　98
自己決定　144, 147
自閉症　342
社会就労センター　69
社会生活技能訓練（SST）　142, 242, 343
社会生活能力調査　158
社会的支え　288
就業形態　23

就業率　66
重点施策実施5カ年計画　98
就労
　　　―支援機器　217
　　　―支援ネットワーク　85, 173, 175, 272
就労支援　83, 104, 140, 210, 260, 298
就労相談　141
授産施設　25, 57, 62, 69, 187, 294, 346
障害者基本計画　98
障害者基本法　100
障害者権利条約　117
障害者雇用　182
障害者雇用支援センター　126, 284
障害者雇用支援総合データベース　161
障害者雇用促進法　→障害者の雇用の促進等に関する法律　の項を参照
障害者雇用納付金制度　88, 94
障害者雇用率　66, 86, 105, 182
障害者試行雇用事業　91
障害者就業・生活支援センター　126
障害者就職レディネス・チェックリスト　159
障害者職業センター　89, 94, 123, 172, 232, 249, 312, 370
　　広域―　90, 94, 123
　　地域―　90, 91, 94, 123, 140, 142, 153, 284, 340
障害者職業総合センター　9, 90, 94, 123, 126
障害者職業能力開発校　91, 125
障害者自立支援法　69, 72, 101, 115, 141, 182, 294
障害者の雇用の促進等に関する法律（障害者雇用促進法）　74, 86, 94, 105, 123, 172, 232, 284, 298
小規模作業所　71
状況的・社会的文脈アプローチ　31
小腸機能障害　382
職業　10
職業教育　210
職業興味検査　157
職業訓練　74
職業構造　78
職業準備性　142, 163
職業紹介　172
職業生活　5, 23, 34, 36, 55, 74, 83, 99
職業適応　50
職業適性　88, 169
　―検査　156, 199

職業的発達段階　36
職業能力開発　78
職業能力開発校　125
職業評価　155, 158, 160
職業理解　146
職業リハビリテーション
　　　―計画　148
　　　―研究　133
　　　―と人権　110
　　　―の概念モデル　15
　　　―の制度　94
　　　―の専門職・従事者　123
　　　―の大学教育　129
褥そう　210
職場開拓　142, 172, 268
職場定着　176, 186
職場適応援助者　→ジョブコーチ　の項を参照
職場適応訓練　91
職場適応促進のためのトータルパッケージ　161
職場のメンタルヘルス　220
職場不適応　143
職務試行法　159
職務分析　199
　　　―の産業工学的方法　200
助成金付き雇用　27
ジョブコーチ　24, 91, 95, 123, 126, 167, 228, 234, 370
　　　精神障害者への―　241
　　　―の支援プロセス　235
　　　発達障害者への―　240
ジョブマッチング　236
人工肛門　377
人工膀胱　377
心臓機能障害　368
腎臓機能障害　375
身体障害者福祉法　101
心理学的アプローチ　31
心理検査　155
スーパーによるアーチ・モデル　39
スーパーによるライフステージ　38
スーパーの発達論　32
性格検査　157
生活の質（QOL）　5, 12, 133, 357
精神障害者社会生活評価尺度　159
精神障害者社会適応訓練事業　169

生態学的モデル　52
脊髄損傷　335
選考　308

【タ】

対処行動　16
地域生活　5, 167, 246, 260, 264, 272, 274, 294
チームアプローチ　256
チームワーク　258
知的障害　5, 49, 339
知能検査　155
注意欠陥／多動性障害　349
中途失聴　321
聴覚障害　321
てんかん　367
統合失調症　355
当事者　312
頭部外傷　22, 312, 331
特性―因子論　31
特別支援教育　81, 126
　　　―における進路学習・進路指導　164
特例子会社　25, 56, 87, 95, 175, 187, 235

【ナ】

内部障害　368
ナチュラルサポート　126, 143, 234, 238
難病　387
ニート　10, 210
脳血管障害　328
脳性麻痺　326
脳卒中　328

【ハ】

働く場からの引退　55
発達障害者支援法　79, 182, 240, 312, 368

発達的アプローチ　31
場面設定法　159
ハローワーク　→公共職業安定所　の項を参照
ピアカウンセリング　248
ヒト免疫不全ウイルス　→ HIV　の項を参照
福祉工場　25, 69, 94
福祉的就労　23, 25, 27, 58, 69, 249, 280, 284, 295
復職支援　51, 221
プランニング（計画策定）　142, 251, 261
フリーター　10
ぼうこう又は直腸機能障害　381
法定雇用率　66, 105, 182, 298, 366
保護雇用　27, 71, 74
ホランドの理論　34

【マ】

面接　144
モニタリング（追跡）　253, 262

【ヤ】

役割行動　13

【ラ】

ライフキャリアの虹　14
ライフサイクルの危機　43
離職　179
リハビリテーションカウンセリング　18
リハビリテーション工学　4, 213
療育手帳　167, 312, 339, 370
倫理　299

【ワ】

ワークサンプル法　159
ワークステーション　208

装幀…どいちはる

職業リハビリテーション学　［改訂第2版］
キャリア発達と社会参加に向けた就労支援体系

2001年 6 月 1 日　初版　　　　　第 1 刷発行
2006年11月 1 日　改訂第 2 版　　第 1 刷発行
2018年 4 月 1 日　　　　　　　　第 7 刷発行

編　集　松為　信雄
　　　　菊池恵美子
発行者　中村　三夫
発行所　株式会社 **協同医書出版社**
　　　　東京都文京区本郷 3-21-10　〒113-0033
　　　　電話(03)3818-2361　ファックス(03)3818-2368
　　　　郵便振替 00160-1-148631
　　　　Ｕ Ｒ Ｌ　http://www.kyodo-isho.co.jp/
印　刷　株式会社三秀舎
製　本　有限会社永瀬製本所
ISBN4-7639-2115-0　　定価はカバーに表示してあります

[JCOPY]〈(社)出版者著作権管理機構　委託出版物〉
本書の無断で複写は著作権法上での例外を除き禁じられています．複写される場合は，そのつど事前に，(社)出版者著作権管理機構（電話 03-3513-6969，FAX 03-3513-6979，e-mail: info@jcopy.or.jp）の許諾を得てください．
本書を無断で複製する行為（コピー，スキャン，デジタルデータ化など）は，「私的使用のための複製」など著作権法上の限られた例外を除き禁じられています．大学，病院，企業などにおいて，業務上使用する目的（診療，研究活動を含む）で上記の行為を行うことは，その使用範囲が内部的であっても，私的使用には該当せず，違法です．また私的使用に該当する場合であっても，代行業者等の第三者に依頼して上記の行為を行うことは違法となります．